〈私〉の映画史

映画通38人が選んだ[ジャンル別]827作

暗黒街の顔役｜望郷｜コンドル｜哀愁｜西部の男｜怒りの葡萄｜わが谷は緑なりき｜カサブランカ｜打撃王
の生涯の最良の年｜追跡｜私を野球につれてって｜白熱｜甦る熱球｜泥｜クォ・ヴァディス｜革命児サパタ
場所｜真昼の決闘｜静かなる男｜バンド・ワゴン｜紳士は金髪がお好き｜地上より永遠に｜ヴェラクルス｜
に手を出すな｜道｜必死の逃亡者｜ボディ・スナッチャー｜恐怖の街｜現金に体を張れ｜捜索者｜灰とダイ
いの拳銃｜渚にて｜勝手にしやがれ｜サイコ｜穴｜血とバラ｜銃を持った女｜草原の輝き｜蜜の味｜シベール
ハタリ！｜ラ・ジュテ｜死んでもいい｜脱獄｜クレオパトラ｜ショック集団｜ラスベガス万才｜孤独の報酬｜
人者たち｜大列車作戦｜日曜日には鼠を殺せ｜アルファヴィル｜ナック｜気狂いピエロ｜夕陽のガンマン｜華
しの分け前　ポイント・ブランク｜世にも怪奇な物語｜卒業｜特攻大作戦｜暴力脱獄｜ジョアンナ｜泳ぐひと
を斬る｜さすらいの大空｜真夜中のカーボーイ｜白銀のレーサー｜お前と俺｜ひまわり｜おもいでの夏｜さす
ボーイ｜フレンチ・コネクション｜ラスト・ショー｜ラスト・ラン　殺しの一匹狼｜傷だらけの挽歌｜早春｜
ングたち｜サイレント・ランニング｜ポセイドン・アドベンチャー｜夕陽の群盗｜エクソシスト｜サイレント・
組織｜こわれゆく女｜ストリートファイター｜ナッシュビル｜キャリー｜スター・ウォーズ｜ローリング・サ
ゾンビ｜ディア・ハンター｜シャイニング｜最前線物語｜殺しのドレス｜レッズ｜ブレードランナー｜氷壁の女｜
パリ、テキサス｜ブルーベルベット｜勝利への旅立ち｜恋しくて｜さよならゲーム｜ボブ★ロバーツ｜許さ
アダムス・ファミリー2｜パリでかくれんぼ｜マディソン郡の橋｜ブギーナイツ｜ラガーン｜ミスティック・
ーターサイクル・ダイアリーズ｜カビリア｜イントレランス｜裁判長｜スージーの真心｜散り行く花｜東への
孤児｜ステラ・ダラス｜ストライキ｜キートンの大列車追跡｜無花果の葉｜キートンの大学生｜第七天国｜十月
シアの犬｜キング・オブ・ジャズ｜マダム・サタン｜モロッコ｜M｜フランケンシュタイン｜人間廃業｜群衆
ゆるアメリカ｜外人部隊｜四十二番街｜若草物語｜新学期　操行ゼロ｜羅馬太平記｜コンチネンタル｜レーニ
歌｜絢爛たる殺人｜永遠の緑｜其の夜の真心｜フランケンシュタインの花嫁｜青い青い海｜ピクニック｜ロイ
悪魔の人形｜大いなる幻影｜我が家の楽園｜四人の姉妹｜民族の祭典｜地獄への道｜騎手物語｜孔夫子｜か
マン・ハント｜銀嶺セレナーデ｜美人劇場｜狼男｜スイング・ホテル｜ヤンキー・ドゥードゥル・ダンディ｜
す｜心の旅路｜逃走迷路｜キャビン・イン・ザ・スカイ｜ジョーという名の男｜ステージ・ドア・キャンティ
ら誇りもて歌う｜幸運の星に感謝を｜私はゾンビと歩いた！｜目的地東京｜ガス燈｜ハリウッド玉手箱｜若草
上空三十秒｜恋の十日間｜アメリカ交響楽｜哀愁の湖｜海兵隊の誇り｜緑園の天使｜ユーモレスク｜殺人者｜

本書の編集方針

＊本書は雑誌『映画芸術』連載の「私の映画史 外国映画篇」（２００９〜２０１４）をもとに作成した。
＊掲載許諾の返事のあったものだけを掲載した。
＊掲載順は『映画芸術』編集部到着順という当時のやり方を踏襲した。
＊字数が７０００字を超えるものは掲載を見送った。
＊個々にリストに挙げた10作品の映画について、すべて本文で触れているものを選択した（一部例外あり）。
＊「家族映画」「ＳＦ映画」「史劇」は、個々のリストは掲載時のままの5作品。
＊「性愛映画」「緊急特別篇」は洋邦画が混在しているため、「喜劇」は選択数が少なく、割愛した。
＊執筆者は映画・映像関係者に限った（一部例外あり）。
＊制作データは「タイトル、公開年、製作国、脚本、監督」の順で統一した。
＊公開年は現地公開年を原則とした。米映画であれば、米国での公開年である。複数国の合作の場合、一番最初に現地公開された年を掲載した。
＊文字遣いなどは基本的に掲載時の原稿のままとするが、最低限の文字統一、ルビの挿入を行った（著作権継承者の意向により、その限りでないものもある）。例：但し→ただし、既に→すでに、向う→向かう、漢数字→算用数字
＊読者の便宜を考え、ときおり［］の表記で本文に注を施した。

映画はパクリ、いやオマージュから始まる——「まえがき」にかえて

ＴＳＵＴＡＹＡでレンタルしたＤＶＤを見ても、なぜかタイトルを忘れてしまう。ＴＳＵＴＡＹＡのレンタルが無くなって、配信で新作を見るようになってもタイトルを憶えていない。若い頃、いや子供の頃から、見た映画はその映画館と共に記憶されている。

母親に連れられて弟と3人で見た『バンビ』（デイヴィッド・ハンド、42）は渋谷の東急文化会館のパンテオン。生まれて住んでいた世田谷の下馬3丁目から、野沢龍雲寺と渋谷駅の間を走っていたバスで行ったのだと思う。54年に北多摩郡小金井町に引っ越して、第四小学校の校庭に張ったスクリーンで見た『笛吹若武者』（佐々木康、55）。大川橋蔵と美空ひばり。平敦盛と熊谷直実の話を初めて知った小学生。先生に連れられて、ぞろぞろと武蔵小金井駅前の岩城座（小金井映画劇場）で見た『箱根風雲録』（山本薩夫、52）や『白蛇伝』（藪下泰司、58）。『箱根風雲録』は時代劇と言えばチャンバラ映画だと思っていたので、水不足に苦しむ村々に芦ノ湖の水を引き込むために峠にトンネルを掘る話でガッカリした。戦後の「アカ」教育の一環だったんだなといま思う。岩城座は床が土だった。

小金井名画座で見た『禁断の惑星』（フレッド・Ｍ・ウィルコックス、56）。ロボットに抱えられた半裸の女のポスターにエロを感じたのだ。性の目覚め。西荻セントラルで見た『誰が為に鐘は鳴る』（サム・ウッド、43）。家に電話が無かった。キャバレーやクラブにバンドを入れる仕事をしていた父は、西荻窪から都内になり、公衆電話の値段が安くなるので、西荻窪駅前の公衆電話を使っていた。それにくっついて行って、ゲーリー・クーパーファンの母と一家4人で見たのだった。ラスト、ひとり機関銃を撃つゲーリー・クーパーに感動した。ひとりはみんなのために、だ。俺はスペイン内戦を初めて知り、ずっとこだわるようになる。イン

グリッド・バーグマンは髪を切られただけじゃないだろう。母に原作を買ってもらう。その場面を探した。マリアはフランコの反乱軍のファシストにレイプされ、アメリカ人の義勇兵ロバート・ジョーダン（クーパーの役名）に抱かれ「地面が動いたの」と言う。小6だったか中1か。

母にねだって弟と新宿ミラノ座で『アラモ』（ジョン・ウェイン、60）。初めての新宿だったのでは。ジャズ喫茶「ラ・セーヌ」へ森山加代子を見に行ったのは友だちと一緒だったのだろうな。ひとりで行けたとは思えない。中学は自転車通学、高校は電車通学。部活をサボって吉祥寺日活まで見に行った『にっぽん昆虫記』（今村昌平、63）、ちっともエロじゃなかった。立川松竹で見た『白日夢』（武智鉄二、64）は路加奈子の脇毛と石濱朗の「電気遊びをしよう」はイヤらしかった。

浪人したけれど予備校へ行くのが嫌で、新宿で途中下車して、映画館が開くまで、中央通りの喫茶店で時間を潰した。朝食を食べて来てるのでモーニングサービスは食べられなかった。『突然炎のごとく』（フランソワ・トリュフォー、62）や『リサの瞳のなかに』（フランク・ペリー、62）を見た日活名画座。シネマ新宿で見た『審判』（オーソン・ウェルズ、63）、水かきのあるロミー・シュナイダー、「アルビノーニのアダージョ」が流れ、解らない映画だけど、忘れ難い。京橋の近代美術館のフィルムライブラリーへ見に行った『橋』（ベルンハルト・ヴィッキ、59）。守らなくていい橋を守って死んでいく少年兵たち、戦争の不条理を悲劇として描いて、ずっと心に残った。

二浪目の秋、『みどりの瞳』（デズモンド・デイヴィス、64）を見たニュー東宝。初めて女と一緒に映画を見た。初めてネクタイをした。一橋大へ入ったライバルと『幸福』（アニエス・ヴァルダ、65）を見に行ったと聞いていた。なぜ『みどりの瞳』だったのか。『蜜の味』（トニー・リチャードソン、61）のリタ・トゥシンハムが主演で、トニー・リチャードソンがプロデューサーだったからか。都会に出て来た田舎娘と中年作家との恋と別れ。法政大学の学祭で見た『愛と希望の街』（大島渚、59）、その帰り、市ヶ谷の土堤を歩きながら、俺は彼女に、大学に入って、学生運動やるよと言った。ふたりで最後に見たのは『卒業』（マイク・ニコルズ、67）、東急名画座だった。ハッピーエンドなのに、不安そうなダスティン・ホフマンとキャサリン・ロスの顔だった。69年は安田講堂、アポロ、ウッドストック、俺の失恋の年だった。

といったような「私の映画史」を色んな人に書いてもらおうと思った。それをジャンル別でやろうと言ったのは稲川方人だった。

「映画からジャンルの匂いが消えて久しい。形式と話法が映画の欲望を充たした時代を遠く隔たり、いま改めてジャンルの豊かな香りを思い出してみようという反時代の試み。その第一弾として『私の恋愛映画十本』のアンケートを行った。すべての映画は恋愛映画だって？　だから、そこからこのシリーズは始まるのだ」。稲川の書いたリードだ。

何人かは見た順に10本の映画を書いてきたけれど、多くの人はジャンル・ベスト・テンだった。

映画大学で脚本を教えているが、映画を見ていない学生ばかりだ。実習ではなく映画を見せて、映画の見方を教えたほうがいいのではないかと思っている。映画を見てないのに映画を撮りたがる。撮る。自主映画、インディーズ系の監督たちもそうではないのか。なぜ、見ないのかと訊いたことがある。真似になっちゃうから、見ない、と言われて驚いた。真似から始まるのに。映画百年はパクリの歴史だと言ったら、桂千穂さんに、そうですよ、うまいこと言うなあと褒められたことがある。パクリはいつからかオマージュという言葉に変わった。

見ていなければオマージュもできない。映画を撮りたいと思っている若い人、シナリオを書きたいと思っている若い人、いま、シネコンでやっている映画に飽き足りないと思っている人たちへ、こんなにおもしろい映画があったんだよ、昔は、というガイドブックになるはずです。

荒井晴彦

*目次

音楽・ミュージカル …… 369

家族映画 …… 401

サスペンス …… 443

SF映画 …… 477

恋愛映画

映画からジャンルの匂いが消えて久しい。
形式と話法が映画の欲望を充たした時代を遠く隔たり、
いま改めてジャンルの豊かな香りを
思い出してみようという反時代的な試み。
すべての映画は恋愛映画だって？
だから、そこからこのシリーズは始まるのだ。

映画作家
1938年生

大林宣彦

旅情……1955／英
脚本＝H・E・ベイツ、デヴィッド・リーン
監督＝デヴィッド・リーン

望郷……1937／仏
脚本＝ジャック・コンスタン
監督＝ジュリアン・デュヴィヴィエ

黄昏……1951／米
脚本＝アーネスト・トンプソン
監督＝ウィリアム・ワイラー

哀愁……1940／米
脚本＝S・N・バーマン、ハンス・ラモー、ジョージ・フローシェル
監督＝マーヴィン・ルロイ

恋のエチュード……1971／仏
脚本＝フランソワ・トリュフォー、ジャン・グリュオー
監督＝フランソワ・トリュフォー

戦士の休息……1962／仏、伊
脚本・監督＝ロジェ・ヴァディム

ヘッドライト……1956／仏
脚本＝フランソワ・ボワイエ、アンリ・ヴェルヌイユ
監督＝アンリ・ヴェルヌイユ

ライムライト……1952／米
脚本・監督＝チャールズ・チャップリン

めまい……1958／米
脚本＝アレック・コペル、サミュエル・テイラー
監督＝アルフレッド・ヒッチコック

怒濤の果て……1948／米
脚本＝ハリー・ブラウン、ケネス・ガメット
監督＝エドワード・ルドウィグ

『キング・コング』（33）は窮極の恋愛映画。おっと、あれは怪獣映画だ。では『サンセット大通り』（50）は？『ジャニー・ギター』（『大砂塵』54）は？と思いは悩ましくさ迷うのだけれど、まぁ『旅愁』（31）は余りに古いから忘れるとしても、ジャンルに忠実なら世に恋愛映画は一に『慕情』（55）、それから『旅情』（55）、少し間を置いて『めぐり逢い』

（57）辺りが僕らの世代か。七十過ぎてもマイクを持てば「慕情」だもんなぁ。尤もこの楽曲「蝶々夫人」の盗作ではないかとアカデミー協会で一応揉めたそうだ。『めぐり逢い』（そもそもが『邂逅』39のリメイクです）のチャーミングなピアノ曲も後に昔気質のウォーレン・ビーティがリメイク（同名にて94）して、今やふくよかな老嬢となったキャサリン・ヘプバーンが動かなくなった指という設定で弾き戻していたっけなぁ。詰り恋愛映画に名曲は付き物ってこと。でもそのヘプバーン嬢が主演した『旅情』ではベニスの街に忍び流れるメロディーは哀切極まりなくとも、何でも有りのハリウッドサーヴィス大作とは志を異にするデヴィッド・リーン監督の英国映画。ラストの旅人キャサリンとイタリア男ロッサノ・ブラッツィ兄ちゃんとの汽車の別れの場面でも盛り上げの為になぞ安っぽくは使われず、二人が結ばれるシーンの花火の運河添いのヴェランダのキャサリンの、脱ぎ捨てられた赤い靴の上に抑えて抑えて「サマータイム・イン・ヴェニス」のメロディーが。まっこと粋なもんでしたなぁ。

同じ巨匠リーンの『逢びき』（45）はノエル・カワードの戯曲を原作に、イングランドの地方都市のうらさびれた駅頭で、若き人妻のローラが中年の医師に目に入ったゴミを取って貰う所から始まる恋愛劇。僕の御贔屓トレヴァー・ハワードの寡黙な医師が渋く、音楽は全編ラフマニノフのピアノ協奏曲第二番でカンヌ映画祭批評家賞受賞作。クラシック音楽繋がりなら『未完成交響楽』（33）のシューベルト、『別れの曲』（34）のショパン、『愛の調べ』（47）でキャサリン・ヘプバーン嬢がまだ若く嫋やかに「トロイ・メライ」なぞ奏してみせたクララ・シューマンの、夫々の恋模様など何れも美しき古典だが、当時はこれを楽聖映画というジャンルで纏めてましたっけ。クラシック音楽でも花の盛りのエリザベス・テイラーがバイオリニストとピアニスト志望の青年に恋する『ラプソディー』（54）ともなると、これはハリウッド製メロドラマで恋愛映画。ショパンを「ツー・ラブ・アゲイン」にアレンジしたエディ・デューチンの『愛情物語』（55）も色彩豊かなメロドラマの名作。では汽笛鳴る波止場で「ギャビー!」と叫んだジャン・ギャバンの『望郷』（37）や、同じくギャバンがフランソワーズ・アルヌールと抱き合って通りすがりの安宿のベッドの床を抜いちゃった『ヘッドライト』(55)などは人生模様の劇なるか。あのアルヌールの『過去を持つ愛情』(54)は恋愛映画だろう。トレヴァー・ハワードも出ていて僕の偏愛の一作。ならばサー・ローレンス・オリヴィエの『黄昏』(54)はどうだ。初老の紳士が若い娘ジェニファー・ジョーンズに恋をし、富も名誉も捨て放浪の身に。そしてその自分をも捨てた娘に一文銭を恵んで貰い「君は人生のお勉強をしたのだよ」と優しく言い残して独り死す。これは名匠ウィリアム・ワイラーの作。

オリヴィエには『嵐が丘』(39)が、ジェニファーには『ジェニーの肖像』(47)が夫々別に有るが、どちらも怪奇と幻想映画の傑作と考えるべきか。ジェニファーには正調恋愛映画の『終着駅』(53)が有り、あの冒頭の大メロドラマ『慕情』もジェニファー。西部劇大作『白昼の決闘』(46)も彼女を売り出す為のエキセントリックな恋愛劇だった。だから晩年の『タワーリング・インフェルノ』(74)でやはり老残のフレッド・アステアを恋しつつ惨死するジェニファーの断片が愛しい。恋愛を映画の中で見る面白さは、そういう多層の虚の体験から、僕らが何かしら「嘘から出た実」を知るからだろう。恋愛映画＝智慧の果実、でありますな。

フランソワ・トリュフォーはそういう映画の虚実を作劇に活かそうと生涯恋愛映画を撮り続けた文学好きの作家だが、『アデルの恋の物語』(75)は恋愛という文学的感情の主題を映画に結実した映画に拠る文学論とも言うべき極みの一作で、恋愛映画と呼ぶならジャンヌ・モローの代表作『突然炎のごとく』(61)、僕の好みならより多層性を備えた『恋のエチュード』(71)。ロジェ・ヴァディムも恋の作家だがその極みが絵画的幻想と怪奇の『血とバラ』(60)で、これを吸血鬼映画というなら彼の恋人から別れた妻となるブリジット・バルドーの『戦士の休息』(62)を挙げよう。ジャック・ドゥミの恋愛形而上劇『シェルブールの雨傘』(64)を音楽映画だと言うなら、その妻アニエス・ヴァルダの『幸福』(65)は恋愛感情を除去した日常劇。ルルーシュの『男と女』(66)は映像ムービーで、むしろ『パリのめぐり逢い』(67)のようなメロドラマが上手い。恋愛感情の醸造が見事なのはヴィスコンティの『ベニスに死す』(71)だがこれは少年愛か。ではフェリーニの『道』(54)はさあどうだ？　ヒッチコック先生の映画はどれも映画の世界のシラノ・ド・ベル

戦争に翻弄された
男女の悲恋を
フランスの名匠
ジャック・ドゥミが
描いた

マドモアゼル
からマダムまで…
カトリーヌ・ドヌーヴの
七変化も嬉しい

Les Parapluies de Cherbourg

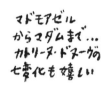

ジュラックでフィルムに描いたラブレター。私的な思いをハリウッド映画の中で展開する屈折した映画術がそのまま充たされぬ恋の思いのようだ。女優との恋を紙背に綴った『マーニー』(64)は新婚初夜に夫が新妻を強姦するといった屈折ぶりだからさて置いて、『めまい』(58)など映画の中途で推理劇を投げ出し恋愛劇に傾斜して、痛々しくもシラノの自恃が。彼が生涯実現を念じて断念し続けた『メアリー・ローズ』は夢の恋愛映画。若く美しき男女が孤島に渡り、女が突如消滅する。年を経て老いたる男は死を前に思い出の島に行く。と昔のまんまの若く美しい娘が彼を迎え、今や老残の男を抱いて言う。「あなたがデブでハゲになっても、わたしはあなたを愛します」。同じ主題はあのチャップリンも『モダン・タイムス』(36)の中で試みている。即ち若く美しい恋人ポーレット・ゴダードに対して老いていく我を対比させ、永遠の恋の断念をラスト、未来に歩む二人を隔つ一本の線で表現。晩年の『ライムライト』(52)での告白。「生き続ける事は死よりも辛い。老いれば威厳も備わり尊敬もされるが、恋される至福は失われていく」。この一本はかかるチャップリンの恋愛映画の集大成で、そうなると『街の灯』(31)などはまだ充分に恋に充たされていた時代の若気の人類愛映画だった、と決めちまおう。ヒッチコックはその若い頃からデブでハゲ、名立たる名優を只の美男子に画面の中で仕立て、我が心の溢るる思いを映画に託した。となると『ローマの休日』(53)なんぞは恋愛映画と呼ぶよりもう御伽噺。フランス人はバカにしたってからねぇ。若いオードリーの相手役は全員初老のスターを揃え、そこは恋愛映画の構えだったがオードリーが余りにカマトトだったって事か。

僕らの時代の正調恋愛映画と言えば、大いなる通俗性も含めて『哀愁』(40)なんだろうなぁ。詩人ジャン・コクトーの『美女と野獣』(46)や、ルネ・クレールの『巴里の屋根の下』(30)は主題歌も含めて恋愛劇の原点だろうし、このクレールや『悪魔が夜来る』(42)のマルセル・カルネ、『望郷』の名匠デュヴィヴィエの『わが青春のマリアンヌ』(55)など昔の恋の映画の思い出は一杯だ。『或る夜の出来事』(34)、『カサブランカ』(42)から『アフリカの女王』(51)、『女優志願』(58)、『ピクニック』(55)、『アパートの鍵貸します』(60)も序でに『ある日どこかで』(80)も『追憶』(73)も。『おもいでの夏』(71)や『卒業』(67)、『ある愛の詩』（70）、『俺たちに明日はない』（67）は若い次世代に譲るけど、老クリント・イーストウッドの『ミリオンダラー・ベイビー』（04）には遠い昔の恋愛映画の情感が残っているんだと申し上げて置こう。

所でジョン・フォードの『リバティ・バランスを射った男』（62）って、僕の偏愛する恋愛映画です。西部が舞台だけど、あれはジョン・ウェインの失恋の物語です。このコムビでは『静かなる男』（52）が恋愛感情についての至福の絶品だが、これはむしろ結婚についての映画。ならばウェインの『怒濤の果て』（48）は窮極の恋愛映画。ウェイン自身がそう告白しています。生涯熱愛して失恋し続けたゲイル・ラッセルと強引に共演。「僕は何故愛する人を傷付けて了うんだ」と問い詰めるその煩悶の激しさに彼女は耐え切れず去り、彼は大蛸に喰われて死ぬ。思い出のこの映画の船会社の名バトジャックを自身のプロダクションの名とし、アル中となったゲイルの映画を製作者として作ったりしながら癌で死ぬ晩年、毎夜ベッドの上で今は亡きゲイルと生きたこの映画のヴィデオを繰り返し繰り返し見ながら世を去ったジョン・ウェイン。西部劇の王者ウェインの唯一の私映画。ウェインの人生の虚実が映画に一体化した、これぞ僕の恋する至上の恋愛映画と宣言して筆を置くこ事に致しましょう。

映画監督・脚本家
1912年生

新藤兼人

モロッコ……1930／米
脚本＝ジュールス・ファースマン
監督＝ジョセフ・フォン・スタンバーグ

望郷……1937／仏
脚本＝ジャック・コンスタン
監督＝ジュリアン・デュヴィヴィエ

カサブランカ……1942／米
脚本＝ハワード・コッチ、ジュリアス・J・エプスタイン、フィリップ・G・エプスタイン
監督＝マイケル・カーティス

誰が為に鐘は鳴る……1943／米
脚本＝ダドリー・ニコルズ
監督＝サム・ウッド

陽のあたる場所……1951／米
脚本＝マイケル・ウィルソン、ハリー・ブラウン
監督＝ジョージ・スティーヴンス

ローマの休日……1953／米
脚本＝ダルトン・トランボ、イアン・マクレラン・ハンター、ジョン・ダイトン
監督＝ウィリアム・ワイラー

道……1954／伊
脚本＝フェデリコ・フェリーニ、トゥリオ・ピネッリ
監督＝フェデリコ・フェリーニ

卒業……1967／米
脚本＝バック・ヘンリー、カルダー・ウィリンガム
監督＝マイク・ニコルズ

俺たちに明日はない……1967／米
脚本＝デヴィッド・ニューマン、ロバート・ベントン
監督＝アーサー・ペン

レオン……1994／米
脚本・監督＝リュック・ベッソン

『モロッコ』外人部隊に身を投じたアメリカ人（ゲイリー・クーパー）と海を渡って流れてきた酒場の女（マレーネ・ディートリッヒ）の地の果ての灼熱の恋。どちらも若くて圧倒的魅力。

ラストシーンが問題となった。外人部隊が砂漠へ消えて行き、兵士の現地妻の女たちが

荷物を担いでついて行く。それを見ていたディートリッヒがパトロンの手を振り切って突如駆け出し、ハイヒールを脱ぎ捨てて追う。

ウソかマコトか、このシーンにしびれた。これぞ映画だ。

『望郷』ジャン・ギャバン扮するペペ・ル・モコがアルジェリアの迷路のように入り組んだ港町カスバを支配している。若きギャバンの大きな目と引き締まった唇が男の魅力をたたえて凄い。

ある日、観光に来たフランス女（ミレーユ・バラン）に魅せられたペペが、一瞬の愛を交換する。

しかし、女は去る。ペペは女が忘れられず危険を承知で港へ下りて行く。船は正に出航しようとしていて、女は船尾に立ってカスバの町を見ている。ペペは「ギャビィ」と叫ぶが、汽笛が鳴り響き女は耳をふさぐ。ペペは迫ってきた刑事を見てナイフで腹を刺す。嫉妬から密告した情婦が泣き崩れる。映画館は明るくなったけど、わたしは椅子から立てなかった。

『カサブランカ』ゲイリー・クーパーがアメリカを代表する男なら、ハンフリー・ボガートはアメリカの裏側を代表する男である。鋭い目、広い額にかすかなシワ。

相手はイングリッド・バーグマン。ディートリッヒの夢見るような瞳の頽廃美に比べ、ぱっちりと奥深い瞳にひらめく理性美。

第二次世界大戦の末期、モロッコのカサブランカは自由の国アメリカに渡る唯一の寄港地だった。ここを舞台にドラマが展開する。

素晴らしいラストシーンが待っていた。いまは人妻となったバーグマンを我が身を殺して助けるハンフリー・ボガートの格好良さに溜息。“As Time Goes By”の甘美な主題歌が流れ行く。

『誰が為に鐘は鳴る』イングリッド・バーグマンがアメリカを制圧する。相手はゲイリー・クーパー。スペイン内戦をバックに野生に満ちたラブロマンスが展開。

キスを知らないバーグマンにクーパーがキスを教えるシーンが見事。強い男は弱い女を助けなければならない。嫌がる女を無理やり馬に乗せて男は馬の尻に一鞭。女の無事を見定め男は敵の銃弾を浴びて死ぬ。

ああ、アメリカ映画の女性賛美。

『陽のあたる場所』またアメリカに新しいスターが誕生した。モンゴメリー・クリフト。美男ではないがこの男が抱えた内面の苦悩は観客の胸を激しく打つ。青春ドラマだが人間ドラマでもある。

相手役はエリザベス・テイラー。この美女に対してクリフトは一歩も引かない。美しいカメラワーク、すべてを心得たシナリオと監督の手練。アメリカの陽のあたる場所と陽のあたらぬ陰の場所が見事に表現されていた。

『ローマの休日』オードリー・ヘプバーンのような女が実際にいるのだろうか。賢くて、庶民的で、しかも気品高く、瞳はキラキラと輝いている。

相手役はこれまたアメリカを代表する男グレゴリー・ペック。新聞記者と美しい王妃のロマンス。こんなとてつもないシナリオを書くシナリオライター〔イアン・マクレラン・ハンター、実はダルトン・トランボ〕がいるんだ。すべて明るく、すべて爽やかなアメリカ映画の一品である。

『道』ジュリエッタ・マシーナがアタマの弱い女を演じて抜群の魅力を発揮する。彼女の心の底に光るピュアなタマシイが激しく観る者の胸を打ってくる。フェリーニ監督はこの女の心を通して人間とは何かを訴える。

男に棄てられて絶望の淵に沈んだ女は、石ころにも存在があると教えられ、生きて行く希望の光を見る。場末の町の軒下で居眠りする女を棄てて去るアンソニー・クインの絶妙な演技。この映画で、わたしたちは人間とは何か、と教えられた。

『卒業』またまた出てきたアメリカのスター、ダスティン・ホフマン。クーパーのように男らしくなく、ボガートのように苦味ばしってもおらず、クリフトのように苦悩を背負ってもいない。現代のちょっとぎこちないアメリカ人である。対するは性格女優のアン・バンクロフト。ここにも青春映画のラストシーンらしく、あっ

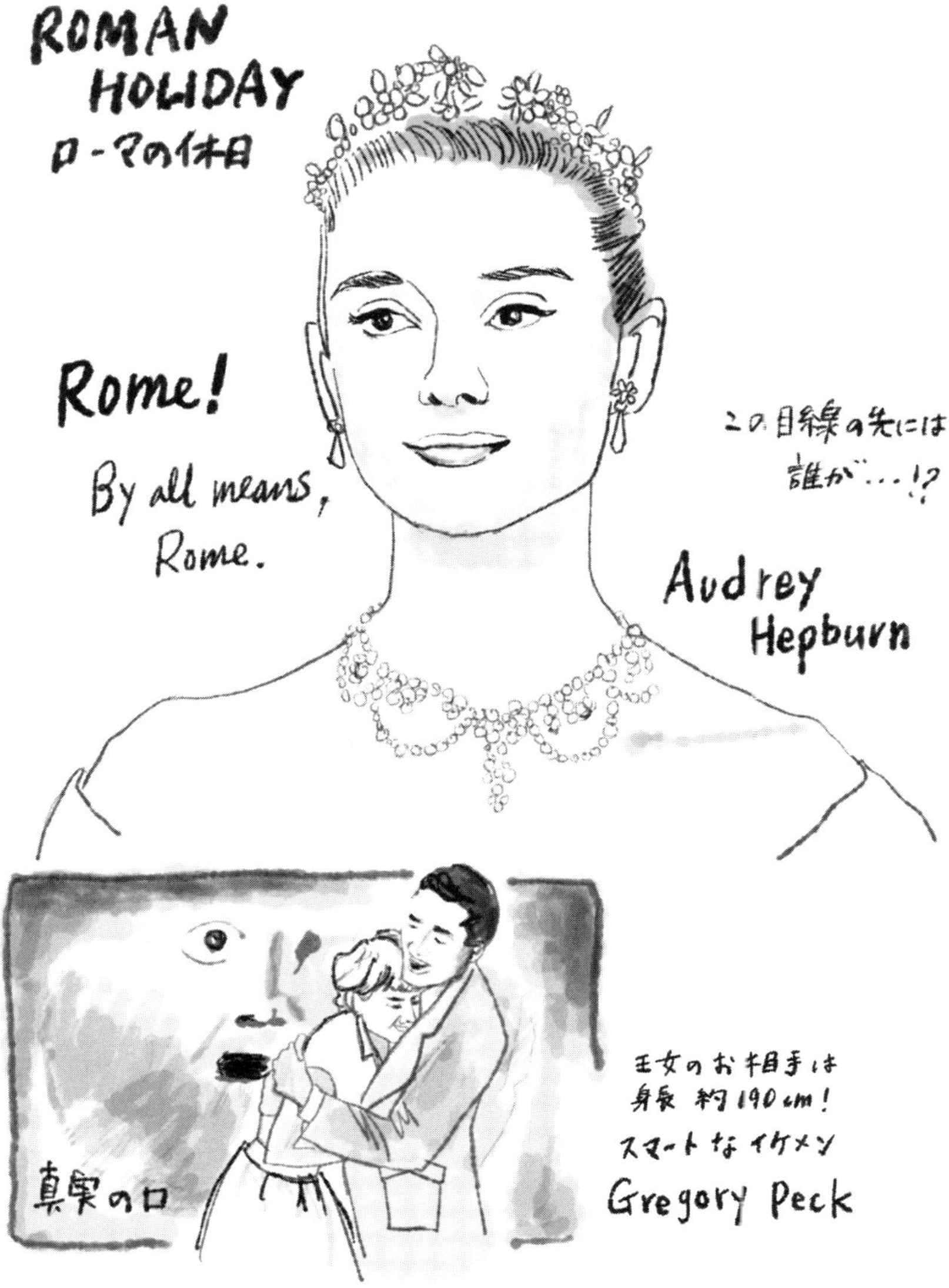
ROMAN HOLIDAY
ローマの休日
Rome!
By all means, Rome.
この目線の先には誰が…!?
Audrey Hepburn
真実の口
王女のお相手は身長 約190cm!
スマートなイケメン
Gregory Peck

と驚く結末がある。むっつりとダスティン・ホフマンが行動をおこした。結婚式場から花嫁を奪還するのだ。

『俺たちに明日はない』フェイ・ダナウェイの凄艶な演技が鳥肌を立たせる。押し寄せる警察隊を向こうに回して銃を乱射するのだ。

世界恐慌の大不況時代、アメリカで実際に起こった実話の映画化。だが演じているのはウォーレン・ベイティとフェイ・ダナウェイだから爽快な青春映画となっている。

荒々しく緻密なサスペンスがラストの幕切れで待っている。

『レオン』ナタリー・ポートマンがふしぎな魅力を漂わせる。少女から女に脱皮する妖しい様を見せるのだ。相手は『ニキータ』でお馴染みのジャン・レノ。

一方的な少女の恋に振り回される大人の男がおかしい。最後には少女に魅了され男と女の恋愛映画になるのだが、少女の魅力が圧倒的で説得力がある。

サナギは成虫となり美しき羽を広げて、いま大きな女優となっている。

恋愛映画の傑作には、必ず魅力的な素晴らしい女優と男優がいて、あっと驚くラストシーンが不可欠だ。

テレビプロデューサー・ディレクター
1944年生

中村征夫

激しい季節……1959／伊、仏
脚本＝ヴァレリオ・ズルリーニ、
スーゾ・チェッキ・ダミーコ、
ジョルジオ・プロスペリ
監督＝ヴァレリオ・ズルリーニ

鞄を持った女……1961／伊
脚本＝ヴァレリオ・ズルリーニ、
レオ・ベンヴェヌーティ、
ピエロ・デ・ベルナルディ
監督＝ヴァレリオ・ズルリーニ

素直な悪女……1956／仏
脚本＝ロジェ・ヴァディム、ラウール・レヴィ
監督＝ロジェ・ヴァディム

血とバラ……1960／仏、伊
脚本＝クロード・ブリュレ、クロード・マタン、
ロジェ・ヴァディム
監督＝ロジェ・ヴァディム

女の一生……1958／仏
脚色＝ローラン・ローデンバッハ、
アレクサンドル・アストリュック
監督＝アレクサンドル・アストリュック

天安門、恋人たち……2006／中、仏
脚本＝ロウ・イエ、メイ・フェン、イン・リー
監督＝ロウ・イエ

ひまわり……1970／伊
脚本＝チェーザレ・ザヴァッティーニ、
アントニオ・グエラ
監督＝ヴィットリオ・デ・シーカ

かくも長き不在……1961／仏
脚本＝マルグリット・デュラス、ジェラール・ジャルロ
監督＝アンリ・コルピ

雨のしのび逢い……1960／仏
脚本＝マルグリット・デュラス、ジェラール・ジャルロ
監督＝ピーター・ブルック

さよならパリ……1960／仏
脚本＝ジャン・ヴァレール、ロジェ・ニミエ
監督＝ジャン・ヴァレール

補欠　芽ばえ……1957／伊
脚本＝レオナルド・ベンヴェヌーティ、
ピエロ・デ・ベルナルディ、
ジャン・ブロンデル、アルベルト・ラトゥアーダ
監督＝アルベルト・ラトゥアーダ

まだ吉永小百合も本間千代子も銀幕に登場する前の昭和30年代初め、今さら小鳩くるみや松島トモ子でもあるまいとする東京山の手

お坊ちゃまの前に突如出現したイタリアの美少女ジャクリーヌ・ササール、17歳。

『芽ばえ』(58)よくある初恋物だがササールの魅力だけで当時のお坊ちゃま達に「ササール旋風」を巻きおこした。その美少女ササールも年上の未亡人に、恋する若者を奪われてしまう『激しい季節』。高校1年の1960年4月、日比谷映画劇場のロードショーで見た。その帰り、安保反対のデモ隊と初めて遭遇する。1943年、ファシスト政権下の南イタリア避暑地。若者と戦場で夫を失った美しい未亡人との出会い。その時、ラジオの臨時ニュースはムッソリーニ政権の終わりを告げる。そして激情の一夜。このベッドシーンが当時としては衝撃だった。監督は自らも対独レジスタンスに参加していたヴァレリオ・ズルリーニ。『芽ばえ』の原作者でもある。『鞄を持った女』はズルリーニの第3作目。清純な少年と世俗に汚れた年上の女との心の触れ合い。当時高校生だった僕らに年上の女の魅力を強く意識させたのがズルリーニだった。そういえば『芽ばえ』ササールの母親役シルヴァ・コシナも年上の女のフェロモンを発散させていたっけ。同世代のマウロ・ボロニーニ、〔ベルナルド・〕ベルトルッチ、エドアール・モリナロ、フランチェスコ・ロージらとは異質なズルリーニはこの後『家族日誌』(62)他5本の作品を監督したが、その後あまり恵まれず50代で不慮の死をとげる。

　尻軽女が男性遍歴を重ねる『素直な悪女』。ブリジット・バルドーのヌードと半裸のラブシーンを当時としては目も眩むよう余す所なく見せてくれた。この1本でバルドーはフランスのセックスシンボルとなりイニシャルでBB《べべ》と呼ばれるようになる。BBと聞いただけでその頃の山の手お坊ちゃま中学生達はすべからく学生服の中で勃起したものだ。これが監督デビューのロジェ・ヴァディムは映画完成後、バルドーと離婚。その後、コペンハーゲン生まれ美貌のアネット・ストロイベルグと結ばれ、そこから妖しく官能的な秀作『血とバラ』が生まれる。吸血鬼映画の現代版。けだるく濃厚、耽美的に愛の終わりを見せてくれた。たとえようもなく美しいアネット・ストロイベルグとエルザ・マルティネッリ女同士の幻想的なキスシーン等色彩効果も抜群だった。ヴァディムはこの後、カトリーヌ・ドヌーヴ、ジェーン・フォンダとうらやましいばかりの女性遍歴を続け2000年、72歳で癌で死去する。名代のプレイボーイだった。

男が野望を秘めて女から女へと渡り歩く『女の一生』。昭和30年代後半、痴漢とホモが多くて有名だった新宿伊勢丹前、日活名画座の恒例超満員の欧州名画週間で見た。モーパッサンの原作を、カメラ万年筆論でヌーヴェルヴァーグの先駆けとなったアレクサンドル・アストリュックが脚本監督。箱入り娘マリア・シェルに言い寄る偉丈夫な男クリスチャン・マルカン。二人は結ばれるが、夫は妻だけでは物足らず、小間使いのパスカル・プティや妖艶な人妻アントネラ・ルアルディと情交を重ねる。けな気に耐える妻の策略か、夫と人妻は事故死してしまう。キャメラのクロード・ルノワールのくすんだような色調の中、離婚が許されなかった時代の女の一生が描かれていた秀作。耐える妻を演じたマリア・シェルより浮気相手のパスカル・プティやアントネラ・ルアルディが極めて色っぽく、悪女の魅力を教えられた。

1989年、北京の大学でおきた自由民主化運動の中に男女の生態を描いた『天安門、恋人たち』。何か得体の知れない大状況に突入する若者達の暗い蠢きに往時の羽田、王子、神田カルチェラタン闘争（スゴイネーミングだ）等を思いだし、北京の大学寮での狭く固いセックスシーンに、激動の時代と言われていた頃、自らの、セックスとは名ばかりの稚拙で恥しい行為の数々も思い出してしまった。激動する時代の中に男と女を描いた最近の『ラスト、コーション』（07）『君の涙ドナウに流れ　ハンガリー1956』（06）『光州5・18』（07）に比べて、男と女が時代の中にさすらい流されていく姿に、何故か往時を懐しく恥らいと共に喚起し、生々しく心が揺り動かされてしまった。

時代に翻弄されていく男と女を描いたものとして『ひまわり』『かくも長き不在』。ヒットラーのソ連侵攻に動員されたイタリア兵。妻を残し酷寒のロシアへ。そこで倒れ、ロシア娘に助けられ、子供を儲けてしまう。戦いが終わり、そこにナポリから妻が訪れてくる……戦争に引き裂かれた男と女の悲劇『ひまわり』。感動的な反戦映画だが、実のところソフィア・ローレンとリュドミラ・サベリーエワの板挟みとなっては僕ならどちらの状況を選択するか本当に悩んでしまう。『かくも長き不在』夫がナチ・ゲシュタポに連れ去られ十数年消息不明。妻は一人、下町の教会のカフェで働きながら夫の帰りを待っている。そこに現れた記憶喪失の男。妻はこの男が夫だと確信する。妻は二人だけの晩さん会を催し、涙をおさえて男と踊る。中年のくたびれた女、でもまだ希望も女も捨てないアリダ・ヴァリが実にいい。情感たっぷりに描かれるこのシーンは圧巻。この後、まだ更なる不幸がある。こうした時の権力による理不尽な長い不在、もしくは永遠の不在は僕らの周囲で満州で中国で朝鮮や東アジアでいくらでもあったに違いない。脚本は『二十四時間の情事』のマルグリット・デュラスとジェラール・ジャルロの共作。そのデュラスの小説をデュラスとジャルロのコンビが脚本化したのが『雨のしのび逢い』。映画少年にとってこの相関図は堪えられないものだった。フランスの田舎町、上流夫人ジャンヌ・モローと愛を通わせる工員ジャン＝ポール・ベルモンド。「君は死んだ方がいい」と言って去ってゆく男。その背に女は、まるで歓喜の絶頂を迎えたような、また、悲鳴のような叫び声をあげる。女と男の他者には理解できない心理ドラマ。そうか、大人の男女の形にはこんな形もあるんだと、無理して背伸びして、大人の情感を判ったつもりにしてくれた映画。

『さよならパリ』パリにやって来たアメリカ娘のジーン・セバーグがパリの男と恋に落ち二転、三転。アメリカから迎えに来た婚約者に連れられてパリを去るという月並みな展開だが、ラストシーン。婚約者とパリを去る列車の中、セバーグはパリの男との出来事を回想する。ベッドの上、歓喜に仰《の》け反《ぞ》る裸のジーン・セバーグのアップが鮮烈。この1シーンで〝私の恋愛映画10本〟の1本に入ってしまった。『悲しみよこんにちは』(58)『勝手にしやがれ』(60)でコケティッシュな魅力をふりまいたセバーグはこの後、反戦運動に参加したり、ブラックパンサーに近づいたりでＦＢＩにまとわりつかれ、１９７９年８月謎の失踪後、パリ郊外の車から遺体で発見される。このミステリアスな死は自殺とされるが、彼女の死にはＣＩＡやＦＢＩが深く関与しているとの噂がささやかれ続けている。

〝私の恋愛映画10本〟その全てが男女関係の崩壊から別離、死へとの流れをたどっている。恋愛とは継続するものでなく、その瞬間瞬間で燃えつくす歓喜の一期一会なのだろうか。

映画監督
1952年生

榎戸耕史

スージーの真心……1919／米
監督＝デヴィッド・W・グリフィス

ピクニック……1936／仏
脚本・監督＝ジャン・ルノワール

コンドル……1939／米
脚本＝ジュールス・ファースマン
監督＝ハワード・ホークス

道……1954／伊
脚本＝フェデリコ・フェリーニ、
トゥリオ・ピネッリ
監督＝フェデリコ・フェリーニ

翼に賭ける命……1958／米
脚本＝ジョージ・ザッカーマン
監督＝ダグラス・サーク

情事……1960／伊
脚本＝ミケランジェロ・アントニオーニ、
トニーノ・グエッラ、
エリオ・バルトリーニ
監督＝ミケランジェロ・アントニオーニ

ゲアトルーズ……1964／デンマーク
脚本・監督＝カール・T・ドライヤー

やさしい女……1969／仏
脚本・監督＝ロベール・ブレッソン

ラストタンゴ・イン・パリ……1972／伊
脚本＝ベルナルド・ベルトルッチ、
フランコ・アルカッリ
監督＝ベルナルド・ベルトルッチ

アデルの恋の物語……1975／仏
脚本＝フランソワ・トリュフォー、
ジャン・グリュオー、
シュザンヌ・シフマン
監督＝フランソワ・トリュフォー

映画史的な視野からという観点で、グリフィスに始まり近年までの作品のなかから10本選んだ。どうも私は、「恋愛」の甘き響きより「愛」の厳しさのほうに心を揺さぶられたようで、そちらに比重がかかりすぎたかもしれない……。

さて10作品だが、グリフィスなら『散り行く花』(19)をと迷ったが、田園3部作のなかからメロドラマの原型と呼べる『スージーの真心』を選んだ。

ルノワールの『ピクニック』ほど愛の官能に溢れた映画はないだろう。そして官能の後には、「月曜日のように悲しい日曜日が過ぎてゆく……」のです。

ホークスの『コンドル』を恋愛映画といっていいのかどうか、異論を挟む人もいるだろうが、単に航空映画と片付けるにはあまりにも完璧な脚本と演出で、人物たちそれぞれの人生の愛の残照を見事に描き切っていて忘れがたい。

昨年やっとスクリーンで観られたダグラス・サークは、『いつも明日がある』（55）という再会メロドラマの傑作も選びたい衝動に駆られたが、『翼に賭ける命』だけにした。これも飛行士の話だが、屈折した愛の旅路を抒情を抑えてクールに描いたサークの演出が冴え渡っている。映画のなかで主人公が〝男が命を賭けていいのは飛ぶことと愛だけだ〟という台詞があるのだが、いつか「飛ぶこと」を「撮ること」とすり替えて呟いてみたいものだ……。

フェリーニの『道』とアントニオーニの『情事』は、無償の愛と愛の不毛に、ドライヤーの遺作『ゲアトルーズ』には、愛の不寛容における孤独の厳しさに、またブレッソンの『やさしい女』には愛のまなざしの峻烈さに身震いした。

トリュフォーの『アデルの恋の物語』では恋の狂気に恐れ、そしてベルトルッチでは『シェルタリング・スカイ』（90）の極北の愛の貌か、『ラストタンゴ・イン・パリ』の肉体の愛の燃焼かとずいぶん迷いつつも、老醜を晒す中年男の愛に強く焦がれた。

これで10作品だが、とどめに別格で、ジャン・ユスターシュ『ママと娼婦』（73）を挙げておきたい。これこそ男にとっての究極の恋愛映画だと思うからだ。

他にも、エリック・ロメール『モード家の一夜』（68）の哲学的で倫理的な愛の会話に魅了されたし、ジョセフ・ロージー『恋』（70）の遠い記憶のなかの思春期の無垢なる恋の純真さに、レオス・カラックスの『汚れた血』（86）ではファナティックな愛のかたちに、ジョン・カサヴェテスの作品群における身を削るよ

La Strada
道
Federico Fellini
music by Nino Rota
Zampanò
Anthony Quinn
Nino Rotaの名曲と
おどけた表情の
Gelsominaが
結末を知ったZampanò
と観客を泣かせる。
Gelsomina
Giulietta Masina

うなガチンコ愛の軌跡もまた強烈な印象を残している。

アジアの映画では、侯孝賢《ホウ・シャオシェン》『恋恋風塵』（87）や楊徳昌《エドワード・ヤン》『牯嶺街《クーリンチェ》少年殺人事件』（91）で描かれた愛の切なさも忘れられない記憶として刻印されている。

やはり「愛」とは辛く切なく、苦しく、厳しく、恐いものである。

批評家
1959年生

上島春彦

恋の十日間……1944／米
脚本＝マリオン・パーソネット
監督＝ウィリアム・ディターレ

幽霊と未亡人……1947／米
脚本＝フィリップ・ダン
監督＝ジョセフ・L・マンキーウィッツ

ある日どこかで……1980／米
脚本＝リチャード・マシスン
監督＝ヤノット・シュワルツ

チャイニーズ・オデッセイ……1995／香港
脚本＝技安
監督＝ジェフ・ラウ

餓ゆるアメリカ……1933／米
脚色＝ロバート・ロード、ウィルソン・ミズナー
監督＝ウィリアム・A・ウェルマン

四人の姉妹……1938／米
脚本＝レノア・コフィ、ジュリアス・J・エプスタイン
監督＝マイケル・カーティス

ユーモレスク……1946／米
脚本＝クリフォード・オデッツ、ザカリー・ゴールド
監督＝ジーン・ネグレスコ

魅せられて……1949／米
脚本＝アーサー・ローレンツ
監督＝マックス・オフュルス

ビー・マイ・ボーイ……1997／香港
脚本＝シュウ・ケイ、コン・マンワイ
監督＝シュウ・ケイ

無花果の葉……1926／米
脚本＝ルイス・D・ライトン
監督＝ハワード・ホークス

筆者の個人的好みによりヨーロッパものは最初から排除。また編集部の方針により他ジャンルに属する映画も排除。ミュージカルもコメディも犯罪映画も戦争映画もヒッチコックも従って選んでいない。また今回はルビッチ『天使』(37)もムルナウ『サンライズ』(27)もやめ。クラシック定番だけでは刺激がないでしょう。ただし実際にやってみればわかるが「別ジャンルに属さない」生粋の恋愛映画を探すのはほぼ不可能。そういう次第で例外だらけの選考となった。アメリカ映画

（と香港映画）偏重で、薄味なものになるかと危惧したが杞憂であったのは幸いだ。

恋愛映画のパターンとして「不可能な恋愛」というのを挙げられると思う。『恋の十日間』は殺人犯の女囚ジンジャー・ロジャーズとシェルショック（塹壕恐怖症）で精神病院に収監されている兵隊ジョセフ・コットンの恋を描いた作品。出会うはずのない二人がクリスマスの特別許可外出で偶然出会ってしまう、という物語である。ドーリ・シャーリー〔プロデューサー〕が自身の第1回製作作品として戦時中にわざわざこういう厭戦映画を撮ってしまうのが凄い。ビング・クロスビーやビリー・ホリデイの名唱で知られる「アイル・ビー・シーイング・ユー」をここぞという場面で流すセンスも最高だ。『幽霊と未亡人』もタイトルでわかるようにこのタイプ。未亡人ジーン・ティアニーが心許せる船長の幽霊レックス・ハリスンでなく、やがて生身のジョージ・サンダース（この人が「ろくなもん」じゃないのは映画ファンならばみな承知している（4度結婚し、予言どおり65歳で自殺））に心惹かれていくのを観客は成すすべもなく見守る他ない、というのが切ない。微風に擬したキャメラワークといい、叙述の滑らかさ、メイクの官能性といい、この時代のハリウッド映画のスタッフワークは最高だ。

あまりに定番だが『ある日どこかで』も外すわけにはいかない。これは時間をさかのぼった不可能恋愛。作家クリストファー・リーヴが半世紀前のセピア写真の美少女ジェーン・シーモアに恋をする。冒頭二人の再会シーンの趣向は山上たつひこが初期ＳＦマンガで使っているものだが、山上の方がずっと早い。何故だろう。美女と野獣のカップルというのも映画だけに可能な不可能恋愛に数えて良い。あげればキリがないので極めつけの1本『チャイニーズ・オデッセイ』を。これは孫悟空チャウ・シンチーと美少女妖怪カレン・モックの恋を軸にしながら、猪八戒ウ・マンタの恋や、悟空の生まれ変わりチャウ・シンチーのアテナ・チュウとの恋などを絡ませた大恋愛ＳＦスペクタクルになっている。「三蔵法師を食べさせてやる」と孫悟空が妖怪に約束したのがバレて、お釈迦様が怒りのあまり悟空を殺してしまうという衝撃の幕開けから５００年の時空を行き来しながらのまさに息をつかせぬ展開が待っている。

恋愛のもう一つの王道は当然、三角関係だろう。でもこれまた挙げればキリがないと思うので異色作をいくつか。

『餓ゆるアメリカ』は第一次大戦からモルヒネ中毒者となって帰還したリチャード・バーセルメスと美少女ロレッタ・ヤングの健気な恋愛に、とりあえず美人とは呼べないアリン・マクマホンが介入する。というか身を引く。パニックの群衆に踏み殺されるヤングの描写も大変なものだが、いじらしいマクマホンにも涙々。『民衆の敵』と同じ年〈実は32年〉の作品なのに、こちらが忘れ去られてしまったのは不当である。

ジョン・ガーフィールドが鮮やかなスクリーンデビューを飾った『四人の姉妹』は音楽学校の学生たちの恋愛物語だから「のだめ」みたいなものである。今DVD化する価値は十分あると思う。才能に恵まれた恋人ジェフリー・リンを棄てて憂鬱気質の作曲家ガーフィールドと駈け落ちしてしまう軽はずみなプリシラ・レインの姿は、絶対、現代の観客の心にこそストレートに届くはずだ。この男が出てくるだけで世界が突然暗くなる、というのがガーフィールドのキャラクター。

その良さを完璧に発揮しているのが『ユーモレスク』だ。母子の心温まるファミリードラマだった名作サイレント映画を、「サノバビッチ」な天才バイオリニストと情緒不安定な女パトロン、ジョーン・クロフォードのメロドラマにリメイクしてしまったジェリー・ウォルド〈製作〉の才覚に当時の観客はあっけに取られたか、それとも自明なこととして悠然と受け止めただろうか。幼馴染の少女ジーン・チャンドラーは彼の心がクロフォードにあると思いこみ、クロフォードは彼の心が音楽にしかないことを知る。この三角関係は三角と言いながら最初から破れているのである。

だが最もおぞましい三角関係ドラマは、ガーフィールドが主要戦力だった左翼プロダクション、エンタープライズで製作された『魅せられて』ではないだろうか。アメリカ時代のオフュルスが演出した作品で、主人公のバーバラ・ベル・ゲデスはジェームズ・メイスンの捧げる純愛に惹かれながらも、資本主義的物欲肉欲の権化ロバート・ライアンの子供を妊娠してしまう。フィルムノワールの傑作と言われることもあるが、ここでの犯罪はむしろ倫理的なものである。映画史上、最もアンハッピーなハッピーエンドを存分に楽しまれたい。エイブラハム・ポロンスキーが脚本を書いてジンジャー・ロジャーズが主演する、というのが最初の構想であった、と言われるが実現しなくて良かったんじゃないでしょうか。

三角関係でも楽しい映画もある。ホモのカップル、ジョージ・ラムとチャン・シウチョンがくっついて別れてまたくっつく『ビー・マイ・ボーイ』は実に深い作品。ラムをホモだと知らない幼馴染の従妹（もともとの婚約者）が、彼と結婚するためにカナダから戻ってきて、自分を同性愛者だとカミングアウト出来ないラムも諦めて彼女と結婚しようとする。登場人物全員いじらしくて『魅せられて』とはえらい違いである。結婚式のゲストも豪華で香港映画の一時代を代表する傑作。

ラストの1本は三角関係でも不可能恋愛でもない単なる恋愛映画『無花果の葉』。何しろアダムとイヴが主人公だから、ここに加えないわけにはいかない。フリントストーンの昔から現代まで女と男の間にある深い河の原因、それは着る物である、というわけで秘密のワードローブを巡る男女人類の争いがまた一つここに繰り返される。巧妙な仕掛けは以後いくつかの映画や小説に利用されるが、これが源泉というよりもアメリカの詐欺物語の一つの類型ではないかと思う。

以上10本。思えばこれらはコミュニケーションが成立した恋愛、即ち人類最初のカップルから始まった恋愛だからこういう（とりあえずの）ラインナップとなった。しかし世の中には「片思い」の恋愛だってあるし、そうなればキュートな『スージーの真心』（D・W・グリフィス、1919）から、そのネガ『風』（ヴィクトル・シェーストレム、28）に至る妄想的恋愛の系譜が顧みられねばなるまい。「諦め」の恋なら『いちごブロンド』（ラオール・ウォルシュ、41）が白眉だし、「逆境」の恋なら『ハリケーン』（ジョン・フォード、37）を。「身分違い」の恋なら『牧童と貴婦人』（ヘンリー・C・ポッター、38）を。忘れるわけにはいかない。実は『結婚の夜』（キング・ヴィダー、35）を始めとするゲイリー・クーパーの恋愛映画ばかりを並べるコンセプトにも誘惑されかかったのだが、決定的なものを見ていないのに気づいたため止めにした。

元テレビプロデューサー・ディレクター
1947年生

河村雄太郎

激しい季節……1959／伊、仏
脚本＝ヴァレリオ・ズルリーニ、スーゾ・チェッキ・ダミーコ、ジョルジオ・プロスペリ
監督＝ヴァレリオ・ズルリーニ

夏の嵐……1954／伊
脚本＝ルキノ・ヴィスコンティ、スーゾ・チェッキ・ダミーコ、カルロ・アリアネッロ、ジョルジョ・バッサーニ、ジョルジオ・プロスペリ
監督＝ルキノ・ヴィスコンティ

死んでもいい……1962／米
脚本＝ジュールズ・ダッシン、マルガリータ・リベラキ
監督＝ジュールス・ダッシン

めまい……1958／米
脚本＝アレック・コペル、サミュエル・テイラー
監督＝アルフレッド・ヒッチコック

白昼の決闘……1946／米
脚本＝デヴィッド・O・セルズニック、オリヴァー・H・P・ギャレット
監督＝キング・ヴィダー

ファイブ・イージー・ピーセス……1970／米
脚本＝エイドリアン・ジョイス
監督＝ボブ・ラフェルソン

さすらい……1957／伊
脚本＝エリオ・バルトリーニ、エンニオ・デ・コンチーニ、ミケランジェロ・アントニオーニ
監督＝ミケランジェロ・アントニオーニ

ベティ・ブルー インテグラル 完全版……1992／仏
脚本＝ジャン＝ジャック・ベネックス、フィリップ・ディジャン
監督＝ジャン＝ジャック・ベネックス

惑星ソラリス……1972／ソ連
脚本・監督＝アンドレイ・タルコフスキー

アルファヴィル……1965／仏、伊
脚本・監督＝ジャン＝リュック・ゴダール

『激しい季節』の舞台はイタリアの敗色濃いアドリア海の港町だ。子持ちの戦争未亡人とファシスト幹部を父に持つ青年が人目を忍ん

で逢瀬を重ねる。互いに貪り合うような日々が過ぎて、青年には兵役が待っていた。二人は逃亡の旅に出る……。熱に浮かされたようなヒロイン、エレオノラ・ロッシ＝ドラゴの硬質な美貌と、全身から匂い立つ成熟したエロスに圧倒された。灯火管制の夜、ビング・クロスビーが歌う「テンプテーション」を聞きながら遠く炸裂する照明弾を見上げ、踊るうちに抱き合い、唇を重ねるシークエンスが忘れがたい。戦時下の恋を扱った映画は多いが、これほどパッショネイトな作品を寡聞にして知らない。

『夏の嵐』では売国奴と呼ばれようが反革命と詰られようが、身も心も捧げ尽くし、貢いだあげくに棄てられ、それでもなお男を求めて止まないアリダ・ヴァリの執念が凄まじい。貢いだ金は友軍の資金で、男はあろうことか敵軍の将校で、しかも脱走兵なのだ。原題の「SENSO」は官能という意味だが、ブルックナーのオペラに始まり、ヴェローナの夜の闇で終わるまで、文字通り全編これ官能の傑作である。この作品に比べれば『ベニスに死す』(71) 以降のヴィスコンティは弛緩が著しく、絢爛たる頽廃美はあっても、官能の欠如は明らかだ。

『死んでもいい』でギリシャの大女優メリナ・メルクーリが演じるヒロインは、この世には倫理や道徳など存在しないかのように、義理の息子に愛欲の炎を燃やす。ラフ・ヴァローネ扮する海運王の父との間で、板挟みになる息子役がアンソニー・パーキンス。義母との出口なき恋の果て、愛車アストン・マーチンでエーゲ海に突っ込む終局には、カーラジオから宿命のようにバッハが鳴り響く。ラシーヌの悲劇「フェードル」が原案だが、背景に海難事故を設定したことで王国の崩壊が際立った。社会派ダッシンの面目躍如である。

『めまい』は甘美な映画である。同時に偏執的な映画でもあるとヒッチコックは告げている。そのうえで、恋に落ちるとはめまいであり、落下するサスペンスのことだとも。その完全無欠のコンテに息をのむ。ロバート・バークスのカメラはキム・ノヴァクの金髪を捉えて妖しく光る。豊満な肉体に潜むガラス細工のような感情を逃さない。風景は白昼夢のごとく翳っている。バーナード・ハーマンの旋律は快感と不安を往復する。あるいは両者を重ね合わせる。視覚だけではない、聴覚によるめまいだ。天才の偏執が生んだ稀代の映画である。

『白昼の決闘』はテキサスの大地主の家に生れた対照的な性格の兄弟が、ネイティブとの混血娘を巡って骨肉の争いを繰り広げる西部劇だ。差別と慈愛、淫蕩と清廉、暴力と非暴力といった様々な対立要素が紆余曲折を経て、ヒロインとヒーローの死闘＝心中に収斂していく。ジェニファー・ジョーンズが野卑で奔放な混血娘を、グレゴリー・ペックが冷酷非情な弟に扮し、汗と血と土にまみれたラブ・シーンを展開する。愛と憎悪の表裏一体が強烈な原色で描かれ、壮絶。

『ファイブ・イージー・ピーセス』の主人公ジャック・ニコルソンは尽くしてくれる女をあえて拒む。いっぽう、自分が尽くそうとした女には拒まれる。誠実であろうとして、結局は身勝手だ。青春はとっくに終わっているのにオトナになりきれず、拗ねたように笑う。ひたむきに尽くす無学な女をカレン・ブラックが演じて、いじらしい。安住の地は何処かにあるのだろうか？ 先が見えない二人の関係にアメリカン・ドリームの終焉が滲む。ヴェトナムの泥沼でアメリカが立ち往生していた頃である。ニューシネマのベストワンを問われれば、私は躊躇せずにこれを選ぶ。

『さすらい』の主題は失われたアイデンティティの回復である。今や噴飯モノの自分探しだ。男は突破口を仕事や社会貢献などではなく、ひたすら女に求める。恋愛映画たる所以である。さすらいのあげく、男はついにアイデンティティも女も獲得できない。その虚無と渇望が北イタリアの荒涼とした風景に投影され、胸に迫る。同じアントニオーニでも「愛の不毛3部作」より遥かにピュアであり、それだけに痛々しい。かつて実存や人間疎外が大真面目に語られた時代があった。時代に先鞭をつけた秀作として、もっと評価されていい。

『ベティ・ブルー インテグラル 完全版』は短縮版を初公開で観たとき、女の過剰な不器用と男の過剰な自己制御に苛立った覚えがある。展開やテンションのあざとさが鼻についた。とはいえ、過剰の相乗効果の顛末を見届けずにはいられなかった。数年後、男の描写が加わった完全版を観た。苛立ちはなかった。役者の肉体が脚本や演出を突破して、疾走する映画がある。この作品もそのひとつだが、ベアトリス・ダルが猛スピードで堕ちて行った先は地獄だった。そこには魔物が待っていた。この恋愛映画はホラーなのだ。

『惑星ソラリス』

原作は未知の生命体との接近遭遇を哲学的に考察するSFである。タルコフスキーはそれを愛のドラマに読み換えた。原作者スタニスワフ・レムは不満だったらしいが、映画の感動はすべてその賜物だ。主人公の前に死んだ妻が現れる。主人公を錯乱させようとして、ソラリスの海が主人公の潜在意識を実体化したのだ。そうと知りながら、彼はのめり込んで行く。すると、海が錯乱を始めて……。この映画もホラーである。だが、登場する魔物は優しく儚い。無重力空間を浮遊する主人公と妻のラブ・シーンには陶然とさせられた。

『アルファヴィル』のゴダールは外せない。巨大コンピューターが管理する愛なき未来を逆手にとって、自由とフィルムノワールとアンナ・カリーナへの愛を、つまりは〈映画愛〉を臆面もなく綴ったこの作品を滑り込ませる。60年代のパリを星雲都市アルファヴィルに見せてしまう力業に脱帽した。エリュアール詩集で愛することを知り、ラストで究極のメッセージを口にするアンナ・カリーナに痺れた。映画史に残るメタ恋愛映画である。

これらの作品には健全な市民社会からハミ出した、いわば常軌を逸した男女が描かれている。その造形が外向きであるか内省的であるかの違いは、脚本や演出や演技の質の違いに過ぎない。彼や彼女は結婚や出産のプロセス、すなわち人間の再生産システムと無縁である。共同体の利益や理想とは一致しない。難病を克服したり、格差や偏見と闘って愛を貫いたりしない。観客の涙腺を刺激せず、勇気も与えない。予定調和には背を向けて、綱渡りをつづける。〈あるべき社会〉には組み込まれないのだ。だが、それゆえ〈今そこにある壁〉に風穴を開けるかもしれない。そうした性愛のダイナミズムを刻んだのがこの10本である。いまどきの〈優しさに満ちた癒し系〉や〈CGが再現する懐かしさ〉など、吹けば飛ぶようなカンナ屑に等しい。

建築家・映画評論家
1938年生

渡辺武信

数ある名作の中から10本に絞り込むのは楽しくも悩ましいが、他のジャンルが設定されているので、まず除外枠を考えた。"boy meets girl"型のミュージカルは数々の名作と、その中で使われる愛の名曲を生み出しているが（『アニーよ銃をとれ』〈50〉の"They Say It's Wonderful"『オクラホマ！』〈55〉の"People Will Say We're In Love"などなど）、これはミュージカル枠に譲る。恋愛結婚でもその後の夫婦愛が主体になる作品（『いつも2人で』〈67〉『グレン・ミラー物語』〈54〉『スミス夫妻』〈41〉）は除く。これらは『花嫁の父』などと一緒に「家族」のジャンルに譲る。

しかしバンドリーダーや作曲家の伝記映画が多い（『雲流るるはてに』〈53〉『我が心に君深く』〈54〉『情熱の狂想曲』〈50〉『カッスル夫妻』〈39〉『バード』〈88〉）ことを考えると「伝記映画」というジャンルを設けた方が良いと思う。「青春」というジャンルがあるので淡い初恋の思い出を描いた作品は除く。また設定があざとく感じるヒット作（『慕情』〈55〉『ある愛の詩』〈70〉『愛情物語』〈56〉など）は私の好みで除いた。さぁこれでだいぶ楽になったので本番に入ろう。

『お熱い夜をあなたに』は、さすがの双葉（十三郎）大先輩も『愛をめぐる洋画・僕の５００本』（文春新書）に挙げ損ねているのでアナ狙い。ジャック・レモンとジュリエット・ミルズが結ばれるかどうかは明快ではないが、粋なホテル支配人、クライブ・レヴィルのはからいで毎年会うことになるのは間違いないと思う。しかしこれを入れたために「同じ監督からは1作」という自分で設けた規則に妨げられてビリー・ワイルダーの『麗しのサブリナ』〈54〉『昼下りの情事』〈57〉『アパートの鍵貸します』〈60〉などが押し出された。

『カサブランカ』は「ハードボイルド」ではないか、と言われそうだが、愛する女の運命を思いやって敢えて別れる男のダンディズムは強烈な恋愛感情なしには成立しない。20歳代のガキの私は、愛している女性を“Here's looking at you, kid.”と言って送り出してやりたいと思っていたがチャンスがなかった。

『ジョンとメリー』はハント・バーで知り合った男女がお互いに好きなくせにいかにも遊び人を装って我を張り合う過程が面白く、二人が初めて名乗りあうベッドからズームバックするラストが忘れがたい。

『リトル・ロマンス』はＩＱ１６７の天才少女（ダイアン・レイン、役の設定では13歳）が恋人で同じく天才の少年とのデイトの時に出会った老人（ローレンス・オリヴィエ）から、ヴェネツィアの「ため息の橋」の下で日没の瞬間にキスすると永遠の愛を得るという伝説を聞いて、それを実行しようとするお話。老人が自称する優雅な老後を楽しむ外交官ではなく詐欺師であることが分かり、それでも二人の手助けをする心意気が嬉しい。伝説を現実化しようとするこの作品は「映画は決して夢そのものではないが、夢見る力の存在証明になり得る」という真実を描いている。

『めぐり逢い』はタイトルとテーマミュージックを聴くだけで泣けてくる〝奇跡の再会〟ものの代表作。なおこれは同じ原作が3回映画化されているが、私が親しんだのは2回目のケーリー・グラント、デボラ・カー共演版である。

『摩天楼』は建築家が自分のデザインが変更されたと怒って建物を爆破し、しかも裁判で無罪になり、恋人と大きな仕事を共に得るという、あまりにも都合が良すぎる建築家の夢の映画。パトリシア・ニールが工事用のエレベーターで高層ビルに上がっていくと、頂上に建築家のゲイリー・クーパーがスックと立っている。これはニールの髪のなびき方が官能的で逆光のクーパーの姿が雄々しく見える名ラストシーンだが、実際は建築家がビルの頂上に一人で立っていることはなく現場監督と一緒なのが通常だが、それでは映画にならないだろう。そこんとこ、間違えないように。なお女流作家アイン・ランドの原作小説（『水源』）は現在でも建築家を目指す若者によく読まれ、建築科のあるアメリカの大学の生協の図書部に平積みになっているそうだ。

『逢う時はいつも他人』はもっとつつましい建築家の、それだけ現実的な浮気のお話。子供を幼稚園に送っていく建築家（カーク・ダグラス）が、同じ立場の母親（キム・ノヴァク）に出会い、「これから設計する建物の敷地を見に行く」と言ってドライブに誘い、巻尺の端を持たせて広さを測る手伝いをさせるのがきっかけで深い仲になり、建築現場で逢い引きを重ね、建物の完成と同時に無事別れる。これも実に都合の良い話だが、みみっちいだけ現実性があり、キムと恋仲だったリチャード・クワインが彼女を実に美しく撮っているのでゴージャス感あり。

『旅情』はヴェネツィアを舞台に、中年女性（キャサリン・ヘプバーン）と壮年男性（ロッサノ・ブラッツィ）の大人の恋を描く名作。ヴェネツィアの雰囲気は『ベニスに死す』よりこっちのほうがよく出ている。

『旅愁』はイタリアの旅で出会った共に配偶者のある男女（ジョセフ・コットン、ジョーン・フォンテーン）がナポリで遊びすぎて飛行機に乗り遅れ、その飛行機が墜落したため事故死と思われたのを利用して浮気の旅を続けるが、やがてそれぞれの家庭が恋しくなって、無事に別れる、というお話。これも『摩天楼』と『逢う時はいつも他人』の対比と同様のスケールの差があるが、堂々たる大作の後につましい映画を思い出すのは私の連想力の貧しさかね。

『幸せはパリで』はカトリーヌ・ドヌーヴが初めてハリウッドで撮った映画。家庭では妻にないがしろにされ、会社では社長に叱られてばかりの中年男（ジャック・レモン）がヒロインに出会い、全てを捨ててパリに駆け落ちする。ところが彼女は社長夫人だったので、それがどうなるかはお楽しみだが、大人の童話として洗練された出来映え。

佐藤千穂

元『映画芸術』編集部員・映画批評家
1941年生

マディソン郡の橋……1995／米
脚本＝リチャード・ラグラヴェネーズ
監督＝クリント・イーストウッド

サウンド・オブ・ミュージック……1965／米
脚本＝アーネスト・レーマン
監督＝ロバート・ワイズ

突然炎のごとく……1962／仏
脚本・監督＝フランソワ・トリュフォー

夜を楽しく……1959／米
脚本＝スタンリー・シャピロ、モーリス・リッチリン
監督＝マイケル・ゴードン

コレクター……1965／米
脚本＝スタンリー・マン、ジョン・コーン
監督＝ウィリアム・ワイラー

クレオパトラ……1963／米
脚本＝ジョゼフ・L・マンキーウィッツ、シドニー・バックマン、ロナルド・マクドゥガル
監督＝ジョセフ・L・マンキーウィッツ

ハッスル……1975／米
脚本＝スティーヴ・シェイガン
監督＝ロバート・アルドリッチ

大いなる勇者……1972／米
脚本＝ジョン・ミリアス、エドワード・アンハルト
監督＝シドニー・ポラック

ひまわり……1970／伊
脚本＝チェーザレ・ザヴァッティーニ、アントニオ・グエラ
監督＝ヴィットリオ・デ・シーカ

潮風のいたずら……1987／米
脚本＝レスリー・ディクソン
監督＝ゲイリー・マーシャル

〝あらざらむこの世のほかの思ひ出に今ひとたびの逢ふこともがな〟（和泉式部）。この歌は、わが師匠小川徹が、成就されなかった恋の相手に、その後十数年を経て書かれたラブレターの中の一節である。遺品の中から見つかった。〝あらざらむこの世〟という現実に対して下の句の〝今ひとたびの……〟は、心

象や願望をいう虚の世界である。恋愛映画の魅力とは、この歌の〝思い出に〟に託される虚実の狭間を追求して見せてくれることであろう。もっともこれは、すべての映画に通底する本質なのだが、映画を単なる作り物と考えている人達には何の価値もないのかも知れない。

10代そこそこから映画を追いかけてきたけれど、思わぬ大病でこの数年、映画館に足を運べなくなってしまった。アナログお命でやってきた身には、居間でDVDを観てもしっくりこない。眠れぬ夜は、番場の忠太郎きどりで〝上の瞼、下の瞼、しっかり閉じりゃ〟瞼の奥に焼きついている数多の名場面を追っているうちに朝がくるという今日このごろ。編集部からの注文は「恋愛映画」からということだが、ジャンル表を見ていたら、他のジャンルにもユニークな男女の世界が拡がっているので、あえて分野を考えずにコメントしたい。

『マディソン郡の橋』は、この作品と同時代に生きてきて良かった！ 土砂降りの雨の中で切なくも哀願するがごとく立ち尽くすイーストウッド、片や、夫と一緒の車中、涙でぐしゃぐしゃになった手でドアロックを握りしめて堪えるストリープ。以前『映芸』の座談会で長谷部安春監督だったか？ 〝あんなみじめなイーストウッド嫌だよ、観たくなかった〟と言われてたけれど、同じイーストウッドファンの私の場合には、あの場面で彼が自分の真っ正面へ迫って来たのである。D・リーンの『旅情』(55)、アントニオーニの『情事』(60) のラストも印象的だったけれど、こちらとはちと肌合いが違っていた。

『サウンド・オブ・ミュージック』はオーストリア貴族の軍人と修道尼とのミスマッチなロマンスが、子供たちの美しい歌声とナチス侵攻の暗い影の間で静々と発展していく。画面にはないのに、あの古城での性愛場面まで想像させる〝あったらいいナ〟の物語。

青春映画は、ほとんど恋愛がらみ、多すぎるのでパス。思い出深いのは、N・レイ『理由なき反抗』(55)、E・カザン『草原の輝き』(61)、S・ポラック『追憶』(73) など。友情モノでは断然『突然炎のごとく』。男二人の真ん中で川の字になってご満悦のJ・モローに、ちょっと、トッポイ気分に浸らせてもらった。

男女の心の機微を描くのにラブコメディーは最適。ベルイマンの『夏の夜は三たび微笑む』(55)、ワイルダーの『アパートの鍵貸します』(60)などなど、名作傑作多々あるが、ここではドリス・デイとロック・ハドソンの一連のコメディーから『夜を楽しく』を挙げたい。インテリアデザイナーのD・デイの引き締まったヒップ、タイトスカートのスーツに帽子のかっこよさ。対する女蕩しの作曲家R・ハドソンのこれまた崩れた男っぽさの取り合わせは楽しかった。アパートの隣人同士の共有電話というなんとも旧式な文明の利器を仲立ちにした相手の分からないままの交際は、今日のケータイ出会い系文化のハシリ? 男のハドソンが妊娠したという奇想天外なエピソードを、なぜか、彼がエイズで亡くなったときに思い出し、彼はホントに妊娠したかったのかも。

『コレクター』は、蝶に魅せられた青年の収集癖が高じて若い女性(S・エッガー)を誘拐する異常性格者モノだが、T・スタンプの悲愴な表情を観ているうちに、その内面に引っ張られ、観る者も正常と異常の境目より、むしろ彼の側に引きずられていくような辛い作品だった。

『クレオパトラ』は、劇中のクレオパトラとアントニウスの恋に、現実のテイラーとバートンの恋愛スキャンダルが絡み合い、おっきなダイヤを贈ったとかの大騒動などなど。大赤字の駄作大作だと評判だったけれど、今ならCG技術で造作なく仕切るところを真っ向勝負で取り組んだ、マンキーウィッツの価値ある作品。

『ハッスル』は、B・レイノルズのマッチョでがさつなLAPD刑事と、まるでシャンゼリゼ通りから抜け出してきたかのような高級コールガール、C・ドヌーヴとの恋。刑事の部屋の壁のパリの観光ポスターが次第に汚れていくのは二人の仲が悲恋で終わる予感。ラスト、空港まで来て撃たれ倒れるレイノルズの凶報を、機内で待っていたドヌーヴに知らせる相棒。こんな結末は過去何十回観ている通俗の極みなのに泣けて泣けて……。因みに相棒役はアルドリッチお気に入りのR・ジャッケルだった。

西部劇の『大いなる勇者』で、馬で先を行くレッドフォードの後から大きな荷物を背負って黙々と従う、無理やり押し付けられたインディアンの女房。だが、この二人の間の距離も、また愛のかたちと見た。その距離が縮まって連れの少年と共にやっとひとつになった時に無残にも妻と少年が殺される。その後のレッドフォードの死闘の日々は、相手が誰彼よりも、愛妻と少年への愛惜にほかならない。また、長閑で微笑ましくも忘れられないのは、D・シーゲル監督『真昼の死闘』(70)。苦虫を噛み潰したような賞金稼ぎのイーストウッドとS・マクレーンの尼僧(実は売春婦)が絶妙のコンビ。マクレーンのレースのけばけばしい日傘とラバと葉巻が忘れられない。

『ひまわり』は講釈不要。ひまわり畑で、S・ローレンとマストロヤンニがいちゃついているとき、彼がイヤリングを呑みこんだエピソードなど、さすがデ・シーカ。

『潮風のいたずら』は、G・ホーンとK・ラッセルの忘れ難いB級コメディー。富豪の娘で高慢なホーンが海に落ちて記憶を喪失し、子沢山の貧しい大工一家と暮らすはめに。無骨なラッセルがこのセレブ女に愛の教育。子供達から贈られたマカロニのネックレスに喜ぶ、今なら一月1万円生活。記憶が戻って連れ戻されても、身についた貧乏生活の癖つまり、彼への愛の証しが抜けず、ビールの王冠を高級家具の角に引っかけて、口呑みしてゲップ、「グッドスタッフ」と下品に呟き、富豪の親族を唖然とさせるなど随所に珍味一杯だった。

その他、犯罪サスペンスで、G・スティーヴンスの『陽のあたる場所』(51)は見終わってやけに大人っぽくなった感じがしたので思い出深い。近未来を舞台にしたものでは、S・クレーマーの『渚にて』(59)。G・ペックとA・ガードナーの地球最後の日を目の前にしてのリンとした愛の交歓。恋愛は大方刺し身のツマ的な戦争映画でも、S・ポラック監督の『大反撃』(69)のようにP・フォークが敵地の村のパン屋の女将とねんごろになって店に入り浸る恋愛エピソードはメインの料理を見事に引き立てていた。レジスタンスものでは、トリュフォーの『終電車』(81)の人妻ドヌーヴと若者の密かな逢い引き……などなど、思い出は尽きないけれど、夜も更けて来た、この辺で。

批評家
1964年生

大口和久

映画の中で恋愛の生々しさは、実は恋愛映画以外の映画の中に見られることも多い。たとえばラオール・ウォルシュの西部劇『死の谷』（49）のヴァージニア・メイヨの哀愁と痛みに満ちた情感の美しさ、サム・ペキンパーの活劇『ゲッタウェイ』（72）や『ガルシアの首』（74）のボロボロの男女の絆、サミュエル・フラー『地獄への挑戦』（49）の女のために仲間のジェシー・ジェームズを撃ち殺し、銀山まで掘り当てても報われない男の愛の絶望、ドン・シーゲル『犯罪組織』（65）のアストラッド・ジルベルトが出演してボサノヴァを歌う中、裏切られているのに女を想うロバート・カルプと彼を慕う少女の関係、T・フィッシャー『妖女ゴーゴン』（64）の怪物女が人間の男に寄せる儚い恋情と非情な断絶……などなどには、ハードな人生の最低の状況の中で、ギリギリの孤独な男女が恋愛のどうしようもない何か、生々しさを表出している。しかしこれらはジャンル的には活劇やホラーになるのでここでは省く。とは言えその意味においてフィリップ・ガレルの映画は外せない。

特に『秘密の子供』にはガレルが「極北の恋愛映画」の作家だと呼ばれることが何ら誇張ではないような、ダイレクトな恋愛の暴力的なまでに強烈な生々しさが、お互いの心の隙間を埋められない男女のどうしようもない愛の苦悶に漲っている。『自由、夜』(84)にも『ギターはもう聞こえない』(91)にも、人生の苦痛と孤独と絶望に相まったギリギリの男女の恋愛の直接的生々しさが息づいている。

ダグラス・サークの『心のともしび』はまるで恋愛映画の純粋形態のような映画だろう。サークには『風と共に散る』(56)や『愛する時と死する時』(58)、デトレフ・ジールク〔サークに改名前〕時代の『第九交響楽』(35)などもあるが、女を失明させてしまった男と相手が自分を失明させた男と知らずに恋におちていく女の、罪悪感と孤独とそれぞれの切実さが混ざり合ったスリリングでメロウなエモーションの流れの魅惑はほとんど類例のないものだろう。

フランク・ボーゼージの『第七天国』の男女は、一見ワイルドな男と献身的で弱くて孤独な女のカップルという一昔前の男尊女卑関係に見えるかもしれないが、ここにもどうしようもなくギリギリの男女の絆が描かれている。ぶっきら棒な男は結局女をどんなことがあっても体を張って守ろうとする男であり、女はそのことを十分に知っている。お互いが深いところで悲しいまでに信じ合い、絶対の絆を信じている姿がいじましい。この映画を見ていると北野武の『HANA-BI』(98)の夫婦を想起してしまう。

『ハネムーン・キラーズ』は人を騙して殺しまくる極悪カップルの話だが、しかしこの鬼畜な男女はお互いが同じように生きづらく壊滅的な者同士であるが故に、唯一無二の相手として繋がっているとしか思えないものがある。ラストに顕れる深く傷だらけの愛念の気配の濃厚さには胸に迫るものがある。

その意味では『リービング・ラスベガス』も自殺寸前のこの世で生きづらい男（実際男の原型とおぼしき原作者・ジョン・オブライエンは映画化決定後自殺した）と苦痛まみれの娼婦の破滅的な恋情と諦念がほとばしっており、劇中流れるブルージーな名曲の数々が儚くそんな二人を彩っていた。この映画の男女を見ていると佐野和宏の映画〔『変態テレフォンONANIE』（93）〕の中の、佐野と岸加奈子の憂愁に満ちた男女を思い出してしまう。『男と女』は恋愛映画としての総体よりも、お互い連れ合いと死に別れ、子連れでアヌーク・エーメとジャン＝ルイ・トランティニアンが出会うシーンのイメージ的映像が放つ、およそ奇跡的なまでの恋愛の至福感の拡散にこそ強烈なリアルさを感じる。長くつき合おうと短期的な恋愛であろうとこのような恋愛独特の至福のスパーク感はやはり瞬間的に訪れるものだろう。その瞬間をイメージ連鎖という、ともすれば軽視されがちな描写で完璧に弾けさせたルルーシュの才気は見事と言うしかない。その意味ではU・グロスバード『恋におちて』（84）のR・デ・ニーロとM・ストリープが不倫の逢引きに向かうシーンに溢れる恋愛独特の高揚感も、瞬間的な至福を生々しく捉えていたと言える。

『かわいい女』は恋愛を粋な喜劇に仕立て得るのは決してルビッチやP・スタージェスだけではなく、ルイス・マイルストンにもそんな才気が十分あることを証明している作品だ。ジェントルな余裕と包容力あるロナルド・コールマンが、浮気ばかりする妻の愛人たちにウィットに富んだ楽しいゲームを仕掛けて受け流し、いつも自分の掌に乗せて妻を自分の元に取り戻してしまう面白さとそのスマートさ自体に悩む姿が描かれている。軽快で洗練された小粋なコミカルさの中に自由な妻へのコールマンの愛情と思いやりも描かれている。『哀愁の湖』はテクニカラーの美しさによるハリウッド40年代恋愛映画のロマンティックな多幸感溢れる映画ながら、そこで描かれる引き裂かれた恋愛の過剰と狂気はノワールの極致まで行ってしまう（ヴィスコンティの遺作『イノセント』〈76〉も過剰な恋愛の息吹きがほとんどサイコホラーじみた怪奇の域まで到達した異色の怪作だった）。歪んだファザコンのジーン・ティアニーは父親そっくりの夫のコーネル・ワイルドに真に愛されているかどうか不安で義理の弟を溺死させ、自分のお腹の赤ん坊にまで嫉妬して実子すらわざと流産して殺してしまう。

夫に愛されなくなることとの恐れが、つまり愛の不安が映画自体のロマンティックな美しさに強烈な亀裂を入れているのだ。後にデヴィッド・リンチが『ブルーベルベット』（86）で美しいニューカラー系の映像で幸福そうなアメリカ郊外を復元しつつ、そこで狂気と倒錯を描いたのはこの映画の影響と思えてならない。

日本で言うならかつて神代辰巳が監督した2時間ドラマの、東宝の清純派だった酒井和歌子が愛の狂気と嫉妬にボロボロになる「愛の牢獄」（84）や「死角関係」（87）などでの怪演がこの映画のティアニーに近いと思う（酒井はそれらの作品で神代に演技開眼させられたと語っていた）。

『太陽はひとりぼっち』はアントニオーニの「愛の不毛3部作」の中の一つだが、特にラストのモニカ・ヴィッティとアラン・ドロンの渇いた別れの後の何もないただの日常の羅列に恋愛が埋没してしまい消滅してしまったかのような描写が強烈だった。かって初期ピチカート・ファイヴの頃の小西康陽がよく詞にしていたように、恋愛など実は「ありふれたこと」であり、恋の終わりなど、また恋をすることなど悲しいくらいにありきたりなことなのだ。その不毛なまでの痛みを日常の無に埋没させて映画を終わらせるアントニオーニの徹底性が凄惨な作品である。それは濱田金吾の名曲「インク・ブルーの夜明け」にも通底する。

しかしエリック・ロメールの映画はそんな「ありきたりの不毛さ」をどこか不毛なまま対象化、または肯定してしまう。たとえば『冬物語』（92）も『モード家の一夜』（69）も。

だが『友だちの恋人』には、そうであっても愛念の苦しみと熱情的な深みに堕ちていきながら、終いにはその不毛な肯定に対象化されてしまう過程の醍醐味が描かれている（井口奈巳の『犬猫』〈2004〉はロメール映画に近いと思う）。

その他ジャン・ユスターシュの『ママと娼婦』（73）が惜しくも漏れたが、ユスターシュはいわばロメールの恋愛の対象化の果ての不毛の残酷の極地まで疾走してしまった映画作家と言えるかもしれない。またイーストウッドの『マディソン郡の橋』（95）で、私の好きな忘れ去られていたJAZZシンガー、ジョニー・ハートマンが使われたのはとても嬉しかった。

ライター
1967年生

わたなべりんたろう

あなたが寝てる間に…………1995／米
脚本＝ダニエル・G・サリバン、フレドリック・リボー
監督＝ジョン・タートルトーブ

恋しくて…………1987／米
脚本＝ジョン・ヒューズ
監督＝ハワード・ドイッチ

シュア・シング…………1985／米
脚本＝スティーヴン・L・ブルーム、ジョナサン・ロバーツ
監督＝ロブ・ライナー

旅情…………1955／英
脚本＝H・E・ベイツ、デヴィッド・リーン
監督＝デヴィッド・リーン

ラスト・オブ・モヒカン…………1992／米
脚本＝マイケル・マン、クリストファー・クロウ
監督＝マイケル・マン

マディソン郡の橋…………1995／米
脚本＝リチャード・ラグラヴェネーズ
監督＝クリント・イーストウッド

恋におちて…………1984／米
脚本＝マイケル・クリストファー
監督＝ウール・グロスバード

チェイシング・エイミー…………1997／米
脚本・監督＝ケヴィン・スミス

ショーン・オブ・ザ・デッド…………2004／英
脚本＝エドガー・ライト、サイモン・ペッグ
監督＝エドガー・ライト

恋人までの距離《ディスタンス》…………1995／米
脚本＝リチャード・リンクレイター、イーサン・ホーク、キム・クリザン
監督＝リチャード・リンクレイター

『あなたが寝てる間に…』は90年代以降の恋愛映画・ロマンティックコメディでは、かなりの出来の1本。下手に処理したら嫌味な話になってしまう題材を（ロマンティックコメディは大概そうだが）、ジョン・タートルトーブが快調な演出で魅力的に見せてくれる。その快調さはタイトルバックでも分かるとおり。ランディ・エデルマンのピアノをメインにし

た音楽も良い。

『ラスト・オブ・モヒカン』は史劇orアクション映画と思われがちだが、「命は愛のためにある」のキャッチコピーにあるように究極の恋愛映画でもあり、公開当時はまわりの女性の映画ファンが主演のダニエル・デイ＝ルイスにしびれまくっていた。マイケル・マンは『ヒート』も犯罪映画ながら恋愛と家族愛が描かれていた映画だった。

『恋しくて』はジョン・ヒューズの青春恋愛映画から1本と思って選んだ。メアリー・スチュアート・マスターソンの一途な片思いぶりがいじらしい。プロパガンダなどの当時の音楽も面白い使い方がされていた。ピンク映画の『スチュワーデス　腰振り逆噴射』(02)が『恋しくて』にオマージュを捧げたプロットになっていたのは嬉しい驚きだった。

『シュア・シング』も『恋しくて』に続いて80年代もの青春恋愛映画からの1本で、ロブ・ライナーのデビュー作。冒頭から『ライ麦畑でつかまえて』のオマージュのようなシーンで始まり、北米大陸横断する男女のロードムービーで、途中で出てくるティム・ロビンスも光っている拾いものの作品。撮影は名匠ロバート・エルスウィットで初期の仕事になる。主演のジョン・キューザックは同時期では『やぶれかぶれ一発勝負!!』(85)も素晴らしい。

『旅情』は古典だが、お気に入りの1本。デヴィッド・リーンの演出はさすがだし、キャサリン・ヘプバーンの心情は今の女性と変わらないだろう。本作の「ヴェネチア・グラス〈これを扱う骨董店で男女は出逢う〉」をシナリオの技法のように脚本家の方に言われたのを思い出す。

『マディソン郡の橋』は映画化を聞いたときは、イーストウッド監督・主演でメリル・ストリープの共演でも心配だったが、見事な恋愛映画になっていた。ラストの車のシーンが特に好きだ。

『恋におちて』は、引き続きでメリル・ストリープがヒロインでデ・ニーロと共演の大人の純愛不倫映画。公開当時にも話題になった作品で「金曜日の妻たちへ」のパート3でそのままのプロットの回もあったと記憶する。大好きな傑作『ストレート・タイム』（78）のウール・グロスバードの抑制の効いた演出とディテールのしっかりしたマイケル・クリストファーの脚本が出来を高めている（撮影のピーター・サシツキーは後のクローネンバーグ組の撮影監督）。

先日の映芸シネマテークの『ＰＡＳＳＩＯＮ』（濱口竜介監督）を観たときに思い出したのがケヴィン・スミスの『チェイシング・エイミー』（97）。複数の恋愛ものなら、こういう解決方法もあり！ のラストが今も鮮烈。『ショーン・オブ・ザ・デッド』はゾンビが街中に溢れても、想うのはガールフレンド（正確には元ガールフレンド）のことだけという恋愛映画でもあるし、究極の友情映画でもある。先日、トロントで初めてスクリーンで観たが恋愛映画としても秀作なことを実感した。

『恋人までの距離《ディスタンス》』はリチャード・リンクレイターの傑作恋愛映画。人が話しているだけの作品なのに、ここまで面白いのは驚異的かも。９年後に作られた続編『ビフォア・サンセット』（04）も唸る出来だった。ここまで書いて『天国から来たチャンピオン』（78）を入れるのを忘れているのに気付いた。『天国から来たチャンピオン』のラストの見つめ合いは恋愛映画の一つの究極の形だと思う。

プロデューサー
1937年生

山口剛

哀愁……1940／米
脚本＝S・N・バーマン、ハンス・ラモー、ジョージ・フローシェル
監督＝マーヴィン・ルロイ

心の旅路……1942／米
脚本＝クローディン・ウェスト、ジョージ・フローシェル、アーサー・ウィンペリス
監督＝マーヴィン・ルロイ

静かなる男……1952／米
脚本＝フランク・S・ニュージェント
監督＝ジョン・フォード

泥棒成金……1955／米
脚本＝ジョン・マイケル・ヘイズ
監督＝アルフレッド・ヒッチコック

歴史は女で作られる……1955／仏
脚本＝マックス・オフュルス、アネット・ワドマン
監督＝マックス・オフュルス

ヘッドライト……1956／仏
脚本＝フランソワ・ボワイエ、アンリ・ヴェルヌイユ
監督＝アンリ・ヴェルヌイユ

恋人たち……1958／仏
脚本＝ルイ・マル、ルイ・ド・ヴィルモラン
監督＝ルイ・マル

突然炎のごとく……1962／仏
脚本・監督＝フランソワ・トリュフォー

エヴァの匂い……1962／仏
脚本＝ヒューゴ・バトラー、エヴァ・ジョーンズ
監督＝ジョセフ・ロージー

つぐない……2007／英
脚本＝クリストファー・ハンプトン
監督＝ジョー・ライト

大半は古い映画になってしまったが、観た当時に感銘を受けた映画を列挙することにする。後年、人生経験、映画経験もが増えてから改めて観ても、初めて観たときの印象は案外変わっていないものだ。何だこんな馬鹿馬鹿しいものに感激していたのかと思うものもなくはないが、馬鹿馬鹿しいものを喜んで観ていた理由はおおむね納得できる。

『哀愁』、『心の旅路』はいずれも典型的なメロドラマだが、空襲や復員、焼跡に立つ娼婦を多少は知っている少年には現実感があったようだ。両方とも、監督はマーヴィン・ルロイで、先日CS放送で再見したが、その職人技は今観ても色あせていない。

『静かなる男』について、ジョン・フォードはインタビューで「私の初めてのラブストーリー」と言っている。彼のアイルランドを扱った作品は深刻で暗いものが多いが、これは底抜けに明るく楽しい。ボクサーくずれの無骨な一徹男のジョン・ウェインと男勝りの赤毛のアイルランド娘モーリン・オハラの恋が美しいアイルランドの自然を背景に描かれる。ヴィクター・マクラグレン、ワード・ボンド、バリー・フィッツジェラルドなどおなじみの面々に囲まれて故郷に帰ったフォードの遊び心と詩情に溢れた会心作。

『泥棒成金』、ヒッチコックの映画はジャンル的にすべてはサスペンスになるのだろうが、ラブ・シーンの女優を美しく撮ることにかけては名人だ。『めまい』のキム・ノヴァクの金髪、『汚名』のバーグマンのファイブ・ミニッツ・キッスなどいずれも忘れ難い。サスペンス映画としてはもっと良い作品がいっぱいあるが、一番恋愛映画らしいということで『泥棒成金』を選んだ。グレース・ケリーとケーリー・グラントの花火を背景にしたキスシーンには陶然とさせられた。

マックス・オフュルスの映画は「情緒纏綿」という古い表現がぴったり当てはまる。いずれも世紀末のヨーロッパに生きる女性を絢爛たる映像で描いた作品で、全編を退廃の翳が覆う。『歴史は女で作られる』はサーカスの芸人に身を堕とした貴婦人ローラ・モンテスが野卑な観客を前に語る色懺悔で、まさにオフュルス版『好色一代女』である。オフュルスの代表作と言えばシモーヌ・シニョレ、ダニエル・ダリュー、ダニエル・ジェラン、ジャン＝ルイ・バロー、ジェラール・フィリップなどの豪華キャストを集めた『輪舞』(50)だろうが、お色気専門女優のマルチーヌ・キャロル主演のこの作品でオフュルスを初めて観て映像の美しさに唖然とした。

『ヘッドライト』は初老のトラック運転手のジャン・ギャバンと給仕女フランソワーズ・アルヌールの道な

らぬ悲恋を描いた人情劇で、その新派悲劇的なセンチメンタリズムが日本でも大いに受けた。なによりもギャバンとアルヌールが良かった。ギャバンはフランス労働者階級の象徴と言われてきたが、いまやそんな階級の存在も怪しくなっているし、フランス映画につきものだった小意気で健気なパリ娘も懐かしい存在になってしまった。フランスのヌーヴェルヴァーグが来て、ご多分にもれずゴダールに入れあげたが、今思うと、自分の理解を超えたものを熱狂的に支持するという時代的年齢的な風潮もあったようで、どこまで理解していたかはいささか怪しい。自分の映画経験から本当に好きだったのは、ルイ・マルとトリュフォーだった。『恋人たち』はジャンヌ・モロー扮する有閑夫人の一夜の恋を描いたものだが、社会性や日常性を一切排して、ブラームスの室内楽にのせてひたすら愛と官能の世界を描いたもので、20代の監督がこれを撮ったということに驚嘆した。

トリュフォーは、ほとんどが恋愛映画と言ってもいいほどだが、初期の『突然炎のごとく』は若々しくみずみずしく最も好きな作品だ。20代ですでに完璧な技術と映画観を身につけていると感歎した。『柔らかい肌』(64)『アデルの恋の物語』(75)など女の恐さを教えられたし、小品ながら『あこがれ』も好きだ。

ジャンヌ・モローの代表作としてもう1本『エヴァの匂い』をあげる。赤狩を逃れてヨーロッパへ亡命したジョセフ・ロージーの撮ったフィルムノワールだ。小説家スタンリー・ベイカーが高級娼婦モローに入れあげたあげく破滅するというファム・ファタールものの常道だが、モローの魅力をこれほど描き尽した作品はないだろう。美しさ、色っぽさ、恐ろしさ、残酷さ、可愛らしさが舐めるように描かれている。劇中、度々流れるビリー・ホリデイの歌が、彼女の存在感を見事に盛りあげる。ロージーはプロデューサーのアキム兄弟の手でズタズタにされたと言っているが、公開版でもその魅力は十分に伝わってくる。

ここ数年の恋愛映画で一番心に残っているのは『つぐない』だ。イギリスの人気作家イアン・マキューアンの『贖罪』が原作で、監督は『プライドと偏見』(05)のジョー・ライト。大人の世界を覗き見た多感な少女のついた嘘が招いた、取りかえしのつかない悲劇的な恋の破局を緻密な構成と語り口で見事に描いている。少女はやがて小説家となり、この映画の原作を書く。映画の最後に作者自身に扮したヴァネッサ・レッドグレイブが登場してしめくくるメタ小説的なエンディングも鮮やか。

詩人・編集者
1949年生

稲川方人

ブーベの恋人……1963／伊
脚本＝ルイジ・コメンチーニ、マルチェッロ・フォンダート
監督＝ルイジ・コメンチーニ

太陽のかけら……1965／スウェーデン
脚色＝グンナール・ヘグルンド、ボッセ・グスタフソン
監督＝グンナール・ヘグルント

別れの朝……1971／仏
脚色＝ジャン＝ガブリエル・アルビコッコ、ピエール・カスト
監督＝ジャン＝ガブリエル・アルビコッコ

激しい季節……1959／伊、仏
脚本＝ヴァレリオ・ズルリーニ、スーゾ・チェッキ・ダミーコ、ジョルジオ・プロスペリ
監督＝ヴァレリオ・ズルリーニ

シベールの日曜日……1962／仏
脚本＝セルジュ・ブールギニョン、アントワーヌ・チュダル
監督＝セルジュ・ブールギニョン

めまい……1958／米
脚本＝アレック・コペル、サミュエル・テイラー
監督＝アルフレッド・ヒッチコック

バッドランズ 地獄の逃避行……1973／米
脚本・監督＝テレンス・マリック

ブリージー 愛のそよ風……1973／米
脚本＝ジョー・ハイムス
監督＝クリント・イーストウッド

突然炎のごとく……1962／仏
脚本・監督＝フランソワ・トリュフォー

死んでもいい……1962／米
脚本＝ジュールズ・ダッシン、マルガリータ・リベラキ
監督＝ジュールス・ダッシン

「キミ、昨日、銀映で『ブーベの恋人』観ていたでしょ？」教室で、胸の異様に大きな同級生にそう言われた。「今日も観に行くけど」、そう言って突っぱねた。中学3年か高校1年、伊豆の伊東の「伊東銀映」で上映中何度も通った。思春期とか言われる時期に抱いた「恋

愛幻想」はいつまでも尾を引く。映画好きの少年はその「幻想」のすべてをスクリーンに見い出すしかない。胸の大きな同級生には断じて恋しなかったが、『ブーベの恋人』の、『刑事』(59)のクラウディア・カルディナーレに恋した。家の玄関の石段に膝を抱えて退屈そうに座っているカルディナーレ、プレゼントされたパラシュートの布でこしらえた真っ白なブラウスを着るカルディナーレ、祭りの露店で買ってもらったハイヒールを嬉々として履くカルディナーレ、それらの所作のひとつひとつが麗しかった。この『ブーベの恋人』と『太陽のかけら』が、いま観てもたぶん、思春期の「恋愛幻想」を呼び起こすだろう2本である。『太陽のかけら』(最近同じ邦題の映画があった。無茶するなあ)は文字通り、失った恋人の幻影を求めながら北欧の山岳を彷徨う若い男性の物語で、(たしか一般映画としては初めて)コンドームが画面に映し出されたことや、女性の股間のボカシがかかったことに、かなり衝撃を受けた。そういえばこの2本は、その主題曲のスコアに日本語の歌詞を付けてレコード化され、それぞれザ・ピーナッツと布施明が歌ってかなりヒットしたりもした。また一方には対ムッソリーニへのレジスタンス、一方には、ファシストの関わりがあって、「戦時と恋愛」という物語のクリシェが援用された映画でもある。

そのクリシェの援用の仕方において『別れの朝』は抜群だ。フランス人女性がナチ将校と恋に堕ちる多くの物語のなかでも、これが一番よかった。ジャン=ガブリエル・アルビコッコは当時、私の周辺で密かに偏愛されていた監督で、『別れの朝』から製作年を逆に辿れば、アラン・フルニエの小説『モーヌの大将』を原作とした「寄宿舎もの」の映画『さすらいの青春』(67)、シャルル・アズナブールと、当時、アルビコッコの奥さんだったらしいマリ・ラフォレ主演の『アメリカのねずみ』(62)、同じくマリ・ラフォレ主演の『金色の眼の女』(61)、たぶんこの4本しか日本では公開されてはいなかったと思うが、それらの耽美極まりない演出と画面に、うしろめたい執着を感じていた。それも思春期の「恋愛幻想」の名残りだったかもしれない。『別れの朝』の直後、アルビコッコは映画界から身を引いたが、撮影を担当していたのは実の父親のキント・アルビコッコで、このアルビコッコ親子の映画を改めてスクリーンで観たい気もする。ヌーヴェルヴァーグの監督たちと同世代で、68年の「カンヌ造反」の際にも目立った行動はしたが、その語りのあまりの過剰さから見れば明らかにヌーヴェルヴァーグからは遠い存在である。

耽美的であることにおいてはこちらもあり余る資質があるテレンス・マリックの『バッドランズ』が果たして「恋愛映画」なのか「犯罪映画」なのかは釈然とはしないが、「戦時＝恋愛」がパターンなら「犯罪＝恋愛」もまたそうである。『バッドランズ』は逃亡する男女たった二人の物語であることにおいて、その典型ともいえる。

『めまい』はさすがにそうした構図に歪みを与えていて、ジェームズ・スチュワートとキム・ノヴァクのふたりが「3人」となるように、男の心理を翻弄する余裕のある「恋愛映画」だ。『めまい』におけるキム・ノヴァクの容姿に動揺しない男がいたら会ってみたい。

『めまい』はひとりの男とふたりの（あるいはふたつに分裂した）女の物語だが、ヒッチコックをリスペクトするトリュフォーの『突然炎のごとく』はひとりの女とふたりの男の映画。この映画をはじめトリュフォーの「恋愛映画」は、ただ黙るしかないというつもりで観てきたので何も言えない。

ヒッチコックには美醜の「差別」もあるが、「恋愛映画」とは「性差」を根幹とした、階級差、人種差、年齢差といった「差別」の映画のことでもある。たとえば年齢差は、男性の欲望からすれば、ロバート・マリガンの『おもいでの夏』（71）や監督マウロ・ボロニーニ、主演のジャック・ペランの『堕落』（63）のような年下の男性から見た年上の女性というのが最上のルーティンだろうが、なかでも、『死んでもいい』は年上の女性（メリナ・メルクーリ）と年下の男性（アンソニー・パーキンス）のふたりが共に死によって恋愛を完成させるという、救いを拒む姿勢を貫くのがいい。共に死ぬ映画では、「階級差」を描く『みじかくも美しく燃え』も思い出すことができる。

「年齢差」を女性の眼差しから描いたのがイーストウッドの『ブリージー』だ。初老の実業家風の男ウィリアム・ホールデンと、彼の大きな家に寝泊まりするヒッピーの少女ケイ・レンツとの年齢差は四〇くらいはあるのではないだろうか。単に初老の男が若い女性から思慕を寄せられるというのであれば、そこには男の視線しかないが、『ブリージー』が女性の視線から見られた「恋愛映画」である理由は、その思慕にいっさい「性交」の介入がないからである。ホールデンは少女の若さの前でたじろぎ、ケイ・レンツは彼の老いに対して天使のように寛容である（『グラン・トリノ』〈２００８〉を見よ！　またまた天使が舞い戻っている）。年齢差は描くが、性差を描かなかったその視線が女性的なのだ。

『堕落』に主演した脆弱なジャック・ペランは後にプロデューサーになり最近まで旺盛な仕事（製作にも名を連ねていたと記憶するピエール・シェンデルフェル監督の65年の映画『３１７小隊』はベトナムものの傑作）をしているが、ペランと言えばヴァレリオ・ズルリーニであり、ペランが出ている映画ではないが、ズルリーニの『激しい季節』は、『ブーベの恋人』と同様にイタリアにおける「戦時と恋愛」のルーティンを採用しつつもいっさい甘い妥協がなく、セックスシーンも強烈だし、ファシズム批判は凡百なものではない。『激しい季節』のエレオノラ・ロッシ＝ドラゴやカルディナーレ、ソフィア・ローレン、ジーナ・ロロブリジーダ、カトリーヌ・スパークなど当時のイタリア女優たちの肌の露出は青少年には教育的ですらあった。

『激しい季節』に出てくる、もうひとりの恋する少女ジャクリーヌ・ササールよりもずっと年少の少女と、戦争の傷痕に苦しむ男の映画『シベールの日曜日』には、「戦争」「性差」「年齢差」といった恋愛映画の原理的素材が凝縮されている。そこにはむろん「性交」は介入していない。少女と、記憶を失った男性の交わりを、無垢の物語を前景にすることで撮ってはいるのだが、ふたりの逢瀬には危うい気配が充ちていて、映画の倫理コードに拘束力がある現在では、到底撮ることができない映画だろう。

脚本家・本誌編集長
1947年生

荒井晴彦

イタリア旅行……1953／伊
脚本＝ビタリアーノ・ブランカーティ、ロベルト・ロッセリーニ
監督＝ロベルト・ロッセリーニ

離愁……1973／仏、伊
脚本＝ピエール・グラニエ＝ドフェール、パスカル・ジャルダン
監督＝ピエール・グラニエ＝ドフェール

追憶……1973／米
脚本＝アーサー・ローレンツ
監督＝シドニー・ポラック

ジュ・テーム・モワ・ノン・プリュ……1976／仏
脚本・監督＝セルジュ・ゲンズブール

ジェラシー……1979／英
脚本＝エール・ユドフ
監督＝ニコラス・ローグ

パッション・ダモーレ……1980／仏、伊
脚本＝ルッジェロ・マッカリ、エットーレ・スコラ
監督＝エットーレ・スコラ

愛と青春の旅だち……1982／米
脚本＝ダグラス・デイ・スチュアート
監督＝テイラー・ハックフォード

メイド・イン・ヘブン……1987／米
脚本＝ブルース・A・エヴァンス、レイノルド・ギデオン
監督＝アラン・ルドルフ

敵、ある愛の物語……1989／米
脚本＝ロジャー・L・サイモン、ポール・マザースキー
監督＝ポール・マザースキー

エイジ・オブ・イノセンス　汚れなき情事……1993／米
脚本＝ジェイ・コックス、マーティン・スコセッシ
監督＝マーティン・スコセッシ

恋愛映画って言われると難しい。大体、映画は男と女の話を軸に犯罪や政治や歴史や冒険や病気や芸能や芸術やスポーツや青春や老い、家族、親子、兄弟、姉妹を描いているから、全部、そうだと言ってしまえなくもない。ぴあシネマクラブを繰りながら、その映画をいい、好きだと思ったことは覚えているけれど、その内容は断片的にしか覚えていないこ

とに慌てた。『離愁』『ジェラシー』以外は見直す時間も無かったので、うろ覚えでいくしかない。

『離愁』はドイツの侵攻から避難するジャン＝ルイ・トランティニアンの時計職人（ラジオ修理工）一家、妻は第2子を妊娠中。女子供たちは疎開列車の客車、男たちは貨車に分けられる。途中でユダヤ人のロミー・シュナイダーが乗ってくる。雑魚寝の中でやってしまう男と女。落ち着いた先でユダヤ人であることを隠すためにジャン＝ルイ・トランティニアンはロミー・シュナイダーを妻ということにする。再会した妻は出産。ロミー・シュナイダーは去る。数年後、ビシー政権当局から呼び出されると、ロミー・シュナイダーがレジスタンス容疑で逮捕されている。こんな女、知らないとシラを切れば自分は助かるのに……。いつの頃からか、カセが無いと恋愛は盛り上がらないと思っていた。これ、戦争、不倫、ユダヤ、と三つもある。行きずりの「恋」が命懸けの「恋」になって、ただ、しょうがねぇなあと溜息。原題は『LE TRAIN』（ラスト、ロミー・シュナイダーのアップでストップしてズームすると思い込んでいて、『この国の空』で二階堂ふみのアップで止めてズームしてしまった）。

『追憶』はスペイン内戦、第二次世界大戦、ハリウッドの「赤狩り」と、「時代」の中で出逢って結婚し、別れていく男と女の話だ。戦争が終った日の夜、泥酔しているロバート・レッドフォードに、私が誰か分かってて抱いているのとバーブラ・ストライサンド。これをヒントに男と女を逆にして『Wの悲劇』の薬師丸ひろ子と世良公則の初めての夜を書きました。

『ジュ・テーム・モワ・ノン・プリュ』はホモセクシャルの男に惚れた少年のような女の子の話。オシリをやられるジェーン・バーキンの叫びが哀しかった。セルジュ・ゲンズブール、ジェーン・バーキンでは、女を愛したために破滅していく殺し屋の倦怠感におおわれたフィルム・ノワール『ガラスの墓標』（71）もよかった。ジョン・シュレシンジャーの『日曜日は別れの時』（71）はゲイとバイと女の三角関係で、どっちにしようか迷った。

『ジェラシー』はテレサ・ラッセルに振り回されているアート・ガーファンクルが、睡眠薬を飲んで電話してきたテレサ・ラッセルの部屋に行くが、救急車をすぐ呼ばない。長田弘の「パッション」という詩の「(憎んでもいないのに　なぜ愛してるなどといったりするの?・)」というフレーズが好きだったが、愛と憎悪は紙一重とはこういうことかと興奮した。先日、大分映像センターで見返して、意識不明のテレサ・ラッセルを犯すところは忘れていて、「屍姦」じゃなきゃ「所有」できねぇのか、やっぱりと納得した。場所はウィーン、クリムトやエゴン・シーレの絵にトム・ウェイツ、ビリー・ホリデイ、キース・ジャレットが流れる。『パッション・ダモーレ』は澤井信一郎に薦められた。ブスがハンサムに惚れる。ハンサムは逃げ回る。やっと抱かれた時の女の、特撮か別人かと見まがう程の美しい顔、驚きました。エットーレ・スコラではヒトラーがローマに来た日、ソフィア・ローレンとマストロヤンニの1回だけの「恋」を描いた『特別な一日』(77)もいい。そういえば深作欣二はスコラの『あんなに愛しあったのに』(74)が好きだったなあ。『愛と青春の旅だち』、いいですねと黒澤満さんに言ったら、意外そうな顔で、そうか、じゃあ、ああいうの書いてくれよと言われた。しかし、自衛隊と女工じゃ、こうはならない。リチャード・ギアがデブラ・ウィンガーに入れる時、ロマンポルノみたいにスッといかないで、腰をちょっと下にズラして重なるのがリアルだった。ジョー・コッカー、ジェニファー・ウォーンズの主題歌もよかった。『メイド・イン・ヘブン』、天国とか出てくるだけでダメなのに、これは大丈夫だった。天国から赤ん坊として、この世に戻ったケリー・マクギリスを探すために、ティモシー・ハットンもこの世へ戻してもらう。条件は30歳になるまでに彼女を見つけること。30年の時代の移り変わりとすれ違いとタイムリミット。ニール・ヤングの「ウィ・ネバー・ダンスト」が切々と流れて。「運命の赤い糸」は必死に探さないと「運命」でもなんでもないということか。アラン・ルドルフでは『トム・ベレンジャーの探偵より愛をこめて』(90)も捨て難かった。探偵と調査対象の「恋」というのではキャロル・リード、ミア・ファロー の『フォロー・ミー』(73)、薬師丸ひろ子の『探偵物語』(83)で狙ったのだが『フォロー・ミー』にはならなかった。刑事と容疑者の「恋」ではアル・パチーノの『シー・オブ・ラブ』(89)、裸にコートだけでコンビニに来るエレン・バーキンがエロい。刑事と目撃者ではリドリー・スコットの『誰かに見られてる』〈88〉、殺し屋とターゲットではデニス・ホッパー、ジョディ・フォスターの『ハートに火をつけて』〈90、アラン・スミシー〈何らかの事情で監督がクレジットに名を出すことを拒んだ時に使う偽名〉のデニス・ホッパーが編集し直した『バックトラック』〈95〉は19分長く、デニス・ホッパーらしい変態純愛映画になっている〉。『敵、ある愛の物語』は3人の女〈アンジェリカ・ヒューストン、レナ・オリン、マルガレート・ゾフィ・シュタイン〉の、誰のとこに行こうかと地下鉄の駅で迷う男を笑えないし、うらやましくも思えない。ヒトを背負うということは大変だと思ったことを覚えている。ポール・マザースキーはユダヤ人を主人公にするといい。『エイジ・オブ・イノセンス』、離婚を承知しない夫のいるミシェル・ファイファーと婚約者ウィノナ・ライダーのいるダニエル・デイ＝ルイスは好き合っているのにキスしただけ。何も起こらない。そして30年後。ああ、このシーン、このカットのために2時間10数分があったのかと、「純愛」を描くスコセッシの映画への「純愛」ぶりに唸った。

『イタリア旅行』、『シティロード』で連載していたビデオ日記では1990年の7月15日にビデオで見ている。「驚いた。大傑作だ」と日記を書き出した。「採録風にいってみる。中年夫婦の初めての旅行だ。〝私と一緒でそんなに退屈？〟〝何か飲むかい〟〝そうね、ここじゃなくてバーで、誰かに会えるわ〟〝ここで二人で飲むのは退屈か〟〝あなたのためよ、二人じゃ幸せじゃないでしょう〟〝幸せかどうか分かるのか〟〝旅に出てから分からなくなったわ。私達まるで他人みたいですもの〟、亀裂が露出してくる。バーで知り合いに会ったあと〝楽しかった？〟〝いいえ〟〝とても楽しそうに見えたよ〟〝あなたのほうこそ〟、二人は別行動を取り始める。車を走らせながらアベックばかりに目がいく妻。街娼を拾うがためらう夫。ここからがすごい。ベッドでトランプをしている妻。帰ってくる夫。部屋を見上げる。車の音にトランプを片付け、電気スタンド消す妻、夫の気配窺う。夫は別室で寝る支度。うがいの音に妻の声。何だねと妻の部屋へ。〝あなただろうと思ったけど、よく眠ってたの、外出して少し疲れたわ、よく眠れる〟〝それで何か〟〝うなされて目が覚めたの、今夜あなたが帰ってくるとは〝帰ってきたよ〟〝楽しかった？〟〝まあね〟〝何時の船〟〝五時〟〝そのあとは何してたの〟〝ナポリにいたよ、まだ何か〟〝何も〟〝それなら寝ていいかね〟〝どうぞ〟〝ありがとう〟〝お休み〟〝お休み〟。と残される妻、夫が戻ってくる気配に慌ててスタンドを消す。〝頼みがある、明日の朝は十一時まで寝かせといてくれ〟〝いいわ〟ガックリの妻、スタンドつけ、トランプ取る。この時のイングリッド・バーグマンの絶望の顔がすごい。翌日、妻が勝手に車を使ったことで〝君のやることは我慢できない〟〝いいわ、お互い肚をきめましょう〟〝そうしよう、離婚だ〟、そこへポンペイの溶岩に埋まった人体の発掘見学への誘い。肢、腕、頭と出てくる。二人です、男と女だ、きっと夫婦でしょう、固く抱き合って死んでます。耐え切れなくなる妻、帰り途で〝人生はかないわ〟〝だから楽しまないと。離婚手続きをしに帰るよ〟。二人の車はパレードにぶつかり立ち往生、車から降りる二人、走り出す群衆に巻き込まれ離ればなれになる妻と夫、夫の名を呼ぶ妻、駆け寄る夫、抱き合う二人。まるで映画のようなハッピーエンドと嗤える奴はシアワセだ」。これを見る前に書いていたテレビドラマ「誘惑」のラストは誰もいない家と列車の車中で出会う夫婦だった。「裏」テーマは、夫婦はまた出会えるか、あるいは夫婦に恋愛は可能か、だった。

スコセッシ、デ・ニーロ、ライザ・ミネリの『ニューヨーク・ニューヨーク』(77)、ジェリー・シャッツバーグ、ウィリー・ネルソンの『忍冬《すいかずら》の花のように』、ミシェル・ファイファー、ブリッジス兄弟の『恋のゆくえ　ファビュラス・ベイカー・ボーイズ』(89)、ボグダノヴィッチ、リヴァー・フェニックスの『愛と呼ばれるもの』(93)も入れたかったが、音楽映画の時にしよう。リリアーナ・カヴァーニ、ダーク・ボガード、シャーロット・ランプリングの『愛の嵐』はナチもの。アラン・レネ、イヴ・モンタンの『戦争は終った』(65)はスペイン内戦ものか。ミラン・クンデラ、ジャン＝クロード・カリエール、フィリップ・カウフマンの『存在の耐えられない軽さ』(88)は何だろう。ウィリアム・インジ、エリア・カザンの『草原の輝き』(61)、マイク・ニコルズの『卒業』(67)、パット・オコナー、ホアキン・フェニックス、リヴ・タイラーの『秘密の絆』(97)は青春映画の時に入れよう。

アクション

なんで『映画芸術』が映画史を？
という揶揄を含めて、大きな反響を呼んだ。
アクション＝活劇映画には一家言もつ選者が多く、
熱のこもったコメンタリーを熟読されたい。

詩人・映画監督
1949年生

福間健二

墓にツバをかけろ……1959／仏
監督＝ミシェル・ガスト
脚本＝ボリス・ヴィアン

殺人者に墓はない……1963／仏
監督＝ロベール・オッセン
脚本＝ロベール・オッセン、ルイ・マルタン、クロード・ドザイー、ジョルジュ・タベ、アンドレ・タベ

殺人者たち……1964／米
監督＝ドン・シーゲル
脚本＝ジーン・L・クーン

殺しの分け前 ポイント・ブランク……1967／米
監督＝ジョン・ブアマン
脚本＝アレクサンダー・ジェイコブス、デヴィッド・ニューハウス、レイフ・ニューハウス

暴力脱獄……1967／米
監督＝スチュアート・ローゼンバーグ
脚本＝ドン・ピアース、フランク・ピアソン

かわいい毒草……1968／米
監督＝ノエル・ブラック
脚本＝ロレンツォ・センプル・Jr.

傷だらけの挽歌……1971／米
監督＝ロバート・アルドリッチ
脚本＝レオン・グリフィス

ビッグ・バッド・ママ……1974／米
監督＝スティーヴ・カーヴァー
脚本＝ウィリアム・ノートン、フランシス・ドール

ストリートファイター……1975／米
監督＝ウォルター・ヒル
脚本＝ウォルター・ヒル、ブライアン・ジンドフ、ブルース・ヘンステル

ロック、ストック&トゥー・スモーキング・バレルズ……1998／英
脚本・監督＝ガイ・リッチー

「映画を好む人には、弱虫が多い」と言ったのは、太宰治である。彼にとって、映画館に吸い込まれるのは、よほど疲れているとき、心の弱っているとき、敗れてしまったときであり、そこで闇のなかに座り、だれにも顔を見られることなく慰めに接するというのだ。

弱者の糧。太宰治は、映画をそう呼んだ。彼の頭にあったのは、戦前の泣ける日本映画であり、木村荘十二の『兄いもうと』(36)に大声をあげて泣いた体験を語っているが、弱者の糧という言い方は、アクション映画にこそ、もっともよく当てはまる気がする。めんどうな証明は省略して言うが、強いヒーローが出てくるアクション映画は、ほかでもない男の弱虫のためにつくられてきたのである。

わたしは、中学生のころからずっとアクション映画が好きだ。弱かったのだ。いまも弱い。とくにB級アクション映画を、安い二番館、三番館、名画座で見る。それが最高だった。ピンク映画や安い飲み屋に足が向くのとおなじ理由だが、高級な場所の、立派に装った、大がかりなものには、基本的に感じないし、落ち着かないのである。

たとえば、吉祥寺オデヲン座の3本立て。あるいは、蒲田にまで遠征してアポロの4本立て。一日の早いうちからそういうのに飛び込み、出てきた夕方からあとは飲むのである。20代のある時期以降とことわるべきだが、それで一日がつぶれる。それでよかった。金がなくてもなんとかなった。悲哀を友としながらも、明日は明日の風が吹くと、そらとぼけて生きられた懐かしい日々だ。

ひとつには、酒とおなじく、量を求めている。ハシゴもした。だから、場末の小屋であり、B級なのである。気やすさからいえば、東映・日活・大映を(この順に)優先して見ていた日本映画が上だが、外国映画にも特別な楽しみがあった。

それは、女優たちである。B級スター、あるいはスターレット。モンローにもモローにもならなかった彼女たちのもつなにかが、たまらなくよかった。そのなにか(これを、ただの色気としたくない。いわば映画界の非情さに負けまいとしている、もっと必死なもので、甘えや湿度を感じさせないカッコよさがそれに加わる)が、ヒーローの孤独とも、彼の立ち向かう世界の苛酷さとも、一面的ではない共振をもつ。そこに惹きつけられた。弱虫男の見るアクション映画。当然、女優の役割は大きいのだ。

この原稿の依頼を受けて以来、様変わりした現在に復讐でもするような気持ちで、よかったと思うB級

（もしくはB級的な）アクション映画をあげていったら、どんどん思い出して、50本近くになってしまった。量に意味があるのである。しかし、それをしぼった。まず、同時代的に映画館で見た作品だけに。それから、自分のこだわり方が出るように、しかし奇をてらいすぎないように、というところか。

『墓にツバをかけろ』は、監督のミシェル・ガストのその後をよく知らないが、アメリカを舞台にした奇妙なフランス映画。クリスチャン・マルカンが肌の黒くない黒人を演じ、リンチで殺された弟の復讐に、白人の世界に入ってゆき、女たちを「片端からモノにする」。婚約者を裏切ってマルカンと逃げるヒロインは、アントネッラ・ルアルディ。その婚約者というのが弟の仇なのだ。あとで知ったが、ボリス・ヴィアンが別名〔ヴァーノン・サリバン〕で書いた小説が原作だった。鳥肌がたつようなエグ味満点の作品で、大蔵貢社長時代の新東宝〔1948~1961〕作品のいくつかと並べて記憶してきた。

『殺人者に墓はない』も、そこに並ぶ。ここに入れなかったクロード・ソーテの『墓場なき野郎ども』(60)なども一緒だが、タイトルからして「不良性感度」抜群。わたしにとって、映画は、まず、どんなに不良になってもいい場所の夢であった。ロベール・オッセン監督・主演のギャング物で、マリー＝フランス・ピジエがオッセンの妹。この妹は、兄の近親相姦的な思いから逃げるように、彼を裏切った男の妻になっている。やはり新東宝的に暗くてエグい。これもあとで知ったことだが、撮影がロベール・アンリコの『冒険者たち』(67)などのジャン・ボフティ。映像、冴えていたと思う。

ちなみに、『冒険者たち』(76)も落としたが、二人の男に愛されたジョアンナ・シムカスには触れないわけにいかない。ついでに、フィリップ・ド・ブロカの『リオの男』(63)のフランソワーズ・ドルレアックにも。どちらの姿も、遠い休暇の思い出のように残っている。

ドン・シーゲルは、『殺人者たち』が最高というわけではないが、わたしはここからドン・シーゲルのそれまでとそれからを追いはじめた。リー・マーヴィンも、アンジー・ディキンソンも、ジョン・カサヴェテスも、そしてロナルド・レーガンまで、この作品で顔をおぼえた。これも、このあとの『犯罪組織』(64)

も、テレビ用につくられたものだった。ドン・シーゲルはどういいのか。それを言うのはむずかしいけれど、彼がいなかったら、個人的には、映画で「むだがない」というのが違うことになりそうだ。きっと、今日までのイーストウッド作品も違うものになったのでは。

そして、リー・マーヴィンがこういう役はこれ以上やりようがないという段階にまで達したと思える『殺しの分け前　ポイント・ブランク』。アンジー・ディキンソンも最高の出来だった。彼女の容姿・脚線・演技こそは、その曖昧さもふくめて、典型的な、B級映画の美しい詩である。ジョン・ブアマンは、本領は別なところにありそうなのに、イギリスからハリウッドに来ていきなりこの傑作をつくった。すごいことだと思う。

『暴力脱獄』は、このジャンルへの先導役をしてくれた友人の好きな作品だったので残した。中学を卒業して高校に入るまでの春休みに彼から受けとったほどには、わたしは、だれからも映画について教えてもらっていない。ポール・ニューマンのおなじみの表情以上に、めちゃくちゃセクシーに車を洗っていた名前のわからない女優の肢体が忘れられない。

アンソニー・パーキンス主演の『かわいい毒草』をアクション映画とするのは強引かもしれないが、女優チューズデイ・ウェルドの出演作をどうしてもあげたかった。ウェルドは、どんな作品でも、裏になにかあるというセクシーさを投げやりそうに放っている。パーキンスと同類的な「異常」の演技もうまかった。

『傷だらけの挽歌』は、ジェイムズ・ハドリー・チェイスのすごい小説『ミス・ブランディッシの蘭』をもとにした、すごい映画だ。１９３０年代物としても群を抜いている。人間たちのこわれ方がリアルなのだ。これに比べたら、アーサー・ペンの『俺たちに明日はない』（67）も薄っぺらに感じられる。とはいえ、『俺たちに明日はない』は功績の多い作品であり、そのひとつは１９３０年代を再発見したことだろう。

『ビッグ・バッド・ママ』は、『傷だらけの挽歌』と似たところがあるが、B級映画のキング、ロジャー・コーマンの製作。彼の『Bloody Mama』（70）を発展させた１９３０年代物で、薄っぺらといえばこれこそそうだが、こんな作品を中学時代からずっと待っていたと思った。アンジー・ディキンソンのママとその娘たちが、酒を売り、男を拾い、銀行を襲い、金持ちの娘を誘拐する。コーマン工場から生まれた作品では、コーリー・アレン監督、さびしいB級スターの極め付けというべきデヴィッド・キャラダイン主演のカーアクション、『ランナウェイ』（77）にも愛着がある。

ウォルター・ヒルは、ロバート・カルプの『殺人者にラブ・ソングを』（72）やサム・ペキンパーの『ゲッタウェイ』（72）の脚本家として名を知った。監督第一作『ストリートファイター』は、チャールズ・ブロンソンが路上で殴りあいをして金を稼ぐ。その悲哀と緊張感。やはり1930年代が舞台で、貧しいアメリカが活きるのだ。また、初期のヒル作品は、大事に扱われない女性たちが無愛想で生意気そうでリアルだった。

あえてペキンパーの『ガルシアの首』（74）をはずして、10本目は『ロック、ストック&トゥー・スモーキング・バレルズ』まで飛躍することにした。『スナッチ』（00）とともに、ガイ・リッチーにおいてこそ、底辺的な不良性が、物語の「解体」に追いつき、追いこして、自由に駆けまわっている。今日が1930年代のように読まれているのでもある。

香港ノワール、デニス・ホッパー、クエンティン・タランティーノについても、なにか言ってみるつもりだったが、余裕がなくなった。おしまいに、B級映画の最後の砦になっている新橋文化の健闘を祈りたい［新橋文化劇場、2014年閉館］。

元『映画芸術』編集部員・映画批評家
1941年生

佐藤千穂

アンタッチャブル……1987／米
監督＝ブライアン・デ・パルマ
脚本＝デヴィッド・マメット

マンハッタン無宿……1968／米
監督＝ドン・シーゲル
脚本＝ハーマン・ミラー、ディーン・リーズナー、ハワード・ロッドマン

北国の帝王……1973／米
監督＝ロバート・アルドリッチ
脚本＝クリストファー・ノップ

フレンチ・コネクション……1971／米
監督＝ウィリアム・フリードキン
脚本＝アーネスト・タイディマン

激突！……1971／米
監督＝スティーヴン・スピルバーグ
脚本＝リチャード・マシスン

俺たちに明日はない……1967／米
監督＝アーサー・ペン
脚本＝デヴィッド・ニューマン、ロバート・ベントン

グロリア……1999／米
監督＝シドニー・ルメット
脚本＝スティーヴ・アンティン

ゲッタウェイ……1972／米
監督＝サム・ペキンパー
脚本＝ウォルター・ヒル

007　ロシアより愛をこめて……1963／英
監督＝テレンス・ヤング
脚本＝リチャード・メイボーム

太陽の下の10万ドル……1964／仏
監督＝アンリ・ヴェルヌイユ
脚本＝マルセル・ジュリアン、アンリ・ヴェルヌイユ

アクション映画というカテゴリーが現れたのは、60年代後半から70年代のいわゆるアメリカン・ニューシネマの、S・ルメット、A・ペン、S・ペキンパーらが、社会に対する怒り、男女の行き違い、孤独など、新鮮でスピーディーなタッチで描いた作品が続出したころからであろう。それ以前は、ギャング、

犯罪を扱った暗黒映画、ハードボイルド、サスペンス、スリラー、恐怖映画といった、それぞれの作品の特徴で呼ばれていたように思う。そこで、内容が自分にとってアクション映画というより、他のカテゴリーに入る、たとえば、J・ニコルソンの鼻がものの見事に切り裂かれたR・ポランスキーの『チャイナタウン』〈74〉や、血生臭さでは天下一品のM・スコセッシの作品（『グッドフェローズ』〈90〉『カジノ』〈95〉など）なども除外した。

『アンタッチャブル』。シカゴ暮らしの永かったこともあって、これは、ご当地どころかご近所映画。ロケ地は日本からの来訪者を連れ歩いたわが観光ガイドコースである。とくに、E・ネス一行がカポネの到着を今か今かと張り込んでいたユニオンステーション。ここの階段を赤ちゃんを乗せた乳母車をよいこら一段ずつ引っ張り上げている老嬢の〝緩〟と乳母車から手を離す危機一髪の〝急〟の織り成す名場面によって、誰もがこの駅を訪れたがる。他にも、J・ミリアスの『デリンジャー』〈73〉で彼（デリンジャー）が映画を観終わって連れの女とご機嫌で出て来たときに襲撃されたバイオグラフ劇場は今も当時のままだ。P・ハイアムズの『シカゴ・コネクション　夢みて走れ』〈86〉では、股引のままのG・ハインズと相棒のB・クリスタルが逃げまわる路地はわが家の目の前。L（高架線）での追っかけシーンで見えるリグレー球場は私が愛してやまぬシカゴカブスのホームグラウンド。日常の風景が全く異質なものになってスクリーンに現れるとゾクッとする。映画が終わりロビーを抜けると外はいつもの見慣れた町である。ロビーとは虚と実の間に存在する不思議な時空。感銘を受けたアクション映画を観た後など殊更そんな不思議な気分が強く、翌日もまた翌日も、映画の町と現実の町を移ろっているような幸福感に浸っている。

『マンハッタン無宿』。C・イーストウッドの絶対的ファンを自認する私としてはすべて彼の出演作で埋めたいところだが、エコヒイキはやめ、ご存じダーティハリー〝Make My Day〟の元になったD・シーゲル監督との代表作を挙げたい。カウボーイハットに南部訛りの田舎者の保安官がNYの街をわがもの顔に闊歩する痛快さよ。

『北国の帝王』。その昔、リー・マーヴィンが『太平洋の地獄』のプロモーションで来日の折、ちょこっと握手してもらった時の桜貝色に輝いた彼の顔と、ほんわりした手の感触は今も残っている。大恐慌時の荒野を疾走する列車、連結のわずかな隙間に隠れるマーヴィンと目ん玉剥き出しにして鉄鎖を打ち振り回すE・ボーグナインとの私闘の凄まじさ、R・アルドリッチ渾身の作、L・マーヴィンの手の温もりの記憶と共に私の宝物である。

『フレンチ・コネクション』。G・ハックマンのポパイ刑事の知能より腕力、無神経な図太さは、まさにドリンク精力剤の効き目を見せられているようでケッサク。序でながら、『スピード』『ヒート』『ロック』など、90年代になると、ドンドンパチパチ、カーチェイスと音響ばかりけたたましいわりに人間味は薄く、ゲームセンターからスッカラカンで出て来たような疲労感ばかりが残る。もひとつ序でに言えば『レザボア・ドッグス』（91）や『パルプ・フィクション』（94）などのQ・タランティーノの作品と私との相性もすこぶる悪いのだ。彼は深作欣二に影響されたと自ら言ったそうだが、あえて戦後の焼け跡の灰をふり払わずに生きた深作の作品とビデオどっぷりオタク青年のアクション映画とは全く別物なのである。たとえオールド映画ファンの独断、偏見と言われようとも……。

『激突！』。不気味で正体の解らぬものに追いかけられる恐怖がスピルバーグの出発点。執拗に追ってくるトラックを谷底に落とし、逃げおおせて夕焼けの崖っぷちに座って放心状態のD・ウィーバーにはこちらも肩の力を抜いた。けれど、私の好きなスピルバーグは『ジョーズ』（75）までで、その後の彼は、作品ごとに変貌し、今や、自ら善人ヅラした怪物になり、世界の映画界をひっかき回しているように見える。

『ゲッタウェイ』。暴力映画のスタイルをその内実と共に変えたのがS・ペキンパーである。大金を奪ってメキシコへ逃亡する男女のロードムービー。途中でS・マックィーンがA・マッグローの頬を張りとばしたときの見つめ合い、ゴミ運搬車から転げ出て来た時の困惑といたわりの表情など、まるで〝道行き〟のようだった。D・マーチンが陽気に歌った〝メキシコウェイ〟とはいかなかったが、ともかく国境を越えられたのは彼女のおかげ。男子専科ペキンパーの女性のための一作である。

『俺たちに明日はない』。かの大恐慌時が背景。封切り当時、ラストで車を撃ち抜いた銃弾の穴ぼこの数が80だ90だと話題になったが、百年に一度の大不況にみまわれている今、まさかあの巨大自動車会社〔フォード〕がペシャンコになるとは！　行き場のない暗さの中でボニーとクライドは、ワルはワルでも銀行や警察といった巨大で強力な組織に挑戦していた。ところが今、欧米での学校襲撃乱射事件の多さ、日本の〝ムシャクシャしたから〟が理由の無差別殺人、親殺し。暴力の矛先は弱い者ばかりへと向けられている。〝ムシャクシャ〟ぐらい手前でなんとか始末しろ。

『グロリア』。J・カサヴェテスの同名の作品は観ていないが、ひょんなことから少年と共にギャングから逃げ回るS・ストーンの男勝りの孤軍奮闘ぶり。賢くもずうずうしい少年によって彼女の尖った心が和らげられてゆくところが可愛らしい。事件にカタがつき、別れる少年に正装させて孤児院に引き渡す。庭の車道をぐるりと回った木陰で後ろ髪を引かれる気がして覗いたサイドミラーに映る淋しげな少年の姿。エンジンの音高く急発進しUターン。野球で言えば9回2アウト2ストライクからの逆転勝利。娯楽映画はラストの一分間のドラマでもある。

『007　ロシアより愛をこめて』。あのころ、ボンドが携えていた最新秘密道具は今や日常のものになっちゃって、映画人の想像力に感心する一方、強力磁石にくっつけられて身動き出来なくなっていたギラギラきらめく鋼鉄の歯の悪漢を彷彿とさせる金歯、銀歯はすっかり見かけない。時の流れを感じます。

『太陽の下の10万ドル』。アメリカ映画ばかり並べてしまったが、若き日のJ＝P・ベルモンドが地中海の陽光の下での軽やかに繰り広げるカーチェイスも忘れられないわが青春の一篇。

さて、アクション映画を観るのもかなりの気力と体力が必要で、50代を過ぎたころからはそのエネルギーが徐々に衰えて来た。特に、メタリックな画面や音響、ＣＧには弱い。それで近来評判のアジアのアクション映画は残念ながらほとんど観ていない。

元テレビプロデューサー・ディレクター
1947年生

河村雄太郎

ビッグ・バッド・ママ……1974／米
脚本＝ウィリアム・ノートン、フランシス・ドール
監督＝スティーヴ・カーヴァー

突破口！……1973／米
脚本＝ハワード・ロッドマン、ディーン・リーズナー
監督＝ドン・シーゲル

組織……1973／米
脚本・監督＝ジョン・フリン

ラスト・ラン 殺しの一匹狼……1971／米
脚本＝アラン・シャープ
監督＝リチャード・フライシャー

グライド・イン・ブルー……1973／米
脚本＝ロバート・ボリス
監督＝ジェームズ・ウィリアム・ガルシオ

北北西に進路を取れ……1959／米
脚本＝アーネスト・レーマン
監督＝アルフレッド・ヒッチコック

さすらいの大空……1969／米
脚本＝ウィリアム・ハンリー
監督＝ジョン・フランケンハイマー

カリフォルニア・ドールス……1981／米
脚本＝メル・フローマン
監督＝ロバート・アルドリッチ

ストリート・オブ・ノー・リターン……1989／仏、ポルトガル
脚本＝ジャック・ブラル、サミュエル・フラー
監督＝サミュエル・フラー

はなればなれに……1964／仏
脚本・監督＝ジャン＝リュック・ゴダール

犯罪逃避行映画から始めよう。『暗黒街の弾痕』（37）『夜の人々』（48）の古くから、『俺たちに明日はない』（67）を皮切りに、『ゲッタウェイ』（72）『デリンジャー』（73）『続・激突！ カージャック』（74）『地獄の逃避行』（73）『ダーティ・メリー クレイジー・ラリー』（74）『ボウイ＆キーチ』（74）と来て、『テルマ＆ルイーズ』（91）まで枚挙に暇がな

い。その中で『拳銃魔』(50)は60年前の映画とは思えない完成度を誇る。だが、熟女ヌードを惜しげもなく披露したA・ディキンソンに敬意を表し、『ビッグ・バッド・ママ』を推す。母親と娘二人の銀行強盗がマシンガンを撃ちまくり、男を奪い合うハチャメチャぶりが痛快だ。

そのA・ディキンソンはD・シーゲルの『殺人者たち』(64)で、後に合衆国大統領となった俳優が扮するギャングの情婦を演じている。しかし、シーゲルを選ぶなら、W・マッソーのトボケた味と複葉機vs自動車という破天荒なアクションを買って、『突破口!』にしよう。

敵は警察だけではない。勢力争いや裏切りは集団内部に確執をもたらす。金や女に絡んで、組織のタブーに触れると命が危ない。『アスファルト・ジャングル』(50)『男の争い』(55)『現金に体を張れ』(56)『グロリア』(80)と名作が目白押しだ。A・ディキンソンは『殺しの分け前　ポイント・ブランク』(67)にも出ている。J・キャグニーのキレ具合が凄まじい『白熱』(49)も記憶に残るが、何と言っても『組織』が忘れがたい。R・デュバルが武闘派組織と戦うハードアクションだが、ネジれたストーリーラインを独創的なキャラが跳梁跋扈する隠れた名作だ。

本来なら脇役のランナウェイ・ドライバーを主役にしたカーチェイス映画がある。『ザ・ドライバー』(78)ではアメ車がLAの街路を、『バニシング・ポイント』(71)では西部の砂漠を爆走し、観客のアドレナリンを増加させる。だが、ヨーロッパの海岸線を中古BMWが行く『ラスト・ラン　殺しの一匹狼』がいい。脱獄した若者とその恋人の逃亡を助ける初老の男にJ・C・スコット。滋味溢れる立居振舞に痺れた。ラストも哀切極まりない。所詮、脇役の人生だったのか……。

警察アクションはこれだけでひとつのジャンルが成立する。『ダーティハリー』(71)『ブリット』(68)『フレンチ・コネクション』(71)『ザ・セブン・アップス』(73)『センチュリアン』(72)『ハッスル』(75)と綺羅星のようだ。ふと『サブウェイ・パニック』(74)『マッドボンバー』(72)が脳裡を掠める。けれども70年代の匂いが濃密に漂う『グライド・イン・ブルー』に止めを刺そう。西部劇の聖地モニュメント・バレーが舞台だが、主人公はフロンティア・スピリットとは無縁の冴えない白バイ警官。アンチ『イージー・ライダー』(69)を掲げてハーレーを飛ばすが、あの主人公たちと同じ運命が待っていた。

犯罪者でも警官でもない一般市民が暴力的脅威に巻き込まれるのが『わらの犬』(71)『悪魔の追跡』(75)『激突!』(71)などだ。『サイレント・パートナー』(78)の銀行員は偶然の出来事がキッカケで自ら嵌まってしまう。ラフティングの男たちが襲撃される『脱出』(72)の不気味さは特筆に値する。遭遇する暴力が不可解かつ理不尽であればあるほど、ジャンルとしてはホラーに近づくのだ。よって、暴力表現に節度があった良き時代に戻り、ヒッチコックに一票を投じる。『北北西に進路を取れ』はノンストップ・アクションの教科書だ。そして、この教科書に忠実に作られ、ゆえに傑作となったのが『007 ロシアより愛をこめて』(63)である。ともに東西冷戦が背景にあるのだが、鉄のカーテンの何たるかを知らなくても楽しめるし、知っていれば更に楽しめる。良き時代の優れたエンターテインメントは概ね懐が深い。

『さすらいの大空』にはスカイダイビングを見世物にして、地方都市を渡り歩く男たちが登場する。主人公のB・ランカスターは客ウケを狙って、地上ギリギリまでパラシュートを開かない。したがって、猛烈なスピードで落下する。最早スポーツとは言えず、死を賭けたスタントそのものだ。映画は後半、従来のハリウッドではおよそ考えられない驚愕の展開を見せる。清純派で知られる大女優D・カーが全裸でベッドシーンを演じたのも衝撃だった。思えば、カウンター・カルチャーが席巻していた時代である。この映画のフランケンハイマーが刺激されたことは明らかだ。

アルドリッチは画面の隅々までアクションのオーラを発散させ、ジャンル分けが難しい。『キッスで殺せ!』(55)はスリラー、犯罪逃避行の『傷だらけの挽歌』(71)は家族もの、『ロンゲスト・ヤード』(74)はスポーツものとして括ることにした。やはり『北国の帝王』(73)が本命かと思ったが、遺作『カリフォルニア・ドールス』が聳え立つ。全米を巡業する女子プロレスの物語だ。タッグを組む二人の美人レスラーとマネージャー役のP・フォークが交わす丁々発止の駆け引き。女優がやっているとは到底思えないリアルで豪快なファイト。それと裏腹に描かれる過酷にして儚い肉体ビジネスの喜怒哀楽。いつの間にか胸が熱くなる。最後はタイトルマッチだ。熱狂は頂点に達し、血沸き肉躍る。映画を見ることの至福である。

S・フラーもジャンル分けに戸惑う。『拾った女』(53)はサスペンスで括れるとしても、『ショック集団』(63)『裸のキッス』(64)の暴力的な狂気やおぞましさはホラーのそれである。『ホワイト・ドッグ』(82)に至ってはパニック映画だ。残るは『ストリート・オブ・ノー・リターン』。ギャングの女に恋をして喉を切り裂かれ、ホームレスに転落したK・キャラディンの歌手が黒人暴動に乗じて復讐を遂げる。80歳に手の届く作家が遺したこの波乱万丈のフィルムに、最も相応しいフレーズはやはりこれしかない。「映画は戦場のようなものだ。愛、憎悪、アクション、暴力、死、一言で言えばエモーションだ」

この有名なセリフがS・フラー本人の口を通じて発せられたのは『気狂いピエロ』(65)だった。だが、ゴダールはそれ以前に「男と女と自動車があれば映画はできる」と述べた。この二つのフレーズに付け加えることは何もない。初期ゴダールのアクションの中から何を選ぶか、問題はそれだけだ。『勝手にしやがれ』(60)は青春もの、『小さな兵隊』(63)は政治映画、『アルファヴィル』(65)は恋愛映画として前回選んだ。『はなればなれに』にしよう。日本では長らく公開されず、やっと発売されたDVDが初見だったが、デジャヴを経験した。米国B級アクションへの明快なオマージュがそうさせたに違いない。

映画の感動は演技者の集中力が映像に刻まれることで生まれる。演技の巧拙ではない。それは心理劇だろうが活劇だろうが同じであり、演技者の肉体を媒介にしてしか観客に伝わらない。この10本はそれに徹底的に拘った結果として、存在している。

アクションを自己目的とするアクション映画の行き着く先にあるのはコケ脅しのCG映像だ。血も汗も涙も情動ではなく、情報として降って来る。一言で言えばエモーションという名の情報である。映画を愛する者はこうしたナンチャッテ映像を嗅ぎ分けて、肉体に拘る映画が市場から駆逐されるのを防がなければならない。

映画評論家
1964年生

吉田広明

東への道……1920／米
脚本＝アンソニー・ポール・ケリー
監督＝デヴィッド・W・グリフィス

キートンの大列車追跡……1926／米
脚本＝アル・ボースバーグ、チャールズ・スミス
監督＝バスター・キートン、クライド・ブラックマン

マン・ハント……1941／米
脚本＝ダドリー・ニコルズ、ラマー・トロッティ
監督＝フリッツ・ラング

殺人者……1946／米
脚本＝アンソニー・ヴェイラー
監督＝ロバート・シオドマク

拳銃魔……1949／米
脚本＝マッキンレー・カンター、ミラード・カウフマン
監督＝ジョセフ・H・ルイス

コンクリート・ジャングル……1960／英
脚本＝アラン・オウエン
監督＝ジョセフ・ロージー

ハタリ！……1962／米
脚本＝リイ・ブラケット
監督＝ハワード・ホークス

ショック集団……1963／米
脚本・監督＝サミュエル・フラー

ゾンビ……1978／米、伊
脚本・監督＝ジョージ・A・ロメロ

グロリア……1980／米
脚本・監督＝ジョン・カサヴェテス

初期映画史上稀有な身体能力を持ったキートンによる『大列車追跡』で、普段は受け身に回って暴風雨（『キートンの蒸気船』）や押し寄せる女群、落ちてくる岩石（『セブン・チャンス』）に翻弄されるキートンは、蒸気機関車という不自由な物体を自在に動かしてみせる。止まったり、後退したり、追いついたり追いつかれたり、と、ただただ前に走り続けるだけでない、不規則なリズムが複雑な運動を生みだす。同じような列車と監督＝俳優による奇跡的なアクションとしては、走る列車から

飛び降りて、並走してきたバイクに乗ってUターンする様を、駅を出てから途切れることなくシークエンス・ショットで捉えたスコリモフスキ『不戦勝』(65)もあまりにも見事なアクション。一方ホークスにあっては、一個の肉体が突出するのでなく、グループ、ないし複数の要素が絡み合って起こるアクションが描かれる。『ハタリ!』や『リオ・ロボ』(70)での捕獲マシン〔前者は列車捕獲、後者は猿の捕獲〕、『モンキー・ビジネス』(52)や『男性の好きなスポーツ』(64)での偶然の奇跡的配合〔前者は猿が適当な調合で若返り薬を偶然作る、後者では主人公のバイクにぶつかった熊がそのままバイクに乗って走り去る〕、いくらでも思い浮かぶが、『空軍』(43)のような群像劇も、人間をピースとするマシンのようだ。

　いくつものショットを組み合わせて出来あがるのが映画であり、その組み合わせの運動自体もアクションと言えるだろう。だから結局映画は全部アクション映画なのだが、モンタージュを活劇にした最初の人としてグリフィスを挙げよう。4つの時代が並行して描かれ、遂にラストで、救助という同じアクションによって4つの時代が交錯してくる『イントレランス』(16)という大作もあるが、流水の上を逃げ回り、遂に倒れ伏す(髪の毛が水に浸かって凍った)というアクションをスタントなしでこなしたリリアン・ギッシュが素晴らしい『東への道』を挙げたい。一つのショットと次のショットの接続の運動というより、いくつかの挿話がピースのように嵌ってゆき、その全体が現れる事態もアクションと見なすならば、フライシャー『恐怖の土曜日』(55)もまたそのような編集のアクションといえるだろう。

　ショット間の関係でなく、1個のショットがいかにアクションを生むかという意味で挙げたいのが、『拳銃魔』、『殺人者』、『ショック集団』。『拳銃魔』では、二人組が車で銀行に乗りつけ、銀行強盗を働き、車で逃走するまでを、車内にカメラをとどめたまま、シークエンス・ショットで捉えている。実際のアクションの持続時間そのまま、しかし銀行内部の出来事は見せない。見せないこと、動かないことがスリルとアクションとリアリティを生むという逆説。同様に金品強奪の持続時間そのままをシークエンス・ショットで捉えているが、対照的にセットとカメラの動きがあまりにも緊密で見事なのが『殺人者』。工場に犯人たちが工員を装って侵入、通行所の向かいの建物の2階事務所に上がり（カメラがクレーンで上昇、2階の窓を通して一部始終を捉え続ける）、現金強奪、車で逃げ去るまで。しかもそれは別の人物がその事件の新聞記事を読んでいるという設定のフラッシュ・バックとして撮られている。映像は、事件そのものだけでなく、それを語る声の持続にもきっちり同期している。カメラの動きが恐ろしい、という意味では『ショック集団』。精神病院で起こった殺人事件の真相を探るため、狂人を装い、病院に潜入する記者を描く。次第に自身も狂気に蝕まれていく彼は、ある時廊下で雷鳴を聞く。パンするカメラは何の変哲もない廊下を映し出すが、彼の掌に雨粒が落ち始め、もう一度パンすると今度は廊下に暴風が吹き荒れている。ごく単純なパンニング・ショットが、人が狂気に陥る瞬間を体験させる。

アクションは二つの対象の距離からも生じる。追跡がその典型だが、距離の増減という意味で『マン・ハント』。ラストで主人公は洞窟に閉じ込められるのだが、ベルトなどありあわせのもので弓矢を拵え、わずかに空いた穴から、こちらを覗きこむ敵を撃つ。弓矢というのが凄い。飛ぶ距離がなければ成立しない武器が距離ゼロの状況で用いられるわけで、距離がゼロから無理やり生みだされるのだ。一方、無限の距離がゼロに縮減されるのがウォルシュの『死の谷』(49)。ラストで主人公は谷間の向かい側からライフルで狙撃されるのだが、距離をゼロに縮減する銃弾のアクションが、カメラのズームで模倣される。

すべてアメリカ映画で、と思ったが、これだけイギリス映画の『コンクリート・ジャングル』、ただし監督はアメリカ人。アクションの起こる場所として、狭い場所、広い場所があるが、何故か映画は狭い場所を一層好むような気がする。監獄を主たる舞台とするこの映画で、主人公は密閉された監獄のほうが居心地がよさそうで、その中での権力闘争を嬉々として演じる。一方戸外はどこか脅威に満ちた空間だ。主人公は広々とした野原で銃撃戦の末虫けらのように殺され、ヘリで上昇するカメラが彼を広い空間に置き去りにする。運河での抽象的な追跡劇を見るとゴダールの『はなればなれに』(64)を何となく連想するのだが多分関係はない。

アクションは遅さによってサスペンスを亢進するという逆説を教えてくれるのが『ゾンビ』。ゾンビの動

Gena Rowlands
Gloria
John Cassavetes

きは遅い。だから近づいてくることが分かっていても、手近の行動にかまけている、のだが、不図振り返ると既に、すぐそこにいる。このタイム・ラグがスリルとアクションを生む。近年のもの凄い速いゾンビ（ザック・スナイダー『ドーン・オブ・ザ・デッド』〈２００４〉にはびっくりしたが、主人公の身の回りの急激な変化を追う冒頭が終わり、主人公が外に逃げ出すと既に世界が崩壊していた、という速さにも驚いた（そういう意味の速さは黒沢清『回路』〈２００１〉のほうが時期的には先）。

最後に、身ぶり一つの凄味を描いた『グロリア』の一場面。不図したことでマフィアに追われる羽目になった女性と隣人の子供。二人が喫茶店かどこかで茶を飲み、休んでいる。と、女性は振り向きざま、背後の男たちに銃を向ける。何と、彼らはマフィアの手先であった。女性はそれに気づいていたのだろうが、そのそぶりも見せないため、見る者は不意を突かれるのだ。一見平穏な世界が、その身ぶりでいきなり脅威に満ちたものに変わる。ジーナ・ローランズも、ここではメソッド式の内面性を欠いた、アクションそのものである肉体として現れている。ブニュエルの『エル』〈53〉で、主人公が見せるジグザグ歩き、エドワード・ヤン『牯嶺街《クーリンチェ》少年殺人事件』〈91〉で、少女に加えられるナイフの一撃もまた、それによって世界がグラリと揺らぐ感覚を見る者に与える、ごく微小な、しかし巨大な身振りだ。

なお、筆者にとって活劇のベスト・オブ・ベストはアンソニー・マンの「戦争映画」、『最前線』〈57〉である。また、ジョン・フォードとヒッチコックに関しては、今回どれか1本に絞ることができなかった。その全作品を活劇と見なしてかまわないだろう。

プロデューサー
1937年生

山口剛

白熱……1949／米
脚本＝アイヴァン・ゴフ、ベン・ロバーツ
監督＝ラオール・ウォルシュ

拾った女……1953／米
脚本・監督＝サミュエル・フラー

都会の叫び……1948／米
脚本＝リチャード・マーフィ
監督＝ロバート・シオドマク

紐育秘密結社……1955／米
脚本＝クラレンス・グリーン、ラッセル・ラウズ
監督＝ラッセル・ラウス

殺し屋ネルスン……1957／米
脚本＝アーヴィング・シュルマン、ダニエル・メインウェアリング
監督＝ドン・シーゲル

罠……1949／米
脚本＝アート・コーン
監督＝ロバート・ワイズ

現金に体を張れ……1956／米
脚本＝スタンリー・キューブリック、ジム・トンプスン
監督＝スタンリー・キューブリック

何がジェーンに起ったか？……1962／米
脚本＝ルーカス・ヘラー
監督＝ロバート・アルドリッチ

黒い罠……1958／米
脚本・監督＝オーソン・ウェルズ

ガルシアの首……1974／米
脚本＝サム・ペキンパー、ゴードン・ドーソン
監督＝サム・ペキンパー

勝手にしやがれ……1960／仏
脚本・監督＝ジャン＝リュック・ゴダール

ジェームズ・キャグニーが少年時代のアイドルだった。小男で二枚目でないご面相に肩入れして場末まで追っかけた。1950年前後で、戦前戦後のアメリカ映画が一挙に日本に輸入された時代だ。『民衆の敵』（31）『栄光の都』（40）『我れ暁に死す』（39）『明日に

別れの接吻を』(50)……。泣きながら電気椅子に向かう『汚れた顔の天使』(38)の結末説教臭には熱烈なファンとしてもいささか首をひねったが、一番のお気に入りは『白熱』だった。あのマザコンのギャングという設定は、当人の役づくりだったと後日読んだ自伝には書かれている。

2番目のアイドルはリチャード・ウィドマークだった。『死の接吻』(47)で車椅子の老女を階段から突き落す冷血なギャングを演じて一躍有名になったが、強烈な印象を受けたのは『拾った女』と『街の野獣』(ジュールス・ダッシン、50)だ。B級監督だと思っていたサミュエル・フラーの真価を知るのは後になってからだ。

リチャード・コンテが3番目のアイドルだった。後年はシナトラ映画などによく出ているが、50年代は小味な悪党役で凄みをきかせていて、この人が2、3番手に控えているアクション映画には佳作が多かった。『都会の叫び』でコンテは刑事ヴィクター・マチュアの幼馴染でラストシーンで射殺されるギャングを演じている。「神の御名において!」とマチュアは叫んでコンテを撃つ。紀田順一郎氏が新著で少年時代にこのシーンを観たときの感動を語っているのを読みわが意を得た。シオドマクはドイツからハリウッド入りした監督でビリー・ワイルダーの盟友だが、『殺人者』(46)『幻の女』(44)などサスペンス映画が巧い。ワイルダーにしろラングにしろドイツ系の監督は表現派の影響かノアールを得意とする人が多いようだ。

『紐育秘密結社』は今にして思うと『ゴッドファーザー』などのマフィア映画の先駆だ。組織に利用され尽くした殺し屋コンテが親分のブロデリック・クロフォードをコートの下に隠し持ったサイレンサー付きの拳銃でいきなり射殺するシーンにしびれた。あの銃声は今でも耳に残っている。ラッセル・ラウスは『必殺の一弾』(56)『0《ゼロ》番号の家』(57)などサスペンスアクションに佳作が多い。

ドン・シーゲルは後年はイーストウッドと組んで幾多の名作を撮っているが、50年代のいかにもB級映画然とした『殺し屋ネルスン』や『第十一号監房の暴動』(54)のハードボイルド・タッチが忘れがたい。

『罠』のロバート・ライアンは八百長を強いられる落ち目の中年ボクサー、『現金に体を張れ』のスターリング・ヘイドンは競馬場の売り上げ金強奪をもくろむ刑務所帰り。いずれもぴったりの配役で男の哀感をただよわせた名演だった。昔はこういう俳優がいたんだとつくづく思う。『罠』は事件の経過と映画の進行時間を一致させて作られており、『現金～』は、数人の人物の視点から時間をずらせてカットバックするという手法がとられている。どちらも「時制」に対する工夫が、ドキュメンタリー・タッチの犯罪映画を斬新なものにしていた。

男性アクションの巨匠アルドリッチは近来再評価が高いが、ベティ・デイヴィスとジョーン・クロフォードという2大女優の鬼気迫る対決を描いた『何がジェーンに起ったか?』を採りたい。女性映画といっても、そこはアルドリッチ、その強烈なサスペンスは俳優の肉体や形相のかもし出すもので、心理劇とは対極の、アクションドラマといえるだろう。アルドリッチは何を撮っても傑作が多い。幻の名作と言われていた『キッスで殺せ!』(55)は、封切で見逃し、再輸入で見た。

『黒い罠』。容貌魁偉な巨漢の悪徳刑事に扮したオーソン・ウェルズのえもいわれぬ迫力は夢に見るほど強烈だった。なにしろウェルズの監督作品を初めて見たのがこの映画で、『市民ケーン』(41)はまだ日本に来てなかったと思う。チャールトン・ヘストンとジャネット・リーの眼前で車が爆発する有名な長回しのファースト・シーンから最後に至るまで、どこをとってもフィルム・ノワールの名場面集のような映画には興奮した。後日、若くて颯爽とした姿の『市民ケーン』を見たが、この映画ほどには感銘を受けなかった。さらに後年、サム・ペキンパーの映画を見たとき、背景のメキシコの匂いやアナーキーな雰囲気にこの映画を思い出した。ペキンパーは現代アクションより西部劇や戦争映画のほうが良いものがあると思うがジャンルを限定するなら、『ガルシアの首』だろう。

『勝手にしやがれ』の冒頭にモノグラム社への献辞が出て来るが、ゴダールを始めヌーベルヴァーグの監督たちには古いアメリカのB級アクション映画やパルプ小説への偏愛がある。ゴダールはこの映画をハワード・ホークスの『暗黒街の顔役』(32)を下敷にして作ったと言っているが、いかにもB級アクション風のストーリーが瑞々しいエスプリと実験精神で展開される。天衣無縫なアクション映画である。

クリント・イーストウッドの作品を入れたいところだが、すでに10本を超えている。マイケル・カーティス、フリッツ・ラング、J・ダッシン、ホークス、ヒューストン、ジャック・ターナー、ニコラス・レイ、入れたい監督はいっぱいいる。

PLANET＋1 代表
1960年生

富岡邦彦

暗黒街の顔役……1932／米
脚本＝ベン・ヘクト
監督＝ハワード・ホークス

白熱……1949／米
脚本＝アイヴァン・ゴフ、ベン・ロバーツ
監督＝ラオール・ウォルシュ

暴力脱獄……1967／米
脚本＝ドン・ピアース、フランク・ピアソン
監督＝スチュアート・ローゼンバーグ

殺しのダンディー……1968／英
脚本＝デレク・マーロウ
監督＝アンソニー・マン

センチュリアン……1972／米
脚本＝スターリング・シリファント
監督＝リチャード・フライシャー

ゲッタウェイ……1972／米
脚本＝ウォルター・ヒル
監督＝サム・ペキンパー

エディ・コイルの友人たち……1973／米
脚本＝ポール・モナシュ
監督＝ピーター・イェーツ

北国の帝王……1973／米
脚本＝クリストファー・ノップ
監督＝ロバート・アルドリッチ

突破口！……1973／米
脚本＝ハワード・ロッドマン、ディーン・リーズナー
監督＝ドン・シーゲル

殺しのベストセラー……1987／米
脚本＝ラリー・コーエン
監督＝ジョン・フリン

登場人物の行動＝アクションが物語の方向を決定し、時には意外な展開となる。その瞬間に私たちは立ち会い、これは時には自分の行動原理にもなってしまい、現在の世界では非常識にもなりひんしゅくをかってしまう。というか、80年までの映画にはそういった影響力があった。

そういった意味で70年代を通じてもっとも影響力があったのはクリント・イーストウッドだろうか。ニューシネマが終わった73年か

ら映画館で映画を見始めた私にとってスティーヴ・マックィーン、ポール・ニューマン、クリント・イーストウッド、チャールズ・ブロンソン、ブルース・リーらがスターであったが、50年代を再生させたロバート・ミッチャムやリー・マーヴィン、そしてニューシネマからの生き残りと言ってもいいステイシー・キーチ、ピーター・フォンダらがいた。脇役では後に主演もしたハリー・ディーン・スタントンもいいが、L・Q・ジョーンズ、マット・クラーク、ルーク・アスキューら渋い脇役の他アル・レティエリ、ポール・コスロ、エド・ローター、ピーター・ボイルそしてジョー・ドン・ベイカーは忘れがたいが、こういった場合スティーヴ・カーヴァーの『テキサスSWAT』(83)チャック・ノリスもあげておくべきだろうか。トミー・リー・ジョーンズやジェームズ・ウッズは80年代末になってB級アクションの主演俳優であり続けてもよかったのに映画の状況がそうならなかったのは残念だ。

というわけでまずは30年代。ギャング映画の時代からはやはりホークスの『暗黒街の顔役』をあげるしかない。食事中にマシンガンで襲撃されたポール・ムニが「あれはいったいなんだ! あいつが欲しい」という間もなく辣腕右腕のジョージ・ラフトが車上の敵の子分を一発でしとめ、路上に転がるマシンガンを拾ってムニに渡す瞬間、この間10秒?! のこの速度、キャラクターから発する暴力、それは40年代末にウォルシュが撮った『白熱』のキャグニーにも伝染するし、遠くは70年代アルドリッチの『傷だらけの挽歌』(71)のスコット・ウィルソンの内へと向かった。

50年代はRKOから下ってモノグラム(映画会社、モノグラム・ピクチャーズ)やPRC(プロデューサーズ・リリーシング・コーポレーション)などB級会社の量産もあって本来アクション=犯罪映画の宝庫だが、最近ようやく見た、フィル・カールソンの『アリバイなき男』(52)と、フランス暗黒街=フレンチ・ノワールからはベッケルの『現金に手を出すな』(54)は外せない。フランスでは厳つい男が男の頬を平手で叩く痛さが滲みる。

60年代に思い入れがあるならば皮肉な反逆児ポール・ニューマン。本当はヒューストンの『マッキントッシュの男』(73)にしたいところだが、あのいやらしいジョージ・ケネディのおかげで権力におもねる大人を見た記憶のために〈暴力脱獄を〉あげておこう。

さていよいよ70年代。その前にアンソニー・マンが最後の銀の輝きを放った『殺しのダンディー』(68)そうスパイ・アクションを忘れていた!

ニューシネマ以降に30年代郷愁へと傾いた『チャイナタウン』(74)はロバート・ミッチャムが再起した『さらば愛しき女よ』(75)そして『エディ・コイルの友人たち(狼のシンジケート　ダーティ・エディ)』(73)とともに忘れがたいが、『エディ・コイル〜』はごく最近輸入DVDで再会できた。若き武器商人リチャード・ジョーダンのあの明るいグリーンの車には目を奪われるだろう。そこで70年代アクションと言えばカーアクション!『ブリット』(68)から始まり、映画のシンボルは馬から車に乗り換えたことで西部劇は終わり、カーアクションが引き継いだのかもしれない。

ジョン・ウェインの『ブラニガン』(75)『マックQ』(74)勿論イーストウッドの『ダーティハリー』(71)はキャラクターが物語を引っ張る刑事アクションを生み出したが、私はドン・シーゲルでは『突破口!』の緻密な計算を挙げてしまう。

シーゲル、アルドリッチ、フライシャー、カールソンら50年代のB級監督の第2の黄金時代が到来し、J・リー・トンプソンやイギリス出身の若手監督マイケル・ウィナーもブロンソンとともに活躍。ここにフランスのアラン・ドロンまで合流するが、アルドリッチでは刑務所もの『ロンゲスト・ヤード』(74)だけではなく、カトリーヌ・ドヌーヴが共演したバート・レイノルズの刑事もの『ハッスル』(75)はJ=P・メルヴィルの『リスボン特急』(72)へのアメリカからの返礼であったのだろう。

シーゲル=イーストウッドの刑務所もの『アルカトラズからの脱出』(79)でデスクの上の爪切りが無くなる瞬間や、ペキンパーの『ゲッタウェイ』の盗まれた鞄の扱い方や、マックィーンの銃の手馴れた扱いには唸る(味方が銃の前を横切る時には本能的に銃口は上を向けられる)。

70年代には車と銃器の扱いが、アクション映画における登場人物の振る舞いを決定づけ、90年代には『ジャッキー・ブラウン』(97)のタランティーノだけがその美しさを理解しており、主人公のパム・グリアは1発も発砲しなかったのは快挙だった。戦争映画でなくとも1発の銃弾の重みはアクション映画の要でなければならない。

フライシャーの『センチュリアン』はステイシー・キーチ、スコット・ウィルソン、そしてエリック・エストラダの3人の新人警官を主人公にしていたが、老練な警官ジョージ・C・スコットにとっても一発の銃弾が重くのしかかる。警官や特に刑事を主人公にしたアクション映画は70年代には娯楽映画の保証があったからこそだ。

一方、犯罪者を主人公にしながら権力の目をかすめる瞬間も快感だろう。知恵のある主人公は観客よりも一歩先を見越して行動する。シーゲルの『突破口!』でウォルター・マッソーが演じる元飛行機乗りの銀行強盗ヴァリックの見事な読みは、映画の伏線と一体化して観客を翻弄してくれる。こうした場合ジョー・ドン・ベイカーのような、あるいは『ゲッタウェイ』のアル・レティエリのような悪役が必要だ! その周りに愚かな悪人としてポール・コスロのようなダメ男も必要だろう。

見込みのあるトがったダメ青年としてデビューしたのがキース・キャラダイン。『北国の帝王』にはハリー・ディーン・スタントンと並ぶ男マット・クラークも出演しているが、これは刑事でも犯罪者でもない二人の中年男の激しい闘いをアルドリッチが描いた。

主演は半径5メートル以上は近づけないオーラを放つリー・マーヴィンとアーネスト・ボーグナインという恐るべき怪物オヤジ。この二人がアメリカを放浪するホームレスのナンバーワンと機関車の鬼車掌である。「シャックの車両にタダ乗りすれば命がない」いやいや、「タダ乗りナンバーワンのエースno. 1に乗れない列車はない」この二人の争いには犯罪も現金も関係ない。イイ線いくのにやっぱりダメなキャラダイン、彼は何がダメなのか。大人の掟が「映画の掟」として機能した瞬間に観客は彼とともに苦みを嚙み締める。

サミュエル・フラーも入れられなかったが、最後に誰も入れないだろう『殺しのベストセラー』。ラリー・コーエンの脚本で『ローリング・サンダー』のジョン・フリンが監督。ニューロティックな殺し屋をジェームズ・ウッズが演じる。愚かな素人と軌道は外れているが自らの「掟」は守る殺し屋。それからカサヴェテスの『グロリア』は！　エリック・レッドの『ジャッカー』も外せないが……。

現在アクション映画が壊滅的なのはまさに「掟」がないことに尽きる。そんな「掟」の枯渇した時代に『グラン・トリノ』が目立つのは当然のこと。イーストウッドなら『ガントレット』(77)と『ファイヤーフォックス』(82)を入れておこう。

70年代にアクション映画に貢献した脚本家としてはウィリアム・ゴールドマン、アラン・シャープ、スターリング・シリファントは私の御三家、『ハードコアの夜』(79)と『ザ・ヤクザ』(74)の2本でポール・シュレーダーも入れよう。撮影ではもちろんコンラッド・L・ホールが群を抜いているだろう。

批評家
1959年生

上島春彦

ゲッタウェイ……1972／米
脚本＝ウォルター・ヒル
監督＝サム・ペキンパー

ツイン・ドラゴン……1992／香港
脚本＝ツイ・ハーク、バリー・ウォン
監督＝ツイ・ハーク、リンゴ・ラム

柔道龍虎房……2004／香港
脚本＝ヤウ・ナイホイ、イップ・ティンシン、アウ・キンイー
監督＝ジョニー・トー

ハイリスク……1995／香港
脚本・監督＝バリー・ウォン

ジョイ・ウォンの妖女伝説……1992／香港
脚本・監督＝ティン・シャン・シー

黒薔薇vs黒薔薇……1992／香港
脚本＝ケイ・オン
監督＝ジェフ・ラウ

テラコッタ・ウォリア　秦俑……1989／中国、香港
脚本＝リー・ピクワー
監督＝チン・シウトン

レジェンド・オブ・フラッシュ・ファイター2 電光飛龍／方世玉2……1993／香港
脚本＝ケイ・オン、チャン・キンチョン
監督＝コーリー・ユン

ワイルド・ブリット……1990／香港
脚本＝ジャネット・チェン、ジョン・ウー、パトリック・レオン
監督＝ジョン・ウー

真昼の暴動……1947／米
脚本＝リチャード・ブルックス
監督＝ジュールス・ダッシン

「私の映画史」的に述べるならリアルタイムで『ゲッタウェイ』を見たのは偶然で、しかも中学生時代。それでもこれは決定的だった。その凄さ、完成度の高さを実感するのは20代に入って名画座で繰り返し見るようになってからだが。演出家としてペキンパーが冴えていた最後期の作品で、周到さは何よりキャスティングに現れている。ボー・ホプキンスやベン・ジョンソンはペキンパーお気に入りの

俳優だから目立つのは当然として、マックィーンを執拗に追いかけるアル・レッティエリ、ロッカー泥棒リチャード・ブライト、不幸を絵に描いたようなジャック・ドッドソン等々、まさに所を得た快演と言うしかない。スタッフもゴージャス。けれど私は70年代アメリカ映画を浴びるように見てきた世代というわけではないから、取りあえずこの辺のものはこれ1本で十分とする。

自分にとってアクションとはまずジャッキー・チェンだ。ただし微妙な一点だが、私が心惹かれるジャッキー映画は初期の野蛮なヤツではなく大作映画の全権を握るようになってからになる。それでも山ほどあるが、ここで『ツイン・ドラゴン』を選んだのは、一人二役という古典的ギミック故というより、これが正に驚天動地のオールスター監督映画だからだ。香港の監督協会設立記念映画だったかで次から次へと監督が俳優として現れるのをご祝儀気分で楽しんで下さい。

香港アクションがアメリ映画より上等だとつくづく感じるのは『ハイリスク』のような映画を見た時だ。言うまでもなく『ダイ・ハード』の「バッタもん」だが、ジェット・リー・リンチェイが、スタントマンは存在しないことになっている大アクションスターの「隠れ」スタントマンを演じて最高の切れ味を発揮する。ちなみに大スターはジャッキー・チュンで、このキャスティングは洒落と悪意ぎりぎりの線だ。90年代を代表する香港美女チンミー・ヤウのスーツ姿も抜群。ついでだが彼女の『香港淫殺倶楽部／ポイズン・ガールズ　あぶないカ・ラ・ダ』は後年のレディス・アクションの先駆けとして価値が高い、ただ出来は今一つ。

ジェット・リー主演作にも忘れ難いものは数多いが『レジェンド・オブ・フラッシュ・ファイター2』をお勧めしたいのはマザコン・カンフー映画と呼ばれる位、ここで彼の母親役を演じるジョゼフィーン・シャオが魅力的だからだ。前作では不甲斐ない息子に代わり、男装して演武会に参戦したりして勇ましかった彼女だが、こちらでは初恋の人と間違いを犯してしまったと勝手に勘違いして想像妊娠してしまったり、やたら若々しく色っぽい。もちろんコメディエンヌとしてはジェット・リーの奥さん役ミシェル・リーも負けていない。

今回の選択でも前号同様定番はNGとした。『チャイニーズ・ゴースト・ストーリー』(87)とか。でもジョイ・ウォンはやはり入れておきたいので、真面目な映画ファンがこぞって避けて通る時代劇『ジョイ・ウォンの妖女伝説』を。これは彼女が稀代の悪女に扮し、言い寄って来る男のペニスをちょん切る映画ということになっていて実際そうなのだが、そのてん末も含めて念入りな物語設定。実は、彼女は女テロリストで、捕えられた首領を奪還するために処刑場周辺にうろちょろしている。実は、彼女が逮捕されなかったのは警察隊の頭領が彼女に邪な思いを抱いていたためだった。かくしてテロリストの残党と警察がバトルを繰り広げるが、主人公の若者は「首切り役人」。これは徒弟制になっている。その役職の要締は処刑ではなくその後、切られた首をきちんと元の所へ納めて霊を鎮めることにあり、熟練を要するのだ。映画は集団の追跡劇を軸に進むが、ここに初めての処刑儀礼に失敗してしまった若者の試練という要素が介入して厚みを増す。台湾製作の時代劇には野暮ったさがあって、これが致命的なミスを呼ぶことも多々あるのだがここでは独特な味わいになっている。中華圏の映画には豊かな奇想物語の伝統があり、そのエッセンスが現代喜劇映画に流れ込んでくることも多い。

『黒薔薇vs黒薔薇』はさしずめそんな1本。日本では何故か「おバカ」映画の元祖とされていて本気で褒める人は滅多にいないが、実は香港映画の名品である。監督のジェフ・ラウは生粋の香港映画人ではなく証券マン出身らしいが、それにしてはこの作品には60年代香港映画への様々な言及が認められる。映画的引用と奇想のハイブリッドが本作の魅力である。

香港ポルノの女流脚本家とその友人の女が犯罪に巻き込まれ、捜査を撹乱させるために伝説の怪盗「黒薔薇」参上、とサインを残して逃走する。追う刑事はレオン・カーフェイ。今は引退して館に隠棲する怪盗黒薔薇はやはり二人組の女で、片方がアルツハイマー症に罹っている。そこで残された片割れは自分を小間遣いにし、相棒のアルツハイマーを女主人ということにして世間から身をくらませていたのだが、偽物が突然出現したのに興味を覚え、彼女達を館へおびき寄せる。新参者の黒薔薇はこの老女二人の正体を知らず、刑事レオン・カーフェイを媒介にライバルとも共闘ともつかない不思議な関係を結ぶ。変装、仮装、記憶喪失あるいは捏造と、どこか晩年のオニール劇とかあるいは清水邦夫、ピンターとかを思わせる劇的趣向が斬新だ。

最近評価が高いジョニー・トーはどれも面白いので、比較的面白くない『柔道龍虎房』を挙げよう。とはいえストリートファイトが柔道の乱取りになっているのがバカにおかしい。香港人の耳に聞こえたままの『姿三四郎』の主題歌が絶品だ。黒澤明に捧げられているが黒澤版とは全く関係はない。

『テラコッタ・ウォリア』は名監督チャン・イーモウが監督せずにコン・リーとのコンビでアクション俳優をやってしまう。タイトルは兵馬俑のこと。彼は不死の人で、女は輪廻転生を繰り返し、2千年にわたる恋物語が展開されるが、コン・リーが最後に日本人になって現れるあたり感涙ものであって、これはやはり傑作と呼ぶに相応しい。

打率の高さではジョニー・トー並みを誇るジョン・ウー作品からは初期の代表作『ワイルド・ブリット』を。舞台は1967年の香港でいわゆるベトナム物だが、考えてみればベトナム戦争映画で見るに耐えるのはアメリカにも少ない。

最後の1本は一応私の得意領域からジュールス・ダッシンの『真昼の暴動』を。刑務所（暴動）映画というのは香港でもリンゴ・ラムになかなか良いのがあるし、日本でも中島貞夫が頑張っているし、アメリカでもドン・シーゲルの傑作を挙げられるが、装置の緻密さでこれを超えた映画はない。企画時、既にアカと目されていた監督は刑務所施設の見学を許可されず、代理で脚本家リチャード・ブルックスが見てきたらしいが、見学の成果がしっかり発揮されている。リアリスト、ダッシンは脚本を読み「どうして、この刑務所には善人しかいないんだ」とあきれたそうだが、確かに収監されているのは善人ばかりで一番の悪人はヒューム・クローニン扮する刑務官マンジーだというのが反アメリカ的な部分である。アート・スミス、ハウランド・チェンバレンなど赤狩りで消えた俳優も大挙出演している。

映画監督
1933年生

澤田幸弘

外人部隊……1933／仏
脚本＝ジャック・フェデー、シャルル・スパーク
監督＝ジャック・フェデー

自転車泥棒……1948／伊
脚本＝チェザーレ・ザヴァッティーニ、スーゾ・チェッキ・ダミーコ、ヴィットリオ・デ・シーカ、アドルフォ・フランチ
監督＝ヴィットリオ・デ・シーカ

第三の男……1949／英
脚本＝グレアム・グリーン
監督＝キャロル・リード

恐怖の報酬……1953／仏
脚本＝アンリ＝ジョルジュ・クルーゾー、ジェローム・ジェロミニ
監督＝アンリ＝ジョルジュ・クルーゾー

ダーティハリー……1971／米
脚本＝ハリー・ジュリアン・フィンク、R・M・フィンク、ディーン・リーズナー
監督＝ドン・シーゲル

ポセイドン・アドベンチャー……1972／米
脚本＝スターリング・シリファント、ウェンデル・メイズ
監督＝ロナルド・ニーム

ディア・ハンター……1978／米
脚本＝デリック・ウォッシュバーン
監督＝マイケル・チミノ

007 危機一発……1963／英
脚本＝リチャード・メイボーム
監督＝テレンス・ヤング

燃えよドラゴン……1973／米、香港
脚本＝マイケル・オーリン
監督＝ロバート・クローズ

レイジング・ブル……1980／米
脚本＝ポール・シュレイダー、マーディック・マーティン
監督＝マーティン・スコセッシ

Ｐ51戦闘機の機銃掃射に狙われ、焼夷弾の火焔に逃げ回り、新型爆弾の投下で終戦。焼け跡の闇市マーケットを抜け、映画館に入ってから60余年、記憶を頼りに選んだ。

『外人部隊』

パリで絶望しモロッコ、アルジェの酒場に流れ着いた男、瓜二つの別れた女に出会い三角関係の揚句殺人まで犯してしまう。全ての歯車が狂い外人部隊に身を投じ世話になった酒場の女占い師に別れを告げる。女はトランプで占い始める。「あんた勲章を貰えるよ」カードがシャッフルされ、最後の札が開けられる。スペードのエース、それは「死」、慌てて隠す。「俺は見たよ」「……」。招集ラッパが鳴る。男は出て行く。女、椅子から床に崩れ落ち両手を握りしめ運命を呪う。男は栄光から死への砂漠へ、女は彫像のように身動きしない。僕のマグマが噴火した。人間の生きざま?! 死にざま?! とは……。


『自転車泥棒』

イタリア第二次大戦後のネオリアリズム作品『靴みがき』(46)の2年後の作品。ポスター貼りの仕事にありつき失業苦から脱出しようとした男が仕事に必要な自転車を盗まれる。サッカー場の自転車置場に大量の自転車が。息子を先に帰し1台盗もうとするが見つかり群衆に嬲《なぶ》りものにされる。息子は引き返して来て被害者が犯罪者になった父親の惨状に戦《おのの》き走り出し足許にしがみつき泣き叫ぶ。群集の輪はとけてゆく。ボロボロになった父親は遠くを見て歩き始める。息子は父親の焦点の定まらない目を見ながら右手に縋り付いて行く。それは戦後の崩壊と復興の狭間で貧困と飢餓に喘ぎながら、人間が人間として生きるには?! 雑踏の内次々と人間とぶつかりながら歩いて行く。


『第三の男』

ウィーンの街で旧友の交通事故の真相を追う内に第三の男が現場にいたことが分かるが、その目撃した男が殺される。第三の男を追って、大きな影が、漆黒のような下水道、水しぶきが光る、巨大な観覧車が廻る、そしてチターの曲。光と影と音に打ちのめされた。


『恐怖の報酬』

山奥の油田の火災消火の為にニトログリセリンを運ぶ運転手に応募した男達の目の前にその一滴をたらす。

爆発と白煙。ニトロの入った大瓶がロープで吊るされ幌トラックの内で揺れる。先頭の車は運転を誤り爆発木端微塵。残る1台、吊り橋のワイヤーに後輪がひっかかるが辛うじて脱出。その直後吊り橋は深い谷間に落下。送油管が破壊し油地獄の内で誤って相棒を轢いてしまうが目的地にニトロを届ける。賞金を手にした時は相棒は死ぬ。賞金を一人占めにした男は、歌を唄い喜びにハンドルを遊びながら山道を下る。ホッとした瞬間、ハンドルをきり損ね深い崖下に転落。恐怖の報酬は、死であった。大金を一人占めした男の無残な死であった。あのイヴ・モンタンが死んだ。

『ダーティハリー』

44口径マグナム銃が火を吐く。容疑者は容赦なく痛めつける。長身の刑事、腐った警察組織を無視して闘う。疾走中のバスの屋根に飛び降り車内の犯人と射ち合い採石場へ乗り上げ、射殺する。パトカーが急行する。警察の応援を信じない。刑事はバッヂを投げ捨てて去って行く。クリント・イーストウッド、腐敗に背を向けた後ろ姿が眩しい。

『ポセイドン・アドベンチャー』

ポセイドン、豪華客船、全搭乗員3千余名、巨大津波に襲われ一瞬の内に転覆する。甲板の救命ボートに急行するのとは逆に溺死から逃れる為に数名の生存者が船底に脱出口を求めて上って行く。少年がトイレで小便をしようとすると便器が天井の近くについているので戸惑う。全てが天地逆の船内での爆発、浸水。腹を上に向けて浮いている船に救助隊が降り立つ。内から助けを求めて鉄板を叩く音がする。救助作業が始まる。大勢の犠牲者に心痛んだが、少年は正常のトイレで今度はオシッコがゆっくりできるだろうか？

『ディア・ハンター』

若者達が鹿狩りをしている。その若者達がベトナムの戦場に行き捕虜になる。ベトナム兵が若者に「ロシアン・ルーレット」(回転式拳銃に弾丸を1発こめ弾倉を回転させ装填する。弾丸は6つの穴の中の何処に入っているか分からない。コメカミに銃口を押し当てて引き金を引く死のゲームである)。ベトナム兵は、一人ずつ順番に引金を引く若者の生か死に金を賭ける。かつて鹿狩りを楽しんでいた若者が、人間に人間狩りの具にされて引き金をひく。正気か?! 狂気か?! 発砲の確率が高くなっていく。固唾を飲む、引き金に指が、若者の末路は……。

『007 危機一発』

世界冷戦時、英ソ・スパイの華麗なアクションとサスペンス、近未来の諜報マシン、豪華なカーアクション。ショーン・コネリーの男臭さと女性好きが男女観客を問わず、スカッとさせた。

『燃えよドラゴン』

香港・米の合作作品。いきなりの奇声を発しドラゴンのように地を蹴り空を跨ぎ人間を倒していく。鏡の迷路のアクションがハイライトである。まさに東洋の「007」であった。英国の「007」と対決したらどんな映画になるかと空想したが、ブルース・リーは、ドラゴンのように、あっという間に昇天してしまった。

『レイジング・ブル』

腹が、ダブダブの男がいる。デ・ニーロがその肉体を作る為に、美味という噂を聞いては、スパゲッティを食べ回り20キロ増量したという。そして、リングの内では、チャンピオンを演じる。減量と禁欲で精神異常になり、栄光から滅亡へと全てを失っていく凄まじい男を演じる。『タクシードライバー』に次ぐ作品である。

サム・ペキンパーの暴力とハイスピード、張藝謀《チャンイーモウ》、呉宇森《ジョンウー》の新しいアジアの映画を入れようとしたが、すでに10本が頑張っていた。『ノーカントリー』(07)『ココシリ』(04)も頭をもたげていた。「映画は一期一会」か?!

テレビプロデューサー
1944年生

中村征夫

恐怖の報酬……1953／仏
脚本＝アンリ＝ジョルジュ・クルーゾー、ジェローム・ジェロミニ
監督＝アンリ＝ジョルジュ・クルーゾー

現金に手を出すな……1954／仏、伊
脚本＝ジャック・ベッケル、アルベール・シモナン、モーリス・グリッフ
監督＝ジャック・ベッケル

彼奴《きやつ》を殺《け》せ……1959／仏
脚本＝ボワロー・ナルスジャック、ジェラール・ウーリー
監督＝エドゥアール・モリナロ

汚れた英雄……1960／伊
脚本＝カルロ・リッツァーニ、ルチアーノ・ビンチェンツォーニ、ウーゴ・ピロ
監督＝カルロ・リッツァーニ

暗殺の森……1970／伊、仏、西独
脚本・監督＝ベルナルド・ベルトルッチ

俺たちに明日はない……1967／米
脚本＝デヴィッド・ニューマン、ロバート・ベントン
監督＝アーサー・ペン

ハタリ！……1962／米
脚本＝リイ・ブラケット
監督＝ハワード・ホークス

スパルタカス……1960／米
脚本＝ダルトン・トランボ
監督＝スタンリー・キューブリック

007　ロシアより愛をこめて……1963／英
脚本＝リチャード・メイボーム
監督＝テレンス・ヤング

JAWS　ジョーズ……1975／米
脚本＝ピーター・ベンチリー、カール・ゴットリーブ
監督＝スティーヴン・スピルバーグ

今回のアクション映画の構成要素を、活劇、ギャング物、ハードボイルド風復讐物、テロ暗殺物としてみた。コメディー、ミュージカル、サスペンス物にも秀逸なアクション映画はあるが割愛した。それと『手錠のままの脱獄』（58）『逃亡地帯』（66）等の脱獄物もうまくはまらなかった。他に『ダーティハリー』

(71)『フレンチ・コネクション』(71)『ハスラー』(61)『殺しの分け前　ポイント・ブランク』(67)『影の軍隊』(69)『紳士同盟』(86)等が10本から漏れてしまった。

『恐怖の報酬』は1962年「日仏交換映画祭・フランス映画の回顧上映」、京橋のフィルムライブラリーで高校3年の時に初見。中米の未開地、大型トラックにニトログリセリンを積み山奥まで運ぶだけのストーリー。全篇手に汗にぎるという初体験。音楽がタイトルバックだけで、後は現実音SE〔音響効果〕だけというのも緊迫感を盛り上げていた。後にこの映画を下敷きにして内外で様々な映画、TVドラマが創られた。この日仏交換映画祭では他にクルーゾーの『密告』(43)『情婦マノン』(49)、ルネ・クレマン『鉄路の闘い』(46)、ロベール・ブレッソン『抵抗』(56)等を見て、各々に大きなショックを受けた。その為か、その冬の大学受験は見事失敗。

1962〜63年にかけて『荒野の決闘』(46)『駅馬車』(39)『黄色いリボン』(49)等がリバイバル公開。そんな流れの中で『現金に手を出すな』も再公開され、その時が初見。パリの遊び人が徒党を組み、時にはギャングにもなる、俗にミリュウ物と呼ばれるジャンル。老境に入ったギャング、ジャン・ギャバンの日常生活が描かれるのがおもしろい。ギャング業界引退の話をしながらチーズを塗ったビスケットを食べたり、寝る前に歯をみがいたり。また、マシンガンや拳銃を構えた姿がさまになっており、主人公のギャングのボス、ジャン・ギャバンは完璧。フランスの暗黒街映画フィルムノワールの原点。ギャング映画の傑作。仇役のギャングにリノ・ヴァンチュラが出演している。この後、ヴァンチュラはゴリラ物と呼ばれるB級フィルムノワールに数多く出演。ラグビーのスクラムの起点となるプロップのようなゴツイ、冷蔵庫のような肉体はアクション映画にはまさに打ってつけであった。

そのヴァンチュラが、殺された妻の復讐をする『彼奴《きゃつ》を殺《け》せ』。監督は『殺られる』(59)のエドゥアール・モリナロ。『殺られる』同様にバックにはモダンジャズがサスペンスを盛り上げる。1960年前後のフランス映画『死刑台のエレベーター』(58)『墓にツバをかけろ』(59)『危険な関係』(59)『唇《くち》によだれ』等にはモダンジャズが多用され映画音楽のひとつのジャンルをつくっていた。復讐をとげたヴァンチュラを目撃したのが当時まだ珍しかった無線タクシーの運転手。このタクシー無線の使い方が実にうまい。パリの夜を無線タクシーが縦横に走り回り、秀れたサスペンスアクションを創りあげる。怜悧で、悲しみ苦しみを内に秘めたヴァンチュラが実にいい。

1943年末イタリア。連合軍は独伊軍を追って南イタリアからローマへ。そのローマではファシストやナチ協力者を次々とテロする、〝せむし〟と呼ばれるギャングが殺人、強盗、暴行をくり返していた。身長160センチでせむし、本名ジュゼッペ・アルバーノ18歳で300人もの配下を率いていた。せむしのあまりの狂暴さに抵抗運動からはパージされ、連合軍がローマに入城してからはヤミ屋、戦争成金、連合軍物資を次々と襲い、略奪品を貧しい人々に与えていた。ナチと闘い、次にGIと戦った青年ギャングを描いた『汚れた英雄』(60)。まさに全篇、屈折した憎悪と大薮春彦ばりの自動小銃の乱射乱撃。監督は、若い頃レジスタンスやパルチザン映画に参加していたカルロ・リッツァーニ。屈折したガンヒーローせむしを演じたのはジェラール・ブラン。ブランは小柄なので、10代の頃は騎手をすすめられたが断わり、仏陸軍落下傘部隊に入り、その後、舞台から映画に進出。義賊なのか、テロリストなのか、ギャングなのか定かでないアクション映画の中の忘れられた珍品。

1972年、ベルナルド・ベルトルッチの作品が日本で初公開。『暗殺の森』。こんなに美しく、ねじくれたテロリストの映画があるのだろうかと驚いた。第二次世界大戦前夜、ムッソリーニ治下のイタリア。主人公の青年はファシズムに染められ暗殺者となっている。パリに亡命した自由主義者の教授を暗殺しにパリへ。静寂な森の中で暗殺はしめやかに行われ、残された女(ドミニク・サンダ)は森の奥へ走る。暗殺者の若者は「卑怯者、ホモとユダヤは嫌いだ」とつぶやく。美しく静かさに満ちたテロリストの映画で永く記憶に残る。

アメリカの1920~30年代、大恐慌時代に実在したアル・カポネ、ジョン・デリンジャー、ベビィフェイス・ネルソン等、有名ギャングを取り上げたギャング物、FBI物は数多くあるが、銀行ギャング・ボニー&クライドの出会いから死までを青春物として描いたのが『俺たちに明日はない』。アメリカン・ニューシネマの先駆とも評された。1968年（昭和43年）の公開時、アメリカではキング牧師、R・ケネディが暗殺され、日本では原子力空母エンタープライズが佐世保に入港。平瀬橋での激戦があり、成田三里塚で、王子で市街戦が続き、東大では反日共系各派と民青の激突、そしてこの年の11月22日、日大・東大闘争勝利全国学生総決起集会が安田講堂前であった。その全てがこの映画のラストの銃撃戦にオーバーラップしている。

昔から映画のジャンルに猛獣狩り物があった。昨今のNHK・BSで新開発の高感度キャメラで撮った動物の生態ドキュメントとは正反対のもの。最近では恐竜物が猛獣狩り物にとって替わり、あのターザン物も全く無くなってしまった。正統派アクション映画を撮らせたら、この人の右にでる者はいないと中学の時から思っているハワード・ホークスの猛獣狩り物『ハタリ！』。動物園用の動物をアフリカで生獲するプロフェッショナル達の物語。当初はジョン・ウェインとクラーク・ゲーブルの共演が予定されていたが、ギャラでゲーブルは取りやめとなった。ゲーブルはこの『ハタリ！』クランクイン12日前に急死する。ホークスは過去にボガート主演のハードボイルド『脱出』（44）『三つ数えろ』（46）が有り、西部劇では『赤い河』（48）『果てしなき蒼空』（52）『リオ・ブラボー』（59）と絶品揃いで、他にもマス釣りを描いたスポーツコメディアクション『男性の好きなスポーツ』（64）がある。アクション映画にハワード・ホークスは欠かせない。

やはり最近、絶滅してしまったジャンルにコスチュームプレイ物、史劇スペクタクルアクション映画がある。1960年前後には『十戒』（56）『ベン・ハー』（59）『ソロモンとシバの女王』（59）『エル・シド』（61）変格として『ヴァイキング』（58）『隊長ブーリバ』（62）等コスチュームプレイ物は数多くあった。ここではローマ帝国時代、奴隷剣闘士の反乱を描いたスタンリー・キューブリック（60年の頃はカブリックと表記していた）の『スパルタカス』をピックアップ。剣闘士の戦い、剣闘士や奴隷たちの反乱、ローマ軍団との大会戦等のスペクタクルアクション、そしてスパルタカスを演じるカーク・ダグラスとさすがの迫力であった。

『007　ロシアより愛をこめて』。イアン・フレミングの原作はハヤカワポケットミステリと創元社から出ていて中学の頃から大ファンであった。63年にシリーズ第1作『007は殺しの番号』が公開。これはB級アクション映画だったが、第2作の『ロシア〜』は秀逸のエンタテイメントアクションに仕上がっていた。当時のタイトルは『007　危機一発』。このアナクロなタイトルをつけたのは当時ユナイト映画宣伝部長だった水野晴郎（和夫）。第1作から47年たって何本のシリーズが作られたのか忘れたが『007　ロシア〜』がシリーズではピカ一だろう。映画は大ヒット。更にオリンピック間近の8月、新宿ヒカリ座で『007は殺しの番号』(62)『ロシア〜』の2本立が押すな押すなの超満員。当時、日活アクションを支えていた宍戸錠は、満員の為、この2本立を立見のまま見たという。今から28年前、パリ・ブローニュの森の中にある撮影所に招待され、ロジャー・ムーア主演の『007』の撮影を2週間取材したことがあったが、ショーン・コネリーに比べて、ロジャー・ムーアはボンドのイメージとは全く違うと思った。現在のボンド役ダニエル・クレイグはアクションと存在感でS・コネリーにつぐのではないだろうか。

10本目は『白鯨』(56)かなとも思ったが、スピルバーグの『JAWS　ジョーズ』にした。巨大鮫を見せず、海上を樽が走っていくシーンでもうノックダウン。これはロスアンゼルスのダウンタウンで見たのだが、怖いシーンになると、2階席から悲鳴と共にポップコーン、ポテトチップス、コーラの飛沫等がとび散る最高の雰囲気の中で見た。当時、1ドルは300円前後の時代だった。

あれっ、ヒッチコックが1本も入っていない。『北北西に進路を取れ』(59)はスゴイアクション映画なのに。イヤ、これは別の機会があればゆっくりと。

シナリオライター・監督
1949年生

柏原寛司

破壊！……1973／米
脚本・監督＝ピーター・ハイアムズ

ダーティハリー……1971／米
脚本＝ハリー・ジュリアン・フィンク、R・M・フィンク、ディーン・リーズナー
監督＝ドン・シーゲル

シャーキーズ・マシーン……1982／米
脚本＝ジェラルド・ディペゴ
監督＝バート・レイノルズ

ゲッタウェイ……1972／米
脚本＝ウォルター・ヒル
監督＝サム・ペキンパー

突破口！……1973／米
脚本＝ハワード・ロッドマン、ディーン・リーズナー
監督＝ドン・シーゲル

ペイバック……1999／米
脚本＝ブライアン・ヘルゲランド、テリー・ヘイズ
監督＝ブライアン・ヘルゲランド

ブリット……1968／米
脚本＝アラン・R・トラストマン、ハリー・クライナー
監督＝ピーター・イェーツ

アドレナリン……2006／米、英
脚本・監督＝マーク・ネヴェルダイン、ブライアン・テイラー

北国の帝王……1973／米
脚本＝クリストファー・ノップ
監督＝ロバート・アルドリッチ

殺し屋ハリー　華麗なる挑戦……1974／米
脚本＝ロバート・ディロン
監督＝ジョン・フランケンハイマー

＊順不同

『破壊！』

エリオット・グールドとロバート・ブレイクのキャラクターが絶品。ロスの頽廃的な雰囲気の中での二人の疾走感とやるせなさがたまらない。踏み込んだアパートから、街中の追跡、スーパーマーケットの銃撃までのステディカムの映像はいま見てもシビレる。

『ダーティハリー』

ホットドックを喰いながら44マグナムをぶ

っぱなす冒頭のシーンが秀逸。キャラクターの摑みとはこういうモンであるという見本。同じシーゲル&イーストウッドの『マンハッタン無宿』（68）も捨てがたいのだが、一時代を風靡し、44マグナムを流行らせた功績を評価して、こっちを選ぶことにした。

『シャーキーズ・マシーン』

アトランタの街の風景と流れるジャズのナンバーがシビレるバート・レイノルズ監督作品。一晩千ドルの売春婦、レイチェル・ウォードを張り込み、望遠鏡でカノジョを覗きながらレイノルズが口ずさむ「マイ・ファニー・バレンタイン」が最高である。ロバート・アルドリッチの影響を受けたと思われる演出もなかなか良く、バート・レイノルズも女にうつつを抜かさずに監督を続けていれば、イーストウッドに近づけたかも知れない。

『ゲッタウェイ』

なんと言っても、誰がなんと言おうと、どこを切り取っても最高の映画である。マックィーンのカッコ良さは、ハンパではない。黒の上下の背広は後の活劇に影響を与えたし、レミントンのポンプ・ショットガンとガバ（本当はコルト・ガバメントのレプリカのメキシコ製という話もあるが）はアクション映画の必要アイテムとなった。これを観た当時、すぐさまアメ横に走ったことは言うまでもない。

『突破口！』

活劇は主人公のキャラクターが勝負を分ける。この作品のウォルター・マッソーも最高である。若くなくとも、二枚目ではなくとも、マッチョではなくとも活劇は成立するという見本のような映画だ。

『ペイバック』

リチャード・スタークの小説「悪党パーカー」シリーズは実に面白く、クライム・アクションには最適の原作だ。本作も「悪党パーカー」シリーズの中の1作を原作としている。このシリーズの映画化作品としては『殺しの分け前　ポイント・ブランク』（67）や『組織』（73）などがあり、この2作もかなり面白い。日本映画でも原作とはうたっていないものの、「悪党パーカー」シリーズをヒントにしている活劇がかなりある。活劇の単純さとアクションの爽快さ、そしてカタルシスを考えると、『ポイント・ブランク』や『組織』よりも、『ペイバック』になる。尚、ブライアン・ヘルゲランド監督は会社側が編集したこの作品が気に入らず、『ペイバック　ストレート・アップ』(99)というディレクターズカット版をつくっている。普通、ディレクターズカット版は長くなるものだが、この作品は30分近く短くなっており、更にテンポアップしていて面白そうだ（輸入版のDVDを買ったのだがまだ観ていない）。

『ブリット』

ピーター・イエーツのクールな演出とマックィーンの魅力で魅せる、カーチェイス・アクションの傑作。しかし、マックィーンのファッション・センスは素晴らしい。『大脱走』(63)のA－2、『ゲッタウェイ』の黒の上下の背広、『華麗なる賭け』(68)のブルックス・ブラザーズの背広、『ハンター』(80)のMA－1、そして、本作のタートルネックと、新作映画が来るたびに、そのファッションが流行っていた。

『アドレナリン』

活劇はシチュエーションとキャラクターさえあれば成立する、という見本。ジェイソン・ステイサムがロスを暴れまくるのが痛快だ。ラストの飛行機から落ちても生きているのはご愛敬である。活劇は理屈じゃないんです。

『北国の帝王』

アルドリッチは活劇の王様といってもいいプロフェッショナル監督である。今回は西部劇、戦争物、スポーツ物を外しているが、『特攻大作戦』(67)や『ロンゲスト・ヤード』(74)『カリフォルニア・ドールス』(81)『傷だらけの挽歌』(71)などなど、入れたい作品が目白押しなのである。この作品は西部劇的骨格のドラマで、好敵手との対決をメインに、主人公に憧れ、後釜を狙う若者との話を横糸に、疾走する列車という限定した舞台での活劇が展開される。アルドリッチの語り口は実に見事だ。

圧巻のカーチェイス！
STEVE MCQUEEN
ブリット
BULLITT
ROBERT VAUGHN
アクションもお洒落も最高級、
スティーヴ・マックィーンを
まるごと堪能する映画！

『殺し屋ハリー　華麗なる挑戦』

フランケンハイマーは男を描く監督で、どの作品にも男の生きざまが鮮烈に描かれている。『セコンド アーサー・ハミルトンからトニー・ウィルソンへの転身』なんて異色作も好きだし、単純なシチュエーションで力押しでいく『対決』(90)も嫌いじゃないし、『大列車作戦』(64)もいい。しかし、今回のテーマの活劇となると『フレンチ・コネクション2』(75)か『殺し屋ハリー　華麗なる挑戦』になる。『フレンチ・コネクション2』でもいいのだが、刑事物が多すぎるのは嫌だし、毒気のあるアクション・コメディの『殺し屋ハリー　華麗なる挑戦』に軍配をあげた。

と、まあ、思いついたモノから書いてしまったが、この他にも好きな活劇は山ほどある。『サンダーボルト』(74)『デリンジャー』(73)『ガルシアの首』(74)『ローリング・サンダー』(77)『コンボイ』(78)「007」シリーズなどなど、数え上げたらきりがない。

それに、大好きなハードボイルドの探偵物は外してある。『ロング・グッドバイ』(73)『動く標的』(66)『シェイマス』(73)『殺人者にラブ・ソングを』(72)など、ハードボイルドの探偵物は活劇とは言い難いところがあるからだ。

10本選んでみると、活劇は役者と監督だなと、つくづく思う。活劇はキャラクターとセンスが勝負を決めるのである。

映画監督
1952年生

榎戸耕史

暗黒街の顔役……1932／米
脚本＝ベン・ヘクト
監督＝ハワード・ホークス

現金に手を出すな……1954／仏、伊
脚本＝ジャック・ベッケル、
アルベール・シモナン、
モーリス・グリッフ
監督＝ジャック・ベッケル

必死の逃亡者……1955／米
脚本＝ジョセフ・ヘイズ
監督＝ウィリアム・ワイラー

007ロシアより愛をこめて……1963／英
脚本＝リチャード・メイボーム
監督＝テレンス・ヤング

ブリット……1968／米
脚本＝アラン・R・トラストマン、
ハリー・クライナー
監督＝ピーター・イェーツ

ダーティハリー……1971／米
脚本＝ハリー・ジュリアン・フィンク、
R・M・フィンク、
ディーン・リーズナー
監督＝ドン・シーゲル

バニシング・ポイント……1971／米
脚本＝ギレルモ・ケイン
監督＝リチャード・C・サラフィアン

フレンチ・コネクション……1971／米
脚本＝アーネスト・タイディマン
監督＝ウィリアム・フリードキン

ポセイドン・アドベンチャー……1972／米
脚本＝スターリング・シリファント、
ウェンデル・メイズ
監督＝ロナルド・ニーム

刑事マルティン・ベック……1976／スウェーデン
脚本・監督＝ボー・ウィデルベルイ

アクション映画は難しい。何をもってアクションというのかは、捉え方によってまちまちだろうが、編集部の選んだジャンルから、

「探偵もの／ハードボイルド映画（フィルム・ノワールも）」は除かせていただいた。それだけで10本選べそうなので……。そんなわけで「アクション活劇映画」という括りで選んでみた。

まず、ベン・ヘクトの傑作脚本を男性的なタッチで描いたホークスの『暗黒街の顔役』。その強烈きわまる演出は、総てのギャング映画の原型である。

戦場のように弾丸が飛び交うギャング戦の迫力は恐れ入る。リアルで強烈な描写だけではなく象徴的な手法も取り入れ、窓から見える「世界はあなたのもの（The World Is Yours）」という電飾看板が、暗黒街の帝王たらんとする主人公にふさわしく描き出されるかと思うと、みじめな最期を遂げるラストシーンでも皮肉にもそれは輝き続ける。ホークスは、象徴的な手段で血なまぐさいドラマに芸術的な雰囲気を与えギャング映画の金字塔とした。

古典的なギャング映画としては、ラオール・ウォルシュ『白熱』（49）も忘れることができない映画で、ジェームズ・キャグニーの悪漢ぶりには驚いた。

メルヴィルの伝説的な映画『ギャング』（66）を観ていないので、変わりにベッケルの『現金に手を出すな』を選んだ。アメリカ映画も吃驚するような銃撃戦やクールなタッチが素晴らしく、才人ベッケルの傑作アクション映画であると思う。

ワイラー『必死の逃亡者』には派手なアクションはないけれど、設定とドラマがほんとうに上手く噛み合っていて、終始ハラハラし、ドキドキするドラマ作りは脚本の巧さかもしれないが、ワイラーの演出もかなり冴えている。脱獄囚との息づまるスリルが忘れがたい映画であった。

『007　ロシアより愛をこめて』は、現在まで続くこのシリーズの最高傑作だと思っている。公開時のタイトルは『007　危機一発』だったが、素晴らしい主題歌のヒットでタイトルを変更したようだ。また、顔も見せなければ名前も明らかにしない犯罪組織「スペクター」の首領が膝の上に抱くペルシャ猫のシーンは、その後も毎回登場するようになり、それ以降の映画に踏襲されるほどに印象的だった。

ピーター・イェーツの『ブリット』はカー・アクションの歴史を塗り替えた衝撃作で、ノースタントで撮影したといわれているマックィーンが乗るフォード・ムスタングがサンフランシスコの急坂を疾走するシーンは、映画史上最も印象的なカーチェイス・シーンだろう。

「カーチェイス」といえば、もう一つ映画史に刻まれるカーチェイス映画の傑作が『バニシング・ポイント』である。運命に逆らい、社会に逆らい、スピードの中に何かを見つけようと走り続ける男の姿は、アメリカン・ニューシネマ特有のテーマと壮絶なカーチェイスの娯楽性とが見事に融合した作品である。

もうひとつフリードキンの『フレンチ・コネクション』も忘れがたい。マルセイユからニューヨークを結ぶ麻薬密輸ルート「フレンチ・コネクション」で密輸される3200万ドルのヘロインをめぐり、ジーン・ハックマン演じるニューヨーク市警の敏腕刑事ポパイことドイル刑事と相棒刑事が、国際麻薬シンジゲートの黒幕を追い詰める刑事ドラマの傑作で、1971年度アカデミー賞5部門（作品賞／監督賞／主演男優賞／脚色賞／編集賞）を獲得した作品である。アメリカ史上最大級と言われた麻薬密輸組織の逮捕劇の実話を下敷きにして、迫真のカーチェイス・シーンを織り交ぜて描き出した監督フリードキンの名を一躍有名にした作品である。

『ダーティハリー』はいまさら説明無用。イーストウッドが演じるキャラハン刑事と44マグナムは、これまでの刑事という概念を見事に覆してB級映画監督とされてきたドン・シーゲルとテレビ西部劇やマカロニ・ウェスタンの役者としか認識されていなかったイーストウッドを、70年代のハリウッド・アクション映画を牽引する存在に押し上げた。

ロナルド・ニームの『ポセイドン・アドベンチャー』は、パニック・アクション映画の傑作である。現在のように何でもCGグラフィックで観せきれる時代でないので、巧みなドラマ描写が素晴らしく、巨大豪華客船というグランド・ホテル形式で描き出す人間模様が、徐々に忍び寄る災害の怖さの描写と相まって、この映画を一級の映画に仕立て上げている。

THE FRENCH CONNECTION

Gene Hackman

マイ・シューヴァル＆ペール・ヴァールーの警察小説「マルティン・ベック」シリーズのなかから第7作『唾棄すべき男』を、本国スウェーデンで映画化したのが『刑事マルティン・ベック』だ。同じ原作者でこちらの方が有名な原作『笑う警官』を、監督スチュアート・ローゼンバーグ、ウォルター・マッソー主演『マシンガン・パニック』(73)というタイトルで、舞台をサンフランシスコに移して映画化した作品もあるが、どちらかというとウィデルベルイの『刑事マルティン・ベック』の方が、原作の硬質な雰囲気や刑事たちの厳しく、温かな人間的な風貌に、終わりなき戦いを闘う男の苦痛や栄光が滲みでていて、男らしさという点では優れているだろう。

その他にはジョン・カサヴェテス『グロリア』(80)も選びたかったのだが……。この作品自体、監督自身は自分のフィルモグラフィーに認めたくないと語っているようだが、ヒロイン・アクション活劇映画の傑作だろう。主演のジーナ・ローランズの姐さまぶりは、ひたすらカッコイイ〜ッ！し、単なるアクション映画を超えていた。

また、香港映画ではキン・フーの『俠女』(71)も美しい魅力に溢れた映画である。カンフー・アクションといえば、ツイ・ハークの『ワンス・アポン・ア・タイム・イン・チャイナ』(92)のリー・リンチェイの活劇アクションも素晴らしい魅力に溢れていて、忘れがたい。

フリッツ・ラング『スピオーネ』(28)やボリス・バルネットの『諜報員』(47)の「スパイもの」はどっちにしていいのか迷った末に外した。それと、ニコラス・レイの『夜の人々』(49)や『危険な場所で』(51)のようなフィルム・ノワールも外してしまった。同じようにホークスの『脱出』(44)やキューブリックの『時計じかけのオレンジ』(71)、サム・ペキンパー『ガルシアの首』(74)やシドニー・ルメット『狼たちの午後』(75)なども忘れがたい映画であるが、アクション映画として入れていいのか迷った末に除外してしまった。アルドリッチ、フランケンハイマー、ウォルター・ヒル、サミュエル・フラーなど異能のハリウッド・アクション監督の秀作を選びきれなかったのが残念だ。

映画監督
1952年生

大森一樹

007 ゴールドフィンガー……1964／英
脚本＝リチャード・メイボーム、ポール・デーン
監督＝ガイ・ハミルトン

カトマンズの男……1965／仏、伊
脚本＝ダニエル・ブーランジェ
監督＝フィリップ・ド・ブロカ

HELP！ 四人はアイドル……1965／英
脚本＝マーク・ベイム、チャールズ・ウッド
監督＝リチャード・レスター

続・黄金の七人 レインボー作戦……1966／伊
脚本・監督＝マルコ・ヴィカリオ

ブリット……1968／米
脚本＝アラン・R・トラストマン、ハリー・クライナー
監督＝ピーター・イエーツ

フレンチ・コネクション2……1975／米
脚本＝ロバート・ディロン、ローリー・ディロン、アレクサンダー・ジェイコブス
監督＝ジョン・フランケンハイマー

ストリート・オブ・ファイヤー……1984／米
脚本＝ウォルター・ヒル、ラリー・グロス
監督＝ウォルター・ヒル

インディ・ジョーンズ 魔宮の伝説……1984／米
脚本＝ウィラード・ハイク、グロリア・カッツ
監督＝スティーヴン・スピルバーグ

ダイ・ハード2……1990／米
脚本＝ダグ・リチャードソン、スティーヴン・E・デ・スーザ
監督＝レニー・ハーリン

シュリ……1999／韓国
脚本・監督＝カン・ジェギュ

1本目から10本目まで、中学2年生からのほぼ見た順。とりわけ1〜4本目までは中学生時代。思い返しても甘酸っぱく、目頭が熱くなるのだが。

『007　ゴールドフィンガー』

見た順と書いたがやっぱりアクション映画では、私のベスト1。『慰めの報酬』（08）な

んかで初めて007を見て、面白いなどと言っている人は、馬鹿にするというより、あまりの不幸さに同情してしまう。この映画から007を見た私はなんと幸福だったろうか。全007の中、今見てもベスト1である。荒井〈晴彦〉氏には悪いが、他のジャンルは別としてアクション映画にとって大切なのは、必ずしもシナリオでないと思わされる。音楽と編集なのだと、それが監督になってこの映画から学んだこと。当然ベスト2は、3ヶ月後に後から見た前作『危機一発』〈見た時のタイトルは『ロシアより愛をこめて』ではないし、やっぱりこっちでしょ〉ということになるが、こちらは今見ると、正確には007映画ではないと思う。アクション映画というよりヒッチコック寄りのサスペンス映画にアクションの要素が入った映画ではないか。その意味では秀逸な傑作であることに違いはない。テレンス・ヤングには後2本『殺しの番号』〈これも『ドクター・ノオ』ではない〉『サンダーボール作戦』という、007の5本の指に入る映画があるが、『ゴールドフィンガー』のガイ・ハミルトンの後3本の007映画はいずれも駄作。なぜ『ゴールドフィンガー』のような傑作が作れたのかと考えると、改めてアクション映画の中での監督の役割を考えさせられる。

『カトマンズの男』

私以外に誰かフィリップ・ド・ブロカの名前を挙げる人がいるだろうか。ド・ブロカこそ私のアクション映画監督、ベスト1である。ちなみに私の『明日に向って走れない!』(72)も『ユー・ガッタ・チャンス』(85)もド・ブロカへのオマージュだ。香港のビル群の屋根をマントにシルクハットでベルモンドが逃げ回るロングショットの美しさ。カトマンズの寺院の上空に現れる気球の奇想天外でいて詩情たっぷりの絵柄の美しさ、今も息を呑むアジアロケの名シーンにあふれている。中学生だった自分の鑑賞眼には我ながら惚れ惚れする。これまた順序逆で見た前作〈同監督の〉『リオの男』(64)は、冒険活劇として『カトマンズの男』はでたらめで『リオの男』が正統だという当時の評論家の説を拝聴して見に行ったが、やはり『カトマンズの男』の方が素晴しい。ま、『リオの男』も好きだけど。そりゃ、アーシュラ〈しつこいがウルスラではない〉・アンドレス〈初代ボンドガール〉より、フランソワーズ・ドルレアック〈カトリーヌ・ドヌーブが妹〉

の方がいいに決まっている。『大盗賊』（61）も詩情あふれるアクション映画の傑作（カルディナーレだ！）であったと記憶するが、最後に見たのが20年以上前で、4対3サイズのレーザーディスクの画面だったので自信がない。名作中の名作『まぼろしの市街戦』（66）は戦争映画の時に挙げるとして。しかし、このあたりで、ド・ブロカは才能を使い果たしたのか、以後傑作から遠ざかってしまった。それでも、私のアクション映画の永遠の師であることに変わりはない。

『ＨＥＬＰ！　四人はアイドル』

これをアクション映画に入れるかどうかは疑問もあるだろうが、私にとっては音楽映画でありアクション映画である。軍隊の護衛の中でレコーディングするビートルズが敵襲を受け逃げ惑うシークエンスや、ラストの海岸線での大乱戦を見れば、先述したようにアクション映画はシナリオよりも音楽と編集だというのがよくわかるだろう。何よりも監督リチャード・レスターのアクションのセンスにはため息が出てしまう。『ハード・デイズ・ナイト』（64）の冒頭、走り回るビートルズと追いかける女の子のチェイスは、何度見ても、どんな派手なカーアクションよりもわくわくさせられる。後に『唇からナイフ』（66）を見た時、ラストの同じ海岸のアクションシーンで『ＨＥＬＰ！』やんかと思った記憶がある。先日発売された『唇からナイフ』のＤＶＤを見たら、やっぱり似ている気がした。ただ、ジョセフ・ロージーは、こういうシーンの面白がり方がレスターほどじゃないんだなという印象だった。アクション映画で大切なのは作り手の面白がり方なんだなとも思う。ちなみに、数十年ぶりに再見した『唇からナイフ』は、アクション映画の10本に挙げるほどではないがまだ充分に面白かった。ジョセフ・ロージー監督というので、映画学派の人たちはあれこれ言われるだろうが、『電撃フリント ＧＯ！ＧＯ作戦』（66）やラクウェル・ウェルチの『空から赤いバラ』（67）など当時の一連の20thＦＯＸアクション映画の1本として見た者には、いやらしいモニカ・ヴィッティにポップなアートと音楽、カラーなアクションにドキドキさせられたのだが、個人的に今見てもそれは伝わってきた。モデスティ・ブレーズ〔漫画の主人公名および作品名〕のコミックをモニカ・ヴィッティとテレンス・スタンプでやるというのはいいが、誰が監督するんだ？　アントニオーニ？　まさか！　ましてやフエリーニ、パゾリーニなんて。じゃ、ロージーはどうだろう？　悪党のボスをダーク・ボガードにすればやるかもな、てなことで決まったんじゃないかと、そんな想像をして映画ファンは終わり。付記、でも『バーバレラ』(68)を見ると、ヴァディムというのはあったんじゃ……。

ところまで書いて、脱線に次ぐ脱線で早くも既定の3000字をオーバーしてしまっている。おまけに読み返して、あまりの無内容に呆然としたが、いまさら書き直す気もない、後はざっと飛ばして終わりにします。

『続・黄金の七人　レインボー作戦』

これまたほとんど誰も相手にしないであろうマルコ・ヴィカリオという監督。ロッサナ・ポデスタの旦那というだけで、僕も映画監督になりたいと思ったものだが、この人の才気というか才能には、舌を巻いた。世評と違って、1作目よりも数倍それを感じる。

以上、「中学生映画日記」。いずれもリメークされていないし、そんな話も聞かない。だがしかし、もしそんな話があれば、場外からでも手を挙げたい我が愛しのアクション映画。

『ブリット』

アクション映画なんだから、やっぱりマックィーンを1本。監督のピーター・イエーツもガイ・ハミルトン同様これ以上はないと思うが。そういえば、『マーフィの戦い』(71)ってのがあったか。でも、あれもなぁ……。戦争映画の時に考えよう。

『フレンチ・コネクション2』

いわずとしれたジョン・フランケンハイマー。アクション映画といえばこの監督を入れないわけにはいかない。でもベスト1は『大列車作戦』(64)。これも戦争映画の時に。『ブラック・サンデー』(77)はご存知の事情で映画館では見れなかった〔テロ予告のため公開中止、のちに公開〕。DVDでしか見てないので控えた。

『ストリート・オブ・ファイヤー』

ウォルター・ヒルから1本。これは、吉川晃司の映画〈『すかんぴんウォーク』、『ユー・ガッタ・チャンス』〉を撮る時のバイブルだった。

『インディ・ジョーンズ　魔宮の伝説』

やっぱり、スピルバーグから1本。『ジョーズ』(75)がアクション映画かどうか考えると、めんどくさいので、これ。あまりアクション映画の監督として評価されないが、スピルバーグはアクション映画、ほんとに上手いと思う。

『ダイ・ハード2』

今から思えば、ニューシネマ以降のアメリカ映画で、最後のアクション映画のシリーズだったのかもしれない。これも2本目。マックティアナン〈『ダイ・ハード』監督〉よりもレニー・ハーリンの方がアクション映画のセンスは上と見た。

『シュリ』

初めて見た時、ああ、日本のアクション映画はもう終わりだと思った。『男たちの挽歌』(86)を見た時にも思ったが。その通りになってしまった。

ライター
1978年生

吉田伊知郎
（モルモット吉田）

恐怖の報酬……1953／仏
脚本＝アンリ＝ジョルジュ・クルーゾー、ジェローム・ジェロミニ
監督＝アンリ＝ジョルジュ・クルーゾー

抵抗《レジスタンス》 死刑囚の手記より……1956／仏
脚本・監督＝ロベール・ブレッソン

穴……1960／仏
脚本＝ジャック・ベッケル、ジョゼ・ジョヴァンニ、ジャン・オーレル
監督＝ジャック・ベッケル

激突！……1971／米
脚本＝リチャード・マシスン
監督＝スティーヴン・スピルバーグ

タワーリング・インフェルノ……1974／米
脚本＝スターリング・シリファント
監督＝ジョン・ギラーミン、アーウィン・アレン

カプリコン・1……1977／米
脚本・監督＝ピーター・ハイアムズ

アルカトラズからの脱出……1979／米
脚本＝リチャード・タークル
監督＝ドン・シーゲル

スーパーマンII 冒険篇……1981／米
脚本＝マリオ・プーゾ、デヴィッド・ニューマン、レスリー・ニューマン
監督＝リチャード・レスター

ダイ・ハード……1988／米
脚本＝ジェブ・スチュアート、スティーヴン・E・デ・スーザ
監督＝ジョン・マクティアナン

ブレーキ・ダウン……1997／米
脚本＝ジョナサン・モストウ、サム・モンゴメリー
監督＝ジョナサン・モストウ

リアルタイムに劇場で観た作品に限定してしまえば、80年代中盤以降のメジャー作品がうまく収まり、そこにジェームズ・キャメロンから1本と、『デス・プルーフinグラインドハウス』（07）あたりを挙げれば無難な並びになるだろうと思いつつ、後追いで観た『北国の帝王』（73）『ガルシアの首』（74）は絶対外せない――などと考え始めると、際

限がない。

諦めかけたところで、唐突に「14歳までに観たアクション映画」という縛りを思いつく。深い意味はない。強いて言えば、その年齢以降から行動範囲が広がり、映画を観に行くにしろ、ビデオをレンタルするにしろ、遠方へ足を伸ばし始めたことで、観る映画の幅が大きく広がった。それならば、それ以前に観たアクション映画から挙げてみてはどうか。限定された環境で目にした映画たちこそが、自身の原体験になったからだ。

映画体験の原点は「日曜洋画劇場」である。淀川長治が後説で例のサイナラを言うところを、どういうわけか3、4歳の筆者はどうしても見たがった。朦朧としながら11時近くまで起きていたが、放送される映画は、そのついでに眺めていたにすぎない。しかし、ついでに観た忘れがたい映画（たいていはアクション映画）がいくつもある。

脱獄不可能と言われる孤島の刑務所を舞台にした『アルカトラズからの脱出』や、何気なく追い越したトラックに延々とつけまわされる『激突！』は、強烈な記憶となって幼児の脳裏に刻まれた。ともに、一人の男が逃げる、追いかけられるというシンプルな構成だけに、幼児でも理解可能かつ、主人公の背景がほとんど説明されないことも感情移入しやすかった理由だろう。小さなモニターを食い入るように凝視した高揚感を今も憶えている。もちろん、それがドン・シーゲルや、スティーヴン・スピルバーグの傑作であることを知るのは、まだ先のことである。

その後も『大脱走』（63）のような派手なものよりも、孤独な脱獄作業を丹念に描く『抵抗』や『穴』を好む妙に渋い小学生になっていったのは、『アルカトラズからの脱出』のせいである。『激突！』よりも怖いと思ったのが、同じトラックでもニトログリセリンを運ぶ男たちを描いた『恐怖の報酬』。いつ爆発するかもしれぬ緊張感に満ちた作劇は、12歳の心臓を鷲摑みにした。トラックが出発するまで優に1時間近くあり、荒涼とした町の暑さと退屈な時間が延々と描かれる。子どもの頃は理解できなかったが、後に再見すると、危険な仕事に男たちが飛びつき、仲間が途中で死のうともやり遂げようと食らいつく理由が、その時間に凝縮されていた。

「14歳までに観たアクション映画」という縛りからは外れるものの、『激突！』に通じる理不尽な恐怖とアクションが忘れ難かったのが、『ブレーキ・ダウン』。この後、潜水艦映画の秀作『U―571』も手がけたジョナサン・モストウは、それこそシーゲル、スピルバーグに匹敵する監督になると思ったが、『ターミネーター3』（2003）以降、パッタリ駄目になってしまった。

中学に入った頃だったか、映画が好きだと言うと、年長者からオールタイムベストワンを尋ねられた。超高層ビルで落成式の最中に火災が広がり、ビル全体が炎に包み込まれるスペクタクル映画『タワーリング・インフェルノ』を挙げると嗤われた。何を好んであんな往年のパニック映画を――というわけである。しかも公開時に筆者は生まれておらず、はるか後に「午前十時の映画祭」でリバイバル上映されるまで劇場で観たことすらなかったのだから、何をか言わんやである。ただ、スティーブ・マックィーン演じる消防隊長が、大味になりがちなパニック映画に抗うように、アクションにおける演技を際立たせ、ポール・ニューマン、フェイ・ダナウェイ、子役たちに用意された高所恐怖症的アクションの数々は、幼少期の筆者にとってトラウマもののアクション場面だった。

『タワーリング・インフェルノ』を80年代アクション映画に作り変えれば、火災からテロリストへと立ち向かう相手が変わり、『ダイ・ハード』となる。ブルース・ウィリスの裸足に突き刺さる硝子の破片は、観客に痛みを実感させ、荒唐無稽なアクションに生々しい肉体の痛みがついて回るようになった。これ以前に〈アクションと痛み〉を意識したのが、『スーパーマンⅡ　冒険篇』だった。スーパーマンの強靭な肉体は痛みを感じることはないが、この作品ではヒーローを止める選択をすることで、ただの人となり、アクション場面では彼の肉体を痛みが襲う。シリーズ中、本作が殊更に印象深い理由はいくつかあるが、幼ない自身の記憶を信用するならば、無敵無痛のヒーローではなく、痛みを感じるヒーローが演じるアクションに惹かれたからではなかったか。

アポロ計画陰謀説を無邪気に楽しめる時代はとうに過ぎてしまった感もあるが、それでも、月面着陸フェイク映像に携わるマーケティング担当者を主人公にした映画が作られたと聞くとソワソワする。それもこれも『カプリコン・1』のせいである。前述の『アルカトラズからの脱出』や『激突！』を観たのと同じ頃、たまたま目にした本作は、火星への有人宇宙飛行を捏造する設定にまず惹かれたが、宇宙飛行士たちが政府組織から追われる後半のアクションに血湧き肉躍った。それにしても、現代の映画に比べれば淡白すぎる実にシンプルな構成だが、だからこそ幼児でも物語が理解でき、サスペンスを堪能できたのだろう。

こうして並べると、80年代初頭のテレビの映画番組における定番作品が大半となってしまったが、淀川長治の解説が付いた〈ブラウン管の映画館〉で、70年代のアクション映画の秀作を無意識に観ることが出来た時代は筆者にとって、ささやかに幸福だったように思う。

詩人・編集者
1949年生

稲川方人

北国の帝王……1973／米
脚本＝クリストファー・ノップ
監督＝ロバート・アルドリッチ

静かなる男……1952／米
脚本＝フランク・S・ニュージェント
監督＝ジョン・フォード

突破口！……1973／米
脚本＝ハワード・ロッドマン、
ディーン・リーズナー
監督＝ドン・シーゲル

ゲッタウェイ……1972／米
脚本＝ウォルター・ヒル
監督＝サム・ペキンパー

ブラック・エース……1971／米
脚本＝ロバート・ディロン
監督＝マイケル・リッチー

さすらいの狼……1964／仏
脚本＝ジャン・コー、アラン・カヴァリエ
監督＝アラン・カヴァリエ

脱出……1972／米
脚本＝ジェームズ・ディッキー
監督＝ジョン・ブアマン

ダーティハリー……1971／米
脚本＝ハリー・ジュリアン・フィンク、
R・M・フィンク、
ディーン・リーズナー
監督＝ドン・シーゲル

殺しの分け前 ポイント・ブランク……1967／米
脚本＝アレクサンダー・ジェイコブス、
デヴィッド・ニューハウス、
レイフ・ニューハウス
監督＝ジョン・ブアマン

スピード……1994／米
脚本＝グレアム・ヨスト
監督＝ヤン・デ・ボン

80年代後期から90年代初期にかけての2本の映画、『ダイ・ハード』（88）と『スピード』（94）がその念頭にあって、「肉体交渉不全症候群」という考え方を、10年ほど前いたずらに用いたことがある。いずれも主人公は刑事で、彼等は申し合わせたように、その肉体を敵に直接対峙させせない。通信機器を使って、闘争／アクションの対象との距離を計り続けるという構造に甘んじるヒーローたちである。『ダイ・ハード』のブルース・ウィリスは、映画の冒頭でわざわざ半裸状態になって「肉体交渉」の準備をするにも拘わらず、ことが始まるやいなや、その肉体が敵に真向かう時間は引き延ばされ続けるし、『スピード』の犯人デニス・ホッパーが目にするのはモニターのなかのキアヌ・リーヴスの肉体であり、クライマックスではサンドラ・ブロックの体に爆薬を巻き付けて、ご丁寧にもキアヌ・リーヴスを遠ざけるという念の押しようである。肉体を交じりあわせようとしないそうした所作は、その後のアメリカのアクション映画に反復されることになってしまった。

通信機器やサイバースペースを介したこの「アクション」を批判的に超えようとした『セルラー』(04)という小さな傑作も近年に作られたが、男と男の闘争が肉体を介さないという、『静かなる男』(52)のジョン・フォードが、ジョン・ウェインが、あるいは『赤い河』(48)のハワード・ホークスが、モンゴメリー・クリフトが、到底想像できなかった事態が、彼等の4、50年後に起きてしまったのだ。その悪しき記憶のために選んだ『スピード』以外は、ヒーローたちが直接的な「肉体交渉」になんら疑いや躊躇を持たない映画を選んだ。私にとって、その起源は『静かなる男』のジョン・・ウェインとヴィクター・マクラグレンの格闘シーンにある。こんなに美しくも感動的な殴り合いは他にない。ふたりの闘う肉体を、森羅万象すべてが祝福しているかのようだった。『アラスカ魂』(60)でもなんでも、人を殴るときのジョン・ウェインは素晴らしい。

個人的な記念碑としての『静かなる男』と、そのほとんど全作を挙げても差し支えないアルドリッチから『北国の帝王』を選ぶのは、この場合、あらかじめ約束された啓示というものだろう。俳優から選ぶとしても私にはリー・マーヴィンはその筆頭である。だから、『ブラック・エース』『殺しの分け前　ポイント・ブランク』と併せて3本もリー・マーヴィン映画が入ってしまった。最近亡くなったマイケル・リッチーの記念のために『ブラック・エース』はどうしても捨て難かったのだ。敵がジーン・ハックマン、拉致されたシシー・スペイセク、意味深の原題『Prime Cut』、アクションの舞台は農場、襲ってくる巨大な草刈り機。リー・マーヴィンを見るためになら、ここに、ジョン・ウェインと共演したジョン・フォードの『ドノバン珊瑚礁』(63)を加えても一向に構わない。

マーヴィンと等価な愛着を抱き続けているのがリチャード・ウィドマークなのだが、数々の犯罪映画や西部劇、『刑事マディガン』(68)といった活劇においても、ウィドマークはアクションの人であるより「話す人」という印象が私にはある。あの苦い声が聞きたくて、ウィドマークの出る映画を10代後期、前号で触れた伊豆伊東の銀映でたくさん見た。銀映は大映の専門館だったが、頻繁に洋画もかけてくれて、B級西部劇(ああオーディ・マーフィ!)やB級アクション映画(ああヘンリー・シルヴァ!)も、チケット売り場のおばさんが同じアパートに住んでいた人だったので、たいがいは「いいよ、入りな」で見ることができた。なかでも60年代中期の、人気が沸騰していたアラン・ドロンの映画はなんでもこの銀映にかかった。その1本『さすらいの狼』は、アルジェリアの戦線から帰った男が、敵に追われながら辿り着いた彼の故郷であっさりと殺されるまでを冷え冷えとしたモノクロの画面に捉えた一編で、ドロン得意の孤独な、唐突な死が記憶に残った。

リー・マーヴィンが3本なら、ドン・シーゲルが2本、そしてなぜかジョン・ブアマンも2本。これではいかにも多様性に乏しい選択だが、『突破口!』と『ダーティハリー』のドン・シーゲルは比較取捨できないし、ブアマンの『脱出』は、その後みずからもアクション映画を監督することになる主演のひとりバート・レイノルズのために残しておきたい。閉塞的な異郷の地にやって来たありふれた市民生活者が謂われのない暴力に晒されるという『脱出』と、同様のペキンパーの『わらの犬』(71)のいずれが面白いかは評価が分かれる。迷うくらいならと、『わらの犬』を捨てて『ゲッタウェイ』に、ペキンパー超形而上アクションを代表してもらった。ひさしぶりにノーマン・ジュイソンの『華麗なる賭け』(68)を見たが、そこではサンドバギーに乗る以外、マックィーンのアクションは封印されていた。『ゲッタウェイ』と『ジュニア・ボナー/華麗なる挑戦』(72)の2本、ペキンパーはマックィーンをどう評価していたんだろうか。マックイーン、アラン・ドロンというラインを選ぶなら、ジェイムズ・コバーン、ジャン＝ポール・ベルモンドというラインもあるだろう。屋根から屋根へ駆け巡るベルモンドのフランス映画伝統の活劇はどなたかがピックアップしているに違いない。また、『さすらいの狼』を選ぶよりは、メルヴィルと組んだアラン・ドロンを選ぶべきだろうが、メルヴィルもどなたかが挙げているに違いない。

そして、なにより迷ったのがウォーレン・オーツである。最晩年の『ブルーサンダー』（83）を挙げる、あるいはペキンパーは『ガルシアの首』（74）にする、ということもできたが、ウォーレン・オーツ、この名を、彼の魂に届くようにこれからしばらく毎日、唱えさせていただくことで涙を飲む。

かように、このアンケートは、選択から除外された映画の記憶に、個々それぞれが無念の声を上げざるを得ないという意味で、「映画史」の実在を逆説的に明らかにしている。どなたか、古今のアクション映画の主演スター、脇役スターの名前だけを延々と並べるコメントを書いてくれないだろうか。

脚本家・本誌編集長
1947年生

荒井晴彦

脱獄……1962／米
脚本＝ダルトン・トランボ
監督＝デヴィッド・ミラー

殺人者たち……1964／米
脚本＝ジーン・L・クーン
監督＝ドン・シーゲル

ラスト・ラン　殺しの一匹狼……1971／米
脚本＝アラン・シャープ
監督＝リチャード・フライシャー

ゲッタウェイ……1972／米
脚本＝ウォルター・ヒル
監督＝サム・ペキンパー

脱出……1972／米
脚本＝ジェームズ・ディッキー
監督＝ジョン・ブアマン

北国の帝王……1973／米
脚本＝クリストファー・ノップ
監督＝ロバート・アルドリッチ

組織……1973／米
脚本・監督＝ジョン・フリン

ストリートファイター……1975／米
脚本＝ウォルター・ヒル、
ブライアン・ジンドフ、
ブルース・ヘンステル
監督＝ウォルター・ヒル

ローリング・サンダー……1977／米
脚本＝ポール・シュレイダー、
ヘイウッド・グールド
監督＝ジョン・フリン

ドッグ・ソルジャー……1978／米
脚本＝ロバート・ストーン、
ジュディス・ラスコー
監督＝カレル・ライス

『脱獄』は瀬戸川猛資の『シネマ免許皆伝』［新書館］で知り、新宿TSUTAYAで借りて10年ぐらい前に初めて見た。脚本はダルトン・トランボ。カーク・ダグラスが友人を脱獄させるため、わざと事件を起こして捕まるが、友人は拒否、カーク・ダグラスはひとりで脱獄、馬でメキシコ国境へ向かう。警察はヘリコプターで追ってくる。瀬戸川は「カウボーイ対ヘリコプターの対決なんてものを見たのは初めてであった」と書いていた。カーク・ダグラスはヘリコプターをライフルで撃って落とし、逃げのびるが、ハイウェイで馬ごとトラックに撥ねられる。「同じ年にランドルフ・スコットとジョエル・マクリーを老ガンマンに仕立てて西部魂の終焉を謳ったサム・ペキンパーの『昼下りの決斗』〈62〉が作られている。わたしはこの二つの映画の作り手の感覚に、極めて鋭敏な、スケールの大きなものを感じる。それは滅亡の予感である」「西部劇は、いずれ滅ぶのではないか、そういうことは多くの人が感じていたと思われるが、それをモチーフとした作品はこの二つが最初だろう」と瀬戸川。砂漠で自動車にひかれて死ぬ『砂漠の流れ者』(『ケーブル・ホーグのバラード〜砂漠の流れ者〜』)〈70〉より8年早いのかと思った。しかし、これはいわゆる西部劇ではない。だってヘリコプターだよ。ハイウェイだよ。『砂漠の流れ者』は、砂漠にやって来た自動車＝文明にジェイソン・ロバーズがひかれることで、滑稽で哀切な西部劇への挽歌になっていたが、『脱獄』は「最後の西部男」の話というより、こんな奴までいたのかという、昔ながらの西部男が現代＝文明と闘う話なのだと思った。「時代」と闘うというところに赤狩りに非転向を貫いたダルトン・トランボの想いが見える。ジーナ・ローランズ、ジョージ・ケネディ、ウォルター・マッソーが出ている。

『殺人者たち』はヘミングウェイ原作。リー・マーヴィンの殺し屋がジョン・カサヴェテスを殺すのだが、なぜ、奴は逃げようともせずに大人しく撃たれたのだろうと殺し屋が探偵になって、カサヴェテスの「裏切られた愛」を探り出し、復讐するようにアンジー・ディキンソンとロナルド・レーガンを殺す話。昔、見た時はピンとこなかったが、見返したら、自分が殺した相手のために「仇討ち」をするというのが面白い。だけど、自分も死んでしまうのだから、面白いなんて言っていられない。

『ラスト・ラン　殺しの一匹狼』は引退していた逃亡犯専門の雇われドライバー(ジョージ・C・スコット)が、子供が死に、妻に去られ、生きている気がしないと9年ぶりに仕事を引き受ける話だ。脚本はアラン・シャープ(『さすらいのカウボーイ』〈71〉『ワイルド・アパッチ』〈72〉)。撮影はベルイマンのスヴェン・ニクヴィスト。

脱獄囚をスペインからフランスへ逃がすのが仕事だ。若い脱獄囚は、途中で愛人を拾う。脱獄囚は懐柔策で愛人を老ドライバーのベッドに行かせる。老ドライバーは脱獄囚に、彼女が可哀想だ、ひとりで逃げろと言う。女が「私を連れて行きたいと言ったの？ なぜ彼に？」「彼の考えを聞いてみただけさ」「私をどこへ？」「アメリカへ連れて行きたい。誰でも溶け込める国だし、君は前科がないから問題ない。貯金もあるし、家と船を売れば楽に暮らせる。リカードはいずれ捕まる。望みはない」「いいわ、連れてって」「なぜ？」「モノ扱いしないから」「ああ、するもんか」しかし、女は、車がドライバーの船があるポルトガルの港町に着くと「彼と北アフリカへ行くわ、だから、私のためにムリをしないで」「わかっていたよ」老ドライバーは二人を逃がすために、待ち伏せしていた敵と闘って死ぬ。1回のセックスで夢見てしまった新しい生活、「老いらくの恋」は切ない。

『ゲッタウェイ』は原作ジム・トンプソン、脚本ウォルター・ヒル、音楽クインシー・ジョーンズ。妻の浮気が夫にバレて、別れる、別れないの話になった夫婦が関係修復する話。夫は銀行強盗のプロ、スティーヴ・マックィーン、妻は夫を刑務所から出すために強盗計画のボスと寝たアリ・マッグロー。妻がコイン・ロッカーの鍵をすり替えられて、銀行から奪った金の入ったバッグを奪われる。夫が取り返してきて「無事だったのね、どうやって」「ムショ直行の方法で」「大丈夫、テキサス中の役人と寝てもまた出してあげるわ」「テキサスは広い」「平気よ」「だろうな」（この時の夫の表情がいい）「私が捕まったら同じことしてくれるでしょ」「……お互いまだこだわってる」「だから何？」「別れよう、金を分けて」「本気？」「本気だ」「私はイヤ」とメキシコ国境を目指す逃亡の旅は続く。今度、見返して、ペキンパーの中でも『ワイルドバンチ』（69）に次ぐ傑作ではないのかと思った。ウォルター・ヒルの脚本がいいのだ。アレック・ボールドウィンとキム・ベイシンガーがやったリメイクはなぜつまらなかったのだろう。スカスカだった。ヒルの脚本をいじった奴がダメなのと監督の腕の違いか。ロジャー・ドナルドソンはケヴィン・コスナーの『追いつめられて』（87『大時計』〈48〉のリメイク）はよかったけれど。

『脱出』は変な映画だった。ダム建設で消えてしまう激流をカヌーで下ろうとした4人の男。自然破壊を「神」が怒ったのか、一人が「山の民」にオカマを掘られる。バート・レイノルズがそいつを洋弓で殺す。正当防衛だ、警察へ届けよう、死体を埋めて隠そう、どうせダムができたら水の底だ、と揉める小市民たち。多数決で死体を埋めて、帰ろうと川を下る。「山の民」が仕返しに追ってくるという恐怖。精神に変調をきたした一人がカヌーから落ちる。「山の民」に撃たれたと言い出す奴。カヌーが引っくり返り、バート・レイノルズが負傷する。代わってリーダーになるジョン・ヴォイトが、殺した奴の連れだと勘違いして別の「山の民」を殺してしまう。3人は保安官に殺人を隠し通す。ジョン・ヴォイトは妻の隣でダム湖から死体が浮いてくる悪夢を見る。何だったんだろう、この映画、エコの匂いがするけど。撮影はアメリカン・ニューシネマのカメラと言えば、のヴィルモス・ジグモンド。

『北国の帝王』は、大不況下のアメリカ中西部でホーボー（リー・マーヴィン）と車掌（アーネスト・ボーグナイン）との列車のただ乗りをめぐるゲームのような攻防戦。それに「北国の帝王」の座を狙う若いキース・キャラダインが絡む。若い頃、この映画は何を言いたいんだろうと分からなかったが、見返して、言いたいことかは何もないんだと分かった。ただ、闘うものとしての男を描いているだけなのだ。

『組織』の製作は『ラスト・ラン』のカーター・デ・ヘブン、撮影はイーストウッドのブルース・サーティース。出所したロバート・デュヴァルが兄を殺した組織への復讐に闇雲に突っ走っていく。もうモーテル暮らしはいやだ、お父さんのところへ帰ると言い出すデュヴァルの愛人カレン・ブラックとか組織のボス、ロバート・ライアンの女とか、犯罪者にくっついている女たちがいい。

『ストリートファイター』は大不況下のニューオリンズにチャールズ・ブロンソンが降り立つ。歓声にひかれて倉庫に入って行くと殴り合いに賭けている。ブロンソンはストリートファイターのマネジャー（ジェームズ・コバーン）に俺なら勝てるぜと売り込む。連戦連勝のブロンソンとコバーンのコンビ。知り合ったジル・アイアランドは口説くでもないブロンソンに見切りをつけて他の男へ。儲けてもバクチですってしまい、借金取りに殺されそうになるコバーンを助けるためのファイトに勝って去っていくブロンソン。どこから来て、どこへ行くのか、何のために金を稼ごうとしているのか、なぜ強いのか、一切、ブロンソンの背景は説明されないクールなウォルター・ヒルの監督デビュー作。

『ローリング・サンダー』の脚本はポール・シュレイダー。北ベトナムで7年間捕虜だった空軍少佐（ウィリアム・ディヴェイン）が故郷テキサス州サン・アントンに帰還してくる。1973年だ。妻に「髪型を変えたね」「変えたわ」「ブラジャーもなしか」「最近は誰もがそうよ、聞かなかった?」「ミニ・スカートのことは聞いた、見たかった」「持ってるわ、はいてみる?」「はかんでいいさ」「私、男性と同居してたのよ、あなたがいつ帰ってくるか、分からなくて」「責めることはできない」「どうするの?」「ここにいるよ、息子と別れたくない」拷問で死んだ心が更に死ぬ。帰還の祝いにデパートがくれた銀貨を狙ってメキシコ人の強盗が押し入る。銀貨のありかを言わない少佐は右手を潰される。父の命を助けようと、息子が銀貨のありかを言うが、鞄を奪った強盗たちは妻と息子を射殺する。少佐は義手で銃に弾を込める練習をする。少佐は、英雄のグルーピーだと言う酒場女を連れて、メキシコ人たちを探す旅に出る。「あなたみたいな静かな人は初めてよ」「言うことがないからだ。俺の目は君を見てるが、死んでるんだ、奴らが俺の命を引き抜いた、あれ以降何も感じなくなった」「サン・アントンへ戻るの?」「君が望むならね」「あなたはどう?」「二度とあの町を見なくても平気だ」「結構よ。じゃ寒い所へ行きましょ、アラスカへでも」「アラスカは寒い」「皆何もしないで、家の中にいるわ、暖炉の前に座り込んで、一日中セックスするのよ、お願い、行くと言って」少佐は女をモーテルに置き去りにする。メキシコ人たちはエル・パソにいた。そこは北ベトナムから一緒に帰還したトミー・リー・ジョーンズの故郷だった。軍服を着た二人はメキシコ人たちのいる淫売宿へ向かう。高倉健と池部良のように。

『ドッグ・ソルジャー』（ニック・ノルティ主演）の原題は「フール・ストップ・ザ・レイン」でCCR（クリーデンス・クリアウォーター・リバイバル）の70年のヒット曲だ。この「誰が雨を止めるんだい?」の雨はベトナム戦争や核実験のことだと言われていた。この曲が大スピーカーから流れる山中の銃撃戦だけ覚えている。監督は『土曜の夜と日曜の朝』(60)のカレル・ライス。立川直樹が『父から子へ伝える名ロック100』(祥伝社新書)で、題名を忘れたけど、ニック・ノルティが出てくる映画で「雨を見たかい」(CCRのナンバー)が使われていたと書いていた。題名がそうなんだから「フール・ストップ・ザ・レイン」でしょ、編集者が調べればいいのにと読書カードに書いて出したけど、ひょっとして「雨を見たかい」も使われていたのだろうか。確かめたいがビデオもDVDも無い。ベトナム後遺症映画はベトナム戦争映画アンケートの時に取って置こうと思ったのだが、2本も入れてしまった。見返せない『ドッグ・ソルジャー』の代わりにジョン・バダムの『ブルーサンダー』(83)にしようかと思ったが、これもベトナム後遺症もの。警官、刑事、探偵ものは外そうと思っていたので『ブルーサンダー』はやめた。ゲンズブールとバーキンの『ガラスの墓標』(69)、クロード・ベリの『チャオ・パンタン』(83)はフィルム・ノワールの時に取って置く。ただただ決闘を繰り返す、リドリー・スコット、ハーヴェイ・カイテル、キース・キャラダインの『デュエリスト決闘者』(77)、ピーター・オトゥールがキチガイ監督をやった『スタントマン』(80)、ジャック・ヒギンズ原作でミッキー・ロークが元IRAをやった『死にゆく者への祈り』(87)も捨て難かった。あとウォシャウスキー兄弟の監督デビュー作『バウンド』(96)、『身も心も』(97)を撮り終わって最初に見た映画だ。これが映画だよなあ、すいませんでしたと落ち込んだのだった(『ドッグ・ソルジャー』をCSのザ・シネマで見た。「雨を見たかい」は流れなかった。山中のスピーカーから流れるのは「フール・ストップ・ザ・レイン」とは別の曲だった。「フール・ストップ・ザ・レイン」はラストのクレジットバックと途中にも流れる。町山智浩がこの映画はビート・ジェネレーションやヒッピー・コミューンへの挽歌でもあると解説していた)。

青春映画

「青春映画」は、それ自体がジャンル規定が難しい。
本シリーズ企画は、「理論」からではなく、
あくまでも選者それぞれの「映画体験」から見い出される、
映画の多様な豊かさを反映させることを主眼とし、
「恋愛」「友情」「スポーツ」ものを除いて回答を求めた。

元『映画芸術』編集部員・映画批評家
1941年生

佐藤千穂

青春群像……1953／伊、仏
脚本＝フェデリコ・フェリーニ、エンニオ・フライアーノ
監督＝フェデリコ・フェリーニ

太陽がいっぱい……1960／仏、伊
脚本＝ポール・ジェゴフ、ルネ・クレマン
監督＝ルネ・クレマン

イージー・ライダー……1969／米
脚本＝デニス・ホッパー、ピーター・フォンダ、テリー・サザーン
監督＝デニス・ホッパー

真夜中のカーボーイ……1969／米
脚本＝ウォルド・ソルト
監督＝ジョン・シュレシンジャー

ラスト・ショー……1971／米
脚本＝ラリー・マクマートリー、ピーター・ボグダノヴィッチ
監督＝ピーター・ボグダノヴィッチ

ミーン・ストリート……1973／米
脚本＝マーティン・スコセッシ、マーディック・マーティン
監督＝マーティン・スコセッシ

旅立ちの時……1988／米
脚本＝ナオミ・フォナー
監督＝シドニー・ルメット

サイダーハウス・ルール……1999／米
脚本＝ジョン・アーヴィング
監督＝ラッセ・ハルストレム

ミリオンダラー・ベイビー……2004／米
脚本＝ポール・ハギス
監督＝クリント・イーストウッド

ベニスに死す……1971／伊、仏
脚本＝ルキノ・ヴィスコンティ、ニコラ・バダルッコ
監督＝ルキノ・ヴィスコンティ

青春映画への愛惜は尽きない。改めてDVDなど観直さない主義なので、記憶がおぼろげなところも多いが、『若草物語』（マーヴィン・ルロイ、49）はエリザベス・テイラー以下、美しい４人姉妹の成長物語に夢見心地になったのを皮切りに、エルヴィス・プレスリーの歌う青春物へと心が移った。特に『ブルー・

ハワイ』(ノーマン・タウログ、61)にはシビれた。一方、これまでのマッチョなハリウッド俳優とは違った、繊細で内向的な役者が出現する。『お茶と同情』(ヴィンセント・ミネリ、56)で、寮長の美しい妻(デボラ・カー)に恋慕する寮生を演じたジョン・カーから〝シスターボーイ〟という流行語が生まれたり、『のっぽ物語』で、名門大学のバスケット選手を演じてデビューしたアンソニー・パーキンスも、それまでとはまったく異質な青春スターであった。〝青春とは濡れたシャツを着ているようなもの〟と言った作家がいたそうだが、なるほど濡れたシャツはべたべた張り付いて居心地が悪く、かと言って、あっさり脱ぎ捨てることも出来ない心理状態は頷けた。『太陽がいっぱい』のアラン・ドロンもセンセーショナルな登場であった。テーマ曲と共にわれら娘どもはこぞって紺碧の地中海とヨーロッパの雰囲気に憧れた。ジェームス・ディーン出演の作品では、『エデンの東』(エリア・カザン、55)よりも『理由なき反抗』(ニコラス・レイ、55)の方が良かった。無謀な車の事故で死に、ソファーに横たわる彼の側で泣き崩れるナタリー・ウッドの眼がふと、彼の履いている左右バラバラの靴下に止まり、思わず微笑む黒い瞳と色鮮やかな靴下の縞模様がいまだに忘れられない。『青春群像』は53年製作とあるから、かなり遅れて三番館で観たと思う。戦後も家父長意識が抜けない父親に反抗して、ダンスホールに入り浸ったり、家出、駆け落ちの兄妹たちと仲間が、この映画の港町にたむろする若者たちとダブる。私が初めて社会と向かいあった作品で、ミーハーからちょっと成長させてくれたと思う。

やがて、イギリスでは、『土曜の夜と日曜の朝』(カレル・ライス、60)、『長距離ランナーの孤独』(トニー・リチャードソン、62)、リチャード・ハリスが初めて出演した『孤独の報酬』(リンゼイ・アンダーソン、63)などの〝怒れる若者たち〟、フランスでは、お馴染みのゴダール、トリュフォー、シャブロルらのヌーベルバーグ、イタリアでは、アントニオーニの〝愛の不毛〟映画など、戦後の青春群像が続々と出現した。一方、アメリカでも、すでに『卒業』(マイク・ニコルズ、67)、『ジョンとメリー』(ピーター・イェーツ、69)など、70年代の、『いちご白書』(スチュアート・ハグマン、70)、『追憶』(シドニー・ポラック、73)などによって開花するニューシネマの先駆け的な作品が出現。そのころ、私は『映画芸術』編集部で、映画〝追っかけ〟に明け暮れていたのだが、当時の作品を詳述する余裕は無いので、特に印象に残っている作品を挙げよう。

『真夜中のカーボーイ』。青年ジョン・ボイトとハンディキャップのダスティン・ホフマンは、夢を求めてニューヨークに出て来るが惨めなことばかり続き、ついに、追われるようにフロリダ行きのバスに乗る。薄汚ない身なりで最後部の座席で死にかけているホフマンを抱きかかえ、堂々と正面を向いているボイトに心を打たれた。フロリダに着く前にホフマンは死ぬが、彼の肩をしっかり支えて離さないボイト。彼らはニューヨークで人生最高の経験を得たはずである。

『イージー・ライダー』。公開当時、ある筆者が、キャプテン・アメリカのオートバイ姿に〝あんなキテレツな格好してたら誰だって撃ちたくなる〟と言ったのをなるほどなアとは思ったが、どうしてどうして、アメリカ荒野のハイウェイをひた走る彼らはまことにサマになっているし、今日では〝ヘルズ・エンジェルズ〟と呼ばれるグループなどは、集会やボランティア活動もしていて、アメリカの風俗文化の一つになっている。

『ラスト・ショー』。南部の田舎町の小さな映画館の閉鎖を通して、常連の若者たちと館主（ベン・ジョンソン）との善意に充ちた交流を描く。ある朝、朝鮮戦争に出兵する友人を見送る仲間たちと、バスに乗る青年の軍服姿と大きなズックのバッグが切なかった。横浜の場末の映画館で育った私も、このような閉館を数え切れないくらい見てきた。

『ミーン・ストリート』。シカゴに住みついたばかりのころ、怖さ知らずで入った、貧民街にある20年代に建てられた古色蒼然とした大劇場で観た。たった3、4人の観客しか入っていなくて、セリフもよく解らなかったが、ニューヨークのイタリア人街を駈けずり回っている若者たちを見ているうちに、なぜか力が抜けて、私もシカゴで暮らしていけるように思えてきたのは、この作品が決して移民の悪ガキを描いただけではない普遍性をもっていたからだと思う。

easy RideR

イージー★ライダー

　さて、アメリカン・ニューシネマも、『ビッグ・ウェンズデー』（ジョン・ミリアス、78）のころにはそろそろ下火になっていた。当時の若手俳優、ハリソン・フォード、リチャード・ドレイファス、ジェフ・ブリッジス、ロン・ハワードなどもすっかり老いて、アメリカ映画界は次の時代へ入っていく。S・スピルバーグ、G・ルーカス、F・コッポラたちが出現し、また、ニューヨークの黒人街の人々の生活を生き生きと描くスパイク・リーや、中東、アジアの青春映画が全く違った息吹をもたらしてくれている。

　それはそれとして、『旅立ちの時』。60年代の反戦運動家（ジャド・ハーシュ）が指名手配を逃れて20年、一家4人で各地を転々とする。思春期の息子（リバー・フェニックス）は家族思いの好青年で、密かにピアニストになる夢を持つ。学校で知り合った中流家庭の娘の父親は、彼の才能を認めてジュリアード音楽院への入学を薦めるが、逃亡者である父親は、息子とこの一家の交遊に好感を持っていない。そんな折、昔の仲間の裏切りに一家は急いで町を去らねばならなくなる。彼は悩みながらも恋人も将来の夢も捨てて家族と行動を共にする決心をし、待ち合わせ場所に駆けつけて車に乗ろうとするが、父親は「お前は残れ」と息子を放任し、砂ぼこりをたてて去って行く中古車。ルメットらしい余韻の残るラストは忘れ難い。

『サイダーハウス・ルール』。同監督の、巨体の母親の遺体を家屋もろとも火葬した『ギルバート・グレイプ』（93）でも感じたのだが、ハルストレム監督には、真心あふれる故の残酷さがあるようだ。孤児院で育てられ、そこでは人道的立場から密かに中絶手術をする院長の助手を務めている青年が、恋人と共にはじめて院外へ出てアップルサイダーを造る果樹園で働く。ある日、一緒に仕事をしている季節労働者の黒人父娘の娘が、近親相姦によって妊娠していることを知る。青年のベッドの下にある中絶用具の入ったカバンが時折チラチラするのは彼の懊悩の象徴であろう。終に、真心から中絶手術を実行する。次の春、彼ら季節労働者がまたやって来るラストシーンが、いやにさっぱりしていたのが少しばかり気にはなった。

『ミリオンダラー・ベイビー』。不幸な育ちの少女（ヒラリー・スワンク）をボクサーに育てあげようとする、こちらも夢の叶わなかった中年過ぎのトレーナーのイーストウッドとジムの掃除夫モーガン・フリーマン。

少女の青春に、どうにもならないアメリカ社会の底辺の矛盾を垣間みせつつ、思春期の肉体と精神を痛めつけながらも成長する少女が老体病身のわが身に迫ってきた。同時に、彼女を鍛え、保護している二人の中年男もすばらしかった。

『ベニスに死す』。青春は若者ばかりのものではない。バカンスのベニスで出会った美少年に魂を奪われ追い求める老作曲家の煩悶、この名作にコメントは要らない。

映画作家
1938年生

大林宣彦

女優志願……1958／米
脚本＝ルース・ゲイツ、オーガスタ・ゲイツ
監督＝シドニー・ルメット

若草の萌えるころ……1968／仏
脚本＝リュシエンヌ・アモン、
ロベール・アンリコ、ピエール・ペルグリ
監督＝ロベール・アンリコ

気狂いピエロ……1965／仏、伊
脚本・監督＝ジャン＝リュック・ゴダール

ひとりぼっちの青春……1969／米
脚本＝ジェームズ・ポー、
ロバート・E・トンプソン
監督＝シドニー・ポラック

シベールの日曜日……1962／仏
脚本＝セルジュ・ブールギニョン、
アントワーヌ・チュダル
監督＝セルジュ・ブールギニョン

ジョアンナ……1968／英
脚本・監督＝マイケル・サーン

マーティ……1955／米
脚本＝パディ・チャイエフスキー
監督＝デルバート・マン

コレクター……1965／米
脚本＝スタンリー・マン、ジョン・コーン
監督＝ウイリアム・ワイラー

青春群像……1953／伊、仏
脚本＝フェデリコ・フェリーニ、
エンニオ・フライアーノ
監督＝フェデリコ・フェリーニ

グループ……1966／米
脚本＝シドニー・バックマン
監督＝シドニー・ルメット

『わが青春のマリアンヌ』（55）という映画がありました。仏映画界の巨匠ジュリアン・デュヴィヴィエの畏れ多き新作で幽にして幻なる山深き湖を舞台に繰り広げられる美しい乙女マリアンヌを巡る少年たちの物語。さあ大いに御期待召されよと言うのだが、何よらちょいと胡散臭いぞと身構えて了うのはこれが長年の映画ファンの直感なるか。しかし世の大勢は大いに盛り上っており、当時青春期の抒情を音楽的なる作品に実現しようと試み

ていた詩人・小説家で映画についてのエッセイも書いていた福永武彦さんが、宣伝を兼ねてのこの映画に関する論文を雑誌社から依頼され、如何にもこの映画題名に相応しい書き手と目された事にムッとされたか、怒り心頭に発したる如き筆致で「かかる映画、語るに能わず。頁を無駄にするのは勿体無いから、真に語らるるべき面白い映画について書く」、とウイリアム・ワイラー監督のサスペンス劇『必死の逃亡者』(55)に関する熱筆で勝手に頁を埋めて了われた。当時高校生で福永文学のファンでもあった僕はこの福永さんの怒りに大いに共感し、「若者ばかりを集めて若いファン向きの映画をと媚びるからこんな事になるのだ」と、以降青春映画と呼ばれるものにはどこかますます身構えてしまう。僕自身もそのように呼ばれる映画を色々拵えて来たが、自分ではあれは「子供を主人公にした映画」だと考えている。第一、僕らのあの時代に〝青春映画〟というジャンルの映画が果して存在したのだろうか？　と先ずは検証してみよう。

　青春を描いた映画といえば、直ぐ様脳裡に浮かぶのが『舞踏会の手帖』(37)で、『〜マリアンヌ』と同じジュリアン・デュヴィヴィエ監督によるこちらは間違いのない傑作で、若くして未亡人になった主人公が社交界にデビューした時の舞踏会の手帖を見つけ、そこに名を記された自分の踊りの相手を訪ねて旅に出る。遠い青春の夢の記憶が現実の中で無慚に崩れてゆくという痛ましい青春の物語だが、演じているのは名優がずらり、どちらも最早初老と呼べる大人の人たちばかりで、これを今風に〝青春映画〟と言うには無理がある。わが日本でも民さん政夫さんの幼い恋の悲劇を描いた『野菊の如き君なりき』(55)は全国の観客に純情の涙を絞らせたものだが、実は全編が笠智衆さんが演じた老人の遠き日の回想であるという構成で、これは当時の日本の若者に決定的な影響を与えていたドイツの作家シュトルムの「みずうみ」の構成のなぞりでもあり、つまり青春とは老いたる者の回想によって語られるものと決まっていたのだ。そういえば『野いちご』(57)なる真《まこと》に優れた青春回顧劇があったが、これなど思い出される過去の場面にまで現在の老人役の人物がそのままの姿で登場して了うという、人生に於ける〝青春〟の意義を純粋に問い尽そうと試みた構造。では画面に青春最中《さなか》の若者たちが登場して彼ら自身の青春を物語った映画はといえば名作『若草物語』(49)

の色彩画面などが鮮やかに浮んで来るが（それにジューン・アリスン以下当時の青春スター総出演の映画であったが）、あれもやっぱり当時の感覚では〝家庭劇〟だろうなあ。同じように幼いエリザベス・テイラーと共に『緑園の天使』（45）に主演したミッキー・ルーニーだって「アンディ・ハーディ」シリーズなど青春を舞台にした映画は多いが、その功績で受賞したアカデミー特別賞は〝子役演技に対して〟。今で言うような意味合いで〝青春スター〟として登場して来たのは新人デビューのジェーン・フォンダと共演した明るい学園もの『のっぽ物語』（60）でのアンソニー・パーキンス辺りからだろうが、それも傑作青春劇『死んでもいい』（62）を残しながらもたちまち『サイコ』（60）の怪奇劇の虜となって終ったし、『エデンの東』（55）で現代の青春を強烈に印象付けた新人ジェームズ・ディーンはその年の中に『ジャイアンツ』（55）ではアル中で白髪の老人までを演じ、24歳で無慚に事故死（ディーンとピア・アンジェリとの悲恋は永遠の青春伝説だろう）。しかし、その間に撮られていた『理由なき反抗』（55）は漸く〝青春映画〟とも呼び得る群像劇の誕生であっただろうか。同じように当時の若者たちの生態を捉えたブランドの『乱暴者《あばれ》』（53）、ニューマンの『暴力教室』（55）やミュージカル仕立てで若者たちが不良ルックで群舞した『ウエスト・サイド物語』（61）などの流れを汲んでのものであろう。若者たちの〝非行〟が大人を弾き出し、青春を独自のものとしたのだね。

　それ以前にも『明日では遅すぎる』（50）や『危険な曲り角』（58）などはみ出し型の思春期ものの若者映画はあるにはあったが、真の〝青春映画〟と呼ばれるものは60年代に入ってからの『草原の輝き』（61）からではないか。この映画には僕より一世代若い人たちがそれはそれは大いに熱狂し、『マンハッタン物語』（63）などナタリー・ウッドの時代を生み、その勢いで『恋愛専科』（62）のトロイ・ドナヒューやチューズディ・ウェルドらのアイドル（俳優がアイドルタレント化して来たのもこの時代からです）も輩出。そして『卒業』（67）、『俺たちに明日はない』（67）、『ジョンとメリー』（69）、『真夜中のカーボーイ』（69）、『明日に向って撃て！』（69）、『イージー・ライダー』（69）、『いちご白書』（70）、『ウッドストック』（70）、『スケアクロウ』（73）などの〝青春映画〟の雪崩れるが如き最盛期を迎えるのだが、それは洋の東西を問わず社会のあり様を受けて、映画も〝ターゲット〟を絞って製作される時代になって来たという理由からで、僕などあの『イージー・ライダー』の編集現場の熱気の中に当時のアンダーグラウンド・ムービーの仲間たちと一緒に居たというのに、古くからの観客としてはこういうターゲット主義の映画作りにはやっぱり戸惑いが大きかったのですね。僕らが映画に親しんだ時代には、映画は老若男女、貧富の差、年齢や環境の違いなどには捉われず、総ての観客をもてなし楽しませるものとして作られていた（故にジャンルを意識して見たのは、西部劇、ミュージカルくらいで、後は史劇も戦争映画も暗黒街ものもSFも、つまりはそういう舞台背景の映画なんだって感じて接してましたね。話の設定は色々あるのが映画だと）。僕ら子供も大人と同じ映画を一緒に見て、世界の事を色々学ぶのが楽しく、故に〝映画は学校〟でありました。なのでいわゆる新時代の〝青春映画〟の傑作群は『タクシードライバー』(76)も『ゲッタウェイ』(72)、『サタデー・ナイト・フィーバー』(77)以下のトレンドものも総て、続く世代の人たちにお任せして、僕なりのテンを絞ってみましょうか。けれども『小さな恋のメロディ』(71)、『マリアンの友だち』(64)は〝子供映画〟、『おもいでの夏』(71)や『青い麦』(53)は〝思春期もの〟。『アンネの日記』(59)、『奇跡の人』(62)、『ロミオとジュリエット』(68)など文芸映画的味わいのものは割愛し、困って『悲しみの青春』(71)、や『さすらいの青春』(66)、『バス停留所』(56)にも目を瞑り、『ハスラー』(61)や『シンシナティ・キッド』(65)にもごめんなさい。『僕の村は戦場だった』(62)や古くは『巴里の屋根の下』(30)、『スミス都へ行く』(39)、『制服の処女』(31)の類のものは持ち出さない。戦後の『陽のあたる場所』(51)（モンティは戦後初の青春スターだったなあ）、も『ティファニーで朝食を』(61)も『若者のすべて』(60)も『悲しみよこんにちは』(58)もさて置いて。で、より僕自身の世界に寄り添えば、

『女優志願』(58)のスーザン・ストラスバーグはフィルムが映し出した青春の輝きと痛みの、切なさの極み。その奇蹟を老優ヘンリー・フォンダがたじろきながら受け止めた名品と記憶して居ります。スーザンの前作『ピクニック』(55)も美しい青春の映画でした。『若草の萌えるころ』(68)はジョアンナ・シムカスの

肉体が丸ごと映画の青春と化した、前年の『冒険者たち』(67)の忘れ形見。この儚い愛しさには、流石の『太陽がいっぱい』(60)のマリー・ラフォレも一寸怯《ひる》むか。(『冒険者たち』と『太陽が〜』は僕らの世代の忘れ難き〝青春映画〟の代表作だが、ここでは『若草〜』に総てを託します)。『ビートルズがやって来る ヤァ！ヤァ！ヤァ！』(64)はフィルムが青春している、というなら『気狂いピエロ』(65)こそは純正青春映画と呼ぶべきで、周辺の『勝手にしやがれ』(59)などゴダールの諸作を始め、ヌーベルヴァーグの時代は映画が〝個人的〟になった分青春映画も殖《ふ》え『いとこ同志』(59)も『私生活』(62)も偏愛の一作だが、トリュフォーの諸作は〝恋愛映画〟と呼んだ方が相応しく、短編『あこがれ』(58)はともかく青春映画というニュアンスのものは『突然炎のごとく』(62)くらい。『大人は判ってくれない』(59)は少年映画、或いは思春期ものでしょう。ヴァディムも『血とバラ』(60)が怪奇映画で駄目ならもう諦めちまおう。幻想的な『ジェニーの肖像』(47)などと共に、本当はこれぞ純愛・青春映画なんですけどね。『お嬢さん、お手やわらかに！』(58)や『芽ばえ』(57)、『三月生れ』(58)のササールやプチやドモンジョは可愛かったけど(僕の青春スターはバルドーで、ドルレアクやロミー・シュナイダーが御贔屓。次代の後追いでジューン・アリスン、キャサリン・ヘプバーンとなります)、あの詩的で悲しい『シベールの日曜日』(62)は青春映画と考えたいなあ。だって他に呼びようが無いでしょう？ なら『コレクター』(65)は他に呼び方があっても、これは青春の映画でしょう？ おっと『ジョアンナ』(68)の楽しさは忘れられないし、『マーティ』(55)は僕らの時代の正調青春映画。『ひとりぼっちの青春』(69)は青春の切なさが抉り出されたなあ。オードリー・ヘプバーンは古典的な映画作りの枠組みを外さなかったから『ローマの休日』(53)や続く諸作も概ね〝御伽噺〟となっていて、〝女優〟ではあるが青春スターとは呼べないし、〝ヘプバーンカット〟より〝ポニーテイル〟を生んだ『愛の泉』(54)の方が〝青春映画〟だったと言っておこう。若い人なら『アメリカン・グラフィティ』(73)や『ラスト・ショー』(71)となるだろうから、僕は『長距離ランナーの孤独』(62)と『青春群像』(53)を挙げて置きましょう。ジーン・ケリーとナタリー・ウッドの『初恋』(58)は僕の年代の周辺にファンが多い、通俗的に見えるけれど実はパーソナルな趣の佳作だが『ラムの大通り』(71)と共に偏愛に過ぎるだろうからこれは匿しておいて、御贔屓ルメットが二本になるが『グループ』(66)を。『ヤァ! ヤァ! ヤァ!』と『イージー・ライダー』はエポックメーキングな〝青春映画〟だし『死んでもいい』のトニーの青春の絶叫は是非とも仲間に入れたいが「欠点」は無し、と決めた途端、今は遠い昔の『乙女の湖』(34)の、湖に浮ぶ小舟を漕ぐ乙女の唄うメロディーが60年の時を超えてふいに口を吐いて出た。嗚呼、成程映画とはそれ自体が〝青春〟であったのだなあ、という思いに、今は老いたる映画ファンの心が疼くのであります。……

脚本家
1934年生

山田太一

男の出発《たびだち》……1972／米
脚本＝ディック・リチャーズ、エリック・ベルコヴィチ、グレゴリー・プレンティス
監督＝ディック・リチャーズ

モーターサイクル・ダイアリーズ……2003／英、米
脚本＝ホセ・リベーラ
監督＝ウォルター・サレス

ミーティング・ヴィーナス……1991／日、米、英
脚本＝サボー・イシュトヴァーン、マイケル・ハースト
監督＝サボーイシュトヴァーン・

その男ゾルバ……1964／米、英、ギリシャ
脚本・監督＝マイケル・カコヤニス

勝手にしやがれ……1960／仏
脚本・監督＝ジャン＝リュック・ゴダール

エデンの東……1955／米
脚本＝ポール・オズボーン
監督＝エリア・カザン

陽のあたる場所……1951／米
脚本＝マイケル・ウィルソン、ハリー・ブラウン
監督＝ジョージ・スティーヴンス

真夜中のカーボーイ……1969／米
脚本＝ウォルド・ソルト
監督＝ジョン・シュレシンジャー

突然炎のごとく……1962／仏
脚本＝フランソワ・トリュフォー、ジャン・グリュオー
監督＝フランソワ・トリュフォー

ピクニック……1955／米
脚本＝ウィリアム・インジ
監督＝ジョシュア・ローガン

「青春」というジャンルで「恋愛」も「友情」も「戦争」も「スポーツ」も除外するとなると、手鎖をされているようで少々途方にくれます。

『男の出発』は、西部劇に分類されるものかも知れませんが、肌合いは所謂西部劇とは大分ちがうもので、少年が大人の世界の現実に

出合って、よくも悪くも一個の男になって行く、ちょっと寓話の骨格のある作品で、心に残っています。『モーターサイクル・ダイアリーズ』は、ゲバラの若き旅を描いたもので、最近上映されたゲバラものより、ずっとナーバスで、みずみずしかったと記憶しています。

『ミーティング・ヴィーナス』は、まだベルリンの壁があったころ、東欧のクラシックの指揮者が西欧へやって来てオペラの指揮をする物語で、青年前期ではありませんが、入国審査からはじまって、人種も国籍も混在した歌手たち、頑迷なスタッフと、次々と「他者」に出会って、なんとか、やりきれなく、切なく切り抜けて行く経緯は、主人公の感じやすい、ピュアな人物造形で、「青春」の物語（少なくとも中年ではない）であったと思います。凡庸で下劣だったりする歌手たちが、いざ唱いはじめると、別人のようにすばらしい、という、狙っているのは承知で、そのリアリティが忘れられません。

『その男ゾルバ』は、イギリスの青年がギリシャで、ゾルバというアンソニー・クインがやった中年男と出会い、人生や生き方をゆさぶられる物語で、この種の映画が本当に少なくなったなあ、と思います。生き方のモデルなんてつくりようがない相対化の時代だといえばそうですが、ふりかえると、そう諦めてしまうこともない、何人かのすばらしい人たち（というか、すばらしくないところもありながら、尚すばらしいところで忘れ難い人たち）がいらしたなあ、と思います。無論安手な偉人伝ではなくて、フィクションで、いまの若い人も、その映画を見終って出て来る時には半分その気になっているというような人物が描けたらいいなあ、とゾルバを思い出しています。

『勝手にしやがれ』は、私が映画会社に入って助監督をはじめたころに封切になった作品で、正直いま見るとそれほどの輝きを感じないのですが、そのころは、話のつくりにも編集にも俳優の演技にも、エピソードにも、心から感嘆しました。つまりゴダールが、それから以後の映画の変化の先鞭をつけたということでしょう。震えるような感銘を受け、何度も何度も（そのころはビデオなどありませんでしたから、やっている映画館を求めて）見に行きました。たしか『映画芸術』にのった採録脚本も、くりかえし読みました。今でも納戸のどこかを捜せば絶対あります。

『エデンの東』。これは母を求めて裏切られ、父を求めても果たせない青年の物語で、自分より世間との交際がなめらかな兄に敵愾心を抱き、その兄の恋人に気持ちがどうしても向いてしまうという、多少ともそれぞれの変形で思い当たるところのある「青春」の物語といっていいのではないでしょうか。ジェームス・ディーンは、結局これ1本だったという感慨があります。日比谷のピカデリイ（といっても、いまのとは、場所が近いくらいしか似ていないのですが）で、学生のころ観たのが忘れられません。2、3席はなれて、その間に座る人はいない並びの列で、中年の観客（男）が、ラストシーンに号泣していたのも、ついでに忘れずにいます。私は泣きませんでした。若いころは、どういう訳か、映画で泣くということはありませんでした。

『陽のあたる場所』。これは、高校生のころ、小田原の映画館で見ました。昭和20年代のことです。映画が禁じられて（そういうことがある学校もあった時代です。戦後でも、です。因みに私の高校でも喫茶店に入ることは禁じられていました）いたわけではないのですが、諸事情で暇がなく金もなく、そのころの貧弱な情報量の中で、これだけは万難を排しても見たい、と思いつめて、やっと見た1本でした。

主人公と似たところは、ほとんどなかったのですが、社会の中心にいるような人たちとは、ずっとはるかに遠くにいるという疎外感だけは生来身についていたので、モンゴメリイ・クリフトの、うつむき加減の、ちゃんと人の目を見られないような青年に、大いに自分を重ねて、将来エリザベス・テイラーのような美しい女性とめぐり合うかもしれないから、その時邪魔になって殺したくなるような女はつくるまい、と半分本気で思ったりしたのですから、今もバカですが、昔もバカだったなあと、溜め息をついてしまいます。

『真夜中のカーボーイ』。アメリカ映画には、田舎の道で、ポツンとバスを待っている青年（時には娘）からはじまり、大都会へ出て来ての物語というパターンは、いくらでもあるような気がします。その中での秀作ではないでしょうか。

ダスティン・ホフマンが役に打ち込んでいたって珍しくないともいえますが、これは中でもずばぬけて、

MIDNIGHT
COWBOY
真夜中のカーボーイ
男2人、
人生の旅
は
NYから
フロリダへ
Jon Voight
Dustin
Hoffman

いい味だったのではないでしょうか。ニューヨークを歩くシーンの活きのよさ。フロリダに向かうバスの中で死んでしまうラストまで、老人が主人公だって似た物語は可能ですが、やはり若いからこそのいたましさ、「青春」の物語ではないでしょうか。

『突然炎のごとく』。この映画は、封切時に見て、トリュフォーは凄い、と（とてもオレにはこんな映画はつくれない、と）圧倒的に「まいった、まいった」だったのですが、どういう訳か以後長く見る機会がなく、今まで見ていません。かつて感動したフランス映画を再見して「なんだ、これは」と索然とした思いが何度もあり、実をいうと、これを見るのが怖いのです。失望しないと思いますが、万が一が怖い。しかし、こういうベスト10に、やはり入れなくては相すまないという気持ちです。

『ピクニック』。これは学生のころ、同級生の寺山修司と見に行きました。有楽座のロードショーに（金もないのに）行ったのは、評判を聞いて待っていられなかったのだと思います。噂通り、キム・ノヴァクとウィリアム・ホールデンが「ムーン・グロウ」を踊るシーンなど心を奪われる思いをしましたが、「あんな身体ばっかりたくましくて、気がよくて、単純で、バカな男がもてるのは残念だなあ」と話したのを憶えています。「これからは、身体が弱くて、ぐちゃぐちゃと感情も分かりにくくて、読んだ本の話ばかりしたくなるような男がもてる話を、われわれの力でなんとかはやらせたいものだ」といいながら地下鉄まで歩いたのでした。もう昔々で、あんまり昔になってしまって情けない思いです。

詩人・映画監督
1949年生

福間健二

アデュー・フィリピーヌ……1962／仏、伊
脚本＝ジャック・ロジエ、ミシェル・オグロール
監督＝ジャック・ロジエ

土曜の夜と日曜の朝……1960／英
脚本＝アラン・シリトー
監督＝カレル・ライス

嵐の季節……1961／米
脚本＝クリフォード・オデッツ
監督＝フィリップ・ダン

草原の輝き……1961／米
脚本＝ウィリアム・インジ
監督＝エリア・カザン

ラスト・ショー……1971／米
脚本＝ラリー・マクマートリー、ピーター・ボグダノヴィッチ
監督＝ピーター・ボグダノヴィッチ

途方に暮れる三人の夜……1987／米
脚本・監督＝グレッグ・アラキ

トラスト・ミー……1990／米
脚本・監督＝ハル・ハートリー

欲望の翼……1990／香港
脚本・監督＝ウォン・カーウァイ

牯嶺街《クーリンチェ》少年殺人事件……1991／台湾
脚本＝エドワード・ヤン、ヤン・ホンヤー、ヤン・シュンチン、ライ・ミンタン
監督＝エドワード・ヤン

一瞬の夢……1997／中国、香港
脚本・監督＝ジャ・ジャンクー

青春映画といえば、かつての日本では、石坂洋次郎であり、日活であり、先進的な気分をもつヒロインが封建的な「田舎」で騒動をおこすのである。そこで右往左往する大人たちは、ただ醜かったり、意外に好人物だったりするが、自分が年をとってみると、あの大人たちの、問題を予測できない甘さが、わからない。ついでに、戦後民主主義への希望を託された問題児たちの夢も、いまでは寒々とした老いのなかに萎んだのが見えている。

というようなことを、まず、思ったが、その一方で、期待的に考えたのは、青春映画と

は、男性のわたしにとって、単純に、若い女優の魅力を中心においた映画のことであり、そうだとしたら、それはいまなお生命を保っている、ということである。

そして、そういう映画の楽しさを、わたしは、何よりも、ニューシネマ以前のアメリカ映画とジャン＝リュック・ゴダールの初期作品で知った。

そうなのであるが、ゴダール作品は、今回も入れないことにした。『勝手にしやがれ』(60)も、『はなればなれに』(64)も、『男性・女性』(66)も、登場人物は青春の時間を生きている。愚行があり、人生もある。現実があり、物語もある。けれども、たぶん異化効果によって、人物が自分や自分のしたことを恥ずかしいと感じる余地が追い出されている。

そうだった。青春は、恥ずかしいのである。

作品としても、青春映画は、何度か見返しているうちに、それに引きつけられた自分が恥ずかしくなってくることがある。それでも、それをいいと思った、そういうことが確かにあったという事実を素直に認めるしかないだろう。

同時代的に映画館で見た作品だけを選びたいと思っているが、『アデュー・フィリピーヌ』は例外。最近になってやっとDVDで見た。兵役に徴集される19歳の男と、彼を追う二人の娘が、出会いから別れまでの、けっして戻ってこない時間を、魅惑的な存在感をもって生きぬいている。これを何度でもくりかえし見ることができるというのは、あってはならないことのような気さえするが、すべてのショットを暗記したくなった。ゴダール作品とちがうのは、これを映画として作っているという作者の「自意識」が見えないことだ。「能天気」と書いて「かなしい」とルビをふりたいものが、ここにはある。これに比べたら、ほかの青春映画は、あざとい作者の計算が透けて見える。そういう決定的な1本。

1960年前後、フランスのヌーヴェルヴァーグ、アメリカのビート、日本のゼンガクレンとともに新しい世代の登場を告げたイギリスの「怒れる若者たち」。その映画の拠点となったウッドフォール・フィルムこそは、リアリズムにピカレスク的反抗を呼び入れた青春映画の宝庫である。トニー・リチャードソンの監督した『蜜の味』（61）、『長距離ランナーの孤独』（62）、『トム・ジョーンズの華麗な冒険』（63）を入れない理由が、とくにあるわけではないけれど、ここでは彼が製作にまわった『土曜の夜と日曜の朝』を選んだ。

　カレル・ライスの演出にはいくつか注文を出したいくらいだが、わたしが誘惑された青春の物語の原型がそこにあるのだ。不良性のある若者が、最初は年上の人妻とつきあいながら、若い娘との関係のなかに「人生のはじまり」を見出す。大島渚の『青春残酷物語』（60）も、向井寛の『餌』（66）も、そのパターンで、悲劇的な破局に向かう。アルバート・フィニーの演じた『土曜の夜と日曜の朝』の主人公は、破滅とも改心とも無縁に、ふてぶてしく生きのびる。原作・脚本のアラン・シリトーは、この主人公が嫌いだと言ったと伝えられる。いまは、それもわかる気がする。シリトーの小説も、いまではあまり読まれなくなった。彼の『A Start in Life（華麗なる門出）』こそは、青春小説のベストワンだ。

　青春前期、わたしが熱心に追ったエルヴィス・プレスリーの主演映画は、ドン・シーゲルの撮った『燃える平原児』（60）とアン＝マーグレットと共演した『ラスベガス万才』（63）くらいしか、普通はまともな批評を受けていないだろう。しかし、50年代の白黒作品『監獄ロック』（57）と『闇に響く声』（58）が、環境的なハンデを負った若者がスターになる話としてふしぎな味をもち、さらに、『嵐の季節』は、なんと戯曲「レフティを待ちながら」などで30年代のアメリカ演劇界の風雲児だったクリフォード・オデッツの脚本で、前科者プレスリーが3人の女のあいだを憂鬱そうにウロウロする。知性と教養あふれる精神科医のオバサン、純真な処女、そして子連れの出戻り娘。やはり「女性体験」の原型的な物語が見え、出戻り娘のチューズデイ・ウェルドが不幸を背負いながら悩ましく輝く。

『草原の輝き』は、新宿の日活名画座で何度も見た。若さゆえの愚かさとそれに対する悔恨を描く定番中の定番であり、もうあまり見たいと思わないが、目をつむると、ハッとするほど美しいナタリー・ウッドが、簡単にはセックスできない古い青春のせつなさと大恐慌のころのアメリカの空気とともによみがえってくる。

ウィリアム・インジの原作・脚本は、多分に『ロミオとジュリエット』を意識しているが、見せる力の一方で、論理的には混乱する、いかにもエリア・カザンらしい特徴も。

朝鮮戦争のころのアメリカの田舎町を舞台にした『ラスト・ショー』についても、いまは複雑な思いだ。ラリー・マクマートリーの原作・脚本。その通俗的な文学をそのまま映画にしてしまったボグダノヴィッチの、古い映画を模倣したスタイルは、ある意味で完璧である。最初に見たときは、自分もまだ青春のドタバタのなかにあって、身につまされた。いわばゴダールから遠くはなれた、鳥肌立つような恥ずかしい場面が連続する。まあ、批評的にはどうなるにせよ、生意気な美少女シビル・シェパードの愚かさ、見棄てられていた人妻クロリス・リーチマンの怒り、過去のロマンスを胸に秘めるベン・ジョンソンのシブさなど、やはりいつまでも残る。近いところの例では、ラッセ・ハルストレムの『ギルバート・グレイプ』(93)のいくつかの構成要素と同様に。

『途方に暮れる三人の夜』は、16ミリのラフな白黒映像の、ゴダール・マニア的なインディーズ作品として愛着があるばかりでなく、男ふたりと女ひとりの「3人」の物語の、いちばん寒い場所に達したものだと思う。カップルの外にいる男は、カップルの彼女ではなく、彼の方をゲイ的に慕う。この3人がひとつのベッドに入ってぬくもりを分かちあい、傷つけあいもする。だれも、いい気になっていない。『突然炎のごとく』(62)のジャンヌ・モローを「もっとも愛すべき女性」だなんてけっして言わせないものが、そこにあった。『トラスト・ミー』は、ヒロインを演じるエイドリアン・シェリーの魅力のなかに、甘くかつ苦い青春の果実がつまっている。マーティン・ドノヴァンは、ぼんやり気味の、その柄の大きさがいいのかどうか、よくわからない。そして、親子問題以外には凝縮点をつくれそうにないハートリーの思いつき的ストーリーラインだが、低予算映画の自由さのなかに、とにかく、求めあう孤独な二人の心を息づかせている。

『欲望の翼』のレスリー・チャンも、実の母親のことが心にかかっている。もしかしたら人物がだれかの息子や娘であるしかないところにとどまっているのが、青春映画の王道かもしれない。『欲望の翼』は、偶然の出会いを組み合わせた物語構成が、いわばご都合主義の先へと大きく伸びてゆく。１９６０年という設定で、レスリー・チャンの役の虚無的な心が真ん中にあって、すべてが不幸の側へ引きずられる。その暗さの質が新しかった。

『牯嶺街《クーリンチェ》少年殺人事件』も、１９６０年代の設定。エドワード・ヤンやホウ・シャオシェン（『恋恋風塵』〈87〉を最後のところで落としたが、これも深い理由はないとしておこう）は、わたしより少し上だが、ほぼ同時代の、アメリカ文化の影響下にあるアジア的青春を生きたのだ。エドワード・ヤンのこの長い作品は、実際の事件と自身の体験から、いわば少年少女たちの大河ドラマを織り上げている。わたしは、プレスリーに憧れたことをはじめとして、人物たちと共有するものをもつ。見た直後に「自分もあの少女が好きになり、あの少女を殺したかもしれない」と書いた気がする。

　アジア的青春。恥ずかしくて、暗い。でも、プレスリーの歌から採った“A Brighter Summer Day”というのが、ヤン作品の英語題だ。暗い土壌のなかで夢見られた光。青春映画の踏まえるべき基本がひとつ見えている。

　そして、ジャ・ジャンクーが、アジア的青春の、新しい輝きをもった語り手として登場する。16ミリで撮られた『一瞬の夢』は、ある意味で『アデュー・フィリピーヌ』と同じくらい作為を感じさせない。開放政策の下で荒廃する中国の地方都市を舞台に、スリで生きる主人公小武の「いま」を追ってゆく。あるがままの現実。それを突き抜ける奇跡的な夢。ひとりの娘との明日を思った。その夢が砕かれる結末。小武は、害虫だと言われ、電柱に手錠でつながれ、人々の見世物になって、動けない。この絶望は、深い。

　そうして青春が終わり、作品も終わる。その先につづく時間にむかって、何をあたえることができるか。欧米からアジアへ、１９６０年代から20世紀の終わり近くの『一瞬の夢』までをたどったところで、そういう勝負のしかたがあると思った。

映像演出・映画評論
1965年生

荻野洋一

嵐の孤児……1921／米
脚本＝ガストン・ド・トロリニャック
監督＝デヴィッド・W・グリフィス

若草物語……1933／米
脚本＝サラ・Y・メイソン、ヴィクター・ヒアマン
監督＝ジョージ・キューカー

ジェニーの肖像……1948／米
脚本＝レオナルド・ベルコヴィッチ、ポール・オズボーン、ピーター・バーネイズ、ベン・ヘクト、デヴィッド・O・セルズニック
監督＝ウィリアム・ディターレ

お茶と同情……1956／米
脚本＝ロバート・アンダーソン
監督＝ヴィンセント・ミネリ

悲しみよこんにちは……1958／英、米
脚本＝アーサー・ローレンツ
監督＝オットー・プレミンジャー

モンパルナスの灯……1958／仏
脚本・監督＝ジャック・ベッケル

若者のすべて……1960／伊、仏
脚本＝ルキノ・ヴィスコンティ、パスクァーレ・フェスタ・カンパニーレ、スーゾ・チェッキ・ダミーコ、マッシモ・フランチオーザ、エンリコ・メディオーリ
監督＝ルキノ・ヴィスコンティ

ぼくの小さな恋人たち……1974／仏
脚本・監督＝ジャン・ユスターシュ

牯嶺街《クーリンチェ》少年殺人事件……1991／台湾
脚本＝エドワード・ヤン、ヤン・ホンヤー、ヤン・シュンチン、ライ・ミンタン
監督＝エドワード・ヤン

I love ペッカー……1998／米
脚本・監督＝ジョン・ウォーターズ

青春映画は、数多くある映画ジャンルの中でも、もっとも緩慢なジャンルであろう。アクション映画、西部劇、フィルム・ノワール、ミュージカル・コメディといった確固とした古典的なジャンルにおいては、「これを失ったら、その作品は存在する価値すらない」と

さえ断ぜられてしかるべきコード、掟、倫理が厳然としてあまたある。しかしそれらと比較すると、青春映画というのは、まったくいい加減であることが許されているように見える。ジャンル映画の治外法権とでも呼べばよいのか、そこでは、とんでもない勘違いや、恫喝的な人生観の押しつけ、自慰的な作劇などがいとも簡単に罷り通ってしまうアナーキーなコスモスが形成されているらしい。

そのような、作り手側の自分勝手な自慰の横行は、はたして許されてよいのだろうか。気ままに振る舞っていっこうに悪びれることのない青春映画の駄作、愚作に数えきれないほど出会ってきた私は、ふと青春映画なるものに毒づいてみたくて仕方がなくなることがある。

ところが、青春映画は許されているのである。それどころか、映画の神によって、おそらくもっとも祝福されたジャンルなのかもしれない。青春映画は、私たち小さな人間たちの生の貧しさを慰め、死の恐怖を中和してくれたばかりでなく、映画のジャンル性の解体に歩を進め、現代映画の端緒を開く重要な役割を担ってきた。ヌーヴェルヴァーグが青春映画から始まったのは、「遅れてきた映画」としてのヌーヴェルヴァーグが、青春映画という緩慢なジャンルによって手を差しのべられたからだろうし、また「核の時代」の映画であるヌーヴェルヴァーグにとって、青春映画が人間の歴史の終焉をもっとも真摯に見つめうる可能性を持っている、と感じられたからではないか。

私が自分の選んだリストからヌーヴェルヴァーグ作品を除外したのは、以上のような理由によって、ヌーヴェルヴァーグを他のいかなるジャンルからも隔離させたほうがよい、と考えたからである。唯一、ポスト・ヌーヴェルヴァーグの代表的な映画作家ジャン・ユスターシュの『ぼくの小さな恋人たち』だけは10本の中に選出してしまった。フランス南西部を舞台に、村の姉妹への性的な欲望をたぎらせつつ、10代の男の子たちが、平野の中の一本道を先に行く姉妹を困惑気味に追跡する。この感動的なシーンを持つ本作は、まさに偏愛の一本と言えるものだ。

目つきの悪い青年が、くわえ煙草で友だちと徒党を組んだり、悪戯をくり返したり、乗り物で猛スピードを出したり、ピストルを不法所持したりする作品群だけを、安易に青春映画だなどと呼びたくない。ゴダールが『映画史』(05)の画面内に、大島渚作品の題名もそのままに〝青春・残酷・物語〟と大書したように、青春は〝残酷な物語〟である。映画の偉大な創始者D・W・グリフィスがサイレント期の伝説的女優リリアン・ギッシュと組んだ最終作品『嵐の孤児』で、横暴な貴族を乗せた馬車がパリの下町を通過するとき、貧しい家庭の子どもが車輪に轢かれる痛ましいショットによって、映画は〝残酷〟と〝青春〟とを、〝物語〟として同時に知ってしまったのだ。全ショットが映画芸術の青雲の志として脈打っているかのような傑作『嵐の孤児』はしかし、D・W・グリフィスにとって青春の挽歌でもあった、という皮肉。リリアン・ギッシュもドロシー・ギッシュも、この作品によって青春の炎を惜しげもなく燃やしきったように思える。みずみずしいからの青春を、映画の青春とシンクロナイズさせた女優リリアン・ギッシュは、映画が次第に成熟し、大人少女から大人びていくにしたがってスクリーンから遠ざかり、やがて舞台女優の道を歩んでしまう。グリフィス&ギッシュのコンビによる諸作こそ、言葉の真の意味での青春映画であろう。『ぼくの小さな恋人たち』のユスターシュが夢想したのも、最後に田舎の姉妹を不意に登場させることによって、ギッシュ姉妹のあの純潔に自分でも触れてみたい、ということだったのだと思う。

そして『嵐の孤児』から27年後、青春の炎の燃え滓のごとき心霊現象をニューヨーク在住の青年画家が体験するウィリアム・ディターレの『ジェニーの肖像』で、リリアン・ギッシュの青春が突如としてよみがえる。彼女の継承者は、青年画家にインスピレーションを与える夭折した心霊(ジェニファー・ジョーンズ)。さらに驚いたことに、リリアン・ギッシュその人もまた、哀愁を帯びたまなざしで青年画家のそばに寄り添うのである。もはや初老となった画商役のリリアン・ギッシュは、心霊への恋に溺れるこの青年画家(ジョゼフ・コットン)を、ひょっとして愛していたのだろうか。

いずれにせよ、『ジェニーの肖像』で素描された〝年上の女の愁い〟と〝恋に溺れる芸術家〟が、青春映画というジャンルの二つの大きな柱となっていく。前者の代表例が、ヴィンセント・ミネリ『お茶と同情』

とオットー・プレミンジャー『悲しみよこんにちは』の両作品で〝年上の女〟を演じたデボラ・カーであり、後者の代表例が、ジャック・ベッケルの悲痛なる名作『モンパルナスの灯』で〝恋に溺れる芸術家〟を演じたジェラール・フィリップである。

ミュージカルの名匠ヴィンセント・ミネリの決して数多くないストレート・プレイのうちのひとつ『お茶と同情』では、アメリカ東部の大学街で寮母をしている人妻が、「シスター・ボーイ」と先輩から蔑まれているゲイ体質の気弱な男子学生を慰めているうちに、道ならぬ恋に落ちてしまう。タイトルの〝お茶と同情〟というのは、大学職員である夫が、妻に「寮母としての心得は、下宿学生においしいお茶を振る舞うこと、同情をもって接することであり、それ以上でもそれ以下であってもならない」と諭すセリフが由来となっている。『お茶と同情』でも『悲しみよこんにちは』でも、主人公の若者たちは、このデボラ・カーという女優によって演じられる気丈な〝年上の女〟が、意外なほどの脆弱さで破滅していく成り行きを、どうすることもできずに眺めるばかりである。そしてこの破滅の目撃こそ、彼ら若者たちにとっても青春の終わりであったわけだ。

『ジェニーの肖像』の雪に覆われた真冬のセントラル・パークの澄みきった光景も、ジョゼフ・コットンの手元に残されたジェニファー・ジョーンズのショールも、消滅せる青春の〝残酷〟な証拠物品である。『モンパルナスの灯』において、アヌーク・エーメが南仏の陽光に照らされたニースの坂道を、大きな荷物を提げて駆け上がってくるのをジェラール・フィリップが待ち構える、この幸福さの極致のようなショットも、青春映画の光り輝く〝残酷〟な〝物語〟の一コマである。だが、『モンパルナスの灯』のジェラール・フィリップにはもはや、『ジェニーの肖像』のリリアン・ギッシュのような愁いを帯びた心優しき後見人が寄り添うことはなく、「画家が夭折すれば、絵の値打ちが高騰する」と豪語する狡猾な画商（リノ・ヴァンチュラ）が、健康悪化の一途を辿る主人公の周辺を、死神のごとく徘徊するのみだ。

１９９１年晩秋の東京国際映画祭で、私は、青春映画の頂点として屹立したルキノ・ヴィスコンティの

『若者のすべて』（60）を凌ぐ作品とついに出会うことができた。いまだ青春の真っ直中にいた私にとって『牯嶺街少年殺人事件』は、第2の金字塔となった。『若者のすべて』と『牯嶺街少年殺人事件』では、ヒロインが最後に刃物の犠牲者となってしまう点で共通しているのは、単なる偶然だろうか。まもなく生誕百年を迎えようとしている映画が、終焉の予感を濃厚に漂わせつつも、依然として青春時代にあることを、『牯嶺街少年殺人事件』のエドワード・ヤンは示してくれた。

と同時に、『嵐の孤独』以来、脆弱な破滅への如何ともしがたい誘惑に駆られ続けてきた青春映画がその歴史でたった一度だけ、西部劇やミュージカル・コメディと同様の毅然とした態度を保ち得たのが、ジョージ・キューカーによる『若草物語』の長編映画化であったのであり、この伝説的な力作におけるジョー（キャサリン・ヘップバーン）やエイミー（ジョーン・ベネット）のような強靭さを、ジョン・ウォーターズの『I love ペッカー』や、テリー・ツワイゴフの『ゴーストワールド』（01）の中にわずかながらも認めたとき、私が思い出したのは、大島渚の言葉なのである。〝青春・残酷・物語〟の作家は、テレビドキュメンタリー作品「日本映画の百年」のラストシーンを、盟友・武満徹の甘美なメロディにのせて『豪傑児雷也』（21）の尾上松之助の映像を引用しつつ、みずからのナレーションによる高らかな持論で結んでみせた。大島はその時、こう言っていた。「映画の百年間は、映画の青春そのものであった。そして、次の百年間も青春そのものであり続けるだろう」と。

映画評論家
1959年生

上島春彦

ダーティ・ダンシング……1987／米
脚本＝エレノア・バーグスタイン
監督＝エミール・アルドリーノ

ベイビー・イッツ・ユー……1983／米
脚本・監督＝ジョン・セイルズ

ハロルドとモード 少年は虹を渡る……1971／米
脚本＝コリン・ヒギンズ
監督＝ハル・アシュビー

早春……1971／英、西独
脚本＝イエジー・スコリモフスキ、J・グルーザ、B・スリク
監督＝イエジー・スコリモフスキ

ナック……1965／英
脚本＝チャールズ・ウッド
監督＝リチャード・レスター

ジョージー・ガール……1966／英
脚本＝マーガレット・フォスター、ピーター・ニコルズ
監督＝シルヴィオ・ナリッツァーノ

お前と俺……1970／米
脚本＝チャールズ・イーストマン
監督＝シドニー・J・フューリー

ヤング・ゼネレーション……1979／米
脚本＝スティーブ・テシック
監督＝ピーター・イェーツ

タップス……1981／米
脚本＝スティーヴ・テシック
監督＝ハロルド・ベッカー

マチネー 土曜の午後はキッスで始まる……1993／米
脚本＝チャールズ・S・ハース
監督＝ジョー・ダンテ

青春映画というと次々と浮かんでくるのは概ね日本映画である。何故かはわからないが、世代的な問題なのか。そういう次第で最初に挙げるのは『ダーティ・ダンシング』、って全然日本映画と関係ないが、見た人はわかってくれるであろう。かっこいいが金はない若者とシャイなブルジョア娘のダンスをきっか

けにした交友がテーマで、黒沢年男と内藤洋子（あるいは酒井和歌子）主演の60年代東宝映画をハリウッドでリメイクしたみたいな作品なのであった。主人公のカップルは先ごろ急死したパトリック・スウェイジ（ご冥福をお祈りします）と新人ジェニファー・グレイ。『キャバレー』で有名なジョエル・グレイの子供である。アメリカの学生さん達は夏休みに長期キャンプに出かけることが多い。その場合、同じ民族でまとまるわけだが、この映画の娘さんはユダヤ系のお金持ち。男の方はキャンプ地のダンス・インストラクターで、こちらは非ユダヤ系。当然貧乏人。主題歌が「ビー・マイ・ベイビー」（ヴァネッサじゃなくロネッツの方）というのも効果的で忘れ難い1本になった。やっぱり青春映画には歌も大切な要素だ。

『ベイビー・イッツ・ユー』はまさに同名のポップスからインスパイアされたかのような作品で、主演はロザンナ・アークエットとヴィンセント・スパーノ、60年代、ユダヤ系の御令嬢（これもか）と貧乏なイタリア人の高校生カップルの物語だ。学校を卒業すると女は名門大学に進みベトナム反戦運動やらマリファナやらに染まっていき、男はウェイターをしながら芸人修行、それぞれ別の道を歩む。ジョン・セイルズ（『セコーカス・セブン』〈80〉もくたびれた青春映画の傑作だった）の演出は割と真面目一徹という感じだが、映画の中でかかるポップスが「ラヴァーズ・コンチェルト」とか楽しいものばかり。これで得点を上げている。ラストはフランク・シナトラの「夜のストレンジャー」に乗せてカップルが別れのダンスを踊る、という趣向である。ダンス会場の人々が皆、シナトラかよ（彼は反戦支持者には嫌われていた）という感じでシラける中、二人だけが大真面目にステップを踏むという幕切れが鮮やか。

幕切れの鮮やかさで言えば、キャット・スティーヴンスの歌を最後に持ってくる『ハロルドとモード　少年は虹を渡る』も素晴らしい。自殺未遂マニアの少年ハロルドが、アウシュビッツの生き残りの老婆モードと恋に落ち、生きる希望を与えられるという作品。少年が生きる決意をするのと入れ替わりにモードはかねてからの予定通り自殺する。ハロルドが後追い自殺するかに見せて、ひょこっと姿を表すラストに感動間違いなし。監督はハル・アシュビー。脚本が『大陸横断超特急』（76）『ファール・プレイ』（78）のコリン・ヒギンズだったのをすっかり忘れていた。ハロルドを演じたのはバッド・コートで、『いちご白書』(70)とか『BIRD★SHT』(70)とか、ある時期の青春という感じのヒトだった。もっとも、この「ある時期」というのを私がリアルタイムで知っているわけではない。この辺はだいたい東京12チャンネルで短縮版を見たのだった。

12チャンネルと言えば、『早春』もここで見たような。小津ではなくてイエジー・スコリモフスキの方ね。今回も例によってヨーロッパ物はあえて外したのでスコリモフスキも『バリエラ』(66)とか『出発』(67)とかの極めつけは無視、その分をこれで補いたい。実はイギリス映画らしいが、英語圏ということで入れさせていただく。初期ベルイマンやフランスのヌーヴェルヴァーグ、チェコ、ポーランド映画も全部無視、そのため古典的名作路線が一切入ってこないが、その方が今回の選には相応しい気がする。

英国からはもう1本、リチャード・レスター監督の『ナック』を。その他大勢の中にジャクリーン・ビセット、ジェーン・バーキン等がいて、主演のリタ・トゥシンハムよりもそっちが目当てという不届き者が最近増えたが、それは心得違いである。可愛くないコを追いかけるから映画なのであり、真鍮性のベッドで街中を駆け回るシチュエーションは学生映画作家達の創作意欲を大いにくすぐったものだ。カップルが最後に誕生して、それを祝福するように花火が打ち上がるラストも素晴らしいし、タイトルバックの画面処理の決まり具合は完全に時代を超越している。ジョン・バリーのテーマ音楽も最高。

そう言えばシーカーズの主題歌ばかりが残った感じもあるが、『ジョージー・ガール』は映画自体も傑作だ。『ナック』同様、有名になる前のシャーロット・ランプリングも出てくるがチョイ役ではない。主演はリン・レッドグレーヴで、彼女がシャーロットの赤ちゃんを押しつけられて孤軍奮闘する。モノクロ画面の冴えも魅力で、しかも脈絡なく別なショットが挿入されたりするあたり、60年代映画のいわば「トッポさ」が満載されている。

アメリカに戻ると主演のロバート・レッドフォードが「出演したことを忘れたい」と言った、というので逆に有名になった『お前と俺』を。地方のオートバイ・レースの花形スター・ハルジー（レッドフォード）といつも彼にバカにされている弟分ライダー、ファウス（マイケル・J・ポラード）の冴えない青春を描くのは、シャープな映像派だったシドニー・J・フューリーだ。この時代のアメリカ映画にはやたら白っちゃけた画面が多かった、これもそんな1本。ハルジーと喧嘩別れしたファウスはやがて一本立ちして、ハルジーをあせらせる存在となる。ポラードとしては『脱走山脈』（これも若者が象を連れて山を越える戦争映画みたいな青春映画）と並ぶ代表作である。この辺も後から見たものだな。

リアルタイムで見ているのは『ヤング・ゼネレーション』で、主演のデニス・クリストファーは当時の青春スター。『カリフォルニア・ドリーミング』〈79〉なんて初体験物もあった（グリニス・オコナーのヌードが見どころの佳作）が『ウエディング』〈78〉ロバート・アルトマン監督）には同じ俳優の父親役（ポール・ドゥーリー）共々出演していた。やっぱりアルトマンのシャレか。共演陣も今思うとやたらゴージャス、高校卒業して大学に行くでもなく働くでもない若者達が結構幸せそうだったりする。主人公は自転車乗りで彼らとも一線を画している設定が絶妙。

キャスティングの豪華さで言えば、『タップス』にとどめを刺すか。主演のティモシー・ハットン、ジョージ・C・スコットに加え、無名時代のショーン・ペンにダイエット前のトム・クルーズまで出てくるのだから。後年の役柄からは意外だが、瞳に狂気を宿しているのはトム・クルーズで、ショーン・ペンは線が細い二枚目風なのが面白い。私立の軍人養成学校の子供たちが学校の閉鎖に抗議して立てこもるという物語。撮影が名手オーウェン・ロイズマンというのも万全。脚本は軍人青春映画のエキスパート、ダリル・ポニクサン（『シンデレラ・リバティー』〈73〉『さらば冬のかもめ』〈73〉）である。

最後の1本はこれまでのところジョー・ダンテ監督の最高傑作と言って良い『マチネー』を挙げたい。アメリカが核の恐怖に怯えていたキューバ危機の数日間をサイドストーリーにして、町に現れたギミック映画の巨匠の新作上映会がパニックに陥るてん末を描く。もちろん青春映画だから、転校してきたばかりで心細い少年が可愛い女の子と恋に落ちるエピソードもあり。その恋のキューピッドがジョン・グッドマン扮するB級映画の巨匠、という趣向も冴える。映画中映画『蟻人間（マント）』の出来も良いのだが、実はもっと凄いクライマックスが待っている。全く忘れていたが『ベイビー・イッツ・ユー』のジョン・セイルズも俳優として出ていたのだね。15年前に1回見ただけだから、また見直したい。実は、今回挙げた映画は全部1回しか見ていないものだが、意外と見直せない作品が多い。ちょっと残念だ。

映画監督
1952年生

榎戸耕史

青い青い海……1935／ウクライナ
脚本＝クリメンティ・ミンツ
監督＝ボリス・バルネット

蜜の味……1961／英
脚本＝シーラ・ディレイニー、
トニー・リチャードソン
監督＝トニー・リチャードソン

ナック……1965／英
脚本＝チャールズ・ウッド
監督＝リチャード・レスター

夕陽の群盗……1972／米
脚本＝ロバート・ベントン、
デヴィッド・ニューマン
監督＝ロバート・ベントン

ルシアンの青春……1973／仏、伊、西独
脚本＝ルイ・マル、パトリック・モディアノ
監督＝ルイ・マル

ビッグ・ウェンズデー……1978／米
脚本＝ジョン・ミリアス、
デニス・アーバーグ
監督＝ジョン・ミリアス

ランブルフィッシュ……1983／米
脚本＝S・E・ヒントン、
フランシス・フォード・コッポラ
監督＝フランシス・フォード・コッポラ

ストレンジャー・ザン・パラダイス……1984／米、西独
脚本・監督＝ジム・ジャームッシュ

恋しくて……1987／米
脚本＝ジョン・ヒューズ
監督＝ハワード・ドイッチ

旅立ちの時……1988／米
脚本＝ナオミ・フォナー
監督＝シドニー・ルメット

［次点］
童年往事 時の流れ……1985／台湾
脚本＝ホウ・シャオシェン、
チュー・ティエンウェン
監督＝ホウ・シャオシェン

「青春映画」というと、青春時代への気恥ずかしさもあって、しかもたぶんに恋愛ごとが絡んで「恋愛映画」と区別がつかなくなり選

ぶのに戸惑った。僕にとって「青春映画」は、イギリスの〝怒れる若者たち〟から始まった。いわゆる〝アンガー・ジェネレーション〟は、ビートルズに継承され、『勝手にしやがれ』(60)などの〝ヌーヴェル・ヴァーグ〟に呼応、のちに『イージー・ライダー』(69)など〝ニュー・シネマ〟に引き継がれ、60年代から70年代の学生運動などに発展していった。反抗とリリシズムに彩られた時代の映画を、老成した眼でふり返るのもいまさら感が拭えないが……ただ〝ヌーヴェル・ヴァーグ〟という映画運動は、トリュフォーの『大人は判ってくれない』(59)以降のドワネル〔一連のトリュフォー映画の主人公名〕もの、シャブロルの『美しきセルジュ』(57)『いとこ同志』(59)然り、ゴダールも『勝手にしやがれ』から『はなればなれに』(64)『気狂いピエロ』(65)まで総じて青春映画だと考えている。〝ヌーヴェル・ヴァーグ〟はこのジャンルで語るより別の論旨で語ったほうが、より明確に映画史的な意向に添うのではと独断的な考えから外し、〝ニュー・シネマ〟も同様だが、該当する映画が少なかったのでそのままにした。

さて10本だが、まずバルネットの『青い青い海』。カスピ海で嵐にあった難破船の乗組員二人が辿り着いた海辺の村を舞台に、恋と友情が描かれる青春映画の古典的秀作だ。洗練さからは遠く離れた『ジュールとジム』(再公開時のタイトル『突然炎のごとく』)』(62)もしくは『冒険者たち』(67)あるいは『生活の設計』(33)だ。しかしロシア映画には他にない風土的な力強さが画面のここかしこに溢れ、海の表情を背景に70年以上も前に作られた話をつい昨日の出来事のようにみずみずしく語るバルネットの驚くべき映画話術の才にただ驚くだけだ。

〝怒れる若者たち〟は、リチャードソンとレスター、せいぜいシリトー原作・脚本、リチャードソン製作『土曜の夜と日曜の朝』(60)のカレル・ライスぐらいか。その後、ケン・ローチに引き継がれ秀作『ケス』(69)が生まれるが、『蜜の味』と『ナック』の陰と陽の魅力に惹かれた。リチャードソンには『長距離ランナーの孤独』(62)もあるが、どうも〝青さ〟に照れてしまい『蜜の味』の挫折感に共鳴した。シーラ・デラニーの戯曲「蜜の味」は、ロンドン貧民街の自堕落な母親に見捨てられた女子高生リタ・トゥシンハムの言いようのない顔、あのイギリス顔が僕の青春映画のミューズだった。二度と戻ってこない黒人水夫に身を任せ、子を孕んでも優しくしてくれるホモの若者と同棲しいっとき癒されるが、ささやかな幸せも母親に剝奪される救いのない物語だった。

レスターの『ナック』は、２本のビートルズ映画の間に監督し見事カンヌ映画祭グランプリを獲得、60年代スウィンギング・ロンドンとセックス革命を描いた愉快で遊び心満載の映画で、レスターならではのギャグと不条理コメディとがうまく組み合わさった妙な雰囲気に溢れ、たわいないラブ・ロマンスにユーモアのセンスが光る傑作である。おかしな田舎娘のトゥシンハムの達者で愛らしくコミカルな演技に心奪われた。『ナック』の衝撃は、時代を経てイングランドの暗い空の下、アイデンティティーや服装、仲間さえロックを基準に選択するモッズやロッカーズの、揺れ動く行き場のない青春を淡々と描いたフランク・ロッダムの『さらば青春の光』(79)に受け継がれて、ポップ・カルチャーを鮮烈に捉えていた。その後『トレインスポッティング』(96)を経てアメリカに飛び火し、新感覚コミック作家ダニエル・クロウズ原作、テリー・ツワイゴフの『ゴーストワールド』(01)もこの系列の映画だろう。ガレージ、ブルース、モンド、'80S、パンクなどジャンルも時代もバラバラな音楽は「ジェネレーションX」以降脈々と流れるルーズでせつな系サウンドで、低体温系とでも呼べる青春映画として記憶に新しい。

ベントンの『夕陽の群盗』は、当時ニューシネマ・ウエスタンと言われたが紛れもない青春映画だ。ホークスやフォードに師事したベントンのデビュー作で、脚本家としても共同執筆者でもあるデヴィッド・ニューマンと『俺たちに明日はない』を執筆している。南北戦争で荒廃した土地を捨て徴兵を脱して旅する青年の姿を描き、時代に翻弄され犯罪を重ねていく点で二つは似ているが、若者が不良たちの間で揉まれ逞しくなってゆく陽気さも中盤から一変、強盗に成り果ててゆく哀しい結末が苦い印象を残した。

ルイ・マル『ルシアンの青春』も、ナチスに占領されたフランスを舞台に、はからずも対独協力者となって祖国を裏切りレジスタンスの逮捕と財産没収、ユダヤ狩りまでする若者が良心にめざめていく姿を、牧歌的な田園を背景に切ないまでに悲しいユダヤ娘との短い恋とともに、17歳のルシアンの悲劇の青春をみずみずしく捉えた。ともすれば技巧が先行する才気煥発のマルが、若者が生きる道を見誤ったとはいえ、まざまざと戦争の悲惨さを正統派物語として描き切った。ジャンゴ・ラインハルトのギターの調べも素晴らしく、マルのなかでも珠玉の一篇だ。

異色だがミリアスの『ビッグ・ウェンズデー』も忘れられない。ベトナム戦争を挟んだ病めるアメリカを舞台に、3人の若者の青春と友情を、水曜にやって来るといわれる伝説の大波に挑むサーファーたちを描いた半自叙伝的作品で、ベトナム戦地への招集、散り行く仲間たち。時を経て青春の輝ける時を手にする最後の挑戦のために再会し、伝説の波に挑むクライマックスは、去りゆく青春の日々への決別の時。いつまでも若さにとどまることが出来ない青春のリリシズムが心に滲みた。

80年代アメリカ映画には、テイラー・ハックフォードの出世作でリチャード・ギアの代表作『愛と青春の旅だち』(82)、スティーヴン・キング原作で少年たちのひと夏の冒険を描いたロブ・ライナー『スタンド・バイ・ミー』(86)など定番映画が多く出現した。なかでもコッポラの『ランブルフィッシュ』は、『アウトサイダー』(83)に続き80年代初頭の若手スターを動員して撮りあげた作品で、『エデンの東』に代表される50年代ハリウッド青春映画を〝イコン〟とし、彼なりの青春映画を標榜したコッポラの野心作だ。前作よりさらに希望も未来も出口さえ見えない若者たちを顕在化し、脆くて危なっかしくやり場ない孤独感が強烈だった。全編をモノクロ映像で捉え、成長の象徴でもあるランブルフィッシュに赤や青に着色する実験的手法が、彼らのセンチメンタルな心境とコッポラのノスタルジーを映像に定着させて、優れた効果を生み出し鮮烈だった。

ジャームッシュの『ストレンジャー・ザン・パラダイス』は、モノクロ映像が衝撃的な長編第1作で、N.Y.に住むハンガリー出身の若者と従姉妹と男友達のちょっとしたふれあいの日々が淡々と描かれ、目的のない日常、ただ時間だけが過ぎていく無意味な生活、取りつくろう会話もただ空虚。何かを期待して訪れる先々でも、虚しい時間が取り巻くだけ。まさしくロードムービーの傑作で、派手なアクションやラブシーンもないが、映像の美しさに久々監督の才能に脱帽した。

8月に59歳という若さで急死したジョン・ヒューズを偲び、製作・脚本作品から『恋しくて』を選んだ。ヒューズは80年代アメリカ青春映画を語る上で欠かせない存在で、『すてきな片想い』(84)『ブレックファスト・クラブ』(85)『プリティ・イン・ピンク』(86)など脚本・監督・プロデューサーとして僅か4年の間に次々と秀作を発表。コピーライター、雑誌記者を経て脚本家としてハリウッドに進出した広告屋ヒューズの創造する世界は、ブラット・パックと呼ばれた80年代若手スターを配したハイティーン学園もので、現実を踏まえながらもそれを乗り越える勇気を持つことを説き、大人になりたいけど子どものままでいたい若者の、両方の気持ちを微妙に描いて圧倒的な支持を得た。なかでも恋する思いを伝えられない女子高生を描いた『恋しくて』は、ヒューズ映画の到達点で、メアリー・スチュアート・マスターソンの清々しいショートカットの溌剌たる姿がいまも鮮明に蘇る。ヒューズをしてアメリカの「あだち充」だと誰かが呼んだのも頷ける。

とどめはルメットの『旅立ちの時』。60年代に反戦運動家として指名手配された両親と共に逃亡生活を続ける少年の葛藤と成長を描いたこれぞ青春映画。名前を変え点々と引っ越しを繰り返してきた主人公にとって、自分の将来への岐路に立たされることそれは家族との決別の時だ。今は亡き青春スター、リバー・フェニックスの個性と『セルピコ』(73)『狼たちの午後』(75)など社会派ルメットの特質が巧みに融合され、政治思想的なものを背景に青春の柔らかく初々しい輝きが切なく奏でられた傑作だ。

次点は侯孝賢の『童年往事』(85)。台湾激動の50年代から60年代を背景に、阿孝の成長を、悪戯や入試、初恋と別れなどを家族との日常のなかに描き、静謐な郷愁に溢れていて悲しみを湛えた侯孝賢《ホウ・シャオシェン》の最高作だろう。

他には、67年『出発』でベルリン映画祭金熊賞を受賞、ポランスキーと並び新世代の旗手と謳われたポーランドの俊英、イエジー・スコリモフスキの『早春』(71)も忘れ難く、ラストのプールの血の赤が強烈な印象を刻んだ。また、ノーマン・マクリーンの自伝小説で、淀川長治が「絵のごとく美しく、詩のごとく悲しい」と評したロバート・レッドフォードの『リバー・ランズ・スルー・イット』(92)は、どちらかというと家族映画と言ったほうがいいのだろうが、20世紀開拓時代のモンタナを舞台に、年老いた主人公の眼を通して兄弟の確執と絆を静謐さのなかに綴ったノスタルジー溢れる秀作として心に残っている。

脚本家
1977年生

向井康介

スタンド・バイ・ミー……1986／米
脚本＝ブルース・A・エヴァンス、レイノルド・ギデオン
監督＝ロブ・ライナー

ラスト・ショー……1971／米
脚本＝ラリー・マクマートリー、ピーター・ボグダノヴィッチ
監督＝ピーター・ボグダノヴィッチ

プラットホーム……2000／香港、日本、仏
脚本・監督＝ジャ・ジャンクー

恋恋風塵……1987／台湾
脚本＝ウー・ニエンジェン、チュー・ティエンウェン
監督＝ホウ・シャオシェン

牯嶺街《クーリンチェ》少年殺人事件……1991／台湾
脚本＝エドワード・ヤン、ヤン・ホンヤー、ヤン・シュンチン、ライ・ミンタン
監督＝エドワード・ヤン

JUICE……1992／米
脚本＝アーネスト・R・ディッカーソン、ジェラルド・ブラウン
監督＝アーネスト・R・ディッカーソン

憎しみ……1995／仏
脚本・監督＝マチュー・カソヴィッツ

ブギーナイツ……1997／米
脚本・監督＝ポール・トーマス・アンダーソン

ルーカスの初恋メモリー……1986／米
脚本・監督＝デヴィッド・セルツァー

なまいきシャルロット……1985／仏
脚本＝クロード・ミレール、リュック・ベロー、ベルナール・ストラ、アニー・ミレール
監督＝クロード・ミレール

基本的に20代前半くらいまでに観た映画を選んでみました。ま、「青春」ということで。2009年9月21日の僕、思いつくままに。『スタンド・バイ・ミー』と『ラスト・ショー』は、これはもうね、直球ですみませんというか、お前一体何回観てるんだ、というね。『スタンド～』は、観た次の日に実家の裏でテント張って友達とキャンプしました。小6か中1のときだったと思います。深夜、酔っぱらった親父が乱入して結局台無しになりま

したが、それぐらい即効性ありました。リバー・フェニックスとコリー・フェルドマンに憧れましてね。そういや昨日笹塚の中古ビデオ屋で久々にコリー見かけましたよ。『アメリカン・チェリー・パイ』(08)。安かったから買いましたけどね。コリー、どんな芝居してんのかな。そのうち観よう。リバーも『マイ・プライベート・アイダホ』(91)なんかありましたね。ガス・ヴァン・サントの映画にも僕の好きな青春映画がたくさんあります。リバー、生きてたら今頃どうなってたんだろう。監督とかしてそうな気もする。

『ラスト・ショー』は、僕の中では教科書というか、金字塔というか、俗っぽく言うと鉄板というか。言わずもがな、ですよね。この作品を挙げている人は他にもたくさんいるんじゃないですかね。

『プラットホーム』は、『一瞬の夢』と迷ったんですが、僅差で僕はこっちの方が好きでね。青春にとって一番の敵は、やっぱり時間なんだなぁ、という。チャオ・タオについては、この作品の彼女が一番好きです。ラストシーンの、ヤカンの笛の音が耳にこびりついて離れない。

『恋恋風塵』と『牯嶺街《クーリンチェ》少年殺人事件』。一時期集中して台湾映画ばかり観ていた時期があったんです。僕が徳島県のド田舎出身だということもあるんでしょうが、風景や人の顔までもがちょっと古くて懐かしいんですよね、台湾映画って。緑の色が同じというか。『恋恋〜』のシン・シューフェンには本気で惚れました。『牯嶺街』はぶっちゃけかなり影響受けてます。が、劇場で観たことがない……死ぬまでに一度でいいからスクリーンで観たい。3時間版も4時間版も、エドワード・ヤンの死は、返す返すも残念です。

『JUICE』。金子光晴じゃないけど、僕はこの映画を観て「B〔ブレイクダンス〕ボーイのきらひなBボーイ」になった。つまり「むかうむきになってるBボーイ」。ラストシーンの流れが『チャイナタウン』に似ていて、ライターと監督、意識してたんでしょうか。ブラックムービーって括りがあるのかどうか分からないけれど、他にも似たような青春もので『メナースⅡソサエティー』(93)とか『ハイヤー・ラーニング』(95)とかありましたね。どれも好きだった。『JUICE』は、まぁ、それを代表して。サントラも豪華。必聴です。オープニング、Eric B. & Rakimの"Juice(Know The Ledge)"がかかると勝手に首が動いてしまう。

『ボーイズン・ザ・フッド』（91）『ハイヤー・ラーニング』を監督したジョン・シングルトンの名前を最近見ないなぁと思っていたら、傑作『ハッスル&フロウ』の製作に名を連ねていて、とっても嬉しかったです。『憎しみ』。マチュー・カソヴィッツの2作目。フランスから次世代のスコセッシが現れた！という感じでした、僕は、テーマは違えど、『ミーン・ストリート』（73）を思い出しましたね。大学に入って間もない頃に観て、友達と慌てて似たような映画を作ろうとしてました。アパートの窓からでっかいスピーカーを団地の中庭かどっかに向けて、サイプレス・ヒルのTシャツ着たやつが"Sound Of Da Police"のミックスっぽいのを大音量でかけるシーンがたまらんです。

『ブギーナイツ』。自分の巨根は実は才能の塊だったんだということに気づいた男が、股間一つでのし上がり、また堕ちてゆく。主人公の青春はポルノ業界の青春でもあった、という。ヘザー・グラハム（女優）、あぁヘザー・グラハム。『ドラッグストア・カウボーイ』（89）とこれで完全にハマりました。

『ルーカスの初恋メモリー』。中1か中2の時に観て、「オレのことが映画になってる！」と叫びました。思春期ですから。僕もいじめられっ子で運動オンチ、自分より背の高い女の子に片想いしてたんで、主人公の健気さが痛々しくてねぇ。コリー・ハイムも人気だったなぁ。フェルドマンとのWコリーで『運転免許証』（88）なんて映画もありましたね。あれも一応青春映画かもしれない。あんまり面白くなかったけど。あとこれは言っとかなくちゃいけない。『ルーカス～』のウィノナ・ライダーの可愛さはガチ。ウィノナと言えば『悲しみよさようなら』（90）とか『恋する人魚たち』（90）も好きだったなぁ。この作品の女子版として、『ウェルカム・ドールハウス』（95）も推したい。傑作でしたねぇ。

『なまいきシャルロット』。この映画は、観た、というより、シャルロット・ゲンズブールに出会ってしまった、という言い方のが合ってるような気がしますね。中3でした。事件でした。世の中にこんな少女がいるんだという。奇跡でした。それが青春。美しい映画。ヨーロッパの乾いた日射し、舞う砂埃。頬にかいた汗。にへばりつく長い髪。海。緑。バカンス。赤いドレス。プール。ピアノ。小学校。そして夏。どれもがシャルロットのために存在しているような、そんな映画。ちなみにテレビ版の吹替えは小川範子さんでしたね。あれはあれでよかった。拙作『神童』(07)を書くとき、「成海璃子さんでなまいきシャルロットをやる」というのが監督にもプロデューサーにも誰にも言ってない僕の裏テーマでした。他にも『小さな泥棒』(88)とか『シャルロット・フォー・エヴァー』(86)とかありましたねこの頃。ラース・フォン・トリアーとの新作〔『アンチ・クライスト』〕が早く観たい。どうも凄いことになってるらしい。

そんな感じですか。いやぁ、10本選ぶって難しいな。『キャリー』(76)は自分の中では青春映画ですけど表向きホラーだし、『バック・トゥ・ザ・フューチャー』(85)もSFだし……。しかし読み返すと女優の話ばっかりしてますね。だから言うわけじゃないけど、青春映画の善し悪しは女優で決まると言っても過言じゃないんじゃないですかね。あ、僕が男だからか。『キャリー』のシシー・スペイセクも大好きで、ホントは『地獄の逃避行』(73)も入れたかった。あれもシシーあっての映画だったと思うし、他に『ブレックファスト・クラブ』(85)のモリー・リングウォルド、『恋しくて』(87)のメアリー・スチュアート・マスターソン、『シングルス』(92)のブリジット・フォンダ、『花嫁のパパ』(91)のキンバリー・ウィリアムズ、『グーニーズ』(85)『旅立ちの時』(88)のマーサ・プリンプトン、『クラス・オブ・1999』(90)のトレイシー・リン、『ラビリンス 魔王の迷宮』(86)のジェニファー・コネリー、『ルームメイト』(92)のジェニファー・ジェーソン・リー、『セント・オブ・ウーマン 夢の香り』(92)『ボディ・スナッチャーズ』(93)のガブリエル・アンウォーとかも高校時代好きだったなぁ。言い出したらきりがないですね。なんだか自分の青春の話になってるし。あ、映画としては、この間ようやく観た『天国の口、終りの楽園。』(01)もしびれました。あのラストカットが……なんて、ホント終わらなくなるのでこの辺で。

俳優
1969年生

川瀬陽太

キャリー……1976／米
脚本＝ローレンス・D・コーエン
監督＝ブライアン・デ・パルマ

ポーキーズ……1981／米、カナダ
脚本・監督＝ボブ・クラーク

初体験 リッジモント・ハイ……1982／米
脚本＝キャメロン・クロウ
監督＝エイミー・ヘッカリング

ファンダンゴ……1985／米
脚本・監督＝ケヴィン・レイノルズ

プリティ・イン・ピンク 恋人たちの街角……1986／米
脚本＝ジョン・ヒューズ
監督＝ハワード・ドイッチ

レス・ザン・ゼロ……1987／米
脚本＝ハーリー・ペイトン
監督＝マレク・カニエフスカ

ブルースが聞こえる……1988／米
脚本＝ニール・サイモン
監督＝マイク・ニコルズ

セイ・エニシング……1989／米
脚本・監督＝キャメロン・クロウ

蜃気楼ハイウェイ……1991／米
脚本・監督＝アビ・ウール

ブギーナイツ……1997／米
脚本・監督＝ポール・トーマス・アンダーソン

青春映画って響きが凄い。一般的な「どれがそうでどれがそうでない」か位は分かる。しかし善し悪しでは無いにしても選べ、と言われると他ジャンルより格段にイヤさメーターのゲージは跳ね上がる。俺のそれを問われているんじゃ無いのか？というか、そういう風にしか、今回は書けません。

自意識超過剰だった自分にはもってこいの青春ファンタジー『キャリー』。これを観てザックリと「怖ーい」だなんだ言っていた奴らがホント怖い。そういう奴らは観た直後、この映画を頭の中の「ホラー」や「サスペンス」の棚へ乱雑に押し込み、パッと忘れて彼

氏彼女と飯やベッドに行っちまう。信じられん。「全てを焼き尽くしてしまえ！」と本気で念じることの出来るバカバカしさと切実さを持っていられる年齢でなければあの奇跡は起こせない。あの時、あの年齢のシシー・スペイセクがデ・パルマと出会っていたことに感謝。

コメディ路線の2本を。まずは『ポーキーズ』。監督はボブ・クラーク。そこまで注視されたことがない人ではあるが、ジャンルも質もバジェットも極端な振り幅のフィルモグラフィが職人というか非画的な、変わった監督。２００７年、自動車事故で死去。

舞台はアイゼンハワー時代のフロリダ周辺。女とヤリたい盛りの若者達とそれを食い物にしている南部の排他的な大人が集うバー「ポーキーズ」のオーナーの闘いを主軸にしているのだが、そこに差別的なクラスメートとユダヤ系青年の対立と和解等、気の利いた要素を盛り込み最後にはスカッとさせる上品な小気味の良さ。

『初体験　リッジモント・ハイ』はファレリー兄弟やケヴィン・スミスの撮る当世若者事情ものの源流。公開時は未見で、フィービー・ケイツ人気もあり彼女が脱いでいるとの評判で只のエロコメなんだろうと誤解していた。実際、殺人的にかわいい。

中絶、エイズ、ドラッグ問題が深刻化する以前という環境のユルさも相まってポンポンと話が進む。なぜかこの映画にはやたらとその後ビッグネームになった役者が大挙して出ている。ニコラス・コッポラ名でケイジ君もガヤ（にぎやかし、その他大勢）で出演。後述の青春野郎キャメロン・クロウが脚本。

ケビン・コスナーらが扮する大学生が社会へ、新生活へと踏み出す前のバカ騒ぎの旅に行って、旅先で別れる『ファンダンゴ』。友達数人と学生服のまま観るという、我ながら中2病まっただ中の感想先行型鑑賞経験だった。居心地悪く、気持ちいい時間だったのを憶えている。「ロードムービー」という言葉もこの前後に認識したような。これを観て呑気に「アメリカ広ぇ！」とか阿呆な感慨に耽ってた筈だ。実際その後20歳になって3ヶ月のアメリカ旅行をしている。すいません、ザンネンな人間なんです。

旅の始まりから終わりまでずうっと寝こけてたブライアン・チェザックになぜか憧れた。

69年生まれの自分にとって、今回の特集はジョン・ヒューズの作品だけで埋め尽くしても良い位だ。80年代米青春映画の代表格として扱われることが多いが今回改めて調べてみたら基本、監督では無く脚本家で、有名な『恋しくて』(87)や今回取り上げる『プリティ・イン・ピンク』等その半分以上が脚本やプロデュースのみだった。不勉強。後期はカルキン坊や［『ホーム・アローン』80］でひと山当てていたな。散歩中に死ぬなんて、まるで彼の作品内のワン・エピソードだ。

良く見るとゲイリー・ビジーに似ているモリー・リングウォルド主演。自分で服を裁断してリメイクしたり貧乏が原因でプロムに行くの行かないので悩んだり、「自分らしく」のキーワードでイけてない子達にむやみに勇気を与えた点で功罪は大きい。要するに上手くやった『キャリー』だ。この手の映画に憧れて結果、訳の分からない珍妙な格好をした。結局『キャリー』側。

おかげで金曜日に友達と変なスーツ着て六本木のディスコ、土曜日には安全靴履いて一人で新宿のライブハウスにハードコアを、なんつうバランスの悪い80年代東京近郊のお気楽時代。この頃に流行り始めたヘアムースを髪に塗ったくり劇場へ行った『レス・ザン・ゼロ』はおっかない映画だった。親の金で好き勝手やってるとナマハゲが来るぞ！な啓蒙映画(じゃないけど)。しかし大げさでは無く、ある種の共感を持ってこの映画を観ていた。ボンボンの男女が王侯貴族の様な暮らしの果てにドツボに嵌っていく姿はそのまま中流家庭で何不自由なく暮らしていた俺へと通じていた。その後の現実世界はそれ以上の地獄が待っていたが。

ティーン向けの映画だが美術や俳優陣も素晴らしかった。あの頃からクスリなんてとっくに経験済みだっただろうロバート・ダウニー・Jr.を観ているだけでも楽しい。映画っちゅうクスリがあって本当に良かった。

クスリといえば、青春映画では「よくある」っていう枕詞をつけられたものこそ自分にとって気持ちの良いクスリになることが多い。個人的には「よくある」ってことは「全く無い」というのと同義。だからこそ『セイ・エニシング』は楽しめた。友達思いで無鉄砲なジョン・キューザックと、ザ・フーの「四重人格」

聴いて「この曲好き」なんていう美人で聡明なねえちゃんが出会うなんて、キャメロン・クロウじゃなきゃあり得ない。というか、あるわきゃないだろ！

大人になることの葛藤や親子の諍い、成長なんてのを郊外、中流の若者ならではの台詞やガジェットでびっしりとコートしてあり、痒いところに手が届いている。大人パートの描写の薄い（ただ悪い、無理解、愛情深い、なんてのに何も描いていないのと同じ）青春映画なんてのに弦の緩んだ弓矢みたいなもんだ。それじゃ飛び出せん。それを越して初めて「よくある」青春映画と言えるのではないかと。

当たり前だが回想形式の青春映画は多い。その渦中にいる時には普通、映画なんか撮ってる場合じゃないからだ。だから大人になってから記憶を掘り起こし、時に捏造までしてかつての願望をそこにぶち込んでくる。そういった中、あくまで物語の体裁の為にそのスタイルをとったクラシカルな青春映画『ブルースが聞こえる』。第二次大戦末期の陸軍訓練所でイヤな上官や様々な仲間達に囲まれた主人公の成長物語。マイク・ニコルズは、ラストまで「気が利いてるでしょ？」とばかりにいかにも戯曲の映画化らしい台詞、人物を配し、小粋感で客をムズムズさせてくれた。褒めてますよ。こういうのばっかり観てればもっとスクスク育ってたのに。

『蜃気楼ハイウェイ』はその邦題もどうかと思うが原題の「ロードサイド・プロフェッツ」というのもかなりイタい。B級バンド、Xのボーカル、ジョン・ドーとビースティ・ボーイズのアドロック主演のロードムービー。工場で働くジョン・ドーが職場で知り合った男の死（飲み屋のゲーム機で感電）をきっかけに、遺灰を男の憧れだった「エルドラド」に撒くためハーレーで旅に出る。これだけ、途中で若い男（アドロック）が旅に加わるが、これもさしたる盛り上がりになる訳でもない。

米題通りティモシー・リアリーやらデヴィッド・キャラダインやらジョン・キューザックが所々出現しては雰囲気ものの台詞を吐いては消える。もったりした展開で教訓も無く、ラストに奇跡が起こる訳でも、死が待っている訳でも無い。走って、会って、別れる。安い夢の中のような映画。

もう忘れ去られたパンクバンドのフロントマンと、これから世に出て行こうとする若きラッパーという、今となっては製作者の悪意の様に感じるキャスティング。二人の目の前にあるのは茫漠たる地平線。イージーなライダーになれないまんま只、路上を行きつ戻りつするだけだ。そこがよい。駄目な映画に甘いなあ。特に地味な顔をしたジョン・ドー（流石、芸名通り）のしょぼい存在感が良かった。洋邦問わず、音楽の人は器用ではないが青春映画には役者以上に良くはまる。

元女優で『シド・アンド・ナンシー』（86）の共同脚本家、今現在は主に照明技師等をやっているらしいアビ・ウールが監督。パンクでヒップなお付き合いの果てに盛り上がって作っちゃったんだろう。この人も家でたまに思い出し、悶えてるんだろうか。見つけてしまったら夜中にこっそり観てください。

有名作は他の方々にお任せしようと思ったがこれはどうしても。実在のポルノ男優ジョン・ホームズをモチーフに業界に生きた男の性春（一度この素敵な当て字、書いてみたかった）を描いた『ブギーナイツ』。この映画を観るとなし崩しで助監督から役者になり、評価してくれる数少ない方々からピンク映画の仕事が舞い込む様になった頃、カラミとなるとまだまだ緊張のとれない俺に相手役のＡＶでも有名な、かつて自家発電でもお世話になったこともある女の子が手ほどきしてくれたのを思い出す。

いい歳になってから役者なんぞを始めた俺を突き動かしていたのは演技への欲求なんて上等なものじゃない。「映画に出てるんだぞ」という子供じみた高揚感や、目の前の、ビデオで見たこともあるオッパイでクラクラしてただけだ。ノリで人生のバンジージャンプ（ヒモ無し）を飛んでしまった身には、ナニのでかさと実現する術を知らない夢だけで飛んでいく主役のマーク・ウォールバーグの言動一つ一つが、儚く、馬鹿で、一生懸命で、観ていられなくなる程滑稽で泣けてしまう。由美香ちゃん（林由美香、女優）、俺はまだ続けているよ。

ベースになった実在のポルノ男優、ジョン・ホームズが関係したといわれるワンダーランド殺人事件をメインにした『ワンダーランド』（03）という映画もそこそこ面白いです。

ライター
1967年生

わたなべりんたろう

すてきな片想い……1984／米
脚本・監督＝ジョン・ヒューズ

ブレックファスト・クラブ……1985／米
脚本・監督＝ジョン・ヒューズ

ときめきサイエンス……1985／米
脚本・監督＝ジョン・ヒューズ

プリティ・イン・ピンク　恋人たちの街角……1986／米
脚本＝ジョン・ヒューズ
監督＝ハワード・ドイッチ

フェリスはある朝突然に……1986／米
脚本・監督＝ジョン・ヒューズ

恋の時給は4ドル44セント……1990／米
脚本＝ジョン・ヒューズ
監督＝ブライアン・ゴードン

結婚の条件……1988／米
脚本・監督＝ジョン・ヒューズ

リーチ・ザ・ロック……1998／米
脚本＝ジョン・ヒューズ
監督＝ウィリアム・ライアン

やぶれかぶれ一発勝負!!……1985／米
脚本・監督＝サヴェージ・スティーヴ・ホランド

ヘザース……1989／米
脚本＝ダニエル・ウォーターズ
監督＝マイケル・レーマン

「何世紀にも渡って影響を与えた偉大なフィルムメイカーを世界は失った。だが、それだけでなく、ジョン・ヒューズは思慮深く素敵な人だった」（マコーレー・カルキン）

「彼は人間性とユーモアに溢れ、深みがあって複雑なキャラクターを作り上げていた。ぼくが主演した『大災難P.T.A.』の脚本を書くのにどれだけかかったのかをジョンに聞いたことがある。『週末に書いたよ』との答えだった。週末の2日だけで書いたんだ！」（スティーブ・マーティン）

これらは今年の8月6日に家族とウォーキング中に心臓発作を起こして59歳で急死したジョン・ヒューズへの追悼の言葉である。80

年代に映画を観始めた世代にとってジョン・ヒューズの影響は大きいが、追悼の意味も込めてジョン・ヒューズ作品（脚本のみを含む）をメインに選んだ。

ジョン・ヒューズは『ナショナル・ランプーン』誌などへの寄稿が認められ、79年に『ナショナル・ランプール』関連の映画『アニマル・ハウス』（78）のテレビ版の5話分の脚本で脚本家としてデビューする。映画では82年に『ナショナル・ランプーン／パニック同窓会』の脚本でデビュー。早過ぎる主夫映画の『ミスター・マム』（83）をはさんで、再度、ナショナル・ランプーン関連のハロルド・ライミス監督の『ホリデーロード4000キロ』（83）の脚本で注目される。今作でのブラックさは強烈で、今やカルト的な人気をもつ作品になっている。

84年の『すてきな片想い』で監督デビュー。アメリカの青春映画のアイコンとなるモリー・リングウォルド主演の爽やかな青春映画。ジョン・ヒューズ映画に特有の選曲センスの使い方の良さもここから始まっており、まだアメリカで売れる前だった多くのイギリスのアーティストの曲を使っている。『ブレックファスト・クラブ』は今でも語られることの多い（MTVで出演者のリユニオンもあった）鬱屈した10代の心理を巧みに描いている。最近見直したダグ・リーマン監督、ジョン・オーガスト脚本の傑作『go』（99）でも、『ブレックファスト・クラブ』の台詞が引用されていた。『ときめきサイエンス』では男の子の夢をかなえてみせる。さえない少年二人がコンピュータにインプットした理想のグラマーな女性がコンピュータから出てくる。ヒューズがアクション映画で知られるジョエル・シルヴァーと組んだ作品でもある。『プリティ・イン・ピンク　恋人たちの街角』はサイケデリック・ファーズの曲名をタイトルにしたヒューズの代表作。あまり劇的なことは起きずに、ディテールを重視した淡々とした展開がヒューズの特徴なのがよく分かる。『フェリスはある朝突然に』は、恋愛映画の特集で挙げたので今回は除外した『恋しくて』と並んで、個人的にヒューズの中でも特に好きな作品。学校をサボった高校生の1日がイキイキと描かれる。撮影は『プリティ・イン・ピンク』に続いてタク・フジモト。『恋の時給は4ドル44セント』（91）は今やアカデミー女優のジェニファー・コネリーの巨乳も堪能できる（?）青春映画。

『結婚の条件』は結婚をテーマにした作品だが、青春映画のその後のニュアンスも含むので入れた。『リーチ・ザ・ロック』は全体的に暗いトーンなのがヒューズ作品としては異色の青春映画。日本未公開で、音楽はトータスのジョン・マッケンタイア。ヒューズの家族映画の代表作である『ホーム・アローン』（90）や『ベートーベン』（92）の後の98年に、このような暗い作品を手掛けているのが興味深いが、この辺りからヒューズは作品が減っていくのも印象的。

『やぶれかぶれ一発勝負!!』は東映クラシックで85年の12月に公開されたが、劇場で見た人がほとんどいない作品だし、日本ではあまり知られていない。だが、青春コメディの逸品で根強い人気を海外では誇る。タランティーノやエドガー・ライトが敬愛し多く引用 or オマージュしている。疾走感も秀逸。ジョン・キューザックのかなり初期の主演作でもあり、サヴェージ・スティーヴ・ホランド監督とは次作の『ワン・クレイジー・サマー』（86）とも組むが、奇跡は2度起こらず……で監督はその後、テレビがメインになっていく。

『ヘザース』は『ブレックファスト・クラブ』よりもブラックな青春映画の傑作。この脚本で注目されたダニエル・ウォーターズは、ジョエル・シルヴァーに抜擢され、『フォード・フェアレーンの冒険』（90）と『ハドソン・ホーク』（91）を手掛けた後に『バットマン リターンズ』（92）の原案と脚本を書く。

元テレビプロデューサー・ディレクター
1947年生

河村雄太郎

ハスラー……1961／米
脚本＝ロバート・ロッセン、シドニー・キャロ
監督＝ロバート・ロッセン

雨のなかの女……1969／米
脚本・監督＝フランシス・フォード・コッポラ

若者のすべて……1960／伊、仏
脚本＝ルキノ・ヴィスコンティ、パスクァーレ・フェスタ・カンパニーレ、スーゾ・チェッキ・ダミーコ、マッシモ・フランチオーザ、エンリコ・メディオーリ
監督＝ルキノ・ヴィスコンティ

鞄を持った女……1961／伊
脚本＝ヴァレリオ・ズルリーニ、レオ・ベンヴェヌーティ、ピエロ・デ・ベルナルディ
監督＝ヴァレリオ・ズルリーニ

灰とダイヤモンド……1958／ポーランド
脚本＝アンジェイ・ワイダ、イェジ・アンジェイェフスキ
監督＝アンジェイ・ワイダ

水の中のナイフ……1962／ポーランド
脚本＝イエジー・スコリモフスキ、ロマン・ポランスキー
監督＝ロマン・ポランスキー

土曜の夜と日曜の朝……1960／英
脚本＝アラン・シリトー
監督＝カレル・ライス

早春……1971／英、西独
脚本＝イエジー・スコリモフスキ、J・グルーザ、B・スリク
監督＝イエジー・スコリモフスキ

いとこ同志……1959／仏
脚本・監督＝クロード・シャブロル

女と男のいる舗道……1962／仏
脚本・監督＝ジャン＝リュック・ゴダール

映画を観ることは異質なものと出逢うことだった。異質なものとの出逢いが人をオトナにすると信じていた。早くオトナになりたかったから、10代の後半から20代前半にかけて貪るように映画を観た。背伸びして異色作や

問題作に挑んだ。名画座に通い、自主上映に出かけた。解説や批評を読んで分かったつもりになった。その頃を思い出しつつ10本を選んだ。5カ国、各2本ずつになったのは偶然である。

戦争が終わって10数年、銀幕は風化の進む〈戦後〉と台頭著しい〈ポスト戦後〉を同時に映し出した。主流は両者が手を繋ぐ心温まる映画だった。しかし、私にはせめぎあうほうがリアルに感じられた。旧世代と新世代、保守と革新、富める者と貧しき者、地方と都会、組織と個人。男と女といった二項対立が成立した最後の時代である。異質なものの内実も見えて来た。権力と性である。

〈ポスト戦後〉は権力からの自由と性の解放を意味していた。この10本はそれをラディカルに描いている。たとえば、半数の作品で主人公は衝撃的な死を迎えたり、苛酷な抑圧を被る。そのことは彼や彼女を死に追いやったり、抑圧したりするものを逆説として告発する。「ラディカルとはものごとを根底で捉えること」に他ならず、私にとって青春映画とはかくあるべきだった。

アメリカ映画は違った。逆境にめげずに正義を貫き努力を重ねれば、いつか夢や希望は叶えられるという世界標準をハリウッドは作り上げた。それが50年代も後半になると、さすがに現実から目を逸らせなくなったのだろう、『理由なき反抗』(55)が登場する。N・レイはナイフでの決闘やチキン・ランの場面で演出の冴えを見せ、J・ディーンは豊かさに潜む青春の焦燥を演じて人気が沸騰した。だが、親子が唐突に和解するラストは予定調和そのものだった。『ハスラー』ではP・ニューマンの勝負師が自分の中にある思い上がりを克服して、ライバルを倒す。この語り口も青春映画の定番だ。とはいえ、この勝利は恋人の自殺と引き換えであり、後味は苦い。加えて、マネジャー役のJ・C・スコットの得体の知れなさが、未来は必ずしも明るくないという不穏な印象を残した。

『ハスラー』が公開された61年はE・オールビーの「アメリカン・ドリーム」が上演された年でもある。この戯曲の主題が「アメリカの夢は終わった」であるのは言うまでもないが、夢の終焉を決定づけたのは泥沼化するヴェトナム戦争だった。60年代後半、国内では反戦や公民権運動とカウンター・カルチャーの嵐が繋がり、ニューシネマ誕生の背中を押した。その多くが若者の鬱屈と彷徨を描いたが、『雨のなかの女』は登場人物全員が病んでいて、痛ましさがつのる。浮遊する彼らに寄り添う若きコッポラの眼差は優しい。にも拘わらず、「レイン・ピープルは雨でできていて、泣くと水になり、溶けて消える」のエピソードには喪失感が色濃く漂っていた。

ヨーロッパはイタリアから始めよう。『若者のすべて』は戦後10年を経て復興著しいミラノが舞台だ。南部から移住して来たA・ドロンたち5人兄弟が繁栄の恩恵に与る者と、都会の暗闇に堕ちてしまう者に分裂する。〈戦後〉を乗り越えるには生贄が必要である――そんな命題を掲げて、ヴィスコンティはともすれば通俗に陥る骨肉の争いを、あたかもギリシャ悲劇のように描く。ネオレアリズモの秀作『揺れる大地』(48)には、貧しくても希望を失わない〈戦後〉が存在した。その延長線上にあるこの作品は、〈ポスト戦後〉の希望を5男の少年に託して幕を閉じる。前者は力強かった。後者の余韻は重い。

『激しい季節』(59)で戦時下の情熱的な恋を描いたV・ズルリーニは、つづく『靴を持った女』で年上の女に寄せる少年の思慕を謳い上げた。イタリアの経済成長が始まった頃である。明るい陽光の下、C・カルディナーレが奔放で野性的な女を演じて初々しい。そんな彼女がラストで見せるシリアスな表情は、この映画がありきたりなボーイ・ミーツ・ガールでないことを教える。少年との間に立ちはだかる階級の相違に改めて気づき、愕然としたのだ。越えられない壁である。二人の出逢いは青春が犯した一瞬のニアミスであった。

ポーランドではヒトラーは去ったが、スターリンは残った。この一点さえ押さえておけば、対独レジスタンスを戦った青年が戦後は反ソ民族主義者となる『灰とダイヤモンド』を理解しやすい。この映画にはシンボライズされた映像が散見される。その一例が暗殺シーンだ。Z・チブルスキー扮する主人公のテロリストは現場からすぐに逃亡せず、射殺したスターリン官僚が崩れ落ちるのを自ら抱きしめる。この場面にはソ連の傀儡とはいえ、同国人を殺めてしまったことの哀切な想いが強く滲んでいる。主人公は〈ポスト戦後〉志向の革命家ではなく、〈戦後〉に拘る愛国者なのである。ワイダは二人の背後に花火を打ち上げた。あれは勲章だったのか？　それとも十字架だったのか？

『水の中のナイフ』の登場人物は富裕層のエリート夫婦と、根無し草の青年の3人だけである。海上のヨットが舞台で、『灰とダイヤモンド』のように青春が直接、政治性を帯びて立ち現れることはない。その代わり、この3人はポーランド社会のメタファーであることが読み取れる。夫は社会主義に忠実な守旧派、青年は自由化を希求する〈ポスト戦後〉派、妻は東西の狭間で揺れるポーランド大衆だ。青年は海に落ちて、行方不明になる。夫が捜索に向かう。ところが、青年は生きていてヨットに戻り、妻と寝たあと去って行く。夫は妻の告白を信じないが、青年の死を警察に届けることも躊躇う。夫婦は決断できず、立ち往生をつづける。これがポーランドの現在なのだ……。監督のポランスキーは間もなく祖国を追われ、西欧で亡命作家となった。独立自主管理労組「連帯」の蜂起には、このあとまだ長い年月が必要だった。

イギリスでは60年代に入って、若い作家たちが立てつづけに小説や戯曲を発表する。停滞がつづくこの老大国に抗議して、労働者の閉塞感を生々しく描いた彼らは「怒れる若者たち」と呼ばれた。『土曜の夜と日曜の朝』の原作者A・シリトーもそのひとりだ。映画は刹那的で反抗的な旋盤工の青春を等身大で描く。人妻との情事を清算し、若い娘との結婚を決意した彼は「結婚しても石は投げつづける」と宣言する。負け犬の遠吠えではない生活実感が籠っていた。プロパガンダ臭のないリアリズム映画の到達点と思う。

同じイギリス映画でもJ・スコリモフスキの『早春』は対極に位置する。今で言う未組織フリーターである主人公の少年は、年上のヒロインに好意を抱いて拒まれ、これも今で言うストーカーにエスカレートする。この過程で描かれる妄想の描写が秀逸で、血で赤く染まったプールの底に二人で沈んでいくラストに衝撃を受けた。性の歪みを扱いながら、不思議な透明感が持続する映画だった。他に知らない。

フランス映画で締めよう。『いとこ同志』が私のヌーヴェル・ヴァーグ初体験である。対照的な従兄弟二人が登場する。生真面目な田舎出の青年と、享楽的な都会派の青年である。受験でも恋愛でも幸運が付いて回り、勝利の女神が微笑むのは都会派のほうだ。そして、都会派が悪戯で撃った弾丸は田舎出の胸を貫く。

いわば〈戦後〉的なものが〈ポスト戦後〉に抹殺されたのだ。更に言えば、シャブロルは「溺れた犬は叩け」が勝ち組の論理であること、そして「勝ち組は一人」が原理原則であることを先取りしたのである。『女と男のいる舗道』は二重のパラドックスで成立している。ひとつは原題が「彼女の生を生きる」であることだ。娼婦であるヒロインのA・カリーナは、自分自身の生を生きることを許されない。その彼女が自分自身の生を生きようとして、あっけなく殺されてしまう。もうひとつはゴダールのA・カリーナへの想いである。ヒロインを突き放し、感傷や憐憫を排そうとする。だが、その意図に反して実際の映像には、切なさが生々しく映し出された。無声映画『裁かるゝジャンヌ』(28)を観て涙を流す。カフェで哲学者と生きる意味を語る。ジューク・ボックスの前でひとり踊る。全てがチャーミングだ。A・カリーナが最も輝いたこの映画は彼女を愛した映画監督の最高傑作と言えるだろう。

冒頭で、異質なものとの出逢いが人をオトナにすると書いた。しかし、圧倒的な情報量に晒される今の若い世代に、異質なものは存在するのだろうか? 同質のものにしか関心がないのではないか? オトナになるという発想はあるのだろうか? オトナなどというのは、とっくに崩壊した教養主義の残滓ではないのか? というより、そもそも若い世代はオトナになどなりたくないのではないか? 自分たちの未来の財布は現時点で食い荒らされ、未来には借金だけが残るのだ。その未来はしかも、老成した少数の若者と、肉体の若さを誇る多数の老人で成立するデジタル情報管理社会である。性差の壁も薄くなっているだろう。

そんな時代に青春映画は可能だろうか? かつて青春は浪漫と同義語であった。青春は美しくあるべきだという浪漫主義に酔いしれることができた。だが、最早美しくあるべき青春そのものが成立の根拠を欠く。青春は終焉したのである。私は〈戦後〉と〈ポスト戦後〉のせめぎあいという視点で青春映画を選んだ。青春という言葉を多用した。それもここまでという気がする。今後も様々な若者向け映画が量産されるだろう。けれども、青春映画は映画史のひとつのジャンルとして残るだけだと考える。

激評家
1944年生

浦崎浩實

トロイ……2004／米
脚本＝デヴィッド・ベニオフ
監督＝ウォルフガング・ペーターゼン
＊舞台は（以下同）BC1100年

アレキサンダー……2004／米
脚本＝オリヴァー・ストーン、
クリストファー・カイル、
レータ・カログリディス
監督＝オリヴァー・ストーン
＊主人公の生没B.C.356〜323年

夏の嵐……1954／伊
脚本＝ルキノ・ヴィスコンティ、
スーゾ・チェッキ・ダミーコ、
カルロ・アリアネッロ、
ジョルジョ・バッサーニ、
ジョルジオ・プロスペリ
監督＝ルキノ・ヴィスコンティ
＊19世紀中期

ひとりぼっちの青春……1969／米
脚本＝ジェームズ・ポー、
ロバート・E・トンプソン
監督＝シドニー・ポラック
＊1930年代

モーターサイクル・ダイアリーズ……2003／英、米
脚本＝ホセ・リベーラ
監督＝ウォルター・サレス
＊1952年頃

青春群像……1953／伊、仏
脚本＝フェデリコ・フェリーニ、
エンニオ・フライアーノ
監督＝フェデリコ・フェリーニ

個人教授……1968／仏
脚本＝ミシェル・ボワロン、
クロード・ブリュレ、
アネット・ワドマン
監督＝ミシェル・ボワロン

ジョンとメリー……1969／米
脚本＝ジョン・モーティマー
監督＝ピーター・イェーツ

イントゥ・ザ・ワイルド……2007／米
脚本・監督＝ショーン・ペン
＊主人公の生没1968〜92年

ブエノスアイレス……1997／香港、日本
脚本・監督＝ウォン・カーウァイ

＊題材の時代順

いたって単純なジャンルのアンケートだと当初思ったのだが、意外や選択に苦慮。ここに上げた作品には、選んだ者の内的脈絡がまるで欠けております。

なにゆえ内的脈絡を欲するのか？　これまでの恋愛やアクションというジャンルなら、まったく他人事（！）で選べるのだが、こと青春となれば、貧しきものも持たざるものも、ブ男も短小も誰もが経過を持ち、つい〝私〟を反映させたくなるらしいのだ。

関係妄想と言いたくば言え、アレキサンダー大王や、ゲバラや、クリス・マッカンドレス（『イントゥ・ザ・ワイルド』の主人公）と自らを比肩するなど畏れ多いにしても、「友達はもう一人の自己である」とホラティウスだか、アリストテレスだかが言っていると思うが、〝もう一人の自己〟を映画の人物に託す一夜の夢くらいは見逃してもらえるのでは、と何とか蛮勇を奮った次第なのである。

そう、老年のナルシシズムは不可能性の別称ゆえに老醜となるが、青春のナルシシズムは可能性の別称ゆえに讃えられるのだ。

「老人は何でも信じ、中年は疑い、若者はすべてを知っている」とするオスカー・ワイルドの警句は、若者が知的に貧弱であるゆえに情熱と行動で、〝すべて〟を知り、老人は世界認識を世智に頼っているだけ、と言っているのだろうと思う。

青春とは死の自覚に始まる、とどなたかが言っていたと思うが、トマス・チャタートン（詩人）１７５２～70）の18歳の自死など、目まいがしてしまう。確かに、若者はすべてを知っているに違いなかった。ハムレットの「生か死か」ではないが、そこ（青春）は生死の分岐点。老年は再生を幻想できないゆえに死を恐れるが、青春は再生を幻視できるゆえに死を恐れないのかもしれない。老人のイマジネーションの劣化、青春の〝豊かさ〟。映画は、当然、青春に向かうのだった……。

と、あれこれ思いを巡らし、韜晦し、破綻し、嘲笑し、せわしなく選択した10本です。

そこで、まず『トロイ』だが、昔観たロッサナ・ポデスタ（ヘレン）とジャック・セルナス（パリス）が演じる『トロイのヘレン』(55)が長く記憶にあったのだが、本作を観て、旧作(再見していないが)を捨て去った。

一国の滅亡を招いた若者の無謀な恋、その死屍累々に言葉もない。空の広がり、茫漠たる地平など空間的把握が、宇宙的〝悠久〟に思いを馳せる傑作だと思う。

『アレキサンダー』の東へ、ひたすら東へという東征の行軍が、死の行進と化していくのもすさまじい。ここにも若き王の生死の決断があり、当然のごとく、彼は死のほうに賭けるのだった。人種の撤廃を宣言した人類史上最初の権力者。階級の撤廃までは言わなかったものの、オバマ米大統領の遥かなる先達。

『夏の嵐』の〝生〟を選択したばかりに、不名誉で青年のプライドがずたずたになる士官(ファーリー・グレンジャー)の無残さ。〝生〟の方をそそのかしたのはむろん、オンナです。

『ひとりぼっちの青春』の、死のマラソン・ダンス、青春は〝終着駅〟でもある。

『モーターサイクル・ダイアリーズ』は青春の確かな信念、公平さ、正義感がみずみずしく脈打つ幸福な映画。実はキューバ人が主人公ということで、詩人アレナスの『夜になるまえに』(00)と、どっちにすべきか(比較が滑稽にしても)瞬時迷ったのだが。

『青春群像』はF・フェリーニの青春が反映されていると言われ、であるなら、舞台は第二次大戦前のアドリア海に面した小都市リミニ(映画中ではレシーナ)ということになり、実際にロケしたのはムッソリーニが別荘地として好んだ、ローマからほど遠からぬリミニに似た街(名前失念)なのだそうだ。海風が街中にも漂う。どこかひなびた感じの光景の中で(私自身、実際にリミニの街を経験)、青春の傷つきやすさ、虚勢が、何ら自己韜晦を混えられることなく描かれた、後年のフェリーニらしからざる傑作。青春映画を1作だけ、ということなら、その有力作品。

『個人教授』は、恋愛映画でも挙げた、私の聖典です。

『ジョンとメリー』のセックスで始まる出会いが、今日では当たり前かもしれないが、当時は(少なくとも映画の上では）画期的だったと思う。最近の『ベガスの恋に勝つルール』（08）も、一夜のセックスの勢いで即結婚→後悔→離婚裁判→愛の自覚という手続きを経ており、その遥かな祖形は『ジョンとメリー』かもしれない。『ベガスの〜』はコメディとしてそれなりによく出来た展開で、こっちを挙げてもいいくらい。

『イントゥ・ザ・ワイルド』における青春の何たる愚直さ。彼が求めているのはコトバの領分かもしれず、原作となったルポルタージュを読んで多々腑に落ちたのだが、それでも風景の生々しさが行動の真実を写し取る。

『ブエノスアイレス』で最も印象的だったのが港の船の航跡が描く波紋（というか渦）で、異様なまでに胸のときめきを覚えた。わざわざ地球の裏側まで行って青春する主人公たち。放浪あっての恋であり、無償の放浪あってこその青春なのである。

で、結語として、もう一度、青春したいかをお尋ねなら、ノーであります。

編集・執筆業
1979年生

黒岩幹子

若草の頃……1944／米
脚本＝フレッド・F・フィンクルホフ、アーヴィング・ブレッチャー
監督＝ヴィンセント・ミネリ

海辺のポーリーヌ……1983／仏
脚本・監督＝エリック・ロメール

プリティ・イン・ピンク 恋人たちの街角……1986／米
脚本＝ジョン・ヒューズ
監督＝ハワード・ドイッチ

牯嶺街《クーリンチエ》少年殺人事件……1991／台湾
脚本＝エドワード・ヤン、ヤン・ホンヤー、ヤン・シュンチン、ライ・ミンタン
監督＝エドワード・ヤン

ネネットとボニ……1996／仏
脚本＝クレール・ドニ、ジャン＝ポール・ファルゴー
監督＝クレール・ドゥニ

レインメーカー……1997／米
脚本・監督＝フランシス・フォード・コッポラ

ゴーストワールド……2001／米
脚本＝ダニエル・クロウズ、テリー・ツワイゴフ
監督＝テリー・ツワイゴフ

子猫をお願い……2001／韓国
脚本＝チョン・ジェウン、パク・チソン
監督＝チョン・ジェウン

ハッスル&フロウ……2005／米
脚本・監督＝クレイグ・ブリュワー

JUNO／ジュノ……2007／米
脚本＝ディアブロ・コーディ
監督＝ジェイソン・ライトマン

数々の少女小説を読み、それらを原作につくられたテレビアニメ（何と言っても「ハウス名作劇場」！）を見て子供時代を過ごしてきたせいか、青春映画と呼び得る映画に対して、何よりもヒロインの少女に魅力を感じるかどうかを重視しているところがあります。ひとりの少女の存在に導かれてその物語へ、映画の世界へと引きずり込まれるような、そうい

う映画に惹かれます。

青春映画以外、たとえばラヴコメディなんかもヒロインがどれだけ魅力的に描かれているかが一番重要な要素だと思っているのですが、不思議なことに、ラヴコメのヒロインに対する興味は、そのままその役を演じている女優に対する興味へとシフトしていくのに、青春映画においてはそういう作用が働きません。もちろん、ヒロインを好きになることでその女優さんも好きにはなるのですが、それ以降、役柄とそれを演じている少女が分かち難く結びついて離れなくなってしまう、そういう1回性の魔法のようなものが起きてしまう……。それは青春映画ならではのことだと思います。

ここに挙げた10本はそういう観点から選んだ作品です。何十本もの映画に主演しているジュディ・ガーランドの映画をここで選んでしまうのもおかしな話なのですが、私にとってのジュディ・ガーランドという女性は『若草の頃』の姿のまま、他の映画を渡り歩いて行っているように見えるのです。（あまりにも早い）晩年の出演作である『スタア誕生』（ジョージ・キューカー、54）を観ると、まるで、それまで〝ジュディ・ガーランド〟という少女であり続けなければならなかった女性の苦しみが映し出されているようで、胸が痛みます。

『海辺のポーリーヌ』のアマンダ・ラングレ、『牯嶺街少年殺人事件』のリサ・ヤン、『ネネットとボニ』のアリス・ユーリは、ほとんど他の映画に出演していないため、まさにそれぞれの作品とともに記憶される少女たちです。ラングレとユーリは、ロメールあるいはドゥニの他作品にも出演していますが、そこでも違う役柄を演じることではなく、彼女たちの身体がそこにあることが必要とされているように見えました。

モリー・リングウォルドもまた、『プリティ・イン・ピンク』を含むジョン・ヒューズ脚本作品によってイメージを決定づけられてしまった女優です。40代になった彼女は、アメリカの女子高生の生活を描くテレビドラマで、主人公の少女の母親役をやっているそうです。でも私の中の彼女は、今でも『プリティ・イン・ピンク』の強い眼差しと常に何か言いたげな口元を持つ女子高生の姿のままです。『ＪＵＮＯ／ジュノ』のエレン・ペイジは、リングウォルドと非常に近い要素を持った女性だと思いますが、実際、今ちょっと野暮ったいところのある女子高生役をやらせるならこの人、みたいな傾向を感じられます。『レインメーカー』のクレア・デインズ、『子猫をお願い』のペ・ドゥナは、今でも青春映画に限らずさまざまな作品に出演していますし、女優としても好きなのですが、今後も彼女たちがこれらの作品以上の輝きを持つことはそうそうないのではないか。それほどそれぞれの作品における彼女たちは素晴らしいです。その素晴らしさは演技がどうこうの問題ではなく、完全に顔、面構えによってもたらされています。これらの映画におけるふたりの顔からは、未来を生きようとする意志、あるいは、少女から女性になっていく上での言葉では言い表しがたい変化が感じられました。

そういう意味では、『ゴーストワールド』におけるスカーレット・ヨハンソンも、少女ならではの不敵さを宿した表情を見せていて、好きでした。ただ、私としては、彼女は映画とともに大人にならずに、映画の外でいつの間にか大人になってしまっていたという印象があり、彼女の変化の過程を映画のなかで観ることができなかったのが残念でした。

最後に、『ハッスル&フロウ』は青春映画と呼んでいいか微妙なところですが、この映画に出てくる娼婦の少女（タリン・マニング）は、私にとって青春映画の一番大切な要素を体現するような存在だったので、選んでしまいました。ヒップホップ・ミュージシャンとしての成功を目指す主人公（テレンス・ハワード）が、人を撃って刑務所に入る前に、自分のすべてをかけて作った音源を彼女に手渡します。それまで主人公は彼女を音楽活動には関わらせず、その存在を少し軽んじているように見えました。しかし、彼が彼女にテープを託したことでそうではなかったことがわかります。そして、それまでいつもけだるそうにしていて、自分の意志で動いたことがないかのように見えた少女は、主人公の音源をラジオ局に売り込んでいくのです。その売り込みが成功し、彼女が車の中でラジオから彼の曲が流れるのを聴いて、叫び声を上げるシーンが本当に素晴らしい。彼女は主人公に背中を押されて変わり、そして今度は彼の人生を変えることができたのです。

詩人・編集者
1949年生

稲川方人

牯嶺街《クーリンチエ》少年殺人事件……1991／台湾
脚本＝エドワード・ヤン、ヤン・ホンヤー、ヤン・シュンチン、ライ・ミンタン
監督＝エドワード・ヤン

さすらいの青春……1967／仏
脚本・監督＝ジャン＝ガブリエル・アルビコッコ

動くな、死ね、甦れ！……1989／ソ連
脚本・監督＝ヴィターリー・カネフスキー

新学期 操行ゼロ……1933／仏
脚本・監督＝ジャン・ヴィゴ

小さな赤いビー玉……1975／仏
脚本＝ジャック・ドワイヨン、デニ・フェラリス
監督＝ジャック・ドワイヨン

おもいでの夏……1971／米
脚本＝ハーマン・ローチャー
監督＝ロバート・マリガン

明日に処刑を………1972／米
脚本＝ベン・ライトマン
監督＝マーティン・スコセッシ

冷たい水……1994／仏
脚本・監督＝オリヴィエ・アサイヤス

ジョアンナ……1968／英
脚本・監督＝マイケル・サーン

ジョナスは2000年に25才になる……1976／スイス、仏
脚本＝ジョン・バージャー、アラン・タネール
監督＝アラン・タネール

16、7の頃に最盛期だったGS〈グループサウンズ〉のなかでも、その40年後の最近まで唯一「青春」っぽかった岡本信の死は後段の荒井が触れている。とても「青春」っぽくなかったザ・ゴールデン・カップスのデイヴ平尾も死んだ。死ぬことは想像だにしなかった平岡正明までもいなくなってみると、ようやく自分の「青春期」の陰影が落ちたような気がする。夜中のバリケードの中で、学生たちとの討論に埒があかなくなったとき怒鳴りながら持ち上げた椅子を、平岡は結局どうし

たんだっけ。空手はやっていたが人を殴らない人だったと思う。69年の平岡正明はまだ20代だった。

死者のことを考える必要がなかった16、7を境い目とする思春期と青春期、それ以後を分ける生理学的手立てがない。女性には済まないが、「膣内射精」以前と以後とに分けるしかなかったのがこの10本だ。「青春映画」とは、少年を「膣内射精」に導く女性の映画でもある。『土曜の夜と日曜の朝』を忘れ難くしているのは導く女性がいるからだ。10本のうち、『小さな赤いビー玉』までが「以前」で、『おもいでの夏』を境界として「以後」となる。『ジョアンナ』だけが女性の映画。G・ウェイトがいきなり踊り出す駅のプラットホーム、あのラストシーンがあれば、マイケル・サーンは不滅だと思う。『動くな、死ね、甦れ！』では主人公の少年の性交シーンがあるが、あの少年の闘争は、永遠に「膣内射精」を避けながら生きる、そのための手段だった。地下鉄の駅でもじもじしている高校生のカップルを見て「はやくやっちまえよ」と書いた詩人がいる。『牯嶺街少年殺人事件』では、少年は、思春期のすべてを貫くように猟銃を構えていた。『牯嶺街少年殺人事件』のような衝撃はなかったが、ただもっぱら我がことのように見ていたのが『冷たい水』。ギンズバーグの朗唱、大きな火が焚かれるコンミューンの庭に流れるCCR。これを初めて見たとき、とても個人的な72年の死者のことを思っていた。その人の遺影に会うために行った川崎の王禅寺に最近、37年振りに再訪した。あのとき、その人の遺された赤ん坊が傍らにいた。その子も40近くになっている。

脚本家・本誌編集長
1947年生

荒井晴彦

土曜の夜と日曜の朝……1960／英
脚本＝アラン・シリトー
監督＝カレル・ライス

草原の輝き……1961／米
脚本＝ウィリアム・インジ
監督＝エリア・カザン

蜜の味……1961／英
脚本＝シーラ・ディレイニー、トニー・リチャードソン
監督＝トニー・リチャードソン

長距離ランナーの孤独……1962／英
脚本＝アラン・シリトー
監督＝トニー・リチャードソン

みどりの瞳……1964／英
脚本＝エドナ・オブライエン
監督＝デズモンド・デイヴィス

卒業……1967／米
脚本＝バック・ヘンリー、カルダー・ウィリンガム
監督＝マイク・ニコルズ

ジョンとメリー……1969／米
脚本＝ジョン・モーティマー
監督＝ピーター・イェーツ

去年の夏……1969／米
脚本＝エレノア・ペリー
監督＝フランク・ペリー

おもいでの夏……1971／米
脚本＝ハーマン・ローチャー
監督＝ロバート・マリガン

グリニッチ・ビレッジの青春……1976／米
脚本・監督＝ポール・マザースキー

「若さ」は「バカさ」だと思っていた。だから、ザ・ジャガーズの67年のヒット曲「君に会いたい」の「♪若さゆえ　苦しみ　若さゆえ　悩み　心のいたみに　今宵もひとり泣く　忘られぬ　あの日　思い出の　あの時」という歌詞を、♪バカさゆえ　苦しみ　バカさゆえ　悩みと変えて口ずさんでいた。俺は20歳だった。武井昭夫全学連〔初代委員長〕だった叔父さんに、20歳でアカじゃなかったら

バカ、30でアカだったらもっとバカと言われた。ポール・ニザンの「ぼくは二十歳だった。それがひとの一生でいちばん美しい年齢だなどとだれにも言わせまい」という一行もあった。これ、なんかカッコよかったけれど、誰がそんなこと言ってるんだろう、どっかで人生の最も美しい年齢としての20歳を生きている奴がいるんだなと遠く思っただけだった。『アデン アラビア』は数ページしか読まなかった。しかし、バカさゆえ苦しみ、バカさゆえ悩む自分を肯定したいとは思っていた。「青春を伝説やある季節の挫折の様式としてではなく方法論としてかんがえ、わたしたちの芸術的主題を戦闘的なヴィジョンへ励起すること」(長田弘『探究としての詩』)長田弘のこの「方法としての青春」を、俺は、青春=恥ずかしい、から若さ=バカさでしかできないこと、もう大人になったらしたくてもできないことを発見することによって、「青春」というマイナス記号をプラスに転化できるのではないか、しなければいけないのではないかと受け取った。いつまで続くか分からないぬかるみみたいな「青春」、だったら、そこで居直ろう、「青春」を武器にしてやろう、じゃなきゃやってられないという感じだった。

だから、工場の年上の同僚の妻との関係がバレて、袋叩きにされ、ダブってつきあっていた若い娘と結婚話になり、もう石なんか投げちゃ駄目と言われても、俺はこれからも投げ続けると言うアルバート・フィニーが主人公の『土曜の夜と日曜の朝』は俺にとって教科書みたいだった。感化院の長距離レースでトップでゴール寸前なのに走るのを止めるトム・コートネイの『長距離ランナーの孤独』も大人や社会への「反抗」の青春映画だった。

40の母親と高校生の娘の二人暮らし、母は若い男にかまけ、寂しい娘は黒人水夫と仲良くなる。水夫は航海に、母は再婚して出て行き、娘は靴屋で働き始め、ゲイの青年と知り合う。黒人水夫の子を妊娠した娘の出産の準備を一緒に住み始めたゲイがするが、男と別れた母が戻ってきて、ゲイは追い出される。女は孤立無援でハンデ戦を闘わなくちゃならないんだなと、黒い子を産んだあとのリタ・トゥシンハムを思って、暗くなった。俺のブス好みはこの『蜜の味』からかも知れない。

『草原の輝き』は、草原が輝いていた頃を誰も取り戻せやしない、だからといって嘆いてはならない、残存するものの中に力を見ようというワーズワースの詩を否定しているのではないかと思った。だって、母親の影響で、好きな男にセックスを許さず、男はヤラせる女に走り、ナタリー・ウッドは川に身を投げ、男に助けられるが精神病院に行くという話だ。ヤラせないで頭がおかしくなってしまうというのはスゴイ。しかし、60年代半ば過ぎの日本も、婚前交渉の壁は厚かった。

『みどりの瞳』は、初めてデートで見に行った映画だ。ライバルとアニエス・ヴァルダの『幸福』(65)へ行ったというので、俺はリタ・トゥシンハムの出ているこれを選んだ。初めてネクタイをした。ニュートウキョーの上のニュー東宝だった。田舎娘と売れない中年作家の恋と破局。見終わって何を話したのか、覚えてない。後年、パキさん(藤田敏八)が秋吉久美子の『挽歌』(河崎義祐、76)をオファーされて迷っていた時、『みどりの瞳』の採録シナリオの載っている映芸を梅ヶ丘のマンションのポストに入れに行った。

東急名画座で見た『卒業』が、彼女と最後に見た映画だった。親子丼のエゲツ無さを感じないのは、ダスティン・ホフマンが食われて、たまには芸術の話なんかしたいとミセス・ロビンソンに言うからだろう。俺も、たまにはと言ってみたいなと思ったのは、俺たちはいつも政治や文学の話ばかりしてたからだろうか。ラストのダスティン・ホフマンとキャサリン・ロスの顔は手放しのハッピーエンドじゃないぞと言っていた。だから、同じ原作者の『結婚』がハヤカワ文庫で出ていたが、買わなかった。『「卒業」Part 2』というのも出てるらしい。二人の男の子がいる11年後の話だという。30年後を映画にしたのが『迷い婚』(05)だ。『卒業』のモデルになった母と娘という設定で、主人公はその孫娘。娘は結婚式直前に駆け落ちしたけれど、戻ってきて結婚して孫娘が生まれた。自分の本当の父はその駆け落ち相手ではないかと孫娘ジェニファー・アニストンが探し、ダスティン・ホフマンのモデル、ケヴィン・コスナーと会ってネてしまう。アン・バンクロフトのモデル、シャーリー・マクレーンが娘だけじゃなく孫娘にも手を出したと怒る。孫娘の結婚式でケヴィン・コスナーをゼエーセエー言いながら走らせて欲しかった。

互いの名前を知らないで、ヤってしまって、翌日、朝食を食べ、昼食も食べるが、女は鏡に電話番号とGOOD BYEと書いて去る。男は女を探してニューヨーク中を走る。やっと見つけて、またベッドへ。そして、「ぼくジョン」「わたしメリー」と抱き合う『ジョンとメリー』、これが「青春」だよなと青春＝反抗、青春＝闘いは薄れてくる。

『去年の夏』避暑地の高校生の男の子二人、女の子二人は美人とブス。突然、美人が男たちをけしかけて、ブスがレイプされる。危険で残酷な年頃と夏という季節のせいにするしかない事件。「方法」から「季節」へ後退してしまったけれど、鮮烈な青春の一断面だった。新宿日活のあとの新宿日活オスカーで見た。原作はエバン・ハンター。ＤＶＤも配信も無い。去年だったか、ジョン・サイモンのサントラＣＤを中古屋で見た時、買っとけばよかった。

『おもいでの夏』もひと夏ものだ。廻っているレコード、灰皿の上でくゆっている煙草。夫の戦死、人妻の「喪失」が少年の「喪失」の思い出を作る。初めてが年上の女、ああ、俺はもう体験できないんだなと初めて気がついた。ミシェル・ルグランの音楽が切ない。アート・ファーマーが“The Summer Knows”をやっているＣＤ「おもいでの夏」は名盤。

『グリニッチ・ビレッジの青春』は俺にとって、終わりの始まりだったのかもしれない。「方法としての青春」を映画の中に探すのではなく、「方法としての映画」を探すようになっていた俺は、ニューヨークのグリニッチ・ビレッジではなく、新宿のゴールデン街を舞台にして、自前の「青春」の総括をしようと思ったのだった。

スティーヴ・テシック脚本の『ヤング・ゼネレーション』(79)と『アメリカン・フライヤーズ』(85)は自転車レースがヤマなので、スポーツものの時に。しかし、もう、うまいなあと青春モノをどうやるかと技術で見るようになっていた。ママス＆パパスの流れない『カリフォルニア・ドリーミング』(79)もそうだ。シカゴからカリフォルニアにやってきた少年のひと夏ものだが、自分に書けそうなものが好きだったのかもしれない。

父親の再婚相手の家政婦と初体験する『青い体験』(73)、兄貴の嫁さんと初体験する『続・青い体験』(75)には「闘い」の要素が入っていたけど。サルヴァトーレ・サンペリも3月に64歳で死んでしまった。

モリー・リングウォルドの『すてきな片想い』(84)、『プリティ・イン・ピンク』(86)、メアリー・スチュアート・マスターソンの『恋しくて』(87)もよかった。「あの頃」心をくすぐられた。ジョン・ヒューズも8月に59歳で死んでしまった。

『牯嶺街《クーリンチェ》少年殺人事件』(91)で、プレスリーの“Are You Lonesome Tonight?”が出てきて、ああ、台湾の中学生も同じだったんだ、と思う。“Yes, I'm Lonesome Tonight”というドディ・スティーブンスのアンサー・ソングも彼らは聞いていただろうか。エドワード・ヤンも2年前に59歳で死んでしまった。やはり、俺と同じ歳だった。

IRAの青年とテロで夫を殺された妻、加害者と被害者の愛を描いた『キャル』(84、音楽はマーク・ノップラー)もよかったが、パット・オコナーの『秘密の絆』(97)には唸った。金持ちの3姉妹と貧しい母子家庭の兄弟。次男のホアキン・フェニックスはプレスリーの真似して、インクでモミアゲを描いている。父同士はかつて親友、兄弟の父の死後、母は姉妹の父の愛人だったと町で噂されていて、と因縁の家の子供たちの愛と性。夫婦、親子、兄弟、全部入っている。3女のリヴ・タイラーが次男の掌に指で書くI Love U、次男が曇った窓ガラスに書くI Love You。

『ゴーストワールド』(01)は、中年男と高校を出たばかりの女の子の話だ。バス停に走ってくるはずのないバスが走ってきて、ずっと待っていた老人が乗って行く。それを見た女の子も、バス停でバスを待ち、乗って行くラストは暗いのか明るいのか。

ザ・ジャガーズのリード・ヴォーカル岡本信も、4月、還暦を迎える前日、死んでしまった。どうして、青春映画を振り返っているのに、死んだ人のことばかり書くことになってしまうのだろう。

西部劇

西部劇、アメリカ不動のジャンルをたどって
見えた数々の傑作群。
西部劇のスターたちが、熱風吹く荒野で
銃の引き金に指をかけ、
ジャンルを手放してしまったかに見える
現在の映画に照準を合わせる。

旧『映画芸術』編集者・映画批評家
1941年生

佐藤千穂

西部の男……1940／米
脚本＝ニーヴン・ブッシュ、ジョー・スワーリング
監督＝ウィリアム・ワイラー

赤い河……1948／米
脚本＝ボーデン・チェイス、チャールズ・シュニー
監督＝ハワード・ホークス

真昼の決闘……1952／米
脚本＝カール・フォアマン
監督＝フレッド・ジンネマン

シェーン……1953／米
脚本＝A・B・ガスリー・Jr.
監督＝ジョージ・スティーヴンス

ワーロック……1959／米
脚本＝ロバート・アラン・アーサー
監督＝エドワード・ドミトリク

アパッチ……1954／米
脚本＝ジェームズ・R・ウェッブ
監督＝ロバート・アルドリッチ

バファロー大隊……1960／米
脚本＝ジェームズ・ワーナー・ベラ、ウィリス・ゴールドベック
監督＝ジョン・フォード

砂漠の流れ者／ケーブル・ホーグのバラード……1970／米
脚本＝ジョン・クロフォード、エドマンド・ペニー
監督＝サム・ペキンパー

真昼の死闘……1970／米
脚本＝アルバート・マルツ
監督＝ドン・シーゲル

夕陽のガンマン……1965／伊、スペイン
脚本＝セルジオ・レオーネ、ルチアーノ・ヴィンチェンツォーニ
監督＝セルジオ・レオーネ

まだものごころもつかぬころから、映画好きの兄妹たちにくっついて数多の映画に馴染んで来た私の脳細胞は、チャンバラものは言うに及ばず、ハリウッドの西部劇などによって培われていて、10本の西部劇に絞るのは至

難の業だ。ここは、しゃっちょこばらずに今は亡き名優や監督の面影を偲びつつ述べて行こう。

『西部の男』ワイラー監督には名作『大いなる西部』（58）があるのだが、『西部の男』でG・クーパー熱にとり憑かれ、彼の出演作を追いかけたっけ。所はテキサスの片田舎、街の人々のために悪徳判事ロイ・ビーン（W・ブレナン）と対決することになる流れ者で雇われ保安官（クーパー）の陰あるカッコ良さに痺れた。のちのJ・ヒューストン監督『ロイ・ビーン』（72）では、P・ニューマンがビーンの数奇な半生を演じた。脚本はJ・ミリアス、アメリカン・ニューシネマ風味の西部劇。

『赤い河』H・ホークス監督とくれば、まず、語り草の西部劇3部作『リオ・ブラボー』（59）『エル・ドラド』（66）『リオ・ロボ』（70）だが、あえて『赤い河』を挙げたい。西部の地にはチト異質で思索っぽく、眼のキラキラと輝くM・クリフト、かたや西部の男そのもののJ・ウェインとの対立と和解。幌馬車、インディアン襲撃、大群の牛のトレイル、さらに哀愁にみちたあのテーマ曲の流れる正調西部劇、何度でも観たくなってしまうのだ。

『真昼の決闘』ご存じ、壁時計カチカチとクーパーの顔に滲む脂汗、作品の時間と同時進行の息つまる傑作。このテーマは現在も未来も人間の背負わなければならない大きな課題。テーマ曲を口ずさむたびに胸が痛む。駅のホームで助っ人を待ちうける悪漢たちの中にリー・ヴァン・クリーフのあの冷酷な眼が光っていたっけ。

『シェーン』これをとり挙げたのは西部劇ファンとしての仁義から。マシュマロのようにほんわかなA・ラッドと対決するJ・バランスのおっかなかったこと。邦画でいえばヤクザ映画の天津敏か。

『ワーロック』E・ドミトリクの『折れた槍』（54）は、公害問題のからむ異色作だったが、私を単なる映画好きのミーチャン世界から多少なりとも脱却させてくれたのが、師・小川徹の「ワーロック論」（『大きな肉体と小さな精神』所載）で、映画をその作品以上に大きく、緻密なものへと昇華して、映画評論の力を教示してくれたものでもあった。

『アパッチ』西部へと移住する白人たちの順化政策へ抵抗するアパッチ族インディアンのランカスターが妻

と共に耕したトウモロコシ畑に身を隠して徹底抗戦するが、終に追っ手に倒されるラストシーンは忘れることができない。一握りのトウモロコシの種から部族の自立を目指す満身創痍のランカスター。〝赤狩り〟の標的にもなった作品だった。

『バファロー大隊』先年、オバマ米国大統領が誕生したとき、なぜかこの映画のウディー・ストロードを思い出していた。冤罪の婦女暴行犯として引き擦られていく黒人の軍人ストロードが、砂漠の中で、逃亡するなら出来そうなときに、〝ここで逃げたら、俺たちは明日も明後日も未来永劫に奴隷のまま綿摘みをすることになってしまう〟と涙ながらに、軍事法廷にて冤罪をはらす決意をする。J・フォード監督の正義感と先見性に狂いがなかったことを、半世紀後のオバマ大統領の誕生が証明していよう。この作品は西部劇であると共に、後の『リバティ・バランスを射った男』(62)へと繋がる、フォードの真実探究裁判劇でもある。

『砂漠の流れ者』ひとクセもふたクセもあるS・ペキンパー監督の作品群からピックアップするならこれだろう。流れ者の相棒たちに裏切られ、砂漠をさまよっているうちに偶然見つけたオアシスにJ・ロバーズが粗末な茶店をひらく。ちょうど駅馬車の通過点でもあったことから、テーブルに食器を釘付けてざんぶり洗う荒っぽいやり方ながら繁盛し、怪し気な牧師や娼婦(ステラ・スティーブンス)などを交えてホテルにまで成長する。そうこうしているうちに、いつしか世の中は駅馬車から自動車の時代へと変化。ロバーズ親父も他所の土地へ移ろうとした途端スティーブンスの車に轢かれて死んでしまう、文明の犠牲者なのだ。目下、デジタル文明によって同じ目にあっている私にとって、他人事ではないのである。

『真昼の決闘』D・シーゲル監督にC・イーストウッド、芸達者のS・マックレーンときたらつまらないはずがない。尼僧に化けた娼婦のマックレーンがイーストウッドを食ってしまう傑作中の傑作。

『夕陽のガンマン』マカロニウェスタンの代表作。イーストウッドの魅力を中心に、額の汗のひと滴までワルを象徴しているG・M・ボロンテ、海泡石のパイプを銜えたリー・ヴァン・クリーフの謎めいた存在に魅了された。そう言えば、ボロンテの『群盗荒野を裂く』(D・ダミアーニ、66)で、馬上のボロンテが追ってきた少年に銭を投げ与えて、「パンを買うな！　銃を買え！」と叫んだセリフを、亡き斎藤龍鳳さんがベタ褒めしていた。そういう時代だったのである。

さて、G・クーパー、J・ウェインに次いで好きだったのは、C・ゲーブル。正調西部劇のR・ウォルシュ監督作品に数多く出演していた。R・ライアンと共演の『たくましき男たち』（55）『ながれ者』（56）や『南部の反逆者』（57）も懐しく、もう一度観てみたい。昔の西部劇はみんなテーマ曲が素敵だったから、映画はもちろん、主題曲を口ずさむのが楽しみだった。たとえば、R・ミッチャムとM・モンローのコンビ。O・プレミンジャーの『帰らざる河』（54）のモンローが酒場のピアノの傍らで物憂く歌う〝The river of no return〟は女心の魅力たっぷり。激流の河下りと共にいまでも鮮やかによみがえってくる。

もう一人お馴染みはもちろん、K・ダグラスだが『OK牧場の決斗』（J・スタージェス、57）のドク・ホリデイは肺病やみにしてはちょっと精悍すぎていただけない。それよりもアルドリッチの『ガン・ファイター』（61）での、顎の窪みと頑丈な皓歯を剝き出しにした黒シャツ姿のダグラスの方に断然しびれた。この脚本は〝赤狩り〟の抵抗派D・トランボ。登場人物たちの腹の探り合いと、とぼけ、疑心暗鬼のソブリに〝赤狩り〟の実体験が見え隠れしていた。

かつて、B級西部劇の二人、R・スコットとJ・マックリーの『昼下りの決斗』（62）でS・ペキンパーは早くも西部劇の凋落を予感し、『ワイルドバンチ』では古傷の痛むW・ホールデンを落馬させている。不滅のマッチョJ・ウェインもまた『11人のカウボーイ』（M・ライデル、71）では、終に生命を落とす。

A・ペン監督の『小さな巨人』（70）になると、〝西部劇〟は、百歳を越えた老インディアン（D・ホフマン）の〝西部の昔噺〟となり、S・ポラック監督の『大いなる勇者』（72）のラストでは、双方が片手を挙げた友好的ポーズのストップモーションで、白人とインディアンの闘争は終わりを告げ、ジャンルとしての西部劇は消えて行く。

90年代ではわずかにC・イーストウッドの『許されざる者』（92）、白人の若き騎兵隊将校の眼からジェロニモの半生に迫ったW・ヒルの『ジェロニモ』(93)、父親の敵をとるために早撃ち大会に乗り込んできたガンウーマン(S・ストーン)が異色だったS・ライミ監督の『クイック&デッド』(95)が印象に残っている程度だ。

　私はといえば、疲労困憊の老体を奮い立たせなお荒野に生きようとする『ワイルドバンチ』のR・ライアンの心境を、はっきりと理解できる今日このごろなのである。

詩人・映画監督
1949年生

福間健二

駅馬車……1939／米
脚本＝ダドリー・ニコルズ
監督＝ジョン・フォード

追跡……1947／米
脚本＝ニーヴン・ブッシュ
監督＝ラオール・ウォルシュ

抜き射ち二挺拳銃……1952／米
脚本＝ジェラルド・ドレイソン・アダムズ、ジョセフ・ホフマン
監督＝ドン・シーゲル

底抜け西部へ行く……1956／米
脚本＝シドニー・シェルダン
監督＝ノーマン・タウログ

左きゝの拳銃……1958／米
脚本＝レスリー・スティーブンス
監督＝アーサー・ペン

リオ・ブラボー……1959／米
脚本＝ジュールス・ファースマン、リイ・ブラケット
監督＝ハワード・ホークス

ワーロック……1959／米
脚本＝ロバート・アラン・アーサー
監督＝エドワード・ドミトリク

片目のジャック……1961／米
脚本＝ガイ・トロスパー、カルダー・ウィリンガム
監督＝マーロン・ブランド

ワイルドバンチ……1969／米
脚本＝ウォロン・グリーン、サム・ペキンパー
監督＝サム・ペキンパー

許されざる者……1992／米
脚本＝デヴィッド・ウェッブ・ピープルズ
監督＝クリント・イーストウッド

西部劇はあまり得意じゃないと思っていたが、選びはじめると、いろいろと浮かんできて、収拾がつかなくなった。いい作品、重要な作品というよりも、個人的な思い入れが出るように語ることができる作品をのこしたのは、ほかの場合と変わりないとしても、わたしは、やはり根本的なところで、西部劇とい

うジャンルに不満があるのだ。どうやら、その不満も示したいがために、曲がりくねった道に踏み込んだようだ。

気がつくと、ヌーヴェルヴァーグ派に愛されたアンソニー・マンとニコラス・レイが落ち、イタリア西部劇の両雄、セルジオ・レオーネとセルジオ・コルブッチを入れる場所もなくなった。まあ、マン、レイ、レオーネについては、語る人がいくらでもいるだろう。コルブッチはどうか。ちょっと心配である。とくに、ジャン＝ルイ・トランティニアンが口のきけないヒーローを演じたその『殺しが静かにやって来る』（68）の寒さは、それをおぼえている人と黙って視線を交わしたいと思わせるものだ。しかし、シドニー・J・フューリーの『シェラマドレの決闘』（66）などと同様、感覚的な印象だけがのこって、どういう映画だったのかあまりよく思い出せない作品であるのも事実だ。

選ばなかった理由というのは、ほんとうはよくわからない。しかし、最初に、アメリカに打ち解けることがなかったフリッツ・ラングの西部劇をはずしたのだ。だれに通じるのか、まったく心もとないことを言ってしまうが、そこからの必然で、こんな選び方になったかもしれない。

で、ジョン・フォードの名作から。

フォードには、ある時期心酔した。それがすぎると冷淡になった。西部劇が、官許的なアメリカ史への、通俗的な道具立てによるつじつま合わせで作品の枠をつくっているとしたら、フォードは、それに起因する弱点や矛盾を、物語の語り方、映像の作り方の技術でカバーしてきた、いちばんの存在であろう。西部劇はそれでいい、というのが、映画はそれでいい、になってしまう。そこに、マジックがある。そして、人を黙らせるモニュメント・ヴァレーの自然もあるのだ。シリアスで、嘘がなく、風景に詩的な美しさがある『捜索者』（56）のあと、フォードは、もうあまりやる気がなくなっていたかもしれない。なにか、個人的にではなく、叙事詩的な物語の語り手として（インディアンに対してというばかりでなく、いろんなものに）謝っているという感じ。それが同時代的に接したフォードだったと、かなりあとになって気づいた。

しかし、とにかく、『駅馬車』はいつまでも飽きない。何がいいのかというと、結局、銃を撃つ者と撃たれる者をひとつの画面のなかに入れず、交互におくという撮り方・つなぎ方の効果が、最大限に発揮されていると思う。あとは、型どおりの人物の寄せ集めであること、モーパッサンから話を借りていること、人情物であることなど、いろんな意味で、賢く巧いのだろう。脚本家ダドリー・ニコルズの功績が大きく、ジョン・ウェインが若く、全体に安っぽい感じもあって、元祖B級映画と呼びたいくらいだ。

ラオール・ウォルシュの『追跡』は、最近になって初めて見た。ギャング映画『ハイ・シエラ』(41)をリメイクした『死の谷』(49)以上に、40年代フィルム・ノワール的であり、西部劇とは言えないかもしれない。ロバート・ミッチャムが、子供時代のトラウマをかかえて過去に「追跡」されるヒーローを演じる。どちらかといえばわたしの嫌いなタイプの、血縁をめぐるおぞましい物語。ウォルシュは、それを大胆な映像構成で語り抜いて、アクション映画の地平に心の劇を呼び込んだ。最近の韓国映画の一面に近い感触もあれば、ドゥルーズの言う「時間イメージ」への踏み込みと言いたくなるところもある。いろんな作品を撮ったウォルシュであるが、ただの能天気な職人監督ではなかったし、たとえば、昔話としての西部劇をどう活かすかを、だれよりもよくわかっていたと思う。

20世紀半ば、西部劇は、ときに時間感覚の混乱した一昔前の話であり、その一方で、ほかのジャンルのハリウッド映画と同様に、アメリカ的に解釈されたフロイト心理学の実験室となって「現代性」を装うものだった。功罪相半ばするだろうが、そこから『追跡』のような暗い異色作がいくつも生まれたのだ。

『抜き射ち二挺拳銃』は、第二次大戦の英雄からB級スターへと「転進」したオーディ・マーフィの主演作。彼がシルバー・キッドという拳銃使いとなって父の復讐を果たすという、いかにもB級映画的な、決まりきったような話を、ドン・シーゲルは、ちょっと変な感じに料理して、魅力ある作品にしている。悪党一味、ボスの情婦である悪女、その悪女に誘惑される保安官、保安官を慕いながらマーフィへと傾いてゆく純情娘といった人物配置で、いわばビリー・ザ・キッドがパット・ギャレットの助手になって誤解されながらもパットを危機から救ってやる、というようなもの。若いリー・マーヴィンも脇役で出ている。女優陣はパッとしないが、低予算西部劇の極め付き。

ジェリー・ルイスとディーン・マーティンのコンビ作は、18本あるが、その17本目の『底抜け西部へ行く』は、中学生のときに新宿名画座で見た。見たあとしばらく、ルイスのばかなギャグを真似してばかりいた。これも敵討ちの話で、ルイスとマーティンは同じ敵に立ちむかうが、そのストーリーとは関係なく、ルイスの本当の敵はマーティンだったのではないか。幼児性まるだしのルイスと大人の二枚目マーティン。このコンビにも、無法者ビリー・ザ・キッドと保安官パット・ギャレットの関係があてはまりそうだ。

西部劇では、いたるところで、無法者ビリーと保安官パットがシンパシーをもちながら、前者は後者に殺されるという筋書きの変奏が鳴っている。フロイト心理学で読めば、イド（無法者）が抑圧されて、理性（保安官）の守るアメリカ社会の秩序ができあがるのである。そんな結末に至るためのあの手この手なのか、というのが、このジャンルに感じる虚しさのひとつだ。

ビリー・ザ・キッドをポール・ニューマンが演じた『左きゝの拳銃』。ニューマンは、ここで殺されるが、現代劇ではふしぎな笑顔でしぶとく生きのびてきた。筋肉の使い方（あるいは、力の抜き方）を感受性の表現にできる、その役者としてのオーラによって、彼のビリーは歴代のビリーのなかで群を抜いている。絵として見たら文句のつけようのないペキンパーの『ビリー・ザ・キッド』（73）の欠点は、クリス・クリストファーソンの筋肉が単純すぎることだ。15、6年前に（マイケル・オンダーチェの『ビリー・ザ・キッド全仕事』という本を訳したときに）二つの作品を一緒に見直したが、ペキンパー作品がゴールに行きついたというものであるのに対して、『左きゝの拳銃』はその先の動きへの出発点だと思った。言うまでもなく、ノスタルジーに現在を呼び込む方法をつかんだアーサー・ペンは、ここから『俺たちに明日はない』（67）へと向かったのだ。

しかし、ペンでもペキンパーでもとうてい太刀打ちできないような愉しさが、ホークス作品にはある。『リオ・ブラボー』は、そしてこのあとの『エル・ドラド』（66）と『リオ・ロボ』（70）も、要するに、ある種の西部劇のパロディーのようなもので、いわば「これのこれたるゆえん」を根本的に欠いている。そうでありながらか、そうであるからこそかよくわからないが、映画以外のなにものでもないおもしろい作品なのだ。ホークス自身の言葉で読んだ記憶があるが、この巨匠には、フレッド・ジンネマンの『真昼の決闘』(52)のようなまじめな西部劇の欺瞞が見えていたのだ。だいたい、ホークスを息苦しい言葉で語ってはいけない。欠陥人間たちの地獄をくぐりぬけてきた楽天主義の大家。いいかげんさの魅力。そこに、どんな「現代性」も古びたあとにまで生きのびるものがある。

忘れかけていた『ワーロック』を、批評家加藤典洋と話していて思い出させてもらった。これも、パロディー的かつフロイト的で、まじめな西部劇のパターンをひっくり返している。ヘンリー・フォンダの主人公は、いわばパット・ギャレットの役を演じてしまったビリー・ザ・キッドということになるか。最後は、町の人々に非難されて、平和になった町から去ってゆく。この作品は、赤狩り時代の転向派ドミトリクの、その「転向」を非難した進歩的な人々に対する弁明なのだと裏目読みした批評家小川徹のことも思い出した。

マーロン・ブランドの唯一の監督作品『片目のジャック』が、その長ったらしさにもかかわらず、すてがたいのは、これが、名前はちがっても、ビリー・ザ・キッドが、自分を裏切って保安官になっているパット・ギャレットを殺す話だからだ。随所にフロイト心理学的なシンボルがおかれ、作品の全体が熱に浮かされているという感じだ。片目のジャック、見えていない横顔に過去の悪を隠しているという男を、カール・マルデンがいかにもという感じで演じている。西部劇の「昔」とは、要するに、情報メディアがほとんど存在しないほどに原始的だった時代だということ。その上に成立した、ブランドがロマン派の詩人バイロンのように見える詩的作品。

『ワイルドバンチ』も、ペキンパーの、とにかく異端的で、反逆的で、過激で、鮮烈であろうとする、トラウマを負った心の動き方が、詩的な出口を見出したというものだ。歴史とファンタジーが溶けあう西部劇という過去のなかに、である。男たち。メキシコ。暴力。すべて、「アメリカの夢」を反転させたいペキンパーの大いなる裏切りの装置だ。大げさにいえば、この作品は、フォード的な西部劇の規範を粉砕するとともに、西部劇にかぎらないアクション映画のほとんどが依拠してきたマッチョ的な感受性に、これ以上のものはないという墓場を用意したといえる。

賢いプロデューサーでもあるイーストウッドは、ペキンパーのような、衝動に駆られたような映画づくりとは無縁である。彼に弱さがあるとしたらそこだと思うが、とにかく、効率のいい監督術で、期待を裏切らない。『許されざる者』の彼と脚本家デヴィッド・ウェッブ・ピープルズ（セリフに詩がある）は、ジャンルの伝統を意識しながら、新鮮で複雑な「現代性」を持ち込み、西部劇がここまでにやってきたことの意味を問い返している。ここでのコンテクストから言えば、これは、地獄を生きのびたビリー・ザ・キッドが、ひとりよがりな「正義」をふりまわす保安官と対決するという筋書きであり、老人のキッドが言うべきことを言うために出てきて、最後はまた昔話の枠のなかに戻って終わるのだ。

西部劇に冷淡な者としては、このイーストウッド作品が「最後の西部劇」だとしてもいっこうにかまわないと思ってきたが、去年、韓国のキム・ジウンの『グッド・バッド・ウィアード』（08）を見て、考えが変わった。満州でカッコよく暴れる朝鮮人の話が西部劇に仕立てられるなら、本家でも、貧しい者たち、インディアン、メキシコ人、黒人、さらには東洋人が活躍する西部劇がもっと作られていいだろう。このジャンルへの最大の不満は、荒唐無稽オーケーであるのに「貧困」と「革命」が足りないことである。

テレビプロデューサー
1944年生

中村征夫

駅馬車……1939／米
脚本＝ダドリー・ニコルズ
監督＝ジョン・フォード

捜索者……1956／米
脚本＝フランク・S・ヌージェント
監督＝ジョン・フォード

赤い河……1948／米
脚本＝ボーデン・チェイス、チャールズ・シュニー
監督＝ハワード・ホークス

リオ・ブラボー……1959／米
脚本＝ジュールス・ファースマン、リイ・ブラケット
監督＝ハワード・ホークス

ウィンチェスター銃'73……1950／米
脚本＝ロバート・L・リチャーズ、ボーデン・チェイス
監督＝アンソニー・マン

ヴェラクルス……1954／米
脚本＝ローランド・キビー、ジェームズ・R・ウェッブ
監督＝ロバート・アルドリッチ

西部開拓史……1962／米
脚本＝ジェームズ・R・ウェッブ
監督＝ヘンリー・ハサウェイ、ジョン・フォード、ジョージ・マーシャル

ワイルドバンチ……1969／米
脚本＝ウォロン・グリーン、サム・ペキンパー
監督＝サム・ペキンパー

夕陽のガンマン……1965／伊、スペイン
脚本＝セルジオ・レオーネ、ルチアーノ・ヴィンチェンツォーニ
監督＝セルジオ・レオーネ

許されざる者……1992／米
脚本＝デヴィッド・ウェッブ・ピープルズ
監督＝クリント・イーストウッド

昭和20年代から30年代前半にかけて数多い西部劇が日本で公開された。ジョン・フォード作品や『真昼の決闘』『シェーン』、ジョン・スタージェスの『OK牧場』、『ゴーストタウン』、『ガンヒル』と連らなる決斗3部作等、映画ばかりでなくその主題歌も大流行したものだ。しかし昭和34年頃になるとアメリ

カで西部劇はテレビに移行し、映画の製作本数は減り、日本での公開本数も少なくなってくる。京都の撮影所で製作される時代劇がテレビばかりになってしまったのと同じ。昭和35年後半から37年にかけて青少年の間に突如Gunブームが沸きあがり、そのブームに乗っかるように何故か西部劇ブームが巻きおこる。

新宿通りに面した紀伊國屋書店は昭和30年代の頃、今の場所よりもっと奥にあり、書店へ向かう両側にはペットショップ、学生時代に辻静雄も通ったドイツ料理の「エッセン」（「エッセン」はこの後、新宿昭和館のそばに移転した）や玩具店等が軒を連ねていた。その玩具店には所狭しとアメリカ、マテル社製のコルトピースメーカーやガンベルト、ウィンチェスター銃のモデルが並べられ、アメ横中田商店ではモデルガンを見に来た中高生が溢れかえっていた。

そんなガンブームに後押しされ、ジョン・ウェイン監督・主演の『アラモ』（60）、『七人の侍』（54）の西部劇版『荒野の七人』（60）公開間近というのも手伝っての西部劇ブームであったと思う。映画雑誌『映画の友』『スクリーン』では西部劇特集号を臨時増刊した。日本映画でも西部劇調の活劇映画が作られていく。小林旭『大草原の渡り鳥』（60）、赤木圭一郎主演で養蜂業者の話なのにタイトルは『幌馬車は行く』（60）、宍戸錠『早射ち野郎』（61）『メキシコ無宿』（62）。中でも極めつけは昭和36年の日活正月映画、和田浩治主演『俺の故郷は大西部《ウエスタン》』（西河克己、60）。ワイアット・アープを先祖に持つ和田少年が来日して、大川商会の悪人で先祖がクライトン一家の男達と富士裾野の大川《OK》牧場で決闘する珍品映画だ。

一方、本家の西部劇は公開本数も減り、それに伴って中味も薄くなり、この頃目ぼしい西部劇は『アラモ』『荒野の七人』『馬上の二人』（61）『片目のジャック』（61）『西部開拓史』（62）ぐらいしかない。

その反面、この頃から往年の名作西部劇が次々とリバイバル公開されていく。ジョン・フォード『駅馬車』『荒野の決闘』（64）、騎兵隊3部作『黄色いリボン』（49）『アパッチ砦』（48）『リオ・グランデの砦』（50）他には『赤い河』『ウィンチェスター銃'73』（50）『真昼の決闘』（52）『胸に輝く星』（57）『シェーン』（53）『ヴェラクルス』（54）等が日比谷映画劇場、新宿ミラノ座、松竹セントラル等で公開され、興収も上々であった。僕達の世代は、見逃した名画はこの時に見ている。だが、中には酷いのもあった。東急文化配給部が配給した『荒野の決闘』だ。昭和37年1月5日に新宿東急で見たのだが、映画本篇がかなり濃いブルー着色のプリントなのだ。詩情豊かな作品と聞いていたが全てブルー着色では味わいも何もあったものではない。ただただズッコケた。以来『荒野の決闘』は見ていないので、この映画に関しては未だに未評価のままである。その翌日、口直しに日比谷映画劇場で『コマンチェロ』(61)を見たのだが、これも酷かった。

しかし、こんな大作・名画ばかり見ていたわけではない。ランドルフ・スコット、ジョエル・マクリー、早射ちオーディ・マーフィーらの西部劇を2本立、3本立で数多く見ていた。そんな中からの10本は意外と常識的な選出になってしまった。

『駅馬車』　昭和37年の再上映を日比谷映画で見た。これまでジョン・フォードの映画は呼吸が合わなかったが、この映画のスピーディーな展開には目を見張った。荒野を走る駅馬車にぬきさしならぬ事情を抱えた人物が次々と乗り込み、その人間模様が見事に描かれ、後半はアパッチの襲撃、ラストの決闘まで息をつかせない。これが西部劇の名作『駅馬車』かと唸った。

『捜索者』　中学の時見て、ジョン・フォードらしからぬ秀作と思った。こんな西部劇もあるんだと、ずっと記憶の片隅に残っている映画。モニュメントバレーをはじめ捜索の風景が素晴らしい。

『赤い河』　ハワード・ホークス初の西部劇。もし西部劇ベスト10をやるなら第1位にランクする。逞しい西部男が九千頭の牛をミズリーまで一千哩《マイル》を移動する、まさにカウボーイの話で西部劇の原点となる映画だ。

H・ホークスは『監督ハワード・ホークス「映画」を語る』(青土社刊)の中で、〝西部劇は銃と死の最も単純なドラマである。先ず西部開拓の歴史、その後に法と秩序が生まれ保安官が出現する。悪い保安官と良い保安官、この二つしかない。西部劇はエンタテイメントであり劇的である〟と語っている。

『リオ・ブラボー』　中学3年の時見て、まいった。同好の友人達と「リオ・ブラボーを見る会」を作り、その後何回もこの映画は見ている。中でも若きガンマン、リッキー・ネルソンとジョン・ウエインが3人の悪漢を一瞬に片付けてしまうガンプレイは圧巻。野外に流れる「皆殺しの歌」の不気味さ、黒タイツ姿のアンジー・ディキンソンの美しさ、この映画はエンタテイメントの傑作である。H・ホークスはこの後、『エル・ドラド』(66)『リオ・ロボ』(70)と2本の西部劇を作っているが、この2本とも『リオ・ブラボー』のリメイクであり失敗作である。

『ウィンチェスター銃'73』　1873年式のウィンチェスター銃、レバーアクションで1秒に1発の連発操作ができる。しかも精度抜群で千丁につき1丁しか生まれない名銃ウィンチェスター銃'73が主人公。この名銃を手にしたものは次々に死んでいく。日本の名刀も妖刀ものと同じ展開。1876年、第七騎兵隊がスー族に全滅させられたのは騎兵隊が旧式のスプリングフィールド銃で、スー族はウィンチェスター銃を使っていたからだと云われている。コルトピースメーカーとウィンチェスター銃が西部を開拓し巨大なアメリカを作りあげたのだ。

『ヴェラクルス』　メキシコ革命に西部のガンマンが参加する話。ラストのゲイリー・クーパーとバート・ランカスターの対決。抜き射ちしたランカスターが拳銃をクルリとホルスターに収め、ニヤリと笑った後バッタリ倒れると記憶していたが、先日再見したらランカスターは立ったまま拳銃をホルスターに収めそのまま倒れていった。あのニヤリと不敵に笑ったのは幻だったのか。

『西部開拓史』　シネラマ劇映画の第1作で、現在のホテル西洋銀座の場所にあったテアトル東京で公開された。他のロードショーが250円から300円の時代に全館指定で600円だった。昭和37年12月大晦日に見ている。当時シネラマが人気で、この冬休みこの日しか空席がなかったのである。この映画はアメリカは如何に力強く大胆に、民主的に巨大な国家を作りあげたかという大アメリカ讃歌。ヘキエキするまでのアメリカ讃歌ゆえに10本の中に選出した。騎兵隊がインディアンを滅ぼすように、この映画公開の数年後、アメリカの騎兵隊は大挙してベトナムに向かうのである。

『ワイルドバンチ』　出てくる登場人物が悪人ばかりなのがおもしろい。乱射乱撃、流血の大アクションをスローモーションを交えて見せてくれた。この後、日本映画でもアクションシーンにスローモーションが多用されるようになる。

『夕陽のガンマン』　テレビの西部劇「ローハイド」で人気者になったが、その後くすぶっていたクリント・イーストウッドがイタリア製西部劇に出演した2作目。第1作は黒澤明の『用心棒』を下敷にした『荒野の用心棒』(64)。マカロニウェスタンと日本で呼ばれ映画は世界的にヒットした。イーストウッドもスターへの道程をたどり始める。この後、無数のマカロニウェスタンが日本で公開され多くの観客を集めた。仲代達矢、丹波哲郎も主演クラスでマカロニウェスタンに出演している。ロケ地の大半はスペインの砂漠や山岳地帯。

『夕陽のガンマン』ではイーストウッドの相手役にリー・バン・クリーフを起用しているのが効いた。この後クリーフは数多くのマカロニウェスタンに悪役として出演、人気者になる。二人とも賞金稼ぎのガンマンで様々な銃火器を使ってのガンプレイが見せ場。

『許されざる者』　暴力と流血に満ちた異端の西部劇。いかにアメリカの西部開拓時代が理不尽で野蛮な時代であったかをイーストウッドは告発している。西部開拓時代の間違い、今までの西部劇の誤りを提示し、現代アメリカに警鐘を鳴らしている。故に「最後の西部劇」か。こうした彼の思いが『インビクタス　負けざる者たち』に連鎖して行くのだろう。

プロデューサー
1937年生

山口剛

駅馬車
脚本＝ダドリー・ニコルズ
監督＝ジョン・フォード
1939／米

地獄への道
脚本＝ナナリー・ジョンソン
監督＝ヘンリー・キング
1939／米

西部の男
脚本＝ニーヴン・ブッシュ、ジョー・スワーリング
監督＝ウィリアム・ワイラー
1940／米

赤い河
脚本＝ボーデン・チェイス、チャールズ・シュニー
監督＝ハワード・ホークス
1948／米

月下の銃声
脚本＝リリー・ヘイワード
監督＝ロバート・ワイズ
1948／米

黄金
脚本・監督＝ジョン・ヒューストン
1948／米

ヴェラクルス
脚本＝ローランド・キビー、ジェームズ・R・ウェッブ
監督＝ロバート・アルドリッチ
1954／米

脱獄
脚本＝ダルトン・トランボ
監督＝デヴィッド・ミラー
1962／米

ワイルドバンチ
脚本＝ウォロン・グリーン、サム・ペキンパー
監督＝サム・ペキンパー
1969／米

ラスト・シューティスト
脚本＝マイルズ・フッド・スワザウト、スコット・D・ヘイル
監督＝ドン・シーゲル
1976／米

1940から50年代に少年時代を送った映画ファンは、戦争が終わって洪水のように日本に輸入される戦前戦後のアメリカ映画を同時代の映画としてスクリーンで見るという今で思うと不思議な時代を過ごした。私の記憶の中で40年代と50年代、戦中と戦後の映画が混乱しているのはそんな輸入事情のせいもあ

るようだ。

「娯楽案内」という『ぴあ』の前身のような小冊子を手に、場末まで追っかけた西部劇の中から出来るだけ当時の印象で選んでみた。『平原児』(36)、『オクラホマ・キッド』(39)、『北西騎馬警官隊』(40)、『サン・アントニオ』(50)、『死の谷』(49)など記憶に残るものは多いが、こうしてふり返ってみると、60年代で西部劇にほとんど終わっていることに気がつく。そんな中で、群を抜いて面白かったのは『駅馬車』である。疾走する駅馬車を舞台に活劇の面白さを堪能させてくれた。目を見張るようなアクション・シーンなどさすがはアメリカの最新映画と感心したが、戦前39年の作品だった。フォードの映画だけでも5本は選びたいところだ。当時の私には『荒野の決闘』(64)の抒情や余韻よりも、『駅馬車』の活劇の方が面白く感じられた。

『地獄への道』は、タイロン・パワーのジェシー・ジェイムズ、ヘンリー・フォンダのフランク・ジェイムズにランドルフ・スコットの保安官を配した大作だが、馬もろとも高い崖から水中にジャンプする逃亡シーンなど見せ場が多かった。この映画はフリッツ・ラングにより続編『地獄への逆襲』(40)が作られ、パワーは出ていないが、兄の仇を討つヘンリー・フォンダの暗いイメージが悪くなかった。

『大いなる西部』がワイラーを代表する大作であることに異論はないが、この『西部の男』は、ゲイリー・クーパーとウォルター・ブレナンの掛け合いが絶妙で、スクリューボール・コメディの感がある。こんなに楽しく笑える西部劇は初めてだった。

『赤い河』には西部劇のすべてがある。牧童たちの生活、ガンプレイ、1万頭の牛を1千マイル運ぶキャトルドライブ、津波のようなスタンピード(牛の暴走)――それを背景にジョン・ウェインとモンゴメリー・クリフト親子の確執と和解がとうとうと描かれる。大河小説を読み終えたような満足感があった。ジョン・ウェインはこの映画を記念してダンスン牧場のマークを形取ったベルトのバックルを、以後ホークスの映画に出る時いつも使っているのは、西部劇ファンは知っている。脚本家の柏原寛司さんがそのレプリカを作って一つくれたので、時々着用しジョン・ウェインの気分を味わっている。

『月下の銃声』はロバート・ワイズが『罠』（49）を撮る直前に撮った作品で、主演のロバート・ミッチャムのフィルム・ノアールのカルト的名作と言われる『過去を逃れて』（47）のスタッフが携わっているので、ノアール色の強い西部劇だ。

『黄金』　全編薄汚れて無精髭のボギー（ハンフリー・ボカート）、リアリズムでハードボイルドの極致のようなタッチが生み出す強烈なサスペンスは忘れがたい。

『ヴェラクルス』はいかにもアルドリッチらしい男性活劇。クーパーとランカスターの決闘は西部劇ファンに語り継がれる名場面で武蔵と小次郎、座頭市と用心棒といった時代劇の名勝負のおもむきがあった。

『脱獄』は、無実の罪で服役している友人を救うために、敢えて罪を犯し獄中に入る一匹狼のカウボーイ（カーク・ダグラス）を主人公とした映画だ。ハリウッド・テン（〝赤狩り〟で有罪となった10人の映画監督、脚本家）の一人ダルトン・トランボの脚本だけに、自由に生きようとする一徹な主人公と敵対する体制、抑圧的な刑務所システムなどがよく描かれているだけでなく、同時に失われゆく西部への挽歌のような小味ながら良くできたエンターテインメントになっている。

『ワイルドバンチ』の過激な暴力描写は封切り当時は賛否両論あったが、今観ると老ガンマンたちの心意気にはセンチメンタルな情感を覚える。『昼下りの決斗』（62）でジョエル・マックリーに老眼鏡をかけさせたペキンパーは、今度は乗馬しようとして転げ落ち尻もちをつくウィリアム・ホールデンを描く。侮蔑的な若者の視線を浴びながら馬の背によじ登り馬を進めるホールデンがなんとも格好よい。

『ラスト・シューティスト』はまさに西部劇への鎮魂歌である。「西部劇」の葬式に参列したような気持ちで観た。

10本選んでみたものの、西部劇の2大監督アンソニー・マン、ジョン・スタージェスの映画が抜けている。『真昼の決闘』（52）も『シェーン』（53）もない。セルジオ・レオーネも入れられなかった。作り直したらきっと全然別のベスト10ができるだろう。

詩人・編集者
1949年生

稲川方人

リオ・ブラボー……1959／米
脚本＝ジュールス・ファースマン、リイ・ブラケット
監督＝ハワード・ホークス

ペイルライダー……1985／米
脚本＝マイケル・バトラー、デニス・シュラック
監督＝クリント・イーストウッド

ガンポイント……1965／米
脚本＝メアリー・ウィリンガム、ウィラード・ウィリンガム
監督＝アール・ベラミー

真昼の死闘……1970／米
脚本＝アルバート・マルツ
監督＝ドン・シーゲル

ウエスタン……1968／伊、米
脚本＝セルジオ・レオーネ、セルジオ・ドナティ
監督＝セルジオ・レオーネ

ワイルド・アパッチ……1972／米
脚本＝アラン・シャープ
監督＝ロバート・アルドリッチ

さすらいのカウボーイ……1971／米
脚本＝アラン・シャープ
監督＝ピーター・フォンダ

モンタナの西……1964／米
脚本・監督＝バート・ケネディ

夕陽の群盗……1972／米
脚本＝ロバート・ベントン、デヴィッド・ニューマン
監督＝ロバート・ベントン

昼下りの決斗……1962／米
脚本＝N・B・ストーン・Jr.
監督＝サム・ペキンパー

［番外］
西部に来た花嫁……1973／米
脚本＝マーク・ノーマン
監督＝ヤン・トロエル

フォードやホークスやウォルシュ、アルドリッチやペキンパーを選ばない理由のほうに現在の自分の映画的な心境があるような気もしていたが、やはりそうはいかなった。抵抗は無駄だよ、と彼らが悠然と言っているような気がした。

ウォルシュの名も知らず、ただトロイ・ドナヒューとスザンヌ・プレシェットだけで見たウォルシュ最後の映画『遠い喇叭』(64)にわけもなく歓喜していたことはたまに思い出すし、昔出した雑文集にも書いたことだが、子供のころ最初に覚えた英単語のスペルが、ジョン・ウェインとジョン・フォードだったりしたことを恥じてもしかたない。最初に観たフォード&ウェイン映画は『黄色いリボン』(49)だったと思うが、好きになったのは『リバティ・バランスを射った男』(62)で、ジェイムズ・ステュアート、リー・マーヴィンのことをこの映画で深く記憶した。70年代のいつだったか、本人がジョン・ウェインの歩き方を真似て登場する宇田川幸洋氏の8ミリ映画を観て、同じような子供時代を持つ人がいることに喜んだ覚えがある。宇田川氏の絶妙のジョン・ウェイン物真似は、たぶんフォード映画からではなく、ホークス映画からの引用だと思う。

その『リオ・ブラボー』が振る舞う簡潔極まりない馳走は西部劇の一方の真髄だし、また一方には同じホークスの『赤い河』(48)やフォードの『捜索者』(56)のような底知れぬ葛藤の真髄があり、西部劇史はそのふたつの並走か、そのふたつの交差のなかにある。フォードやホークスの西部劇がA級かどうか(つまり、ジャンル映画の外か内か)は規定が難しいが、西部劇は確実にB級というヒエラルキーを持つことでジャンルを頼もしく豊かにしていた。だから、オーディ・マーフィーの西部劇がかかれば真っ先に観に行って悦に入っていたのは映画少年の意気地だったかもしれない。『ガンポイント』の彼は眼の見えないガンマン。粗末な町のオープンセット、牢屋のある保安官詰所、そのはす向かいにはたいがいサロンがあって、観音開きの入口がギーッと鳴る。この定型の佇まいのなかにオーディ・マーフィーのあの哀れな顔を見れば安心していた。哀れな気配の微塵もないジョン・ウェインが『リバティ・バランスを射った男』のサロンで食べるステーキを筆頭に、西部劇は私にはまた「食い物」のジャンルでもあった。カウボーイたちが焚き火を囲んで食べる豆料理にずっと憧れていて、わざわざ清里までポークビーンズを食べに行ったこともある。大きな皿一枚に盛った豆や肉や野菜をフォークでつつきながらパンをちぎるのがいまも一番好きな食べ方だ。

10代の終わりのころには、映画少年の意気地にも多少の歪みが生まれていたらしく、バート・ケネディの西部劇を、だだっ広い地方の映画館で観たときには、発見したぞ、とまばらな客席を振り返った。後に彼が脚本家としてイーストウッドの『ホワイトハンター　ブラックハート』(90)に参加したのは嬉しかった。

そのイーストウッドの西部劇から、本人の監督ではない『奴らを高く吊るせ!』(68)か『真昼の死闘』かを考え、ここではシャーリー・マクレーンに敬意を表した。監督作では『アウトロー』(76)か『ペイルライダー』か『許されざる者』(92)かを考え、細部が嬉しい『ペイルライダー』を。『アウトロー』の犬は、血縁の薄い私にとって「家族」の原理的イメージである。『ペイルライダー』はその神学的豊饒さに印象が支配されがちだが、リチャード・キールとイーストウッドの関係をはじめとした心理表現の絶妙のディテイルがいたるところで存分に楽しめる映画でもあり、そのディテイルに顕われていた、善き人はつねに悪しき人より優位でなければならないというテーゼ、これが西部劇の永遠だという気がする。この永遠のテーゼを生涯苦悩したのがサム・ペキンパーではなかろうか。ランドルフ・スコットとジョエル・マクリーの最後の映画『昼下りの決斗』でペキンパーを。

「悪い仲間」と帯同する青春映画の基本をロバート・ベントン&デヴィッド・ニューマンが西部劇に応用した『夕陽の群盗』に、三鷹にあった二番館で出会ったときは、熱くなって最終回まで席に座っていた。ベントン&ニューマンの、これが一番いい映画だと思う。

西部劇はすべて「ワンスアポンナタイム」なのに、わざわざそれを題名に記してしまうフォルマリストの面目躍如たるレオーネの『ウエスタン』(68)には異邦人の西部劇という感じはしない。むしろペキンパーの『砂漠の流れ者/ケーブル・ホーグのバラード』(70)のほうがアメリカの「外」という気配が色濃く漂う。私には『ウエスタン』と『砂漠の流れ者』は、二卵性双生児であり続けている。

番外に、監督ヤン・トロエル、主演リヴ・ウルマンというまさしく異邦人の撮った「アメリカ開拓」が描かれる『西部に来た花嫁』を置いておきたい。一度しか見る機会のないままのこの映画の深い山奥の森を、ふと思い出すことがある。

脚本家・本誌編集長
1947年生

荒井晴彦

追跡……1947／米
脚本＝ニーヴン・ブッシュ
監督＝ラオール・ウォルシュ

拳銃王……1950／米
脚本＝ウィリアム・ボワーズ、ウィリアム・セラーズ
監督＝ヘンリー・キング

真昼の決闘……1952／米
脚本＝カール・フォアマン
監督＝フレッド・ジンネマン

無頼の群……1958／米
脚本＝フィリップ・ヨーダン
監督＝ヘンリー・キング

左きゝの拳銃……1958／米
脚本＝レスリー・スティーブンス
監督＝アーサー・ペン

ワーロック……1959／米
脚本＝ロバート・アラン・アーサー
監督＝エドワード・ドミトリク

インディアン狩り……1968／米
脚本＝ウィリアム・ノートン
監督＝シドニー・ポラック

ワイルドバンチ……1969／米
脚本＝ウォロン・グリーン、サム・ペキンパー
監督＝サム・ペキンパー

ギャンブラー……1971／米
脚本＝ロバート・アルトマン、ブライアン・マッケイ
監督＝ロバート・アルトマン

さすらいのカウボーイ……1971／米
脚本＝アラン・シャープ
監督＝ピーター・フォンダ

ＴＳＵＴＡＹＡから借りて西部劇をずっと見ていた。ほとんど見た映画なのにどんな話か忘れているのでいやになる。最近、簡単な漢字が書けなかったりする。50年も見たり読んだりしてきたのに、中味忘れてるんじゃ何にもならない。初めて見るようで得した感もあるのだけれど。『追跡』は本当に初めてだと思うが、ちょっと驚いた。ロバート・ミッチャムが隠れている廃屋にテレサ・ライトがやってくるところから始まって、大回想に入

るのだ。ミッチャムは孤児で、ジョン・ロドネイとテレサ・ライトの兄妹と一緒にジュディス・アンダーソンに育てられたのだが、どうもこの廃屋に住んでいたことがあるみたいなのだ。ミッチャムとライトは愛し合うようになるが、ミッチャムはいつも誰かに狙われているような気がしている。ロドネイとミッチャムはことあるごとに揉め、ミッチャムは待ち伏せしていたロドネイをそうと知らずに撃ってしまう。ライトに兄の復讐のためにミッチャムのプロポーズを受け、結婚初夜に撃とうとするが失敗する。それではとアンダーソンの一族がミッチャムを殺そうとする。廃屋は包囲され、ミッチャムはライトを巻き添えにしないため投降する。ミッチャムが首を吊られそうになった時、アンダーソンが一族を率いる兄（?）を撃つ。ミッチャムはアンダーソンの不倫相手の子供で、不倫相手の一家は一族に殺され、ミッチャムだけ廃屋になった家の床下で生き残ったのだった。アンダーソンの兄殺しは、不倫相手の仇討ちであり、不倫のどこが悪い、好きになっちゃったんだからしようがないじゃないという居直り的不倫肯定宣言なのだった。これ、47年の西部劇と考えると、かなりスゴイのではないだろうか。

『拳銃王』は早撃ちで有名なグレゴリー・ペックが、早撃ち勝負で名を上げようと挑んでくる連中に疲れ、妻と子のいる町に戻ってくるところから始まる。息子に会いたいが妻は息子にペックが父だとは言ってない。町を出て行ってくれと言う保安官に、ペックは妻と会ったら出て行くと答える。妻は会いたくないと言う。ペックを狙う3人組が町に向かっている。旧い女友達が妻を口説いてくれるという。ペックは酒場で妻を待っている。珍しいサスペンスだ。ペックはやっと妻子に会えるが、撃たれてしまう。主人公が死んで終わるのも珍しかった。

『真昼の決闘』は映画の中で進行する時間と現実の時間が同じだというので、子供心にへぇーと思った。主題歌も流行っていた。ゲイリー・クーパーが結婚式を挙げ、保安官を辞めて町を出ようとしているところへ、かつて逮捕した男が出所して、復讐に戻ってくるという知らせ。汽車の到着時刻は12時。いまは10時40分。大敵は4人。クーパーは町の人に応援を頼むが誰も助けてくれない。後年、「赤狩り」の映画だと知った。

衆はアテにはならないと言っているのだと。味方はかつての女といまの女。脚本を書いたカール・フォアマンは「赤狩りは日常の恐怖だった。私はそれを、敵がやってくる汽車を待つ時計が刻々と秒をきざむシーン（『真昼の決闘』52）や死の神におののく船員（『鍵』58）に描いた」と言っている。これ、ジョセフ・ロージーが監督する予定だったが、非米活動調査委員会の召喚は必至と見て、ヨーロッパロケからの帰国を断念。初稿を書いたベン・マドウもブラックリストに載り、降ろされる。カール・フォアマンはこのあとブラックリストに載り、イギリスへ逃れる。『戦場にかける橋』（57）はノンクレジット（『レッドパージ・ハリウッド』上島春彦）。

『無頼の群』はグレゴリー・ペックが妻を犯して殺した4人組を追って3人殺すが、4人目を殺そうとして真犯人は隣人だったと分かる話。銀行強盗の4人組の絞首刑を見るためにペックが町にやってくるところから始まる。4人組が脱獄して、ペックが指揮をとる追跡劇になる。ペックは個人的復讐だが町の人々にとっては正義の行使。ペックは間違った復讐で英雄になってしまう。これ、脚本はフィリップ・ヨーダン（『探偵物語』〈51／ウィリアム・ワイラー〉、『大砂塵』〈54／ニコラス・レイ〉、『折れた槍』〈54／エドワード・ドミトリク〉、『最前線』〈57／アンソニー・マン〉、『バルジ大作戦』〈65／ケン・アナキン〉）となっているが、ヨーダンはブラックリスティに名前を貸す「フロント」で有名だから、これも誰かが書いたのかも知れない。『最前線』はベン・マドウ執筆。

『左きゝの拳銃』。子供の頃、ビリー・ザ・キッドは本当は右利きなのに、写真を裏に焼いてしまったから、左利きということになってしまったというような記事を読んだことがあった。この映画で、その写真と同じポーズで写真を撮るシーンがあったが、左利きだった。これ、昔、テレビで初めて見た時、ニューシネマの「走り」じゃないかと思い、60年代前半か半ばの製作と思い込んでいたのだが、58年と知って見直した。やはり、主人公が殺されるし、ま、ビリー・ザ・キッドだからパット・ギャレットに撃たれて死ぬのは分かっているのだけれど、若いポール・ニューマンが死に向かって急いでいくさまはどう見てもニューシネマだった。バカな仲間、ビリーのファザコン造型、父みたいな雇い主を殺された復讐で4人を殺し、頼るのはまた父みたいなメキシコ人、その妻とやっちゃうし、ということは疑似マザー・ファッカーか。『俺たちに明日はない』(67)の9年前、アーサー・ペンのデビュー作だ。原作はゴア・ヴィダル。

『ワーロック』は、小川徹が「『大衆は信じられない』(エドワード・ドミトリクの)そういう出発点を西部劇をつうじて明らかにしたのが『ワーロック』であった」と書いている。「『革命児サパタ』にも、再びアカデミー賞を得てハリウッドでの復権を保証された『波止場』にも、エリア・カザンの描いた革命には革命後、権力者の椅子を投棄する英雄が描かれてあり、これは同じころ『ハリウッドの十人』の名ざしで『赤』呼ばわりされたエドワード・ドミトリクの転向後の作品『ワーロック』の英雄が悪党を追い払ったあと王者として権力をふるえという誘惑者を切って村を去ってゆくところと、まったく同工であった」とも。ドロレス・マイケルズと結婚して雇われ保安官稼業から足を洗うと言うヘンリー・フォンダに、俺があんたのバックを守ってやってきたから、今日のあんたがいるんだ、俺たちはずっと一緒なんだと言うアンソニー・クイン、二人のホモ的な関係がおもしろい。フォンダが保安官、クインが副保安官、フォンダが名声、クインが金、で、本当は俺が主でフォンダが従だと思っているクイン、銃だって俺の方が早いと酔って挑発。確かにクインの方が早かった。クインを撃ってしまい、泣きながら町の連中に賛美歌を歌えと怒鳴るところは、おまえらのせいだよ、仲間を売ったのはというドミトリクの「転向」の涙か。

『インディアン狩り』は教養ある黒人奴隷オシー・デイヴィスと無教養な毛皮猟師バート・ランカスターの道中を描いた「公民権」映画だ。「この映画は、黒人には、共和党も、民主党もない、利用できるほうにつき、しかも黒人差別や奴隷扱いを十分に利用して、口では(奴隷制の無い)メキシコへいって自由に、とはいっていても、実は体制内、アメリカ国家そのもののなかで自由にふるまおう、というのである」と小川徹。この頃、俺は小川さんの裏目読み解説で『雨のニューオリンズ』(66)『インディアン狩り』『大反撃』(69)『ひとりぼっちの青春』(69)とポラック好きになり、『追憶』(73)では、なぜ俺がケーティーが好きなのかと失恋の傷を喋らされ、裏目読みされた。

『ワイルドバンチ』を銀座の名画座で見た時、アメリカにもヤクザ映画があるのかと思った。女を買って、よし、行こうと捕われた仲間のために横に並んで死地に赴く。まるで殴り込みだ。そして、みんな死ぬ。特攻だ。かつての仲間で「転向」したロバート・ライアンは自動車やガトリング機関砲の時代にひとり残されてしまった。ひとつの時代の終わり（西部劇の時代も、全共闘の時代も）への挽歌のような映画だった。河井継之助が買ったガトリング機関砲がもっと奥羽越列藩同盟にあれば、日本の8月15日に至る歴史は変わっていたかも知れないのに、とも思った。

『ギャンブラー』はレナード・コーエンの歌が流れる雪の中で、敗けを覚悟の闘いでひとり死んでいく男を描いていて、やはり静かなヤクザ映画みたいだった。撮影は「信じてくれ　僕は逆さに吊され殺された　ぼくがちっとも知らない街　ブダペストで」と黒田喜夫が詠った56年のハンガリーから逃れて来たヴィルモス・ジグモンド。

『さすらいのカウボーイ』は、年上妻と幼い娘を置いて7年さすらっていたピーター・フォンダがもう疲れたと旅の連れのウォーレン・オーツと妻子の家に帰る話だ。妻は二人を農場の雇用労働者として納屋に寝かせる。オーツが旅に出ると言う。フォンダは妻のせいだと思う。妻は「私たちがうまくいかない時、もし彼がいたら一緒に家を出ていくか、そう誘われるはずよ、そうでしょう。浮気の相手を連れて戻ってきて、一緒に、と言うのと同じ」。オーツが出て行った夜、妻は体を洗い、ヤリ支度。オーツの切られた指が届けられ、フォンダはガンベルトをして出かける。フォンダは死に、オーツが戻ってくる。男の友情とそれを裂こうとするブスの妻の話だと思っていたが、リバイバル上映で、「雇われ手」という原題の意味が分かった。男は男手に過ぎず、取っ替え可能よという女側からの映画だった。

　フランク・ペリーの『ドク・ホリディ』（71）には驚いた。砂埃の西部でフェイ・ダナウェイも汚い。「OK牧場の決闘」もすぐ終わってしまう。30秒も無い。リアリズム西部劇。本当はこうだったのか、と思うけれど。

ニューシネマを外すなら、無実の3人がリンチで吊るされてしまう『牛泥棒』（ウィリアム・A・ウェルマン、43）。白人にもインディアンにもいい人と悪い人がいる、いい人同士で平和条約を結ぼうという『折れた矢』（デルマー・デイヴィス、50）、アカデミー脚色賞にノミネートされたマイケル・ブランクフォートは「アロント」で、脚本を書いた「ハリウッド・テン」のアルバート・マルツは徹底抗戦派のジェロニモを悪い人にしている。銀行強盗のボスがアパッチと一緒に育てられた男みたいな娘との恋で、奪った金を銀行に返して終わる『廃墟の群盗』（ウィリアム・A・ウェルマン、48）は戦争―復員―犯罪からの更生モノ。人を撃ったことがない早撃ち名人が挑戦者に脅える『必殺の一弾』（ラッセル・ラウズ、56）。リメイクで脚本家が余計な仕事をし過ぎていた『決断の3時10分』（デルマー・デイヴィス、57）、『無法の拳銃』（アンドレ・ド・トス）のロバート・ライアンと人妻ティナ・ルイーズの関係もおもしろい。『西部に来た花嫁』（ヤン・トロエル、73）は、「写真花嫁」のようにジーン・ハックマンが新聞広告でリブ・ウルマンを嫁にするが、マッチョな夫と東部育ちの妻はことごとくぶつかり、夫は家を出るが、最後は妻の軍門に降るというニューシネマならではの女の勝ち映画。見逃がしていた『レッド・ムーン』（ロバート・マリガン、68）と『夕陽の群盗』（ロバート・ベントン、72）は千浦僚が輸入DVDを貸してくれたが再生できなかった。

そういえば、男と女が追われていて、追っ手をまくために馬の足跡を消したい、と、女が長いスカートをまくってペティコート（?）を裂いて男に渡す、それで蹄鉄をくるんで二人は逃げる、というシーンがあった西部劇を誰か知らないだろうか。『禁断の惑星』（フレッド・マクラウド・ウィルコックス、56）とそのシーンが俺の性の目覚めだった。

〈『夕陽の群盗』は、河村雄太郎がTSUTAYA恵比寿でDVDを作ってもらい、プレゼントしてくれた。『男の出発』〈ディック・リチャーズ、72〉のように少年が憧れの西部の厳しい現実に幻滅しながら成長していく。ディヴィッド・ニューマンと『俺たちに明日はない』の脚本を共作したロバート・ベントンの監督デビュー作。『レッド・ムーン』はNHK BSで見た。

『捜索者』〈56／ジョン・フォード〉はコマンチ族に連れ去られた姪をジョン・ウェインは6年後に救出したが、姪がコマンチになってしまっているので、撃とうとする。『レッド・ムーン』はグレゴリー・ペックが、アバッチに捕えられ、酋長の息子を産まされたエヴァ・マリー・セイントとその息子と一緒に暮らそうとするが、アバッチの酋長が息子を取り返そうと追ってくる。姿を見せないで襲ってくる父酋長の息子への気持ちが伝わってくる変な映画〉

戦争映画

第一次大戦以降の戦争を描いた外国映画に絞って選択。
アメリカとアメリカ映画の相貌を
浮き彫りにする結果となったのは
歴史の必然か、映画の必然か。

旧『映画芸術』編集部・映画批評家
1941年生

佐藤千穂

地上《ここ》より永遠《とわ》に……1953／米
脚本＝ダニエル・タラダッシュ
監督＝フレッド・ジンネマン

攻撃……1956／米
脚本＝ジェームズ・ポー
監督＝ロバート・アルドリッチ

戦場にかける橋……1957／米
脚本＝カール・フォアマン、マイケル・ウィルソン
監督＝デヴィッド・リーン

灰とダイヤモンド……1958／ポーランド
脚本＝アンジェイ・ワイダ、イエジ・アンジェイエフスキ
監督＝アンジェイ・ワイダ

大脱走……1963／米
脚本＝ジェームズ・クラヴェル、W・R・バーネット
監督＝ジョン・スタージェス

大列車作戦……1964／米
脚本＝フランクリン・コーエン、フランク・デイヴィス
監督＝ジョン・フランケンハイマー

特攻大作戦……1967／米
脚本＝ナナリー・ジョンソン、ルーカス・ヘラー
監督＝ロバート・アルドリッチ

サンタ・ビットリアの秘密……1969／米
脚本＝ベン・マドー、ウィリアム・ローズ
監督＝スタンリー・クレイマー

M★A★S★H マッシュ……1970／米
脚本＝リング・ラードナー・Jr.
監督＝ロバート・アルトマン

父親たちの星条旗……2006／米
脚本＝ウィリアム・ブロイレス・Jr.、ポール・ハギス
監督＝クリント・イーストウッド

戦争映画に熱をあげるようになったのは小川徹さんの影響が大きい。それ以前は、もっぱら、場末三番館で2本立てのB面的存在であって、感傷や付け焼き刃的教養で観ていたに過ぎなかった。戦中派の小川さんだったから、空母や戦艦の名称、海戦における戦闘、指揮模様のみならず、ドイツのタイガー型、

ソ連のスターリン型、米国のシャーマン型などなど、戦車の種類や構造、さらに洋の東西を問わず軍服や軍帽の星の数とその将官の階級まで滔々とご披露されるものだから、ついつい引き込まれて、戦争映画ファンになってしまったという次第。机上の作戦と実戦との齟齬、武器と武器、武器と人間、人と人がせめぎあい、時空を交差するスペクタクルに魅せられずにはいられなかった。

『地上より永遠に』日米開戦間近、ハワイ海軍基地での上官による凄惨ないじめ、軋轢の痛ましき日々。Ｂ・ランカスターとＤ・カーの渚のラブシーンとＭ・クリフトの奏でるトランペットの音色が組織に属する個人の痛切な叫びのように聴こえて胸を打った。

『攻撃』傷だらけのＪ・パランスが泥濘に塗《まみ》れつつ、「神様は私にもう少しだけ（上官＝Ｅ・アルバートを撃つ）力を下さい！」とよろよろと向かっていく姿は忘れられない。兵士は敵と戦う前にまず味方であるはずの軍部組織や上官と戦わなければならないのである。当然ながら、組織と個人の在り方を問いただす社会派的傾向の作品は戦争映画の大きな分野を占める。

『戦場にかける橋』あまりにもプライド高い秀作で個人的には馴染めないので、Ｍ・ブランドのナチの将校が格好よかった『若き獅子たち』（Ｅ・ドミトリク、58）にしようか、また、何とも御調子よく進攻したオールスター大作『史上最大の作戦』（Ｋ・アナキン、Ｂ・ヴィッキ他、62）にしようかとしばらく迷ったが、学校の先生に連れていってもらった想い出とＤ・リーン監督の存在を無視できず、『戦場に……』でキマリ！

『灰とダイヤモンド』終戦とはカタチだけで、その後も負傷した眼を隠すサングラスと銃を手放さず、追われ者の傷は癒えるどころか心の痛みも増すばかり。この作品についての拙い講釈は不要だが、主人公マチェックのサングラスと洗濯物干場にたなびいていたシーツは、深作欣二監督の『誇り高き挑戦』で鶴田浩二のサングラスと議事堂に翻る日の丸にパクられていたっけ。

『大脱走』２００名を超える連合軍捕虜の知恵と行動力を駆使した、文字どおりの大脱走劇。結局、生還したのはＳ・マックィーンほか数名だったが、序章から終章まで息継ぐ暇なく観せられてしまう。脱走モノは

『第十七捕虜収容所』（B・ワイルダー、53）の、外部に出て行くよりも収容所にいる方がイキイキしていたW・ホールデンが印象的だったし、F・シナトラ主演の『脱走特急』（M・ロブスン、65）は、列車を駆使した追っかけモノ、スピード感たっぷりで面白かった。どちらかというと、『戦場のピアニスト』（R・ポランスキー、02）のような、市民が関わる素人レジスタンス的脱出劇よりも、プロ同士による脱走の方が観ていて気が楽だ。市民が出てくると、どうしても戦争映画とは別の感覚が刺激され、メソメソしてしまうからだ。もっとも『戦場の……』は、米国を追われたポランスキー監督の欧州さすらいの心情を表出したものだろうと思っている。

『大列車作戦』第二次大戦末期、敗退するナチス将校によるルーブル美術館の名画略奪計画を、B・ランカスターを中心とする鉄道労働者の助力で阻止する物語。入り組んだ鉄道網を縦横に使いこなして、いかにも貨物をドイツへ運ぶように見せかける戦術とその手際のよさ。ラストで「芸術を解らない者が持っていてもムダ」と言うナチ将校と、鉄道のプロ職人。名画はだれの物でもないかのように上手に堆《うずたか》く放り出されていた。

『特攻大作戦』小川徹さん好みの戦争映画として恰好の作品。目的はナチ上級将校が集結する独軍作戦本部の爆破。失敗しても、死んでも、軍に支障をきたさない極悪死刑囚12名、Dirty dozenを特訓し、爆破計画に利用しようという上層部の魂胆。指揮するL・マービンのタクトに唱和して机上の奇襲作戦を全身にたたき込む、息を呑むリハーサルの繰り返し、そして本番。まるで交響楽のように進んでゆく。作戦本部に乗り込んだのはいいが独語の解らぬL・マービンが受付の宿泊記帳で窮地、それを見たC・ブロンソンがインク瓶を倒して帳簿を台なしにして難を逃れる機転、巡回兵の動向を味方に知らせるために独兵に変装しているD・サザーランドに煙草の火を借りに近づく本物の独兵と切羽詰まるやりとりなどなど、机上の作戦で予想出来なかったハプニング続出で、何度観ても手に汗をにぎる傑作。L・マービンは上層部に命令された全く不可能な作戦を成功させるのだが、生き残ったのは彼とブロンソンとリチャード・ジャッケルの３人だけというところに監督の皮肉な笑いが見え隠れする。

敵地の建築物や要塞、橋などを破壊するドラマは戦争映画の常道で、『アンツィオ大作戦』（E・ドミトリク、68）、『大反撃』（S・ポラック、69）、『ナバロンの要塞』（J・L・トンプソン、61）、『テレマークの要塞』（A・マン、65）、『荒鷲の要塞』（B・G・ハットン、68）など、どれも面白かった。攻撃対象の破壊場面のクライマックスだけではなくそこまでのプロセスに、島あり、雪山あり、断崖絶壁あり、かてて加えて、不慮の出来事や人間関係の軋轢なども入り交じってアイデアは千差万別。『レマゲン鉄橋』（J・ギラーミン、69）で、爆破したはずの鉄橋が、粉塵が消え去ると、堂々と元のままの姿を現すところなどには独軍最後のプライドのようなものが感じられた、いまだ鮮明なシーンである。

『サンタ・ビットリアの秘密』イタリアの小村の人々がワイン100万本を独軍から護ろうと、村長（A・クイン）を中心に画策するレジスタンス・コメディー。ついに諦めた独軍将校へリボンで飾られた1本のワインを恭《うやうや》しく進呈するのが何ともシャレたオチ。これとは逆に、『戦略大作戦』（B・G・ハットン、70）は、独軍占領下の閉鎖された銀行に積まれてある大量の金の延べ棒を掻っ攫《さら》う、命知らずの米兵たちの知恵と戦術いっぱいの物語。ウソでも面白かったのだが、ここまでやると独軍が少々気の毒でもあった。

『M★A★S★H』朝鮮戦争下の野戦外科病院が舞台。異常が日常化している場面でのサイケなドラッグ文化とブラックユーモアに満ちた、これまでに無かった戦争モノ。R・アルトマンはこの出世作1作で巨匠に祭り上げられた。

『父親たちの星条旗』これは、日本軍側から描いた『硫黄島からの手紙』と同じコインの裏表になっているので2作纏めて1作としたい。接点になっているカットが特に興味深かった。『父親たちの……』で、上陸した米兵が見た洞窟に転がっている日本兵の凄惨な死体は、『硫黄島から……』において、手榴弾や銃によって自決したものであることが解る。あるいは、『父親たちの……』で海兵隊が続々と上陸してくる場面は、『硫黄島から……』では、バケツにたまった糞尿を捨てに行かされる一兵卒が崖の間からウンカのごとく襲来する米軍を見て思わずバケツを取り落とし必死に手を伸ばすシーンに符合する。スリバチ山攻防戦は、精神だけが頼りの日本軍が豊富な米軍の機動力に負けるのだが、その裏で、スリバチ山頂に翻った星条旗を立てる兵士の写真に隠された真実が明かされる。今では、有名なこの写真を宣伝の種として国債を売ろうという米国政府の画策。利用される兵士、特にアメリカ原住民兵士の悲惨さなど、コインの表と裏に隠された中身が炙り出されるという仕組みである。そういえば、日本側と米国側とが同時進行で開戦勃発まで、時々刻々と進む緊張感あふれる『トラ・トラ・トラ！』（R・フライシャー他、70）もコインの裏表を呈していた。

詩人・映画監督
1949年生

福間健二

コレヒドール戦記……1945／米
脚本＝フランク・ウィード
監督＝ジョン・フォード

攻撃……1956／米
脚本＝ジェームズ・ポー
監督＝ロバート・アルドリッチ

突撃……1957／米
脚本＝スタンリー・キューブリック、カルダー・ウィリンガム、ジム・トンプスン
監督＝スタンリー・キューブリック

僕の村は戦場だった……1962／ソ連
脚本＝ウラジーミル・ボゴモーロフ、ミハイル・パパーワ
監督＝アンドレイ・タルコフスキー

突撃隊……1962／米
脚本＝ロバート・ピロッシュ、リチャード・カー
監督＝ドン・シーゲル

銃殺……1964／英
脚本＝エヴァン・ジョーンズ、ジョゼフ・ロージー
監督＝ジョセフ・ロージー

ブルー・マックス……1966／米、英
脚本＝デヴィッド・パーサル、ジャック・セドン、ジェラルド・ハンリー
監督＝ジョン・ギラーミン

戦争のはらわた……1975／西独、英
脚本＝ジュリアス・J・エプスタイン、ジェームス・ハミルトン、ウォルター・ケリー
監督＝サム・ペキンパー

戦場の小さな天使たち……1987／英
脚本・監督＝ジョン・ブアマン

Hedd Wyn……1992／ウェールズ
脚本＝アラン・ルイド
監督＝ポール・ターナー

戦争映画。まず、はずしたいと意識したのは、タランティーノの『イングロリアス・バスターズ』（09）と、おそらくそれが参考にしたと思えるアルドリッチの『特攻大作戦』（67）である。後者は、そんなにきらいな作品ではなかったが、前者を見て、似ていると

思い、見直して評価をあらためた。札付きの問題児たちが、ナチス・ドイツを敵とすることで、連帯感をもって行動しはじめる。実は、みんな、いいやつということになる。要するに、ナチス・ドイツをいくらでも殺していいゾンビーのような装置として使っているのだ。タランティーノは、荒唐無稽の上に居直るという以上に、フィクションの自由を「良識」に衝突させておもしろがる。しかし、その発想の根は使いふるされてきたパターンだ。歴史無視ではなく、歴史のいちばん通俗的なヴァージョン（受けとり方）に依存している。

こういうのは、もともと戦争映画ではなく、殺人のライセンスを戦争の史実から借りたアクション映画なのだとしたいが、それでは片付かない気もしてくる。すべてのアクション映画を、実は戦争映画のヴァリエーションとみなすべきかもしれないからだ。

『イングロリアス・バスターズ』を見たあと、しばらく憂鬱になった。アクション映画の表現の、戦争から派生しているもの全般について再検討を迫られる気がした。そこに、今年はキャスリン・ビグロー〈監督〉の『ハート・ロッカー』（09）だ。アクション映画あるいは西部劇から逆輸入した要素でいちおう新味を出し、わが藤本幸久の大長篇ドキュメンタリー『アメリカ—戦争する国の人びと—』（10）が追求したような問題を巧みに回避した戦争映画である。

なぜかこういう場所にいて、いろんな鈍感さに囲まれ、いろんな宿題がたまってゆく。しかし、だからといって怯まないこと。この態度も、ある種の戦争映画のシチュエーションから学んだ気がするが、ここから歩きだすことにする。

で、今回もジョン・フォードから。

フォードは、早くからアメリカ海軍に関わり、第二次大戦期には自分から進んで従軍した。「野戦撮影班主任」となってミッドウェイ島に行き、ノルマンディー上陸作戦にも参加した。これだけの実力をもった映画監督で、こういうことをした人はほかにいないだろう。『コレヒドール戦記』は、戦場と兵士を知っているその監督が、描かれている事実から時間をおかずに撮った作品。いい意味でも悪い意味でも限定された視野の、ドキュメンタリー的映像に、隙がない。そのなかに原題(They Were Expendable)が示す「消耗品」たる兵士たちが生きている。

フォード、アメリカ、戦争映画。たとえそれぞれの根本のところで疑うとしても、この作品の、即製のよさ、とでもいうべきものは棄てがたい。エイゼンシュテインやロッセリーニの歴史的名作の横に並べてみたくなるような要素がある。戦争への疲労感がリアルで、その上に、ずばり、フォード的「情感」とはこれだというものが要所でたちのぼる。そして、ジョン・ウェインが恋心を寄せる看護婦役の、わたしたちの世代ならテレビの「うちのママは世界一」で知るドナ・リードが、アカデミー助演賞をとった『地上より永遠に』(53)のとき以上に印象に残る。

アルドリッチの『攻撃』こそは、わたしの頭のなかにある戦争映画の、いちばん最初に来る作品だ。ジャック・パランスの鬼気迫る演技もすごいが、エディ・アルバートによる無能な上官クーニー大尉は、こういう種類の人物の原型的なものとなった。社会的地位の高い父親に殴られて育った臆病な息子。自分は安全なところにいて、窮地に送り込んだ部下を平気で見棄てる。その判断ミスをごまかす屁理屈をごちゃごちゃ言う。今度見直して、自分が人生の早い時期にこういう作品を見て、クーニー大尉のような卑怯者にはならないぞと思って生きてきたことに、感慨をもった。戦争映画にかぎらないアメリカ映画の教育性の、やはり原型的なものが、ここにある。わたしは、どんなときでもクーニー大尉にならずにすんできたかどうか。この大尉を軽蔑して部下のひとりが「尊敬しない人とは飲みたくない」と言うが、現実の人生は、これを守るのだって大変である。アルドリッチは、男性的な勇気と友情を芯とした物語の展開にまったくためらいを見せない。それが作品の厚みと迫力になっている。

製作年はあとだが、キューブリックの『突撃』は、アルドリッチ作品の露払いといったところだろう。第一次世界大戦下のフランス軍の話という、いわば二重に逃げた設定で、安全な場所で保身をはかる軍首脳部の欺瞞性を漫画的に暴く。それでも、小説家ジム・トンプソンが脚本に一枚噛んでいるのと、「ナショナリズムは、悪党どもの最後の口実だ」という18世紀イギリスの文人ジョンソンの言葉をカーク・ダグラスが引用するだけでも、わたしにとっては価値ある作品だ。

ラスト前、囃したてる兵士たちの前でドイツ娘が怯えながら歌をうたい、兵士たちが全員それにほろりとなる。見直して、それがこの作品にあったことに少し驚いた。塹壕のなかを長い後退移動で撮るのをはじめとして、このころのキューブリックの手法は、低予算映画でのストーリーテリングの工夫からの必然性がある。表現としての伸びはそれほどないが、タイトでわかりやすい。後年の、新兵たちを殺人機械にする米海兵隊の教育システムからはじまって何もかも予想のつくことばかりの『フルメタル・ジャケット』(87)よりは、こちらの方に愛着が湧く。

『僕の村は戦場だった』のタルコフスキーも、のちの彼とはちがう魅力がある。この場合は、表現に伸びもある。第二次世界大戦下の少年のせつない悲劇と、この作品がつくられたスターリン批判以後のソ連の「雪解け」をつなぐ、詩的な、解釈しきれない夢としての、美しい映像。そこに、リアルに詰まっているものがある。むしろ『惑星ソラリス』(72)以降のタルコフスキーの高度そうな映像には、フロイト的な解釈を引き寄せているだけなのではないかという空疎さがある。ソ連映画では、グリゴーリ・チュフライの『誓いの休暇』(59)も、いま見直したらどんなだろうかと気になる。

シーゲルの作品のほとんどは、量産システムでいくらでも作られた作品のようでありながら、どれも、決定的な、固有の渋さをもっている。『突撃隊』は、最前線に出た小隊が、後続部隊が来るまで敵を釘付けにするという任務を奇跡のように果たす。その内容が、低予算B級映画の条件で作品を成立させることに重なっていると感じさせる。映画の現場は戦場だとよく言われるが、ここではそれが比喩以上のことになっている。殺人機械となったスティーヴ・マックィーンのむだのない存在感を中心に、安く用意できるものを効果的に使った工夫の数々には驚くほかない。戦争では、わずかな戦果のためにも大きな犠牲を払わなくてはならない。要領よくつくった映画の90分が、その理不尽さに勝っている。そうだ、シーゲルも『ダーティハリー』(71)からあと、この効率の詩から徐々に遠ざかるしかなかったのではないか。

ロージーの『銃殺』は、第一次世界大戦の最前線からの逃亡兵が、軍法会議にかけられ、銃殺されるまでを描く。中流階級出身のリベラルな将校(ダーク・ボガード)が、ワーキングクラスの二等兵(トム・コートネイ)に心を惹かれ、彼の弁護に力を入れるが、その好意・努力は実を結ばない。これは、戦争映画でなくてもやれる話かもしれないし、当たり前の議論からもうひとつ抜け出してほしかったとも思うが、塹壕の寒さをとらえた映像がいい。赤狩りで追われたロージーの、イギリスでの一連の仕事のひとつ。癖のある役者たち、映像の明暗法、そして抑圧された欲望が、そこで出会えたものだ。

『ブルー・マックス』は、ずっと好きな作品だと思ってきた。これも第一次大戦の話で、ドイツ空軍を描く。何がよかったのか。大作を撮るようになる前のギラーミンに、やはり大作を撮る前の森谷司郎と重なるものを見て、好感を抱いていたかもしれない。がっしりした図体で、人々に反感を買うほどの野心を表現するジョージ・ペパードの主演作も、続けて見ていたと思う。そういうこともあるが、伯爵夫人のウルスラ・アンドレスがペパードを寝室に誘うというのが大きかったと、いま思う。阿佐ヶ谷か吉祥寺のヲデオン座で3本立てのひとつとして見たはずで、10代のわたしが映画に何を求めていたかをあのころの景色とともに思い出す。飛行機。人妻。空中戦を見ながら、増村保造や若松孝二の作品に求めたのと変わらないものを待っていたのだ。このペパードのことを「野望に燃えて卑しさも感じさせる」と双葉十三郎は書いていた。

『戦争のはらわた』もドイツ軍の話で、第二次大戦のロシア戦線が舞台。ジェームズ・コバーンの勇敢な伍長が、愚かな中隊長に反逆する。あえて白黒の、コントラストのつよい映像で、1950年代の戦争映画を再現しているとも思える。『ガルシアの首』(74)にまで行きついていたペキンパーが、ここで何をやりたかったのだろうか。美学的には、その暴力の詩をタイトに凝縮させたかった。それがひとつ。さらに、彼の前に立ちはだかってきた映画会社首脳部への復讐心のようなものが、この物語、この主人公の造型に注ぎ込まれたのではないか。ユニヴァーサルな悪としての、戦争。それは、個人にはコントロールできない力に支配されながら、行為者のだれも責任を逃れられない具体的な行為が膨大に積み重なって進行する。閉所恐怖症を喚起するような映像がそのことを語る。

『戦場の小さな天使たち』は、第二次大戦下のイギリスの銃後の生活を、7歳の少年を中心に描く。ブアマンの自伝的な要素がある。同じような回想物が安っぽく文学的になるのとちがって、映画の表現として、リアリティーと美しさと幸福感をもつ。ブアマンは、10年ほど前に全作品を見直す機会をもったが、彼のなかでは、新しい手法への意欲と、いわば普通の映画への愛が、うまく折り合いをつけている。ドイツの空爆に対しての、イギリスの国民的な団結。それを叙事詩的に示す一歩手前のところで、出来事を、楽しさも辛さも踏みつぶすことなくつかまえている。

J・G・バラード原作で、第二次大戦時の上海でのイギリス少年を描くスピルバーグの『太陽の帝国』(87)が、これとほぼ同時期に出た。そちらの方が波乱万丈で、映像も凝っているが、スピルバーグにとっては他人の話だ。ついでに言わせてもらうと、『シンドラーのリスト』(93)も、『プライベート・ライアン』(98)も、普遍的に通じる正解を最初から手に入れている企画だ。お金をかけた迫力でそれを実現する。スピルバーグが発見しているものは何もない。ゴダールも同じようなことを言っているが、なぜかスピルバーグ作品に対しては、どこまでが事実でどこからがフィクションなのか疑いたくなる。

10本目に、日本では未公開の『Hedd Wyn』を入れさせてもらった。これはウェールズ語でつくられ、主人公は第一次大戦に出征して戦死する詩人(といっても、そんなに有名なわけじゃない)のエリス・エヴァンズ。題名のヘズ・ウィンは「白い平和」を意味する彼のペンネーム。いくつかのことが原型的に出てくる。平和主義者の文学青年がなぜ戦争に行くのか。家族のなかで誰かが行かなくてはならないとされ、また、恋人との些細な言い合いで男らしさがどうこうと口にされたからだ。そして、ウェールズ語しか話せない人間がイギリス軍でどう遇され、どう自分の言葉を奪われるか。この戦争をきっかけにして、ウェールズでは英語教育が強制されるようになるのだ。惜しいのは、ウェールズ語を話せる役者の層が薄く、そのために女優陣に

Schindler's List

The Little girl in the Red Coat.

あまり魅力がないことである。

次点候補のベスト3は、ゴダール『カラビニエ』(63)、コッポラ『地獄の黙示録』(79)、そしてオリヴェイラ『ノン、あるいは支配の空しい栄光』(90)。この3本が戦争映画というジャンルにどう収まりきらないか。力むほどのことではないが、それは、別の機会にゆっくりと語りたい。

映画評論家
1959年生

上島春彦

われら誇りもて歌う……1943／米
脚本＝アラン・スコット
監督＝マーク・サンドリッチ

空軍……1943／米
脚本＝ダドリー・ニコルズ
監督＝ハワード・ホークス

コレヒドール戦記……1945／米
脚本＝フランク・ウィード
監督＝ジョン・フォード

ジョーという名の男……1943／米
脚本＝ダルトン・トランボ
監督＝ヴィクター・フレミング

東京上空三十秒……1944／米
脚本＝ダルトン・トランボ
監督＝マーヴィン・ルロイ

目的地東京……1943／米
脚本＝デルマー・デイヴィス、アルバート・モルツ
監督＝デルマー・デイヴィス

ステージドア・キャンティーン……1943／米
脚本＝デルマー・デイヴィス
監督＝フランク・ボーゼージ

ハリウッド玉手箱……1944／米
脚本・監督＝デルマー・デイヴィス

幸運の星に感謝を……1943／米
脚本＝ノーマン・パナマ、メルヴィン・フランク、ジェームズ・V・カーン
監督＝デヴィド・バトラー

海兵隊の誇り……1945／米
脚本＝アルバート・モルツ
監督＝デルマー・デイヴィス

リアルタイムの戦争映画体験を語るとしたら『地獄の黙示録』(79)を真っ先にあげる他ないのだが、後が続かない。それにオデオン系の劇場で『最前線物語』(80)がかかっているのを横目で見ながら、何故今さらサミュエル・フラー？ と思いつつロードショーをパスしてしまったという痛恨の体験もある。

なので劇場での新作体験を選択の主軸にするのを今回は諦めることにした。

結果、改めて浮上してきたのは昨年アテネフランセで見られた『われら誇りもて歌う』"So Proudly We Hail!"（43）である。制作年を見れば類推されるようにプロパガンダ戦争映画だが、監督がミュージカル映画のエキスパートと普通思われているマーク・サンドリッチ、というのがあまりに意外。当時サンドリッチは映画監督ギルドの会長を務めており、こうした国策映画に積極的に関わるのは個人的な趣味嗜好というより、公的な仕事であったとも考えられる。

などと書いてしまうと建て前だらけの映画に思われてしまいそうだが、さにあらず。従軍看護婦クローデット・コルベールを中心とする最前線の女たちの戦場を描き切って、これは傑作。脚本はやはりミュージカル映画畑のアラン・スコット。冒頭、負け戦で退却してくる彼女らの汚れっぷりがとにかく凄い。ハリウッド映画のスター女優をこのようにノーメイク風に見せる作品はめったにない。そこから回想が始まると最初はコメディ。まさにサンドリッチお得意の演出なのだが、金髪をガチガチにアップしてピンで固めたヴェロニカ・レイクが現れるあたりから調子が変わり、映画は悲劇的になっていく。映画史的に見るならばこれは戦時下、彼女が、前髪を垂らした独特な所謂「いないいないバア」カットを自制し（実質は禁じられ）、国策に恭順の意を示した画面と位置づけられるものだ。しかし面白いことに、そんな彼女の国策的髪型を映画は徐々に緩やかに無化していく。そして彼女の出演場面の最後ではついにロングヘアを完全に下ろして見せる。これこそ映画が国策に勝利した瞬間だ。

同じ年、ハワード・ホークスは『空軍』を撮る。これら2本は共に軍人が戦場を移動する物語で、それにつれて第二次世界大戦におけるアメリカの覚悟が語られるのだが、飛行機乗りの男たちを素材にしたダドリー・ニコルズ脚本『空軍』に対して、『われら誇りもて歌う』は船の上の女たちが主役である。この対照性、というか対照的な同調性は意図的なものだろう。負け戦へのリアクションを描くという点でジョン・フォードの『コレヒドール戦記』（45、脚本は海軍軍人出身のフランク・ウィード）にも通ずる2本。

というわけで、今回のアンケートはアメリカの戦時下映画を中心にセレクトするというコンセプトでいこう。ヴェロニカ・レイクの髪型の演出をもって映画の勝利を「誇りもて歌った」ようには、全ての映画が国家に勝利したわけではない。その苦さを証拠づけるのが『ジョーという名の男』“A Guy Named Joe”の場合だ。第二次大戦中、アメリカの飛行機乗り達の間に流布した噂話にインスパイアされたと言われる作品。その噂、現在ならば都市伝説といったところだろうが、それは戦闘機を守護する幽霊にまつわるもので、体験の少ない新人は彼の背後からその霊に勇気を与えられて実力以上の力を発揮するのだという。この守護神をアメリカ兵たちは「ジョー」と名づけた。流布したとされる話自身フィクションの可能性もありそうだが、ともかく映画はジョーと呼ばれる幽霊（スペンサー・トレーシー）と、新人パイロット（ヴァン・ジョンソン）と、ジョーのかつての恋人（アイリーン・ダン）を巡る三角関係として構成されている。敵機に撃ち落とされて死んだベテラン・パイロットが、天国の門で「来るのが早すぎる」と拒否され、仕方なく地上に舞い戻る。行くところがないので新人の飛行機に居つき、彼を助けるのだが、この新人はかつての自分の恋人に恋をしてしまうのである。

物語のアウトラインを戦時下でなく現代アメリカに移し替えたのが『オールウェイズ』（89）で、監督はスピールバーグだった。この映画が公開された時点では、アメリカの観客にはひょっとするとはっきり意識されていなかったかも知れないが、この映画のプロパガンダとしての意義は翌年公開された『東京上空三十秒』（44）を続けて見ることで感得される。物語は１９４２年4月に初めて行われた「ジェームズ・ドゥリトル隊」による東京（及び横浜、名古屋、神戸）空襲の「偉業」を讃えたドキュメンタリー・ドラマで、爆撃「訓練」と「実行」そしてある意味それよりさらに苛酷な「その後」を一人のパイロットの目から描いている。このパイロットを演じたのがヴァン・ジョンソンで、隊長ドゥリトルにはスペンサー・トレーシー、即ち『ジョーという名の男』の主演コンビが再び起用されているのである。

史上最初の日本本土空襲は死者88名、負傷者４６１名で、これ自体大変な被害ではあるが、プロパガンダ映画史的に捉えるならばその与えた損害、実害にたいした意義はない。アメリカがこの時点でわざわざ敵地空襲のデモンストレーション映画を作ったことに対して、むしろ我々日本人こそが色々と邪推する権利を持っている。要するにこれは、翌年大々的に行われることになる東京大空襲による市民大虐殺への国民規模の支持を獲得するための布石として機能しているのである。民間人殺傷を目的にした空爆攻撃は現在に至るまで議論の的だが、ここでアメリカ国民はそれを心理的に是《ぜ》とする契機をハリウッドという神から与えられたのだ。この2本の脚本を執筆したのは、日本では反骨の映画人として「のみ」知られるダルトン・トランボであった。

ダルトン・トランボ同様、戦後の赤狩りで業界追放されることになる「ハリウッド・テン」の一人、アルバート・マルツが脚本を書いた映画『目的地東京』"Destination Tokyo"（43）。これは東京空爆隊を海上から支援するため日本近海を偵察する任務を負った男達を描くワーナー・ブラザーズ作品であり、『東京上空三十秒』には彼らの功績への感謝が台詞ではっきり記されている。こちらはMGM製なのに。トランボとマルツが撮影所の枠を超えて連携していたのは明らかだ。『目的地東京』の主演はケーリー・グラントだが、トランボ、マルツ等ハリウッド左翼脚本家の仕事において中核を成しているのは、こういう大スターではなくて、もっと身のこなしが軽やかな小スターである。要するにジョン・ガーフィールドである。既に挙げた『空軍』も、映画のイデオロギー的な核となるキャラクターを演じたのはこのグループ・シアター（ニューヨークの左翼演劇集団）出身スターだったのを忘れてしまっては困る。

戦時下アメリカでは様々なエンターテインメント・メディアが軍部に自ら奉仕した。慰問活動もその一つで『グレン・ミラー物語』にはその様子が描かれたが、これを戦争映画とするには無理がある。その代わり、映画による慰問活動物の珍種を紹介しよう。『ハリウッド玉手箱』（原題は"Hollywood Canteen"）である。原題の「ハリウッド・キャンティーン」とはジョン・ガーフィールドとベティ・デイヴィスが発起人となって設立した軍人慰問施設（ナイトクラブ）だが、芸能人が戦場に出かけていくのではなくて、兵隊さんの方からここに遊びに来る。

このアイデアの基になったのはニューヨークの舞台人が中核となって作った同様の施設「ステージドア・キャンティーン」である。これも同じ名前の戦争レビュー映画『ステージドア・キャンティーン』"Stage Door Canteen"（43）になっており、監督は名匠フランク・ボーゼージだがとりあえずその脚本家に注目したい。デルマー・デイヴィスなのだ。彼がそのままスライドして『ハリウッド玉手箱』の脚本と監督を務める。いずれも芸能人（歌手、俳優、芸人、コメディアン等）が実名で自身の持ち芸を披露するパターンの連続がメイン・コンセプトなのだが、同じことを2回やりたくないデルマー・デイヴィスは、今回、戦線で名誉の負傷を負った兵隊が傷を治療しに西海岸に戻るという枠組みをこしらえた。彼はハリウッド・キャンティーンで一人の女優に恋をする。彼女も彼に恋をする。しかし周囲は彼女の恋をフィクションだと思い、そして皆がそう思っていることを彼は知ってしまう。傷心のままに戦地に向かう彼を見送ろうと彼女は追いかける。もちろん彼女の恋は真実なのだ。極めてスマートな作劇で、フィクションと事実が何層も折り重なっているような不思議な戦争映画になっている。ジョン・ガーフィールドも当然本人として登場し、二人の恋のキューピッド役を果たしている。

『ステージドア・キャンティーン』にはガーフィールドは出ていないが、これらレビュー映画と同系列『幸運の星に感謝を』"Thank Your Lucky Stars"（43）には出演。3タイトルまとめて推薦しておく。

第二次大戦プロパガンダ映画の「イコン」としてのガーフィールドの真骨頂は、しかし、これらの傑作をはるかに凌駕する『海兵隊の誇り』""にこそある。実在する兵隊アル・シュミットの勇敢さを讃える映画で、鬼畜日本人の群れをガーフィールドが大量射殺する場面で知られるが、プロパガンダ映画史的にはこの後が重要だ。ヒーローにはなったものの、全盲者として帰還することになった彼の戦後への覚悟が語られるのである。全米公開されたのが1945年の8月というのは出来過ぎの観があるが、多分これは「出来過ぎ」ではなくて半ば意図的なものだ。脚本はアルバート・マルツ。後の反米主義者がもっともアメリカの国策にフィットしたという点でトランボ脚本の『東京上空三十秒』に対応するものであるとわかる。

これで10本。本当はこれにヨーロッパを舞台にしたファミリーメロドラマ『死の嵐』“The Mortal storm”（40）とノワリッシュな政治スリラー『モスクワへの密使』“Mission to Moscow”（43）を入れる予定だったのだが、足りてしまったので中止にする。

映画監督・脚本家
1949年生

柏原寛司

史上最大の作戦……1962／米
脚本＝コーネリアス・ライアン
ジェームズ・ジョーンズ
ロマン・ギャリー
デヴィッド・パーサル
ジャック・セドン
監督＝アンドリュー・マートン、
ケン・アナキン、
ベルンハルト・ヴィッキ

特攻大作戦……1967／米
脚本＝コーネリアス・ライアン、
ジェームズ・ジョーンズ、
ロマン・ギャリー、
デヴィッド・パーサル、
ジャック・セドン
監督＝ロバート・アルドリッチ

太平洋の地獄……1968／米
脚本＝アレクサンダー・ジェイコブス、
エリック・バーコヴィッチ
監督＝ジョン・ブアマン

大列車作戦……1964／米
脚本＝フランクリン・コーエン、
フランク・デイヴィス
監督＝ジョン・フランケンハイマー

脱走特急……1965／米
脚本＝ウェンデル・メイズ、
ジョセフ・ランドン
監督＝マーク・ロブソン

ハートブレイク・リッジ 勝利の戦場……1986／米
脚本＝ジェームズ・カラバトソス
監督＝クリント・イーストウッド

バット21……1988／米
脚本＝ウィリアム・チャールズ・アンダーソン、
ジョージ・ゴードン
監督＝ピーター・マークル

ローリング・サンダー……1977／米
脚本＝ポール・シュレイダー、
ヘイウッド・グールド
監督＝ジョン・フリン

ソルジャー・ボーイ……1972／米
脚本＝ガードン・トゥルーブラッド
監督＝リチャード・コンプトン

大脱走……1963／米
脚本＝ジェームズ・クラヴェル、
W・R・バーネット
監督＝ジョン・スタージェス

毎度のことながら、『映画芸術』っぽくないセレクトになるが、ご容赦。戦争映画は西部劇と並ぶ大好きなジャンルで、子供の頃からよく観ている。捉え方はあくまでも活劇で、戦争の悲惨さや深遠なテーマを求める気は一切ない。相変わらず順不同の10本である。

『史上最大の作戦』

まずは王道をいく大作である。中学の頃、東銀座の松竹セントラルへ近所の連中と何回も観に行った。当時はアメリカ産テレビ映画の人気が、西部劇から「コンバット」や「ギャラントメン」などの戦争アクションに移っており、その真打ちのように登場した戦争映画であった。ノンフィクションの原作も面白いのだが、その中の細かいエピソードが実によく映画の中に組み込まれていて、厭きさせない。それに加えて、俳優陣がみんなカッコいいのだ。ジョン・ウェインは言うにおよばず、ロバート・ミッチャムなんかは最高である。映画のラストシーン、葉巻を咥えながら若い兵隊のジープに乗り込み、内陸へと進軍していく所なんかは、何度観てもシビレる。D‐DAYのオマハ海岸の攻防は、『プライベート・ライアン』がいいと言うヤツも多いが、物事グロく描けばいいってモンではなく、自分としては『史上最大の作戦』のオマハ海岸の攻防が最高である。映画を観たあと、近所の連中とアメ横へ行ってM1カービンやトミーガンを買って遊んだモンだ。

『特攻大作戦』

アウトロー特命戦争活劇の王道を行く作品である。受刑中のならず者を集めて訓練し、D‐DAYを成功させるため、敵陣に攻撃をしかけてドイツ軍の主要将校を殺害する、という特殊ミッション物だ。ならず者とそれを訓練してミッションを成功させようとするリー・マービンの少佐の関係が面白く、ロバート・アルドリッチのそつのない演出も見事である。

『太平洋の地獄』

これは活劇ではないが、孤島に日本兵とアメリカ兵の二人だけが残され、戦うという、実に面白いシチュエーションの作品である。物量と大規模な戦闘を描かなくとも、一人の日本兵と一人のアメリカ兵の戦いを描くことによって、日米戦争を集約して見せているのだ。日本兵は三船敏郎、アメリカ兵がリー・マービンなのだが、三船敏郎の貫禄は大したモンで、世界のミフネを実感させられる作品である。

『大列車作戦』

ドイツ軍が奪った美術品を取り戻す、という、これもシチュエーションが面白い戦争アクションである。ジョン・フランケンハイマーの緊迫感溢れる演出が見事な、ドキュメント・タッチのアクション映画だ。

『脱走特急』

捕虜の列車を乗っ取り、そのままスイスへ脱走しようという戦争活劇である。主人公のフランク・シナトラが、みんなを助けて自分が死んでいくラストが泣ける。いま観ると甘い所はあるかも知れないが、公開当時の印象で選んだ。

『ハートブレイク・リッジ　勝利の戦場』

やはり、イーストウッドの作品も1本は選ばなくてはならない。イーストウッドでは『荒鷲の要塞』(68)や『戦略大作戦』(70)なんていう面白い大作もあるのだが、この作品を選んだ。新兵を一人前の兵士に鍛えあげていく様を描く、というのも戦争映画のジャンルのひとつであり、その分野からも1本選びたかったからである。対抗馬は『最前線物語』だったのだが、またまたリー・マービンか、ってこともあり、イーストウッドのこの作品にした。

『バット21』

敵の支配下地域に残されたジーン・ハックマンと、それを救出しようとするダニー・グローバーのサスペンス・アクション。やはり設定が面白く、ジーン・ハックマンとダニー・グローバーが顔を合わせずに連絡を取り合い、その中で友情が芽生えてくる作りが上手くいっている。

『ローリング・サンダー』

戦争後遺症物である。『ディア・ハンター』もそうなのだが、自分はハードボイルド・アクション映画に仕立てたこっちの方が好みである。このテの分野の小説ではダグラス・フェアベアンの『銃撃!』が傑作だが、この小説を映画化したモノはスカだった。

『ソルジャー・ボーイ』

同じく戦争後遺症物。故郷の田舎町に帰ってきた若者が徐々に追い詰められていき、田舎町で戦争をはじめるラストはなかなかのモンだ。

『大脱走』

最後の1本はこれ以外に考えられない。洋画の中の自分のナンバー・ワン・ムービーである。

と、まあ10本を選んだのだが、次点としては思いついた順番に言っていくと、

『ブラックホーク・ダウン』(01)『戦争のはらわた』(77)『硫黄島の砂』(49)『コレヒドール戦記』(45)『フルメタル・ジャケット』(87)『M★A★S★H』(70)『ドブルク戦線』(67)『脱走山脈』(69)『砲撃サンパブロ』(66)『まぼろしの市街戦』(66)『マーフィの戦い』(71)『バルジ大作戦』(65)『山猫は眠らない』(93)

などなど、書き出したらきりがない。

今回は洋画だけだが、邦画では東宝の戦争映画が実に面白く、是非、邦画の戦争物ベストテンもやってもらいたいモンだ。

映画評論家
1950年生

宇田川幸洋

最前線物語……1980／米
脚本・監督＝サミュエル・フラー

攻撃……1956／米
脚本＝ジェームズ・ポー
監督＝ロバート・アルドリッチ

コレヒドール戦記……1945／米
脚本＝フランク・ウィード
監督＝ジョン・フォード

ビーチレッド戦記……1967／米
脚本＝ドン・ピータース、ジェファーソン・パスカル
監督＝コーネル・ワイルド

誰が為に鐘は鳴る……1943／米
脚本＝ダドリー・ニコルズ
監督＝サム・ウッド

空軍……1943／米
脚本＝ダドリー・ニコルズ
監督＝ハワード・ホークス

キムドン……1958／ベトナム
脚本＝トー・ホアイ
監督＝ノン・イックダット、ブー・ファムトグ

風の輝く朝に……1984／香港
脚本＝チェン・カンチャン
監督＝レオン・ポーチー

祖国は誰のものぞ……1961／伊
脚本＝カルロ・ベルナーリ、パスクァーレ・フェスタ・カンパニーレ、マッシモ・フランチオーザ、ナンニ・ロイ
監督＝ナンニ・ロイ

スターシップ・トゥルーパーズ1997／米
脚本＝エド・ニューマイヤー
監督＝ポール・ヴァーホーヴェン

前回の西部劇ベストテンのとき、ぼくが熱心に映画を見はじめた60年代前半にしぼって回顧してみたが、思えば、あの時期には戦争映画も数多く公開されていた。それで、けっこう見たのだが、2本立て、3本立てのついでとか、好きなスターが出ているから、とかの事情で見たものが多く、このジャンルにはそんなに身を入れなかったようだ。なにより、大人気のテレビ・シリーズ「コンバット」（62

-62）をほとんど見なかったのが、いい証拠である。西部劇やモデルガンに夢中になる以前には、戦争雑誌『丸』を読んだり、戦闘機のプラモデルづくりに熱中していたことを思うと、不思議である。そんなに、いくつものことはできないというだけのはなしか。

そんなわけで、このジャンルから10本をえらぶのには、けっこう苦労した。

「戦争映画」は、戦場を主舞台にした、殺伐たるところに特色がある、というイメージをもっているので、銃後のドラマや、個人のこころに重点をおいたものは、なるべくとらないことにした。

60年代に戦争映画を見つづけ、その10年の終わりごろに、自分なりに抽象した「戦争映画」とは、物の移動、人の死もふくめた大量の物理的変化を見る、ということだったのを記憶している。

そのころの戦争映画は、ほとんどが第2次世界大戦、太平洋戦争に題材をとったものだった。戦後につくられたアメリカの戦争映画は、戦争中に16ミリで撮影された記録フィルムを大量につかって戦闘シーンを組み立てることが多く、スターリング・ヘイドン主演のカラー作品『第七機動部隊』（52-62）や、『アパッチ砦』に出ていたジョン・エイガー主演ということで見にいった、黒白の『総攻撃』（50-57-65）なんか、特にそうだった。それなりの迫力はあるのだが、一方で、手ぬきのような感じもしてしまう。ただ、ドラマ部分が大したことないだけに、物理的変化が印象にのこる。

戦争中につくられた映画のほうが、記録フィルムの使用がすくなく、しかし、戦闘シーンに迫真力があった。エドワード・ドミトリク監督『バターンを奪回せよ』（44-65）で、浅い壕のなかで伏せていたジョン・ウェインが、爆撃でふっとぶのをノー・カットで撮っているのに、ぶったまげたものだった。

ずっとあとになって、何かアクション映画のアンソロジーのようなもので（何だったか、おぼえていない）このシーンを再見し、どうやらワイヤーで一気に引っぱっているらしいことがわかった。44年にこんな、のちの香港映画みたいなワイヤーのつかいかたをしているのはスゴイと思ったことだ。

しかし、いま発売されているＤＶＤ（「戦争映画大全集」という、10作品で１６００円程度の廉価版）で見たら、記憶にあるアングル、サイズと全然ちがうので、いやになった。これだけ見ても、ワイヤーかどうか、わからない。

アメリカ映画だけでなく、ヨーロッパの第2次大戦映画も多かった。黒白で暗い画面のユーゴ映画などで「パルチザン」ということばをおぼえた。山岳地帯で、しょぼい機関銃で、トトトトッと地味に撃ちあうイメージ。

だいたい、戦争をやっている最中か、終わって間もない国の戦争映画は、戦闘場面に迫力があって、おもしろい。イラン映画で、イラクとの戦争をえがいたものも、本物のタンクとかをつかっていて、描写がリアルである。

『キムドン』(58-65)というのは、鹿児島にくらす在日コリアンの一代記、ではなく、北ベトナムの映画で、キム・ドンという男の子が、戦争のなかで英雄的な行動をして死んでいく、というはなしだったと思う。静かな戦争映画だった。ぼくが見た、はじめてのアジアの映画だったかと思う。

これよりあと、たぶん60年代につくられた、少女を主人公にしたベトナム戦争の北ベトナム映画を、10年まえぐらいに見た。それも、静かで、美しい映画だった。いま資料が出てこなくて、題名等、わからないのが残念。でも、あんなにはげしい戦争のなかで、こどもを主人公にした、静かで、詩情のある戦争映画を、すくなくとも2本つくっているベトナムは、なんだかすごいと思った。

『祖国は誰のものぞ』(61-63)は、『映画の友』で、すごくほめられていて、おもしろそうだったので見にいった。ナポリの市民がドイツ軍をやっつける、喜劇的要素のつよい変わった戦争映画。当時の評価にひっぱられて見ていた気がするので、いまみたらどうか、気になる。

『ビーチレッド戦記』(67-67)は、主演もかねているコーネル・ワイルドの監督作。前作『裸のジャングル』(66-66)が、変わったことをやっていて、おもしろかったので、大いに期待して見た。太平洋の孤島で対峙するアメリカ軍と日本軍を、両方の視点からえがく。アメリカ映画が、日本兵をこんなふうに人間としてえがくのを見るのは、はじめてだったので、非常に新鮮だった。

『コレヒドール戦記』(45–54–63)は、魚雷艇の総攻撃シーンが、すごい迫力。音響がすさまじく、三軒茶屋映劇のスクリーンがビリビリと震動音を立てていたほどだった。

ちなみに、映劇は、いまもある三軒茶屋中央の姉妹館(経営者が同じ)で、246に面したところにあった。いま、中央の毎週発行しているプログラムは、紙の裏が白だが、かつては、洋画専門の映劇と、邦画の中央で、両面をうめていた。

『誰が為に鐘は鳴る』は、最後の機関銃をかまえたゲーリー・クーパーにせまってくる、砲弾のヒューッという甲高い、空気を裂く音が、こわかった。その音とともに終わるのである。

『空軍』(43)は、フィルムセンターのハワード・ホークス特集で見た。いまはDVDになっている(『空軍エア・フォース』)。41年12月6日にサンフランシスコを出て、ハワイに向かったB–17爆撃機〝メリーアン〟のクルーが主人公。翌7日朝、真珠湾が奇襲をうけていて、目的地のオアフ島には近づけない。マウイ島に着陸するが、日本軍に銃撃をうけ、離陸。ウェーク島、マニラのクラーク基地を転々としつつ、日本軍とたたかうという大冒険をえがく。どこに行っても、奇襲をかけられたため戦闘能力が欠乏している状態。廃棄処分と決定されたメリーアンを、必死で修理し、バケツ・リレーで燃料を入れるあたりがおもしろい。日本の艦隊をやっつける大戦闘シーンもすごい。ジョン・ガーフィールド、ハリー・ケリーが印象にのこる。

『風の輝く朝に』(84–90)は、真珠湾と時を同じくして、イギリス軍に攻撃を開始した日本軍に占領された、香港を舞台にした、激烈な青春のドラマ。これを「戦争映画」に入れるのは、ちょっと違和感もないではないのだが、日本とアジアの衝突をえがいた傑作の1本でもあるので、入れておこう。チョウ・ユンファ(周潤発)、イップ・トン(葉童)、アレックス・マン(萬梓良)。みんな最高にかがやいていた。

この『風の輝く朝に』を入れるか、それとも……と迷ったもう1本は、ジョン・フォード監督『四人の息子』(28)だった。

『攻撃』と『最前線物語』は、ともに戦争映画の名作なので、ここで余計なことをつけくわえる必要もないと思う。とくに『最前線物語』は、狂気と詩すらとびかう、これぞ戦場映画の傑作と、感動した映画で、戦争映画ベストテンといわれて、まっ先にあたまにうかんだ。アルドリッチもフラーも、戦争映画の名手であり、ともに戦後の傷あと（しかも、両方ともベルリン）をえがいた、これも戦争映画の傑作といえる作品をつくっているという共通点もおもしろい。『地獄へ10秒／地獄へ秒読み』（59）と『戦火の傷跡』（59）である。ともにこの数年内にWOWOWで放送された（ちなみに『地獄へ秒読み』がWOWOWの題名で、『地獄へ10秒』はずっとまえに地上波で放送されたときのもの）。

『スターシップ・トゥルーパーズ』は、SFで、昆虫みたいな宇宙生物とたたかうのだが、第2次大戦中のアメリカのプロパガンダ・フィルムのパロディーのようなものが挿入されたり、こんなに「戦争映画」の気分を、むやみに盛りあげるヘンな映画はない。

日本では、戦争映画というと、いつの間にやら、反戦映画でないと評価されないような、バイアスのかかった見かたが、できてしまっているようで、スピルバーグの『プライベート・ライアン』（98）なんかも「反戦映画」として評価する声が大きかったが、あれは、ただ戦闘場面を、恐怖心をおこすほどにリアルにえがいてみせた戦争映画にすぎないだろう。

戦争映画の多くは、戦意高揚映画（特に戦争中につくられたもの）か、戦争で何がおこるかを見つめる映画だろう。はじめから反戦の意図をもってつくられるものは、それほど多くないのではないか。「反戦」らしいそぶりをして、実は好戦的という映画もありそうだ。

なお、軍隊喜劇と脱走ものは、はずした。

＊編集部註：テレビは（本国放映開始年－日本放映開始年）
映画は（本国公開年－日本公開年－再公開年）

詩人・編集者
1949年生

稲川方人

戦略大作戦……1970／米
脚本＝トロイ・ケネディ・マーティン
監督＝ブライアン・G・ハットン

燃える戦場……1970／米
脚本＝ロバート・アルドリッチ、ルーカス・ヘラー
監督＝ロバート・アルドリッチ

大いなる幻影……1937／仏
脚本＝シャルル・スパーク、ジャン・ルノワール
監督＝ジャン・ルノワール

ディア・ハンター……1978／米
脚本＝デリック・ウォッシュバーン
監督＝マイケル・チミノ

バルジ大作戦……1965／米
脚本＝フィリップ・ヨーダン、ジョン・メルソン
ミルトン・スパーリング、
監督＝ケン・アナキン

脱走山脈……1968／英
脚本＝ディック・クレメント、イアン・ラ・フレネ
監督＝マイケル・ウィナー

大反撃……1969／米
脚本＝ダニエル・タラダッシュ、
デヴィッド・レイフィール
監督＝シドニー・ポラック

最前線物語……1980／米
脚本・監督＝サミュエル・フラー

ブラックブック……2006／蘭、英、独、ベルギー
脚本＝ポール・バーホーベン、
ジェラルド・ソエトマン
監督＝ポール・ヴァーホーヴェン

黄色い戦場……1969／伊
脚本＝ドゥイリオ・コレッティ、
ハリー・A・L・クレイグ、
スタンリー・マン、
アルベルト・ラトゥアーダ
監督＝アルベルト・ラトゥアーダ

ともに戦争映画と規定してよいのか迷った『大いなる幻影』『ディア・ハンター』以外はどれも第二次大戦を背景とし、同じく『ディア・ハンター』『燃える戦場』以外はみなヨーロッパを戦場とした映画。ジュリアン・グラックの『森のバルコニー』を読んでから、私には、「戦争」は欧州の森の風景と不可分の出来事となった。その邦訳が出た年に公開

された『大反撃』のエピソードには、まるで『森のバルコニー』を翻案したのではないかと思えるほどグラックの描いた厭戦的気配が濃密に漂っていて、好きになった。『大いなる幻影』からかなりのディテールをパクっている『大脱走』(63)で唯一好きなのは、自転車で逃げ延びるJ・コバーンのエピソードだが、そこにも欧州の森の気配が漂っていた。『脱走山脈』も欧州の山林地帯を主に展開される象とマイケル・J・ポラードのゆるさが思い出される。『燃える戦場』はその一部始終が(太平洋の島の)森のなかで展開される映画なのに、男たちの身体の気配が背景を圧倒している。有無を言わせないアルドリッチ。『攻撃』(56)と同様に『燃える戦場』もまた戦場で何が起こるかを、男たちが共有する映画だ。最後の疾走シーンは、映画における「アクション」の真髄を見事に提示していて永遠に記憶される。

戦争映画の内部ジャンルとでも言えるのが「スパイもの」で、『針の眼』(81)など数多の傑作があると思うが近年の『ブラックブック』は、徹底して「乳房」を撮ろうとしたヴァーホーヴェンの趣味が光る。『黄色い戦場』もスパイものだが、撒かれた毒ガスを浴びた兵士たちの描写の陰惨さが特筆される。戦争のその陰惨さや戦争自体の意味を宙づりにする『戦略大作戦』は、反戦か好戦かといった議論に関わらないもっとも好ましい戦争映画で、『バルジ大作戦』も、戦車戦に命を賭けるロバート・ショウを通して見れば同様の映画となる。ショウの部下で下級下士官を演じた、一度見たらその顔は忘れられないカール・オットー・アルベルティが『戦略大作戦』の後半のキィ・キャラだ。大音響の拡声器からハンク・ウィリアムス・Jr.の“ALL FOR THE LOVE OF SUNSHINE”を流して敵を攻撃する『戦略大作戦』のドナルド・サザーランドの戦車と、「ワルキューレ」を流す『地獄の黙示録』(79)のロバート・デュバルのヘリコプター。『プライベート・ライアン』(98)や『シン・レッド・ライン』(98)など近年の戦争映画の、単に身体の「痛さ」だけが画面を支配する戦闘シーンのリアルな描写はいいとは思わない。同じノルマンディの描写なら、はるかにのんびりしているだろう『史上最大の作戦』(62)のほうがよい。因みに、キャスリン・ビグローが『ハート・ロッカー』(09)であえてやるべきはそののんびりさだったのに、つくづく残念だった。

荒井晴彦

脚本家・本誌編集長
1947年生

我等の生涯の最良の年……1946／米
脚本＝ロバート・E・シャーウッド
監督＝ウィリアム・ワイラー

戦場……1949／米
脚本＝ロバート・ピロッシュ
監督＝ウィリアム・A・ウェルマン

地上《ここ》より永遠《とわ》に……1953／米
脚本＝ダニエル・タラダッシュ
監督＝フレッド・ジンネマン

若き獅子たち……1958／米
脚本＝エドワード・アンハルト
監督＝エドワード・ドミトリク

橋……1959／西独
脚本＝ミハエル・マンスフェルト、カール・ウィルヘルム・フィフィア、ベルンハルト・ヴィッキ
監督＝ベルンハルト・ヴィッキ

国境は燃えている……1965／伊
脚本＝レオ・ベンヴェヌーティ、ピエロ・デ・ベルナルディ
監督＝ヴァレリオ・ズルリーニ

マーフィの戦い……1971／英
脚本＝スターリング・シリファント
監督＝ピーター・イェーツ

戦場……1978／米
脚本＝ウェンデル・メイズ
監督＝テッド・ポスト

アメリカーナ……1981／米
脚本＝リチャード・カー
監督＝デヴィッド・キャラダイン

ストリーマーズ……1983／米
脚本＝デヴィッド・レーブ
監督＝ロバート・アルトマン

「ローハイド」（59-65）「コンバット」（62-67）世代だ。「コンバット」の舞台はヨーロッパ戦線で、敵はナチス・ドイツだ。これが太平洋戦線だったら主人公サンダース軍曹とその分隊に単純に感情移入はできなかっただろう。「ローハイド」の炊事係ウィッシュボンが、みんなに飽き飽きしたと言われ、文句あるなら食うなと言い返しながら作るポーク

アンドビーンズに憧れたように「コンバット」のレーション（携帯食）にも憧れた。野戦服も自動小銃もカッコよくて、ゲートル巻いて三八式歩兵銃のカッコ悪い日本軍が敗けるのは当然だと思った。「コンバット」の延長で戦争映画が好きになったのか。しかし、日本が敵である太平洋戦線モノと日本の戦争映画は見なかった。日本の戦争は侵略戦争、アメリカの戦争は、ファシズムのドイツやイタリア、軍国主義の日本を倒す正義の戦争だと思っていたのだ。だから、敗けてよかったのだけど、サイパンのバンザイクリフや沖縄のガマを火炎放射器で焼く資料映像には言葉もなくなる。それがアメリカ憎しにならず、戦争を始めた日本が悪い、陸海軍が悪い、国体護持に執着して降伏を遅らせ、原爆投下、ソ連参戦を招いた、統帥権のある大元帥＝天皇が悪いとなるのは戦後のアカ教育のせいかもしれない。敗けた国の子供が勝った国の戦争映画やテレビを見てカタルシスを覚えているというのは変だよなといま思うけれど、そうだったのだ。ドイツの子供、ヴェンダースはどうだったのだろう。「コンバット」は西ドイツのテレビではやっていなかったのだろうか。

『我等の生涯の最良の年』は3人の復員兵の社会復帰の話。両手が義手で、婚約者がそれでもいいというのにイジケる奴や、浮気ばかりする妻に悩んで、離婚を決意する奴とかが紆余曲折を経て、戦後のスタートを切る。ここにある悩みとその解決は、良質な、社会性のある商業映画の手本のようなシナリオの作り方にもよるが、やはり戦勝国の戦後ならではということなのだろう。敗戦国の戦後を描くとこうはいかない。『地獄へ秒読み』（ロバート・アルドリッチ、59）は連合軍の落とした不発弾を処理するドイツの復員兵たちの話だ。戦場から生きて帰ってきて、生きていくためにまたしても命を賭けざるを得ない。『ハート・ロッカー』（キャスリン・ビグロー、08）がいい気なもんだぜと思える。

『戦火の傷跡』（サミュエル・フラー、59）では、占領軍の米兵とドイツ女、恋愛なのに金や食べ物目当てだと誹《そし》られる。パンパンやオンリーという言葉を思う。ロイ・オービソンの「オンリー・ザ・ロンリー」に引っかけて、「オンリーは寂しい」と言ったのは寺山修司だったか。『非情の町』（ゴットフリード・ラインハルト、61）は西ドイツを占領していた米兵による少女集団レイプ事件。中学生の性的興味だったけれど。松本清張の『黒地の絵』もこの頃読んだ。ジーン・ピットニーが“TOWN WITHOUT PITY”を悲愴に歌い上げていた。

『戦場』は１９４４年12月、ドイツ軍のベルギー、アルデンヌでの乾坤一擲の大反撃で、雪のバストーニュの森に包囲された第１０１空挺師団の小隊の話。飢えと寒さと弾薬の欠乏に苦しむアメリカ軍という、あまり見ることのない様がよかったのか。淡々と小隊員の生と死を描き分けていた。『攻撃』（ロバート・アルドリッチ、56）、『バルジ大作戦』（ケン・アナキン、65）、『大反撃』（シドニー・ポラック、69）も、アルデンヌの戦い。惜しかったな、ドイツと最近思うのは何故か。ミッドウェイもだ。

『地上より永遠に』はクライマックスに日本の真珠湾攻撃がくる陸軍内務班モノ。ラッパ、拳闘、不倫、恋、差別、そして零戦。バート・ランカスターとデボラ・カーの波打際のラブ・シーン、あれ「アメリカの夜（カメラにフィルターをかけて、昼を夜に見せる技法）」だったような。『パール・ハーバー』（マイケル・ベイ、01）がいかにくだらなかったか。ジェイムズ・ジョーンズの原作。『シン・レッド・ライン』（テレンス・マリック、98）も同じ原作者で舞台はガダルカナル戦。だから、続篇というか、リメンバー・パールハーバーとバート・ランカスターたちが日本をやっつけに来た話だと思うのだが。

『若き獅子たち』は、マーロン・ブランドのナチス将校とモンゴメリー・クリフトとディーン・マーティンの米軍兵士の、第二次大戦開戦前夜の１９３８年からドイツの敗色が濃くなった１９４４年までを交互に描き、最後に戦場で出合わせるという構成。アーウィン・ショウの原作と知った時は、意外な感じがした。

『橋』　１９４５年4月、ヒトラー自殺の数日前、高校生7人が召集される。伍長が死なせるのに忍びないと爆破予定の小さな橋の守備につかせる。伍長が脱走兵と間違えられて憲兵に殺されてしまうことから、少年兵たちの戦争ごっこは戦争になり、悲劇が加速していく。戦車を2台やられるという想定外の抵抗に米軍は退却するが、生き残った二人は橋を爆破しに来たドイツ兵を撃ってしまう。守らなくてもいい橋を守るということが戦争なら、橋とはいったい何の喩えなのか、映画の高校生と同じくらいの歳だった俺は、初めて行った京橋の国立近代美術館分室でいろいろ考えたのでした。

『国境は燃えている』はイタリア占領下のギリシアの従軍慰安婦たち（マリー・ラフォレ、アンナ・カリーナ）を前線の部隊へ運ぶ若いイタリア軍少尉の話だ。あっちにも従軍慰安婦はいたんだと思った。しかし、「悪の枢軸」の日本やイタリアには従軍慰安婦がいたけれど、連合軍の兵隊の性処理はどうなっていたのか。映画には出てこないけれど。ベルリンや満州でのソ連のレイプが酷かったのに、勝ったらやり放題と煽っていたのか。「神風特攻といい、降伏禁止といい、大量強姦といい、われわれは実にアジア的に戦ったのだが、これはたしかにアジア的なのか、あるいは明治以来の軍国主義体制の下で徐々に養われて来た習性だったのか。ソ連だって、祖国防衛戦争はよく戦ったが、ドイツでも満州でも盛大に強姦してるでしょう。戦争に強姦はつきものだが、このとき兵士が性欲に飢えているからだけではなく、国家意志によって暴力が解放されるに至って、個人の残虐性が解放されるからでしょう。するとロシアはアジアなのか。それともあれは合理的な全体主義体制下の必然なのかということ」と大岡昇平。

戦時下の女と男の映画では『愛する時と死する時』（ダグラス・サーク、58）。「コンバット」以前で、公開時に見たのはこれと『地上より永遠に』、親と一緒だったんだろうな。若いドイツの兵隊が休暇で故郷の町へ戻ってくるが、実家は空襲で跡形も無い。生死不明の両親を探し、父親を収容所に送られた娘と恋愛し、結婚し、3週間の人生を生きて、また前線へ。タイトル通りの話なのだが、ドイツの敗北は予測でき、自分も死ぬ可能性の方が多いのに、結婚するなんてどういうことよといま思う。日本の海軍では素人をホワイト、玄人をブラックと呼び、ホワイトには手を出すなと言っていたという。ところが特攻隊の予備学生たちは入隊前にホワイトと付き合ってて、本当に愛しているならという手つける派と自分が死んだあとの彼女の将来を考えろという手つけず派とで激論を交わしたという。あっちは全部手つける派ということか。元特攻隊員の、今の女子大生はハーフブラックですから、という言には笑った。

『激しい季節』（ヴァレリオ・ズルリーニ、59）、『おもいでの夏』（ロバート・マリガン、71）、『離愁』（ピエール・グラニエ＝ドフェール、73）が好きで、戦争か難病がなきゃ愛なんて描けないよと言っていたら、「セカチュー」以後、難病モノばっかりになってしまった。

従軍慰安婦のマリー・ラフォレはパルチザンに参加するために山へ消えてゆくが、パルチザンもの、レジスタンスものでは『無防備都市』（ロベルト・ロッセリーニ、45）、アンジェイ・ワイダの『地下水道』（56）、『灰とダイヤモンド』（58）、ノワールタッチの『影の軍隊』（ジャン＝ピエール・メルヴィル、69）。『マーフィの戦い』は戦争が終わったのに、Uボートをやっつけようとするピーター・オトゥールの狂気ともいえる執念がすごかった。ピーター・オトゥールのあの青い眼は狂気、偏執狂の眼で『将軍たちの夜』（アナトール・リトバク、66）の連続猟奇殺人を犯すナチスの将軍、『パワープレイ』（マーティン・バーク、78）のクーデターを企む将校はハマっていた。アクション映画としての戦争映画では、軍隊内の前科者たちが生還の見込みの無い潜入破壊工作に駆り出される『特攻大作戦』（ロバート・アルドリッチ、67）。売春だったり、ナチス将校と付き合っていたという前科持ちの女たちを集めたソフィー・マルソー主演の『レディー・エージェント』（ジャン＝ポール・サロメ、08）は『特攻大作戦』女版だった。『戦略大作戦』（ブライアン・ハットン、70）はクリント・イーストウッド、テリー・サバラス、ドナルド・サザーランドたち米兵がドイツ占領下のフランスの銀行の金塊を目的に戦争する。正義の戦争なんてないよ、理念じゃなくてモノの取りっこだよという戦争の本質をやっていたのか。タイガー戦車と対峙した時にマカロニ・ウェスタンのエンニオ・モリコーネ風が流れるのには笑ってしまった。ジョン・ギラーミンの『ブルー・マックス』（66）、『レマゲン鉄橋』（69）は、敵に殺されるのではなく、味方に殺されることになってしまうドイツ軍将校の悲劇。

『戦場』は軍事顧問団という名の米兵1万2千がいた64年の南ベトナムで、ベトコンに壊滅させられるアメリカと南ベトナムとの混成部隊。たったひとり生き残った米兵がベトコンに自分の国へ帰れと言われて終わる。ベトナム戦争モノでは、アメリカの敗北をストレートに描いた、この『戦場』と『ハンバーガー・ヒル』（ジョン・アーヴィン、87）が、大義の無い戦争でただミンチのようになって死んでゆく兵隊たちをハードボイルドに描いていて、こういうことだよと思う。

『アメリカーナ』はベトナム戦争後遺症の男と少女との話。小品だが忘れ難い。少女と戦争後遺症の男といえば『シベールの日曜日』（セルジュ・ブールギニョン、62）、ハーディー・クリューガーはベトミン相手のインドシナ戦争で記憶喪失になったのだった。

『ストリーマーズ』は、ベトナム行きを控えた空挺部隊の兵舎からカメラは外に出ない。白人と黒人、ホモセクシャル、前線帰り。ベトナム行きのプレッシャーが殺人事件を引き起こす。「ビューティフル・ドリーマーズ」［スティーブン・フォスター『夢路より（夢見る人）』］の替え歌、パラシュートが開かないまま落ちて行くのを歌った「ビューティフル・ストリーマーズ」が哀しい。

『中国決死行』（ドン・シーゲル、53）は、１９４４年末、乗機が撃墜され中国人ゲリラに捕まった瀕死の日本の海軍大将アマラをワシントンに送るという極秘作戦。［アメリカが日本に］停戦協定を提示するか、最強の兵器で攻撃するか、決断するために。アマラは日本人は降伏より自殺を選ぶだろうと言う。ラスト、キノコ雲にトルーマンの演説、原爆投下が多くの命を救ったと確信している、米国人だけではなく日本人の命も。ＷＯＷＯＷのプログラムガイドに「息詰まる戦争アクション」と書いてあったけど、珍品、際物と言って済まされないものがある。世のドン・シーゲルファンどうなのよ？

ベット・ミドラーとジェームズ・カーンのコンビが、第二次大戦、朝鮮戦争、ベトナム戦争と戦地慰問ショーをやりながら、くっついたり、別れたりの歳月を描いた『フォー・ザ・ボーイズ』（マーク・ライデル、91）は音楽映画だけど、戦争映画でもある。しかし、アメリカは戦争ばかりやっている。

参考に「戦争映画館」（瀬戸川宗太、98、現代教養文庫）を読んだのだが、「平和の中で、長く生活していると、平和のありがたさがわからなくなってしまう。近ごろは、なにやら勇ましい文章や言葉を見たり聞いたりするようになった。肉体的精神的にひ弱で、苦しさを知らない人間ほど、戦争を好むものである。そう考えると、日本が再び、なんらかの戦争に参加する日も、そう遠い未来のことではないだろう。その時には、おそらく日本にも他の国の作品に負けない本格的な戦争映画が生まれるにちがいない。願わくば、それがすぐれた反戦映画であることを祈りたい」というエピローグに、戦争より映画⁉とひっかかった。戦争なんてなくなればいい、なくそうよというのが反戦映画ではないのか。戦争が始まって、生まれる「すぐれた反戦映画」とは何なのか。

スポーツ映画

「ルールに則って行われる競技を描いた映画」という
アンケート規定に即して寄せられたスポーツ映画評。
本当はそれは何を描いていたのか。

詩人・映画監督
1949年生

福間健二

傷だらけの栄光……1956／米
脚本＝アーネスト・レーマン
監督＝ロバート・ワイズ

恋のKOパンチ……1962／米
脚本＝ウィリアム・フェイ
監督＝フィル・カールソン

長距離ランナーの孤独……1962／英
脚本＝アラン・シリトー
監督＝トニー・リチャードソン

孤独の報酬……1963／英
脚本＝デヴィッド・ストーリー
監督＝リンゼイ・アンダーソン

虎は新鮮な肉を好む……1965／仏
脚本＝ジャン・アラン
監督＝クロード・シャブロル

ボクサー……1970／米
脚本＝ハワード・サックラー
監督＝マーティン・リット

ビッグ・ウェンズデー……1978／米
脚本＝ジョン・ミリアス、デニス・アーバーグ
監督＝ジョン・ミリアス

カリフォルニア・ドールズ……1981／米
脚本＝メル・フローマン
監督＝ロバート・アルドリッチ

ミリオンダラー・ベイビー……2004／米
脚本＝ポール・ハギス
監督＝クリント・イーストウッド

ローラーガールズ・ダイアリー……2009／米
脚本＝ショーナ・クロス
監督＝ドリュー・バリモア

子どものころは、テレビのスポーツ中継ならなんでも面白くて、スポーツ漫画が大好きで、そしてスポーツ映画もいつも見たくてたまらなかった。自分自身は運動神経ゼロなのに、そうだった。いまは、そんなことはない。まず、体育会系的ノリがいやであり、世の中にあふれるスポーツ好きの人間もいやなのである。

しかし、ひとつだけ、スポーツ関係で、いまでもほんとうに好きなものがある。それは、

陸上である。とくにフィールド競技、とくに跳躍、とくに女子の、ということになるが、大げさにいえば、映像のなかの動きとして欲しい要素がすべてそこにある気がする。残念ながら、女子の陸上選手が出てくる作品で、いま頭のなかにはっきりと浮かぶものがない。いくつか、人に聞いて薦められた作品があったのだが、見ることができなかった。

スポーツ映画ということで、書くとしたらまず触れるべきだと思ったのには、レニ・リーフェンシュタールの二つのオリンピック映画、『民族の祭典』と『美の祭典』（ともに、38）である。この2作は、ヒトラーの演説が圧倒的な、ナチスの党大会を記録した彼女の『意志の勝利』（34）に比べたら、浅い作りものだと感じてきたが、いまの時点で、見直して、何を言うべきなのか、何を言えるのかを考えてみたかった。わたしが陸上を好きだというときの、人間の肉体についての美意識の原型的なものが、リーフェンシュタールの美学に通じるなんてことはないと信じているが、それでも、気になる。見直すことができなかったので、これ以上は言わないことにするが、たとえば、ヒトラーとスポーツを結んだところに刺激的な主題があることはまちがいない。

実は、今回は、時間的余裕がまったくなく、選んだ作品もふくめて、このために見直したものはない。好きな作品というよりも、なにか言ってみることができるというもの、それ以上ではない作品が並んだという気がする。

まず、ロバート・ワイズの『傷だらけの栄光』。もしかしたらいちばん気に入っているのは、「上の方にいるだれかがぼくを気に入っている」という意味の原題。詩で何度か使った気がする。何教徒であろうと、そう思って生きるのがいいのだ。不良少年だったボクシングのチャンピオンの伝記を映画化したもので、そのことの限界も見える。ワイズの「処理」がどうこうというよりも、結局、こういう映画のパターンのなかに収まっている。しかし、ニューヨークの裏町とそこに住む貧しい人たちを活写したジョゼフ・ルッテンバーグ撮影の白黒映像は、つよく印象に残っている。ポール・ニューマンは、例の演技を見せるだけだとしても、存在感に鮮度がある。ニューマンでは、ロバート・ロッセンの『ハスラー』(61)をあげる人がいるかもしれないが、あれは、ビリヤードをスポーツとして扱っていないと思う。

『恋のKOパンチ』は、原題が「キッド・ギャラハッド」。1930年代のよく知られたボクシング映画のリメイクなのだが、いいところはあまりない。まだ病気ではないとしても、とうていボクサーの体にはなっていないプレスリーに、まあまあの主題歌とまあまあというほどでさえなかったかもしれない助演のチャールズ・ブロンソン。それでも、これを見たときの幸福感は忘れられない。最後にプレスリーと結ばれるジョーン・ブラックマンの地味な姿がよかったのだ。『ブルー・ハワイ』(61)につづいての、プレスリーとの共演。前回の「性愛映画」でも名前をあげた気がするが、中学生時代のわたしのアイドルのひとりだ。

イギリス、ウッドフォール・フィルムの「怒れる若者たち」映画の2作。

まず、アラン・シリトーの原作・脚本による『長距離ランナーの孤独』は、ゴール目前で走るのをやめるという主人公トム・コートニーの行為が、だれかに利用されるスポーツ選手の「抵抗」として、これ以上明快なものはないという一点で、永遠の作品になっているだろう。好きなのは、回想で、主人公たちが盗んだお金をつかって泊りがけの遊びに行くところ。健康性とは縁のない青春。それが捕まって少年院に入って、走ることで存在を認められ、最後にはその好転コースに乗ることを拒否する。このプロットには、イギリス的なものがあると思うが、文句のつけようはない。シリトーと、監督のトニー・リチャードソンは、ここからどう歩いたのか。それこそイギリス的な、うるさい目に囲まれながら、それなりの健闘をしたといまは言っておきたい。

『孤独の報酬』は、明快さを欠く批評家でもあるリンゼイ・アンダーソンが、のちの作品からは考えられないくらい、いい仕事をしたというものだろう。主演のリチャード・ハリスも、これがいちばんいい。それ以上にいいのは、レイチェル・ロバーツ。といっても、カレル・ライスの『土曜の夜と日曜の朝』(60)の彼女と記憶が混同しているかもしれないのだが、とにかく、ロバーツの疲労感はリアルだ。彼女に比べたら、ジャンヌ・モローは、ファンには申し訳ないが、魅力不足の女が気どっているにすぎない。ワーキング・クラスの物語。格闘技としてのラグビー。イギリスの天候とおなじように陰鬱なのである。ケン・ローチがこれよりいい作品を撮っているかどうか。それを問うことは、この世界がほんとうに「進歩」したのかどうかにつながるだろう。

『虎は新鮮な肉を好む』は、半分冗談であげたのだが、ヌーヴェルヴァーグのクロード・シャブロルの撮った娯楽映画ということで、吉祥寺ムサシノでの封切り初日に（たぶん、ロードショーはやらなかったのだ）胸をときめかせて行ったときのことをよくおぼえている。さて、これは、スポーツ映画だろうか。地上では八百長によるショーをやらされるプロレスラーたちの真の強弱を、地下でおこなうガチンコ勝負で決めるという、この作品に描かれたシステムを、わたしはずっと信じてきた。その意味で個人的には重要なのだ。実際のプロレスはどうなのだろう。シャブロルの、フィルムノワールへの批評性とあこがれが、どんなふうに出ていたかは、確かではない。比較するのもへんかもしれないが、わたしが当時熱中していた鈴木清順、石井輝男、シーゲル、ペキンパーほどの勝手さもテンポもタイトさもなかった気がする。

『ボクサー』の監督マーティン・リットは、アクターズ・スタジオの教師だった時期があり、エリア・カザンの弟分という感じで、どうも、一般的な評価は高くない。しかし、ポール・ニューマン主演の『ハッド』（62）があり、これがある。これは、黒人ボクサー物としては最高の作品だと思う。黒人で最初の世界ヘビー級チャンピオンが、白人の女性と恋に落ち、アメリカ社会から迫害を受けるという物語。大きさ、リアルさ、ざらつきで訴えるロングショットの活きる映像設計。ニューシネマ時代の作品ということになるが、ラフさが、雰囲気だけでなく、ちゃんと内容に出会っていたと思う。

ジョン・ミリアスとは、何なのだろう。才能、野心、右翼性、アナーキズム、そしてベトナム戦争の体験。なにか、すごいんだけれど、ひとりの表現者としては焦点を欠いている気がする。けれども、彼がさまざまな場所に放り出した数々のアイディアには、人を驚かせるものがある。とにかく、すごいアイディアを思いつくやつなのだ。アイディアの湧かない身としては、敬意を持たざるをえない。監督作品では、B級ギャング映画のいいところを完璧に集約したようなコンパクトさをもつ第1作『デリンジャー』(73)がいちばんだと思うが、『ビッグ・ウェンズデー』には、アイディアや知識からではなく、体験から生みだした詩がある。1960年代。サーフィンと去りゆく日々への感傷。カリフォルニアで成長した靴屋の息子、いちばん正直なミリアスが、ここにいるのだとしておこう。

ロバート・アルドリッチの『カリフォルニア・ドールズ』は、よく出来ている。いろんな作品をつくり、いろんな批評を受けてきて、最後の作品がこれだということに、わたしは感動する。女子プロレスのタッグ・コンビと、オペラをいつも聞いているマネージャー。トレーニングと巡業サーキット。転戦しながら、頂点へ。最後が、巧い。本気で拍手したくなる。なにか、グラデーションを描くように繰りだされる、アルドリッチがそれまでに身につけてきたさまざまな技法。数年前に見直して、どうしてこんなにいいのだろうと思った。二人の女優が、実際の自分たちもアメリカン・ドリームを追っているからだろうか。同時期に見直した『ロンゲスト・ヤード』(74)は、昔見たほど面白くなかった。

クリント・イーストウッドの『ミリオンダラー・ベイビー』については、さんざん語った気がする。結末まで行くと、『ミスティック・リバー』(03)同様、何がテーマで、そもそもどういう映画なのかわからなくなる、と書いたこともある。ポール・ハッギスの脚本。ハッギスは、いまという時代が来るところまで来たという感じを出したいのだ。感傷を秘めたハードボイルド。反則の通る世界。甘いことを言うな、である。ラスト、イーストウッドがヒラリー・スワンクを安楽死させ、自分も姿を消す。確かに、それしかないと思わせる力があった。『インビクタス　負けざる者たち』(09)は、イーストウッドの気楽そうで効率のよい作り方には惹かれたが、スポーツ映画としては納得できないものだ。マンデラがラグビーを政治的に利用したことへのチェックがない。

『ローラーガールズ・ダイアリー』は、おまけのようなもの。キャサリン・ハードウィックの『ロード・オ

Million Dollar Baby
なぜ!?
と叫びたくなるラストばかり!
どの作品も映画ファンを唸らせる.
Clint Eastwood
どうして!!?
最強の2人
だったのに…
常に次回作が
期待される
Clint Eastwood!
Hilary Swank

ブ・ドッグタウン』(05)を入れるつもりだったが、そのビジネスがらみの側面に嫌気がさした一方で、最近見て記憶がはっきりしているものも入れたくなったのだ。ドリュー・バリモアにどれくらい才能があるかわからないが、いかにも新人監督らしく撮りたい画を撮りましたという映像が随所にある。エレン・ペイジがスケートをすごく速く滑る。それがまずウソだという感じであり、敵役のジュリエット・ルイスがかなり気持ちわるい。そして最後は、ヒーローになりたいペイジをみんなが理解してくれる。まあ、スポーツ映画であるまえに、おとぎ話だったのだ。

しかし、念のために言わせてもらうが、(アイウエオ順で)ある競技の歴史をめぐる長ったらしい蘊蓄、人工的な筋肉の見せびらかし、精神主義の押し売り、体育会系ノリの幼稚なはしゃぎ方、古きよき時代へのノスタルジー、猛特訓の効果への賛美などに比べたら、おとぎ話の方がずっといいに決まっている。

建築家・映画評論家
1938年生

渡辺武信

私を野球につれてって……1949／米
脚本＝ハリー・トゥージェンド、ジョージ・ウェルズ、ジーン・ケリー、スタンリー・ドーネン
監督＝バスビー・バークレイ

くたばれ！ヤンキース……1958／米
脚本＝ジョージ・アボット
監督＝スタンリー・ドーネン、ジョージ・アボット

甦る熱球……1949／米
脚本＝ダグラス・モロー、ガイ・トロスパー、ジョージ・ウェルズ
監督＝サム・ウッド

がんばれ！ベアーズ……1976／米
脚本＝ビル・ランカスター
監督＝マイケル・リッチー

さよならゲーム……1988／米
脚本・監督＝ロン・シェルトン

ナチュラル……1984／米
脚本＝ロジャー・タウン、フィル・ダッセンベリー
監督＝バリー・レヴィンソン

フィールド・オブ・ドリームス……1989／米
脚本・監督＝フィル・アルデン・ロビンソン

チャンピオン……1949／米
脚本＝カール・フォアマン
監督＝マーク・ロブソン

傷だらけの栄光……1956／米
脚本＝アーネスト・レーマン
監督＝ロバート・ワイズ

スラップ・ショット……1977／米
脚本＝ナンシー・ダウド
監督＝ジョージ・ロイ・ヒル

順位をつけない回答なので、スポーツの種類別に好きな映画を思い出すことを楽しんだ。外国映画で最も頻繁に扱われるスポーツはアメリカ映画の野球である。その事象を象徴するのはジーン・ケリーとフランク・シナトラという『踊る大紐育《ニューヨーク》』のコンビが唄い踊るミュージカル『私を野球につれてって』（バスビー・バークレイ、49、日本では劇場未公開）

だ。映画の原題"Take Me Out To The Ball Game"と同題の主題歌は1908年に作曲されたノヴェルティ・ソングだが、劇中に巧みに織り込まれ、以来アメリカ・メジャー・リーグの7回に球場に響き渡り、ファンが合唱する習慣が確立している。つまりこの映画は野球というスポーツをプレイし観戦する楽しみへの華やかな賛歌となって映画と野球を結びつけているという意味でも歴史的価値がある。野球を素材にしたミュージカルとしてはもう1作『くたばれ！ヤンキース』(58)を挙げておく。これは「ファウスト」のストーリーを野球ファンの心情に重ねたブロードウェイ・ミュージカルの映画化で、徹底したアンチ・ヤンキースの老人が悪魔の誘いに乗って魂を売り渡し、その代償として若返り、強打者となってヤンキースを打ちのめす。若返った主人公をタブ・ハンターが好演し、悪魔の使いとして彼を堕落させようとする美女、ローラをグエン・バードンがお色気たっぷりに唄い踊って演じる。

少年時代の私が最初に見た野球映画は『打撃王』(42)か『甦る熱球』(49)か、どちらが先か分からない。もちろん『打撃王』の製作は戦時中だから、日本公開はほぼ同じ時期、つまり私が小学校上級生ごろである。どちらも大変楽しんだが、共に名選手の伝記を巧みにアレンジしたものであり、監督が同じサム・ウッドゆえ、クーパーとテレサ・ライトの『打撃王』より、ジェームズ・スチュワートとジューン・アリスン(『グレン・ミラー物語』のコンビ)の『甦る熱球』を選んだ。

時代がぐっと下がって、といっても35年前だが、『がんばれ！ベアーズ』(76)は少年野球を描いた傑作で、子供も楽しめるが子連れの親の方が夢中になってしまうほどの面白さで、味噌ッカスで外野を守らされたチビの少年が大フライをキャッチしてしまうシーンは思い出すだけでジワッとくる。投手を演じたテイタム・オニールも中年のおばさんになっている勘定だが、ファンの心の中では永遠の少女エースである。

マイナーリーグの姿を情感豊かに描いて忘れられないのは『さよならゲーム』(88)である。これはメジャー傘下のチームで、強肩だが集中力を欠いて実戦に弱い投手、ティム・ロビンスの練習相手兼お守り役として働く元メジャーの捕手、ケヴィン・コスナーの姿が淡々と描かれる。彼は球団職員のスーザン・サランドンとひそかに思い合っていたが、投手を無事にメジャーに送り込み、お役済みとして他球団に移ることをサランドンに知らせに行ったのがきっかけで結ばれる。

傷を負って世間から消えた天才選手が16年後に復活する『ナチュラル』(84)も忘れられない。時代背景は1930から40年代になっていて、そのノスタルジックな雰囲気の中では現代の神話とも法螺話とも言える物語もまさに〝ナチュラル〟で、主人公、ロバート・レッドフォードの打球が照明塔を直撃するシーンの昂揚感は忘れられない。

『フィールド・オブ・ドリームス』(89)もアメリカ人の愛する野球にまつわる神秘性、伝説性をベースにした映画だ。アイオワの田舎に住む男(またしてもケヴィン・コスナー)が幻聴のような声に従ってトウモロコシ畑を切り開き、夜間照明付きの野球場を作ると、1919年のワールドシリーズに際し八百長の疑いを受けて球界から追放された選手たちの亡霊が現れ楽しげにプレイする。主人公には、このいわゆる〝エイトメン・アウト〟がきっかけで野球好き同士の亡父と断絶した過去があるが、幻の試合が始まると父の亡霊も姿を現す。夫の奇行を優しく理解する妻も、主人公が招いた野球好きの作家や医者に転じたプロ野球選手も一緒に観戦する。しかし選手たちの姿は借金返済のため土地を売れと促す俗物の親戚たちには見えない。この幻は古き良き時代のアメリカン・ドリームの象徴とも言える。

野球の映画としてはこの他に『メジャーリーグ』(89)、『プリティ・リーグ』(92)などがあるが、既に野球だけで6作になったので他のスポーツ・ジャンルに移ろう。野球に次いで映画の素材になりやすいのはボクシングである。

『罠』(49)は監督ロバート・ワイズの第1作で、若さを失っても全盛期の夢を忘れられないボクサー(ロバート・ライアン)が田舎町のホテルに泊まり、通りの向かい側にある体育館に設置されたリングでひと試合を終えるまでを、現実とほぼ同じ時間(72分)でコンパクトに描いている。ギャングから八百長の仕組みを頼まれたマネージャーが「あいつはどうせ負ける」と思って主人公に連絡せずに礼金を横領したのに、主人公は苦戦しながらも勝ってしまう。試合の描写は疲労感を伴いつつリアルな迫力がある。主人公はギャングに手をつぶされて選手生命を絶たれるが、心配し続けていた妻は安堵する。これは疑いもなく名作に属するが、ロバート・ワイズはあとでもう1本出てくるので、惜しいが10本から外す。

ボクシングの描写では同じ年の『チャンピオン』も見劣りしない。これは後に『真昼の決闘』(52)『招かれざる客』(67)などで名を挙げる監督兼製作者、スタンリー・クレーマーのプロデュース第1作としても、また、情熱的だが利己的でもある新しいタイプのヒーロー像を体現した主演者、カーク・ダグラスの初期代表作(日本公開作としては主演第1作)としても歴史的な評価に値する。『罠』のロバート・ワイズが7年後、実力と名声を得てから再びボクシングを描いたのが『傷だらけの栄光』である。これは不良少年上がりで世界ミドル級チャンピオンになったロッキー・グラジアノの自伝を素材にした映画で、主演のポール・ニューマンはこれでスターダムに躍り出た。冒頭の不良時代のワルぶりや刑務所で大男をたたきのめしてボクサー転向を勧められるシークエンスがテンポ良く運び、プロになり家庭を持って、前座試合ながら連戦連勝する時期の描写にも情緒を感じさせながらテンポが持続している。そこからクライマックスの試合の描写は迫力満点で、現実の試合も凄絶だったそうだが、映画は事実の再現を超えて、独自の昂揚感に満ちている。

ボクシングの映画としてはこの他に『ロッキー』(ジョン・G・アヴィルドセン、76)、『レイジング・ブル』(マーティン・スコセッシ、80)、『ミリオンダラー・ベイビー』(クリント・イーストウッド、04)らが、いずれもアカデミー賞の主要賞にからんでいる名作で忘れがたいが、既に9作挙げたので、野球、ボクシング以外の分野をチェックしてみよう。

まず浮かび上がるのは敵方のゴールを攻略するボールゲームで、刑務所の看守と囚人がアメリカン・フットボールで死闘を繰り広げる『ロンゲスト・ヤード』(ロバート・アルドリッチ、74)、南アフリカでマンデラ大統領の人心統一の願いを込めたラグビー試合が行われる『インビクタス　負けざる者たち』(クリント・イーストウッド、09)、第二次大戦中のドイツの捕虜収容所で、ドイツ軍チームと連合軍捕虜チームがサッカーを行う『勝利への脱出』（ジョン・ヒューストン、81）などである。これらはいずれもその年のベストテン・クラスの面白い映画だが、10本の中には入りきれない。

硬派の映画として『長距離ランナーの孤独』（トニー・リチャードソン、62）が思い出深い。これは少年院でクロス・カントリーの選手に選ばれた主人公が、断然優位を保ちつつも、ゴールの直前で速度を落とし、わざと負けることで権威に対する反抗を示す物語だが私的映画史を織りなす糸としては暗すぎる。

……といろいろ考えてきて、10作の最後の1作は、またしてもポール・ニューマンになるが、プロのアイス・ホッケー・チームを描いた『スラップ・ショット』（ジョージ・ロイ・ヒル、77）にした。これは連戦連敗、リーグ最下位で売却が検討されているチームで、ニューマンを中心に変わり者揃いの選手たちが、活路を見出すために反則すれすれのバイオレントなプレーで人気を得ていくお話で、ロイ・ヒルはアイスホッケー独特の速度感をスリルとユーモアのペースとして巧みに使っている。

旧『映画芸術』編集部・映画批評家
1941年生

佐藤千穂

打撃王……1942／米
脚本＝ジョー・スワーリング、ハーマン・J・マンキーウィッツ
監督＝サム・ウッド

ロンゲスト・ヤード……1974／米
脚本＝トレイシー・キーナン・ウィン
監督＝ロバート・アルドリッチ

がんばれ！ベアーズ……1976／米
脚本＝ビル・ランカスター
監督＝マイケル・リッチー

スラップ・ショット……1977／米
脚本＝ナンシー・ダウド
監督＝ジョージ・ロイ・ヒル

レイジング・ブル……1980／米
脚本＝ポール・シュレイダー、マーディック・マーティン
監督＝マーティン・スコセッシ

カリフォルニア・ドールズ……1981／米
脚本＝メル・フローマン
監督＝ロバート・アルドリッチ

ナチュラル……1984／米
脚本＝ロジャー・タウン、フィル・ダッセンベリー
監督＝バリー・レヴィンソン

勝利への旅立ち……1986／米
脚本＝アンジェロ・ピッツォ
監督＝デヴィッド・アンスポー

フィールド・オブ・ドリームス……1989／米
脚本・監督＝フィル・アルデン・ロビンソン

ミリオンダラー・ベイビー……2004／米
脚本＝ポール・ハギス
監督＝クリント・イーストウッド

アメリカの歴史は浅く、野球と映画こそがアメリカ文化だと言われるし、スポーツが盛んなのは、強国の軍人の闘魂を養うためという人もいる。なるほど、スポーツ映画はシリアスもの、コメディタッチのもの、大人向け、子供向けなどなど数え切れない。野球などTV観戦すらしなかった私がわざわざ球場に足をはこんで、シカゴ・カブスの試合を観たと

きに、一応の野球用語やルールを知っていたのは、それまでに観ていた野球がテーマの映画から身についていたからだろう。

『打撃王』は、野球映画を観たもっとも古い記憶にある。42年の製作というから、戦後になってスポーツ好きの兄にくっついて行った場末三番館あたりで観たはず。ルー・ゲーリック役のクーパーが現役引退するときの〝私は、今、世界でもっとも幸せな男です……〟という名セリフに大泣きしてからクーパーの大ファンになってしまった。しかし近年になると、このような古き良きアメリカ精神を謳歌する作品は影をひそめてくる。『タイ・カップ』(R・シェルトン、95)は、不滅の打率0・366の記録をもつ強打者タイ・カップが、その実、人種差別主義、女性蔑視の鼻持ちならぬ男だったと暴露し、『ナチュラル』では、ギャングとの関わりを描き、『エイトメン・アウト』(J・セイルズ、88)は、シカゴ・ホワイトソックスの1919年ワールドシリーズでの八百長事件(ブラックソックス・スキャンダル)を扱っている。

『ナチュラル』のクライマックスで、打球が夜間照明の電球を直撃し、連鎖反応で次々と破裂して火花を撒き散らす光が降りそそぐ中、ロバート・レッドフォードがベースをスローモーションで回るジャイアント・ホームランのシーンは一見の価値ありです。

『エイトメン・アウト』では、八百長メンバーの一人、シューレス・J・ジャクソンをヒーローとして尊敬している少年が、〝嘘でしょう? 嘘と言ってよ!〟と、去り行く彼の背に必死に声をかけるところが切なかった。全く別の作品ながら、この少年こそ、『フィールド・オブ・ドリームス』の農夫(K・コスナー)の亡き父親にちがいない。ロケ地のとうもろこし畑に造られたグラウンドは撮影当時のまま保存されているという。

トウモロコシ畑を所有する農夫は、ふいにその畑から出現し〝ここに球場を造れば、みんながやって来る……〟と告げる幻の選手の言葉を信じて、その畑に球場を造って、ブラックソックス・スキャンダルの面々を探す。果たして、ある夜、煌々と夜間照明に照らされた球場をとりまく畑の中から、かのスキャンダルメンバーが次々に現れるのだ。そのファンタジックな雰囲気は、親から子へ、そして孫へ、そのまた孫へと続いていくアメリカ野球精神を言っているのだろう。アメリカでの男親と子の意識はまず裏庭でのキャッチボールから始まるといわれているが、『ナチュラル』のフィナーレもまさにそうした場面だった。

野球ファンである私は、B級ものC級ものであれ、野球ものなら何でもよし。何本か挙げてみよう。

『メジャーリーグ』（D・S・ワード、89）は、万年下位のクリーブランド・インディアンズの女性オーナーが〝ビリ〟チームを理由に売却しようと計画するが、それに逆らって、個性ある選手たちが好プレー、珍プレー、ズルプレーを駆使して優勝し、オーナーの売却の目論みがオジャンとなるという傑作コメディ。

前回ワールドシリーズに出場（敗北）したのは日本に原爆を落とした年だという、哀しくも愛しいわがシカゴ・カブスにも助っ人が出現する『がんばれ！ ルーキー』（D・スターン、93）は、なんと暗示にかけられた12才の豪腕少年。一つ星以下の出来だが、わが頭上の壁に貼ってあるペナントに毎日お祈りを捧げる熱狂的カブスファンに楽しい夢を見させてくれただけでもよしとする。

『さよならゲーム』（R・シェルトン、88）は、バスで町から町へ巡行に明け暮れるマイナーリーグ・チームのお話。中心は大リーグ入りを目指す主力捕手（K・コスナー）だが、彼とチームを援助するS・サランドンのきっぷのよさがまっことにいい。日本の旅芝居とそれを支えるオバサン連中をなんとなく思いおこす。

『プリティ・リーグ』（P・マーシャル、92）は、第二次大戦中、男の選手が出征してしまったので女ばかりの野球リーグが活躍するという女子野球ならではの華やかな異色作。

『がんばれ！ ベアーズ』（M・リッチー、76）は、飲んだくれの元メジャーリーガー（W・マッソー）が、町の有力者に依頼されて、ボールを投げると後ろに飛んでしまうどうしようもないチビっ子チームの監督に就任する。マッソーの元恋人の娘の投手、町の嫌われもの不良少年の加勢を得て、とうとうユーショウ！ マッソー監督と相手チームの監督［ヴィック・モロー］との掛け合いなど草野球ならではの楽しい作品だった。

次に、ボクシング映画。『チャンピオン』（M・ロブスン、49）は、興行界の裏側に加えて、ハングリー精神、リング上での強烈な闘いなどなど、ボクシングものの基本となるもの。脚本家C・フォアマンは、この作品で〝赤狩り〟の標的にされ、イギリスに逃れたといわれているが、私の記憶は遠くあいまいで、覚えているのは、血まみれのK・ダグラスのツラ構えと鍛えあげた逆三角形の身体だけ。

『ロッキー』（J・G・アビルドセン、76）の評判は高かったのだが、生卵をがぶ飲みしたりサンドバッグ代わりに生肉の塊を吊るして打ったり、さらに、あの高揚感あふれるBGMに乗ってフィラデルフィアの市庁舎の大階段を駆け上がるといった、これでもかの見せ場はあるもののこれほど見せられると、おのずと結果の予測がついてしまって意外性に乏しいのだ。

『レイジング・ブル』は、実在した世界チャンピオンのジェイク・ラモッタをモデルに、ボクサーの栄光と悲惨を描いている。生まれついての乱暴な性格や、汗や血が観客の方にも飛んでくるような凄惨な試合シーンに重なって、人間の傲慢と孤独がひしひしと迫ってくる。荒っぽさの奥にいつも清冽な水が流れているのがスコセッシ映画なのだ。

初の黒人ヘビー級チャンピオンをモデルにした『ボクサー』（M・リット、70）は、スポーツ映画というよりも人種差別にテーマを置いたもの。

ところで、私は青春映画のジャンルで『ミリオンダラー・ベイビー』を選んでおり、他のジャンルとの重複は規定に反するとのことだが、主人公マギーのボクシングへの想いひとつだけでも、スポーツ映画に加えないわけにはいかないのでお許しいただきたい。

『カリフォルニア・ドールズ』は、女子プロレスラー二人にマネージャー（P・フォーク）が付き添って転戦して鍛えつつ、ついに女子プロレスラー女王の座を獲得する。女子プロの格闘場面に加え、ロードムービーの楽しさ、フォークのおとぼけ演技で、軽快で気持ちのよい作品。アルドリッチ監督にはもう一つ趣向の変わったアメリカンフットボールの傑作、『ロンゲスト・ヤード』（74）がある。刑務所の悪徳所長が、自らの名誉欲のために、刑務所看守と囚人のチームを編成して戦わせようと企む。囚人側は元プロのB・レイノルズ以外はドシロウトで、まともに戦えば看守チームの勝利になるのは目に見えているのだが、いざ戦いの場では、双方とも反則の応酬で凄まじく、ラストプレーでのレイノルズの見事なタッチダウンで囚人チームの勝利！ その彼に、負けた看守チームのボスは無言だがエールを送り、怒り心頭の所長の前にヘルメットを叩きつけて去る。試合にかこつけて、刑務所の環境、食事の改善を所長に交渉していく手口もアルドリッチ監督ならではのもの。

アイスホッケーはアメフト以上にラフなゲームで知られるが、『スラップ・ショット』は、主人公のＰ・ニューマンがいつもの涼やかな風姿を防具で包むといったイデタチで大暴れ。弱小チームが成り上がっていく話は平凡だけど、ニューマンが好きなので十指に入れたい。

ラグビーはゲームそのものに全く興味がないためか、印象深い映画はないが、『インビクタス　負けざる者たち』（Ｃ・イーストウッド、09）は、人種の対立の激しい南ア連邦で、白人が圧倒的に多いチームをあえて後援するマンデラ大統領の深慮と、彼に会うたびに敬愛の念を深めるチームのキャプテン。黒も白もなく南アを応援する国民……スポーツのすばらしさここにありという佳作。

最後はバスケットボール映画、『勝利への旅立ち』を挙げよう。原題の“HOOSIERS”が〝田舎者〟という意味のごとく、インディアナ州の小さな町のハイスクールのバスケットボールチームが鬼コーチ（Ｇ・ハックマン）指揮のもと、州大会優勝へ進んでいく物語。途中でアル中のＤ・ホッパーがこのチームを手助けするところも、ありがちな話にふくらみをもたせている。何の楽しみもない田舎町の人々が煌々とヘッドライトを連ねて試合会場へと向かう車列は、さながら〝おらが村の英雄応援行進〟である。州大会のインディアナポリスの競技場は、あこがれのプロバスケットボールチームのホームグラウンドでもあり、会場の大きさに怖じけづく選手たちへ、ハックマンコーチが〝コートの広さもバスケットの高さも今までのものと全く変わりはないのだから〟と諭す。この一言で弱小田舎高校生の優勝はキマリ。こちらの胸にも届いた。

映画研究家
1948年生

筒井清忠

打撃王……1942／米
脚本＝ジョー・スワーリング、ハーマン・J・マンキーウィッツ
監督＝サム・ウッド

炎のランナー……1981／英
脚本＝コリン・ウェランド
監督＝ヒュー・ハドソン

君がいた夏……1988／米
脚本＝スティーブン・カンプマン、ウィル・アルディス
監督＝スティーヴン・カンプマン

民族の祭典……1938／独
脚本・監督＝レニ・リーフェンシュタール

プリティ・リーグ……1992／米
脚本＝ババルー・マンデル、ローウェル・ガンツ
監督＝ペニー・マーシャル

甦る熱球……1949／米
脚本＝ダグラス・モロー、ガイ・トロスパー、ジョージ・ウェルズ
監督＝サム・ウッド

傷だらけの栄光……1956／米
脚本＝アーネスト・レーマン
監督＝ロバート・ワイズ

リトル・モー……1978／米
脚本＝ジョン・マクグリーヴェイ
監督＝ダニエル・ホラー

私を野球につれてって……1949／米
脚本＝ハリー・トゥージェンド、ジョージ・ウェルズ、ジーン・ケリー、スタンリー・ドーネン
監督＝バスビー・バークレイ

フラバー……1961／米
脚本＝ビル・ウォルシュ
監督＝ロバート・スティーヴンソン

『打撃王』

少年の頃見た野球映画で一番忘れられない作品。日本公開は1949年となっているが、私は1958、9年頃に見た。2回目の公開上映だったのであろう。言わずと知れたアメリカ大リーグの大打者ルー・ゲーリックの伝記映画。ベーブ・ルースなど有力選手は本人

自身が出演していた。ただ、少年の頃は随分感激したのだが、最近見直したところ、それほどでもなかった。大人になって見ると、サム・ウッドの演出が定石的に感じられるからだ。しかし、考えてみると当時は地方の少年には本物の日本のプロ野球でさえめったに見ることができなかったのであって、ましてアメリカ大リーグの試合の様子など想像するしかなかったものなのである。従ってそれが見られるだけでも嬉しかったわけで、映画というものを考える時、こうした見る側の条件という要素を抜きにしてはならないであろう。

『炎のランナー』

スポーツ映画の最高峰ではないだろうか。人種差別問題などスポーツを包み込んだイギリス社会全体の問題を扱い焦点化することに成功しているからである。とくに印象的だったのは宗教の問題であった。人間の限界に挑戦するスポーツというものが、宗教に通底することを示し得たラスト・シーンの感動は忘れがたい。

『君がいた夏』

原題〝Stealing Home〟とは「ホームスティール（本盗）」のことだが、「故郷に帰る」という意味もこめられている。スランプとなり方向性を見失ったプロ野球選手が、少年の頃親しかった女性の死を契機に故郷に帰り、忘れていた野球への初心を取り戻し再生していく、というストーリーである。その後無数の〝故郷もの〟の類似作品が作られたが、本作の初々しさに匹敵するものはない。〝野球・青春・故郷〟というと何やら甲子園高校野球っぽいが、本作は甲子園高校野球以上にみずみずしくスマートにそれらをつないで見せている。主演のジョディ・フォスターの最高作ともいえよう。

『民族の祭典』

著名なナチ・プロパガンダ映画だが、この映画抜きにスポーツ映画を語ることはできないであろう。最初その映像美に感心し、次に大分経ってから多くの演出が含まれていることを知ってあらためて見て今度はその演出に感心した。スポーツというものに人体の美の究極のものが映し出されるということを最もよく示す映画である。

『プリティ・リーグ』

戦争中の女子プロ野球リーグを扱った作品で、野球ゲーム自体の面白さがどの野球映画よりもよく描かれていた。そして、けなげでさわやかな後味がよかった。これがスポーツ映画というものの一つの生命源であろう。

『甦る熱球』

事故から立ち直り奇跡のカムバックを遂げた大リーグ投手モンティ・ストラットンの伝記映画。監督がサム・ウッドだから『打撃王』の後続企画であることは明白。その点の物足りなさがあるが、『グレン・ミラー物語』につながるジェームズ・スチュワート、ジューン・アリソン夫婦コンビものの第1作として忘れがたい。やはり二人が共演した第2次大戦ものの『戦略空軍命令』(55)の主人公の空軍パイロットが元野球選手なのはこの映画の記憶によるのであろう。

『傷だらけの栄光』

ニューヨークの下町から世界チャンピオンへという夢をかなえたボクサー、ロッキー・グラジアノの伝記映画。子供の頃見てボクシング映画はすごく疲れるという印象を植え付けられたものだが、これを見ていたので『ロッキー』は二番煎じに見えた。

『リトル・モー』

「戦艦ミズーリはビッグ・モー〔愛称〕だが、リトル・モーの方が破壊力がある」と新聞記者に言われた女子初のグランドスラム達成テニスプレーヤー、モーリーン・コノリーの伝記映画。淡々とした作品だが味わい深い。もう一度見たいのだがDVD未発売である。

『私を野球につれてって』

ジーン・ケリー、フランク・シナトラ、エスター・ウイリアムスという組み合わせの割にはもう一つ(もう二つ?)の出来のミュージカル映画だが、アメリカで大リーグを観戦するとこの映画の主題歌“Take Me

Out to the Ball Game〟が流れてくるのでどうしてもこの映画のことを思い出す。こんな風に記憶に残る映画もあるものなのだ。

『フラバー』

中学生の頃面白く見た。この映画のバスケットボール・シーンの印象は強烈で、後に「エアー」と呼ばれたマイケル・ジョーダンの滞空時間の長いダンクシュートを見るたびにこの映画を思い出した。

＊他にも格闘技映画など色々な作品があるのだが意外に印象に残るものは少ない。そこそこの格闘技映画などよりは、戦争映画や『ベン・ハー』(59)の戦車競争シーン、『スパルタカス』(60)の剣闘士の格闘技シーンなどのスポーツ的要素を含んだスペクタクル映画の方が印象が強いからだ。逆に言えば優れたスペクタクル映画はスポーツ映画的要素をうまく取り入れることによって成功しているわけである。このあたりにスポーツ映画だけを取り出して論じることの難かしさがあると思う。

映画監督
1952年生

大森一樹

白い恋人たち……1968／仏
脚本＝ピエール・ユイッテルヘーヴェン
監督＝クロード・ルルーシュ、フランソワ・レシャンバック

フィールド・オブ・ドリームス……1989／米
脚本・監督＝フィル・アルデン・ロビンソン

泳ぐひと……1968／米
脚本＝エレノア・ペリー
監督＝フランク・ペリー

プリティ・リーグ……1992／米
脚本＝ババルー・マンデル、ローウェル・ガンツ
監督＝ペニー・マーシャル

傷だらけの栄光……1956／米
脚本＝アーネスト・レーマン
監督＝ロバート・ワイズ

長距離ランナーの孤独……1962／英
脚本＝アラン・シリトー
監督＝トニー・リチャードソン

ヤング・ゼネレーション……1979／米
脚本＝スティーヴ・テシック
監督＝ピーター・イェーツ

グラン・プリ……1966／米
脚本＝ロバート・アラン・アーサー
監督＝ジョン・フランケンハイマー

新黄金の七人 7×7……1968／伊
脚本＝セルジョ・ルフィーニ
監督＝ミケーレ・ルーポ

ひとりぼっちの青春……1969／米
脚本＝ジェームズ・ポー、ロバート・E・トンプソン
監督＝シドニー・ポラック

カーリング競技の日本代表監督、競技委員長、オリンピック解説などを務められ、日本カーリングの父とも言われる小林宏氏がテレビのインタビューで、学生時代見た『女王陛下の007』(69)がカーリングとの最初の出会いだったと答えられていたのを覚えている。そういえば、アルプスのプロフェルドの本拠地テラスで、ボンドが美女たちとカーリングに興じ、クライマックスではボンドがカーリングのストーンよろしくコースを滑りな

がらマシンガンをぶっ放すシーンもあった。今から40年以上前、あのゲームは何だろう？と誰もが思ったはずだ（映画で最初に登場したカーリングは、リチャード・レスター監督のビートルズ映画『ＨＥＬＰ！』だったという説もあるのだが）。この他にも『女王陛下の００７』にはスキーにスケート、氷上ストックカーレースからボブスレー、リュージュとウインタースポーツのオンパレードだが、誰もこの映画をスポーツ映画には入れないだろう。しかし、『女王陛下の００７』を日本の一人の若者が見ていなければ、日本にカーリングというスポーツは広まらなかった、チーム青森も、本橋マリリンもなかった、かもしれないのだ。

『白い恋人たち』も「ルールに則って行われる競技を描いた映画」という位置づけからすれば、スポーツ映画とは言えないのはわかっている。でも、『白い恋人たち』を見ていなければ、高校時代８ミリで『白い旅人たち』なる校内マラソン大会の記録というスポーツ映画、それは私のほぼ処女作といってもいい映画、を私は撮らなかっただろう。

映画には、思わぬところにスポーツがある。だから、スポーツ映画の選出は作品としての評価よりも、その解釈にどうしても頭が行ってしまう。例えば、『グラン・ブルー』だって、素潜りというスポーツの映画と言えないこともないだろう。

とはいえ、スポーツ映画の王道は、野球とボクシングのようだ。この二つで軽く10本以上はいってしまうのだから。絞りに絞った野球映画の1本は、月並みだが『フィールド・オブ・ドリームス』。正確に言えば、野球の映画ではなく、野球場の映画かもしれないが、それでも私の中でメジャーリーグの映画であることに変わりはない。それは、シューレス・ジョーとエイトメン・アウトだからではなく、ムーンライト・グラハムに他ならない。メジャーリーグに一試合だけ出場し、打席なしで終わったニューヨークジャイアンツの外野手。その後、医者となり町の人の尊敬を集めてこの世を去った男。演じたのはバート・ランカスター。彼の最後の映画ともなった。サーカスの空中ブランコから映画スターになったと聞くバート・ランカスターは、その経歴からアクションはもちろんだが、スポーツ映画でも異能の人だった。これまた、スカイダイビング

FIELD of DREAMS

それは、トウモロコシ畑で男が聴いた声からはじまった

までスポーツとするなら、『さすらいの大空』(69)。そして水着一つだけで、友人のプールを渡り歩いていく『泳ぐひと』。後者はアメリカンニューシネマの1本だが、学生時代に見た時よりも、今回40年ぶりにDVDで見直し、こんなに不思議で味わいのある映画だったのかとちょっと感動した。

野球映画からもう1本といえば、『ナチュラル』(84)が順当なところだが、ここではちょっと目先を変えて、子供の野球か女の野球かと迷って、女の『プリティ・リーグ』に。これは昨年、大阪芸大と朝日放送が産学協同で製作した連続テレビドラマ「風に向って走れ! 芸大女子駅伝部」というスポーツものを脚本演出する際、見直して参考にさせてもらった。酔いどれダメ監督とそれについていく女の子たちという設定をそのままに。

ついでだが、『ミネソタ大強盗団』(72)には、西部開拓史時代の無茶苦茶な野球が紹介されるが、あれがアメリカのベースボールゲームの始まりだったのだろうか。

ボクシング映画は『ロッキー』(76)から『レイジング・ブル』(80)まで選りどり見どりだが、あえて『傷だらけの栄光』を。もう一人のロッキー=ロッキー・グラジアノの物語は、実は中学生の時、テレビの日曜洋画劇場で見たのが初めてで、その後ビデオでは見たが劇場では見ていない。しかし、さほど興味なかった中学生をボクシングに夢中にさせたのだから。何よりも、ポール・ニューマン、そしてチョイ役のスティーブ・マックィーン(実はこれがお目当てで見たのだが)、監督はロバート・ワイズ。もう何十年も見ていないがスポーツ映画としては間違いないキャスト、監督だ。ロバート・ワイズは『罠』(49)で、もう若くないボクサー(元大学ボクシングチャンピオンだったロバート・ライアンが演じた)の哀しみと執念を渋く描ききって秀逸だった。『砲艦サンパブロ』でのボクシングシーンでも手を抜かない。ボクサーはマコ岩松、マックィーンは脇のトレーナー役。多分ロバート・ワイズは相当なボクシング好きだったのだろう。

正統派のスポーツ映画として『長距離ランナーの孤独』は、タイトルからしても異論のないところだろう。この度DVDで見直してみたが、トム・コートネーの反抗児ぶりは、面構えも身のこなしも今では充分に通用する悪ガキだ。見ながら思い出したのだが、私の初めての長編8ミリ映画『明日に向って走れない！』(72)の原点はこの映画だった。

サイクルスポーツではあるが『ヤング・ゼネレーション』もスポーツ映画としては正統派だろう。とはいえ、これが自転車から自動車になるといささかスポーツ感が薄くはなる。しかし、これだってモータースポーツというスポーツなのだと開き直れば、『グラン・プリ』も忘れられないスポーツ映画の1本だ。『さすらいの大空』『グラン・プリ』とジョン・フランケンハイマー監督作品が出てきたところで、では『ブラック・サンデー』(77)はどうか？　もちろん、スポーツそのものを描いた映画ではないが、アメフトのスーパーボールというスポーツイベントがなければ成立しない映画には違いない。『パニック・イン・スタジアム』(76)もしかり。同じアメフトでも『ロンゲスト・ヤード』(74)がスポーツ映画ではないと言う人は少ないだろうが、『天国から来たチャンピオン』(78)はどうだろう？　それだけではない、スポーツ選手が主人公のウェルメイドなアメリカ映画は他にも多い。トム・グリース監督、チャールトン・ヘストンの『ナンバーワン物語』(69)、アンソニー・パーキンス、ジェーン・フォンダの『のっぽ物語』(60)等々。いささか話が脱線してきた。元に戻そう。

『新　黄金の七人　7×7』は、イギリス中がサッカーのテレビ中継に釘付けになっている間に、7人が刑務所を抜け出し造幣局に忍び込んで、偽札ではない本札を印刷して、また刑務所に戻るという犯罪もの。公開された60年代、日本ではまだサッカーというスポーツがポピュラーな時代ではなかったので、初めて劇場で見た時はそんなことあるのかと思ったものだが、今なら信じられる。これもまた、『ブラック・サンデー』と同じ、スポーツイベントを背景にした犯罪アクションだが、こちらは最近見直してみると、全くサッカーに関心のなかった時と違って、刑務所を抜け出し造幣局に忍び込む7人の行動が、走って、パスを出して、受けて、跳んでとサッカーのゲームのように見せるという狙いに気づく。そして最後、刑務所に戻る直前で試合終了を迎えタイムアウト、万事休すというところで、同点ゴールが決まって延長戦へというオチも、サッカーのゲーム展開に則していて、犯罪競技映画といっていいと思うのだが。というわけで、これをスポーツ映画の1本に。

最後の1本は、私にとって極めつけのスポーツ映画、『ひとりぼっちの青春』。ダンスマラソンなる競技がスポーツと言えるか否か。しかし、これも改めて見直すと、ちゃんとルールがあり、失格あり、ラップタイムも競走もあり、そして勝敗もある、まぎれもないスポーツだ。当然のことながら、そのスポーツを通して描かれるのは、人生のやりきれなさ、男と女、老いと富と貧しさ、卑屈さと虚栄、それは宣伝コピーにあるように人生のミラーボール。そして、廃馬は撃たれる。

以上、極私的スポーツ映画10本です。

河村雄太郎

元テレビプロデューサー・ディレクター
1947年生

ロンゲスト・ヤード……1974／米
脚本＝トレイシー・キーナン・ウィン
監督＝ロバート・アルドリッチ

カンサス・シティの爆弾娘……1972／米
脚本＝トーマス・リックマン、カルビン・クレメンツ
監督＝ジェロルド・フリードマン

孤独の報酬……1963／英
脚本＝デヴィッド・ストーリー
監督＝リンゼイ・アンダーソン

ボディ・アンド・ソウル……1947／米
脚本＝エイブラハム・ポロンスキー
監督＝ロバート・ロッセン

アフター・ダーク……1990／米
脚本＝ボブ・レドリン
監督＝ジェームズ・フォーリー

脱出……1972／米
脚本＝ジェームズ・ディッキー
監督＝ジョン・ブアマン

泳ぐひと……1968／米
脚本＝エレノア・ペリー
監督＝フランク・ペリー

スピードを盗む男……1956／英
脚本＝ロビン・エストリッジ
監督＝ラルフ・トーマス

お前と俺……1970／米
脚本＝チャールズ・イーストマン
監督＝シドニー・J・フューリー

勝利への旅立ち……1986／米
脚本＝アンジェロ・ピッツォ
監督＝デヴィッド・アンスポー

『ロンゲスト・ヤード』では看守と囚人がアメフトで対決する。この設定は変則フォーメーションに見えるが、実は絶妙なフォワード・パスである。刑務所内では看守の合法的虐待に逆らえない囚人が、競技場では堂々と合法的暴力を駆使できるからだ。ラストは定番の土壇場逆転劇だが、そこへ導くアルドリッチの采配は鮮やかだ。とりわけ、アメフト狂の所長に扮したE・アルバートの百面相が光る。虐待シーンは部下に任せ、柔和な顔でスポーツによる更生を説く。しかし、ホンネ

は名誉欲を満たし、権力を誇示することにある。看守チームの勝利を謀って、囚人チームの主将に八百長を強いるのだ。主将役は茶目っ気のあるタフガイ、B・レイノルズ。八百長試合で追放された過去を持つアメフトの元スターだ。レイノルズはアルバートの腹芸に対して、捨て身の頭脳戦を仕掛ける。マッチョな看守たちを相手に、反則に次ぐ反則の肉弾戦を展開する。スポーツマン・シップなど犬に食われろ、というスポーツ映画だった。

『カンサス・シティの爆弾娘』のヒロイン、R・ウェルチはローラー・ゲームの花形スケーターだ。グラマラスなナイスバディに長い髪をなびかせ、ユニフォームのジッパーを胸元まで下ろして爆走する。試合前の国旗掲揚ではチューインガムを嚙み、同じその口で試合中は敵に罵声を浴びせ、試合後はビールをガブ飲みする。ファンが熱狂するのは団体戦でなく、チーム内のライバルとのマッチ・プレーだ。殴る蹴る突き飛ばすの何でもアリで、敗者はトレードに出されてしまう。この掟が物語の骨格となる。敗れたウェルチは帰郷して子供たちに会い、爆弾娘ならぬフツーの母親を演じる。だが、再婚話を断わって復帰する。K・マッカーシー扮する剛腕オーナーの勧めだった。二人は公私ともに接近する。ところが、マッカーシーは「皆が互いを利用し合い、利用に値しない者は脱落する。それがアメリカだ」などとうそぶく。ウェルチは意図的なトレードを目論むマッカーシーに叛き、真剣勝負のマッチ・プレーで勝つ。ショー・ビジネスを越えたアスリートの心意気だった。満身創痍でありながら、自由な女がそこにいた。

『孤独の報酬』は60年代初めのイギリスで、「怒れる若者たち」と呼ばれたフリー・シネマの1本である。主人公は炭鉱夫からプロ・ラグビーの選手になったR・ハリス。下宿先の未亡人R・ロバーツに想いを寄せる。ハリスは荒々しいプレーで人気者となるが、日常の粗野で強引な振舞はロバーツの神経を逆撫でする。彼女は心を開かず、最後には病死する。生き甲斐を失ったハリスは惰性で試合を続ける。それだけの地味な話だ。堅固な格差社会の閉塞状況に抗い、スポーツで成り上がろうとする下層労働者の鬱屈と焦燥が画面を覆う。ロバーツが若くて美しいとは言い難いだけに、傷つけ合う関係が一層痛ましい。いっぽう、富裕層のオーナー夫人の誘惑には、「フェア＝公平じゃない」と拒否するハリス。ラガーマンの矜持が籠った名台詞だった。"THIS SPORTING LIFE"という皮肉な原題が効いている。フリー・シネマでは『長距離ランナーの孤独』（62）も記憶に残る。感化院に入れられた非行少年が名門校とのクロス・カントリー・レースで、優勝を目前にして走るのを止めてしまう。エスタブリッシュメントに対する少年の屈折した反逆だが、この映画自体が「スポーツ＝勝利＝感動＝青春」という陳腐な図式への反逆だった。

孤独であると同時にハングリーでもあるヒーロー像は、ハリウッドの嗜好と合致する。その典型がボクサーだろう。多くのスターがボクシング映画で知名度を上げた。K・ダグラスの『チャンピオン』（49）とP・ニューマンの『傷だらけの栄光』（56）は高校時代にリバイバルで観た。70年以降で観客のアドレナリン増量に最も貢献したのは、S・スタローンの『ロッキー』（76）だろう。逆に『レイジング・ブル』（80）のR・デ・ニーロは転落したヒーローを演じて凄絶だった。いずれにせよ、ヒーローが経験する栄光と挫折の振幅が大きく、かつネジレているほど面白い。そこに犯罪が絡むと、更に面白い。

『ボディ・アンド・ソウル』は、そうしたボクシング映画の頂点に立つ。日本未公開だがビデオがリリースされており、TSUTAYAではフィルム・ノワールのコーナーに置いてあった。ユダヤ人ボクサーの青年が黒人チャンプを破り、タイトルを獲得する。防衛戦となり、組織のプロモーターが青年に八百長負けを強請する。一攫千金を狙う青年は承諾する。ところが、先のタイトルマッチの八百長が判明する。黒人チャンプはわざと負けたのだ。俺は同じ轍を踏まない――青年は約束を反故にして防衛戦に勝つ。試合後もストレート・パンチが炸裂する。「別のヤツと組め。俺は引退する」と青年。「それで済むと思うのか？」とプロモーター。「殺す気か？ 殺れるなら殺れよ」と青年。構成も即効のボディ・ブローだ。防衛戦の前夜がプロローグで、当日の試合直前で回想に入り、この回想を一度プロローグに繋げておいて、再び試合直前に戻すのである。あとは一気に防衛戦に突入して行く。ジャブの応酬も見事なこの脚本を書いたのはA・ポロンスキー。赤狩りで非転向を貫いた。監督のR・ロッセンは転向して、『ハスラー』（61）を撮った。青年役の俳優J・

ガーフィールドはパージされ、悶死した。この映画は三者三様のブラック・リスティによって作られたのである。この内情は上島春彦氏の労作「レッドパージ・ハリウッド」に詳しい。

『アフター・ダーク』のＪ・パトリックは元ボクサーだ。リング上で対戦相手を殴り殺した過去がある。そのＰＴＳＤは時に暴力衝動に駆られるほど生々しい。パトリックはＲ・ウォード演じるアル中女と知り合い、その虜になる。ウォードはＢ・ダーン扮する元警官と組んで、富豪の少年の誘拐を企てる。引きずり込まれるパトリック。誘拐は成功するが、少年は糖尿病を患っていて重体に陥ってしまう。殺人ボクサーと瀕死の少年の交流が始まる。これがファム・ファタールであるウォードとの恋路や、身代金に絡むダーンとの駆け引きに陰翳をもたらす。ストロボの焚かれるボクシング・シーンが何度かフラッシュ・バックされ、主題はパトリックのＰＴＳＤ克服に絞られていく。死神に取り憑かれたボクサーの末路だが、悲劇と断言できない不思議な余韻があった。原作は犯罪小説の異才Ｊ・トンプソン。濃密な人物描写という点では、『ゲッタウェイ』(72)や『グリフターズ』(90)を凌ぐ。

『脱出』の男たちが行うラフティングは代表的なアウトドア・スポーツである。アーチェリーも衝撃的に使われていた。よって、「アクション映画の10本」から漏れたこの作品を今回のスポーツ枠で救済する。ＤＶＤで見直して改めて意識したのは、ダム建設による流域水没が男たちの河下りの動機になっていることだ。実は私は『脱出』と『イージー・ライダー』(69)は、同じ文脈のニュー・シネマと位置づけていた。カヌーを操る市民とバイク乗りのヒッピーという違いこそあれ、ともに原住民の聖域に闖入して通過する異分子が、理不尽な暴力に遭遇する話と理解していた。しかし、『脱出』の暴力は勿論理不尽だが、聖域の破壊を企む都市住民への憎悪が裏打ちされていたのである。因みに荒井晴彦氏はこの映画には「エコの匂いがする」とコメントしている。河下りというエコ・スポーツによる男たちの想い出づくりは、水没を強いられる原住民には反エコの尖兵に等しかったのだ。

『泳ぐひと』もニュー・シネマの1本だ。そして主人公Ｂ・ランカスターもまた闖入して通過する異分子である。舞台はアメリカのどこか富裕層の住む瀟洒な住宅地。格好は海パン一丁である。プールのある家を一軒ずつ訪ね、自分の家まで泳いで帰ろうというのだ。異分子とはいえ、かつては此処の住民だったらしい。ただし、彼が今まで何をしていたのか、何故こんなことをするのか不明だ。この映画の面白さは観客にそれが伏せられているだけでなく、異分子であることを本人が自覚していないことにある。さり気ない態度で歓待されたり、逆に露骨に嫌な顔をされたりしながら、ランカスターはステータス・シンボルであるプールを渡って行く。水がなければ泳ぐ真似をしたり、恋仲だったらしい女と再会して詰られたりする。公衆プールでは浮浪者扱いされる。そして、辿り着いた我が家は幸福とは縁遠い幽霊屋敷のような廃屋だった。中年でありながら永遠の青年のごとく振る舞う「泳ぐひと」の心象――それは荒廃だったのだ。見た目の若々しさや肉体のバイタリティを至上のものとし、そのためには美容やスポーツに惜しみなく大金を投じるアメリカの陰画に他ならない。それは皮肉にも豊かな社会から脱落し、心を病んだ異分子の行う無料スポーツによって浮き彫りにされた。ランカスターの鍛えられた肉体が、最後には哀れで痛々しく見えてしまう。いわば、反スポーツ的スポーツ映画なのである。同じ海パン映画でも、『ビッグ・ウェンズデー』(78)のノーテンキなノスタルジーとは対極に位置している。

『スピードを盗む男』の日本公開は57年、私が10歳のときだ。競争自動車=フォーミュラカーの助手席に乗った男が操縦士=レーシング・ドライバーに拳銃を突きつけ、風光明媚な舗装道路=ハイウェイを疾走する映像を覚えている。モーター・スポーツもスポーツのうちと思いつき、『栄光のル・マン』(71)や『グラン・プリ』(66)を退けて選んだ。イタリアで新車の設計図を盗んだ産業スパイが、国際ロード・レースを利用して国外へ脱出しようとする話である。主人公は英国チームのドライバーで、犯人はナビゲーターに成りすます。産業スパイのボスと主人公の恋人が飛行機で追う。フォーミュラカーもヨーロッパも夢のまた夢という時代だったから、相当コーフンした記憶がある。原題“CHECK POINT”はレースの不正を調べる秘密の地点という意味で、これを突破して逃げるのだが、邦題を『スピードを盗む男』にしたセンスが素晴らしい。

『お前と俺』は同じモーター・スポーツでも二輪車である。R・レッドフォードのイケメンとM・J・ポラードの冴えない男という、対照的な二人のバイク・レーサーが登場する。レッドフォードの無謀運転の所為で骨折したにもかかわらず、整備を引き受けるお人好しのポラード。その彼も惚れた女をレッドフォードに奪われ、ついに決別する。勝てなくなったレッドフォードはコンビ復活を提案するが、腕前を上げたポラードは拒絶する。選手権大会で対決する二人。デッド・ヒートの末、レッドフォードにマシン・トラブルが発生、ポラードが勝つ。ビデオで再見したが、ありきたりなバディものにはしないぞ、という作り手の前傾姿勢を感じる。それゆえ、クールでカッコいいはずのレッドフォードの影が薄い。当方も『俺たちに明日はない』(67)の屈折が印象的だったポラードに感情移入して観た覚えがある。時代のテイストはまさに「屈折がドラマだ。弱者に勝利を!」だった。BGMにJ・キャッシュの演歌調カントリーが流れるのも、当時の熱い空気を反映している。

『勝利への旅立ち』の冒頭、G・ハックマンが高校の弱小バスケ・チームのコーチに赴任する。当初は強引な指導と奇抜な作戦のために保守的な町民の反感を買う。やがて主力選手の復帰で力をつけ、バスケOBと女教師の支援を得て州大会で優勝する。OB役はD・ホッパー。かつては名選手だったが、今ではアル中の鼻ツマミ者だ。ハックマンにコーチ補佐を依頼され、酒を絶つ。ところが、代役として采配を揮うとなるとプレッシャーに負けてしまう。ホッパーは治療入院して、「身体の中が空っぽになったみたいだ。嫌なものも見える」と語る。その演技はアクターズ・スタジオで学んだメソッドに、自身の実体験が加わって真に迫る。現にホッパーは『ブルーベルベット』(86)とこの作品での好演によって、ドラッグとアルコール漬けの地獄から奇跡的にカムバックしたのである。映画はセオリー通りに展開するが、ツボを心得た冷静な語り口で、よくあるスポ根ものとは一線を画していた。

「勝って、人々に勇気と夢を与えたい」とコメントする選手がいる。違和感がある。勇気と夢を得たかどうかは人々自身が判断する。マスコミ受けするリップ・サービスはいらない。勝ちたいから勝つ、で充分と思うからだ。勇気と夢は常に得られるとは限らない。まして選手から与えられて当然と思えば、与えられない場合にストレスとなる。このストレスは普段はまるで関心がないのに、選手が日の丸を背負ったりすると突然熱くなる。感動至上主義が振り撒く同調圧力と紙一重なのだ。熱が冷めると、前よりも寒い。

スポーツ映画も同じである。後味が爽やかだろうが、苦かろうが問題ではない。カタルシスはなくてもいい。ポジティブ・シンキングは選手の裡にあればいい。精神論やタテマエでなく、アクチュアルな肉体のドキュメントが観たいのだ。『レイジング・ブル』でデ・ニーロは27キロの肉体増量をした。『レスラー』(08)の監督D・アロノフスキーは落ち目のM・ロークの起用に固執した。ともに生身の肉体への拘りが明確だった。スポーツ映画は肉体のリスペクトがすべてなのだ。

映画評論家
1959年生

上島春彦

其の夜の真心……1934／米
脚本＝ロバート・リスキン
監督＝フランク・キャプラ

緑園の天使……1945／米
脚本＝セオドア・リーヴス、ヘレン・ドイッチュ
監督＝クラレンス・ブラウン

騎手物語……1940／ソ連
脚本＝ニコライ・エルドマン、
ミハイル・ヴォルピン
監督＝ボリス・バルネット

ボディ・アンド・ソウル……1947／米
脚本＝エイブラハム・ポロンスキー
監督＝ロバート・ロッセン

レイジング・ブル……1980／米
脚本＝ポール・シュレイダー、
マーディック・マーティン
監督＝マーティン・スコセッシ

ロイドの牛乳屋……1936／米
脚本＝グローヴァー・ジョーンズ、
フランク・バトラー、
リチャード・コネル
監督＝レオ・マッケリー

ハスラー……1961／米
脚本＝ロバート・ロッセン、
シドニー・キャロル
監督＝ロバート・ロッセン

マイ・ライバル……1982／米
脚本・監督＝ロバート・タウン

ローラーガールズ・ダイアリー……2009／米
脚本＝ショーナ・クロス
監督＝ドリュー・バリモア

フープ・ドリームス……1994／米
脚本＝スティーヴ・ジェームズ、
フレデリック・マルクス
監督＝スティーヴ・ジェームズ

タイトルで大いに損をしていると思うけれども『其の夜の真心』は競馬映画の傑作。別に『或る夜の出来事』の続編とかではない。今なら原題の〝ブロードウェイ・ビル〟をそのまま使うに違いない。一頭の駿馬に再起を賭ける男ワーナー・バクスターの物語である。男の義理の妹マーナ・ロイの可愛さも大いに

得点をプラスした。クライマックスは当然「ブロードウェイ・ビル」が出場するレースで、思いがけない結末が待つ。感涙間違いなしの古典的名作ではあるが、興味深いのは一文無しの男にどうして競馬興行に参加することが可能になるのか、という部分。興行ビジネスの裏側でどのような思惑が資金を持っている男たちを動かすのかに注目して見てもらいたい。

闘牛興行でのこうしたやりとりはロバート・ロッセン監督、ジョン・ブライト脚本の『ブレイヴ・ブルズ』(51)でも面白く描かれていた。

競馬映画の古典と言えば『緑園の天使』も挙げなければいけない。最初にこの映画のことを知ったのは70年代にこれが『インターナショナル・ベルベット 緑園の天使』(78)としてリメイクされた際のことだったが、実際に見られたのはビデオ時代が到来してからだ。美少女として花開く直前のエリザベス・テーラーが主演。彼女が冒頭、前歯にブレイスをして出てくるのに驚愕させられる。これは映画的には普通ブスの代名詞である。ここは、お姉さん役のアンジェラ・ランズベリーが文句なしの美少女なので是非見てもらいたい。アンジェラ・ランズベリーって森光子が吹き替えしてる「ジェシカおばさん」でしょ、とタカをくくる愚か者がそのへんにいるかも知れないが、それがどうした。誰にも若い日はあるのだ。

文句はこれと『ハーヴェイ・ガールズ』(46)の彼女を見てから言ってもらいたい。これも名馬パイが出走するレース場面が出色だが周到な演出は『其の夜の真心』に匹敵する。レース場面ではボリス・バルネットの『騎手物語』も凄い疾走感。蓮實重彥も書いているが、馬と並走して俯瞰で撮影しているのでキャメラマンと三脚の影がくっきり地面に映り込んでいる。何というかそのイケイケ感が素晴らしい。競馬とくればジョン・フォードの『香も高きケンタッキー』というのもあるのだが別に私がアンケートを蓮實色に染め上げることもないか。

思いつくプログラムが『ロンゲスト・ヤード』(74)『カリフォルニア・ドールズ』(81)と何故か大御所にへつらっているようなセレクションに傾きつつあるので、このへんは全部考え直すことにした。後者にはミミ萩原が出ていることでもあり、アイドル時代から何かとお世話になっている彼女を無視していいわけはないのだが、ここでは泣いてバショクを切る。

興行がらみギャンブルがらみであってこそスポーツ映画、という感じがひしひしとするのは『ボディ・アンド・ソウル』のようなボクシング映画を見たときだ。主演の八百長ボクサー（といっても結局思いとどまるのだが）ジョン・ガーフィールドはもちろんのこと、悪徳プロモーターのロイド・ゴフ、親友ジョセフ・ペヴニー（後に監督になる俳優）、ギャングにしか見えないゴフの子分ウィリアム・コンラッド（彼も後年「異色」監督に）、黒人の元チャンピオン、カナダ・リー（ブラックリストで非業の死を遂げた俳優）と男性俳優陣の豪華さは比類がない。またやはりブラックリストで消えた女優アン・リヴェアにとっても上記『緑園の天使』とここでの母親役がベストだろう。製作ボブ・ロバーツ、脚本エイブラハム・ポロンスキー、監督ロバート・ロッセンにとっても文句なしの逸品。赤狩り以前の戦後アメリカ映画を代表する傑作である。

ここでの名手ジェイムズ・ワン・ハウの撮影をちょっとだけ模した感じになっているのが『レイジング・ブル』におけるマイケル・チャップマンのキャメラ。ではあるが、微妙な（途中でスピードが変わる）スローモーションとあまりに自在な揺れるキャメラワーク、それに意図的に40年代風を目論んだ画面に殴りかかるボクサーのアクション等、撮影スタイルの極端な混交が少しあざといかも知れない。実在する破滅型ボクサー、ジェイク・ラモッタの偏執狂的数年間を「いかにもこの時代」の監督スコセッシ、俳優デ・ニーロが描ききる。ところでこのラモッタ、引退してナイトクラブの芸人をしていたというのは映画に描かれたが、本人も映画に出ていたらしいのだ。『ハスラー』（61）に出たという資料もある。言うまでもなくロバート・ロッセンのもう一方の代表作。賭けビリヤードというのは少年時代のロッセンが身を置いていた世界だとも言われるし、劇作家時代にも習作的に取り上げたテーマである。『ボディ・アンド・ソウル』と並ぶロッセンの傑作として遇したい。

ボクシングだと沢山あるがもう1本趣向を変えて『ロイドの牛乳屋』を挙げておく。コメディではあるが、

RAGING BULL
レイジング・ブル
実在したボクサー
Jake LaMotta を
Robert De Niroが
体を張って熱演。
監督は Martin Scorsese
脚本には Paul Schrader
も参加。

元々腕っ節の方はからっきしのロイドがリングに立つはめに陥り、特徴的な腕の振りと目の動きで相手を翻弄して勝ち抜いていく、というアイデアが抜群。レオ・マッケリー監督の初期トーキー時代はこれが代表作。チャップリンのボクシング短編にも優れたものはあるが、さすがにチャップリンはコメディ映画のために取っておきたい。

『レイジング・ブル』の撮影者チャップマンはどういう事情があったのか『マイ・ライバル』(82)なんていう不可思議な陸上競技映画も撮影している。主演は骨太美少女マリエル・ヘミングウェイで、これまたやたらスローモーションが多かったが接写画面の感覚がフェチっぽくて素晴らしかった。当時評判を呼んだ割にあっという間に忘れられてしまったが、マリエルのカラダと肌色が妙に色っぽくて私的には忘れたくない1本。もう一人の女が誰だったか今ちょっと思い出せない。これまで映画芸術アンケートで様々なベストを選んできてスポーツ映画も結構入れてあるが、それらはとりあえず外しておく。『柔道龍虎房』(04/柔道)『ヤング・ゼネレーション』(79/自転車)『お前と俺』(70/オートバイレース)等大好きな作品がいずれもスポーツ映画だった。

ドキュメンタリー映画ではあるが『フープ・ドリームス』もこの際挙げよう。プロのバスケットボール・プレイヤーを目指す若者二人の家庭を数年間取材した成果が出て、地味ながら傑出した出来。これもずい分評判だったのに忘れられるのも早かった。今と違ってエンターテインメント系ドキュメンタリーというのが珍しかったせいかな。忘れられたスポーツと言えばわたくしにとってはローラーゲームなのだが、私が忘れてしまっただけで今でもあるんだね、というわけで『ローラーガールズ・ダイアリー』を滑り込ませておく。別にこれを見ても東京ボンバーズ(日本のローラーゲームチーム)が出てくるわけではないのだが。野球映画を色々と思いつかないわけでもなかったが、名作の数々はどう考えても世代的にギャップがあるので挙げるのを躊躇する。そんなことを言うなら『牛乳屋』(53)だって『ボディ・アンド・ソウル』だって大昔の映画だが、このあたりの選択感覚は理屈ではないので。だから野球映画を1本も入れなかったのに後悔はないが、ラクエル・ウェルチの『カンサス・シティの爆弾娘』を結局外したのにはいささか悔いが残るところだ。これには問題の東京ボンバーズが出ている。

映画監督・脚本家
1949年生

柏原寛司

ロンゲスト・ヤード……1974／米
脚本＝トレイシー・キーナン・ウィン
監督＝ロバート・アルドリッチ

スラップ・ショット……1977／米
脚本＝ナンシー・ダウド
監督＝ジョージ・ロイ・ヒル

勝負に賭ける男……1953／米
脚本＝メルヴィル・シェイヴルソン、ジャック・ローズ
監督＝マイケル・カーティス

激走！5000キロ……1976／米
脚本＝チャック・ベイル、レオン・カペタノス
監督＝チャック・ベイル

ビッグ・ウェンズデー……1978／米
脚本＝ジョン・ミリアス、デニス・アーバーグ
監督＝ジョン・ミリアス

ワイルドキャッツ……1985／米
脚本＝エズラ・サックス
監督＝マイケル・リッチー

がんばれ！ベアーズ……1976／米
脚本＝ビル・ランカスター
監督＝マイケル・リッチー

プリティ・リーグ……1992／米
脚本＝ババルー・マンデル、ローウェル・ガンツ
監督＝ペニー・マーシャル

メジャーリーグ……1989／米
脚本・監督＝デヴィッド・S・ウォード

カリフォルニア・ドールズ……1981／米
脚本＝メル・フローマン
監督＝ロバート・アルドリッチ

今回も順不同である。自分の好みとしては、スポーツ映画はカタルシスがないと駄目である。別に感動したり泣けたりする必要はないのだが、とにかく血湧き肉躍らせてくれればそれでいい。て、ことになると、必然的に主人公はアウトロー系が中心になり、また、主役の俳優のスター映画ということになる。10本に辿り着くかどうか判らないが、とにかく気がついたものから書いていく。

『ロンゲスト・ヤード』

下品なタフガイ、バート・レイノルズの絶頂期の1本で、映画の中心になるアメフトは

勿論のこと、冒頭の警官を振り切るカーチェイスや女絡みの話など、バート・レイノルズのキャラクターを生かした脚本作りが見事である。ツボを押さえたアルドリッチの演出も素晴らしく、アクション・エンターテインメント・スポーツ物としては最高の出来だと思う。これを観てからアメフトにハマってしまった。

『スラップ・ショット』

バート・レイノルズが『ロンゲスト・ヤード』なら、ポール・ニューマンはこの映画である。アメフト同様、格闘技であるアイスホッケーの試合は血湧き肉躍らせてくれる。外見はオタク系の3兄弟のキレっぷりも楽しいのだが、遠征する選手たちの描写もきっちり出来ていて、味のある仕上がりになっている。

『勝負に賭ける男』

レイノルズ、ニューマンとくれば、ジョン・ウェインも選ばないといけない。ウェインのスポーツ物というと、この映画になる。ウェインが得意のアメフトのコーチの役なのだが、ドラマは親子や女性の話がメインで、スポーツ物のカタルシスはあまりない。ま、ジョン・ウェインということで選ばせてもらう。

『激走！５０００キロ』

カースポーツとなれば、マックィーンなのだが、あえて外してこの映画を選ぶ。この作品をスポーツ物として捉えるかどうか微妙ではあるが、非合法的ではあるがラリー映画なので、いいと思う。のちに金をかけてつくられた『キャノンボール』(81)より、B級感覚溢れるこっちの方が好みである。

『ビッグ・ウェンズデー』

サーフィン映画といえば、やはりこれになる。『デリンジャー』(73)『風とライオン』(75)と監督してきたジョン・ミリアスの3作目だが、このあと失速していってしまうのが残念だ。波を敵として戦うという、アクション的図式がなかなかいい。

『ワイルドキャッツ』

ゴールディ・ホーンのファンなので。

『がんばれ！ ベアーズ』

飲んだくれの監督とナマイキなヤンキー娘、駄目なナイン、という、いかにもアメリカ的な設定がシビレる野球映画。

『プリティ・リーグ』

女性のプロ野球という面白さ、選手のキャラクターの面白さ、相変わらず酒飲みの監督、という良くできたエンターテインメント映画である。

『メジャーリーグ』

この映画がヒットしてシリーズ化されたが、やはり1作目が一番いい。デフォルメされてはいるが、選手たちのキャラクターやエピソードがうまく出来ていて楽しめる。

『カリフォルニア・ドールズ』

さて、最後を締めるのは、ロバート・アルドリッチのこの映画である。はじめはブスに見えていた2人が段々、魅力的に見えてきて、最後は輝いて見えるのはひとえに監督の演出力だろう。やっぱり、アルドリッチは凄い。

なんとか10本選んだが、やはりスポーツ映画は暴力的であったり、反権力的であったりして、ルールをブチ破るモノの方が楽しい。スポーツ自体が戦うものであり、敵が存在するからだ。

映画批評
1979年生

黒岩幹子

ボディ・アンド・ソウル……1947／米
脚本＝エイブラハム・ポロンスキー
監督＝ロバート・ロッセン

栄光のル・マン……1971／米
脚本＝ハリー・クライナー
監督＝リー・H・カッツィン

ロンゲスト・ヤード……1974／米
脚本＝トレイシー・キーナン・ウィン
監督＝ロバート・アルドリッチ

ヤング・ゼネレーション……1979／米
脚本＝スティーヴ・テシック
監督＝ピーター・イェーツ

カリフォルニア・ドールス……1981／米
脚本＝メル・フローマン
監督＝ロバート・アルドリッチ

キングピン ストライクへの道……1996／米
脚本＝バリー・ファナロ、モート・ネイサン
監督＝ピーター・ファレリー、ボビー・ファレリー

チアーズ！……2000／米
脚本＝ジェシカ・ベンディンジャー
監督＝ペイトン・リード

グレイテスト・ゲーム……2005／米
脚本＝マーク・フロスト
監督＝ビル・パクストン

ロード・オブ・ドッグタウン……2005／米、独
脚本＝ステイシー・ペラルタ
監督＝キャサリン・ハードウィック

インビクタス 負けざる者たち……2009／米
脚本＝アンソニー・ペッカム
監督＝クリント・イーストウッド

東日本大震災後、国内のさまざまなスポーツの試合が延期もしくは中止になった。そのなかで予定通り3月中の開幕を発表したプロ野球のセ・リーグは大きな非難を受けていた（その後、だらだらと採めた挙げ句、4月12日にパ・リーグと同時開幕に変更されたが）。計画停電が実施されている状況でナイトゲームを行うことに批判が集まるのは当然のことだが、新聞などの記事を読む限り、球団幹部らと開幕延期を求める選手会との意見の対立はもっと

根本的なところ、被災地のことを考えた時に今試合をやるべきか否か、という点にあったようだ。

たとえば、セ・リーグのコミッショナーが「苦しい時にこそ、必死にプレーする姿を見せることが我々の責務」と発言する一方、ヤクルトの宮本〔慎也〕は「復興が見えた時に〔被災者を〕勇気づけようというのはいいと思うが、いま、野球で勇気づけようというのは思い上がりだと思う」と言ったと聞く。未だ行方不明者が1万人を超え、40万人近くの人々が避難所で暮らしている現状において、どちらの発言に重みがあるかは火を見るよりも明らかだ。

ただ、スポーツの試合で被災者を勇気づけるなんて綺麗ごとにすぎないとは思わない。3月15日のチャンピオンズリーグ、バイエルン対インテル戦に出場した長友〔佑都〕は、スポーツで人々を勇気づけることができることを、改めて私に教えてくれた。終盤わずか7分しか出場しなかった長友はボールを触ってさえいない。しかし、インテルが逆転弾＝ベスト8への進出を決めたシーン。フィールドの中央でMFスナイデルがボールを持つやいなや、左後方にいた長友はスナイデルがロングパスのキックモーションに入る前にその横を数十メートル一気に駆け上がった。結局スナイデルのパスを受けたのはもうひとりゴール前にいたFWエトーだったし、ゴールを決めたのも遅れて逆サイドから上がってきたFWパンデフだった。だが、長友のオーヴァーラップがこの場面を生み出したということは、サッカーに詳しくない私にもわかった。ほんの数秒の身体の躍動が勝利の一因となり、それを見る人々の心を鼓舞する、それこそがスポーツなのだと、長友はまさに身を持って示していた。

前置きが長くなってしまったが、私たちがスポーツ映画に求めるものもまたそれと同じことではないだろうか。心躍るプレーだけを見たいのならば、映画ではなく本物のスポーツの試合を見ればいい？ 確かに。そりゃ、長友役を演じる俳優のプレーより、長友本人のプレーを見たほうがいいに決まっている。だが、スポーツのテレビ中継にはできないことを映画はできる。演出や編集だ。スポーツ映画とは、勝利、敗退あるいは未来につながる身体の動きをいかに映し出すかに賭けられているかのような、そのわずかなシーンにそれ以外の場面や物語などあらゆる要素が奉仕しているような作品であるべきではないだろうか。私はそういう映画を「スポーツ映画」として愛する。

「スポーツ映画」と聞いて一番に頭に思い浮かべたのは、5月にＤＶＤが発売になるらしい『ボディ・アンド・ソウル』のボクシング試合のシーンだった。10年以上前に一度見たきりで、実は物語のあらすじもぼんやりとしか覚えていないのだが、主人公のジョン・ガーフィールドが八百長試合を放棄し、勝ちにいく最終2ラウンドは私に強烈なインパクトを与えた。そのシーンは、ボクサー二人のアップやバストショットと、ボクサーふたりをリングサイド下から見上げるようにしてとらえるショット、そしてリングを囲むセコンドや観客席の恋人や匿名の観客のアップなどが繋ぎあわされて構成されていた。私の記憶が確かであれば、試合中にリング全体を映し出すような俯瞰や遠景のショットはなく、ボクサーたちのリングを旋回しながら戦う足の動き、リングサイドでガードを固める様もしくはガードを固めた相手に連続して打ち込む様を背中から捉えるようなショットが中心になっていたはず。そこに観客席の静寂と喧騒の音の変化が加わり、息が詰まるような試合空間が生み出されていた。

そこから、その『ボディ・アンド・ソウル』では助監督を務めていたというアルドリッチの監督作2本も外せない。どちらも今さら語るまでもない名作だが、たった一度きりの試合に挑む男たち（『ロンゲスト・ヤード』）と、アメリカをオンボロ車で巡業しながらプロレス試合を続ける女たちの戦い（『カリフォルニア・ドールズ』）は、それぞれのスポーツの特性にも沿ってかなり異なる手法で映し出されているが、両者とも圧倒的な刹那の積み重ねでできている（矛盾した言い方だが）。

『グレイテスト・ゲーム』と『インビクタス　負けざる者たち』も、『ロンゲスト・ヤード』のような唯一無二の試合を描いた作品だ。前者は、1913年の全米オープンゴルフにおける不動の英国人王者と若きアマチュアゴルファーの優勝争いを主題にしている。実話をもとにしたスポーツ映画を数多く製作しているディズニー作品の1本だが、この映画はスポーツシーンの描写が選手の苦闘の歴史や感動秘話の一側面としてしか機能していない作品とは一線を画す。ライバルの目を意識した駆け引きやひとつのひとつのショットやパットが試合にもたらす変化を明確に描き、試合そのものをスリリングに見せることに成功しているだけでなく、優勝争いをするふたりの人間性も試合を通してありありと伝わってくるのだ。

一方、『インビクタス』における、ただのスポーツの試合以上の意味を持ってしまった一戦＝ラグビーワールドカップの南アフリカ大会決勝の試合は、試合の内容としては決して見ごたえのあるものではない。勝利が絶対的な意味を持つためだろう、相手にトライさせないことが優先され、点数がゴール（ペナルティキックとドロップキック）でしか入らないという展開。連続するパスや長距離の疾走はなく、ゴールシーン以外はスクラムとタックルの描写が続く。が、それらの描写によって勝利をつかみ取るまでの時間との戦い、逆転するまでは時間の経過に焦り、逆転してからは時間が途方もなく長く感じる、そんな時間感覚が見事に表現されていた。

『ヤング・ゼネレーション』、『ロード・オブ・ドッグタウン』は青春映画の秀作でもある。『ヤング・ゼネレーション』は2回ある自転車レース自体はとりたてて新鮮味はないのだが、主人公のデニス・クリストファーが田舎道を走るトラックに自転車で延々とついていくシーンが素晴らしい。速度を徐々に速めていくトラックの後ろでひたすらペダルをこぎ続ける姿に、トラックの振動音と自転車のチェーンが回転する音が重なり、ただただシンプルに自転車で走る楽しさが溢れ出ている。『ロード・オブ・ドッグタウン』でも、お椀形の水のないプールをスケートボードでぐるぐると回転し続ける反復運動の美しさが描かれる。その一周一周のスケーティングの差異を積み重ねていくことで生まれる反復運動は一瞬であり永遠でもある時間（＝青春！）を生み出している。

その点、ひたすら駆け足で物語が進み、「花の命は短い」と主張するかのような『チアーズ！』は同じくスポーツ映画、青春映画に分類される作品でありながら、先の2作とは相反するものだ。ただ、この映画が良いのは、アメリカのハイスクール映画においてどこか偏見の眼差しで見られてきた（大抵頭が空っぽだったり、目立ちたがりの意地悪女だったりする）チアリーダーを、その偏見を踏まえた上でことさら美化することなく見せているところだ。主人公のキルスティン・ダンストを始めチアリーダーたちはやっぱり馬鹿っぽい娘ばかりなのだが、チアリーディングの大会のシーンで「こいつら馬鹿だけどすごい」と思わせるだけの演出がちゃんとなされているのだ。

『栄光のル・マン』はほぼル・マン24時間レースが行われる1日だけで構成されているが、この映画の意義はほとんどそこで決まっていると言っていいだろう。ル・マン24時間というレースは24時間という時間を体験することに最大の意味があり、１０９分の上映時間でその本質を表現することは不可能だ。が、この作品はその不可能性の中で愚直に上映時間分の時間＝レースを観客に体験させようとし、多少なりともあのル・マン24時間特有の気だるいスピードを刻印することに成功している。

さて、残る1本『キングピン　ストライクへの道』だが、実はこの作品は冒頭で書いた基準に則して選んだわけではない。一応、ボーリングのアメリカ大会決勝戦が見せ場ではあるのだが、あくまで物語の着地点として用意されているに過ぎない。にもかかわらずついついリストにねじ込んでしまったのは、ただの偏愛からだ。「スポーツ映画」としてはいまいちだがコメディ映画としては絶品。まあそういう映画もあるよねってことで、大目に見ていただければ。

映画感想家
1975年生

千浦僚

ザ・ランナー 孤独な挑戦……1986／米
監督＝ロブ・ニルソン

ラスト・リミッツ 栄光なきアスリート……1998／米
脚本＝ロバート・タウン、ケニー・ムーア
監督＝ロバート・タウン

マラソン マン……1976／米
脚本＝ウィリアム・ゴールドマン
監督＝ジョン・シュレシンジャー

氷壁の女……1982／米
脚本＝マイケル・オースティン
監督＝フレッド・ジンネマン

彼方へ……1991／独、仏、カナダ
脚本＝ハンス＝ウーリッヒ・クレナー、バルター・ザクサー、ロバート・ジョフリオン
監督＝ヴェルナー・ヘルツォーク

鉄腕ジム……1942／米
脚本＝ヴィンセント・ローレンス、ホレス・マッコイ
監督＝ラオール・ウォルシュ

ひとりぼっちの青春……1969／米
脚本＝ジェームズ・ポー、ロバート・E・トンプソン
監督＝シドニー・ポラック

キートンの大学生……1927／米
脚本＝カール・ハルボー
監督＝ジェームズ・W・ホートン

ステイ・ハングリー……1976／米
脚本＝ボブ・ラフェルソン、チャールズ・ゲインズ
監督＝ボブ・ラフェルソン

ラガーン……2001／インド
脚本＝K・P・サクセーナー、アシュトーシュ・ゴーワリケール、アッバス・タイヤワーラー、サンジャイ・ダイマー、クマール・ダイヴ
監督＝アシュトーシュ・ゴーワリケール

3月11日、地震のあとに電車が止まっていたので御茶ノ水から渋谷までを歩いたり走ったりしながら移動した。かつて長距離走者だった。高校2年の秋頃に3千メートル障害の

水壕を跳んでアキレス腱を切って、シリアスな競技として走るのはやめた。その時分のスピード感や力感に及ばないことに我慢がならないのでジョギングの類いはしないがたまにチョロチョロ山歩きをするのと持久力の出し方を身体が覚えているので必要ならば人並みをかなり越えた体力を発揮できる。震災後、まだ現在のように事態の有り様がつかめていないときに、歩道に溢れ出して、映画、パニック映画みたいだ、と言いながら最も原始的な移動手段、脚でテクテク歩いてゆく人々と共に歩き、抜き去りしていきながら、一体どうなるんだ、いままで享受しているという意識すらなくそのなかで生きていた文明だの文化だのがヤバくなるのか、とまで一瞬思い、ノー電車ノー携帯電話ノー電力の世界のサバイバルを想像したが、そうはならず、よかった。個人的な感傷ゆえにかつてランナーであったことにこだわり、そのことに自分の大部分が規定されると思っていたが、実用面について考えたことはなかった。娯楽や文化ではなく役に立つ次元でのスポーツの存在というのもある。映画によく取り上げられるスポーツは野球とボクシングだと思うが、僕の好みはもっと原初の動きのなにか、あるいはスポーツならざるスポーツだ。

『ラガーン』は英国植民地時代のインドにて、イギリス人とインド人が年貢3年タダか3倍かを賭けてのクリケット対決。場面の道具立てや一要素としては見たことあったが、ド直球クリケット勝負とは初めて観た。クリケットが何か知らないインド人に英側が吹っかけてきた勝負というのがミソで、イチから学びながら練習していく過程を追うため、日本人にもまずなじみのないクリケットがどういうものか大体わかる。そして全くの虚構なのに妙に堂々としたムード、こんなことが実際にあったんじゃないかと思わせられてしまう。ミュージカルシーンもちろんありの3時間44分。

『ステイ・ハングリー』は腰の定まらないチンピラのジェフ・ブリッジスが地上げに加担するが、追い出そうとしているジムでトレーニングを積む、ほぼ当時の本人そのままをドキュメンタルに演じるボディビルチャンピオンのアーノルド・シュワルツェネッガーと知り合ううちに改心。『ファイブ・イージー・ピーセス』(70)よりかのモンキーズ映画に近い、おもちゃ箱をひっくり返したような青春喜劇。恋人サリー・フィールドを守るためブリッジスが鉄アレイやダンベルを投げまくるところは『キートンの大学生』〔別題『キートンのカレッジ・ライフ』〕（27）を思い出させる。『大学生』は運動神経ゼロの青年が大学生になって女にモテようとあれこれスポーツに手を出すがすべて珍プレーで笑い者。だが想いのひとの危機に走れば陸上選手を追い抜き、投げればピッチャー以上の好プレーで彼女を救う。スポーツ駄目青年のフリがあるがゆえに、なおさらキートンアクションの凄さに感動する1本。

『ひとりぼっちの青春』で描かれた大不況下の賞金目当てマラソンダンスコンテストはスポーツの皮を被った残酷ショーだったことが観ているうちにわかってくるのだが、フィジカルな競技であることは間違いない。ベスト・オブ・思いのほか陰惨な映画。

『鉄腕ジム』はボクシングにフットワークや防御的テクニックを持ち込んだジェームズ・コーベットを描いた映画で原題は「ジェントルマン・ジム」、邦題とは逆のニュアンス。如才ない銀行員で、ひょいひょいと相手のパンチをかいくぐる男を軟派なエロール・フリンがいい感じに演じる。映画の中でより鉄腕的豪傑なのは、その豪傑ふうな在りかたゆえにコーベットに敗れるチャンピオンのジョン・サリバン。彼が敗北にきょとんとしたまま、そして周囲の人間の困惑にも気づかず、コーベットに祝福を言いにくるところは奇妙に泣ける。野性、野蛮が整序される悲しみだろうか。

登山はスポーツか冒険か、という問いからスタートするのが『彼方へ』。競技的なクライマーと登山家が未踏峰を争うのだがどちらが勝つこともない。超人と呼ばれた登山家ラインホルト・メスナーの実際の見聞が原案だそうだが『劔岳　点の記』（09）にちょっと似ている。『氷壁の女』は精力も老いも同時に抱えた壮年の男がたくましさを若い女に誇示するべく山に登るが、過酷な状況はすべてを露呈させる。合成繊維の無かった時代のクラシカルな登山ファッションが美しい。そして彼らの関係はどうしても島崎藤村の『新生』を連想させる。

陸上競技映画というのはそう多くないから大事にしたいのだが『炎のランナー』（81）は出演者の走るフ

ォームがいまいちなのと決定的なレースを回想で描いてしまうゆえに僕個人はどうもノレない。マイケル・マンのテレビ映画に『ジェリコ・マイル　獄中のランナー』(79)という囚人ランナーの話があって結構いいのだが、ちょっと主役のランニングフォームが硬い。

その点『マラソン　マン』はダスティン・ホフマンの走る姿に説得力がある。映画全体がランニングを単なる一要素にしてしまうのだがマラソンランナーの逃げ足はすごいぞ、というのは大事なポイントだし、赤狩りによって自殺した父を持つ青年がやるスポーツとしてマラソン、アベベをヒーローと崇めている、というのはもうそれ以外ない感じがする。あれがバスケットボールでは成立しない。

『ラスト・リミッツ』は陸上競技映画の傑作『マイ・ライバル』(82)を撮ったロバート・タウンの、日本ではビデオスルーされた佳作。米代表としてミュンヘン五輪に出場し、その後を期待されながら交通事故死した中長距離ランナースティーブ・プリフォンティーンの伝記。『マイ・ライバル』はレズビアンでも五輪不参加でもパーソナルなベストを生きる私が勝者、というポジティブなものだったが、このプリフォンティーン伝はやや悲劇の味わい。だが彼の小気味いい不遜さや勇壮さはすばらしいし、彼を育てたオレゴン大学のコーチ、ビル・バウワーマン(ドナルド・サザーランドが好演)もいい。学生の足をケアして試行錯誤するうちにスポーツブランドナイキのもとになるシューズを作ってしまった人物であるが、彼が、腰がはいった姿勢をプリフォンティーンに伝授して曰く「アレを深く突っ込むときの骨盤の角度だよ」「あ、わかった」。このあたりは『マイ・ライバル』と共通する肉体、精神ともに解放されたアメリカ人アスリート、という感じ。『ザ・ランナー』はアマチュア規定に触れて、というか他の選手がみな受けている支援や金銭授受を公開したゆえに追放されたランナーがある大会に飛び入りして走る、優勝と認められぬだろうが1位でゴールしてやる、という挑戦。彼の親は労働組合の活動家だったというエピソードも入っていて政治的な運動と肉体の運動が絡み合う感じもある。係員が彼を制止しようとし、しかし競い合うランナーは彼を守るように囲って走り抜けるとか、実にいい。監督ロブ・ニルソンは自身もランナーだし、主演ブルース・ダーンも元選手だっただけあってランニングシーンがすばらしい。アラン・シリトーが題名にした「長距離走者の孤独」はロンリネスとロングディスタンスランナーがいい韻を踏む感じがあるがいささか「馬から落馬」、長い距離を走り続ける人間が孤独なのは当たり前じゃないか、とずっと思っている。そしてそこにはいじけた淋しさはない。走ることで満喫していた自明の孤独、いまは映画を観ることでそれをやっている。

映画批評家
1953年生

梅本洋一

ボディ・アンド・ソウル……1947／米
脚本＝エイブラハム・ポロンスキー
監督＝ロバート・ロッセン

ハスラー……1961／米
脚本＝ロバート・ロッセン、シドニー・キャロル
監督＝ロバート・ロッセン

鉄腕ジム……1942／米
脚本＝ヴィンセント・ローレンス、ホレス・マッコイ
監督＝ラオール・ウォルシュ

群衆の喚呼……1932／米
脚本＝キューベック・グラスマン、ジョン・ブライト
監督＝ハワード・ホークス

コンドル……1939／米
脚本＝ジュールス・ファースマン
監督＝ハワード・ホークス

レッドライン7000……1965／米
脚本・監督＝ハワード・ホークス

ミリオンダラー・ベイビー……2004／米
脚本＝ポール・ハギス
監督＝クリント・イーストウッド

白銀のレーサー……1969／米
脚本＝ジェームズ・ソルター
監督＝マイケル・リッチー

ロンゲスト・ヤード……1974／米
脚本＝トレイシー・キーナン・ウィン
監督＝ロバート・アルドリッチ

カリフォルニア・ドールズ……1981／米
脚本＝メル・フローマン
監督＝ロバート・アルドリッチ

いわゆる「スポーツ映画」というものは一般的にすごく退屈だ。

ぼくは映画批評の仕事もしているが、それ以前にスポーツ観戦を趣味にしている。もちろんスポーツなら何でも見るわけでもなく――本当は何でも見たいのだが、スカパー！に加入していると、何でも見ていると生きる時間もなくなる――、ラグビーと米語ではサッカーと呼ばれるフットボール、それにジャンプ、モーグルとアルペン・スキーのウィンタースポーツに限っている。

それでもスポーツ観戦はいろいろなことを犠牲にしないとできない。今の時期だと、ウィンター・スポーツのW杯はだいたい終了し、ラグビーのシックス・ネイションズが終わり、フットボールの各国リーグは佳境に差しかかり、チャンピオンズリーグもベスト8になって5月まで続く。フットボールも各国リーグを全部を見ている時間がないので、アーセナル・サポーターを自認していることもあり、まずプレミアリーグの主要なゲーム、そしてリーガ・エスパニョーラの重要なゲーム、チャンピオンズリーグに限るようにしている。それでも2月などは、ラグビーとフットボールとスキーが重なっているので、寝る時間がまったくないばかりか、重要なゲームが同時刻から始まるので、ハードディスクがパンパンに膨れあがる。ホント大変だ。アーセナルのゲームを追うだけで、年間50ゲームを越える。スキーのW杯もスラロームを中心に見ているが、もしジャイアント・スラロームやスーパーGまで含めると、信じられない時間をスポーツと共に過ごすことになる。だからフットボールではJリーグは見ないとか、長友〔佑都〕がいるけれども、セリエAは見ないとか、いろいろなものを諦めないといけない。

録画はしても、やはりライヴには勝てない。早朝3時50分キックオフのチャンピオンズリーグは欠かせないので、それに合わせて早く寝るようにもする。映画関係者ならゴールデン街で酔っぱらってタクシーを探している時刻にもう起きている。東洋の果ての大都市に暮らす者の宿命として、スポーツのために時差を乗り越える努力をしなければならない。

なぜこんな努力をするのか？　スポーツが面白いからだ。結果だけなら翌朝ネットで調べれば十分なのだが、面白いのは結果ではない。経過だ。フットボールでゴールが生まれ、ラグビーでトライが生まれるまで、どんなことがあったのか、その時間を一緒に体験したい。だからライヴで見る。出場している選手も監督も、スタジアムを埋めた満員の観客も、そしてぼくらも一瞬先の未来が見えない同じ時間を生きている。それを一緒に体験する。

スポーツは筋書きのないドラマだ、と言われる。クリッシェなのだが本当のことだ。10年近く前のことだが、チャンピオンズリーグ決勝のミラン対リヴァプールでは、前半を3対0でリードしていたミランが、後半に追いつかれ、延長戦に入り、PK戦で敗れたことがある。このゲームをシナリオにしたら、信憑性を欠いているとか、見ている人がそんなゲームは信じられないと言われて、映画化が見送られることまちがいなしだ。2点リードしていたチームがロスタイムに3点決められて負けてしまうことだってあった。結果を知ってから録画を見ているのと、同じ時間を体験しているのとは重さが違う。

イーストウッドの『インビクタス』もダメだった。マット・デイモンは大好きな俳優だ。でも彼はフランソワ・ピナールではない。アウトサイド・フランカーとしてのピナールの良さは映画にはまったく映っていなかった。スプリングボクスがドロップゴールを決めて勝った決勝戦をぼくはライヴで見ていたからだ。シナリオのある『インビクタス』よりもずっと興奮した。こんなことが現実に起こるのかと驚いた。アパルトヘイトやマンデラについての様々なことも知っていたけれど、スプリングボクス対オールブラックスの現実の時間が、そんなすべての背景を忘れさせてくれるほど濃密な時間だった。スポーツ観戦はやめられない。

だから、大好きなラグビーやフットボールの映画を1本も選べなかった。よくできたフットボールの映画よりも、退屈きわまりない実際のゲームの方が面白いからだ。その結果、まず『鉄腕ジム』、『ボディ・アンド・ソウル』、『ミリオンダラー・ベイビー』と3本のボクシング映画を選んだ。どの映画もいいのは「スポ根もの」につきまとう単なるサクセス・ストーリーではなくて、ボクシングに向かうプロセスが詳細に描かれていたことだ。エロール・フリン、ジョン・ガーフィールド、ヒラリー・スワンクがボクシングに魅了され、成長していく姿が見事に描かれていた。ボクシング映画と言えば誰もが思い出す『ロッキー』(76)は、あまりに素朴なアメリカン・ドリームの体現だし、『レイジング・ブル』(80)は、スコセッシの偏執狂的な側面があまりに表出されていたように思う。『ロッキー』の単純さに対して『鉄腕ジム』の聡明さが、『レイジング・ブル』の偏執狂に対して『ミリオンダラー・ベイビー』のメロドラマが選択されている。『ボディ・アンド・ソウル』の50年代的な翳りは、同じロバート・ロッセンの『ハスラー』にも濃厚に漂っていた。

ボクシング映画が、一対一の闘いであるようにビリヤードも一対一の対決だ。しかも勝ったからといってヒーローになるわけではなく、もっと暗い世界に迷い込むだけだ。

だが、その精神として、映画よりもスポーツに近い作品を連作したのはハワード・ホークスではないだろうか。十分な結果を残すための努力はもちろん必要なのだが、スポーツというのは、もっと抽象的で美しいものなのだ。『群衆の喚呼』や『レッドライン7000』のカーレースや『コンドル』で複葉機が飛ぶシーンに見られるスポーツ性は、自らレースカーを作り、飛行機を操縦したホークス自身の運動する個体への眼差しを体現していた。彼のスクリューボール・コメディや『紳士は金髪がお好き』(53)もスポーツ的だと呼ぶことができるように思う。

またロバート・アルドリッチは聡明にもスポーツを正面から扱うことを避けてスポーツを撮影している。『ロンゲスト・ヤード』は、看守と囚人たちとのフットボール、そして『カリフォルニア・ドールズ』は、女子プロレスを扱ったものであり、当該スポーツをまともに扱うことを避けることで、スポーツがそのまま映画として成立しがたい事実を知っているようだ。

最後にマイケル・リッチーの『白銀のレーサー』は、アメリカ映画で初のスキー映画なのだが、高校時代に封切りで見て、ハーネンカム・レースやラウバホーン・レースといった今もやっているクラシックのダウンヒルを初めて見た。当時のW杯はテレビ中継などなく、ダウンヒル・レーサーの主観キャメラによってコースの全貌が見えた。ぼくは、この映画を見てヨーロッパ・アルプスのヴェンゲンのスキー場が好きになった。以来、ヴェンゲンのダウンヒルはずっと見続けている。

映画評論家
1950年生

宇田川幸洋

男性の好きなスポーツ……1964／米
脚本＝ジョン・クェントン・ミューレイ、スティーヴ・マクニール
監督＝ハワード・ホークス

アイス・キャッスル……1978／米
脚本＝ドナルド・ライ、ゲイリー・M・バイム
監督＝ドナルド・ライ

マイ・ライバル……1982／米
脚本・監督＝ロバート・タウン

ドラゴンロード……1982／香港
脚本＝ジャッキー・チェン、エドワード・タン、バリー・ウォン
監督＝ジャッキー・チェン

サルート・オブ・ザ・ジャガー……1989／米
脚本・監督＝デヴィッド・ウェッブ・ピープルズ

ラガーン……2001／インド
脚本＝K・P・サクセーナー、アシュトーシュ・ゴーワリケール、アッバス・タイヤワーラー、サンジャイ・ダイマー、クマール・ダイヴ
監督＝アシュトーシュ・ゴーワリケール

少林サッカー……2001／香港
脚本＝チャウ・シンチー、ツァン・カンチョン
監督＝チャウ・シンチー、リー・リクチー

オーシャン・オブ・ファイヤー……2004／米
脚本＝ジョン・フスコ
監督＝ジョー・ジョンストン

鉄腕ジム……1942／米
脚本＝ヴィンセント・ローレンス、ホレス・マッコイ
監督＝ラオール・ウォルシュ

ローラーガールズ・ダイアリー……2009／米
脚本＝ショーナ・クロス
監督＝ドリュー・バリモア

だいたいのところ、自分が見た順番でならべた。同じ年度のものは、どちらが先かあやしいところもあるが。

『男性の好きなスポーツ』。題名に「スポーツ」がはいっているスポーツ映画は、めずらしいのではないかと思って、えらんだ。ぼく

の好きな映画、である、もちろん。

はたして、これがスポーツ映画か、と首をひねる人もあるかと思うが、一応、主人公ロック・ハドソンはそれなりに努力して、スポーツ・フィッシング（というのかどうか、よく知らないが、釣った魚の目方を競う）での勝利をめざすのだから、半分はスポーツ映画である。でも、釣りよりも、もっと好きなスポーツが、彼にはあるわけだが。

ポーラ・プレンティス、マリア・ペルシー、シャーリーン・ホルトと、ホークスごのみの美女がそろっているのだから、到底「さかなクン」にはなれません。

ハワード・ホークスの映画は、すべての作品にスポーツの壮快さがあふれているし、正真正銘のスポーツ映画もある。『ハタリ！』（61）なんか、ルールのある競技ではないものの、これぞスポーツ映画と言いたくなるような映画である。

ホークスとは別の流儀で、その映画にスポーツ的興趣をあふれさせるのが、ロバート・アルドリッチである。スポーツというより、ずばり「勝負」のおもしろさと言ったほうがいいかも知れない。２大タフ・ガイの火花をちらす対決の行方にドキドキさせられるアルドリッチ映画には、ほんとにたのしませてもらった。彼のスポーツ映画『ロンゲスト・ヤード』（74）も『カリフォルニア・ドールズ』（81）も入れたいところだが、ここはちょっとひねくれて、リスト・アップしないでおく。

『アイス・キャッスル』は、女子フィギュア・スケートの実際の選手だった、リン＝ホリー・ジョンソンが主演した。かわいらしいブロンドの少女で、人気が出て、女優としてもその後すこし活躍した。宣伝で来日し、品川のスケート場ですべって見せたときに見に行ったが、リンクは広いので、ナマの顔の記憶がない。

こんなに白ばかり目にのこった映画もめずらしい。スーパー字幕が、読めるように文字に黒の縁取りがつけてあった。

ジャンルの10本をえらぶとき、西部劇や戦争映画は、少年時代に見たものが記憶につよくのこっていたが、スポーツ映画は思いうかばないことに気づいた。日本映画の若大将シリーズばかりだ。50年代だと、力道山や名寄岩の出た映画を見た記憶があるが、あれはスポーツ映画とはちがうか。

60年代には、スポーツ映画は、さかんではなかったのか。

いま思い出したが、カー・レースものは、多かった。ぼくがクルマにあまり興味がないせいか、スティーヴ・マックィーン主演『栄光のル・マン』(71)も、すこし退屈だったし、ポール・ニューマンも絶頂期だったのに『レーサー』(69)は、いただけなかった。スターの趣味の映画だからか。

ジョン・フランケンハイマー監督の『グラン・プリ』(66)は、キャメラワークに工夫をこらしていて、おもしろかった。その後20年ぐらい、テレビで年末になると放送した定番大作だったと思う。また70ミリで見てみたい。

70年代になると、カー・チェイスがアメリカ映画のアクションに欠かせない要素となるが、こうしたレース映画は、そのまえのテスト走行だったのだろうか。あ、マックィーンは『ブリット』(68)で公道を走ったほうが先か。

『マイ・ライバル』は、『チャイナタウン』(74)の脚本でアカデミー賞をとったロバート・タウンの監督デビュー作。

たぶんハードル走だったと思うが、陸上選手マリエル・ヘミングウェイの肉体に密着していくような感じが、エロチックで、とてもよかった。アスリートの肉体のセクシーさによくせまった映画だと思う。

先輩の女子選手が、なにくれとなく親切にマリエルの世話をやき、筋肉や肌の鍛練、手入れにも手を貸し、二人きりでプールで泳いだりして、レズビアンの関係になっていくのである。

あの、むずむずするような感触はおぼえているのだが、はなしは、ほぼ忘れてしまった。また見てみたい映画である。

『ドラゴンロード』は、ジャッキー・チェンのスポーツ映画。中国の実際につたわるものをヒントにした架空の団体競技2種——バドミントンのシャトルのような物を足で蹴って、サッカーのようにゴールに入れるのと、ラグビーのように玉をとりあうゲーム。

クンフー映画の新しい展開に、はじめて見たとき、目をみはった。

『サルート・オブ・ザ・ジャガー』も、架空のゲームをたたかう、近未来SFスポーツ映画。武器をもったチームどうしで、相手をたたきのめしながら、ボール（のようなもの）をゴールまではこぶというゲームで、ルトガー・ハウアーひきいるチームが、核戦争後の荒廃した世界で、これの腕前ひとつで生きぬいていく。その荒れた世界の風景、衣装などのヴィジュアルがよくできていて、ハウアーのチームの紅一点、ジョアン・チェンの果敢な戦闘少女ぶりもよかった。

2005年に、上海でジョアン・チェンと会った。背中のあいたドレスすがたで、目近に見た背筋は、よくきたえられていた。

デヴィッド・ウェッブ・ピープルズは、これが監督デビューだったと思うが、このあと『許されざる者』(92)と『靴をなくした天使』(92)の脚本家として有名になった。

『ラガーン』は、日本では映画館ではやっていなくて、溜池にあったアジア文化センターのインド映画特集で上映され、その後、DVDになった。

クリケットの映画である。1893年、イギリス植民地時代のインドの農村。『ラガーン』というのは、年貢の意味だそうで、その年、旱天つづきで、農民は頭をかかえていた。

イギリス人は、のん気にクリケットに興じている。それを見ていた農村の青年が「なんだ、あんな玉っころ遊び、くだらねえ」と笑った。国技を笑われたイギリス人、怒って「できるものなら、やってみろ。おまえらが勝ったら、むこう3年間、年貢はなしにしてやる。ただし、負けたら3倍だ」

青年、無謀にも、これをうけ、村の有志をつのってチームを編成。だれもやったことのなかったクリケットの猛特訓をはじめる。

『七人の侍』的なおもしろさ（侍をやとわず、自分たちで年貢をなんとかしようというのがエライ）と、スポ根まんがのようなおもしろさ。そして、映画の後半はすべて、３日間にわたるクリケット試合を、まるで実況中継のように、たっぷりと時間をかけて、えがいていく。

上映時間が4時間もあるインド娯楽映画ならではの荒技で、ほんとに試合を観戦しているような気分になる。

ぼくが、はじめて見たのは、香港でひらかれたインド映画祭で、中間の休憩にワインがふるまわれ、予定の休憩時間をはるかにオーバー。30分ぐらい、ゆったりしたあとで、後半の試合に突入、客席をうめるインド人たちの声援と拍手がすさまじく、スポーツ観戦の興奮がもりあがった。

アジア文化センターの上映のときにも、これは、おこった。数はすくなかったが、インド人観客の反応は同じ。

この体験から、「スポーツ映画」といわれて、即座にあたまにうかぶのは、ぼくの場合、『ラガーン』なのである。

ＤＶＤで見るときは、インド人を何人かよんできて、いっしょに見るとよろしい。

『少林サッカー』も香港で見たかったところだが、そうもいかなかった。しかし、これもまた大コーフンのサッカー映画だ。ＣＧの正しいつかいかたを、はじめてしめした映画、という評が多かったが、ぼくも賛成。チャウ・シンチー（周星馳）は、日本のまんがをよく読んでいるらしいが、この映画では、ほんとに、まんが的なセンスが全開である。

『オーシャン・オブ・ファイヤー』は、ものすごい長距離の競馬。パリ－ダカール・ラリーみたいな感じで、馬で沙漠を走る。くわしいことはおぼえていないが、アラビア半島縦断ぐらいの距離ではないか。モンタナだかワイオミングのカウボーイ（ヴィゴ・モーテンセン）が、アメリカ馬（ヒダルゴという名前）を駆って、スルタンのアラブ馬と競う。道中、いろんな危難があり、最後のほうではものすごい砂嵐におそわれる。時代は、

20世紀初頭あたりか。

『鉄腕ジム』は、実在し「ジェントルマン・ジム」(これが原題)とよばれたボクサー、ジム・コーベットを、エロール・フリンが演じる。軽快なフットワークをつかった、ちからまかせでないボクシングのスタイルを、はじめて導入した人らしい。

ボクシング映画は、スポーツ映画のなかでも特に数が多い。「ハングリーなスポーツ」といわれるように、くるしんだり、つらい思いをしたりするものが多いが、ジェントルマン・ジムは、そのフットワークさながらに、かるがると、涼しい顔で、勝利をつづけていく。苦労なんてことばは彼の辞書にはないようだ。さすがエロール・フリン。さすがラオール・ウォルシュ。痛快痛快。

ジムに翻弄される古いタイプのボクサー役のワード・ボンドもすばらしい。

『ローラーガールズ・ダイアリー』は、つい去年の映画。なんたってドリュー・バリモアの監督デビュー作だ。すでにプロデュース作品は数多い。監督をやってもゼッタイいけると思っていたが、実際、アメリカ映画の正統派のスピリットを、あざやかにしめしてくれて、うれしい。『バッド・ガールズ』(94)でメジャーに復帰するまでの、インディペンデントの低予算映画で、めげずに珠をみがいていたころの経験が、生きている観がある。

ローラーゲーム(ローラーダービー)というねらいどころもいい。この、しがない感じ。これもスポーツ映画の味わいのひとつだ。

詩人・編集者
1949年生

稲川方人

白銀のレーサー……1969／米
脚本＝ジェームズ・ソルター
監督＝マイケル・リッチー

跳躍の孤独と恍惚……1974／西独
監督＝ヴェルナー・ヘルツォーク

レーサー……1969／米
脚本＝ハワード・ロッドマン
監督＝ジェームズ・ゴールドストーン

カリフォルニア・ドールズ……1981／米
脚本＝メル・フローマン
監督＝ロバート・アルドリッチ

ヤング・ゼネレーション……1979／米
脚本＝スティーヴ・テシック
監督＝ピーター・イェーツ

ジュニア・ボナー 華麗なる挑戦……1972／米
脚本＝ジェブ・ローズブルック
監督＝サム・ペキンパー

ローラーガールズ・ダイアリー……2009／米
脚本＝ショーナ・クロス
監督＝ドリュー・バリモア

ボディ・アンド・ソウル……1947／米
脚本＝エイブラハム・ポロンスキー
監督＝ロバート・ロッセン

トラベラー……1974／イラン
脚本・監督＝アッバス・キアロスタミ

さよならゲーム……1988／米
脚本・監督＝ロン・シェルトン

スキー、カーレース、女子プロレス、競輪、ロデオ（これがスポーツかどうかは疑問、たぶんスポーツではなく相撲と同じ伝統芸）、ローラーゲーム、ボクシング、アメフト、とここまでは問題がなかったのだが、肝心の野球がない。アメリカ映画（か日本映画）でしか成立し得ないベースボール映画、その伝統を形成するような『打撃王』(42)も『甦る熱球』(49)も、数多の野球映画は見てはいるが、なぜか、なかなか認め難いと思ってしまうのだ。自分の世代の同時代映画であるだろう『がんばれ！ ベアーズ』(76)はウォルター・マッソーで見れば面白いのだが、子供の試合じゃ野球映画かどうかあやういし、監督マイケル・リッチーではやはりその最初期の『白銀のレーサー』がいい。『フィールド・オブ・ドリームス』（89）には試合はなく、キャッチボールを父と息子の関係のメタファーとして昇華させる、野球に興じた者なら誰にでも理解できる物語で、シューレス・ジョーの神話が心地よくもあり、またバート・ランカスターへのオマージュとして見れば棄て難いのだが、選べない。『フィールド・オブ・ドリームス』が描くグラウンドのインプレイ・ラインの境界の彼岸と此岸に関しては、ほんとうはもっと暴力的な問題が隠されているはずだ。ケヴィン・コスナーはたしかにスローイングがよく、野球に馴染んだだろう「形」がある。ここでは野球映画としては、そのコスナーとティム・ロビンス、スーザン・サランドンの『さよならゲーム』を選ぶのがやっとだったが、むろんこれは私の浅学のせいだ。たぶん、俳優たちが嘘偽りのない「形」でプレイしている申し分のない野球映画があるんだろうが、どうも思い付かなかった。たとえば、まったく野球映画じゃないが、ことバッティングに関しては私が見てもっとも素晴らしかったのは、『今そこにある危機』（94）のミゲル・サンドヴァルのピッチング・マシンでの打撃だ。南米の山中のアジトで、サンドヴァルはセリフを言いながら、かなりの球速で送球される（むろん硬球の）球を気持ちよさ気に打ち返していた。あのバッティングに叶う瞬間を持った野球映画があれば文句はない。

ドリュー・バリモアが勘を心得て監督した『ローラーガールズ・ダイアリー』は近年のアメリカ映画の中でも出色だった。昔のラクエル・ウェルチの『カンサス・シティの爆弾娘』（72）も含めて、ローラーゲームの微妙にデリケートで、それでいてすこぶる単純なルールは映画によく馴染むような気がする。

闘争があり、それを監視する大勢の人間＝観客がいるというスポーツ・ゲームの構造は、実はアルドリッチ映画の構造の根幹だと常々思っている。初期の西部劇『アパッチ』（54）も、戦争映画である『攻撃』（56）も同じ構造で撮られているし、『燃える戦場』（70）や『合衆国最後の日』（77）は文字どおり「監視」と「闘い」しか描いていない。そして最後が、アメリカ各地の観客＝監視を入れ違えながら巡業して行く女子プロレス映画であったことは、アルドリッチの頑固徹底ぶりが偲ばれる。ちなみに私見だが、このアルドリッチ映画の構造は、若き日の彼が体験した「レッド・パージ」における「正義」と、その後味の悪すぎる苦い教訓を暗示しているはずだ。すなわち、「正義」はより正しい大衆に共有されなければならない、しかしそれは必ず敗北を伴う、という倫理がアルドリッチにはあると思う。

題名で解るようにスキー・ジャンパーの内面をひたすら無機的に、静謐に追うヘルツォークの『跳躍の孤独と恍惚』は、私が最初に映画書籍の編集業に入った年の「西ドイツ映画祭」で上映され、そのカタログの編集を担当していた私は、同じヘルツォークの、火山噴火で無人となった村を撮った短編ドキュメンタリー『ラ・スフリェール』(76)やヴェンダースの初期傑作『都会のアリス』(74)ともども解説を書くために見て、当時の西ドイツ映画の同時代的な息吹きにひとり有頂天になった覚えがある。手許には残っていなかったそのカタログの表紙をネットで見て、ヤクルト・ホールでの満員の上映のことなど懐かしく思い出した。

カー・レース映画も多々ある。見直すことができなかったが、ポール・ニューマンの『レーサー』を、ジョアン・ウッドワードに愛と敬意を込めて。自転車映画『ヤング・ゼネレーション』はピーター・イエーツへの追悼を込めて。

『トラベラー』は少年がサッカーの試合会場に行くまでの映画。『ロンゲスト・ヤード』(74)や『ブラック・サンデー』(77)、近年の『インビクタス／負けざる者たち』(09)も同様だが、ゲームが行われている場所、つまりスタジアム映画と呼びたい気がする。

監視＝観衆、このシステムにこの国ではいま決定的な変容が起きている。もうテレビを見るのも新聞を読むのも止めたい。

脚本家・本誌編集長
1947年生

荒井晴彦

罠……1949／米
脚本＝アート・コーン
監督＝ロバート・ワイズ

さすらいの大空……1969／米
脚本＝ウィリアム・ハンリー
監督＝ジョン・フランケンハイマー

断絶……1971／米
脚本＝ルディ・ワーリッツァー、ウィル・コリー
監督＝モンテ・ヘルマン

ロンゲスト・ヤード……1974／米
脚本＝トレイシー・キーナン・ウィン
監督＝ロバート・アルドリッチ

ボビー・デアフィールド……1977／米
脚本＝アルヴィン・サージェント
監督＝シドニー・ポラック

ビッグ・ウェンズデー……1978／米
脚本＝ジョン・ミリアス、デニス・アーバーグ
監督＝ジョン・ミリアス

カリフォルニア・ドールズ……1981／米
脚本＝メル・フローマン
監督＝ロバート・アルドリッチ

マイ・ライバル……1982／米
脚本・監督＝ロバート・タウン

氷壁の女……1982／米
脚本＝マイケル・オースティン
監督＝フレッド・ジンネマン

アメリカン・フライヤーズ……1985／米
脚本＝スティーヴ・テシック
監督＝ジョン・バダム

『罠』マネージャーが取り決めた八百長に怒り、対戦相手をKOしてしまったロバート・ライアンが手を叩きつぶされる。テレビで観たのだったか。その頃、古本屋で見つけた『シナリオ』誌を読むようになっていて、シナリオと映画が同じだと監督って何をしてるんだろうと思い、違っていると、あ、ここは監督が何かしたんだなと思っていた。『罠』で路地の壁にジャズを演奏しているミュージシャン（観返していないので間違っているかもしれない）の影が映るところとか、ロバート・ライアンが通りを渡っていくのを俯瞰で撮っ

ているのを見て、ああ、監督の仕事というのはこういうことなんだと思った。

『ボディ・アンド・ソウル』（ロバート・ロッセン、47）、『チャンピオン』（マーク・ロブスン、49）、

『傷だらけの栄光』（ロバート・ワイズ、56）も、貧乏から金欲しさにボクシングに向かい（『傷だらけの栄光』〈56〉のポール・ニューマンは犯罪、刑務所経由）、八百長試合にはまるが、打ち勝つというもの。『レイジング・ブル』（マーチン・スコセッシ、80）はモノクロ映像と太ったデ・ニーロ。『アリ』（マイケル・マン、01）はブラックパワーの60年代史でもあり、ソウルで固めたサントラがいい。アレサ・フランクリンの「エイント・ノー・ウェイ」は絶品。

『さすらいの大空』は全裸のデボラ・カー。スカイダイビングのショーをやりながら、旅暮らしをしているバート・ランカスターが「今日のショーが終わったら、一緒に出発しよう」と人妻デボラ・カーを誘うが、生活の倦怠と性的不満を抱えている人妻は、家庭を捨てるのが恐くて決意できない。小川徹は「これこそ69年の『道』である」と書いている。ランカスターは前夜、人妻に「危険な離れ業の瞬間、生きようという気持ちとこのまま死んでしまおうという気持ちとふたつある」と言う。小川さんは「これがギリギリの立場に立った人間の心理であり、誰かが『私はあなたのために生きているのよ！』と言えば、空中で『生』のひもを、より早くひくであろうし、その声が聞えなければ、ひもをひくのがおくれるのである。思想や性の皮をはいだ人間は、つねに『ひとりの観客』をみつめて、危険な綱渡りをしているのである」「ひとは本質的なところにおいて、無であり、空白であるゆえに、やはり『他人』がいなくてはならない。それは、性でもなく、思想でもなく、それを超えた存在なのではないか」と書く。沁みるなあ。空には何も無い。時々、俺には何も無い、誰もいないと落ち込むことがあるが、空にいるということはいつも「何も無い」状態だということなのだろう。ケネディ兄弟の暗殺で「アメリカの政治が彼のものでなくなったとき」「自己のいないアメリカに忠誠も愛憎もないのである」と『さすらいの大空』とケネディ派フランケンハイマーを裏目読みしている。「空には国家がないというイメージなのであろう」と。国家がない空虚は、心も空虚、ということ

なのだろうか。大空は「自由」ではないのだ。

『断絶』路上レースで賭け金を稼ぐストリート・レーサーのドライバー（「君の友だち」のジェームズ・テイラー）とメカニック（「ビーチ・ボーイズ」のデニス・ウィルソン）がGTO（ウォーレン・オーツ）と、互いの車を賭けて大陸横断レースをする。ただそれだけの映画、車を走らせているだけの映画なのに、忘れ難い。なぜ"Two-Lane Blacktop"を『断絶』という邦題にしたのだろう。何かの断絶を描いた映画だったのだろうか。

『ロンゲスト・ヤード』看守と囚人のフットボールの試合を描いたエンターテインメントの教科書みたいな映画。プロフットボールのスタープレイヤーだったバート・レイノルズ率いる囚人チームが優勢で、刑務所所長が、勝ったら一生刑務所から出さないと脅す。負け始める囚人チーム。囚人仲間の失望、非難、怨嗟にレイノルズは勝ちにいく。勝ったレイノルズがグラウンドを歩き始めると所長は脱走だと撃とうとするが、というシーンがうまい。ゲームとカットバックされる応援席に「アメリカ」だなあと思う。こういうスポーツものに「アメリカ」が一番出るような気がする。

『ボビー・デアフィールド』F1レーサーのアル・パチーノはレース中の事故で死んだ仲間の事故原因が運転ミスではなく、マシーンのトラブルか兎か何かが飛び出してきたからに違いないと、そのアクシデントに巻き込まれ、首の骨を折ったレーサーをパリからスイスの病院に訪ねる。幻の兎探しだ。そこで、変な、おかしな女（マルト・ケラー）に会う。公開当時、レースシーンがいっぱいあるわけじゃなし、男と女がしゃべっているだけで、何だかピンと来なかった。ビデオで観返したら、パチーノがいつも死と隣り合わせのレーサーであることで失っていた、失わざるを得なかった「人間性」を、予定された死に向かって生きている女との出会いと別れで取り戻す話だった。パチーノが歌う「夕陽に赤い帆」が泣ける。脚本のアルヴィン・サージェントは、ロバート・マリガンの『レッド・ムーン』（68）、ピーター・ボグダノヴィッチの『ペーパー・ムーン』（73）、フレッド・ジンネマンの『ジュリア』（77）、ロバート・レッドフォードの監督デビュー作『普通の人々』（80）も書いている。撮影はヌーヴェル・ヴァーグのアンリ・ドカエ。

『ビッグ・ウェンズデー』サーファー仲間3人の青春。「南のうねり　1962年夏」という風にタイトルが出て、章立て構成。ケネディ（暗殺前の）時代。パーティ、ケンカ、メキシコへの旅、妊娠が描かれる。「西のうねり1965年秋」結婚、ベトナム戦争。召集令状、徴兵逃れ、出征。「北のうねり　1968年冬」戦死、葬儀、帰還、ヒッピームーヴメントへの反撥。「大きなうねり　1974年春」もう若くない3人がついに来た伝説の巨大な波「ビッグ・ウェンズデー」に立ち向かう。『アメリカン・グラフィティ』も62年の青春だった。『アメリカン・グラフィティ2』という映画もあったみたいだが、「アメグラ」のサーファー版というより『追憶』のサーファー版という感じがした。

『カリフォルニア・ドールズ』中野駅南口のビルの地下にあった映画館で見た。「カリフォルニア・ドールス」という女子プロレスのタッグ・チームの二人とマネージャーのピーター・フォークの道中記だ。移動の車中で流れるオペラのちぐはぐさ。ピーター・フォークがドールスのひとりに殴られるところがよかった。（アルドリッチの）遺作で傑作というのも、意外とあるようでないのではないだろうか。希有な例だ。

『マイ・ライバル』『戦うパンチョ・ビラ』（バズ・キューリック、68）でサム・ペキンパーと共同脚本、『さらば冬のかもめ』（ハル・アシュビー、73）、『ザ・ヤクザ』（シドニー・ポラック、74）でポール・シュレイダーと共同脚本。『チャイナタウン』（ロマン・ポランスキー、74）でアカデミー脚本賞のロバート・タウンの監督デビュー作。ポタポタと水滴が地面に垂れる。ゆっくりカメラが上がっていくとスタートラインについているマリエル・ヘミングウェイの顔から汗、という印象的な導入部。「オレゴン州1976年オリンピック選手選抜」と字幕。ダメな陸上選手が一流選手のパトリス・ドネリーと「ファックする友だち」になり、同棲し、コーチされ、ライバルになり、嫉妬され、同棲解消し、評価が逆転し、別れた彼女をオリンピック代表3人枠に入れるために有力選手のペースを上げさせて、バテさせ、脱落させて、共に代表になるが、ソ連のアフガン侵攻でモスクワ五輪ボイコット。レズビアンの心理と選手としてのライバル意識の絡まりから代表選抜のレース展開へと、見事な脚本。“PERSONAL BEST”を「マイ・ライバル」にした邦題もうまい。マリエル・ヘミングウェイが水球の選手とデキて、男がベッドからトイレへ行こうとすると、「立ったまましてみたい」とトイレへついていき、「絶対やらせてみせる」とうしろから男のモノを持って「角度はいい？」、男は「ムリだよ、出ないよ」、女は「出るわよ」と誘いの水洗の水を流す。こんなシーン、映画史上、初めてではないのか。傑作だ。いつか俺も、監督を、と思った。撮影は『さらば冬のかもめ』(73)『タクシードライバー』(76)『レイジング・ブル』(80)のマイケル・チャップマン。音楽はジャック・ニッチェ。

『氷壁の女』アルプス登山にやってきた50代の男と20代の女。ホテルに夫婦としてチェック・インするが、実は伯父と姪の不倫。ショーン・コネリーがクレバスに落としたピッケルを若いスイス人ガイドが探しに降りる時、氷に埋まっている遺体を発見する。40年前の結婚式の前日に行方不明になった男だった。花嫁になるはずだった白髪の老女が、若いまま凍っていたフィアンセと対面する。姪は何を思ったのか。ガイドに、私は妻じゃないと言う。難易度の高い山へ男二人で登る。頂上でガイドはコネリーを詰《なじ》る。山小屋で待っていた姪は、山を降りようとしている。戻って来たという声に立ち停まる。双眼鏡を覗いていた男の、一人だけだという声に雪原へ走り出す。若い女が不倫を清算する話。昔はガイド側で観ていたのだろうか。

『アメリカン・フライヤーズ』ピーター・イェーツの『ヤング・ゼネレーション』(79)でアカデミー脚本賞のスティーブ・テシックのまたしても自転車レースもの。イタリアかぶれで石切り工の息子が女子大生にフラれるが、石切り工の息子たちでチームを組み、大学生チームに勝つという、階級「闘争」と自転車レースの『ヤング・ゼネレーション』より、遺伝性の病気と兄弟を軸にしたこっちの方に感動した。テシックの成熟なのか、俺の転向なのか。

政治・革命映画

規定の難しいこのジャンルを探りながら、
危急の変革期を迎えている世界の表徴を
読み解いていく。

詩人・映画監督
1949年生

福間健二

ストライキ……1925／ソ連
脚本＝ワレーリー・プレトニョク、グリゴリー・アレクサンドロフ、セルゲイ・M・エイゼンシュテイン、イリヤ・クラブチュノフスキー
監督＝セルゲイ・M・エイゼンシュテイン

揺れる大地……1948／伊
脚本＝アントニオ・ピエトランジェリ、ルキノ・ヴィスコンティ
監督＝ルキノ・ヴィスコンティ

革命児サパタ……1952／米
脚本＝ジョン・スタインベック
監督＝エリア・カザン

スパルタカス……1960／米
脚本＝ダルトン・トランボ
監督＝スタンリー・キューブリック

カラビニエ……1963／仏
脚本＝ロベルト・ロッセリーニ、ジャン・グリュオー、ジャン＝リュック・ゴダール
監督＝ジャン＝リュック・ゴダール

アルジェの戦い……1966／伊、アルジェリア
脚本＝フランコ・ソリナス
監督＝ジッロ・ポンテコルヴォ

夕陽のギャングたち……1971／伊
脚本＝ルチアーノ・ヴィンチェンツォーニ、セルジオ・ドナティ、セルジオ・レオーネ
監督＝セルジオ・レオーネ

クライング・ゲーム……1992／英
脚本・監督＝ニール・ジョーダン

シャンドライの恋……1998／伊
脚本＝クレア・ペプロー、ベルナルド・ベルトルッチ
監督＝ベルナルド・ベルトルッチ

ブレッド&ローズ……2000／英、仏、独
脚本＝ポール・ラヴァーティ
監督＝ケン・ローチ

政治・革命。こういうジャンルがあったのかと、ちょっと不意打ちをくらったように感じた。

考えてみると、ぼくの世代の一部には、映画から学んだことで、政治も、革命も、わかったような気でいた時期がある。それがよかったことなのかどうか、問うてみてもしかたがない。自分がこうであり、世界がこうであ

ることに対して、いっさい恥じる必要はないと思って生きている以上、そうなのだ。くやしくなる作品、腹の立つ作品、引っかかる作品、そして棄てがたい作品が、次々に思い浮かんできた。そのことは、ほかのジャンルと変わりないとしても、この場合は、それらがそうである理由に、こちらの教養小説的な「成長」の時間がいちいち絡んでくる気がする。受け売りの多い、めんどうくさい先輩たちの始末に困るようなものだ。冷静な「批評」にいたそのに時間がかかった。

まず、エイゼンシュテイン。迷うことなく、『戦艦ポチョムキン』(25)ではなく、その前につくった『ストライキ』の方をあげた。『戦艦ポチョムキン』の大きな影にかくれて、この存在が忘れられがちであるという理由もあるが、それ以上に、ここにこそエイゼンシュテインの資質的やんちゃさがよく出ていると思うからだ。

モンタージュ理論があってそれが実践されるというのではなく、随所に直観からの、具体的な実験と発見があって、比喩やアナロジーという段階にとどまらない詩的な飛躍へと向かっていく。革命の映画である前にアクション映画の傑作なのであり、共産主義者へのプロパガンダである前に20世紀と人間的な勇気へのプロパガンダなのだ。とんでもないような遊び心を見せながらの、ラフで、タフな、ガツンと来る画面の見本というべきショットが畳み込まれていくが、なんといってもすごいのは、ラストの、虐殺される労働者たちへの、屠殺される動物のインターカット。その射程は遠くまでのびている。

では、『戦艦ポチョムキン』はどうなのか。ぼくの考える映画史でも、サイレント期とそれ以後を通じて、これとF・W・ムルナウの『サンライズ』(27)の存在がとても大きくなっている。ともに表現のダイナミズムが圧倒的。20世紀の文化のなかで映画が獲得した最大の「詩」がそこにあるだろう。しかし、ムルナウは未来としての都会とアメリカを疑うことができていると思うが、『戦艦ポチョムキン』にはそういうものがなく、悲劇から希望へと一気に走る。希望。結局のところ、そこには未来の現実に対して用意しているものが足りないのだ。エイゼンシュテインのここからあとをどう受け取るかとともに、どうも、簡単には考え抜けない。感覚的に言うと、レニ・リーフェンシュタールの『意志の勝利』(34)といい勝負の、興奮させる映画。スペクタクルとして、何度見ても鮮度を失わない。そうではあるが、これを気楽に映画史上ベストワンにしている人たちの考える「映画芸術」とはどういうものなのか。そこに疑問を抱いてきたことも、ここで言っておきたい。

ヴィスコンティは、ネオリアリズムの先駆的作品とされる『郵便配達は二度ベルを鳴らす』(42)で、第二次大戦後の「荒廃」を先取りするような人間のあり方を見つめ、『揺れる大地』では、戦後のシチリアの漁師たちの、戦前と変わらぬ搾取状況を描いた。この対比からだけでも、たとえば加藤典洋さんなら50枚の原稿を書けるだろう。

革命的な主題の一面は、「こんなにひどいことがいまでもあるんだ、立ち上がれ!」というように、現在に残る過去の影をさぐることにあるといっていい。『揺れる大地』は、そういう展開の、典型的な、叙事詩的作品。ギリシャ悲劇的な骨格と、見事にコントラストの決まった白黒映像をもつ。同性愛的な美学を短絡的に求めて安心したいヴィスコンティのファンたちにはわからないだろうが、これこそがヴィスコンティのいちばん美しい映画だと思う。自分の資質を甘やかすことにブレーキをかける。マルクス主義の効用のひとつだといえばそうだが、その思想に傾かせているのも資質の一部なのだ。滅びゆくヨーロッパ文明。「それがどうした?」という声をヴィスコンティは早くに聞き取っていたのだ。

エリア・カザンは、いま、何を言おうとしていたのかと問うと、曖昧さばかり見えてくるところがある。『革命児サパタ』も、かなり退屈な物語。ジョン・スタインベックが脚本を提供しているが、カザンはこの小説家をどう理解していたのだろう。実は、『エデンの東』(55)でも、ピンと来るものをぼくは感じない。

粗雑に、無責任に、省略的に描かれるメキシコ革命が舞台。打算とは無縁な自然児的革命家の、権力の腐敗という政治のなかに立たされる苦しい姿の先に、その死とそこで断たれない民衆の夢としてのヒーロー伝説までをおいている。味わうべきものは、こういう当たり役を次々にこなしたマーロン・ブランドのオーラ。

どの作品でということなく、ブランドはブランドであり、反知性的な、憂鬱なヒーローなのだ。野蛮さとメランコリーを同居させているのは、やはり大したものだというべきだろう。

キューブリック作品も、だいたい、いま見直すと、それほどでもないと思わされる。アンソニー・マンの代役で監督した『スパルタカス』(60)は、ダルトン・トランボの脚本をいじっていないらしく、それがよかった気がする。これ以上ないというくらい感傷的なラストの作り方など、つまり、まるでキューブリックらしくない。

ローマ史劇という大コミック・ジャンルの傑作。とくに前半の、反抗と脱走の物語が文句なしにおもしろい。それがジレンマと政治の物語になってからは、緊張感は持続しても停滞すると思うが、ロートン、オリヴィエ、ユスティノフといった名優たちの名演技の見せ場にはなっているだろう。カーク・ダグラスは、いいのかどうか。息子の何十倍もいいことだけは間違いない。すばらしいのは、スパルタカスに愛され、その子を生むことになるジーン・シモンズ。奴隷の身分、美しさのなかに人間性が宿っている。

ゴダールをどうしようかと思った。「五月革命」前後からの、彼の一見政治的な作品は、政治と革命に焦点をしぼって考えれば、どこまでも徹底して無責任な態度の映画である。おもしろさは、それ以外のところにあるのだ。しいていえば、未来の、革命後の恐怖についての、わざと曖昧にした教訓劇の要素がある。このことがよくわかるまでに、ぼくは人生の時間をだいぶ費やした。

『カラビニエ』は、まさに、『スパルタカス』のような、ハリウッドの壮大な史劇コミックをひっくり返して単純な寓話を作っているが、だからいいというのではない。では、人物たちの白痴的愚かさと戦争の悲惨さを感傷なしに結びつけるブラックユーモアの作品かというと、そうでもない。

でも、おもしろい。映画登場以前の文明(文学)に映画が素手で挑戦しているからだ。そういう実験。直接的には、演劇と映画的なリアリズムのそれまでの「進化」にゲームを仕掛けて、ものすごくプリミティヴな映画を発見しなおしている。

Stanley Kubrick
SPARTACUS
I'm Spartacus!!
Kirk Douglas

『アルジェの戦い』は、ゴダール的なゲームから遠くはなれて、ついでに言えば、ホルヘ・センプルンとアラン・レネのコンビによる『戦争は終った』(65)のような作品が逃げ込んだ文学的感傷からも遠くはなれて、イタリア・ネオリアリズムの表面的な成果を受けついだ技術で、1950年代のアルジェリア独立運動の闘争を「再現」してみせた。その迫真力と叙事詩性は、『戦艦ポチョムキン』に匹敵する。プロパガンダとしても、『ポチョムキン』や『意志の勝利』に負けていないだろう。

いったん闘争が敗北したかに見えたあとのエピローグの部分、蜂起する群衆が姿をあらわしてくるところこそ、映像による「革命の詩」の、最高の表現だと思う。この「詩」に抗することのできる人たちの精神構造はどうなってるんだろう、と10代のぼくは思った。それから半世紀以上経過したが、その感じ方は変わらない。

『夕陽のギャングたち』は、アメリカン・ニューシネマに一番近づいたセルジオ・レオーネ作品だろうか。山賊のロッド・スタイガーが、アイルランド独立運動で精神的な傷を負ってメキシコに来たジェイムズ・コバーンと出会い、メキシコ革命に巻き込まれていく。ここでもメキシコ革命は、『革命児サパタ』と同様に粗雑に描かれる。ディレクターズ・カットではっきりと出たということだが、コバーンの過去の、アイルランドでの三角関係をはじめとして、レオーネの幼稚でとにかく長ったらしい見せ場の作り方には、相当辟易する。でも、棄てがたいのは、冒頭の毛沢東語録の文字の入れ方と、そのあとの導入部。いばりくさったブルジョワが裸にされる。マンガ的におもしろい。つまり、コバーンが出てくるまでに見所があるというわけだが、おそらく左翼インテリ嫌いのレオーネにまで浸透していた1970年前後の「革命」の雰囲気に、今回見直して、懐かしさがわいた。

90年代に飛んで、『クライング・ゲーム』。これもアイルランド、IRA(アイルランド共和軍)がらみ。アイルランド人のニール・ジョーダンだからこそ、IRAの存在する現実について、多くの人の心を揺さぶって納得させる描き方ができたといえるだろうか。音楽、カトリック、妖精物語。台詞をうまく書く脚本家であり、絵心のある監督であるジョーダンの「趣味」は、どこまでもアイルランド的。それが、この作品では緊迫しつつ、けれん味たっぷりに出た。

なんといっても、美しいディル（ジェイ・デイヴィッドソン）の造型がすばらしい。映画は、まず、人を驚かせなくてはならない。そして、ピュアーなものが核心にあるべきだ。構成や主題がしっかりしているかどうかなんかよりも、そういうことが大事なのだ。政治的なものを道具立てにした多くの作品にはない「詩」を感じさせる。

ベルトルッチが大作のつづいたあとに手がけた小品『シャンドライの恋』も、タンディ・ニュートンの演じる、メチャクチャ可愛いシャンドライの造型で、大きくポイントを稼いでいる。活動家の夫が逮捕され、ローマにやってきて住み込みの女中となったアフリカ人の彼女のなかには、西欧の失ってきた生命力があふれている。この世界に潤いをもたらすそれが、ダメ芸術家を生き返らせる。しかし、彼は彼女を自分のものにすることはできない。実は、加藤典洋さんと話していて思い出した作品なのだが、とにかくシャンドライが文句なしにいいのだ。ベルトルッチも、手持ちカメラを駆使しながら引きしまった映像と小さな物語によって、帰るべき場所に帰って、自分を断罪したというところか。

ケン・ローチにおける「政治」は、いまになってこんなことがやっとわかったのだとすると、なんと遅れているのかと呆れるところがある。しかし、見方を変えると、わたしたちの思想史的な進歩は、人々が普通に生きている地平には浸透していないし、だいたい、世界はある時期から少しも進歩していないのだということがある。だから、ケン・ローチの作品は、世界はまだこんなにも問題をかかえているよ、というバロメーターの役割を果たしているといえる。これは、言わせてもらえば、山田洋次がちゃんと出来ていないことである。

『ブレッド&ローズ』をあげたのは、夢の国アメリカの、不法入国した移民たちの劣悪な労働条件を明るみに出しながら、人物たちの生きる姿を、その体臭も伝えるような、ラフな映像でとらえているから。姉と妹の物語。その対立は、ケン・ローチの常套の域を出ないだろうが、ある意味での浅い感じ、イギリスで撮っている作品のような重厚さのないところがいい。

以上で、10本。次点候補はいくらでもありそうだ。政治の持ち込み方、政治からの逃げ方で、ここに選んだものとパターンを共有する作品以外のものについて、少し書く。対称的な存在であるが、ともに政治的主題から娯楽をつくっているコスタ・ガヴラスとマイケル・ムーアに、一面ではなにものかだとしても、一面ではどうしようもないよ、と文句をつける余裕がなくなった。それから、記憶に新しいところでは、スティーブン・ソダーバーグのもったいぶった『チェ 28歳の革命』『チェ39歳 別れの手紙』(08)は、なんだったのだろう。ゲバラの青春を甘めに描いたウォルター・サレス『モーターサイクル・ダイアリーズ』(04)ほどの内容もなかった気がする。

一方、これから公開されるワン・ビンの『無言歌』(10)のすばらしさをどう言ったらいいか。まず、権力批判、体制批判の先へと踏み込んでいる。そして、歴史の「記憶」を再現しようというのでもない。政治と革命、それをもっともらしく語る者たちを恥じ入らせるほどに、極限におかれた人間たちを見つめている。

映画評論家
1959年生

上島春彦

ナッシュビル……1975／米
脚本＝ジョーン・テュークスベリー
監督＝ロバート・アルトマン

候補者ビル・マッケイ……1972／米
脚本＝ジェレミー・ラーナー
監督＝マイケル・リッチー

クリントンを大統領にした男……1993／米
監督＝D・A・ペネベイカー、クリス・ヘジダス

ブルワース……1998／米
脚本＝ジェレミー・ピクサー
ウォーレン・ベイティ
監督＝ウォーレン・ベイティ

ボブ★ロバーツ……1992／米、英
脚本・監督＝ティム・ロビンス

最後の勝利者……1964／米
脚本＝ゴア・ヴィダル
監督＝フランクリン・J・シャフナー

野望の系列……1962／米
脚本＝ウェンデル・メイズ
監督＝オットー・プレミンジャー

アメリカを斬る……1969／米
脚本・監督＝ハスケル・ウェクスラー

アップ・タイト！……1968／米
脚本・監督＝ジュールズ・ダッシン

マルコムX……1992／米
脚本＝アーノルド・パール、スパイク・リー
監督＝スパイク・リー

全ての映画は政治的である、というようなことを言うのもいわばクリシェで、もはやたいした意味はない。じゃあどういうのが政治映画だと聞かれても実はこちらに答えはない。前回アンケートをさぼったのを深く後悔した結果、特に目算なく参加を決意したものである。例によってヨーロッパものは最初から考慮に入れない。だからゴダールとかはなし。さっぱりしたものだ。アメリカ映画偏重の選択。政治家とか革命家とかを登場人物にした作品、あるいは暗殺とか選挙を題材にした作品という程度の基準である。

最初に上げるのは先日生まれて初めて見た

『ナッシュビル』。大統領候補者がやってくるというので大騒ぎの地方都市。画面に候補者は現れないが、その代わりに彼の陣営の選挙演説カーが公約（わざわざこの「公約」担当者がクレジットされているのが可笑しい）を延々と流し続けて市街を行く。最初から最後までずっとである。選挙キャンペーンに地元のスターたる有名カントリー歌手を引き入れて、彼主催の歌謡ショーが行われるのだが、その真っ最中に「目玉」の女性シンガーが熱狂的ファンに射殺されるというのがメインの物語。とはいえ脇筋のエピソードが豊富でこれこそが映画の魅力を構成する。筆者個人的には何の興味もないジャンルの音楽がひたすら流れるが飽きさせません！ 小さな容器に入れられた巨大な映画という感じか。

だが選挙キャンペーン映画の白眉と言えば『候補者ビル・マッケイ』にとどめを刺す。ロバート・レッドフォード扮する「イノセントな」理想主義者のカリフォルニア州上院議員候補が選挙キャンペーンの過程で容赦ない選挙運動の現実にさらされていく。レッドフォードのルックス、当時は多分「ケネディ的」なものと捉えられていたのではないかと思うが、今見るとむしろ「クリントン的」だ。クリントンと言えば「×××（伏字です）中毒」という病気（病気と言えばまあ病気だろうが）を著書で公言し、大統領官邸での×××は妻公認だったそうだが、一説によれば公認なのは×××ではなく「おしゃぶり」までだとも。執務室で「ヒラリー公認だもんねー」と言いながら秘書におしゃぶりさせてる大統領。いい商売である。

『クリントンを大統領にした男』は候補者時代の彼に密着したドキュメンタリー映画で、いかにも空虚なこの人物の素顔をかいま見られる。いや、かいま見られると言うと言い過ぎで「何というか、この人物には何もないな」という感じに近い。原題が『ウォー・ルーム』で、有名大学やロースクール出のインテリ集団がクリントンみたいな人物をよってたかって大統領に祭り上げる、その知恵の絞り場所が選挙陣営の作戦本部室、直訳すると「戦争の部屋」なのだ。彼の取り柄はただ一つ。簡単に書くとケネディの「そっくりさん」として生きた人なのだろう。まだ死んではいないけど。

ヒラリーは旦那じゃなく自身の大統領選挙キャンペーン中、敗北が決定的なのに敗北宣言しない理由として「有力候補（言うまでもないオバマさんのこと）がその内に暗殺されるかも知れないから」と述べて顰蹙を買ったが、夫婦そろっていかにも下劣なケネディマニア（そういう言葉はないが）である。

政治好きの俳優としてかつて知られたウォーレン・ベイティが自身のそうした公的イメージをパロディ化してみせたのが『ブルワース』だと言える。同時に、選挙キャンペーンにおける暗殺というのがアメリカ人にとってはある種オブセッションなのだとわかる。

これはちゃんとした物語になっていたが、こうしたキャンペーンをフェイク・ドキュメンタリー風に描いたのが『ボブ★ロバーツ』で、監督は主演も兼ねたティム・ロビンス。仕掛けは極上だが映画的な感動を呼ぶといったコンセプトじゃない。まあそういうものである。ティム・ロビンスの発想の源にあったのは『最後の勝利者』だろう。これに脚本を書いている作家政治家ゴア・ヴィダルが『ボブ★ロバーツ』にもちゃんと出てくるのだ。ヴィダルはアメリカ現代文化史におけるセレブ中のセレブ（いわば「裏ケネディ」か）で、ロビンスもそのへんの手回しは流石。

ヘンリー・フォンダとクリフ・ロバートソンがライバル同士の大統領候補として、汚い選挙戦（汚いのはフォンダ陣営ではないが）を繰り広げる内容のこの映画、フォンダの参謀ケヴィン・マッカーシーの演技がさっそうとしている。監督シャフナーは『猿の惑星』（68）が有名。これもある意味政治映画みたいな企画だが選択からは外して、何より注目しなければいけないのは彼がフォンダと組んで舞台で「野望の系列」を演出していることである（映画版はオットー・プレミンジャーが監督）。『十二人の怒れる男』（54）のオリジナル（TV）版の演出家も実はシャフナーであり、60年代初頭におけるフォンダとシャフナーのコラボレーションを改めて評価する必要がある。

『野望の系列』は選挙というより政界の内幕ものだからテーマにはより近いとするべきなのか、そうでもないのか微妙な感じ。でも文脈上ここに入れておく。『最後の勝利者』で撮影を担当していたハスケル・ウェクスラーはハリウッドのトップ・キャメラマンだが多くの反体制的ドキュメンタリー映画でも撮影や監督を行っている。

　彼がメジャーで最初に監督したのが『アメリカを斬る』で「シネマ・ヴェリテと政治的ラディカリズムの融合に完全に成功しているわけではないにしても素晴らしい出来」と「タイム・アウト・フィルム・ガイド」は称賛する。１９６８年シカゴでの民主党大会が大混乱に陥った様子を自身のキャメラでシャープに切り取ったことで、彼の名前は一気に世界的なものとなった。メジャー作品なのでドラマとしての枠組みを無視するわけにもいかず中途半端な部分もあるが、逆に言えば、彼が後にマイケル・ムーアに協力したりすることの下地がここで準備されているのだろう。ドキュメンタリー映像の魅力というのは、時にこうして虚構的な物語をあっさりと凌駕してしまうこともある。

　赤狩りで亡命していたジュールズ・ダッシンが68年、アメリカに帰還して最初に撮ったフィルム『アップ・タイト！』その冒頭は、暗殺された政治指導者の牧師マーティン・ルーサー・キングJr.の葬儀実景である。ジョン・フォードの『男の敵』を同時代アメリカの黒人を巡る状況に置き替えたリメイク映画で、私がこの作品を知ったのは蓮實重彥によるアレクサンドル・トロネールへのインタビューだったが、実際に映画を見たのはその四半世紀後のこと。美術家トロネールが親友のキャメラマン、ボリス・カウフマンと唯一協働したフィルムとしてである。『邪魔者は殺せ』（47）をシドニー・ポワチエ主演でリメイクした『失われた男』（69）といわば双子の関係にある企画と言える。

　この時代、アメリカ映画界は圧倒的に白人主義社会であって、『アップ・タイト！』も『失われた男』も主演俳優は黒人だが主要スタッフはほぼ白人だ。70年代に入ると黒人音楽に連動した低予算娯楽映画のブームが巻き起こり、いわゆる「ブラクスプロイテーション映画」の分野から黒人スタッフが育つようになるが、それでもキング牧師のライバルでやはり暗殺された活動家「マルコムX」をスパイク・リーが映画化（同題）に成功するのは92年のことである。

映画感想家
1975年生

千浦僚

十月……1928／ソ連
脚本＝グリゴリー・アレクサンドロフ
セルゲイ・M・エイゼンシュテイン
監督＝セルゲイ・M・エイゼンシュテイン

怒りの葡萄……1940／米
脚本＝ナナリー・ジョンソン
監督＝ジョン・フォード

若者のすべて……1960／伊、仏
脚本＝スーゾ・チェッキ・ダミーコ、
パスクァーレ・フェスタ・カンパニーレ、
マッシモ・フランチオーザ、
エリンコ・メディオーリ
ルキノ・ヴィスコンティ
監督＝ルキノ・ヴィスコンティ

ポケットの中の握り拳……1965／伊
脚本・監督＝マルコ・ベロッキオ

アメリカを斬る……1969／米
脚本・監督＝ハスケル・ウェクスラー

死刑台のメロディ……1971／伊、仏
脚本＝ファブリッツィオ・オノフリ
ジュリアーノ・モンタルド
監督＝ジュリアーノ・モンタルド

暗殺者のメロディ……1972／仏、伊、英
脚本＝ニコラス・モスレー
監督＝ジョセフ・ロージー

ヤコペッティの大残酷……1974／伊
脚本＝クラウディオ・クァラントット
脚本・監督＝グァルティエロ・ヤコペッティ
監督＝フランコ・プロスペリ

ワンス・アポン・ア・タイム・イン・チャイナ天地大乱……1992／香港
脚本＝チャン・タン（張炭）、
チャン・ティンスン（陳天璇）
ツイ・ハーク（徐克）
監督＝ツイ・ハーク

パンと植木鉢……1996／仏、イラン
脚本・監督＝モフセン・マフマルバフ

『十月』のはねあげ橋の、世界が傾くというイメージと、胸をはだけた女兵士が好きでした。戦争を知っている世代が作り手であり観客でもあった時代の戦争映画と同じで、ボリシェビキの権力奪取をナマで知ってるぜ、というひとたちが作って観ていたということを

感じる。

『怒りの葡萄』「こづかれている奴がいたならそれは俺だ」というトム・ジョード（おっ、何も見直さなかったけど主人公の名前覚えてる）のセリフとかに受けた感動はいままで続いている。主義ではなくて熱い義侠心による政治性。ジョン・フォードという監督は立派なアカだった。

ネオレアリスモの総まとめなのだが、それ以外の意味としても『若者のすべて』が代表するジャンルがある。血族叙事詩的政治映画というか。『ゴッドファーザー』（72）もストローブ＝ユイレの『シチリア！』（99）もそう、描かれるのはユダヤ系移民だが『ワンス・アポン・ア・タイム・イン・アメリカ』（84）とか。にしても『若者のすべて』はすごい。アニー・ジラルドがアラン・ドロンの目の前で犯されるところ、女殺油地獄ふうの殺害シーンと、丁寧に描かれる貧しい一家の生活が全部一緒にはいっている異様さ。『地獄に堕ちた勇者ども』（69）『ベニスに死す』（71）『ルートヴィヒ』（72）とかをどうも趣味的でピリッとしない映画だと思っているので、ヴィスコンティが偉い監督らしいぞというほうへ僕の中で針が振れるのは『若者のすべて』とそれ以前の作品群ゆえ。

革命希求のなかの毒気を見逃さないのがマルコ・ベロッキオ、と言ってもそう観ているものは多くなく『夜よ、こんにちは』（03）を挙げたい気もしたが、過ちと失意の時期にハッピーエンドと始まりの純粋さを夢見ることよりも（実在するひとらしいのだが、ジョン・フランケンハイマー『イヤー・オブ・ザ・ガン』〈91〉にも姿を変えて登場する、赤い旅団シンパの、というか外からは一般市民に見えるように完全に偽装できてる女性〈キアラ〈マヤ・サンサが演じる〉〉、あのひとがものすごい気になる。見る夢は『レーニンの三つの歌』〈34〉に出てくるレーニン愛用のベンチ）、やけくそなラテン気質のドストエフスキーとでもいうべき『ポケットの中の握り拳』を選んでみる。自分の家族を殺してゆく癲癇持ちの青年の話なんだけど、そういうことを描いてそれを個人的な青春彷徨として観客に受け取らせない映画という装置の力が充分に発揮されている。

予兆というか次代への祈りに満ちたイタリア人、イタリア映画性というものはなんなんだろうか。政治映画におけるイタリアものの凄さというのは。ゴダールの映画による映画批評『映画史』で1章を費やされるネオレアリスモ讃歌、あれにほぼその答えがあるのかも知れない。ドイツが現実政治的にやり、日本が曖昧にして果たせないものを、イタリアは文化の領域でやったのだ、という。ところでゴダールが歌い上げたものの後に続いて連綿と通俗的に作られ続けているマフィアものの警察ものは絶対バカにしたもんじゃない、相当のもの。

代表的な監督でいうと、フランチェスコ・ロージ、エリオ・ペトリ、ダミアーノ・ダミアーニとかであとはもうわからなくてもイタリアでマフィアとか警察とか事件ものとかなら何でも観るべきだと思う。例えば『死刑台のメロディ』もそういう1本で、これは1920年代のアメリカで起きた、ニコラ・サッコとバルトロメオ・ヴァンゼッティという反体制活動に手を染めていたイタリア系移民が受けた、サッコ・ヴァンゼッティ事件と呼ばれる冤罪事件を映画化したもの。なんつーか、熱い。勢いがある。再現して見せたるぜ、ということの本気で映画つくってる。こういうものが観たい。

あとイタリアつながりで連続して言及しておくと『ヤコペッティの大残酷』、これはややゲテで、政治、革命ということがもっと濃厚なのは『ヤコペッティの残酷大陸』(71)や『さらばアフリカ』(65)だろうが、ヴォルテール『カンディード』映画化という無茶さが激安なフェリーニみたいになりつつも、やはりヤコペッティはあくまで本気で風刺こそ映画、の一点突破。政治幻想映画。すばらしい、ような気がする。先頃亡くなったそう。妙にさびしい。

『アメリカを斬る』は『夜の大捜査線』(67)『華麗なる賭け』(68)などのキャメラマン、ウェクスラーの監督作で、68年シカゴの民主党全国大会においてベトナム戦争反対デモをおこなう参加者を警官隊が弾圧する光景がドラマに組み込まれている映画。ドキュメンタリー映像がフィクションに食い込んでくることでいわゆるアメリカンニューシネマといわれるような映画のビジュアルが出来た、とわかる1本。

『暗殺者のメロディ』ひとことで言うとアイロニー。青年期モスクワを訪ね、バリバリに活動もし、狩られてハリウッドを去った監督がトロツキー暗殺者を主役に映画をつくる、という。あと同じようなベクトルの青年暗殺者つながりで、ベルトルッチ『暗殺の森』(70)とこれをついつい対のように考えて、昔は撮影がトリッキーで豪華な『森』のほうが好きで、なんかビンボくさい『メロディ』を馬鹿にしていたんだけど、年とってくると俄然『メロディ』が良く思えてきました。頭に打ち込まれたピッケルが3センチぐらいしか刺さらないのが良い。政治的な意図じゃないんだ！　赤軍に虐殺された母の復讐なんだ！　とドロンが泣き叫ぶところがすばらしい。リチャード・バートン演じるトロツキーが美しく威厳があり、ちゃんと偉い人として画になるところが最高。

『ワンス・アポン・ア・タイム・イン・チャイナ天地大乱』はツイ・ハークによる荒唐無稽な武俠片ですが、主人公ウォン・フェイフォンが知らずと辛亥革命直前の孫文を助ける。かつて、ボケーッと観ていてラスト出航する船の孫文に投げ渡される包みがパラッとほどけると青天白日旗、そのアップ、ストップモーションで終わって、それまでの(ワイヤー)アクションに次ぐアクション、奮闘激闘がそこに集約されるか！　と妙に感動した。つい最近の話題作『孫文の義士団』(09)は見逃してます。残念。

『パンと植木鉢』はマフマルバフ自身が反体制活動してたときに警官から武器を奪おうとして失敗し投獄された、という事件を当人達を集めて映画化する、ということの、企画段階進行段階から映画になっている映画で、出演交渉うまくいきました、ハイ、契約書、とか撮られているのは明らかにゴダール『万事快調』(72)の巧みなイタダキなんだけど、大抵の革命(志向)映画は失敗の話であり、苦いもの、つらいものになってしまうのだが、この映画はいささか楽天的でファンタジックにしても最後にすばらしいオチを見せてくれる。その優しさにやられてしまった。

ゴダール、ガレル、コスタ＝ガブラス、アントニオーニ、ウカマウ集団について書き落としました。あまりわからないままに選んだり考えたりした、というのが正直なところでトンチンカンなことばかり書いたかもしれません。しかし、革命、政治についての思考を促すのは映画の特質のひとつだと思います。

詩人・編集者
1949年生

稲川方人

中国女……1967／仏
脚本・監督＝ジャン＝リュック・ゴダール

東風……1969／仏、西独、伊
脚本・監督＝ジャン＝リュック・ゴダール、ダニエル・コーン＝バンディ、ジャン＝ピエール・ゴラン、セルジオ・ブッツィーニ、ジガ・ヴェルトフ集団

夕陽のギャングたち……1971／伊
脚本＝ルチアーノ・ヴィンチェンツォーニ、セルジオ・ドナティ、セルジオ・レオーネ
監督＝セルジオ・レオーネ

三十歳の死……1982／仏
脚本・監督＝ロマン・グーピル

日曜日には鼠を殺せ……1964／米
脚本＝J・P・ミラー
監督＝フレッド・ジンネマン

ボブ★ロバーツ……1992／米、英
脚本・監督＝ティム・ロビンス

レッズ……1981／米
脚本＝トレヴァー・グリフィス、ウォーレン・ベイティ
監督＝ウォーレン・ベイティ

パララックス・ビュー……1974／米
脚本＝デヴィッド・ガイラー、ロレンツォ・センプル・Jr.
監督＝アラン・J・パクラ

フルスタリョフ、車を！……1998／仏、ロシア
脚本＝スヴェトラーナ・カルマリータ、アレクセイ・ゲルマン
監督＝アレクセイ・ゲルマン

自由、夜……1983／仏
脚本＝ベルナール・ランベール
監督＝フィリップ・ガレル

1968年に創刊された映画批評誌『季刊フィルム』の創刊号の表紙は、毛語録を手にしている学生の集団の写るゴダールの『中国女』で、山田宏一を介してフランスの『カイエ・デュ・シネマ』と提携したこの雑誌は、同様に構造主義以後のフランスの思想状況を紹介してまあ刺激のあった、竹内書店から出された『パイデイア』とともに、20歳になったかならないかの私の定期購読誌だったが、

『中国女』が『ウイークエンド』(67)『東風』と並んで相次いで紀伊國屋ホールで公開されたことと相まってゴダール＝フランスという記号は私には「68年」の決定的な役割を担うアイテムとなり、それから数年して（正確には72年2月直後）新宿も渋谷も嫌になって、アメリカ軍基地に近い埼玉の小さな町で引きこもりの状態に入った自分の、なにものかへの敵意と対立の条件を養う、今日まで忘れ難い事柄となったのだが、68年、69年に『中国女』『ウイークエンド』『東風』を配給・公開したその『季刊フィルム』の版元フィルムアート社に予期せぬ機会を得て会社員として入ったのは、それからちょうど10年後のことで、四谷にあった大きくはない事務所の片隅に『中国女』『ウイークエンド』『東風』のフィルムが無造作に積まれてあるのを毎日見ることになったのは奇妙な巡り合わせではある。

『季刊フィルム』の編集委員のうち、年中フィルムアート社で話を聞くことになる中原祐介氏や、ブックデザインの依頼でたびたび訪ねた粟津潔氏はいまはもういないし、長年にわたってフィルムアート社を仕切った奈良義巳さんはすでに数年前に引退し、フィルムアート社は四谷を離れた。『季刊フィルム』の創刊と前後して創刊された（実はフィルムアート社に入る直前の、現在に劣らずとても金のなかった1977年前後の2年ほど仕事をさせてもらった）『ニューミュージック・マガジン』の中村とうよう氏も、本誌別掲のように亡くなってしまった。「政治」とも「革命」とも関係のないそうした個人的な物語に消し難い陰影が射すのを如何とも止められないのは、年齢のせいだとはまったく思わない。公開された当時に、その歴史的背景を理解せずに熱くなって観ていた『日曜日には鼠を殺せ』のグレゴリー・ペックの所作にある陰影は「革命」と「政治」の本来の表象のような気がする。決していい映画とは思われなかった『レッズ』と『パララックス・ビュー』のウォーレン・ベイティが見せる暗さもまた同様のものだ。少しも暗くないゴダールがいまなおもっとも革命的なのは（そこには西欧近代の階級的な理由があるのかもしれないが）いくらか癪に触る。ゲルマンの『フルスタリョフ、車を！』もまた、暗い時代のロシアの映画であるにも拘わらず、ほとんど狂気を我がものとするように徹底して明るい。むろん、明るさとは陰影のメタファーであって、なんら有頂天な表象ではないのだが……。

脚本家・本誌編集長
1947年生

荒井晴彦

誰が為に鐘は鳴る……1943／米
脚本＝ダドリー・ニコルズ
監督＝サム・ウッド

革命児サパタ……1951／米
脚本＝ジョン・スタインベック
監督＝エリア・カザン

スパルタカス……1960／米
脚本＝ダルトン・トランボ
監督＝スタンリー・キューブリック

日曜日には鼠を殺せ……1964／米
脚本＝J・P・ミラー
監督＝フレッド・ジンネマン

戦争は終った……1965／仏、スウェーデン
脚本＝ホルヘ・センプラン
監督＝アラン・レネ

地獄に堕ちた勇者ども……1969／伊、西独、スイス
脚本＝ニコラ・バダルッコ、エンリコ・メディオーリ、キノ・ヴィスコンティ
監督＝ルキノ・ヴィスコンティ

パワープレイ……1978／英、カナダ
脚本・監督＝マーティン・バーク

レッズ……1981／米
脚本＝トレヴァー・グリフィス、ウォーレン・ベイティ
監督＝ウォーレン・ベイティ

大地と自由……1995／英、スペイン、独
脚本＝ジム・アレン
監督＝ケン・ローチ

君の涙 ドナウに流れ ハンガリー1956……2006／ハンガリー
脚本＝ジョー・エスターハス、エーヴァ・ガールドシュ、ゲーザ・ベレメーニ、レーカ・ディヴィニ
監督＝クリスティナ・ゴダ

『誰が為に鐘は鳴る』家族で中学1年の時に見た。小杉勇〔俳優・監督〕がオーナーだったと聞いた国分寺名画座だったろうか。イングリッド・バーグマンはファシストに坊主にされただけではないのでは、と母親に原作を買って貰った。

「38年秋、国際義勇軍がバルセロナから去る

日、ドロレス・イバルリは、わななく情感をおさえて、『あなたたちは歴史です。あなたたちは伝説です』と語りかけた。見送られ、スペインを後にする兵士らの中には、ただたんにくたくたに疲れ、望郷の念にのみかられていた者もいただろう。だが、しかし、彼らはまちがいなく英雄の群れだったし、激しい日々を戦い抜いた詩的な行動者たちだった」という斎藤龍鳳の文章を読んでスペイン内戦に魅かれた。そしてスペイン革命もまたスターリンによる「裏切られた革命」だったと知った。裏切られても裏切るなと『日曜日には鼠を殺せ』のグレゴリー・ペックと『戦争は終った』のイヴ・モンタンはピレネーを越えて行く。『大地と自由』ジョージ・オーウェルのいたPOUM（マルクス主義統一労働者党）の民兵隊が共産党にやられる「内戦の中の内戦」を描いていた。スターリンはソ連で大粛清、スペインでもトロツキスト、アナーキストを粛清した。そして、スペイン銀行の金塊もソ連へ持ち去った。

『革命児サパタ』テレビで見た。こういうのを作るから赤狩りでやられたんだと思い込んでいた。そうしたらぴあのシネマクラブに「転向後に作った革命映画というわくつきの作品」とあった。だとしたらカザンはこれで何を描こうとしたのか。製作は51年。公開は52年2月7日。47年から始まった非米活動調査委員会の喚問にカザンが呼ばれて、友人を売ったのは52年4月だ。どんな気持ちで革命を撮っていたのだろう。サパタは大統領にはなっておらず、読み書きができなかったのもパンチョ・ビリャ［メキシコの革命家、元チワワ州知事］だ。ハリウッド的脚色をしたのか。メキシコ革命は辛亥革命やロシア革命より早い20世紀最初の革命だった。『私が愛したグリンゴ』（89）のグレゴリー・ペックのモデルはアンブローズ・ビアスだろうか。ビアスの短編『アウル・クリーク橋の出来事』はロベール・アンリコの『ふくろうの河』（61）の原作。

『スパルタカス』赤狩りで追放され、偽名で仕事していたトランボのハリウッド復帰作。後年、ドイツ革命で殺されたカール・リープクネヒトとローザ・ルクセンブルクのドイツ社会民主党左派が結成したのがスパルタクスブントだと知って、そうか、資本主義の奴隷の反乱かと思った。

『地獄に堕ちた勇者ども』ナチスの突撃隊の同性愛パーティ、粛清するために親衛隊が湖を渡ってくる。倒錯と惨劇。「レーム粛清事件」の史実と違うエピソードはヴィスコンティが作ったのか。悪役の定番からナチスの「魅力」へ。三島由紀夫は「ミイラ取がミイラになるほど」と言っている。『パワープレイ』ピーター・オトゥールが『将軍たちの夜』(67)の匂いでクーデターをやる。粛清もクーデターも性の匂いがする。

『レッズ』インターミッションで新宿京王に「インターナショナル」が流れた。11年前、下の京王名画座で『赤P[『赤軍－P.F.L.P世界战争宣言』]』を上映してインターを歌ったなと。そして赤バスで出発した。葡萄のつまみ食いをさせないために口笛を吹かされていた農園労働者たちが口笛でインターを吹くんだよと高田純に聞いた『砂のミラージュ』(72)を見たい。

『君の涙　ドナウに流れ』反革命なのか革命なのかで日本の新左翼を産み出す契機となった事件〈ハンガリー動乱〉とメルボルンオリンピックの水球の準決勝、ハンガリー対ソ連を絡めている。「ハンガリー革命」50周年映画。フルシチョフのスターリン批判を受けて、ソ連の衛星国からの自由、脱ソ連を求めた学生、労働者のデモ、ストライキ、蜂起に対してソ連は戦車で弾圧。死者1万7千人、亡命20万人。ハンガリーが勝った水球の試合は「メルボルンの流血戦」と言われた。ハンガリー映画なのにハリウッドぽいなと思ったら、原作・脚本はジョー・エスターハス(『フラッシュダンス』〈エイドリアン・ライン、83〉『背信の日々』〈コスタ・ガブラス、88〉『ミュージックボックス』〈コスタ・ガブラス、89〉『氷の微笑』〈ポール・バーホーベン、92〉)だった。エスターハスはハンガリー生まれ。プロデューサーのアンドリュー・G・ヴァイナ(『ランボー』シリーズ、『ターミネーター』シリーズ)もハンガリー生まれ。亡命派だろう。

音楽・ミュージカル

登場人物たちが歌い、踊り、演奏する躍動の瞬間と、
そのさまざまな表情を、ここに！

＊主題曲や使用楽曲が印象に残るだけの映画は選択外とした

ミュージカル映画愛好家
1959年生

上島春彦

スイング・ホテル……1942／米
脚本＝クロード・ビニヨン
監督＝マーク・サンドリッチ

ギヴ・ア・ガール・ア・ブレイク……1953／米
脚本＝フランセス・グッドリッチ、アルバート・ハケット
監督＝スタンリー・ドーネン

マイ・シスター・アイリーン……1955／米
脚本＝ブレイク・エドワーズ、リチャード・クワイン
監督＝リチャード・クワイン

キャビン・イン・ザ・スカイ……1943／米
脚本＝リン・ルート
監督＝ヴィンセント・ミネリ

キング・オブ・ジャズ……1930／米
監督＝ジョン・マレイ・アンダーソン

銀嶺セレナーデ……1941／米
脚本＝ヘレン・ローガン
監督＝H・ブルース・ハンバーストン

マダム・サタン……1930／米
脚本＝ジャニー・マクファーソン、グラディス・アンガー、エルシー・ジャニス
監督＝セシル・B・デミル

絢爛たる殺人……1934／米
脚本＝ジョセフ・コロンボ、サム・ヘルマン、ケイリー・ウィルソン
監督＝ミッチェル・ライゼン

美人劇場……1941／米
脚本＝マーガリット・ロバーツ
監督＝ロバート・Z・レオナード、バスビー・バークレイ

羅馬太平記……1933／米
脚本＝ウィリアム・アンソニー・マクガイア、ロバート・E・シャーウッド、ジョージ・S・カウフマン
監督＝フランク・タトル、バスビー・バークレイ

世代で言えば、初めて買ったビデオが迷った末のVHSで20数万円、月賦だが友人との共同購入だった。80年代初頭。ただし映画をそれで見るという感覚ではなかった。或る日

偶然新宿マルイの一角で映画ソフトの棚（日本発売物のみ）を発見し、そこからは一瀉千里、秋葉原、六本木、渋谷と点在するビデオ屋（レンタルじゃない）を回ってこつこつと輸入ビデオ中心に集め始める。最初に買ったのは『アメリカの友人』（77）で確か2万3千円。だとすれば元の値段（現地価格）の10倍だ。今さら怒っても仕方がない。やがて輸入ビデオは一気に値段が下がり、そういう次第で輸入ミュージカル映画ビデオの世界にハマってしまった。もっとも、最初に集めた分はアパートの火事で全部消えてしまったが。

まず挙げるのは『スイング・ホテル』。これはビデオを見つける以前、新宿厚生年金会館裏の自主上映会で初めて見ている。RKOミュージカルの主みたいな存在だった監督マーク・サンドリッチ、俳優フレッド・アステア、振付ハーミズ・パンが戦時中パラマウントに招かれてビング・クロスビーと共演した（この企画を出したのはモス・ハート）異色作。何が異色といってビングがグッドガイ、これはいいとしてアステアがグッド・バッドガイなのだ。要するに悪役、しかもアステアがそのキャリアで唯一、パートナーにリードされる。女に逃げられ、やけ酒で〝ぐでんぐでん〟状態のままダンス・デュオを披露する羽目になったアステアが人事不省で踊る場面はミュージカル史上に残る珍景である。公認のアステア傑作群は数あれど、これは頭ひとつ抜け出た真の傑作。作品論を書けば5千字は必要だがそういう場じゃないので次に行く。

ミュージカルにハマったのには『ザッツ・エンタテインメント』シリーズの影響も大きい。最初の2本はリアルタイムでは見ていないのだが「淀川長治映画祭」という変わった特集上映企画が渋谷であって、最初のをそこで見て完全にノックアウト。こういう映画ばっかり見て暮らしたい、などと思ってしまったのが運のつきであった。その中の『キス・ミー・ケイト』（53）、「フロム・ジス・モメント・オン」ナンバーに現れる妙に「いかれた」ムードの男女ダンサーがボブ・フォッシーとキャロル・ヘイニーと知り、この人達を追いかけた。

絶対のお勧めは『ギヴ・ア・ガール・ア・ブレイク』と『マイ・シスター・アイリーン』のフォッシーである（ヘイニーの方は早死にしていて『パジャマゲーム』〈57〉『舞踏への招待』〈56〉くらいしか見られない）。彼は『くたばれ！ヤンキース』(58)の振付師でもあり、特別出演的にグウェン・ヴァードンと舞台で踊るのを見られるのも眼福だが、この2本では「俳優として」主演級の活躍。フォッシーの踊りがどこかヘンに見えるのはマリオネット人形みたいに関節が逆にズレて見える独特の所作のせいだろう。それにアクロバティックな決め技もたっぷり。ちょっと人間ぽくないんですよね。そういう所がアステアやジーン・ケリーと違う。ところで『キス・ミー・ケイト』は立体映画という説もあり、それなら是非この際そういう形式で再公開していただきたいものです。

『ザッツ』の『PART2』の方で名曲「恋のチャンス」を歌う黒人女性の存在にもシビれたが、これは映画『キャビン・イン・ザ・スカイ』からの抜粋だった。これ目当てに輸入ビデオを購入したらまさに大当たりで、隅々まで傑作。太った黒人おばさんが名歌手エセル・ウォーターズ(と知ったのは後のことだが)。おばさんの旦那さんを誘惑する絶世の美女がこれまた名歌手リナ・ホーン。彼女の入浴シーンが色っぽすぎるというので本篇からカットされてしまった、という事実は『ザッツ』の『PART3』を見るまで知らなかった。この黒人ミュージカルは戦時中の黒人兵慰問映画として機能したもののようで、その気で見ると天国のシーンなどそれっぽい。ルイ・アームストロングとデューク・エリントンがたっぷりとフィーチャーされるのも嬉しいが、黒人ヴォードヴィリアン、サブレットのタップがまた絶品である。

私は現在、紀伊國屋書店のホームページ「映画の國」で「映画の中のジャズ、ジャズの中の映画」というコラムを連載している。それがらみで2011年の初頭、映画におけるジャズをテーマにしてアテネ・フランセ文化センターで講演を行った。その際にこの「恋のチャンス」のシーンはタップダンスこみでじっくりご覧いただいている。

この時には他にもどっさり上映したがハイライトは『キング・オブ・ジャズ』の「ラプソディ・イン・ブルー」、それに『銀嶺セレナーデ』の「チャタヌガ・チューチュー」である。前者はポール・ホワイトマン楽団、後者はグレン・ミラー楽団、それぞれ代表曲をダンスと共に構成したもの。今で言うミュージック・

ビデオ・クリップの走りのような感覚で楽しめること間違いなし。ホワイトマンはもちろんジョージ・ガーシュインに依頼してこの「シンフォニック・ジャズ」の名曲を世に出した功労者である。後者ではニコラス・ブラザースとドロシー・ダンドリッジのソング&ダンスもいいし、モダネアーズの厚みのあるヴォーカルも抜群。それに当時のアイドル・フィギュアスケーター、ソニア・ヘニーの氷上ナンバーも忘れてはいけない。日本版ビデオあり、是非見て下さい。

今日ほとんど問題にもされない類の娯楽映画監督にだって傑作は山ほどある。この機会に顕彰したいのはミッチェル・ライゼンの仕事だ。とりあえず2本だけ。美術監督として参加した『マダム・サタン』と初期監督作品『絢爛たる殺人』である。どちらもダンス監督がリロイ・プリンツ、というのも記しておくべき事柄。前者はニューヨーク上空に浮かぶ豪華飛行客船内部に作られたステージ(という設定)で機械運動を模した群舞が展開。まさに「バレー・メカニック」の世界だ。後者はブロードウェイの舞台オープニング・アクトの真っ最中に、それも天井と幕の裏側で、殺人が2件起きるのだが何事もなかったようにレビューは続いていく。もちろん捜査陣は捜査陣でそこらへんをうろちょろしているのである。まさに「ショー・マスト・ゴー・オン」。この映画が素晴らしいのは事件と捜査が舞台と同時に進行していくところにあり、事実映画が始まって間もなくショーが始まるとそのまま最後まで(幕間を挟んで)第1部、第2部と進み、ショーが終わった時に犯人もわかって映画も終わってしまう、というあまりにあっけない作りにある。この仕掛けを考えたのはライゼンじゃなく原作者アール・キャロル他数人だとは思うが。

さて、こうして舞台を有効活用したミュージカルを挙げた以上、もう一人の舞台群舞革新者バスビー・バークレイを出さないわけにはいかない。彼は舞台の空間的な枠を取り払って純粋な映画群舞の世界を創り出したと言われているからだ。それは事実その通りだが、『絢爛たる殺人』を見た後でこの点をかんがみれば、空間的な制限を超越するという方法論は単なる選択肢の一つに過ぎないことがわかる。『絢爛たる』では舞台空間はあくまで映画の一部で、天井、幕裏(2枚のカーテンの間)、舞台袖、楽屋、階段といった舞台全体というかこまごまが重要なパーツになっている。こうした要素間の緊密性はバークレー・ミュージカルには描出するのは無理なはずだ。

最後に幾つか彼の共同監督作品から傑作を挙げておく。まず『美人劇場』、これはロバート・Z・レオナードと協働。ドラマ部分とミュージカル部分で担当分けされているのだろう。「美人」というのはヘディ・ラマールとラナ・ターナーとジュディ・ガーランド（まだ子役だが）のことで、ラマールが階段を下りてくる（2度）だけで映画が成立してしまう。一体これってどういうことなんだろう、と21世紀の観客（私のこと）は途方に暮れてしまうのだ。よく考えたらビデオを見たのは20世紀だった。ここの演出はバークレーじゃないかも知れないな。

もう1本はフランク・タトルと協働した『羅馬太平記』で、数あるエディ・キャンター（コメディアン、ダンサー、歌手、作家）・ミュージカル中、最大予算による超大作映画だと思われる。ストーリーはジョージ・S・カウフマンとロバート・E・シャーウッドの一流中の一流二人。脚本は他数名で「アンドロクレスと獅子」を原作にしているが、クレジットされていないようだ。民主主義の腐敗した現代アメリカから民主主義の聖地ローマ帝国にキャンターがタイムスリップする。『ベン・ハー』を模した馬車競争シーンも本格的（この場面は別体制スタッフが組まれた）だが、何と言ってもローマ時代の美女数十人のシルエット群舞が素晴らしい。こういう部分のトリッキーな撮影はレイ・ジューンじゃなく一緒にクレジットされたグレッグ・トーランドの仕事だろう。彼はバークレーと組むとさらに過激な実験にはしる。これは映画史の定説である。今回はヨーロッパ物とかアジア映画とかも視野に入れていたのだがもう10本に達してしまったので中止する。

映画批評
1979年生

黒岩幹子

コンチネンタル……1934／米
脚本＝ジョージ・マリオン・Jr.、ドロシー・ヨスト、エドワード・カウフマン
監督＝マーク・サンドリッチ

紳士は金髪がお好き……1953／米
脚本＝チャールズ・レデラー
監督＝ハワード・ホークス

バンド・ワゴン……1953／米
脚本＝ベティ・コムデン、アドルフ・グリーン
監督＝ヴィンセント・ミネリ

ワン・プラス・ワン……1968／英
脚本・監督＝ジャン＝リュック・ゴダール

ニューヨーク・ニューヨーク……1977／米
脚本＝アール・マック・ローチ、マーディック・マーティン
監督＝マーティン・スコセッシ

センチメンタル・アドベンチャー……1982／米
脚本＝クランシー・カーライル
監督＝クリント・イーストウッド

パリでかくれんぼ……1995／仏
脚本＝ロランス・コート、マリアンヌ・ドニクール、ナタリー・リシャール、パスカル・ボニツェール、クリスティーヌ・ローラン
監督＝ジャック・リヴェット

ベスト・フレンズ・ウェディング……1997／米
脚本＝ロナルド・バス
監督＝P・J・ホーガン

美しき仕事……1999／仏
脚本＝ジャン＝ポール・ファルゴー、クレール・ドゥニ
監督＝クレール・ドゥニ

ラブソングができるまで……2007／米
脚本・監督＝マーク・ローレンス

ミュージカル映画の好きなシーンやナンバーを挙げろと言われれば、すぐに答えることができる。『踊るニュウ・ヨーク』（40）の「ビギン・ザ・ビギン」（フレッド・アステア&エレノア・パウエル）、『ブルー・スカイ』（46）

の「プッティン・オン・ザ・リッツ」（アステア）、『サマー・ストック』(50)の「ゲット・ハッピー」（ジュディ・ガーランド）、『若草の頃』(44)の「トロリー・ソング」（ガーランド）……。まあ、フレッド・アステアとジュディ・ガーランドが好きだといってしまえばそれまでだが、これらのシーンは何度観ても恍惚としてしまう。でも、今回のように「音楽・ミュージカル映画」から10本を選べと言われた場合はちょっと話が違ってくる。1本の映画として考えると『踊るニュウ・ヨーク』や『サマー・ストック』よりも良い作品はたくさんあるし、リストを作るにもまず何を基準に選ぶべきか悩んでかなり時間がかかってしまった。

そもそも私にとって優れた「ミュージカル映画」、「音楽映画」とはどんな作品なのか。私はそういった映画の何に魅了されてきたのか。その問いに何らかの答えを用意するために、毎週のようにミュージカル映画のDVDをレンタルしていた10数年前のことを思い出してみる。それまではミュージカルと言えば、『サウンド・オブ・ミュージック』(65)や『オズの魔法使』(39)をテレビ放送で観たことがある程度だったのに、その時期からミュージカル映画をひとつのジャンルとして意識し、さまざまな作品を観るようになった。お目当ては、アステアやガーランド、ジーン・ケリー、シド・チャリシー、レスリー・キャロンなどお気に入りのミュージカル・スター、そしてコール・ポーターやジョージ・ガーシュウィン、アーヴィング・バーリンのナンバーだった。ただ、きっかけはもっと別のところにあって、たしか私はロマンティック・コメディというジャンルの延長線上でミュージカルと出会ったのではなかったか。

たとえばジョージ・キューカーの『素晴らしき休日』(38)。豪邸で盛大なパーティーが行われる中、階上の子供部屋に引きこもるキャサリン・ヘップバーンがケイリー・グラントと一緒に踊るシーン。あるいはホークスの『教授と美女』(91)でバーバラ・スタンウィックと7人の教授が踊るコンガ・ダンス。ロマンティック・コメディにおけるこのような、ただ映画に彩りを添えるだけではなく、そのシーンの前後で人と人の関係が変わったり、新たな感情が芽生えるような、有機的な働きを持つ歌やダンスに私は魅せられ、それを求めてミュージカル映画も観るようになったのだと思う。だから今回のリストも個々のダンスや歌のシーンだけを見るのではなく、あくまでもそれらが血肉化して成り立っているような作品を選ぶようにした（編集部からの依頼では、「歌う、演奏する、もしくは踊るシーンがある映画」という位置付けで選んでいいということだったので、客観的に見れば音楽映画やミュージカル映画というジャンルには含まれないであろう作品も選択肢に入れた）。

前述のように私はフレッド・アステアが大好きで、一度タップダンス教室に通うことを考えたことさえあるのだが（結局予想以上に月謝が高くて断念した）、今回は彼個人への偏愛を抑えて『コンチネンタル』と『バンド・ワゴン』の2本を選んだ。『コンチネンタル』はアステアとジンジャー・ロジャースが劇中初めて一緒に踊る「夜も昼も」に尽きる。それまでアステアにつれない態度だったロジャースが、アステアのリードでダンスに引き込まれていき、態度を一変させる。一緒に踊るだけで恋に落ちるかなんていう下らない疑問を差し挟む余地のない、これほど説得力のあるダンスシーンを私は他に知らない。『バンド・ワゴン』は、後半の舞台のシーンはただダンスナンバーがオムニバス風に並んでいるだけになってしまっている感は否めないが、最後のアステアとシド・チャリシーによるダンス「ガール・ハント・バレエ」で一気に引き戻される。「ガール・ハント・バレエ」はものすごく有名なシーンだが、前半に置かれたアステアとチャリシーによるもうひとつのダンスシーン「ダンシング・イン・ザ・ダーク」に続く時間軸で観ることで見え方が違ってくる。そういう意味でも個々のシーンが独り歩きして知られている作品だが、1本の映画として観られるべき。

私にとってアステアと並ぶもうひとりのスター、ジュディ・ガーランドの作品も入れたかったのだが結局何も選べなかった（『若草の頃』を選びたかったが「青春映画」の回ですでにリストに入れてしまったので）。代わりに選んだのが娘のライザ・ミネリの主演作『ニューヨーク・ニューヨーク』(77)。ジュディの『スタア誕生』の変奏とも言える作品だが、『スタア誕生』が才能ある歌手が発見される（ジュディが閉店後の酒場で「マン・ザット・ゴット・アウェイ」を歌う）場面の凄みをその後一度も超えられなかったのに対して、『ニューヨーク・ニューヨーク』はライザ・ミネリが尻上がりに輝きを増している。歌っていない時はライザ・ミネリの団子っ鼻が気になって仕方がなかったのだが、ミュージカルや舞台のシーンになって彼女が歌い出す途端、まったく気にならなくなるのが不思議だった。

ひとつの歌が変奏されることで物語に厚みがもたらされているのが『紳士は金髪がお好き』。マリリン・モンローが舞台で「ダイヤモンドは女の子の親友」を歌い踊るシーンはそれだけでも素晴らしいのだが、やはりその後モンローの身代わりとなったジェーン・ラッセルが法廷でこの歌を歌うことによって、ふたりの友情とそれぞれの女性像がより明確になるところがすごい。ひとつの歌でも歌う人によって違う歌になるという特徴が最大限に活かされていると思う。

『センチメンタル・アドベンチャー』では、ひとりの歌手が歌っていた歌を、別の歌い手が引き継いで歌う。長い旅を経てようやくナッシュビルに辿りついたイーストウッドが、オープリーのオーディションの途中で歌えなくなり、さらには瀕死の状態で臨んだレコーディングでも演奏中に結核の発作に襲われてしまう。しかしレコーディングは中断されず、コーラスを担当していた男が咄嗟に機転をきかせそのままイーストウッドの代わりに歌い続ける。スタジオの片隅にしゃがみこんだままそれを聴くイーストウッドの、そしてその姿をブースの外から見つめるカイル・イーストウッドの顔のズームアップがたまらなくいい。その歌「ホンキートンク・マン」をイーストウッドから引き継いで歌ったマーティ・ロビンスが映画の公開を待たずに亡くなったということを知った時にはたまらない気持ちになった。

『ベスト・フレンズ・ウェディング』と『ラブソングができるまで』は合唱もしくはデュエット、つまり人と人が一緒に歌うことで生まれるものを描いている。『ベスト〜』はバート・バカラックの歌で作られた映画と言ってしまっても過言ではなく、特に「小さな願い」の大合唱と、同曲でジュリア・ロバーツとルパート・エヴェレットがダンスをするラストシーンには、私が求める「ミュージカル映画」の真髄がある。『ラブソング〜』は劇中でヒュー・グラントとドリュー・バリモアが一緒に作る歌を筆頭に楽曲そのものはやたら安っぽいのだが、ふたりが一緒に歌っているシーンを観るとそれが良い歌に聞こえてしまうという、俳優とストーリーテリング次第で音楽の聞こえ方も変わってくるという一例。この2本はどちらも公開時に映画館で観たが、他の人と一緒に映画を観ることの大切さを改めて実感させる作品でもあると思う。

ここまで書いてきて今さらながらに気付いたのだが、結局のところ私が重視しているのは歌やダンスそれ自体ではなく、他者と他者が歌やダンスを通して呼応し合うことみたいだ。そして私は『パリでかくれんぼ』のナタリー・リシャールやマリアンヌ・ドニクールの身体にそれを見出す。彼女たちがおもむろに踊り始めると、彼女たちの身体とパリの街がたてる音に呼応して音楽が流れ始める。彼女たちにすごろくのマス目を先へと進むためにさいころを振る代わりに歌い踊る。ナタリー・リシャールの猫のような動きを見て元気づけられた。

残るは『ワン・プラス・ワン』と『美しき仕事（Beau Travail）』だが、この2本に関しては〝ジャンルから見る私の映画史〟という企画意図を逸脱しているかもしれない。というのも、仮に「音楽映画」あるいは「ダンス映画」というジャンルがあるとして、そのジャンルを通してこれらの映画を語ることはできないからだ。でも、私にとっては『ワン・プラス・ワン』は正しく音楽が血肉化してできている映画であり、『美しき仕事』こそ孤高のダンス映画だ。『ワン・プラス・ワン』はローリング・ストーンズのレコーディングの様子を撮影しているから「音楽映画」なり「ライヴ・ドキュメンタリー」という枠組みに入れられることもあるだろうが、この作品の本質はやはり「音楽映画」でも「ドキュメンタリー」でもなく映画としか呼べないところにあると思う。横浜の古い映画館の特集上映で、「悪魔を憐れむ歌」を聴きながらアンヌ・ヴィアゼムスキー（女優・監督）を乗せたクレーンが上昇するラストシーンを初めて観た時は正直言ってゾクゾクしたが、後にクレーンの旗がぱたぱたと風にはためくだけのもうひとつ（別ヴァージョン）のラストシーンを観た時、つまり「悪魔を憐れむ歌」という楽曲が完成することなく断片に留まったままの『ワン・プラス・ワン』を初めて観た時、ゾクゾクしてしまった昔の自分を恥じた。『美しき仕事』も観終わった直後は、ラストシーンのドニ・ラヴァンのダンスに度肝を抜かれるばかりだった。が、ドニ・ラヴァンや若いフランスの兵士たちが劇中黙々とほふく前進をし、綱の上を渡り、腕立て伏せをする姿もまた踊っているかのようではなかったか。兵士たちは同じ訓練をし、同じ制服を洗濯しながらもそれぞれが独りで踊り、そして軍隊を追放されてもなお兵士として生活してきた身体で倒れるまで踊り続けるしかない。だからドニ・ラヴァンのラストダンスは美しく哀しい。

音楽家
1976年生

宇波拓

ランド・オブ・ザ・デッド……2005／米、カナダ、仏
脚本・監督＝ジョージ・A・ロメロ

ダンス・オブ・ザ・デッド……2005／米
脚本＝リチャード・クリスチャン・マシスン
監督＝トビー・フーパー

オペラ座の怪人……1989／米
脚本＝デューク・サンドファー
監督＝ドワイト・H・リトル

ファントム・オブ・パラダイス……1974／米
脚本・監督＝ブライアン・デ・パルマ

スウィーニー・トッド　フリート街の悪魔の理髪師……2007／米
脚本＝ジョン・ローガン
監督＝ティム・バートン

レニングラード・カウボーイズ・ゴー・アメリカ……1989／フィンランド、スウェーデン
脚本＝ヤッケ・ヤルヴェンパー、マト・ヴァルトネン、アキ・カウリスマキ
監督＝アキ・カウリスマキ

レニングラード・カウボーイズ、モーゼに会う……1994／フィンランド
脚本・監督＝アキ・カウリスマキ

アンヴィル！　夢を諦めきれない男たち……2009／米
監督＝サーシャ・ガヴァシ

ロッカーズ……1978／ジャマイカ
監督＝セオドロス・バファルコス

ステップ・アクロス・ザ・ボーダー……1989／スイス、西独
監督＝ニコラス・フンベルト、ヴェルナー・ペンツェル

音楽に関わる映画ではまったくないのだが、自分の音楽観に消え去ることのない影を落と

したバンドがでてくる、ということでは『ランド・オブ・ザ・デッド』を欠かすことはできない。冒頭、ゾンビが虚ろに徘徊する街並を眺めていくカメラがやがてとらえるそのトリオ、トロンボーン奏者はただ楽器を闇雲に振り回し、チューバ奏者は機械的にひたすら息を吹き込み続け、タンバリン奏者はただ立ち尽くすのみ。腐敗した脳がかろうじて留めた記憶が、ただ筋肉を動かし続けた結果として立ち上がる、無意識すら関与しないアンサンブル。私にはただ「これだ……」の一言しかなかった。『ダンス・オブ・ザ・デッド』における死体のダンスは、謎の宇宙線によるものでも、ヴォードゥーの秘術によるものでもなく、ただ死体に施されたケミカルな注射の作用による筋肉の痙攣にすぎない。死体が動くことについての最も即物的な解釈がもたらすものは、恐怖ともユーモアともつかぬ、名状しがたいものである。

劇場主の怪演が光るロバート・イングランドが、こちらでは怪人に扮するバージョンの『オペラ座の怪人』、なぜか中学校の時、教育実習の先生（音楽）に連れて行ってもらった。先生が想定していたであろう劇団四季版と異なり、ファントムは仮面ではなく、死体の皮膚を張り合わせたマスクをかぶっていた。忘れにくい思い出。

『ファントム・オブ・パラダイス』、キャラクターの異様さのわりに音楽自体がどうも凡庸に思えてならないのだが、ウィンスローがファントムへと変容していくプロセスにはなにか一笑に付せないものがある。歯をすべて抜かれて収容所に立ち尽くし、自分の音楽が盗まれたことを知った時のあの目には、音楽への情熱と絶望がこの世への憎悪に蒸留される瞬間が宿っている。自分を怪人にした張本人に声を与えられるのが、シンセサイザー利用というのも、なんだか切ないものだ。

このたび『リトルショップ・オブ・ホラーズ』(60)など見返してはみたものの、タモリさんがおっしゃるとおり、とつぜんオーケストラが鳴り響きひとが歌い踊り出すミュージカルはどうにも正気では受け入れがたい形式である。ドラマ部分とミュージカル部分で分裂しているようにみえてしまうのだろうか。『スウィーニー・トッド』は歌部分でもちゃんと役の声が聞こえているように思われて、よかった気がする。

スコアがすばらしい。

さて、バンド映画といえばレニングラード・カウボーイズ2作である。バンドがツアーをしているのに……、苦境でも音楽への情熱は失わなかったとか、音楽仲間の絆はかけがえのないものだったとかいう類のお話には回収しようのない、まるで暗闇に向けて子牛が荷馬車に揺られているような教訓無き寓話である。演奏シーンが滅法格好よく、その白熱したプレイに感動してしまうのだが、がらんとした会場にうつむく老人がちらほらで、ペーソスにしかならない。トサカの先くらいまでを見据えたその世界観になんともシンパシーを感じてしまう。『アンヴィル！』のメンバーはもっとわかりやすくロックビジネスのサクセスを夢見続けてきたようだが、決して口にはしないものの、自分たちが生きている現実から乖離しているわけではない。成功しなかったヘヴィメタバンドという人生が、どのように生きられたほかの人生とも同様に、ある人生なのだという事実。お姉さんが優しかった。

『ロッカーズ』は当初レゲエミュージシャンのドキュメンタリーを撮ろうとしたところ劇映画になってしまったという話だが、ドキュメンタリー映画としてこれで正しいとおもう。当時のジャマイカで生身の人々がたぶん普段通りに動いているだけなのだが、なんだかファンタジー映画にみえる。

高校生のときディスクユニオンでかかっていた『ステップ・アクロス・ザ・ボーダー』をみて、衝撃でビデオをかって、インターネットのない時代、クレジットをたよりに必死にでているミュージシャンの情報を集めた。未知なる音楽への扉のように感じていた作品である。

映画評論家
1950年生

宇田川幸洋

バイ・バイ・バーディー……1963／米
脚本＝アーヴィング・ブレッチャー
監督＝ジョージ・シドニー

ラスベガス万才……1963／米
脚本＝サリー・ベンソン
監督＝ジョージ・シドニー

四十二番街……1933／米
脚本＝ライアン・ジェームズ、ジェームズ・シーモア
監督＝ロイド・ベーコン

永遠の緑……1934／英
脚本＝マージョリー・ギャフニー
監督＝ヴィクター・サヴィル

イースター・パレード……1948／米
脚本＝フランセス・グッドリッチ、アルバート・ハケット、シドニー・シェルダン
監督＝チャールズ・ウォルターズ

梁山伯与祝英台……1963／香港
脚本・監督＝リー・ハンシャン（李翰祥）

野玫瑰之恋……1960／香港
脚本＝ネリー・チン・ユー（秦亦孚）
監督＝ワン・ティエンリン（王天林）

曼波女郎……1957／香港
脚本・監督＝イー・ウェン（易文）

ボンベイ……1995／インド
脚本・監督＝マニラトナム

ザ・デュオ……1997／インド
脚本＝スハーシニ、マニラトナム
監督＝マニラトナム

映画を自分からえらんで見るようになったばかりのころは、いかにも男の子がこのむような、西部劇やアクション映画ばかり見ていて、恋愛ものやミュージカルは、すすんで見たいとは思わなかった。ミュージカルの黄金時代も終わっていた。『ウエスト・サイド物語』（61）が世間の評判となっていたが、丸の内ピカデリーで何年もロングランをつづけていて、ロードショーというのは、まだ子ど

もには別世界に思えた。ずっとあとになって日活名画座で見たが、評判を聞きすぎたせいもあってか、そんなにおもしろいと思わなかった。

そんな無調法なぼくが、はじめてミュージカルというものの魅惑を感じた映画は、『バイ・バイ・バーディー』（63）だった。2本立てや3本立てで、たまたま出会ったというわけではなく、1本立ての東急名画座（東急文化会館6F）で見たと記憶しているので、わざわざこれを見に行ったわけだが、その動機はおぼえていない。

歌い、踊るアン＝マーグレットの潑溂とした魅力に圧倒された。それが、この映画のすべてだった。初心者だったから単純な見かたしかできない。しかし、楽曲がどうの振付がどうのと言っても、結局は、それが一人の演者の肉体によって表現されるのだから、単純に見ほれたってかまわないだろう。

この映画で、アン＝マーグレットの人気は急上昇したのだと思う。つづく『ラスベガス万才』（63）では、エルヴィス・プレスリーと対等の共演。当時、年3本ずつぐらい、つくられていたプレスリー映画は、女優は大概、花をそえるだけの役目で、スポーツする若大将を応援する星由里子みたいに、歌い踊るプレスリーを見ている存在だったが、アン＝マーグレットは、もちまえのミュージカル能力をガンガンとプレスリーにぶつけ、最後の二人のデュエットというよりセッションは、ものすごい加速力で、セクシーな興奮をあおった。

のちに『エノケン笠置のお染久松』（49）の最後のデュエットの加速感に興奮したとき、ついアン＝マーグレットとプレスリーのそれを思い出したが、体格はえらいちがいだ。

このあとアン＝マーグレットが、演技のほうへ行ってしまったのは残念だったが、ミュージカル映画がすたれる一方だったから、しかたなかったのかも知れない。

このようにしてミュージカルに味をしめたので、ミュージカルは女優で見るものだ、ということになっていったのかも知れない（そんなふうには意識していなかったのだが、10本をえらんでいて気がついたことだ）。

「女優で見る」と、いま言ったが、もっと正確には「ミュージカル女優で見る」ということだろう。たとえば、ナタリー・ウッドという女優は好きだが（一番は『捜索者』）、『ウエスト・サイド物語』の彼女は、ものたりない。ミュージカル能力が十全でないと感じるからだろう。女子アスリートは、競技中のすがたが最も美しいし、また、そうであるべき（その点でシャラポワはマルチナ・ヒンギスにおよばない）だが、ミュージカル映画の女優も、歌い踊り、ミュージカル的な演技をすることで最も魅力を発散する人がすばらしいと思う。

アン＝マーグレットとは同時代的な出会いだったが、それ以前の、ぼくにとってむかしのミュージカル女優でいうと、『四十二番街』（33）のルビー・キーラーと『永遠の緑』（34）のジェシー・マシューズが特にこころにのこる。ともにフィルムセンターで、70年代か80年代かに見た映画だ。

『四十二番街』は、言うまでもなくミュージカル映画史上の名作で、ずっとあとにブロードウェイで舞台化され、『42nd STREET』として何度も日本公演されている。これは、アメリカ映画回顧特集で計4回（1日2回上映が2度）上映されたが、ぼくはそのうち3回見た。それくらい、おもしろくてたまらなかったのだ。しばらくは主題歌が耳についてはなれなかったし、ルビー・キーラーの脚とタップにボーッとなっていた。でも、あれ以来、見ていないので、だいぶ記憶がうすらいでしまった。ミュージカルに対する素養がないと、記憶するちからも、よわいのではないかと思う。

イギリス映画回顧特集で1回見た『永遠の緑』は、もっとわすれている。ただ、ジェシー・マシューズの魅力が、ぼくをボーッとさせるものだったことは、まちがいない。イギリス的な（つまり、ちょっと古風な、わるくいえばヤボったい）清純な美人なのだが、そのおとなしそうな顔に似ない、躍動する脚のエネルギーが見る者を魅惑する。

双葉十三郎『ミュージカル洋画　ぼくの500本』（文春新書）をのぞいてみたら、双葉さんも「彼女はアメリカのルビー・キーラーとならんで、ミュージカル系のぼくのゴヒイキの双璧」「二人とも歌というより踊りの人だけど、脚がすごくきれいなんですね。だからゴヒイキ（笑）」とおっしゃっていた。

ミュージカル女優（ことに踊り系）は脚だ、ということが言えそうだ。顔の記憶はおぼろだが、脚は鮮明、という女優もいるだろう。チタ・リベラなんか、そうじゃないかな。シド・チャリースは顔も美しいけど、脚の美しさのほうが、もっと強烈だ。

男性スターでは、やはりフレッド・アステアが永遠の偉大な存在だ。1本の映画として、いちばんまとまって記憶にのこっていて、はなやかで、たのしい『イースター・パレード』（48）をあげた。

20年以上まえ、色川武大氏に映画についてのインタビューをしたとき、『イースター・パレード』でアステアが1度だけ、ステップのミスをしているところがある、とうかがったことが、わすれられない。反射的に「え、どこですか?」とたずねてしまったが、「自分でたしかめてください」と言われ、へへーッとばかり引きさがった。このあと、1年たたずに色川さんは鬼籍にはいられ、ぼくはまだその件をたしかめてない。

ここまでは西洋のもので、これからは東洋。

『梁山伯与祝英台』（63）は、ショウ・ブラザース〔映画会社〕のヒット作。これ以前にも以後にも何度も映画になり、アニメにもなっている有名な劇が原作。黄梅調《ホアンメイティヤウ》（日本語では、こうばいちょう、おうばいちょうの二とおりによめるが、ぼくはいまのところ「お」のほうをとる。理由は割愛）というジャンルの歌劇なのだが、ゆったりとした歌の流れが、ここちよくて、何度見てもたのしい。

女性が学問をゆるされなかった時代に、祝英台という女性が、男装して学寮にはいり、学生、梁山伯と恋におちる、というはなし。梁山伯役も女優が演じるところが、この黄梅調映画のたのしさである。

助監督をキン・フー（胡金銓）がつとめている。

『野玫瑰之恋』（60）と『曼波女郎』（57）は、ともに香港映画史上最高の歌姫グレース・チャン（葛蘭）の主演作で、ショウ・ブラザースのライバルだったキャセイの作品。キャセイは、都会派的なしゃれたコメディーやミュージカルじたての映画が特色だった。

この2本は、内容が対照的で、『曼波女郎』（曼波はマンボのこと。英語にすると〝マンボ・ガール〟である）は全体的には、明るいキャンパスもの。学園の花のグレース・チャンがうたえば、プレスリー映画のように、みんなが反応して、からだをうごかし、あるいは踊り出す。しかし、自分には生き別れになった実の母がいると知り、さがしもとめるという、ちょっぴり暗い要素もくわえられている。

『野玫瑰之恋』（玫瑰は、花のバラ。つまり、野バラの恋）は、ナイトクラブの看板歌手で、ピアノひきの男を身の破滅にみちびくファム・ファタールを演じた、フィルム・ノワール的ミュージカル。

音楽は服部良一。この時期、香港映画によく音楽をつけ、グレース・チャンのための曲もつくっていた。この映画で彼女がうたった「ジャジャンボ（説不出的快活）」は大ヒット曲となり、アメリカでも、ダイナ・ショアのテレビ番組に招かれてうたった。

この曲は、実は服部良一が、名コンビだった笠置シヅ子のために作曲したもので、笠置の最後のレコードとなった曲だ。

のちに、シュー・ケイ（舒琪）が『ソウル』（86）で、スタンリー・クワン（關錦鵬）が短篇『女とおんな』（『欽ちゃんのシネマジャック　ドキドキ編』所収）（93）で、ツァイ・ミンリャン（蔡明亮）が『Hole』（98）で、グレース・チャンの「ジャジャンボ」を引用する。

監督のワン・ティエンリンあるいはウォン・ティンラム（王天林）は、『ミラクル・マスクマン　恋の大変身』（95）等のウォン・チン（王晶）監督の父で、近年はジョニー・トー（杜琪峰）の映画によく出演している。肥満ぐあいが印象的な老人である。

インドのマサラ・ムービーを知るようになったのは、ずいぶんおそかった。かつては、インド映画の劇場公開も映画祭上映も、サタジット・レイ監督に代表される、歌も踊りもほとんどない、作家の映画、芸術映画系の作品ばかりだった。そのなかでは、G・アラヴィンダン監督の『魔法使いのおじいさん』（79）が素朴な歌と踊り（とまでいかないような遊戯的な動作）で、ふしぎな世界を現出していて好きだった。

そういう、素朴さが売り、ではないのだろうけど、低予算で、機材も技法も質素な感じのインド映画ばかり見ていたので、歌と踊りの映画といっても、その素朴なベースの上に歌と踊りが盛られたものだろうとしか想像できなかった。

だから、アジアフォーカス福岡映画祭で、『ボンベイ』(95)を見たときには、びっくりした。それまでのマサラ・ムービーの歴史を見ていなくて、いきなり95年の段階のそれに接してしまったなら、ハリウッドとくらべて遜色のないプロダクション・クオリティー、いや、それ以上と思わせるミュージカル・シーンのキャメラワーク、編集の技術に、あっけにとられた。夢見ごこちにさせられた。

ここらへんから数年間、それまでと打ってかわって、マサラ・ムービーがたくさん見られるようになった。ラジニカーントのブームがまきおこったし、アジア文化センターや香港国際映画祭の特集上映で、歴史もさかのぼれた。マニラトラムも人気監督になった。

マサラ・ムービーで出会った至高の美女が、アイシュワリヤー・ラーイである(はじめはアイシュワリヤ・ライという表記に親しんでいた。本物の発音を聞いたことがないので、どっちがいいのか、わからない)。神アミタブ・バッチャン(俳優・映画プロデューサー等)の息子と結婚し、いろんな意味で女神の地位を確固たるものにしている、いまの彼女も美しいが、デビュー作『ザ・デュオ』の美しさ、エロチックさは、衝撃的だった。福岡、香港、東京と映画祭を追っかけて、4回は見たはずだ。

西洋のミュージカル女優は脚の魅惑だが、インドは腰を中心にした全身のくねりだ。その全身の美しさに顔のとろけるような甘美さ。ひさびさに『ロボット』(10)でアイシュワリヤーに会える。堪能しつくしたい。

詩人・編集者
1949年生

稲川方人

天気のよい海辺の林のなかでアンナ・カリーナ（とベルモンド）が踊り歌う『気狂いピエロ』の「私の運命線」、これが私の最上のミュージカル・シーンです。カリーナは赤いワンピースで木々の間を自由に動き、それを追うカメラはずっと横移動です。このシーンをはじめ、『映画史』（05）のあり余るほどの音楽の引用に至るまでゴダールはまぎれもなく「音楽」の人で、そのことは、『センチメンタル・アドベンチャー』『バード』(88)『ピアノ・ブルース』(03)をはじめ、みずから作る主題曲を映画に添えるイーストウッドと双璧です。『真夜中のサバナ』(97)のサントラもおおいに泣きましたが、ここでは、亡くなったブルース・サーティーズを送るために『センチメンタル・アドベンチャー』を。ゴダールは、『はなればなれに』(64)のダンス・シーンも決して忘れませんが、亡くなった奥村昭夫さんを追悼するために、やはり『気狂いピエロ』を。『パリでかくれんぼ』は、私には、アンナ・カリーナの「私の運命線」に遠く反響している映画なのです。最初に見たとき(たぶん違うタイトルだったと思うが)リヴェットはいつも「発見」の対象だと思いました。

ヴェンダース『サマー・イン・ザ・シティ』(70)のキンクスやハル・ハートリー『シンプルメン』(92)のソニック・ユースも充分に音楽映画の域に達する使われ方でしたが、今回はあくまでも映画の内部に発生する「音楽」を対象にしているので、いわゆるゲキバンは採用されません。そのゲキバンとギリなのが、ボビー・ヴィントンを使う『ブルーベルベット』で、つっ立ったままの無造作な人間が体現するリンチ的頽廃を、卑猥な唇で歌うイザベラ・ロッセリーニが奇跡的に体現していました。

あの神懸かりなまでの早口を駆使し、切れ目なく喋り続けるのを見るとほんとうにスコセッシには音楽の心得があるんだろうかと思うのですが、近年のジョージ・ハリスンをはじめ、音楽ドキュメンタリーが得意なのは不思議です。気がつくとここにも2本挙げています。『ノー・ディレクション・ホーム』は東京での上映状態に難点がありましたが、気がつくと長尺が陶然と過ぎていきました。78年の寒い日、友人のバイクに乗って武道館のライブに行ったにしても、『ノー・ディレクション・ホーム』は、昔からあまり聞かなかったディランを確認するのに充分な映画(じゃなくテレビなんですが)でした。

そのディランと深く関わるザ・バンド、1976年11月25日の記録『ラスト・ワルツ』(78)の最後の曲「アイ・シャル・ビー・リリースト」に鳥肌が立ったのはこちらがものを知らないからで、あのライブ自体

Pierrot LE FOU

気狂いピエロ

Elle est retrouvée! Quoi? L'Eternité.

このキスは永遠…

が最低の出来だったとロックを知る人は言います。

ビートルズ『ビートルズがやって来る　ヤァ！ ヤァ！ ヤァ！』（64）は15か16歳だった公開当時、満員の田舎の映画館で見ましたが、聞きたかったのは「キャント・バイ・ミー・ラブ」だけで、音楽映画というより乗り物映画だったのかと、きゃあきゃあ騒がしい席でひとり納得したことを記憶しています。ちなみにディラン監督『レナルド&クララ』（78）も気持ちよい乗り物映画でした。

プレスリーの映画はたぶん全部見ていますが、どれも好きではありませんでした。粘りのある彼の声と奥行きのないスタジオ撮影が嫌だったのですが、『ラスベガス万才』に流れていた空気は野外の匂いがしたし、なんと言ってもアン＝マーグレットがよかったのです。『バイ・バイ・バーディー』（63）の屋外のダンス・シーンもいいのですが、レース場での縦直線のダンス・シーンを是非。

脚本家・本誌編集長
1947年生

荒井晴彦

パリの旅愁……1961／米
脚本＝ウォルター・バーンスタイン、ジャック・シャー、アイリーン・キャンプ、ルーラ・アドラー
監督＝マーティン・リット

ナッシュビル……1975／米
脚本＝ジョーン・テュークスベリー
監督＝ロバート・アルトマン

忍冬《すいかずら》の花のように……1980／米
脚本＝キャロル・ソビエスキー、ウィリアム・D・ウィットリフ、ジョン・バインダー
監督＝ジェリー・シャッツバーグ

歌え！ロレッタ愛のために……1980／米
脚本＝トム・リックマン
監督＝マイケル・アプテッド

センチメンタル・アドベンチャー……1982／米
脚本＝クランシー・カーライル
監督＝クリント・イーストウッド

テンダー・マーシー……1982／米
脚本＝ホートン・フート
監督＝ブルース・ベレスフォード

ザ・コミットメンツ……1991／英
脚本＝ディック・クレメント、イアン・ラ・フレネ、ロディ・ドイル
監督＝アラン・パーカー

フォー・ザ・ボーイズ……1991／米
脚本＝マーシャル・ブリックマン、ニール・ヒメネズ、リンディ・ローブ
監督＝マーク・ライデル

愛と呼ばれるもの……1993／米
脚本＝キャロル・ヘイッキネン
監督＝ピーター・ボグダノヴィッチ

ジョージア……1995／米、仏
脚本＝バーバラ・ターナー
監督＝ウール・グロスバード

製作された順に並べたが、今まではそれが見た順番だったが、今回はバラバラで、しかも劇場で見たものは無く、試写かビデオか衛星放送だ。多分、音楽絡みの映画に、60年代の中学生、高校生、浪人、大学生の時、興味

を持たなかったからだろう。『ウエスト・サイド物語』(61)を何十回も見たという奴がいたが、見ようとは思わなかった。オスカー・ピーターソンの「ウエスト・サイド・ストーリー」は聴いていたけれど。死んだ齋藤博が感動した映画に『サウンド・オブ・ミュージック』(65)を上げた時、見てもいないのにバカにした。突然、歌い出すミュージカル映画が嫌いなのだ。若い頃、ヴァイオリンをやっていたオヤジが『未完成交響楽』(33)が一番いい映画だと言っていたことも関係あるのかもしれない。

『ナッシュビル』で、カントリー好きの血を自覚したのだが、70年代後半から80年代は仕事、仕事であまり映画館へ行かなかったので、『歌え! ロレッタ愛のために』や『忍冬の花のように』に出会えなかった。

『パリの旅愁』は原題が"Paris Blues"で、パリの「マリーの洞穴」というジャズクラブでトロンボーンを吹いているラム・ボーエン(ポール・ニューマン)とサックスのエディ(シドニー・ポワチエ)のジャズマンと2週間のパリ旅行に来た、離婚して子供が二人いるリリアン(ジョアン・ウッドワード)と黒人女コニー、二組の恋の話だ。ラムとリリアンは会った日にベッド・イン。窓から朝のパリを見て、絵と同じと言うリリアンに「いつもこう?」「こうって?」「口説くの男の役だ、君はぐいぐいと自分から、男とはいつもこう?」「まさか、特別な人だけよ」「今まで何人いた?」「ひとりだけ、昨日出会った」「パリで2週間ハメを外すにはぴったりだ」リリアンがピアノの譜面台を見て「『パリ・ブルース』って、作曲もするの?」「音楽は生活そのものだ、あとのことは添えもの、他のことに割く時間はないんだ」「言い訳はいいわ」「君のためだ、つきあう気のない男と」「みんな、怖がって自分から行動を起こさない、私はチャンスを逃す方が怖いわ」「ひどい目にあうぞ」「平気よ」女二人の帰国の日が近くなるにつれ、男二人をアメリカに連れて帰りたい女二人の攻勢が強くなる。パリには黒人差別はないと言うエディにコニーはアメリカにひどい差別はあるけれど、ルーツは大切でしょ、人種、肌の色、性別からは逃げられないわ。夜型のジャズマンと昼型の女たちとのギャップもある。ラムは「俺をカバンに詰めるか、税関でパリの土産とでも?」リリアンは「私たちうまくいく、あなたの世話をするわ、仕事の邪魔もしない」「デートのために何度仕事をキャンセルしたと思う、なぜ、今の関係を壊す？」「気持ちを伝えたい」「違うだろ、俺に選択を迫ってるんだ、音楽か君か、始まるまでに時間がかかった、ずっと夢見てきたことだ、そのためだけに頑張ってきた、無駄な時間はない」「私はあなたがいればいい、あなたもでしょ」「やっぱり無理だったんだ、やめにしよう」「別れるの？」「面倒なのはごめんだ、帰る前にパリ見物しろよ、まだエッフェル塔も見てないだろ」これってモノを創る男とカタギの女とのフヘン的な会話だ。「パリ・ブルース」の譜面を見た業界の大物は、ラムに、演奏家としてはすばらしいが作曲家としてはまだまだと言う。落ち込んだラムはリリアンに一緒にアメリカへ帰ろうかと言う。駅で待っているリリアン。遅れて来たラムは「残るよ、さよならを言いに来た、できるところまでやりたい、自分を試したい、ひとりでもね」音楽はデューク・エリントン。

パリのジャズシーンを描いた映画では『ラウンド・ミッドナイト』（ベルトラン・タヴェルニエ、86）があるが、本物のジャズマンがジャズマンを演じるという趣向で、だから役者が歌ったりしてスゴイという驚きはないが、逆に本物のジャズプレイを見せますよだけの映画にしなかったことに感心した。音楽はハービー・ハンコック。

『ナッシュビル』は、小川徹に言われて、泰明小学校のそばの試写室で見たんだと思う。そのあと神代辰巳と岸田理生とお茶を飲んだ。初対面だったのではないか。神代さんはどこが面白いのか全然分からなかったと言った。ちょっとショックだった。その頃、もう酒場で知り合っていたのか、根岸吉太郎とはキース・キャラダインが「アイム・イージー」を歌うところがいいよな、人妻（リリィ・トムリン）に対するズルイ言い訳のような、居直りのような、と意気投合した。客の中の一人に向けて歌う歌、アルトマンにしてはここべタだからいいのか。シナリオの構成で勝負している群像劇だと思って、後年、『ナッシュビル』をやろうと『リボルバー』（藤田敏八、88）を書いたのだが、アルトマンのインタビュー本を読んで、シナリオはなかったに等しく、カントリーなんて田舎者の音楽は嫌いだと言ってるので、なんかイヤなオヤジだなあ、ライターからしたら組みたくない監督だなあと思った。

『歌え！ ロレッタ愛のために』は原題が“Loretta Lynn: Coal Miner's Daughter”で、炭坑夫の娘だったロレッタ・リン（シシー・スペイセク）が、13歳で結婚、18歳で4児の母となり、家事をしながらラジオから流れてくるパッツィ・クラインに合わせて歌っていると夫（トミー・リー・ジョーンズ）が結婚記念日にギターをプレゼント。「弾けもしないのに」「最初は誰だって、だ」「なぜギターを」「君の歌が好きだ」「私の歌うまい？」「うまいとも」で、歌手になっていくという自伝モノ。シシー・スペイセクの歌に感心した。『ナッシュビル』でもプロの歌手はロニー・ブレイクリーぐらいで、あと役者が歌手をやっている。歌まで作らされている。ザ・バンドのリヴォン・ヘルムが父親役、今度、見直して初めて気がついた。

酔いどれの歌手が更生しちゃう『クレイジー・ハート』（スコット・クーパー、09）より、破滅してしまうのでよかった『カントリー・ストロング』（シャナ・フェステ、10）では、ティム・マックグロウがマネジャーの役で歌わず、グウィネス・パルトローが歌手の役で歌っていた。歌手が役者をやり、役者が歌う、こういうの、暗黙の決まりがあるのかなあ。

『忍冬の花のように』は、ウィリー・ネルソンがウィリー・ネルソンのような役で、ロードからロードへの生活に疲れたとバンドから抜ける仲間の娘が代わりにツアーに加わるが、ウィリー・ネルソンとデキてしまう。仕事、家庭、夫婦、友情、父と娘、不倫、裏切り、ここには俺の好きなテーマが全部ある。そして、局面、局面でのステージでのデュエット。愛の確認だったり、別れだったり、和解だったりを目を見交わしながら歌う。俺が男と女のデュエットが好きな理由がここにある。撮影はヴェンダースのカメラマン、ロビー・ミューラー。

『センチメンタル・アドベンチャー』酒と煙草と肺病の男が甥と一緒にグランド・オール・オープリーのオーディションを受けるためにテネシー州ナッシュビルへ向かう。しかし、“Honkytonk Man”を「センチメンタル・アドベンチャー」なんてよく付けたなあ、冒険モノかと思ったら、吐血しながらのレコーディングなんて日本の私小説みたいで驚いた。レコード会社の男が甥に言う。「具合悪いな、夜からか？」「血を吐いた」「医者に診せたか」「歌をやめて療養所に入れって言われた」「命取りだもんな」「知ってて歌わせるの？」「正直に言おう。彼も知ってるよ、これが最後のチャンスだ」「何のチャンス？」「成功のさ、誰でも名を上げたい、このレコーディングはそのチャンスだ」レコーディングのシーンで終わってると思っていた。見返したら埋葬まであった。酸素ボンベに車椅子で演出していた神代辰巳を思い出した。歌も映画も残る。

『テンダー・マーシー』元売れっ子カントリー・シンガーだったマック（ロバート・デュバル）が、宿代が払えなくてモーテルで働くようになり、夫をベトナム戦争で亡くした女主人と再婚する。酒が原因で離婚した前妻は売れっ子カントリー・シンガーで、公演に来る。書いた曲を歌ってくれという口実で8年も会ってない娘に会いに行くが拒絶される。しかし、18歳になった娘が訪ねてきて「カレ」に会ってと言う。「ねえ、来てからまだ一度も私の名前、呼ばないけど、私の名前知らない？」「勿論知ってるさ、ただなんて呼ぶべきか迷ってた、君が小さかった頃は妹って呼んでた。今日、君を最初に見た時、そう呼ぼうとしたけど、多分、君には意味が分からないだろうって、俺がそう呼んでたの覚えてないだろうって」「小さかった頃、私に歌ってくれた歌がある、鳩の歌だった、ママはそんなこと覚えてないって、こんな歌だったと思うの、白鳥の鳩の翼に乗せて彼はそのなんとかのかんとかの愛を送った」「覚えてないな」娘は帰って行く。ロバート・デュバルは窓から娘を見送って「白鳥の鳩の翼に乗せて彼はその純粋な優しい愛を送った」と歌う。泣ける。娘はカケオチする。どんな少年だと聞くマックに前妻のマネージャーが「バックバンドの30歳で3回結婚している」。マックは自分のせいだと思ったろうな。ロバート・デュバル、歌がうまい、作曲もしてる。

『フォー・ザ・ボーイズ』ホープ&クロスビーのようなエディ（ジェームズ・カーン）とディクシー（ベット・ミドラー）のコンビの戦地慰問ツアーを大統領からの勲章授賞式から回想。第二次大戦、朝鮮戦争、ベトナム戦争と、戦争ばかりやってる国と、ケンカばかりしているコンビ。アカ狩りでギャグライターがクビにされるシーンとベット・ミドラーがベトナムで歌う「イン・マイ・ライフ」がいい。松原敏春に薦めたら喜ばれた。マーク・ライデルにはジャニス・ジョプリンをモデルにした『ローズ』（79）もあって、映画としてはよくできてると思ったのだが、やっぱりベット・ミドラーはジャニスじゃないと思ってしまう。

『ザ・コミットメンツ』自分は歌わない、演奏しないヤツが労働者階級の闘いやセックスを歌うバンドを作ろうという話。息子がバンドを作ると聞いて、エルヴィスは神だという父親が「ワイズメン、セイ〜」と歌い出すと、デブで「マイ・ウェイ」なんか歌う神なんかいるもんか。募集でやってくる者に君の好みは、と聞いてバリー・マニロウ、ジョーン・バエズ、ジョニ・ミッチェル、ウイングス、シニード・オコナー、ツェッペリン、U2、全部、ドアをバタンと閉めるのがおかしい。ダブリンのソウルって言うけど、俺たちシロすぎないかという仲間に「アイルランド人はヨーロッパの黒人、中でもダブリンっ子は黒人の中の黒人だ」バンドの一人が教会にザンゲに行って、讃美歌も歌わず、今はマーヴィン・ゲイの「男が女を愛する時」ですと言うと、神父が、その曲はパーシー・スレッジだと突っ込む。俺のバンドとか俺のファンとか言ってメンバーに嫌われているデブのボーカルはジョー・コッカーかヴァン・モリソンかといった感じ。「ダークエンド・オブ・ザ・ストリート」とか「アイ・キャント・スタンド・ザ・レイン」とか「トライ・ア・リトル・テンダーネス」とか、成程ねの選曲。バックコーラスの女の子3人を始め、メンバーの描き分けがうまいし楽しい。教会でオルガン弾いていて、「青い影」のイントロになっていくとこなんかたまらない。バンド映画の傑作。

『愛と呼ばれるもの』ナッシュビルの「ブルーバード・カフェ」のオーディションにやってきた二人の男と女の青春っぽい三角関係。リヴァー・フェニックスの遺作で、サマンサ・マシスはリヴァーの最後の恋人だったとサントラのライナーに書いてあった。「俺の物は何もかも君のセッケンの匂いがする」「じゃ問題ないじゃない？　3日も部屋にこもって話もしない方が問題よ」「昼間寝てるのは誰だよ」「関係ないわ、私を閉め出してるのは誰？　なぜ個室を作るの？　あなたが私より優れたソングライターだから？」「自分の空間がほしいし、家賃は俺が払ってる」「養ってもらうつもりはないわ、家賃を渡すわ、疑ってるでしょ、家賃を浮かすためだって」これもモノ作り同士のフヘン的なケンカ。カントリー・ミュージックは正直でなくちゃ、悲しい時は悲しみを歌うのとカフェの女主人が言う。ヒットしたかどうかは問題じゃない、いい曲の作者たちは本当に歌いたいことを言葉にしてるわ。ここでもデュエットが愛のキッカケになる。そして破綻がいい曲を作らせる。シアワセからはいい歌もいいシナリオも産まれない、とまだ思ってる。

『ジョージア』ナンシー・グリフィスみたいなカントリー歌手の姉ジョージア（メア・ウィニンガム）にコンプレックスを持って、酒とクスリとどぎつい化粧で歌う妹のセイディ（ジェニファー・ジェイソン・リー）。「姉さんは感情を殺して生きてる、熱中しない、情熱もない。苦悩もない、苦痛もない」「あなたは苦痛がないとダメ、苦しまないと歌えないの、私は違うわ、あなたは苦痛を探し求めてる、まるで生きる糧よ。誰にでも要求するわ。なぜ歌うの？ もうやめて」「イヤよ」ジェニファー・ジェイソン・リーの歌うヴァン・モリソンの「テイク・ミー・バック」は圧巻。「私を連れて行って、連れて行って、連れて行っておくれ　ずっと昔に私を連れて行ってくれ、ずっと、ずっと昔に私を　あの時のことを君は思い出すかい？ 世界のすべてのことがよく分かった時、私は覚えている、人生がよく分かったあの頃、オー、連れてってくれ、連れて行ってくれ、私を連れて行っておくれ」もう、歌じゃなくて叫びだ。姉が見かねて、サポートに入ってくるのだが。ジョー・ヘンリーがプロデュースしている“Dim Stars, Bright Sky”というアルバムを出しているジョン・ドゥーがジェニファー・ジェイソン・リーの元カレでシンガー役で出演している。俺、昔、シンガー・ソング・シナリオライターになりたかった。

家族映画

国や共同体の復興や再生が喧伝されても、
家族観の崩壊を前景化した議論は聞こえてこない。
それだけ意味を逸したかに見える「家族」のあり様を、
映画史から照射する。

映画作家
1938年生

大林宣彦

若草物語……1949／米
脚本＝アンドリュー・ソルト、ヴィクター・ヒアマン、サラ・Y・メイソン
監督＝マーヴィン・ルロイ

ママの想い出……1948／米
脚本＝ドゥウィット・ボディーン
監督＝ジョージ・スティーヴンス

わが谷は緑なりき……1941／米
脚本＝フィリップ・ダン
監督＝ジョン・フォード

我が家の楽園……1938／米
脚本＝ロバート・リスキン
監督＝フランク・キャプラ

仔鹿物語……1946／米
脚本＝ポール・オズボーン
監督＝クラレンス・ブラウン

［補逸］
怒りの葡萄……1940／米
脚本＝ナナリー・ジョンソン
監督＝ジョン・フォード

友情ある説得……1956／米
脚本＝マイケル・ウィルソン
監督＝ウィリアム・ワイラー

許されざる者……1960／米
脚本＝ベン・マドー
監督＝ジョン・ヒューストン

リオ・グランデの砦……1950／米
脚本＝ジェームズ・ケヴィン・マッギネス
監督＝ジョン・フォード

我等の生涯の最良の年……1946／米
脚本＝ロバート・E・シャーウッド
監督＝ウィリアム・ワイラー

戦勝国アメリカの映画に、家族の夢と理想を見た。

僕が映画少年だった時代は、映画は家族で見るものであった。同じ映画を家族皆で見て、皆で語り合った。子どもも大家族の一員であったから、爺様や婆様の話でも理解出来、小津安二郎監督の家族映画など、普段は子どもには知り得ない家族の秘密までが透けて見え

て、まことに興味津々でありました。小津映画はあの敗戦後、次第に家族の崩壊に目を向けていったが、ある映画で田中絹代さん演じる一家の主婦が、「私が一番幸せだったのは、あの戦争中、空襲警報の鳴る防空壕の中で、家族皆で身を寄せ合って蹲っていた時」、と語り、それは僕ら子どもにもまことに実感出来る気分であって、戦時下にもあった家族の温もりが急速に失われてゆく敗戦後の燥《はしゃ》ぎ過ぎた平和のありように、子ども心に得体の知れぬ不安に脅かされ、ぞっとした覚えがある。いま小津を語るなら、日本の家族を通じて己とその時代を物語ろうと心定めた、〝豆腐屋〟小津の敗戦後史観にこそ着目すべきであろう。現実に小津を否定したより若い世代が描き出し得た日本は、最早核家族化した現代日本の家族の惨状であり、家族映画なんて幻想は、映画もまたターゲットを絞った核商品と化していく高度経済成長期の中で、あっという間に失われて久しい。故に僕にとっての家族映画とは、夢もまた夢の、いまは遠き少年期のお話である。

　この現象は戦勝国のアメリカだって同じ事で、戦後の家族崩壊はニューシネマに至ってすっかり映画史に定着し、その後のスピールバーグ世代のファンタジィーもまた、家族崩壊後の少年の夢を描く仕儀となる。僕らの世代が知るアメリカの家族映画とは、第二次大戦前の、つまりアメリカがパールハーバーの大敗戦を体験するより前に作られていた、主に１９３０年代から40年代初頭の映画（あるいはその残滓をウェルメイドに仕立てたもの）であり、しかもそれは、第一次大戦を体験したヨーロッパ人が自由の国アメリカに傾《なだ》れ込み、過剰な夢と理想で作り上げたハリウッド映画によってである（本年２０１２年度のフランス人によるハリウッド讃歌『アーティスト』のアカデミー賞受賞は、ハリウッドのルーツがこれらヨーロッパからの移民による仮想の夢であった事の確認であろう）。それは僅かばかりの平穏の時代のいとおしい夢であり、しかも僕ら日本の少年は、敗戦後の俄かには身に付かぬ平和騒動の混乱の中で、戦勝国アメリカの占領政策によって、それらの夢と理想の家族映画を存分に見せられたのである。まことに飢えたる心に染み入るように、全身で感動して見た。それは当時の虹色の、生きてゆくための栄養剤でこそありましたな。……

　思い出すままに、『若草物語』（49）。この時が既に三度目の映画化で『風と共に去りぬ』（39）と共にわが国でも何度も再上映されたアメリカ製家族映画の今や大古典。『緑園の天使』(45)。ここに登場する、自らの青春の夢を娘にしっかと継がせる母親像もまたアメリカの賢さと勇気の理想。そして『ママの想い出』(48)もまた母性を中心としたアメリカ製家族映画の傑作で、床柱を背にした父親こそが家族の中心であった敗戦国日本の家族映画を見慣れていた僕らには、自由と勇気は母と共に醸造されるのだと学んだ、それは正に映画の学校でありました。

西部劇だって、ジョン・フォードものでのモーリン・オハラが演じる開拓期の妻は確《しっか》り家族の要だったが、『大いなる西部』(58)や『ガンヒルの決斗』(59)の時代となると彼の地でも旧弊な父親による家族の悲劇が語られ始める。『ジャイアンツ』(56)もまた失われゆく父性家族の挽歌であるし、『シェーン』(53)ともなると母親の不倫劇で、ならばいっそ一時代前の『仔鹿物語』(46)の方が、やっぱり僕にとっての家族映画だろうと思ったりもする。愛する家族を守るために、子どもの友である鹿を射殺する父。それを悲しみの中で受け止めてゆく息子の姿に、ああ日本もまたこのようにして射ち殺されたのかと納得した(僕らはこうやって戦勝国アメリカを理解しようと、まことに懸命であったのです!)。あの息子を演じたクロード・ジャーマン・Jr.の神々しいまでの美しさには、そういうふうに納得させる力があった(そういう映画の美しさと力を信じる姿勢はあの頃体内に深く根付いたのでしょうね)。敗戦国の子どもは、そういうふうにして、戦争に勝った国の子どもを理解してもいったのである。それも敗戦後の日本を生きるための一つの理想として。従って時代が下っての『エデンの東』(55)などは最早違和感が生まれてくるし、『サウンド・オブ・ミュージック』(65)などミュージカル仕立てや夫婦愛、親子ものは外し、ずっと下って『ゴッドファーザー』(72)の成功はお馴染みのイタリアギャング物を家族映画に仕立てたが故の快挙だが、これは今やもうアメリカに憧れた移民族の、遥かなる夢の埋葬と捉えた方が良さそうだ。

そんな訳で『風と共に〜』は歴史劇という事で外し、『緑園の天使』は「スポーツ映画」の方に入れたから割愛(!)した所で、僕にとっての夢と理想の家族映画を五本、それにやっぱり五本をフォローして、せいぜい第二次大戦終了後のアメリカ映画の、戦渦の影を家族の上にも落としたフォードの『捜索者』(56)などを愛しみつつ、戦争直後の『我等の生涯最良の年』(46)を止めに、僕のアメリカ家族映画といたしましょう。そう言えば僕自身が拵えた家族映画は、やっぱり30〜40年代のアメリカ家族映画風だよなあ!……

テレビプロデューサー
1944年生

中村征夫

鉄道員……1956／伊
脚本＝アルフレード・ジャンネッティ、ピエトロ・ジェルミ、ルチアーノ・ヴィンチェンツォーニ
監督＝ピエトロ・ジェルミ

誓いの休暇……1959／ソ連
脚本＝ワレンチン・エジョフ、グリゴーリ・チュフライ
監督＝グリゴーリ・チュフライ

アラバマ物語……1962／米
脚本＝ホートン・フート
監督＝ロバート・マリガン

ビッグ・バッド・ママ……1974／米
脚本＝ウィリアム・ノートン、フランシス・ドール
監督＝スティーヴ・カーヴァー

ラストエンペラー……1987／伊、英、中国
脚本＝ベルナルド・ベルトルッチ、マーク・ペプロー、エンツォ・ウンガリ
監督＝ベルナルド・ベルトルッチ

はじめに――この5月15日、女優中原早苗さんが亡くなられた。深作欣二の奥さんというより、僕らの世代にとって中学時代に見た鮮烈なヌードシーンで（昭和33年日活『美しき不良少女』）記憶に残る姉さん的女優だった。当時、映画の中で裸を見せていたのは慶應の女子大生から女優に転身、日活に入った筑波久子、浅草の老舗牛鍋屋「米久」の娘で今も大女将をつとめているという松竹「禁男の砂」シリーズの泉京子。泉京子はそのグラマーぶりで和製シルヴァーナ・マンガーノと評された。新東宝には前田通子、三原葉子、万里昌代といたが大半がヴァンプ型で、中原早苗の細身で清潔感あふれる裸は中学生にとって衝撃だった。独立プロ系でデビューし日活に入って今村昌平の『果しなき欲望』『豚と軍艦』、石原裕次郎主演の『赤い波止場』『紅の翼』等、脇で光る人だった。バイプレーヤーなのにワイズ出版『女優魂　中原早苗』と一冊の本にまとまっているのがスゴイ。この本の中で中原は出演作の監督や脚本家、共演者をズ

バッと斬ったり適確に論じ、ナミのチンピラ女優ではない、さすが独立プロ系デビューの気骨を感じさせる。なかでも「赤木圭一郎の身長がもう少し高かったら日活の運命は変っていたかも知れない」と発言しているのには驚いた。過去にこんな発言をした人はいない――合掌。

さて今回のテーマが「家族映画」と知って最初に浮かんだのが、この一年余やたら誰もが口にする〝家族の絆〟。絆という単語は本来話し言葉ではなく書き言葉だと思うのだが。メディアや他で多くの人々が口にするので、その度々違和感を抱いている。映画作品でイメージしたのは『山猫』と『ゴッドファーザー』だがどちらもあまり思い入れがなく、僕なりの記憶の襞に残る家族映画を選出した。

『鉄道員』

昭和35年頃、僕らの情報源は活字を除けばまだラジオが主流だった。そのラジオから連日『太陽がいっぱい』(60)『黒いオルフェ』(59)『激しい季節』(59)『ベン・ハー』(59)『若者のすべて』(60)等の映画音楽が流れていた。中でも『刑事』の主題歌「死ぬほど愛して」の印象は強く今でもメロディーが耳奥に残っている。その音楽に誘われて『刑事』を見た。監督兼出演者のピエトロ・ジェルミに興味を持ち、後日新宿の名画座に『鉄道員』『わらの男』(58)の2本立を見に行った。この2本立ですっかりジェルミに魅了されてしまった。底辺に生きる庶民が主人公で映画は暗く貧しく、タバコとアルコールの臭いが充満している。これがイタリアのネオレアリズムの流れだと当時思った。また、ジェルミは監督・脚本をやりながら主人公を演じてしまうのにも舌をまいた。『鉄道員』は音楽も心地よく、長女役のシルヴァ・コシナも妖しく美しく以来50余年ファンを通している。『鉄道員』『わらの男』『刑事』他も含めてジェルミ作品のほとんどの音楽は、250本もの映画音楽を作曲したというカルロ・ルスティケリ。ちなみに『刑事』の「死ぬほど愛して(アモーレ・ミオ)」はジェルミの作詞でルスティケリの娘アリダ・ケッリが唄い世界的に大ヒットした。ピエトロ・ジェルミは『刑事』の後、『イタリア式離婚狂想曲』(61)『誘惑されて棄てられて』(64)『蜜がいっぱい』(66)とその作風が大きく変わったが、評価は更に大きくなり世界的な監督のひとりになっていったが

1974年、肝炎のため60歳で亡くなっている。

『誓いの休暇』

昭和30年代後半、映画館でも封切り館でもない名画座がとても多くなった時代だった。新宿に限っても日活名画座、京王地下、地球座、オデオン座、テアトル新宿、新宿国際、新宿パラス、新宿セントラル、新東地下、昭和館等たくさんの映画館が2本立、3本立、4本立もあって様々な組み合せで映画を上映していて安価で見られた。どこも若者や映画ファンでいっぱいで独特の名画座文化を築いていた。

そんな時代、今は無き新宿日活名画座で『女狙撃兵マリュートカ』(56)『誓いの休暇』の2本立を80円で見ている。同時期、他の新宿の名画座では新宿国際で『にあんちゃん』(59)『キューポラのある街』(62)2本立150円。その後に『幕末太陽傳』(57)『豚と軍艦』(61)の2本立もあり、伊勢丹前の新東地下では『破れ傘長庵』(63)『人生劇場　飛車角』(63)の2本立を100円で公開していた。ビデオもDVDもない時代、僕達はせっせと名画座に通った。

『女狙撃兵マリュートカ』『誓いの休暇』とも当時は珍しいソ連映画。両作品とも監督はグレゴーリ・チュフライ。白い一本道がどこまでも続く原野に黒いスカーフをかぶった母親が、対独戦に出征している息子が休暇で帰省するのを待っている。息子は中々母の許には帰れず、やっと帰りついた時にはもう休暇は残ってなく再び息子は最前線へ。息子を見送る母の涙。母と息子は二度と会うことはできなかった。『誓いの休暇』はとても素直で悲しい映画だった。監督のチュフライも若くして対独戦に出征し負傷していることを後に知った。やはり侵略から祖国を防《まも》った人々は芯のある強さがある。その強さが感動的な映画を生むのだろう。新宿の名画座で出会った記憶に残る秀作。

『アラバマ物語』

1年の浪人生活を送ったあげく志望校には合格できず、唯一受かったスベリ止めには気分が向かずもう1年浪人しようと決断はしたが、展望もなくウロウロしていた春5月、ヤマハホールの試写会で『アラバマ物語』を見た。暗くささくれだっていた僕にとって一服の清涼剤となった映画。この映画で救われた気がした。だからどうというスゴイ映画ではない。差別のはげしいアラバマ州の田舎町、男やもめの弁護士と幼い娘と息子の家族の話で、娘の目線で一家の家族のあり方、生活と歴史、アメリカの良心が語られる。これがアメリカの庶民の正義だと当時は思った。ケネディがダラスで暗殺され、ベトナムが泥沼化していくのはこのすぐ後である。

『ビッグ・バッド・ママ』

中学生で見た『リオ・ブラボー』以来アンジー・ディキンソンのオッカケである。『リオ・ブラボー』(59)以降は『すてきなジェシカ』(62)以外は地味な役どころが多かったディキンソンだったが43歳にして久々の主演映画、しかも娘二人を連れ自動小銃片手のギャングママときてはこたえられない。

舞台は１９３２年アメリカ・テキサス州。この年はヨーロッパではナチスが抬頭し、日本では満州国が建国され５・15事件等もあった時代なのに、この映画のストーリー構成もセットも美術、衣裳も丸ごと牧歌的で西部劇すぎる。ギャングママ一家の物語で、二人の娘がディキンソンママに比べて大イモでブスなところがおもしろい。ディキンソンママは密造酒を売りさばき、娘二人にはストリッパーをやらせ、銀行を襲い、男を巡って娘と親子丼になったり、賭場や競馬場の金を強奪、大富豪の娘を誘拐、ＦＢＩと派手に射ち合いと男顔負けのギャングママをディキンソンは気持ち良く見せてくれる。特筆すべきは３回も見せてくれる全裸のベッドシーンでのディキンソンの肢体の見事さだ。この時すでに43歳だが全く歳を感じさせない。ディキンソンはこの６年後、49歳になって『殺しのドレス』でさらにエロティックな肢体を見せてくれる。しかしこの映画、脚本も監督の演出力も全くダメで、各シークエンスもワイプつなぎ〔前の画面を次の画面を押し出す技法〕、ＦＯつなぎ〔フェイド・アウト〕で次々と省略され上映時間も短く作品としては最低である。多分、26歳の新米監督のラッシュを見たプロデューサーがそのあまりのひどさに編集マンにブッタ切りを命じたのがワイプつなぎ、ＦＯつなぎの多用になったのではないかと思う。当然キレ味も悪い。公開時、もしやこれは日本で再編集したためのワイプ、FOつなぎではないかと思い配給した富士映画の友人に聞いたら、そんなことはないと言われた。昭和40年代から50年代にかけて、海外から買いつけてきた映画を、日本で再編集し、中には音声まで作り変えて日本人向けに修正して劇場公開する例が結構あったのです。ドキュメンタリーやコメディ、ポルノが多く映画名は隠すが僕自身も当時そうした仕事に参加したことがあるのです。

『ラストエンペラー』

この映画が公開された1988年は大忙しの1年だった。冬には米ペンタゴンの倉庫で埃をかぶっていた厖大なフィルムやビデオを使ってテレビの2時間特番「先端兵器テクノロジー！これが現代戦だ」を作り、春にはフロリダへ行きジョーズ本店で石蟹をバターソースで喰べ、初めて実物のイージス艦を見、キー・ラーゴのヘミングウェイの住んでいた家を訪れた。帰国するとソウルオリンピックの取材で韓国へ。秋には東ドイツ、ポーランド、ハンガリー、チェコスロヴァキアの東欧4ヶ国へ出かけた。そんなあい間に『ラストエンペラー』を見ている。満州や満映に興味は持っていたので、イタリア人のベルトルッチが溥儀とその一族をどんな歴史観で描くのか楽しみでもあった。前半、溥儀の子供時代は故宮にロケーションしての西太后の崩御や溥儀の即位式等のスペクタクルシーンに重きがおかれタルイ感じ。後半は息もつかせぬ緊迫した歴史ドラマを見せてくれる。溥儀とその一族が時代に翻弄される物語だから日本人関係者がもっと登場するかと思っていたら、甘粕がチョッピリでセリフも少なく、他に弟溥傑と結婚する嵯峨浩ぐらいで、川島芳子は日本人でないし肩すかしをくらった感じ。溥儀の自伝をイタリア人が脚色すると、この時代の日本人にはあまり興味がないのかも知れないが、日本が勝手に建国した満州国の皇帝にまでなったのだからもっと様々な具体的な歴史上の日本人が登場してほしかった。そのあたりが物語の展開で説明不足のポイントになっている。

昭和32年、伊豆天城山で溥儀の弟溥傑と妻浩の間にできた娘愛新覚羅慧生と学習院大生との心中事件に触れるシーンが一寸でもあるかと思ったが、当時溥傑は中国の撫順戦犯管理所に収容されていたのでこの件に触れるシーンは無くて当然か。満州国皇帝の姪が日本で、無名の一大学生と心中した。しかも拳銃で頭を射ったと当時日本ではセンセーショナルに報道された天城山心中事件である。同意による心中か無理心中かと騒がれたのを子供心に憶えている。この事件は翌年、新東宝で映画化。『天城心中　天国に結ぶ恋』監督は石井輝男。

いろんな不満もあるが一家族の波乱に満ちた歴史映画として評価。公閉時見た『ラストエンペラー』(58)は上映時間2時間43分版だったが、他にオリジナル全長3時間39分版があるという。それは何処に行けば見られるのだろうか。全長版で諸々の不満が解消されるかも知れないので是非一度見たいと思っている。

漫画家・俳優・映画監督
1959年生

内田春菊

ホテル・ニューハンプシャー……1984/米
脚本・監督＝トニー・リチャードソン

ツイン・ピークス ローラ・パーマー最期の7日間……1992/米
脚本＝デヴィッド・リンチ、ロバート・エンゲルス
監督＝デヴィッド・リンチ

アダムス・ファミリー2……1993/米
脚本＝ポール・ラドニック
監督＝バリー・ソネンフェルド

Mr.インクレディブル……2004/米
脚本・監督＝ブラッド・バード

ダーク・シャドウ……2012/米
脚本＝セス・グレアム＝スミス
監督＝ティム・バートン

『ホテル・ニューハンプシャー』の試写会に行ったときの自分がどういう状態だったのか、もう一度観ればわかるのかもしれないが、まだ観てない。試写室を出てもまだ泣いていて、知り合いに挨拶も出来なかった。どうもジョン・アーヴィングの何かがツボらしく、彼のスピーチの一文（人類の可能性は、もう一つの性～女性の中に隠れています、というような）を読んだだけで泣いたりする。小説ちゃんと読んだこともないのに。

登場人物が、天然な（人からどう見られるかを気にしない）ままでそれぞれがジタバタする。愛はあっても執着や依存のないその形に私は感動するのではと思う。もちろん、自分がそういう家で育ってないのである。これを観た頃の私には家族はなかったが、今は4人子どもがいる。依存と執着を自分の家から取り除く努力をしてたら晴れて母子家庭になりました。

ちなみにこの中に出てくる熊の着ぐるみ女子（ナスターシャ・キンスキー）を見たときは

「まさか」と思ったが、近年日本でも着ぐるみ女子が増えていますよね。驚きです。暑そうだ。

『ツイン・ピークス〜』沢山の家族が出てくる、大好きなデビッド・リンチのこの映画が出来た頃に、私は初めての子どもを産んだのだった。多分、女優の水島裕子ちゃんと映画を観に行ったのだが、その前に生まれて4ヶ月くらいの息子をベビーチェアに座らせて、正月休みにテレビシリーズ25時間を一気観したのであった。一箇所だけ私は「ひゃあ」と声をあげたのだが、乳児はその声を怖がって泣いてました。

『アダムス・ファミリー2』は映画館で観た気がするのだが、観たいきさつを思い出せないのでテレビなのかもしれない。私はジョーン・キューザックに一目ぼれしたが、その割にはしばらくジュリアン・ムーアと脳内混ざりしていた。アダムス〜の子どもたちが無理やりサマーキャンプに入れられると、そこにはベタベタの子ども番組に出てくるようなおにいさんおねえさんがいて……というところ、海外映画で演技のジャンルの違う人が突然出てくるのが当時の私には新鮮であった。もちろんジョーン・キューザックの殺られ方も大変素敵です。

『Mr.インクレディブル』家族映画としてどなたにも全方向におすすめしたい。同じピクサーでも、ニモの父親はウザ過ぎて付き合いたくないタイプだが、こちらは程よい子どもっぽさ加減で、改心もするし、こういう人とならやっていけそう。ニモの父親とだと別れるだろう(しつこい)。イラスティガールのくせに浮気相手と思い込んだ女の方を攻撃するシーンはいただけないけど……。妻ってアメリカでもそうなのかな?　私には相手の女を責める趣味はないなあ。私は、自分も浮気する派。って威張ってどうする。

最後は迷ったけど、「家族が一番大事だ」が主人公の決めセリフであり、久しぶりに高校1年生の娘と二人で観に行ったところから、『ダーク・シャドウ』。

レッドカーペットだったので娘にお洒落させて、サインや握手に応え続けるジョニー・デップの後ろ姿を見ながら劇場へ。子どもに安心して観せられるソフトホラーだけど、70年代の設定で、マリファナシーンがあるからPG12なんですってね。「煙草を回しのみしてたでしょ」と娘に説明すると、「ただの貧乏かと思ったよ」。

ジョニー・デップは確かにイケメンだし、変わったジャンルが好きな有り難い人なんだろうけど、演技は普通なんだなと思った私はひねくれものなのだろうか。『パイレーツ～』〈03〉をテレビで観てた娘たち（もう一人は中1・ちなみに子役。『家をたてること』〈13〉主演）が、「ねえなんで外国の人は演技うまいの？日本で見るような、『セリフを言ってます』って感じの人が一人も出てこないよ」と言ってたことがあったが、日本人ってもともと演技出来ない民族らしいよ。という話をこないだ別のところ（夕刊フジ）で書いたのだが長くなるので割愛。ジョニーもティムもお行儀のいい挨拶してたし真面目な人でした。そうそう、ティム監督は家族映画として観て欲しいみたいなことも、言ってたよ。私は彼の連れ合いのヘレナ（ヘレナ・ボナム＝カーター）ファン。こんなんばっかだな。レズなのか自分。

映画評論家
1959年生

上島春彦

ゴッドファーザーPARTⅡ……1974／米

脚本＝フランシス・フォード・コッポラ、マリオ・プーゾ
監督＝フランシス・フォード・コッポラ

アメリカ交響楽……1945／米

脚本＝ハワード・コッチ、エリオット・ポール
監督＝アーヴィング・ラパー

アメリカの影……1959／米

監督＝ジョン・カサヴェテス

アダムス・ファミリー2……1993／米

脚本＝ポール・ラドニック
監督＝バリー・ソネンフェルド

月夜の願い 新難兄難弟……1993／香港

脚本＝リー・チーガイ（李志毅）
監督＝ピーター・チャン（陳可辛）、リー・チーガイ（李志毅）

家族映画とくれば、あまりに定番ではあるがやはり「ゴッドファーザー」シリーズ、それも『PARTⅡ』をまず。しかしリアルタイムでは見ていない。頭でっかちな芸術映画少年だった私は第1作を見て来た同級生（中学生）から「跳ね上がるんだよ！」（銃撃されて、地面から死体が）と聞いた時もふうん、と応じただけだった。何が凄いのかわかっていなかった。

だが成長して名画座で『PARTⅡ』を見、結構ハマってしまう。内容解説は略。ユダヤ人ギャングのハイマン・ロスを演じたのがスーザン・ストラスバーグのお父さん（リー・ストラスバーグ）で、アル・パチーノのメンター（指導者）だというのは知っていたが、後年、私の関心事の一つになる俳優ジョン・ガーフィールド関連人物、などとは知るよしもない。というかまだガーフィールドを知らなかった。ひょっとするとこの映画がイタリア系ファミリーと東欧ユダヤ系ギャングの因縁対決だという構図もきちんと把握していな

かったかも知れない。出来の悪い兄貴ジョン・カザールと有能な顧問弁護士ロバート・デュヴァルのコントラストが抜群だ。

イタリア系ばかりが家族の結束を第一義としているのではない。ユダヤ系も負けていない。その観点からはガーフィールドがリメイク版に主演した『ユーモレスク』(46)を挙げたいが実は最初のフランク・ボゼイジ版を見ていない。見ていないのを挙げるのもヘンだし、リメイク版は傑作だがファミリー・ムーヴィーというより「年上の女」を巡るメロドラマになっていた。何故オリジナルにこだわるか、これが最も「イディッシェ・ママ(家族の中心で教育熱心なユダヤの母をこう言う)映画」になっているからだ(と言われる)。

そこでその雰囲気がリメイク版よりは濃厚な『アメリカ交響楽』を挙げておく。作曲家ジョージ・ガーシュインの生涯を描いたミュージカル。

本当はガーフィールド版『ユーモレスク』とスタッフがかぶる『ボディ・アンド・ソウル』(47)という線もあるが、これはスポーツ映画アンケートで挙げている。『ユーモレスク』で「ママ」を演じたのはヴェラ・ゴードン(オリジナル)、ルース・ネルソン(リメイク)。『アメリカ交響楽』ではローズメアリー・デキャンプ。『ボディ・アンド・ソウル』ではアン・リヴェア。

黒人の兄弟妹の愛情を描いた『アメリカの影』はジョン・カサヴェテス監督。ウブな黒人の美少女レリア(・ゴルドーニ)が白人と恋に落ちるものの、彼は彼女を黒人だと気づいていなかった。やがてそれがバレ、彼の見せた一瞬の躊躇に幻滅した少女は彼と別れる。レリアの兄ベン(・カラザース)も顔は黒人ぽくなく、いつも白人とつるんでいる。もう一人の兄ヒュー(・ハード)は対照的にいかにも黒人。3兄弟妹それぞれのキャラクターも楽しい。問題の白人アントニー(・レイ)はニコラス・レイ(監督)の子供。義母グロリア・グレアムと父親ニック(ニコラス・レイ)との三角関係の当事者で、という話題は十分どろどろしたファミリー愛憎劇ではあるが、この映画とは関係ない。

これはカサヴェテスが主宰していた演劇塾で、ある日できあがった即興劇、異人種同士の若者カップルの気づまりな会話を、映画化する価値ありと見なしたカサヴェテスが自費とカンパによって製作したものだ。なので役名は俳優名をそのまま使っている。黒人監督脚本家による黒人家族映画の傑作をここに挙げられないのは私の映画史的無知からだと謝罪した上で、しかしこのシチュエーションは「ある種のアメリカ」を最もミニマムなサイズで直接提示しているとは言えると思う。だから黒人映画と規定する必要もないわけだ。

もはや民族的に全くどうこう言えないのが『アダムス・ファミリー2』で、これはもちろんチャールズ・アダムスの一齣漫画の映画化（の第2弾）だが、直接にはテレビ「アダムスのお化け一家」の映画版と言うべきなのか。脚本担当は小説家としても著名なポール・ラドニック。一家の子供二人を典型的な白人向けのサマーキャンプに行かせ、そこでの座興としてアメリカ先住民族の怨念を舞台上に現出させる趣向が鮮やかだった。

アジア映画からも挙げておく。アンケートの趣旨から最適任なのは侯孝賢監督『悲情城市』（89）と思ったが、名作を避けたいというこっちの事情で同じトニー・レオン主演の『月夜の願い　新難兄難弟』を選ぶことにした。これだって名作だが見ている人が少ないし、トニー・レオンのリラックスした良さを味わえる。ところで名作も駄作も何でもOKという意味でトニーに並ぶもう一人のレオン。レオン・カーファイ。この人も英語名は実はトニーなんですね。『月夜の願い』は二人が父子を演じて共演しているので画面クレジット、キャスト・トップはトニー・レオンが横に二つ並ぶ、という珍なるもの。親不孝者の息子トニー（・レオン）が終戦後の香港にタイムスリップして若き日の父親レオン（・カーファイ）に会い、義兄弟となる物語。『バック・トゥ・ザ・フューチャー』が元ネタだとしても出来はもっと良い。この時代の香港映画はたとえ低予算でも仕上がりは大スター映画だ。両トニーの力のバランスも、過去と現代で互いを立てながらそれでも「一歩引くトニー」と「押しの強いカーファイ」という感じになっている。テーマはもちろん父子の和解。

元テレビプロデューサー・ディレクター
1947年生

河村雄太郎

コッポラの『ゴッドファーザー』（72）と侯孝賢の『悲情城市』（89）を最初に選んだ。この東西2本の家父長映画を両端に据え、ヴィスコンティの『熊座の淡き星影』（65）ベルトルッチの『1900年』（76）ベルイマンの『叫びとささやき』（73）の3本を並べた。家父長とは真逆の母ものとして、タルコフスキーの『鏡』（75）あるいはS・レイの『大河のうた』（56）を割り込ませたくなった。兄弟ものでは、ズルリーニの『家族日誌』（62）が棄て難かった。「戦争」や「政治・革命」のジャンルで漏れたアンゲロプロスの『旅芸人の記録』（75）を、今回の「家族」枠で救済することも考えた。

5本に絞り込もうとしたところ、たまたま人気お笑い芸人が母親の生活保護受給でバッシングされた。リベラルを標榜する政権の女性厚労相が、ここぞとばかりに給付引き下げや親族の扶養義務の厳格適用を主張した。貧困が問題なのに血縁という桎梏を利用してスリカエる自己責任論だ。資格審査の杜撰さは勿論、生活保護関連ビジネスや天下り先の利権には口を閉ざす。徴収した税金を還元したくない財務官僚と同じである。社会保障の削減で、格差や貧困は子孫に引き継がれる。企業レベルで言えば非正規労働者の増加によって、福利厚生を圧縮できる。それより何より、この国は未曾有の超高齢化社会に突入する。若者の非婚や低出生率は核家族どころか、家族そのものを消滅させるかもしれない。人口が減少すると、税収が減少する。インフラが維持できない。負のスパイラルである。そんな現状を振り返ると、冒頭で挙げた豊穣にして格調高い映画群が場違いに思えて来た。

ふと、ハリウッド・メジャーのヒーロー・アクションが脳裡に浮かんだ。主人公は身の危険を顧みず、あえて窮地に飛び込む。かつては金や名誉や主義信条のためだったのに、今どきのモチベーションは家族の絆がほとんどだ。しかし、それはタテマエに過ぎない。派手なCG描写だけでは観客動員に不安を感じるプロデューサーが、泣ける要素を加えたのだ。血縁という桎梏を利用することで、大衆の涙腺を刺激する戦略である。

前置きが長くなった。私が最終的にリストアップした5作品は、いずれも合衆国が舞台である。だが、ハリウッド・メジャーの商品価値とは縁遠い。この5本の作り手は家族を至高の価値とする前提に立たない。家族の絆の脆さをクールに描く。結果的に社会の実相がシビアなカタチで浮き彫りになるのだ。『傷だらけの挽歌』では富豪の娘を営利誘拐したプア・ホワイトの一家が、警官隊と壮絶な銃撃戦を展開する。一家を仕切るビッグ・バッド・ママと、そのマザコン息子のキャラが何ともエキセントリックだ。この映画の真骨頂はエピローグにある。娘は無事に生還するが、マザコン息子との性的関係を知った富豪の父は娘を拒絶する。富裕と貧困の共存はありえない、と訴えるアルドリッチの視点は鋭い。

J・フォードは『怒りの葡萄』(40)で、貧困にめげずに正義を貫く家族を描いた。『俺たちに明日はない』(67)に登場したF・ダナウェイの家族は、貧しさに打ち拉がれていた。『傷だらけの挽歌』の家族は貧困から脱出しようとして牙を剝き、自滅した。同じく大恐慌を時代背景にしながら、三者三様の相違が際立つ。

『ハッド』ではM・ダグラス演じる老牧場主の一家が、口蹄疫に感染した大量の牛たちを自らの手で射殺する。ダグラスの次男のP・ニューマンは、石油の採掘を提案して却下され、父との対立を深める。ニューマンの甥のB・D・ウィルデはダグラスの死をキッカケにして、野心満々の叔父と袂を分かつ。一家の崩壊は、西部が最早フロンティアではなくなったことを物語る。

『ハッド』は良き時代の西部劇の記憶に彩られた現代劇だ。『赤い河』(48)の牛たちはパワフルだった。開拓者精神に溢れたJ・ウェインの主人公が家族を獲得する映画でもあった。『大いなる西部』(58)では二つの家族が対立した。だが、家父長同士が相討ちで死に、新旧の世代交代はスムーズに行われた。『シェーン』(53)で少年だったB・D・ウィルデは、家族を守ってくれた流れ者のシェーンが去って行くのを見送った。『ハッド』では叔父の説得を振り切り、旅立つ。ウィルデは新天地で自身の家族を作るだろう。『ジャイアンツ』(56)のJ・ディーンは石油を掘り当て、大富豪になった。けれども、家族を手に入れることはできなかった。『ハッド』のニューマンも同じ道を辿る気がする。落日の西部という同じ主題を扱いながら、S・ペキンパーと比べれば、M・リットのタッチは乾いている。それを体現したのが、家政婦役のP・ニールだろう。ウィルデの母親代わりを勤め、ニューマンに好意を寄せる。とはいえ、所詮家族にはなりえず、駅馬車ならぬグレイハウンドのバスで去って行く。その寂寥をさりげなく演じて、素晴らしい。

『パリ、テキサス』のH・D・スタントンは、探し当てた妻のN・キンスキーとマジック・ミラー越しに再会する。夫から妻の姿は見えるが、妻から夫は見えない。スタントンはインターホンで、夫婦が共有した過去の体験を語り始める。その長台詞の途中で、それまでスタントン側にあったカメラ位置が、突如キンスキー側に切り換わる。R・クーダーの音楽がスネークインし、キンスキーの頬を涙が伝わる。夫の存在を確認した瞬間を強調する表現だ。ところが、キンスキーの演技はもっと以前から確認していたように見える。

これはヴェンダースによって計算された時間差に他ならない。スタントンが口にする何らかの台詞を確認

あまりにも美くすぎる！
ナスターシャ・キンスキー
PARIS, TEXAS
Wim Wenders

のキッカケにするのではなく、あえて曖昧にするという意図である。長回しの映像で、夫婦の過去の濃密な関係を、ジワジワと滲み出そうとするのだ。キンスキーと息子の対面にも、同じことが言える。母と息子の長い抱擁のあと、交わされた会話は「ママの髪、濡れてる」という息子の一言だけだった。二人の抱擁を確認して、スタントンは無言で去っていく。家族のロード・ムービーは、饒舌の時間差と沈黙の時間差の交点で成立する。

『インテリア』に登場するのは東部の裕福な知識人一家だ。完全主義が嵩じて心の病に罹った母親と、3人の娘たちとの葛藤が描かれる。別居中の父親が母と正反対のタイプの女を連れて来て、再婚を宣言する。娘たちは冷静を装うが、内心の動揺は隠せない。些細なことで再婚相手を罵倒してしまう。父は再婚を果たし、母は海で自らの命を絶つ。

私はW・アレンの熱心な観客でない。しかし、『インテリア』は好きな作品だった。荒涼とした家族の心象が、冬枯れの海辺に宙吊りのまま投影されていた。それが今回30年振りにDVDで再見し、ラストの娘たちの表情に、安堵感が浮かんでいるのに気づいた。父と母がそれぞれ落ち着くべきところに落ち着いた、という想いである。ある種の無常観だろうか？ アレンの狙いとは違うかもしれないが、そんなことを感じ取る年齢に私自身が達したのだ。

『こわれゆく女』のヒロイン、G・ローランズも心の病を抱えている。けれども、その言動は『インテリア』とは一線を画し、アクション映画を観るようだ。加えて、カサヴェテスの臨場感溢れる生々しい演出が、強烈なサスペンスを醸し出す。ローランズの狂気がいつどんなカタチで爆発し、夫であるP・フォークや3人の子供たちはどんな被害を蒙るか、観客は固唾を飲んで見詰める。飽和点はローランズの退院を祝うパーティのシーンだ。親族たちの善意の激励が神経を逆撫でする。それに耐えようとして、ローランズは思わず「家族っていいわ」と呟く。この台詞がかくも哀しく聞こえるドラマは他にないだろう。そして圧巻は、パニックに陥った母親の姿を見せまいとして、フォークが子供たちを2階に引っ張り上げるシーンだ。しかし、子供たちは「ママ！」と叫びながら2階から駆け下りる。これがリフレインされる。アクションとホームドラマの見事な融合だった。カサヴェテスは言う。「この物語にはニュースとしての価値がすこぶる欠けている。ウォーターゲートでもなければ戦争でもない。ただ、男と女の関係を伝えているに過ぎない。そして、それこそ私を引きつけてやまないものだ」——けだし名言である。

映画評論家
1950年生

宇田川幸洋

裁判長
1918／デンマーク
脚本・監督＝カール・T・ドライヤー

散り行く花
1919／米
脚本・監督＝デヴィッド・W・グリフィス

ステラ・ダラス
1925／米
脚本＝フランセス・マリオン
監督＝ヘンリー・キング

捜索者
1956／米
脚本＝フランク・S・ニュージェント
監督＝ジョン・フォード

父子情
1981／香港
脚本＝アルフレッド・チョン（張堅庭）、リー・ピクワー（李碧華）ほか
監督＝アレン・フォン（方育平）

『裁判長』は、カール・ドライヤーの処女作で、本国封切は1920年。主人公の判事の、父だか祖父だかが、女性につらい思いをさせたという過去があり、自分はそういうことはしないとこころに誓って生きていたはずが、結局、それをしてしまうというはなし、だったと思う。父系の因果がもたらす宿命。

『散り行く花』は、たったひとりの身よりであるむすめ（リリアン・ギッシュ）を虐待する父親（ドナルド・クリスプ）。

『ステラ・ダラス』は、むすめをつよく愛しているのだが、文化程度が低く悪趣味で、身なりやふるまいが下品なため、むすめから恥ずかしがられ、うとんじられてしまう、あわれな母親。かすかな記憶しかなかった映画なのだが、今年になって、たまたま三益愛子の母もの映画をはじめて、3本たてつづけに見て――『母の旅路』（58）『母の曲』（55）『母紅梅』（49）――その影響力のつよさを思い知らされた。

現在では、37年のキング・ヴィダー監督、

バーバラ・スタンウィック主演のもののほうが知られているかも知れない（DVDにもなっている）が、ぼくが見ているのはサイレントのほう。

「母もの」というのは、母性愛の美しさとかなしさばかりが強調されてかたられてきたように思う。というか、映画のなかみが、現実社会にある母性神話の価値観とうやむやにとけあってしまっていた。実際に見てみたら、ただただ泣かせるというようなつくりの映画ではなく、三益愛子の演じる母のキャラクターが、ときにはモンスターのごとく暴走し、むすめや夫をこまらせるのが、実におもしろい。ポン・ジュノ監督の『グエムル〈同監督の怪獣もの映画〉』母もの『母なる証明』（09）にあと一歩の同類なのだ。

清水宏監督『母の旅路』は、ストーリーからして、あきらかに小石栄一監督『母紅梅』のリメーク。三益愛子はサーカスのブランコのり。夫は団長だが、もともとは大会社の御曹司で教養もある。親が死に、会社のあとをつがねばならなくなる。上流の生活をし、ひとりむすめを名門女子校に入れる。むすめのためにはいいことだが、三益愛子は、どうしてもその生活になじめず、ことばづかいも喫煙癖も旅まわりのときと同じようなので、周囲と摩擦がおこる。で、家を出て、ひとりサーカスにもどる。

『母の曲』のラストの、いい家柄の好青年と結婚するむすめを、式場の通路の窓から（腕をくんだ新郎新婦の歩くのにつれ、母も窓から窓へ移動する）のぞき見ながら、雨に打たれるすがたは、まるでノートル・ダムかオペラ座の異形の怪人のようなかなしさにあふれているが、『母紅梅』『母の旅路』では、股旅ものの主人公か寅さんのような、非常民的な自由さも感じさせる。

いずれにしろ、戦後の新しい市民社会が形成されるなかで、とりのこされるがわ、消えていくがわに属する存在なのはたしかだ。

その原型をつくった『ステラ・ダラス』も三益愛子の母も、子から見ると、ものすごく恥ずかしい存在なのだ。だから、かなしい。

『捜索者』のイーサン・エドワーズ（ジョン・ウェイン）は、ナタリー・ウッドを救出し、隣人の家庭に送りとどけると、また荒野にふらりと歩き出し、彼の背後でドアがしまり、画面はまっくらになる。有名な、あまりに美しいラスト・シーンだ。

このとき、背をむけるまえに、ジョン・ウェインは、右手を左のひじのあたりにおくポーズを見せる。これはハリー・ケリーのよくしていたポーズで、彼へのオマージュだ。

ジョン・フォード監督がハリー・ケリー主演で撮った初期の西部劇『誉の名手』(17)でも、『捜索者』の最初と最後のシーンのように、家のなかから額縁のように切りとられた外景をのぞむショットがある。しかし、この低予算の西部劇では「家」は1枚の書割のような板で、外景を切りとる「額縁」も十分に黒い闇になっていなかった。そこから40年をへて、その間《かん》にフォードは、流れ者が主人公の西部劇だけではない、あらゆるジャンルの映画をマスターした。家のなかみ——家庭と家族もえがいた。さまざまなそれを美しくえがき出してきた。それが『捜索者』のまっ暗な闇には充溢している。『わが谷は緑なりき』(41)でえがいたような家庭・家族の美しさもそこにはあるだろう。だが、その美しさとともに、それに背をむけて去る者の美しさをも同時に表現する、この詩情。

D・W・グリフィスもジョン・フォードも、家庭の幸福の美しさと、それに背をむける孤独の美しさを、ともにえがいた。

グリフィスは、リリアン・ギッシュにおいて特に、それを達成した。『散り行く花』は、あまりに不幸な、家庭とはいえないような境遇だが、幸せな環境にあるときでも、いつもリリアン・ギッシュは「孤」の気高さを発していた。

家庭に安住する主人公とともに家族愛をうたいあげる、なんの矛盾もないアメリカ映画なんて、おもしろいはずがない。

母とむすめの関係をえがく日本の「母もの」に対し、中国語圏は父とむすこをえがくことが多い。香港の広東語映画は特にそうだ。

『父子情』は、70年代なかばにテレビでキャリアをはじめた、つまり香港ニュー・ウェイヴ世代のアレン・フォン（方育平）の劇場用映画第1作。自伝的要素が多分にはいっていると思われる、ニュー・ウェイヴ世代の父もの映画だ。

貧しいなかで、むすこをちゃんと学校にやり、留学までさせる父親。映画と武侠小説に夢中で、父をうとましくさえ感じていたむすこ。フォンらしい誠実なリアリズムで、普遍的な父子関係がつづられる。

同じニュー・ウェイヴ世代で、フォンと同い年の女性監督アン・ホイ（許鞍華）は、母と自分との関係をえがいた自伝的映画『客途秋恨』（90）をつくった。彼女の母は日本人で、そのこころにかかえている感情に理解しがたい部分があり、関係がうまくいっていなかった。母の故郷をいっしょにたずね、さまざまなことがわかってくる。

アン・ホイは、さまざまなジャンルを果敢に手がけるなかで、だんだん、日常生活のなかの感情を大事にえがくようになってきた。最新作『桃《タオ》さんのしあわせ』がたのしみである。

映画感想家
1975年生

千浦僚

スサーナ……1950／メキシコ
監督＝ルイス・ブニュエル
脚本＝ルイス・ブニュエル、ハイメ・サルヴァドール

理由なき反抗……1955／米
監督＝ニコラス・レイ
脚本＝スチュワート・スターン、アーヴィング・シュルマン

妥協せざる人々……1965／西独
監督＝ジャン＝マリー・ストローブ
脚本＝ジャン＝マリー・ストローブ、ダニエル・ユイレ

家族の四季　愛すれど遠く離れて……2001／インド
監督＝カラン・ジョーハル
脚本＝カラン・ジョーハル、シーナ・パリク

ベガス……2008／米
監督＝アミール・ナデリ
脚本＝スーザン・ブレナン、ブリス・エスポジート、チャーリー・レイク・キートン、アミール・ナデリ

小悪魔美人脱獄囚があるブルジョワ一家をひっかきまわす。彼女の名こそタイトル『スサーナ』。上品ぶり家庭の平穏さが欲望の刺激でたやすく崩壊することを戯画的に描く。ブニュエル流プログラムピクチャーの傑作。とってつけたようなハッピーエンディングにしてあることがこれまたすごい。

『理由なき反抗』は自分の家庭、家族に失望した若者たち（ジェームズ・ディーン、ナタリー・ウッド、サル・ミネオ）が疑似家族を形成し、それが悲劇的に破壊され、その衝撃を受けて（おそらくは今後より良く）変化するであろうもともとの家庭に帰っていくというお話で、立て籠る犯罪少年とその現場に呼び寄せられるその家族の原型みたいな場面がある。ジミー・ディーン神話と作家主義ニコラス・レイ篇というガイドラインがなかったとしても観甲斐のある名作。

『妥協せざる人々』はドイツ近代史のなかの家族3世代の物語で、祖父が大聖堂を設計建築し、息子がそれを破壊、孫が再建するとい

う。うわー、この極端、ドイツ人まじパネェ（半端ねえ）を簡略化）的な。原作はハインリヒ・ベルの『九時半の玉突き』。ある一日のうちの出来事とそのなかでの回想で60年分ぐらいの歴史を描き出すこの原作のスタイルを踏襲しているのか、この映画は60分に満たない尺でパッと観だと結構わかりづらいが、ふとTL（タイムライン）が見えて構成がわかると感動がくる。

『家族の四季』は08年に日本公開もされたオールスターキャストのド直球家族メロドラマメイドインインディア。超リッチ富豪ファミリー、許嫁よりも愛する女性がいるゆえ親と仲違いしてしまう息子、実は彼は養子で、とか、その弟（こっちは実子）が散り散りに別れた家族をまた結びつけようと奔走したり、堂々のクリシェつるべ撃ち。この堂々というところがポイントで、インドは映画のなかだけじゃなく実生活上でも家族の絆がかなり強いような。単に日本が失った文化なのかもしれないが。で、インド映画では家族もの、家族メロドラマがよくあるし恋愛映画の背景にもびっちり家族が描き込まれている。それら無数の印流家庭劇を代表させるようなつもりでセレクト。

『ベガス』は、最近日本で撮った映画『CUT』（11）も話題になったイラン出身の監督アミール・ナデリ作品。映画祭などでだけ上映されたもの。ラスベガス近郊の立地に住むそうリッチではない一家の父親がある宝探しばなしを信じて自宅の庭を掘り返す。それがジョーク、騙しだったと言われたあともう思い込んでしまってやめない。妻子が止めても。ショベルカーも導入、家も解体、掘り続ける。かつての西部劇がじつはアメリカの風土に根ざしたホームドラマであったことを思い出させるロケーションと映像（砂漠に向かって開かれたドア、玄関ポーチなど）に重ねられる狂ったアメリカンドリーム。家庭の破壊を文字通り家の破壊で描く秀逸。廃墟化するホームに佇む子供。砂まじりの風。異邦人の眼が射抜いたアメリカの家族の壊れかた。

自分で家族映画的に捉えているものをかつてのこのコーナーの政治映画で多く挙げてしまっていたことに気づく。『怒りの葡萄』（40）とか『若者のすべて』（60）とか『ポケットの中の握り拳』（65）とか。でも政治のルーツは家庭という意識もあり、間違えたとは思わない。この二つの領域にまたがる映画は多くあるはず。

ところで政治も家族も僕のリアル生活のなかでは敬して遠ざけるよくわからない苦手なもの。

あと家族映画としてヒッチコックの『鳥』（63、金持ちわがまま娘ティッピ・ヘドレンの家庭環境に由来するヒステリーが鳥たちとシンクロしてパニックが始まり、惚れた男の母親と疑似母娘関係になることで小康状態になるという構造）、殺人鬼一家もまたひとつの家族であり襲われるのも通りすがりの家族だったりするロブ・ゾンビの『デビルズ・リジェクト　マーダー・ライド・ショー2』（05）やウェス・クレイヴン『サランドラ』（77）（ということはリメイクの『ヒルズ・ハブ・アイズ』〈06〉も同じ）などを挙げたい気持ちもあったが、ちょっとズレすぎてるかなと思い選びませんでした。

詩人・編集者
1949年生

稲川方人

クリーン……2004／仏・英・カナダ
脚本・監督＝オリヴィエ・アサイヤス

アメリカ，家族のいる風景……2005／米・独・仏
脚本＝サム・シェパード
監督＝ヴィム・ヴェンダース

わが谷は緑なりき……1941／米
脚本＝フィリップ・ダン
監督＝ジョン・フォード

こわれゆく女……1974／米
脚本・監督＝ジョン・カサヴェテス

若者のすべて……1960／伊、仏
脚本＝スーゾ・チェッキ・ダミーコ、パスクァーレ・フェスタ・カンパニーレ、マッシモ・フランチオーザ、エンリコ・メディオーリ、ルキノ・ヴィスコンティ
監督＝ルキノ・ヴィスコンティ

2年前の国勢調査（こんなもんにデータ化される国民って何？）によれば、この国には1678万5000の一人暮らしの世帯（単独者なのに世帯か？）があって、家族のいる世帯（1444万）を大きく越えている。単独生活者の空間が多数だということは、社会がより原始化しているということでもある。1700万近くの単独世帯の多数は都市部に暮らしている比較的若い世代か、地方に生きる老齢者のはずで、「限界集落」などと称される地方の非家族空間と「ひとり限界集落」が点在する都市の荒地化、原野化は早晩、自明となるだろう。

東京の中央線の東小金井駅から見下ろす東口駅前の風景は恐ろしいですよ。ちょっと前までは、「家族論」が保守思想の虚妄の根幹だったが、いま「家族」を手放しで賞揚する保守論客もいなくなった。無意味だからだ。

また最終的な単独者と言える、いわゆる後期高齢者の比較的恵まれた人々は各種ホームに入り、同じ境遇の人たちと共同生活者を装

うことになる。その偽装に「福祉社会」の実態がべったりと張りつく。青梅線西立川駅に隣接し線路に沿ったひょろ長い、コンクリートで固められた老人ホームの薄暗い内部が車内から覗ける、恐ろしいですよ。

そしていま、職業紹介所に集まる仕事の大半は「介護士」だという。篤志家が増えたわけでは、むろんない。国家の「社会福祉予算」がごうごうとそこに流れているわけだ。2、3人の「介護士」を雇えば補助金が流れてくる、そうした粗末な事業所が乱立しているんだろう。

「介護士資格」は3ヶ月でもらえるらしく、私の数少ない友人には、つい1週間ほど前に特別擁護施設の職に就いたという30歳の単独者を含めて、驚くべきことに6人か7人かの「介護士」がいる。「家族空間」を造れない者が「家族」からはぐれてしまった者の面倒をみる。寒々しい実態だ。

60年代初期、10代はじめの私はすでに家族とは暮らしていなかった。テレビがあったとは思えないのでおそらく行きつけの劇場にかかったんだろう、『わが谷は緑なりき』を観て、震えた。『怒りの葡萄』(40)も『捜索者』(56)もそうだが、ジョン・フォードは、保守思想の希薄なプロパガンダを駆逐すべく、何が真に保守的かを揺るぎなく描く。家族の物語を俯瞰する少年ロディ・マクドウォール、噴煙が立ちこめる坂道の炭坑町、暗い坑内から出て、陽射しの残るなかを家路につく人々、少し町を離れれば小高い丘があり、大人は樹の下で子供に何が大事かを教える、それらは古き善き時代の家族を象徴する私の原風景となってしまった。大恐慌時代の南部を写真に撮ったウォーカー・エヴァンズの絶望的な風景とともに、後年になって書くことになった詩集に影響を与えた。被災地の子供たちが観るならこの『わが谷は緑なりき』だろう。

最近なんだか調子の良さそうな長編を撮ったアサイヤスの代表作かどうかは分からないし、だいたい誰が嫌いかってマギー・チャンほど嫌いな女優はいないくらいなんだが、『クリーン』とは出会い方がよく、もし母と子の物語がいまの時代に成り立つならこのくらい正直に関係を凝視しなければいけないと思わせる家族映画。義父ニック・ノルティが泣かせる。

反対に、ヴェンダースの『アメリカ，家族のいる風景』(05)は、破綻だらけでいよいよ才人の終末を感じさせた映画だったが、同じサム・シェパードと組んだ80年代の『パリテキ［パリ、テキサス］』（84）ではうまく収まっていた「形式」からどうしようもなく逸脱してしまう画面がいたるところに見えて、「家族」に触れるときに問われる、片手間では済まない事態に困り果てているヴェンダースがいいと思った。『こわれゆく女』カサヴェテスはいったい「家族」を描いたことがあるのかどうかは考えてしまうところだが、夫、子供をはじめ無造作に関わってくる他人を前に自分の心を打撃し続ける女ジーナ・ローランズを見ていると、家族や家のなかで「女／母／妻」が何を得て、何を喪失しているのか直裁に示されて、見る者が受けとる痛みは尋常ではない。大きなテーブルに人々が集まり、壊れる「女／母／妻」の差し出すスパゲッティを食べるシーンは誰がどう見てもすごい。

家族のいない家から毎日映画館に通っていた10代前期に見ていたイタリア映画こそは「家族映画」の代名詞のようなものだった。今回もろもろ見比べる余裕がなかったので、余りにも傑作な『若者のすべて』を、あの時代の記念としたい。YouTubeでしょっちゅう60年代初期のイタリア映画のサントラを聞く。『鞄を持った女』（61）を聞くと、それを見た伊豆の伊東キネマ通りの風景が思い出されて泣けてくる――というような自己の物語を語ることなどはもとより無意味である。だが、その「無意味」を揶揄することが自己撞着の物語自身であることに気付かない無惨な知性は、やはりとことん駆逐しなければならない――というわけで、さらに言えば、「家族」は私のもっとも強い劣等意識なのである。ちょうど10年前の夏、祭壇に並んだ見も知らぬ人たちが「生前は父がお世話になりました……」と挨拶するのを黙って聞いていた、実の父親の葬儀。おおむね、あのときに私の「家族」は思考から消えた。血の繋留がなければ、人間にとって「家族」は単なる概念である。この国を原野が浸食するとき、「家族映画」は不思議なミステリーになるんだろうか。

子供たちからも共同体からも捨てられた母・望月優子が、湯河原のプラットフォームから東海道線の列車に飛び込む（53／『日本の悲劇』木下恵介監督）。フォームからトンネルが見える。向こうは明るい熱海の空だ。いま私は明るい空を直視できない。

脚本家・本誌編集長
1947年生

荒井晴彦

困った。家族映画なんて見てない。何の興味も無かった。家族で見る家族映画、家族向けに作られた家族映画なんて気持ち悪い。家族揃って東宝映画というコピーは、「毒」のない映画で安全、安心ですよという宣伝だと思って、バカにしていた。東宝じゃなくても家族の臭いのする映画は見なかった。『家族』（山田洋次、70）は見てないけど、『喜劇　家族同盟』（前田陽一、83）や『家族ゲーム』（森田芳光、83）は見ている。テレビで山田太一の「岸辺のアルバム」（77）を見てしまったせいかも知れない。シナリオライターになりかけで、ネタとして「家族」は面白いと思ったのだろうか。しかし、興味は「家族」の崩壊（解体）と再生だった。

「家族帝国主義」という言葉があったが、そんな立派な家じゃなかった。まだシナリオライターでもなかった頃、新宿ゴールデン街の「まえだ」で、赤座美代子さんに、アライっていい家なのねと言われたことがある。中産階級の下だよと言ったら、そういうことじゃなくて、と言われた。そうだったのかも知れない。だから、「家族」について考えてこなかったのか。バンドをキャバレーなんかに入れるハコヤで夜は家にいないオヤジで子供とはすれ違いだった。父不在だから「いい家」だったのか。「家族」って何だ、「家庭」って何だと、切実に考え始めたのは娘が生まれてからだ。

　子供の親権を裁判で争うなんて、結婚も考えていなかった俺には、遠い問題で、見る気もしなかった『クレイマー、クレイマー』を初めて見た。ロバート・ベントンは好きで、これ以外は全部見ている（と思っていたら『夕陽の群盗』〈72〉を見ていない。なぜDVDにならないのか）。撮影にトリュフォーのネストール・アルメンドロスで、へえだ。『クレイマー、クレイマー』の「、」が原題では「VS.」だと知ってなるほどと思う。仕事、仕事のダスティン・ホフマンに、仕事をやめて家庭に入って子育てしてきたメリル・ストリープが、不満を募らせ、「自立」を目指して、家を出る。ダスティン・ホフマンは仕事と子育ての両立を目指して奮闘するが、仕事をミスしてクビになる。そこへメリル・ストリープが子供をひき取りたいと提訴。裁判に負けるが、という、育児放棄とか虐待なんて想像もできなかった時代の話。俺だったら、オフクロにヘルプ・ミーで子育てを頼むんだろうな、きっと。大塚博堂の「ダスティン・ホフマンになれなかったよ」という歌があったけれど。

『ファイブ・イージー・ピーセス』は、「ふるさとは遠きにありて思ふもの　そして悲しくうたふもの　よしやうらぶれて異土の乞食となるとても帰るところにあるまじや」（「小景異情」室生犀星）の、ふるさとを家庭に変えた趣。俺は家を出るなんて、30過ぎても、考えてもみなかった。家に帰ればご飯が食べられた。アパート代のために働くなんてロスだと思っていた。アルバイトなんて、映画修業の足しにならないと思っていた。

　ジャック・ニコルソンは立派な家に育ったから、出ようと思ったのだろう。石油を掘る仕事から帰ってくると同棲しているカレン・ブラックがタミー・ウィネットの「スタンド・バイ・ユア・マン」のレコードをかけている。「女であることの哀しさ　ひとりの男に愛を捧げれば　苦しむのは女ばかり　楽しむのは男だ

Kramer Kramer

NYはマンハッタン、
テッド(ダスティン・ホフマン)が
息子ビリーにフレンチトーストを作る、
息子ビリーを抱いて走る、
すべてが名場面!

お洒落の基本がぎっしり、
メリル・ストリープのトレンチコート姿は
自立を決意した女性の覚悟を思わせる

け　男の気持ちは女には分からない　でも愛してれば　分からないなりに　男のすることを許すもの　もし彼を愛するなら　それを誇りに思うこと　なぜなら　所詮　彼は男なのだから　男のそばに寄り添って　愛してることを　知らせるの　ありったけの愛を捧げることよ」

　こういう歌詞だったのか、俺、この曲、この映画以来好きで、初めて買った携帯の着メロにしていた。ヒラリー・クリントンだったか、こんな女はダメだと言ったというが、なるほどだ。レコードが終わって、カレン・ブラックが「もう一度」と言う。ジャック・ニコルソンが「今度かけたらレコードを叩き割るぞ」「裏面ならいい？」「裏も表もない、音楽の本質にかかわる問題さ」「じゃ、私に歌わせて、音楽一家に育ってピアノだって弾くくせに。私の才能を育ててほしいのよ、あんたの手で」このカレン・ブラックのバカ女ぶりがすごい。なんでこんな女と一緒にいるのか。ジャック・ニコルソンの自虐、自己処罰としか思えない。そんなバカ女が妊娠したという。最悪だ。姉に「パパがひどく悪いの、2度も倒れたの、もう回復の見込みはないの、見舞いに行くべきだわ」と言われ、3年振りに家へ帰る。カレン・ブラックを連れて。

　ジャック・ニコルソンは車椅子の父親に語りかける。「父さんが聞きたいか、どうか分からないけど、結局、俺の人生は父さんに認められるほど、大したものじゃない　方々旅するのは、本物を探し求めてるのじゃなく、俺がいるとそこが悪くなるから、逃げ出すだけだ　疫病神も同じさ、父さんの言いたいこと半分は察するよ　俺の感じでは、話せたら会話にならない　俺が家を出る前のようにな、何て言えばいいか……（泣き出す）姉さんは二人で話せと言うが……俺と父さんが分かりあえると思ってるんだ　初めからお互いに気持ちが通じないのを知らないからさ、俺にできるのは謝るだけ、うまくいかないのは分かってた　すまないと思う」父親は息子だと認識してるのか、定かじゃないし、しゃべれない。しかし、大体、互いに一方通行ではないのか。俺もオヤジとちゃんと話した記憶がない。しかし、いや、だからか、オヤジが死んだ時泣いた。昔、この親子のシーンを見た時、ジャック・ニコルソンは「ファーザー、アイ・ラブ・ユー」と言ってるのだと思った。なぜだろう。そして、ジャック・ニコルソンは父になることを拒否して女を捨てる。撮影はジグモンドと同じハンガリーからの亡命組、『イージー・ライダー』のラズロ・コヴァックス。

『パリ、テキサス』は、昔見た時、ハリー・ディーン・スタントン、4年間も砂漠歩ってたのかよ、ナスターシャ・キンスキーは元亭主の声が分かんないのかよ、あり得ねえ、で、結局、育ての母より産みの母かよ、ライ・クーダーのビョーンだけだな、だった。しかし、見直して、同じ、妻＝母が出て行っちゃう『クレイマー、クレイマー』に比べると、なんか深いなあと思った。父と子もトランシーバーでの会話。夫と妻は覗き部屋？で電話で会話。あなたは、ちゃんと向き合わないというセリフは俺のトラウマだけど、トラヴィスは向こうから見えないのに、なお背を向けて電話でしゃべる。ジェーンもそうだ。トラヴィスに弟の家のヒスパニックのお手伝いさんが「捜し物ですか」「父親さ」「あなたの？」「いや、いわゆる父親というのは……どんな風なのかな」「いろんな種類がありますわ」「いや1種類でいい」「それを雑誌で？」「他に探しようがない」「父親らしくなりたいのですね？」鏡の前で衣装合わせして、一度学校の前でシカトされた息子を迎えに行く。息子は「君の知り合いの人？」と友だちに聞かれて、「僕のパパのお兄さん、いや、二人ともパパの兄弟……二人ともパパ……」道の両側を歩いて行く父と子。この迎えのシーン、神代辰巳とやった土曜ワイド劇場「盗まれた情事」でいただいた。覗き部屋でのトラヴィスの、回想シーンなしのしゃべりに初めて感心した。

トラヴィスは自分とジェーンの間に起こったことを知り合いの愛し合っていた男と女がいたと語り始める。男は女と離れるのがいやで仕事をやめた、女に子供ができて男はまた働き始めた、子供が生まれて女が変わった、子供を生ませて自由を奪ったと男を責め、逃げ出す夢を見たと言う。「男は彼女の足首に鈴をつけた　夜中に逃げ出しても分かるために　が、女は鈴の音を消す工夫までしてベッドから逃げ出した　それでも鈴の音がして男は女を止めた　男は女を連れ戻し、ストーブにベルトでゆわえた　ベッドに戻ると彼女の泣き声が聞こえる　赤ん坊の泣き声も聞こえるのに自分が何も感じないのに驚いた　眠りたいだけだった　その時初めて遠くに行きたいと思った　誰も自分を知らぬ、深く広い所、言葉もない所、通りの名もない、町の名もない所に行く夢を見た　目が覚めたら炎につつまれていた　シーツが青い炎に燃えていた　男は炎の中を走り愛する二人を捜した　二人はいなかった　両腕に火がつき、男は外に飛び出して濡れた地面に転がった　男は走った　後の炎にはふりむかずにひたすら走った　陽がのぼるまで走った　走れなくなるまで走り、陽が沈むとまた走り続けた　まる5日間走った　自分の形跡が完全に消えるまで」

それで砂漠を歩いていたのか、傷、深いよなと納得。トラヴィスは息子のいるホテルの部屋番号をジェーンに教える。母と子が会っているホテルを見上げてトラヴィスは去って行く。「君はママと生きろ、僕は一緒に生きられない、過去の傷がぬぐえないままだから」トラヴィスはテキサスのパリの空き地の写真を持ち歩いている。父さんと母さんが愛しあって、僕が生まれた場所、パリ、テキサス。「僕の出発点なのさ」いつか妻と息子と3人で住もうと思って、買った土地。凄惨な家族（という夢）崩壊の話だった。そして、3を自分抜きの2にする選択。サム・シェパードのホンがいい。『アメリカ、家族のいる風景』(05)は期待外れだったけど。撮影はロビー・ミューラー、夜の色がすごい。

『ギルバート・グレイプ』は、夫が自宅の地下室で首を吊って死んでから過食症になり、浜辺に打ち上げられたクジラみたいになってしまった母親と知恵遅れの弟（レオナルド・ディカプリオ）の世話で、まるで「家」に縛り付けられているようなギルバート・グレイプ（ジョニー・デップ）の話だ。姉と妹もいる。ギルバートは24年間、田舎町から出たことがない。スーパーができて先行き不安の雑貨屋で働いている。宅配先の人妻の性の捌け口も淡々とこなしている。そこにベッキー（ジュリエット・ルイス）が現れる。旅の途中でキャンピング・カーが故障したのだ。ベッキーはいつか出発する。しかし、ギルバートは町から出られないから、故障が直るまでの「恋」だ。人妻の夫が死に、人妻は、ギルバートをベッキーに譲るわと言って町を出て行く。弟の誕生日パーティが終わって母親が死ぬ。遺体を運び出すのにクレーンなんか使ったら、また人が集まってきて、母が笑いモノにされると、ギルバートは母親を家ごと火葬にする。燃える家がこんなに解放感を感じさせるなんてなかったのではないか。姉と妹はそれぞれ働き先を見つけ、ギルバートと弟はベッキーのキャンピング・カーを待っている。初めて町を出て行くのだ。見返すと、ディカプリオの知恵遅れ芝居の良さに驚く。ラッセ・ハルストレムも『マイライフ・アズ・ア・ドッグ』(85)とこれだけだった。撮影はスヴェン・ニクヴィスト。

『旅立ちの時』ダニー(リヴァー・フェニックス)が野球の打席に立っている。三振。誰かの代わりにレギュラーだと言われてもうれしそうじゃない。家の前に車が停まってるのを見て裏口に廻り、犬を呼んで自分のスニーカーをくわえさせ、弟を呼び出す。父と母の所に駆けつけ、FBIだ、車2台に4人。そのまま一家4人はバンで逃走。71年に、ベトナム戦争で使われたナパーム弾を開発したマサチューセッツ大の軍事研究所を爆破して、父と母は指名手配中なのだ。だから、この家族は「組織」でもある。

モーテルで母に髪を染められながら「なんとなくイヤな感じ」「17歳は多感だから」「鏡を見ると違う自分がいる、半年ごとに名前も変わる」父は父で、逃走資金を受け取った時、母親がガンで死んだと聞いて落ち込む。「FBIが来た時だって口が堅かった、元ボルシェビキの二人の老人、今も父母の姿が目に浮かぶ、公衆電話でコソコソと息子と話す母、でも死んじまった、俺を愛してた、去年の冬、シカゴで母と会った時、突然連絡したのに飛んで来た、吹雪の中を一人でね、母は飛行機嫌いだった、降りた時、真っ青だった、ラウンジで俺はやっと顔が見れたと言った、母が見られただろって言った、文法を直すんだ、すぐ教師のクセが出てね、ほんとに寂しくなったよ、俺たちと息子二人、だから、しっかりやっていこう」とベッドで妻に言う。

転校した高校でダニーはピアノの才能を音楽教師に認められ、音楽教師の娘と親しくなる。どうしてご両親に紹介してくれないのと言われ、母の誕生日に呼ぶ。ジェイムス・テイラーの「ファイアー&レイン」(70年の大ヒット曲)で家族と彼女が「私は火も雨も見てきた」と歌いながら踊るシーンには涙が出てくる。森の中でダニーと彼女はキスをする。彼女が「いいのよ、欲しいの」しかし、ダニーはいついなくなるか分からない自分を考えて、手を出せない。彼女は口も利かなくなる。教師はダニーにジュリアード音楽院へ推薦状を書くから、前の学校の成績表を出せと言う。ダニーは答えられない。父と母が話し合う。「大学に入ったらＦＢＩの尾行がついて二度と会えなくなる」「連絡すれば?」「俺の親も苦労したんだ、地下の連絡網を使ってな、それで満足できるか」「一緒にいたい一心だったわ、長男は母に預けて、次男は産まなければよかった、ダニーは2歳の時からこんな生活。私たち子供にひどい仕打ちをしてるわ、生涯逃げ回るだけよ、自首するのよ」「これから15年、監獄で子供たちと面会か、面会日に1時間で我慢できる?」「そのつもりよ」

母は自分の父親にダニーのことを頼みに行く。「ダニーは成長したわ、自由にさせたいの」「14年も自分の子供に会えない気持ちが分かるかね? 生死さえ分からずにね、おまけにその子供は他人を殺したかもしれん、殺した場合、私自身はどう責任をとるのか? 爆弾を仕掛けたのは自分の娘だから」「人は殺さなかったわ、言い訳するために来たんじゃないけど、あれは戦争をやめさせるために取った行動よ、それを理解してくれないの?」「重傷者は失明した」「不幸な巻き添えよ」「ママや私のことを考えたか」「答えろと?」「最後はおまえは私を帝国主義のブタと呼んだ、戦争責任があり貧困や人種差別を広めたとな」「若かったわ」「まだ、若かったし才能もあった、美しかった、愛に満ちてた、なぜ全部捨ててしまった?」「ダニーを預かって、ジュリアードへ行かせて」「おまえが捨てた人生へ自分の子供を戻したがってる、虫がよすぎないか」「10歳のハリーが一人前に成長したら自首するつもり」「ダニーはおまえと同じだな、練習ボード持ってる?」「あるわ、ダニーもあれで練習したの」「おまえが教えた? 皮肉なもんだな」「学費と世話する家族が必要なの」「預かるよ」革命家の子を持った親、革命家の親を持った子、子であり親である革命家の夫婦、3世代をうまく描いている。中央公論特別編集の『吉本隆明の世界』で「転向論のひろがり」を読んでいたら中野重治の娘の文章が引用されていた。「少し年上の子供達には、ヤーイ共産党! と囃されることが度々あった。父に告げると、相手に飛びかかって目玉をくり抜け、と言った。(勿論そんなことはせず、オトウサンはキョーサントウだけど、アタシは違うもーんと言い返していた。)」子供は親を選べないと言うけれど、うーん、親も子供を選べないとしか言えない。

妻が自分の父親に会ってきたと聞いた夫は移動する、証拠を隠せと命令する。ダニーは残りたいと父に言う。父はダメだと却下する。ダニーは彼女に別れを告げに行く。「私より家族なの?」と彼女。ダニーを待っている父と母と弟。カーラジオでかつての同志が銀行強盗をして射殺されたと報じている。ダニーが戻ってきて、自転車を荷台に上げる。父が自転車を降ろせと言う。「自分の人生を生きるんだ、ママや私みたいに」車はダニーの周りを廻って走り去って行く。家族と別れることが子供が大人になる旅立ちなら、子供に去られた親は何に向って旅立つのだろう。原題は「ランニング・オン・エンプティ」。

書籍化の機会に忘れていた2作を。

『8月のメモワール』(ジョン・アヴネット、94)。9歳の娘のリクエストで見に行った。アニメとかお子様映画じゃないものを見たいと言い出した娘がうれしかった。予備知識がなく始まるとC・C・Rの「フール・ストップ・ザ・レイン」。ベトナム後遺症の父(ケビン・コスナー)と双子の姉弟の話だった。娘がお母さんに優しくしてあげてと言う。夫は妻にラジオの曲で踊らないかと言う。妻は待ってたのよと踊る。いやあ、参りました」と映芸ベストテンの選評に書いていた。

同じ年に見た『ノーバディーズ・フール』(ロバート・ベントン、94)。妻と息子を捨てた60歳のサリー(ポール・ニューマン)は雪に閉ざされた町で、雪かきとかポーチの修理とかちょっとした土木作業で生計をたてている。町の人たちが家族のようだ。足の悪いサリーはヒッチハイクで偶然、息子一家に拾われる。離婚しようか悩んでいる息子がサリーに訊く。「なぜ、うちを出ていった?」「分かるもんか、とにかく母さんと結婚したのが間違いだった。どう言わせたい、〝ひどい父親〟だと? 父親と呼べるほどのものでさえなかった、満足かね?」「父親失格なのに祖父の役を?」「どこかで始めなきゃ」。根岸(吉太郎)に、初めてだよ、アライにいいと言われてよかったのは、と言われた。見た時、48歳だった。娘は9歳。孫が9歳になった77歳が見返したら、沁みた。

サスペンス

映画の成熟期に確たるジャンルを実現し、
撮影技法、シナリオ技法、キャラクター創造に
革新をもたらしたサスペンス映画。
その豊富な作品群から何が選ばれるのか。

映画作家
1938年生

大林宣彦

必死の逃亡者……1955／米
脚本＝ジョゼフ・ヘイズ
監督＝ウィリアム・ワイラー

アスファルト・ジャングル……1950／米
脚本＝ジョン・ヒューストン、ベン・マドー
監督＝ジョン・ヒューストン

去年の夏 突然に……1959／米、英
脚本＝テネシー・ウィリアムズ、ゴア・ヴィダル
監督＝ジョセフ・L・マンキーウィッツ

暗くなるまで待って……1967／米
脚本＝ロバート・キャリントン、
ジェーン＝ハワード・キャリントン
監督＝テレンス・ヤング

情婦……1957／米
脚本＝ビリー・ワイルダー、ハリー・カーニッツ
監督＝ビリー・ワイルダー

何がジェーンに起ったか？……1962／米
脚本＝ルーカス・ヘラー
監督＝ロバート・アルドリッチ

ガス燈……1944／米
脚本＝ジョン・ヴァン・ドルーテン、
ウォルター・ライシュ、
ジョン・L・ボルダーストン
監督＝ジョージ・キューカー

紅の翼……1954／米
脚本＝アーネスト・K・ガン
監督＝ウィリアム・A・ウェルマン

現金に体を張れ……1956／米
脚本・監督＝スタンリー・キューブリック

見知らぬ乗客……1951／米
脚本＝レイモンド・チャンドラー、
チェンツイ・オルモンド
監督＝アルフレッド・ヒッチコック

アメリカ映画の黄金時代に、サスペンスは、映画作法の基本であった。

サスペンス＝小説・映画などで、物語中の危機が、読者・観客に感じさせる不安・懸念・緊張感（広辞苑）。ふうーむ！　では時間の進行と共にハラハラ、ドキドキ物語の展開を楽しむ映画とは、基本的にサスペンスが映

画の語り、即ち表現の命だ。その中でも直ぐに頭に浮ぶのがA・ヒッチコックの映画群。ヒッチ先生の映画だけで、直ぐ様10本は埋まって了う。僕らの時代（あ、45年の日本の敗戦時から60年代中期までの所謂映画の黄金時代、僕の青春期の話です）、映画の撮影前に絵コンテを描くのは、映像の魔術師、ヒッチコック監督だけであるという伝説があった。ハリウッドは基本的にマスターショット・システムといって、撮影現場では俳優の演技を有らゆる角度から有らゆるサイズで総てキャメラに収めておき、後で製作者と編集マンが（監督を解雇した上で）カットを吟味して映画として完成させるのが通例。ヒッチ先生はそれ故にサスペンスフルな映画を選び、キャメラワークと編集のみがそれを可能にすると絵コンテを作成。「僕の映画はこれで仕上がり、後は誰が撮っても編集しても僕の映画！」、と実は、憧れのブロンド美女のUPをワンカットたりとも製作者による編集カットをさせず、自身の芸術を映画で創造し得た。『めまい』（58）なぞはその究極の純文学的恋愛映画とも呼びたい作家性に充ちた一作で、実は犯罪サスペンスとしては犯人を途中で割るなど大いに破綻した失敗作であると、当時のヒッチ映画としては批評も興行も散々だったのだ。でヒッチは続く『北北西に進路を取れ』（59）ではハリウッド娯楽大作風に、追っかけ追っかけのサスペンスの名職人振りを見せ、続く『サイコ』（60）では敢えて草創期のテレヴィスタッフを集め、心理的サスペンスの妙味を活かして作劇したB級映画の味わいを醸してホラーサスペンスとも呼べる小品を世に送り、続く『鳥』（63）（そのあとがきとも言っていい『マーニー』〈64〉を含めて、）によって、恋愛とサスペンスとの調和による作家、A・ヒッチコックの映画芸術を完成させたのである。これは映画とはサスペンスなりを熟知した芸術家の、ハリウッド商業主義に対する、一つの勝利の記録であろう。

　お気軽に俳優諸君の方からサスペンス映画を追想するなら、次の瞬間、何を為出かすか判らん奴が、サスペンスフルだ。売り出し前のリー・マービン、初期のボガートやランカスター、それにヘンリー・シルバーやピーター・ローレなどの脇役を入れて、終始悪役に安定していたエドワード・G・ロビンソンや本物のギャングだったコイン投げのジョージ・ラフトなどにはご遠慮願ったとしても、生涯B級スター風に生きたロバート・ライアンにスターリング・ヘイドンの名などが懐かしく思い出される。ヘイドンと、クーブリックやキューブリックになる前の新鋭カブリックが撮った『現金に体を張れ』〈56〉は、編集の間違いではないかと思われたモンタージュの手法で当時の観客を大いに面喰らわせたが、今日では立派な映画のサスペンスを創造した歴史的傑作と認定すべきだし、『三人の狙撃者』〈54〉なども犯人役のシナトラより保安官に扮したヘイドン故に緊張感が漲るし、『アスファルト・ジャングル』〈50〉や後の『ゴッドファーザー』〈72〉だって（勿論一味違った西部劇の『大砂塵』〈54〉だって、ジョニー・ギターこと）ヘイドン君の味故に名作となったのだと僕などは思う。今なら（もう古いか?!）ウォーレン・オーツやジョン・カザール、ロバート・デュバルなどがその味だが、この辺りはもう現代の若い語り手に委ねたい（そっからこっちは、もう僕は知りませんので）。昔のキャグニー（『白熱』〈49〉！）や現在のジャック・ニコルソン（『シャイニング』〈80〉）は存在そのものがサスペンスフルにも見えるし、マーロン・ブランドや下ってアンソニー・ホプキンスなども怪優のイメージが取り沙汰されるが、つまりはスペンサー・トレイシーに例えられるように映画を活性化させるオーラに支えられた個性なのだ。むしろジェイソン・ロバーツなどがサスペンスフルな個性故にスターになったユニークな例であるとも言え、日本映画でそれを言うなら笠智衆さんだ（ワカルカナア！ 笠さんはウォルター・ブレナンです、というとますますワカンナイ?! でも小津映画はまことにサスペンスフルでしょう！ 映画の本質という意味で、小津映画は日本で一番のサスペンス映画なんです。そのために、うー、あー、の抑揚や、立居振舞までを厳密に計算し、俳優を人形のように配置した）。ロバート・ライアンの出演作は総てサスペンスフルだが、『ワイルドバンチ』〈69〉や『墓石と決闘』〈67〉、更には下って『組織』〈73〉では主演の新鋭ロバート・デュバルに対して老優ロバート・ライアンを持って来た所が職人ジョン・フリンの技で、この映画オールドファンをも充分に納得させ得るサスペンス映画となった。何というか、カーク・ダグラスにウィドマーク、アラン・ラッドなどはさておいてもよいが、現代劇でのヴィクター・マチュアは一寸気になってのが、サスペンス映画の領域なのだ。因みにクリント・イーストウッドが現代でも通じるのは、昔の映画のサスペンスを記憶する、老映画人である事に自らがこだわっているからである。

ジョン・フォードの『駅馬車』（39）は映画史上最もサスペンスフルな映画（勿論ジャンルとしては西部劇だが）だが、それを毎夜繰り返し見ながら作ったというオーソン・ウェルズの『市民ケーン』（41）も、フォードから映画のサスペンス術をうまく学んでいる（黒澤のみならず、小津映画と『駅馬車』の類似点など話し出したら止まらない！）。ジョン・ウェインがアメリカの巨人（「夢」）となり得たのはマリオン・ミシェル・モリソンなる女の子のような実名を（実はあの外観に反して内面も）持ち、内股で歩くデュークの、まことにアンバランスでサスペンスフルな個性故だ（つまり、「ジョン・ウェイン」という存在そのものがイリュージョンであり、それ故に映画的でこそあったのだ）。そんなこんなの映画談議を交えながら、僕がこの連載でやろうとした事は、日本の敗戦後の独自の（占領軍支配による）映画体験を語る事で、日本の敗戦後史を問い直す思考実験にもしたいって願いだったが、その饒舌には紙枚が掛かる（前回からその部分はかなり省略している）。でここでは敗戦後直ぐに見た最初のヒッチコック映画『疑惑の影』（42）を挙げて、そのサスペンス術に歓喜した僕ら敗戦国民が、ハリウッド映画は面白い、アメリカは凄い国だ、と何故一斉に戦勝国のアメリカ贔屓に転んでいったかの左証とする事としよう。『犯罪都市』（51）、『明日なき男』（50）、『第三の犯罪』（61）、『死の接吻』（47）、『夜歩く男』（48）、『生きていた男』（58）などサスペンス映画の骨の部分に当るB級映画ばかりを思いつくままに選んでもみたいが、それではオタク趣味に過ぎるし、『国際諜報局』（65）はサスペンス映画か作家の個性が醸し出すムード映画かを検証するのはまた別の話。そんなわけで、やや生温くはなるが（つまりサスペンスフルではなくなるが）、いま思い付く10本を選び出して、今回のお応えとしておきましょう。勿論スリラーやハードボイルド、犯罪に冒険映画、戦争、政治ものなど他のジャンルに入れた方が良いと思われるものや、アクションや見せ場の連続による緊張感はさて置いて。ホラーサスペンスとは『サイコ』に見られるような心理劇の方と考えて、不安・懸念・緊張感のあるものを。ふとシャリー・ノースの顔がいま頭に浮んで、女優について語れなかったのは慙愧だなぁと思ったり、落ちこぼれる作品も多いだろうけど。……

『必死の逃亡者』はサスペンス映画を一本挙げろと言われればこれに決り、のワイラーの名作。『アスファルト・ジャングル』は生涯総ての映画をサスペンスと言ってもよいヒューストンから『キー・ラーゴ』や『アフリカの女王』を他のジャンルに振り分けて『黄金』とこれを残してみたが、サム・ジャッフェとヘイドン君でやっぱり本作に。『去年の夏　突然に』はホラーサスペンスなら『サイコ』を除けばこれかなあ。『暗くなるまで待って』はサスペンスよりオードリー映画って感じもするけど。『情婦』はやっぱりワイルダー、やっぱり『情婦』。『翼よ！　あれが巴里の灯だ』だってサスペンスが勝負。映画作りの名人ですね、やっぱり。『何がジェーンに起ったか?』は『飛べ！　フェニックス』もあるが、『何がジェーンに起ったか?』のアルドリッチに。『ガス燈』はバーグマンに限ってはヒッチ先生の二作よりジョージ・キューカーのこちらを。『紅の翼』はウィリアム・ウェルマンタッチの本作でどうだ。え、ジョン・ウェインだって?! そうだった。でも、だから!『現金に体を張れ』はやっぱりいろいろの代表としてこの実験的、芸術的珍品を。『見知らぬ乗客』もやっぱりヒッチ先生の一本から『見知らぬ乗客』で決り。で、やっぱりいろいろこぼれました。因みに、『影なき狙撃者』(62)のフランケンハイマーにマーク・ロブソンの『逆転』(63)、マンキウィッツの『五本の指』(52)に『殺人者たち』(64)のドン・シーゲル。スタージェスには『日本人の勲章』(55)があるし、『夜の大捜査線』はノーマン・ジュイソン。ロッセンの『ハスラー』(61)にクレイマーの『ニュールンベルグ裁判』(61)、リトヴァクの『将軍たちの夜』(66)にマーチン・リットの『寒い国から帰ったスパイ』(65)。名匠たちによるサスペンス技は黄金時代のアメリカ映画の基本を成す作法でありましたねえ。例えば『スティング』(73)が若い世代の映画ファンを昂奮させるのも、スピールバーグが同世代の映像コンテ型作家の中から一人飛び抜けたのも、この時代のサスペンス技を学んでいたからでしょう。若者よ、古典から映画を学び直せ！……

映画評論家
1959年生

上島春彦

クローン……2001／米
脚本＝キャロライン・ケイス、アーレン・クルーガー、デヴィッド・トゥーヒー
監督＝ゲイリー・フレダー

殺し屋……1956／ロシア
脚本＝アンドレイ・タルコフスキー、アレクサンドル・ゴルドン
監督＝アンドレイ・タルコフスキー、マリカ・ベイク、アレクサンドル・ゴルドン

裏切りの街角……1949／米
脚本＝ダニエル・フックス
監督＝ロバート・シオドマク

ヒッチハイカー……1953／米
脚本＝ジェフリー・ホームズ、コリアー・ヤング、アイダ・ルピノ、ロバート・L・ジョセフ
監督＝アイダ・ルピノ

その男を逃すな……1951／米
脚本＝ダルトン・トランボ、ヒューゴ・バトラー
監督＝ジョン・ベリー

逃走迷路……1942／米
脚本＝ピーター・ヴィアテル、ジョーン・ハリソン、ドロシー・パーカー
監督＝アルフレッド・ヒッチコック

狩人の夜……1955／米
脚本＝ジェームズ・エイジー
監督＝チャールズ・ロートン

拳銃貸します……1942／米
脚本＝W・R・バーネット、アルバート・マルツ
監督＝フランク・タトル

死体を積んで……1982／仏
脚本＝ピーター・デル・モンテ、フランコ・フェリーニ
監督＝ピーター・デル・モンテ

ミスティック・リバー……2003／米
脚本＝ブライアン・ヘルゲランド
監督＝クリント・イーストウッド

最初の1本は『クローン』。フィリップ・K・ディックの短編SFサスペンス「にせもの」の映画化で、ディックのファンにはよく

知られた映画だがあまり誉める人はいない。タイトルも誤解を呼ぶ（日本で勝手につけたもので原題はちゃんと“Impostor”）。思うに、ディックは時代の要請にいつでもぴたっと思いがけず合致しちゃうようなところがあって（このダメなタイトルがその例）、それでその時代時代にそれっぽく映画化され、かえって足をすくわれる。これも今なら自爆テロや洗脳の問題として解釈されるだろう。しかし原作は「アウター・リミッツ」や「ミステリーゾーン」の1エピソードとしてチープかつ正確に（60年代SF路線で）ぴったり25分で映像化されてこそ、という物語なのだ。今からでも遅くない。そういうコンセプトで3エピソード組み合わせて劇場版「P・K・ディック・シアター」を製作してほしい。プロダクションはスコットフリーで、と言いたいところだがトニー・スコットが自殺してしまった。合掌。

ヘミングウェイの短編をそのまま映画にした『殺し屋』はタルコフスキーの映画学校学生時代の作品（共同演出）。「そのまま」というのは真っ正直に「短編」映画にしたという意味だ。「バードランドの子守唄」が口笛で吹かれたりして意外な親米性も見られる。口笛を吹く酒場のお客さんはタルコフスキー本人。「殺し屋がやってくると知りながらただ自室で待っている男」を描く原作そのままでは短いというので、ハリウッドで映画になった際には前日譚（バックストーリー）が加えられ長編映画となった。これが『殺人者』（ロバート・シオドマク、46）。リチャード・ブルックスが製作者マーク・ヘリンジャーから依頼されオリジナルのシノプシスを書き、これに基づいてジョン・ヒューストンが脚本にした。殺されてしまうのはバート・ランカスターなので彼つながりで今回は『裏切りの街角』を挙げる。監督シオドマクも共通。ここでは最後に殺される役。周到な犯罪計画がその周到さのせいで観客にはかえって分かりにくくなる、というこうした映画特有の魅力が満載。ランカスター映画としては、妻バーバラ・スタンウィックからのパワハラ故に彼女に理不尽な殺意を抱く『私は殺される』（アナトール・リトヴァク、48）と3本続けて見たいところである。ランカスターって絶対マゾだと思う。ヴィスコンティ監督との間でもそうだったのかな。

昔、他で書いたが『殺人者』と細部において幾つか共通点を持つのが『過去を逃れて』（ジャック・ターナー、47）で、やはりブルックスが参考にしたのだろうが確信はない。この原作「私の絞首台は高く立ててくれ」を書いたのはジェフリー・ホームズで、脚本クレジットも彼が得た。これは脚本家ダニエル・マンワリングが小説を書く際のペンネームであり、どうやら赤狩りのせいで本名を使えなかったらしいのだ。公式のブラックリストに載ったわけではないのだが、こうしたプレッシャーが脚本に陰影を与えているのは間違いない。本名で彼が仕事をするようになるのは55年以降となる。

女性監督アイダ・ルピノによるフィルム・ノワールとして知られる『ヒッチハイカー』も、公式にはルピノ達主要スタッフがクレジットされているのだがマンワリングが実質の作者と考えられている。『無警察地帯』（フィル・カールソン、55）、『ボディ・スナッチャー　恐怖の街』（ドン・シーゲル、56）、『殺し屋ネルソン』（同、57）と幾つか特徴的な彼の脚本を並べると「スモールタウン」「逃亡」「ハイウェイ」、そこで「窒息しそうな人々」といったキーワードが否応なく現れる。人間が強迫観念だけでものを書けるわけはないし、この時代を彼より悲惨な境遇で過ごしたブラックリスティは数多いけれども、『ヒッチハイカー』を見れば少なくともこの1本は「どこにも逃げられない」という脚本家の強迫観念「だけ」で書かれている。これは明白だ。片目を閉じられない犯罪者が眠る時にも片目だけは開けているといった細部がまさしく後年『ボディ・スナッチャー』において「寝たら最後、別人になってしまう」という恐怖と通じているのも明らかだろう。釣り旅行途上の二人組。警戒心なしに乗せてやったヒッチハイカーが国境越えを狙う殺人犯だったというシンプルな物語に、悪意、監視する視線、無人の荒野に引かれた1本の道といった彼好みのモチーフがふんだんに盛られている。

赤狩りがらみで言えばダルトン・トランボが執筆しながらクレジットされることなくリリースされた『その男を逃すな』を挙げたい。凶悪犯に一家が人質に取られるという典型的なサスペンス映画シチュエーションの先駆けとされる。凶悪犯はジョン・ガーフィールド、これは彼の遺作である。純情娘シェリー・ウィンタースを手玉に取るものの、その彼女に射殺され路上にくずおれるラストがカッコいい。監督ジョン・ベリーは「女性嫌悪症」的演出にうまみを発揮すると言われ、その趣向にこのカップルは最適だ。日常家庭に邪悪さが侵入する物語はアメリカの狂気を描出するに相応しいと思われるだろうが、実物を見るとそんなに悪らつな描き方ではなかった。過激な後発作品『必死の逃亡者』（ウィリアム・ワイラー、55）、『不意打ち』（ウォルター・E・グローマン、64）とかを先に見るからこうなる。本作でガーフィールドは最後に死ぬが、映画の最初にあっけなく殺されてしまう犯罪者を演じていたのはノーマン・ロイドだった。彼も監督のベリー同様オーソン・ウェルズの弟子だからその人脈によりチョイ役で起用されたのは間違いないが、ウェルズと並ぶサスペンス映画の巨匠ヒッチコックにも重用されている。『逃走迷路』で自由の女神から落ちるスパイが彼。後にテレビ「ヒッチコック劇場」の責任製作者（監督作品もある）にまで昇りつめる。フィルモグラフィを確認すると、この人もブラックリスティのようだ。ノーマン・ロイド時代の1時間物「ヒッチコック劇場」も傑作メジロおしだがテレビは一切無視ということで。

規定枚数をオーヴァーしているので、残りはタイトルと最少の紹介文のみ。『狩人の夜』は湖底に沈められたシェリー・ウィンタースの金髪が水草と同調して揺れる場面の素晴らしさで。『拳銃貸します』は後年フレンチ・ノワールに継承される孤独な殺し屋キャラクターもいいが、ヴェロニカ・レイクの夢のような手品の場面で。『死体を積んで』は妹の死体を車に積んで旅をする兄がラスト、妹と同一化して船出するシチュエーション故に。『ミスティック・リバー』は様々なイーストウッド的モチーフが集約と破綻とを同時にはらみ持つような危うさに魅かれて、選んでみた。

テレビプロデューサー
1944年生

中村征夫

十二人の怒れる男……1957／米
脚本＝レジナルド・ローズ
監督＝シドニー・ルメット

めまい……1958／米
脚本＝アレック・コペル、サミュエル・テイラー
監督＝アルフレッド・ヒッチコック

死刑台のエレベーター……1958／仏
脚本＝ロジェ・ニミエ、ルイ・マル
監督＝ルイ・マル

抵抗《レジスタンス》　死刑囚の手記より……1956／仏
脚本・監督＝ロベール・ブレッソン

何がジェーンに起ったか？……1962／米
脚本＝ルーカス・ヘラー
監督＝ロバート・アルドリッチ

影の軍隊……1969／仏
脚本・監督＝ジャン＝ピエール・メルヴィル

激突！……1971／米
脚本＝リチャード・マシスン
監督＝スティーヴン・スピルバーグ

ジャッカルの日……1973／英、仏
脚本＝ケネス・ロス
監督＝フレッド・ジンネマン

殺しのドレス……1980／米
脚本・監督＝ブライアン・デ・パルマ

白いドレスの女……1981／米
脚本・監督＝ローレンス・カスダン

ホラー映画、オカルト映画などのジャンルと違い、サスペンス映画というジャンルは無いと思う。あらゆる映画を成立させている最大の要素がサスペンスだと思っているからだ。日常生活の中で起こる微風のような心の揺れ、他者とのささいな波風。そんなふっとした感情が成長するとサスペンスが生れる。だから小津安二郎の映画にもサスペンスはタップリ有り、ヒッチコックの映画にも勿論、サスペンスは存在する。サイコサスペンス、犯罪サスペンスと細分化してもこの思いは変わらない。サスペンス映画を語ることは、全ての映画を語ることになるのだが、それは大変なこ

となのでここではグッとシンプルにハラハラドキドキした映画、掌に汗握った映画を中心に選出してみた。

『十二人の怒れる男』

　高校の時、新宿の名画座で初見。12人の陪審員が殺人容疑者の少年を審議する。最初の評決は11対1で有罪。ここからが凄い。審議が進む中で陪審員がひとりずつ有罪から無罪に変わっていくこのプロセスがとてつもないサスペンスを盛り上げる。法廷という密室の中で、12人の男だけのディスカッション。極めて地味な設定なのに、すさまじいばかりのサスペンスと迫力を生みだしている。後に大島渚の『日本の夜と霧』『忍者武芸帳』を見た時『十二人の怒れる男』のディスカッション手法のいただきだなと思った。

『めまい』

　中学から高校時代、ヒッチコックの映画を見に名画座によく通った。『白い恐怖』(45)『見知らぬ乗客』(51)『ダイヤルMを廻せ！』(54)『裏窓』(54)『泥棒成金』(55)『知りすぎていた男』(56)『めまい』とヒッチコックエンタテイメントの絢爛たる世界だった。『北北西に進路を取れ』(59)から公開時に見るようになり『サイコ』(60)『鳥』(63)と続く。後年、仕事がらみで『海外特派員』(40)『バルカン超特急』(38)と戦前の作品も見た。あの水野晴郎の『シベリア超特急』(96)はヒッチコックの『バルカン超特急』を下敷きにしている。

　ビーフステーキしか食べないヒッチコックの作品はその全てが上質のサスペンスドラマなのだが『めまい』は他の作品と比べて異色で、どこまでが真実でどこまでがトリックか見ている側も判らなくなりめまい状況になってしまいヒッチコック作品の中でもベストサスペンスでエロティックに富んだ秀作となっている。他に『サイコ』『鳥』の3本が強烈なサスペンス、残酷、恐怖が渾然一体となって、他のサービス心あふれる作品系列と違ってヒッチコック映画の正統に位置づけられるだろう。それにしても出演する女優、バーグマン、グレース・ケリー、キム・ノヴァク、ジャネット・リー、ティッピ・ヘドレンらの妖しい美しさは何んとしたものか。『めまい』のキム・ノヴァクは妖しい美しさをたっぷり楽しませてくれる。彼女はコロム

'VERTIGO'
めまい
James Stewart
Kim Novak
Alfred Hitchcock

ビア映画からデビューする際、次代のセックスシンボルとして全身の美容整形から歯の矯正までしたというがこの映画では豊満な肢体を充分堪能させてくれる。

『死刑台のエレベーター』

昭和35年。激しかった安保闘争も沈静してしまった15歳の秋、新宿の名画座で見た。ヌーベルバーグ真盛りの時代で一方の旗手ルイ・マルのデビュー作。若い技師モーリス・ロネは社長夫人ジャンヌ・モローと愛人関係にあり、ロネは完全犯罪を企て社長を殺害するが逃亡の際、乗りこんだエレベーターが止まってしまいその密室に閉じこめられてしまう。サスペンス映画としてはまたとない状況設定である。男を待つ社長夫人は彼を捜しに夜のパリの街へ。ドラマは意外な展開を見せ朝を迎える。この夜の街を彷徨するジャンヌ・モローのシーンがマイルス・デイヴィスのモダンジャズにのって斬新だった。『太陽がいっぱい』(60)で殺人を犯したA・ドロンがナポリの魚市場をさまようバックにニーノ・ロータの音楽が高なる名場面の原点はこれだったのかと名画座の暗闇でひとり納得した。キャメラは両作品とも名手アンリ・ドカエ。この時、ルイ・マルは弱冠25歳だったが、15歳の高校生にとってはかなりオヤジに思え、オレも25歳になったらこのくらいはと思い上がっていたのが恥ずかしくも懐かしい。

『抵抗《レジスタンス》　死刑囚の手記より』

昭和37年秋。改築工事を終えたばかりの京橋、国立近代美術館でおこなわれた日仏交換映画祭で見た。高校3年だった。独軍占領下のフランス、脱走に失敗し死刑が決まった仏軍中尉が監獄から脱獄するまでの行程を細部まで克明に描いた傑作。秘かに手に入れたスプーンを床の石で擦りナイフにし、そのナイフで独房の羽目板を少しずつ削り、枕の生地を裂いて縒り合せてロープを作る。これらの細かい描写が処刑せまる監獄生活を交えて、白黒スタンダード画面にアップでたんたんと延々と続き、音はスプーンを擦るなど自然音だけで異常なまでにサスペンスを盛り上げる。世界には凄い映画監督がいるものだと、有りもしない自分の才能に挫折を感じた最初の映画となった。映像表現の限りなき執念の人ロベール・ブレッソンは40年間の監督生活で13本の作品しか作っていない。『スリ』という秀作もあり、これはスリのテクニックのトレーニングと実践を延々と見せてくれるとてつもない作品で、僕の挫折に更に追い打ちをかけたのである。

『何がジェーンに起ったか?』

これはサスペンス映画というよりはもはや怪奇恐怖映画だろう。アルドリッチは前に『ヴェラクルス』(54)『攻撃』(56)とおもしろく見ていたのでこの骨太の狂気には驚いた。往年の大女優ベティ・デイヴィスとジョーン・クロフォードのここまでやるかといったすさまじい怪演ぶりが未だに記憶に残る。日本でこの狂気を演じるとしたら山田五十鈴と杉村春子、太地喜和子と小川真由美、今なら富司純子と佐久間良子あたりか。でも監督がいないか。

『影の軍隊』

独軍占領下のフランスで抵抗運動に命をかけたレジスタンス闘士たちの逮捕、脱出、裏切り、処刑、謀略、暗殺、誇り高き死といったエピソードアンソロジー的な映画。全篇に祖国の為、死を賭した人々のサスペンスがみなぎる。リノ・ヴァンチュラ、ポール・ムーリス、シモーヌ・シニョレと渋い出演者たちがフィルム・ノワールとは違ったイイ味をだしている。祖国を自分達の手で奪還した国の役者は演技も違うのですね。進駐してきた米占領軍に指一本さわれず、ひたすら迎合してしまい、未だアメリカの属国のような日本では決してこうした抵抗運動の映画はできないでしょうね。

『激突!』

『激突!』は昭和46年にアメリカのテレビ映画として製作され、日本で劇場版として昭和48年に公開された。その時僕は28歳だった。この年、何人かの仲間と立ち上げたテレビの製作プロダクションも順調で月収も一挙に3倍近くになった時だったが、映画への憧れ、夢は僕の内部で燻り続けていた。そんな時この『激突!』を見た。ハイウェイで大型のタンクローリーを追い抜いたセールスマンが延々とそのタンクローリーに追いまわされる。しかも運転手の姿は見えない。ただこれだけの設定で映画が終わるまで正体の知れぬ不気味さだけが充満している。これには負けた。しかも作った奴は新人で25歳だそうだ。オレよりも若い奴がこんな映画を作るんだ、世界にはトンデモない奴がいたもんだ。一瞬にして僕の映画への夢はこの『激突！』で断ち切られた。スティーブン・スピルバーグの名前も記憶に止めた。それからは地道にテレビ番組の企画を考え番組作りに邁進したのでした。

『ジャッカルの日』

１９４０年6月パリ陥落。イギリスに逃れたド・ゴールらは自由フランス軍を組織し〝自分のできる範囲でナチに抵抗を始めよう〟と祖国に向かってあの感動的な放送をおこなう。そしてフランスでは老若男女を問わず市民が抵抗運動に立ちあがり、それは１９４４年8月パリ解放まで続き、9月にはド・ゴールを首班にした臨時政府が成立する。14年後の１９５８年、アルジェリアなど仏植民地の自治独立を認めるシャルル・ド・ゴールが大統領に就任。反対する仏人入植者、軍人、右翼らは結託し、プロの暗殺者を雇い、フランスの栄光ド・ゴール大統領を暗殺しようというのだ。その暗殺者のコードネームはジャッカル。元ジャーナリストのフレデリック・フォーサイスの処女作「ジャッカルの日」は１９７１年に刊行されたちまち世界的なベストセラーになった。フレッド・ジンネマンはかなり細かいシチュエーションまで映像化し、暗く陰気になりがちな暗殺物を変に明るい上質のサスペンスに仕上げている。

『殺しのドレス』

あえて細かくジャンル分けすればサイコ官能サスペンスか。アンジー・ディキンソン久々の出演作でこの時すでに48歳になっているが相変らずの美貌と肢体を見せてくれる。冒頭妖しく喘ぎながら彼女がシャワーを浴びるシーンは秀逸。ボディーのアップ目は吹き替えだが、成熟した女の演技で楽しませてくれる。このシャワーシーンから見知らぬ男との情事の後、ナイフで惨殺されるまでの30余分はミシュランのガイドブックでいえば三ツ星だが、以降は結末とオチが見えてしまい星印は無し。ヒッチコックの『サイコ』のエピゴーネン的な作品だが前半30余分の織りなすサスペンスと永遠のアンジー・ディキンソン出演なので全く趣味の世界で選出させてもらった。

『白いドレスの女』

この映画もジャンル分けするとハードボイルド風魔性の女サスペンスとなる。栗色の長い髪、妖しく成熟した体に白いドレスをまとい魔性の女を演じるのはこれが27歳で映画デビューのキャスリン・ターナー。この後、大女優の道を歩んでいくが妖しい魅力ではデビュー作が最高である。前半は白いドレスの女と男の情事、そして女の夫の抹殺。後半は夫の遺言状をめぐっての攻防、ラストのドンデン返しの後にもう1回オチがあるというサスペンスの連続でB級映画好きには堪えられない。それにしても『殺しのドレス』の公開が昭和55年、この『白いドレスの女』が翌56年。あれからもう30年以上たっているのかと知ってただ愕然としている。

元テレビプロデューサー・ディレクター
1947年生

河村雄太郎

文化果つるところ……1951／英
脚本＝ウィリアム・フェアチャイルド
監督＝キャロル・リード

スリ……1960／仏
脚本・監督＝ロベール・ブレッソン

夜行列車……1959／ポーランド
脚本＝イエジー・ルトフスキー、イェジー・カヴァレロヴィッチ
監督＝イエジー・カヴァレロヴィッチ

ショック集団……1963／米
脚本・監督＝サミュエル・フラー

悲愁……1979／米、西独、仏
脚本＝ビリー・ワイルダー、I・A・L・ダイアモンド
監督＝ビリー・ワイルダー

ブラッドシンプル……1984／米
脚本＝ジョエル・コーエン、イーサン・コーエン
監督＝ジョエル・コーエン

ホット・スポット……1991／米
脚本＝チャールズ・ウィリアムズ、ノナ・タイソン
監督＝デニス・ホッパー

スラムダンス……1987／米
脚本＝ドン・オパー
監督＝ウェイン・ワン

バウンド……1996／米
脚本・監督＝アンディ・ウォシャウスキー、ラリー・ウォシャウスキー

死んでしまったら私のことなんか誰も話さない……1995／スペイン
脚本・監督＝アグスティン・ディアス・ヤネス

まずはサスペンスの世界遺産であるヒッチコックと、オールタイム・ベストに選ばれるような映画はパスしよう。『第三の男』（49）『恐怖の報酬』（52）『太陽がいっぱい』（60）『死刑台のエレベーター』（58）といった世界遺産だ。今や埋没しかけている『嘆きのテレーズ』（53）『現金に手を出すな』（54）『眼には眼を』（57）などを加えてもいい。これらの古典は功成り名を遂げた人物が、鑑賞した若かりし日々を懐かしみ、『文藝春秋』あたりで披露するに相応しい。本誌は『文藝春

秋』ではないし、私は功成り名を遂げていない。懐かしんで選んでいるつもりも毛頭ない。人口に膾炙している作品を選出すれば、埋もれた問題作や知られざる異色作がハミ出てしまう。それは避けたいという気持ちが強くある。

以上の前提に立ち、30年以上前に制作された作品を5本、80年代後半以降に観た作品を5本、というように2分割して選んだ。その結果が当リストである。

『文化果つるところ』はドキュメンタリーのような邦題だが、原作はJ・コンラッドの海洋小説だ。19世紀末の東南アジアの植民地で、食い詰めた英国人が原住民の女に溺れ、交易権を巡る係争で恩人を裏切ったあげく自滅していく。灼熱の太陽と突然の豪雨、人々で溢れる波止場のざわめき、熱帯雨林を流れる秘密の水路など、エキゾチックな大自然の中で、一言も喋らない野生の女の官能が謎めいて戦慄的だった。西欧社会へ戻れない侵略者のアイデンティティー喪失が、自業自得とはいえおぞましい。

『スリ』の端正で抑制の効いた映像は、息苦しいまでの圧迫感をもたらし、最後まで緊張が持続する。スリの手口の克明かつ執拗な接写が、主人公の虚無を逆照射してしまう。だが、逮捕されたことによって、愛する女との距離が急速に縮まった。映画は宗教的な彩りを帯びて幕を下ろす。「救済」であろうか？　同じ「手とモノと眼差の映画」でも、世界遺産たる『抵抗』(56)よりも『スリ』のほうが私は好きだ。自由への不屈の意志もいいが、美女と犯罪の関係に強く惹かれてしまう。サスペンスの醍醐味はたとえブレッソンと言えども、美女と犯罪に担保されている。

『夜行列車』はATGの封切で観た。政治スリラーの『影』(56)は後に名画座で観た。宗教ホラーの『尼僧ヨアンナ』(60)はずっと後にビデオで観た。同じカヴァレロヴィッチなのに、この3本の作風は全く異なる。『夜行列車』はムード・サスペンスだ。列車は現在から未来へ走る。乗客たちは過去に囚われている。どうやら殺人犯が紛れ込んだらしい。車内は密室だ。要するにメロドラマとサスペンスの融合に最適な環境が整ったのである。エピローグ、列車は海辺の鄙びた終着駅に着く。乗客たちが去り、無人の車内をカメラは舐めるように移動する。過去も未来も消え、現在だけが映し出される。アンニュイな女性スキャットが流れ、祭の後のような虚脱感が残った。

『ショック集団』は大学時代にたまたま観た3本立ての中の1本だった。S・フラーなる監督名も後で知った。今回DVDで観直し、凄まじさを改めて確認した。殺人事件の調査のために、狂気を装って精神病院に潜入した新聞記者が、事件を目撃した3人の患者と接触するうちに自らも狂気に陥る。3人は共産主義に洗脳された朝鮮戦争の元捕虜、自分を人種差別の白人結社KKKの団員だと思い込んでいる黒人、原爆を製造した罪の意識で知能が退化した元科学者、という凄まじい設定だ。彼らの幻覚と、記者の悪夢と、現在進行の3種類の映像が渾然として凄まじい。著書「映画は戦場だ！」に「私は映画における微妙さなど信じない。観客に衝撃を与えるべきなのに、エモーションを軽くしたら元も子もなくなる」と書いたフラーの信念も凄まじい。

『悲愁』では老映画プロデューサーのW・ホールデンが、引退した幻の大女優を復帰させるべく、彼女が住むエーゲ海の小島を訪れる。幻の大女優は昔と同じように若く美しかった。ところが、背後には驚くべき秘密が隠されていて、映画はその謎をサスペンスフルに解き明かしていく。G・スワンソン演じる大女優が復帰を夢見る『サンセット大通り』(51)もワイルダー作品だった。若きホールデンが脚本家を演じていた。『悲愁』は『サンセット大通り』と対をなす作品であり、ハリウッド黄金時代への鎮魂歌なのである。老プロデューサーは「若い連中は脚本を大事にしない。ズームレンズ付きハンディカメラがあれば充分だと思ってる」と語る。「異議なし！」と叫びたいのは私だけではないだろう。

以上が前半の5本だが、先述したオールタイム・ベスト級の作品は全てヨーロッパ映画だった。アメリカ映画の古典にも触れなければなるまい。フィルム・ノワールのことだ。例えば山田宏一氏は、41年制作の『マルタの鷹』から58年の『黒い罠』に至る17年間を「フィルム・ノワールの時代」と括り、「犯罪的美女の登場するベスト15」を選出している。そのリストの中で私が観た作品に限定すれば、『過去を逃れて』(47)

と『拳銃魔』（50）が双璧と思う。ただし、フィルム・ノワールを私が意識したキッカケは、リアルタイムで観た75年日本公開の『チャイナタウン』と翌年の『さらば愛しき女よ』であった。本格的にビデオチェックを始めたのは、82年の『白いドレスの女』に触発されて以来である。そして、重要作品のDVDリリースは数年前に始まったばかりだ。付き合いは長くない。

しかしながら、後半の5本を選ぶに際して、私はフィルム・ノワールへの敬意が画面から漂って来るような映画に拘った。B級の低予算映画だ。無名女優のエロスは強調できても、マネーメイキング・スターは登場せず、大掛かりなアクション・シーンも欠く。だが、そのほうがベターなのだ。そうした映画には、脚本と演出が持てる才能の全てを投入し、絶対に観客を退屈させまいとする熱い心意気が漲っている。

『ブラッドシンプル』というコーエン兄弟のデビュー作がまさしくそうだった。田舎町のバーの経営者、その妻、妻の浮気相手のバーテン、怪し気な探偵というありがちな設定の4人が、騙し合い＋勘違いで途轍もない負のスパイラルに陥ってしまう。激しい暴力描写や人間像の唐突な変貌があっても、フィルム・ノワールのスタイルは断固保たれる。特筆すべきは散見されるブラック・ユーモアだ。隣室の窓枠に置いた手に突き立てられたナイフを抜くために、もう片方の手の拳銃で壁をブチ抜く描写には呆気に取られた。

『ホット・スポット』は開巻、中古車センターに雇われた流れ者の主人公がオーナーの妻と関係し、同時に銀行強盗を働く。いっぽう、センター勤務の若い娘とも親密になるが、その娘は造園業者に脅迫されている。事態は複雑に絡み合い、最後はアッと驚く逆転劇だ。全編、セックスとマネーへの飽くなき執着が色濃く覆う。監督D・ホッパーの采配が切れ味よく、しかも艶っぽい。

『スラムダンス』はLAが舞台だ。妻子と別居中のマンガ家が殺人事件に巻き込まれる。殺されたのはマンガ家の浮気相手の美女で、背後に市幹部のセックス・スキャンダルに繋がる売春組織があり、元締めである謎の女が浮かび上がる。マンガ家が入手する証拠写真が面白い。マウント・リーに並ぶ〝HOLLYWOOD〞の巨大文字が映っていたのだ。この文字の裏側の台地で、マンガ家と犯人が対決する。LAの夜景の大俯瞰が眩しかった。ラストにはドンデンが待っていて、巨大文字が轟然と炎上する。ハリウッドに対する香港出身監督のアイロニカルな眼差を感じた。

『バウンド』はウォシャウスキー兄弟のデビュー作だ。マフィアのマネー・ロンダラーの情婦とムショ帰りの女配管工が結託し、組織の金を奪おうとする。女たちはロンダラーが金を盗んだように仕組む。だが、ロンダラーも独自の隠蔽工作を行う。結果、女たちが危険に晒される。舞台を隣合わせの2部屋に限定し、人物の出入りを鮮やかに捌く。場面転換も緩急が効いて、緊迫感が途切れない。ハードボイルドには珍しいシチュエーション・ドラマだった。女優たちも魅力的で、妖しいレズビアニズムを堪能できる。

『死んでしまったら私のことなんか誰も話さない』は、中古ビデオ屋のワゴンセールで見つけた拾い物だ。事故で植物人間となった闘牛士の妻であるヒロインが、家出してスペインからメキシコに渡る。娼婦となったヒロインは警察対マフィアの銃撃戦の最中に、裏金の処理ファイルを入手する。スペインに送還された彼女は、組織が経営する毛皮商から裏金を強奪するが、ファイルを取り戻すためにメキシコから殺し屋がやって来る。この殺し屋のキャラがユニークだ。いっぽう、ヒロインの心の支えとなるのが、反フランコの女闘士だった姑である。この姑が実にいい。殺し屋と姑に共通するのはラテンの魂だ。その魂の行く末を充分吟味したであろう作り手は、この力作にオリジナリティー溢れる決着をつけた。「ナルホド、そう来たか、それもアリだな」と納得した。なお、ヒロインの役名はグロリア。J・カサヴェテスとG・ローランズへの敬意に違いない。

M・アントニオーニの『情事』(60)では旅先の無人島で失踪した恋人を捜す男が、恋人の女ともだちと同行するうちに親密になる。以後の展開はこの二人の駆け引きが前面に押し出され、失踪問題は置き去りにされた。恋人の行方はもちろん、失踪の動機も最後まで判らず、2人の行く末も不透明のまま終わった。初見は高校2年だった。肩透かしを食らった感じがした。それが20代の中頃に再見したときは、胸にストンと落ちた。恋人との距離が縮まらないと同様に、女ともだちとの距離も縮まらない。それが主題だと理解したのである。だから、アントニオーニにとって失踪はサスペンス醸成の手段に過ぎず、心象としての荒涼たる風景や、M・ヴィッティのやるせない芝居を撮るほうが遥かに重要だったのだ。これはヌケやドウサよりスジを優先するマキノ省三の否定に他なるまい。大多数の観客の期待を確信犯的に裏切ったのである。今でこそ世界遺産の『情事』だが、初公開時はそんな異端児だったのだ。

同じことがジャンルについても言える。『情事』はサスペンスフルな設定をしておきながら、そのサスペンスから逸脱して行く。恋愛を描くに相応しい設定を構築しておきながら、恋愛を進展させず破綻もさせない。よってサスペンス映画とも、恋愛映画とも言い難い。ジャンル分けを拒んだとも言えるし、ジャンルの壁を超えたとも言える。否、ジャンルの存在自体を認めないのかも知れない。いずれにせよ、私にとって『情事』はそうした問題を提起した映画の嚆矢だった。それが今や、ジャンルを跨ぐ映画などアタリマエである。とすれば、ジャンル分けの楽しみにはベストテン選出のようなランク付けと違って、ジグソーパズルの楽しみに近い知的な要素がある。

映画感想家
1975年生

千浦僚

孤独な場所で……1950／米
脚本＝アンドリュー・ソルト
監督＝ニコラス・レイ

条理ある疑いの彼方に……1956／米
脚本＝ダグラス・モロー
監督＝フリッツ・ラング

黒い罠……1958／米
脚本・監督＝オーソン・ウェルズ

穴……1960／仏
脚本＝ジャック・ベッケル、ジョゼ・ジョヴァンニ、ジャン・オーレル
監督＝ジャック・ベッケル

ルチオ・フルチのザ・サイキック……1977／伊
脚本＝ダルダーノ・サケッティ、ルチオ・フルチ、ロベルト・ジャンヴィッティ
監督＝ルチオ・フルチ

アメリカの友人……1977／西独、仏
脚本・監督＝ヴィム・ヴェンダース

ふくろうの叫び……1987／仏、伊
脚本＝クロード・シャブロル、オディール・バロスキ
監督＝クロード・シャブロル

硝子の塔……1993／米
脚本＝ジョー・エスターハス
監督＝フィリップ・ノイス

スタンダール・シンドローム……1996／伊
脚本・監督＝ダリオ・アルジェント

レディ・イン・ザ・ウォーター……2006／米
脚本・監督＝M・ナイト・シャマラン

サスペンスの定義に悩んだが語源どおりの宙吊り状態にハラハラすることがキモになってる映画と解釈して選んだ。ヒッチコック10本？ それはそれで話が発展しないような。

……

『レディ・イン・ザ・ウォーター』はむしろファンタジーというジャンルだが人物配置（あるアパートの普通の住人たちの性質特質が神話

上のキャラクターにあてはまる）を正確にやりおおせれば魔物に対抗できるため、それを模索する、という通常のストーリーにおける時間上に配置された出来事の未決定と変化に加えて、空間と意味の宙吊りが重大な問題となる独特のサスペンス映画であった、と思う。……

イタリアンホラーの人気ジャンル「ジャーロ」はパルプ小説に由来するサディスティックなポルノグラフィーであり、ホラーであってもオカルトではなく、顔のわからない殺人者による美しい女性の惨死描写羅列と犯人探しというミステリ風スプラッター映画だが、そのノリにシンクロしてしまうともう延々とこればっかり観てしまう。何かこう、ものすごいパターンの押し通しかたと画一性があり、スケールの小ささと貧乏臭さが拭いようもなく貼りついていて、サスペンスのパロディのようにも感じるのであるが、好き。セルジオ・マルチーノ『影なき淫獣』（73）、アルベルト・ネグリン『ビー玉殺人』（78）、ランベルト・バーヴァ『キャロルは真夜中に殺される』（86）、アルマンド・クリスピーノ『炎のいけにえ』（75）、フルチ『マッキラー』（72）『ザ・リッパー』（82）『マーダロック』（84）、アルジェント『歓びの毒牙』（69）『サスペリアPART2』（75）とかがまあ名作？ 面白かったかな、と思い浮かぶ。フルチの1本が『ザ・サイキック』、アルジェントが『スタンダール・シンドローム』なのはヒロインが好みのタイプなので。……

ヒロインが好みといえば『硝子の塔』もそう。これは、電子機器による覗きやら高級マンションの連続女性怪死事件やらに関わってゆくシャロン・ストーンがクールかつエロく、全体としてメディア論っぽいところもあるという佳作。……

『アメリカの友人』『ふくろうの叫び』と書き並べて気づいた偶然、どっちもパトリシア・ハイスミス原作。『見知らぬ乗客』（51）『太陽がいっぱい』（60）もあるしスゴイ作家だとあらためて感心。『アメリカの友人』は白血病で余命いくばくもない主人公が生と死のあいだに宙ぶらりんになり、妻子にせめて金を残そうとして殺人を請け負うことから日常と非日常犯罪世界とのあいだにも宙ぶらりんになる（列車から落ちそうにもなったっけ？）。サスペンス版『生きる』（52）なのか。『ふくろうの叫び』は鬱病の主人公の周囲の世界がどんどん気持ち悪い感じになっていく不気味な映画。サイコものっていうことでもないのに、明らかにちょい病んでる系。追っかけっことかアッパーなハラハラドキドキとかはなく、本当はサスペンス映画ではないかもしれませんが、不整脈みたいなドキドキはあります。最後のストップモーション、ダウナーなオチは見えてるけれど一瞬サスペンドする。これが強烈な印象！……

『穴』はもともとゲーム的な攻防設定によって世界を再発見する脱獄モノというジャンルのなかでも、抜群の唯物的サスペンスぶり。ここにこの物体がある、とか、音がする、ということが鮮烈に立ち上がってくる感動。……

『黒い罠』は映画を構成する空間と時間に対して独特の感覚を持っていたらしいオーソン・ウェルズが見せびらかしのようにやらかしてくれた冒頭の爆弾いつ爆発するかワンカット長回しが楽しい。……

『孤独な場所で』『条理ある疑いの彼方に』はもうとにかくイヤーな気分になる映画。男対女という構図とそこでの残酷な断絶。ここまで陰湿、暗鬱だともう偉い。アクションのダイナミズムで表現されるのではない、静的な、主人公への疑いという狂ったサスペンス。この2本は作り手たちと、彼らが社会に感応して見出した暗さが画面に結実した、フィルム・ノワールというジャンルに属するかな、とも思うが。……

なんか地味でしたね。大きく言えばグリフィスからエイゼンシュテインから、編集によって生じる引き延ばしかつ盛り上げは全部サスペンスという映画の面白みの王道だから、あえてミニマルなものや屈折したものばかり挙げました。アジアものや、もうちょっと外向けの、世間のなかを走り回るような映画（ピーター・ハイアムズ『カプリコン・1』〈77〉、シドニー・ポラック『コンドル』〈75〉、リチャード・ドナー『陰謀のセオリー』〈97〉とか）や、現代という空気を常に入れてくるトニー・スコット（！）とかラリー・コーエンらを入れればよかったたか。

稲川方人

詩人・編集者
1949年生

マーニー……1964／米
脚本＝ジェイ・プレッソン・アレン
監督＝アルフレッド・ヒッチコック

M……1931／独
脚本＝テア・フォン・ハルボウ、フリッツ・ラング
監督＝フリッツ・ラング

姿なき脅迫……1978／米
脚本・監督＝ジョン・カーペンター

ミスティック・リバー……2003／米
脚本＝ブライアン・ヘルゲランド
監督＝クリント・イーストウッド

黒い罠……1958／米
脚本・監督＝オーソン・ウェルズ

カンバセーション…盗聴………1974／米
脚本・監督＝フランシス・フォード・コッポラ

追いつめられて……1987／米
脚本＝ロバート・ガーランド
監督＝ロジャー・ドナルドソン

判決前夜 ビフォア・アンド・アフター……1996／米
脚本＝テッド・タリー
監督＝バーベット・シュローダー

ホワット・ライズ・ビニース……2000／米
脚本＝クラーク・グレッグ
監督＝ロバート・ゼメキス

ミシシッピー・バーニング……1988／米
脚本＝クリス・ジェロルモ
監督＝アラン・パーカー

アルフレッド・ヒッチコックを最初に見たのは『鳥』（63）の公開のときで、ティッピ・ヘドレンよりもスザンヌ・プレシェットを見るためだったけれど、この連載で毎度登場する伊豆の伊東のいまはない大きな劇場に行ったら、プレシェットは小さな小学校の先生、とても暗い役柄で、もしかしたら最初の犠牲者じゃなかったか、しかもそれはないだろという無惨な死に方。ロッド・テイラーの昔の恋人だったプレシェットとロッド・テイ

ラーの母ジェシカ・タンディ、反フェミニズム映画『鳥』の不安な気配を決定するこのふたり。母ジェシカ・タンディをもう少しだけグロテスクに描けなかったのだろうかと見るたびに、思う。それが理由ではむろんないが、『鳥』はどうしてもサスペンスとは思えないので選択しなかった。

同じティッピ・ヘドレン（とショーン・コネリー）主演の次作『マーニー』、これもいそいそと同じ劇場（だったか隣のロキシーだったか）に駆けつけ、10代の私はこれが好きになった。『鳥』や同じ頃に見た『サイコ』（60）、『マーニー』は、ヒッチコック晩年期の（と言っていい、かな？）諸作。これらから逆に私は初期ヒッチコックを見はじめた。『マーニー』の盗癖と性的欠如の執拗な関係についてどれだけ面白がったかは不明だが、盗みに入ったティッピ・ヘドレンが音を消すために脱いだハイヒールと耳に障害のある掃除婦とが絡む有名なエピソードで、映画の軽さを知った。ここで知ったヒッチコックの軽みは、その後見ることになるヒッチコック全体の（むろん例外はあるが）トーンを決定する私の理解となる。

『鳥』の純然たるリメイク『ジョン・カーペンターの要塞警察』（76）を撮ったジョン・カーペンターは、『要塞』と同じ頃にオンエアされた『狙われた密室の女』（78、『姿なき脅迫』の題名でソフト化）でまたまたヒッチコックを焼き直していた。むろん『裏窓』（54）であり、グレース・ケリーの湿りっ気のない唇や手もいいが、ローレン・ハットンの下品な身体動作に大いに喜んだ記憶がある。見ながらほんとうに嬉しくなって、カーペンターの名を友人たちに言いふらしていた。ＴＶ映画ではあるが、カーペンターは是非これを選びたい（ところで、関係ないけど青山真治の『レイクサイドマーダーケース』をカーペンターは見たのだろうか）。

サスペンスとホラーの選り分けはどうすれば明瞭になるのか。『ホワット・ライズ・ビニース』のゼメキスは、その曖昧な境界について言及したのだと思う。『危険な情事』（87）という前例があるのをあらかじめ知っている観客に対して、その既存の範疇で出来ることを示しながら、サスペンスやホラーの定型でもある「隣人もの」や「疑惑もの」をいじりつつ、少しずつずらすその余裕と才気。

『ミスティック・リバー』をサスペンスというジャンルに規定することはできないが、『チェンジリング』

（08）とともに、殺人や誘拐といったサスペンスの要件の背後に、その成立条件としての「人間」が生々しく実存していることをこの映画の底知れぬ暗さは教えている。『恐怖のメロディ』（71）はジャンルを楽しむ映画だが、狂気＝モンスターが主題なので「ホラー」がふさわしいように思えた。『目撃』（97）はホームドラマのような気がした。

カーティス・ハンソンの映画はどうも評価し難く、唯一『激流』（94）だけがいいと思うのだが、その『激流』でこれも初めていいと思ったメリル・ストリープの『判決前夜／ビフォア・アンド・アフター』（96）でバーベット・シュローダーを、カーティス・ハンソンよりはいいんじゃないかと1本選んでおきたい。

『追いつめられて』とかポラック＋レッドフォードの『コンドル』（75）は国家の陰謀が絡む常套サスペンスでどちらを選ぶか迷ったが、ジーンズが似合う男優がなぜか滅多にいないアメリカ映画の数少ない例外だった『追いつめられて』のコスナーに1票を入れておきたい。

脚本家・本誌編集長
1947年生

荒井晴彦

愛のメモリー……1976／米
脚本＝ポール・シュレイダー、ブライアン・デ・パルマ
監督＝ブライアン・デ・パルマ

殺しのドレス……1980／米
脚本・監督＝ブライアン・デ・パルマ

窓 ベッドルームの女……1986／米
脚本・監督＝カーティス・ハンソン

誰かに見られてる……1987／米
脚本＝ハワード・フランクリン
監督＝リドリー・スコット

シー・オブ・ラブ……1989／米
脚本＝リチャード・プライス
監督＝ハロルド・ベッカー

インパルス……1990／米
脚本＝ジョン・デ・マルコ、リー・チャップマン
監督＝ソンドラ・ロック

ゆりかごを揺らす手……1991／米
脚本＝アマンダ・シルヴァー
監督＝カーティス・ハンソン

黙秘……1995／米
脚本＝トニー・ギルロイ
監督＝テイラー・ハックフォード

ワイルドシングス……1998／米
脚本＝スティーヴン・ピータース
監督＝ジョン・マクノートン

ツイステッド……2004／米、独
脚本＝サラ・ソープ
監督＝フィリップ・カウフマン

このジャンル、自信無い。生き方を探して小説を読むようになったし、映画を見るようになったので、サスペンスとかミステリーには見向きもしなかったのだ。映画で食べようと思ってから勉強で見るようになったが、トリックとかバレたり、アリバイが崩れるとなあんだと思うだけ、それだけで何も残らない。『ダイヤルMを廻せ！』（アルフレッド・ヒッチコック、54）鍵を間違って、鍵の隠し場所を知ってて捕まるとか、これをやるための犯罪計画か、そもそも妻への殺意が薄いと思って

しまう。そんなだから、これから挙げる映画もこのジャンルに入るのかどうか自信が無い。

『愛のメモリー』今までは見た順に並べてきたが、ビデオで見たのが多い。だからいつというのがアイマイで、製作年で並べる。ビデオで見て傑作だと思った。『争議あり』（荒井晴彦著）によれば90年だった。ラストの360度パンしか憶えてないので見返す。デ・パルマとポール・シュレーダーの作ったストーリーはあざとく、シュレーダーの脚本は父と娘が抱き合うラストまで綱渡りだ。妻と娘を誘拐されて、警察に言われて、夫は、札の代わりに紙を詰めた鞄を渡す。妻と娘は死ぬ。自分が殺したと自分を責めている男が16年後、妻と出会ったフィレンツェの教会で妻そっくりの女と会う。妻と娘の墓はこの教会を模したものだ。男はその妻そっくりの若い女と結婚しようとする。しかし、セックスしないで結婚式をあげようとするだろうか。ここはこれでもう一つのサスペンスが仕組めたのではないだろうか。この映画のテーマは明らかに「憎しみが愛に変わる」父子相姦なのだから。撮影はヴィルモス・ジグモンド。原題は「オブセッション」。

『殺しのドレス』なぜか、これは映画館で見ている。アンジー・ディキンソンがパンツを忘れたというシーンが忘れられない。池田敏春があっちにも俺みたいなのがいるよとメトロポリタン美術館の移動撮影について熱く語っていた。

『窓　ベッドルームの女』これは『ゆりかごを揺らす手』（92）を見て感心して、カーティス・ハンソンを追っかけてビデオで見たんだと思う。不倫相手の社長夫人が自分の部屋の窓からレイプを目撃してしまう。目撃したと言えない女に代わって男が証言をするが、目撃者の身代わりだということがバレて、犯人は釈放され、女は殺されてしまう。男が疑われ、警察に追われる。男はレイプの被害者に助けられ、二人で真犯人のレイプ犯をおびき寄せようとする。不倫しててレイプを目撃してしまうという発端の設定がうまい。

『誰かに見られてる』アタマのクレジットにスティングが歌う名曲「サムワン・トゥ・ウォッチ・オーバー・ミー」が流れ、エンド・クレジットはロバータ・フラックの「サムワン・トゥ・ウォッチ・オーバー・ミー」だ。元警官の妻と一人息子のいる刑事（トム・ベレンジャー）が殺人を目撃した金持ちの女（ミミ・ロジャース）を泊り込みで護衛することになる。彼女を狙って現れた犯人を逮捕し、彼女は証言するが、犯人は釈放されてしまう。パニくった彼女と刑事はデキてしまう。そのあと、「変わりない？」「分からない」「冗談なのか」「いいわ、あれは間違いだった、もう済んだことよ、忘れましょ」刑事は女に触れる。「分からないと思う？あなたには家庭が、私は何も望まない、でも恐いの、抱いて」刑事と目撃者は深みにはまっていく。刑事の女房にバレる。辛く、哀しい不倫ドラマ。『プロメテウス』（12）の監督とは思えない。

『シー・オブ・ラブ』ドーナッツ盤が回っている。曲はフィル・フィリップス・アンド・ザ・トワイライツの「シー・オブ・ラブ」。「覚えてるかい？僕らの出会いを　君をひと目見て　たちまち恋に落ちた　君に会って伝えたい　僕の胸の熱い想いを　君と旅立とう　一緒に……　愛の海へ」ファックしてるみたいな男が撃たれる。そしてオートリターンで同じ曲が。独身向け雑誌の広告（今なら出会い系サイトか）を利用してセックスしている男と女たち。その男たちが連続して殺される。事件を追うバツイチの刑事（アル・パチーノ）が犯人かもしれない女（エレン・バーキン）とネて、惚れてしまう話だ。エレン・バーキンがいやらしい。刑事を壁に押しつけて背中から股間に手を伸ばし「言って、何を、何を探してるの？何が欲しいの？言って、言うのよ」刑事が公衆電話で呼び出す。「娘は寝てる？誰かに見てもらえる？今、何着てる？脱げよ」エレン・バーキンは深夜のコンビニに黒いコートだけで入ってくる。これ見た時、俺もさせてみたいと思ったが……。エンドタイトルはトム・ウェイツの「シー・オブ・ラブ」。

『インパルス』「監督ソンドラ・ロック、主演テレサ・ラッセル。拾い物。警官と3回結婚して離婚してセラピーに通う麻薬課の女刑事が趣味？で挑発的な格好で売春捜査のオトリをやっている。時々、誘う男についていきそうになるなんてと言ってるが、人を射った夜、ついていってしまう。さすがイーストウッドの元愛人というのは褒め言葉になるだろうか。濡れ場なんてイーストウッドよりうまい」と91年の『シティ・ロード』のビデオ日記に書いた。見返せなかったのだ。確か、女刑事が犯人とやってしまうのではなかったか。どうもそういうのが好きみたいだ。

『ゆりかごを揺らす手』産婦人科医の夫の自殺が原因で流産し、子宮を摘出された妻（レベッカ・デモーネイ）が、夫を自殺に追い込んだ妊婦の家庭にベビー・シッターとして入り込み、逆恨みの復讐をしていく。これは恐かった。

『黙秘』原作はスティーブン・キングの「ドロレス・クレイボーン」。母（キャシー・ベイツ）が父を殺したのではないかと思っている娘（ジェニファー・ジェイソン・リー）が、母が富豪の未亡人殺しの容疑で逮捕されたと知り、ニューヨークから故郷の小さな島へ帰る。20数年前の日食の日の殺人と未亡人殺しの真相を知り、娘は母と和解する。原作を買ってしまった。

『ワイルドシングス』ジョン・マクノートンは『恋に落ちたら…』（93）もよかったけれど、これもええーッ！というドンデンに次ぐドンデンで（脚本はフランケンハイマーの『対決』〈90〉のスティーヴン・ピータース）、呆気にとられる。フロリダの富豪一族の未亡人（テレサ・ラッセル）とかつて関係のあった高校の教師（マット・ディロン）が、未亡人の娘の女子高生にレイプされたと訴えられる。セックスしてもらいたかったのにしてくれなかった腹いせだった。しかし、同級生の女子高生もレイプされたと訴える。弁護士（ビル・マーレイ）が法廷で二人のレイプは偽証だと暴き、教師は未亡人から多額の示談金をせしめる。刑事（ケヴィン・ベーコン）が女子高生二人と教師はグルなのではとつきまとい始める。エロい3Pのシーンで驚くが、更に更に驚く展開。

『ツイステッド』バーで男を拾い、一夜限りのセックスを繰り返す女刑事（アシュレイ・ジャッド）が、自分とネた男が次々と殺されて、犯人ではないかと疑われて取り調べを受ける。『インパルス』もそうだけど、どうもこういう女刑事が好きみたいだ。アシュレイ・ジャッドが好きなのだ。短い髪と細身の裸がいい。『コレクター』（ゲイリー・フレダー、97）、『ダブル・ジョパディー』（ブルース・ベレスフォード、99）、アシュレイ・ジャッドって事件モノ多いなあ。

『ラブ・クライム／官能の罠』（リジー・ボーデン、92）ショーン・ヤングの同僚と不倫している検事補が、偽写真家の変態レイプ犯を追って家をつきとめるが、捕まって監禁される。父親と何があったのか、父親に監禁された記憶が甦る。失禁し、犯人に服をハサミで切られ、裸の写真を撮られ、セックスをし、おかしくなってしまう女検事補。ショーン・ヤングが惜しげもなく脱いでいる。

ピーター・イェーツ監督、スティーヴ・テシック脚本の『目撃者』(81)は「ハンガリア事件の年、オリンピックでハンガリアがソ連に水球で勝って優勝した、フルシチョフは祝電を送って、そこにはもう経済援助を中止するとあった。私たちは中止しない、イスラエルは生きがい」と演説している、ソ連からイスラエルへの亡命作戦を支援するユダヤ人組織の集まりから始まる。ビルの清掃人のダリル(ウィリアム・ハート)とアルド(ジェームズ・ウッズ)は2年間、ベトナムで奴らを追い廻して、あの戦争は何だったんだ、前のサイゴン市長はこっちでピザの店を開いたとボヤいている。ベトナム帰還兵の二人はベトナム人に雇われているのだ。ベトナム人社長が殺され、クビになったアルドが疑われる。目撃者でもないのに、ダリルはテレビのレポーター(シガニー・ウィーバー)に、記者会見しろと言われたけど、君に話すよ、3年前から君が好きだからと言う。レポーターが部屋に来る。18歳からこの部屋で暮らしてるけど、好きな人が来たの初めてとコーヒーを淹れてると、レポーターはイヤリングを外してる。「ついてる、すばらしいだろうな」目撃者でもないのに狙われることになるベトナムで勲章をもらった男の恋の話だ。やっぱり、俺、心のサスペンスが好きなのだ。

SF映画

その未来の姿がなぜ懐かしさを感じさせるのか。
地球は何度破壊されればすむのか。
ロボットの愛は人間のそれより純真か。
改めてそのジャンルの奥深さに分け入る。

映画作家
1938年生

大林宣彦

宇宙戦争……1953／米
脚本＝バリー・リンドン
監督＝バイロン・ハスキン
ライトスタッフ……1983／米
脚本・監督＝フィリップ・カウフマン

サイレント・ランニング……1972／米
脚本＝デリック・ウォッシュバーン、マイケル・チミノ、スティーヴン・ボッコ
監督＝ダグラス・トランブル

マーズ・アタック！……1996／米
脚本＝ジョナサン・ジェムズ
監督＝ティム・バートン

2001年宇宙の旅……1968／米、英
脚本＝スタンリー・キューブリック、アーサー・C・クラーク
監督＝スタンリー・キューブリック

［補］
猿の惑星……1968／米
脚本＝ロッド・サーリング、マイケル・ウィルソン
監督＝フランクリン・J・シャフナー

SF映画、即ち「スペース・ファンタジー」、五本を厳選致せ、と仰るならば、先ずは同類の映画と考えられ勝ちだが、取り敢えず「ファンタジー」を外してゆかねばなるまいね。となるとこの日本では大層人気のある『E.T.』（82）、あれは「ファンタジー」の極みであって、スピールバーグなら『未知との遭遇』（77）がSFだ。だが彼自身はこれを「スペース・ファンタジー」ではなく、「スペース・ファクト」であると宣うていて、この「ファクト」（事実）なる硬質なニュアンスを有するを以って、「サイエンス」のSをくっ付けるに値する、と考えてみましょうか。

硬質というなら、硬質も硬質。硬質過ぎて発表当時は大失敗作、ワケがワカランと当の米英でもそっぽを向かれた、映画史の一つのピークを成す怪作、クーブリックの『2001年宇宙の旅』（68）を、あの時代のフィルム的熱狂の映画史が沈静したこの今となっては、トップに挙げる所から始めましょうか。彼の企画によるSF映画『A.I.』（01）をスピ

ールバーグが受け継いだら、メロメロの「ファンタジー」になりましたね、ってところに、作家のSF向きの資質って事もある。ルーカスはスピールバーグよりうんと硬質の作家で処女作の『THX1138 4EB』(67)などは正にSF映画の味わいに充満しているが、「スター・ウォーズ」(77~12)シリーズは、これはやっぱり「ファンタジー」的なお遊びとして愉しみたい映画ですね。スピールバーグが常に「地球から宇宙を見上げる視線」にこだわるのに対して、ルーカスはあまりに無邪気にひょいひょい宇宙に飛び出しちゃうもんねぇ。やはり硬質のハワード・ホークスが実際には製作だけではなく演出も行ったといわれる『遊星よりの物体X』(51)はSFテイスト。このテイストがフォード西部劇との違いでしょう。新時代のカーペンターがこれをリメイクしてるけど、彼は映像主義のムード派で「映像ファンタジー」って感じ。

ウェルズとパル・コムビの『タイム・マシン』(60)は大好きな映画だけど、これをSFと考えるか?! ウェルズとパルなら『宇宙征服』(55)よりも、『宇宙戦争』(53)を古典の名作として忘れず入れよう。『宇宙~』といえば、ジョン・スタージェスもロバート・アルトマンも夫ぞれに、『宇宙からの脱出』(69)、『宇宙大征服』(68)を撮っている。SFへの興味以前にそもそも硬質な二人の名職人に、SFは相応しいのだろう。

『キング・コング』(33)や『アルゴ探検隊の大冒険』(63)などは、「ファンタジー」の傑作として保存した方がよいだろうし、『ある日どこかで』(80)や『血とバラ』(60)だって、愛しの恋のファンタジーとして、こっそり仕舞っておきましょう。トリュフォーの『華氏451』(66)だって、つまりはそういう一本でしょう。ゴダールは、SFから食み出しちゃったしね。話を戻してパルの『月世界征服』(50)は幼き思い出の一本。『原子怪獣現わる』(53)なんて核怪獣ものもありましたなぁ。がこうなるともう東映時代劇みたいなもので、一足飛びに僕の苦手な(つまり、あまり見ていない)若い人の作品の中から、静謐な『ライトスタッフ』(83)と賑やかな『マーズ・アタック!』(96)を。『ライトスタッフ』はドキュメンタリーだというけど、これは虚構も交えた「空想科学映画」の「ファクト」寄りの一本。『マーズ・アタック!』はお遊びのようで、徹底的に覚めているところがＳＦ。この二作は傑作の名に恥じません。そういや『猿の惑星』(68)はどうする？　本当はドナルド・ダックの甥っ子だっけ、ヒューイ、リューイ、デューイ、と名付けた三体の戦傷者ロボットが活躍する『サイレント・ランニング』(72)などを大いに語りたいところだけれども。あ、先日、ロスでクーブリックの娘さん（父の名は、クーブリックです、と娘さんが実証してくれました）と邂逅。『２００１年～』の話など交わしましたが、そんなで、何か忘れたっけ?!……

脚本家
1954年生

伊藤和典

海底二万哩……1954／米
脚本＝アール・フェルトン
監督＝リチャード・フライシャー

2001年宇宙の旅……1968／米、英
脚本＝スタンリー・キューブリック、アーサー・C・クラーク
監督＝スタンリー・キューブリック

放射能X……1954／米
脚本＝テッド・シャードマン、ラッセル・ヒューズ
監督＝ゴードン・ダグラス

スター・ウォーズ……1977／米
脚本・監督＝ジョージ・ルーカス

ストーカー……1979／ソ連
脚本＝アルカージー・ストルガツキー、ボリス・ストルガツキー
監督＝アンドレイ・タルコフスキー

怪獣と特撮が大好きな子供でした。異形のものと、日常ではありえないビジュアルに夢中だったけど、小学生の頃（「ウルトラQ」放映前までは）怪獣も特撮も年に1、2度しか見る機会がなく、その飢えを「恐竜図鑑」や「魚類図鑑」の深海魚のページでしのいでいました。

そんな中での『海底二万哩』ですよ。まず、ノーチラス号にやられた。「自分の知ってる潜水艦と違う。なんだ、これ？　カッコいい！」

そしてクライマックス、嵐の中でのダイオウイカとの戦い。本気でネモ船長を応援するまだまだ純朴な子供でした。

それまで、怪獣・特撮といえば東宝映画だった自分に、洋画にも素敵なのあるよ、と教えてくれた1本。

余談ながらぼくにとっての3大潜水艦は、ノーチラス号、海底軍艦・轟天号、マイティ号、です。

塾からの帰り道だったのを覚えてます。

すっかり暗くなった山道を自転車で下りながらK君はぼくに、東京で観てきた『2001年宇宙の旅』のことを熱っぽく語ってくれました。当時、中学生。雑誌で、その映画の存在は知っていたけど、いち早くそれを観たK君がうらやましくてしょうがなく、あれこれと質問をぶつける、ぼく。「なんか、コンピューターが反乱起こすんだけど……それもなぜだか判んなくて、でも、とにかくすごいんだ」どんな質問も、結局は「よく判らない」というところに収束してしまい、ぼくは「いいなぁ。オレも早く観たいな……」と繰り返すばかりでした。

ようやく観ることができたのは大学生になって上京してからです。残念ながら映画を観る前に（だって、我慢できなかったんだもん）アーサー・C・クラークの小説版を読んでいたので、K君が感じたようなインパクトはなかったんだけども……それまで自分の中で「空想科学映画」とラベリングされてたものがこの映画を境に「SF映画」と認識されるようになりました。なので、まぁベタだけど、はずせない1本なわけです。んで、ここだけの話……スターゲイトのパート（宇宙や生命の成り立ちを映像で見せる）は、いつ観てもつい寝ちゃいます。けれど、それは正しい鑑賞の仕方なのだと思うのですが、それはまた別の話。

上京して嬉しかったのは、映画館がたくさんあること。それとTVの深夜枠で昔の映画がたくさん放映されていたこと。

おもにTVで、ずっと気になっていた50年代のアメリカSF映画の幾つかを観ることができました。その中には『ボディ・スナッチャー』や『トリフィドの日』などが含まれるわけですが、僕がグッときたのは『放射能X』です。

ロジックを武器に、情報の断片をつなぎあわせて脅威の正体に迫る。

燃えますよね。

意識してませんでしたが、思い返すと「平成ガメラシリーズ」（95、96、99）は、少なからずこのへんの影響をうけているのかもしれません。

1977年はSF元年と呼ばれた年でした。

『スター・ウォーズ』と『未知との遭遇』の公開によって、それまではマイナーだったSFというジャンルが一般に認知された年、ということでの「元年」なのでしょう。大学を中退して、今でいうフリーターだったぼくにとって、ロードショー中のこの2本を観るのは結構な負担でした。でも、観ずにはいられない。もちろん、両方とも観ました。

で、その後で友だちと話をすると「おまえ、どっち派?」とかいうことになるわけです。『スター・ウォーズ』推しか『未知との遭遇』推しか、と。

ぼくは、そのつど「ん〜……」と考えて「やっぱ『スター・ウォーズ』かな」と答えていました。『未知との遭遇』は(テリー・ガーは可愛いけど)「なんか宗教映画っぽいな」と思ったからです。

これもベタですが、ひとつの分岐点になった作品として、選ばないわけにはいかないのです。

『ストーカー』はロビン・ウィリアムズのじゃなくて、タルコフスキー監督のほうです(って、言うまでもないか……)。

なぜ、これを観にいこうと思ったのか、今となってはまったく思い出せません。脚本家になったばかりの頃で、映画館ではなく、どこかの小ホールで観たという記憶があります。

地味です。これといった特撮もなく、地味としかいいようがありません。にもかかわらず、まぎれもなくSF映画なのです。

「こういうのもありなんだ……」と蒙を啓いてくれた1本なので、選ばせていただきました。

ヴィジュアリスト・映画監督
1961年生

手塚眞

禁断の惑星……1956／米
脚本＝シリル・ヒューム
監督＝フレッド・マクロード・ウィルコックス

火星人地球大襲撃……1967／英
脚本＝ナイジェル・ニール
監督＝ロイ・ウォード・ベイカー

2001年宇宙の旅……1968／米、英
脚本＝スタンリー・キューブリック、アーサー・C・クラーク
監督＝スタンリー・キューブリック

ヘルハウス……1973／英
脚本＝リチャード・マシスン
監督＝ジョン・ハフ

フェイズIV 戦慄！ 昆虫パニック……1974／米
脚本＝メイヨ・サイモン
監督＝ソール・バス

なぜ5本なのでしょう。重要なSF映画がそんなに少ないとでも？ 誌面の都合から？ 10本選ぶのも脂汗を流しそうなのに、たったの5本？ しかも選出範囲が外国映画に限ると。愛すべき『ゴジラ』を選ぶことはできないわけですね。親愛なる読者の皆さんは覚悟を胸にこの特集に向かわなければなりません。

さて、なぜここに『ヘルハウス』が入るのかと訝る方が多いと思いますが、これを挙げなければ自分の存在意義が果たせないので失笑覚悟で加えています。思春期に出会った最愛の映画でもあるからです。たいていその人にとっての秘めやかな名作は思春期に出会ったものですね。自分にとって最初の思春期、それは70年代に訪れたわけです。

しかし実はこの作品は決してオカルト映画ではありません。あえていえば現象映画……、そんな名称はないのですが。幽霊を科学しようという意欲はシドニー・J・フューリーの『エンティティー』（81）にもありますが、エモーショナルな品格ではジョン・ハフの比で

はありません。ここにあるのはあざとくベルイマンを装った（スピルバーグのそれより数段良い）画面演出と、アメリカ映画の知性（リチャード・マシスン）とエモーション（ＡＩＰ（アメリカン・インターナショナル・ピクチャーズ））、そこにイギリス映画の誠実さ（ハマープロ）が結合した奇跡だと信じています。ということで、今回のぼくの選出はここを起点にしています。

キューブリックは『博士の異常な愛情…（または私は如何にして心配するのを止めて水爆を愛するようになったか）』でも『時計じかけのオレンジ』でもなく、あえて『２００１年…』を選んだ理由も同様です。思春期にはいささか早い、８歳のときにテアトル東京のシネラマ大スクリーンで手塚治虫と一緒に見たもので。後に知ったことですが、彼はその映画の美術監督を請われていました。

実はキューブリックにしようかリチャード・レスターかと迷いました。『不思議な世界（The Bed-sitting Room）』（69）は立派な（イギリス人らしい）ＳＦだからです。核戦争後の未来世界の恐るべきヴィジョンとしては唯一、好感を持てるものです。いやでも『メトロポリス』（27）を彷彿とするフェティッシュさが愉しかった『ブレードランナー』（82）は原作はともかく、ＳＦらしくありませんでしたね。

ソール・バスの美しい（そして唯一の）佳作（『フェイズⅣ』）を加えたわけは、最近、家にアリがやたらに入ってきて思うところがあったからです。若きリン・フレデリックの人間離れしたルックは『ヘルハウス』の美しき霊媒パメラ・フランクリンと双璧をなします。もしこの作品を差し替えるとするなら、ドナルド・キャメルの恐ろしくロマンティックな『デモン・シード』（77）、ケン・ラッセルの不思議なバランスを持った『アルタード・ステーツ／未知への挑戦』（79）、ダグラス・トランブルの美しき失敗作『ブレインストーム』（83）あたりが相応しいかと思います。

古典からはあえて艶やかなモノクロ作品を除外した乱暴をお許しください。しかし、ここに『メトロポリス』『フランケンシュタイン』（31）『透明人間』（33）『原子人間』（55）『未知空間の恐怖／光る眼』（60）などと書き出すと、単なる名作選になってしまい企画意図からはずれてしまいます。

それでもどうしても、これもまた自分の生きる信念のようなものに関わる作品として、イドの怪物に心底恐怖した『禁断の惑星』、クォーターマス博士の先見的な現象映画（そういう意味では『ヘルハウス』のルーツとしてのハマープロ作品である）『火星人地球大襲撃』（というテレビ局がつけたものすごい題名の不運すら今やむしろ古典的）を外すわけにはいきません。後者は知人のイギリス人たちから度々その題名を聞くにつけ、母国に与えた影響は想像よりも深いと知りましたが、リドリー・スコットのふざけた『プロメテウス』(12)（というより「エイリアン・ビギニング」と呼んだ方がまだしも）にそっくりなヴィジョンを見て驚き、古典というものの重さを感じずにはいられませんでした。

念のため、今回選びようのなかったもう5本には、いわずもがなゴダール『アルファヴィル』(65)、ルネ・ラルーの愛すべきアニメーション『ファンタスティック・プラネット』(73)、ニコラス・ローグの意欲作『地球に落ちて来た男』(76)、大胆さゆえに怖ぞ気づいたタルコフスキーの（『惑星ソラリス』ではなく）『ストーカー』(79)、そして『スター・ウォーズ』が見事にSFではないという意味でルーカスの『THX1138』(71)を。ここには選びたくない、それでも自分の思春期にとってどうしても大切であったスピルバーグの『未知との遭遇』(77)を番外のさらに選外として。

テレビプロデューサー
1944年生

中村征夫

大アマゾンの半魚人……1954／米
監督＝ジャック・アーノルド
脚本＝ハリー・エセックス、アーサー・ロス

渚にて……1959／米
監督＝スタンリー・クレイマー
脚本＝ジョン・パクストン、ジェームズ・リー・バレット

博士の異常な愛情　または私は如何にして心配するのを止めて水爆を愛するようになったか……1963／英、米
監督＝スタンリー・キューブリック
脚本＝スタンリー・キューブリック、ピーター・ジョージ、テリー・サザーン

スター・ウォーズ……1977／米
脚本・監督＝ジョージ・ルーカス

ブレードランナー……1982／米、香港
監督＝リドリー・スコット
脚本＝ハンプトン・ファンチャー、デヴィッド・ウェッブ・ピープルズ

SFという単語がいつ頃から使われ始めたのだろうか。僕自身の記憶ではSFという言葉を知ったのは今から50数年前、中学に入った頃だった。それはミステリー小説のひとつのジャンルとして紹介されていたと思う。今ではSFといえば子供から老人まで通じるが50数年前はサイエンスフィクション、略してSFは世間ではまだ認知されていなかった。その頃、判ったつもりで読み漁っていた江戸川乱歩の『パノラマ島奇談』や『押絵と旅する男』、夢野久作『ドグラ・マグラ』、ゴジラ生みの親、香山滋や小栗虫太郎、久生十蘭、海野十三らの諸作品は今ではSFジャンルに入るが、当時は怪奇幻想、伝奇、秘境冒険といったジャンルに色分けされていた。

江戸川乱歩責任編集と表紙に印刷されていた探偵小説専門誌『宝石』、昭和31年7月創刊の『エラリイ・クイーンズ・ミステリ・マガジン』（初代編集長は27歳の都筑道夫、現在の『ハヤカワ・ミステリマガジン』の前身）や昭和34年7月創刊『ヒッチコックマガジン』（初代編

集長は26歳の中原弓彦〔小林信彦〕〕等に海外や国内のSFっぽい小説がはしり的に掲載されだし一部読者に人気が出はじめた。更に、東京高等師範学校附属中学で今村昌平と同級だった星新一の超短篇ミステリー、ショートショートが拍車をかけSF人気は高まっていった。昭和34年12月早川書房から『SFマガジン』（初代編集長は30歳の福島正実）が創刊され除々にSFファン層の輪が広がりSFジャンルが社会的に認知されていった。小松左京、半村良、筒井康隆、眉村卓、平井和正、山田正紀らがデビューし次々と秀作を発表していった。活字メディアから映画に目を転じると昭和29年『ゴジラ』は水爆大怪獣映画、昭和36年『世界大戦争』では唯一の被爆国ならではの警鐘映画とされSFのジャンルではまだ括られていなかった。

さて僕自身のSFだが、先ずサイエンス分野に関心がなくと言うより苦手の分野で、宇宙探険、UFO、宇宙人には全く興味がない。だから昭和44年の宇宙船アポロ11号の月面着陸はフェイクで、あの映像はハリウッドか軍の巨大なスタジオ内で撮影されたと今でも本気で思っている。やはり好きなのは怪奇、伝奇、秘境探険物である。こうした10代の頃の思いがSF映画の選択にかなり影響しているのではないかと思う。

『大アマゾンの半魚人』

全身魚鱗の半魚人のオドロオドロした恐さ、白い水着で河を泳ぐヒロインの美しさ、小学4年の時この映画を見て子供心に大いに堪能した。新宿の小学校の同級生の間では同年公開の『ゴジラ』より人気のあった映画だった。モンスター映画幻の古典とかではなく、ターザン映画と同じかなりマイナーな映画だったがB級映画の傑作というところか。当初『海底二万哩』を入れようと思っていたのだが、ディズニー映画も半魚人には勝てなかった。隠れた人気映画で続編も公開されたが未見。

『渚にて』

日本公開は昭和35年。高校入学前の春休みに見ている。日本は安保闘争で大揺れ。世界と日本ではかなりギャップがあるな、日本は全てに貧しいなとこの映画を見た時思った。４年後の１９６４年が映画の舞台。なんと東京オリンピック開催の年に第三次世界大戦が勃発。原水爆で地球の北半分は死滅、死の放射能は南半球に迫っている近未来を描いていた。この頃、ラジオの音楽番組からは『騎兵隊』(59)『太陽がいっぱい』(60)『刑事』(59)『黒いオルフェ』(59)と共にこの『渚にて』のメインテーマ「ワルツィング・マチルダ」がよく流れていた。

公開から50余年。チェルノブイリの事故、3・11福島原発事故で放射能被害を体験した現在、この映画で描かれた状況は近未来ではなく現実そのものになってきている。それなのにまだ原発再稼働を目論む政治家、企業家が存在することじたいが恐ろしい。

『博士の異常な愛情』

東西の冷戦時代、陰謀で核を搭載したアメリカのB52が34機でソ連に核攻撃に向かう。途中、攻撃は中止されるが、内1機と連絡がとれなくなってしまうという近未来、いや現実にすぐにも起こりそうな恐怖をキューブリックはブラックコメディ風に見せてくれる。世界的に民族主義者や右翼が抬頭している現在、絵空事でない恐さがある。映画ののっけに「この映画で描かれていることは絶対におきないとアメリカ空軍は保証する」とスーパーが入る。これがミソで、後は一気に笑いころげてラストまで駆け抜けるキューブリック喜劇。本当は喜劇ジャンルでとっておいたのだがSF映画にはめこんでしまった。

キューブリックは『現金《ゲンナマ》に体を張れ』(56)『突撃』(57)『スパルタカス』(60)『ロリータ』(62)と続きこの作品をはさんで『2001年宇宙の旅』(68)『時計じかけのオレンジ』(71)と話題作を発表していく。この時代日本の一部知識人、映画ジャーナリスト、メディア関係者の間でキューブリックは完全に神格化されていった。そんな時代があったのです。

『スター・ウォーズ』

昭和52年秋、初めてアメリカ、ロサンゼルスへ番組取材で行った。初めて食べる本場のハンバーガー、ホットドッグ、フライドチキンなどのジャンクフードのうまさに舌をまいた。そんなさなかハリウッドのグローマンズ・チャイニーズ・シアター。満席で観客の7割は子供、大喚声と飛び散るコーラとポップコーンと最高の環境の中で『スター・ウォーズ』を見た。かなりの衝撃だった。確かこの時この劇場は1回ごとの全館入れ替え制で入場料は約4ドル位。当時1ドルは280円だった。それから数日後、やはりハリウッドの劇場で『未知との遭遇』(77)を見た。この映画も満員だったがUFOと宇宙人とのコンタクトで全く興味のないテーマだったので全くおもしろくなかった。『スター・ウォーズ』『未知との遭遇』を日本公開よりかなり早く見たので帰国してから友人知人に得意気に自慢したのを憶えている。

『ブレードランナー』

日本で公開された昭和57年前後、伊藤素子事件(昭和56年、女性行員による巨額詐欺事件)や『地獄の黙示録』ロケ地取材、大麻、麻薬取材等でやたらフィリピンに通った。折しも日本からマニラ売春ツアー花盛りの時代で、仕事でフィリピンに行くにも航空チケットはツアー団体でおさえられ、裏に手を廻してもチケットが中々入手できない時代だった。そうした時に農協団体がチャーターした便の片隅に乗せてもらったことがある。この団体が全員男性でマニラ売春ツアー御一行様なのだ。離陸と同時に数十本の一升ビンが機内を巡り飲めや歌えのドンチャン騒ぎで、僕らもコップ酒のご相伴にあずかったりした。

フィリピンとの往復のそんな合間に見たのが『ブレードランナー』。とても斬新な感じを受けた。舞台は2019年。人造人間レプリカントが奴隷として人間の下に置かれ、人間の管理社会に造反したレプリカントを抹殺する、人間のレプリカント専門の殺し屋のお話。公開時、30数年後の世界はスゴイことになっていると思ったが、それも後、6年後。この映画で描かれたような世界になるはずもない。チャイナタウンのような日本人街、スラムのような食堂で殺し屋ハリソン・フォードがうどんを食べるのにはまいった。このスラムのゴミ箱を引っ繰り返したような日本人街の映像は、後の『ブラック・レイン』の大阪の街のグルーミーな映像にいちだんと凄みを増して繋がってくる。

リドリー・スコットは只者でない。そしてレプリカントならぬフィギュアを描いた石井隆の新作(『フィギュアなあなた』)はどのような世界を僕達に見せてくれるのだろうか。

映画監督
1952年生

大森一樹

渚にて……1959／米
脚本＝ジョン・パクストン、ジェームズ・リー・バレット
監督＝スタンリー・クレイマー

2001年宇宙の旅……1968／米、英
脚本＝スタンリー・キューブリック、アーサー・C・クラーク
監督＝スタンリー・キューブリック

華氏451……1966／英、仏
脚本＝フランソワ・トリュフォー、ジャン＝ルイ・リシャール
監督＝フランソワ・トリュフォー

アルファヴィル……1965／仏、伊
脚本・監督＝ジャン＝リュック・ゴダール

スローターハウス5……1972／米
脚本＝スティーヴン・ゲラー
監督＝ジョージ・ロイ・ヒル

『渚にて』を初めて見たのはテレビの日曜洋画劇場で、高校生だったから60年代のかなり後半になる。核戦争で北半球は死滅、残された人類はオーストラリアで死の灰による最後の時を待つだけというこのSF映画の冒頭、1964年のカレンダーがアップになったのは今も覚えている。映画は1964年が舞台で、製作された1959年では近未来であったのだが、私が見た時は過去になっていたのだ。同じ頃、大阪OSシネラマで見た『2001年宇宙の旅』は、30年以上も未来の話だったが、現在では10年一昔のことになってしまっている。だからといって、それらが、もはやSF映画でないかといえば、決してそうではないだろう。映画の歴史は1世紀を越えているのだから、過去になってしまった「未来の映画」などごまんとあるはずだ。2019年を舞台にした『ブレードランナー』がその1本になるのも間もなくのことだ。にもかかわらず、それらが依然としてSF映画であるのは、SF映画が、予言ではなく予感の映

画だからではないだろうか。

例えば『華氏４５１』において、書物が消滅させられた未来で、人の脳の記憶に収められた小説が口述によって人から人へ受け継がれていくだろうというのが予言なら、小説がＰＣのメモリーに収められた電子書籍なるものの出現の前には、それはもうすでに外れた予言だろう。しかし、予感であるなら、半世紀前に予想もしなかった映画フィルムの消滅という状況（トリュフォーが生きていたら、一番驚いただろう！）を突きつけられた現在、それは私にとって示唆に富んだ予感であることはまちがいない。雪の中、自分の脳に記憶した小説を口ずさみながらさまよい歩く人々の姿は、前世紀の映画を映画誌にこのような形で語っている自分のように思える。

同時期にゴダールが撮ったＳＦ映画『アルファヴィル』は、20年後の１９８４年の設定だが、未来的な映画意匠は何一つなく、背景となる外惑星都市アルファヴィルをそのままパリで撮影した奇怪な、というより個人的には見た当時は意味不明のＳＦだった。しかし、１９８４年の30年後の今再見すると、未来的寓話として違和感というよりも独特の緊張感がある。村上春樹の１Ｑ８４年とどこか繋がっているような気さえするゴダールの１９８４年は、このＳＦ映画を製作した当時そこまで予感していたのだろうか。

私たちの現在が、かつて未来だったものであり、いつかは過去になるものであることを明確に示してくれるのは、実はＳＦ映画だけではないかという気もする。だとすれば、『スローターハウス５』のような映画が、最もＳＦ映画らしいＳＦ映画の一つといえるのかもしれない。ラスト、トラルファマドール星のドームの外に打ち上がる花火は、まるで「素晴らしき哉、ＳＦ映画！」と叫んでいるようだ。

旧『映画芸術』編集部員・映画批評家
1941年生

佐藤千穂

ボディ・スナッチャー 恐怖の街……1956／米
脚本＝ダニエル・マンワリング、サム・ペキンパー
監督＝ドン・シーゲル

華氏451……1966／英、仏
脚本＝フランソワ・トリュフォー、ジャン＝ルイ・リシャール
監督＝フランソワ・トリュフォー

猿の惑星……1968／米
脚本＝ロッド・サーリング、マイケル・ウィルソン
監督＝フランクリン・J・シャフナー

ソイレント・グリーン……1973／米
脚本＝スタンリー・R・グリーンバーグ
監督＝リチャード・フライシャー

スペース カウボーイ……2000／米
脚本＝ケン・カウフマン、ハワード・クラウスナー
監督＝クリント・イーストウッド

ＳＦとは空想科学小説や映画を言うらしい。空想はともかく科学にはえらく弱いわたしは、なんせ小学4年ごろまでラジオの箱の中には小人がいるんだと思い込んでいたくらいで、その分野のノーベル賞の先生のＳＦじみた理論などいくら懇切丁寧にお教えいただいても皆目チンプンカンプン。ということで、ＳＦ映画は、わたしがどうこう言えるジャンルではないのだ。それでも観るたびに引きつけられるのは、そこに描かれているのが単なる空想ではなく、現在われわれ身辺に降りかかってくる震災をはじめ、地球上の異変の数々を想うと、実は空想ではなくすでにその渦中にあると言っても大袈裟ではなくなってきているからなのか。とまれ、科学音痴のわたしなので、空想の方にポイントを置いて考えていきたい。

『ボディ・スナッチャー　恐怖の街』。Ｊ・フィニー原作『盗まれた街』は、3度もリメークされたＳＦ映画の古典だ。私が観たのは56年製作のＤ・シーゲル監督作品。シカゴに

移り住んだ当初、英語もろくろく解らないのに映画が恋しく、勇躍ひとり近所の三番館へ飛び込んだ。そこは「パークウェイ」という名のまるで西洋のお化け屋敷みたいな年代物の映画館で、古い建物特有の異様な空気がただよい、おまけに観客は５、６人。そんなところで観たのがこの作品だったので私にはことのほか思い出が深い。

40余年も前のことだから細かなところはうろ覚えだ。カリフォルニアのとある街に異変がおきている。長い蔓の豆の〝莢〟に人間が飲み込まれると即死！と思いきや、飲み込まれた人間と同じ容姿の異星人に入れ替わっていき、街はどんどん彼らに侵略されてゆく。主人公の医師と恋人だけ必死に脱出しようとするが、街はすでに異星人に乗っ取られ、街のロータリーを２人、３人、４人……と黙々と表情もなく歩いている異星人の数が次第に増してゆく様子を俯瞰で長々と撮っているラストシーンには背筋が凍りついた。まして数人しか観客のいない異様な体臭の漂っている中だったから、観終わると同時に劇場をすっ飛び出したほど怖かった。

さて、この作品が製作された50年代半ばはハリウッドに〝赤狩り〟が吹き荒れたころだから、異星人とはマッカーシズムに糾弾された〝アカ〟のことではなかろうかと後で気づく。ならば、一人脱出した医師はヨーロッパへ亡命した映画人のことになる。あるいはまた、米ソ冷戦まっさかりの50年代だったなら、異星人とはソ連共産主義者のことで、秘密裏に〝莢〟を使った方法でアメリカに侵略してくるぞ！と警告しているのかも知れないなどと空想してもみた。脚本はD・マンワリングとS・ペキンパー。マンワリングの名前は、以前〝赤狩り〟資料の中にあったような気がするのだが、この場で調べようもない。そう言えば、姿、時代こそ違え、街のそこここでケイタイを押しながら歩いている連中の無表情で周囲に関心も無く、ひたすらケイタイとむきあっている様子が何者かの指令によって洗脳されている異星人に見えてしまうのだけれど。

『華氏４５１』。秦の始皇帝による焚書坑儒《ふんしょこうじゅ》を挙げるまでもなく、権力者はいつも誰をも自らの下に徹底的に屈服させなくては済まない。ことに外見では推し量れない心の中を統制しなくてはいられないようだ。精神文化を断たれた国の近未来の国の光景のなんと寒々としていることか。人影もなく、死んでいるような町中に山に積まれた書籍を火炎放射器で燃やす火の勢いだけが目立っている。燃やされているのはマキャベリーやサルトルのような知的なものばかり。主人公の消防士（O・ウェルナー）がたまたま床下から発見した1冊の本と美しい女性（J・クリスティ）との出会いによって個人の自由と尊厳に気づいていく。今では、体制側に不利なブログの書き込みなど容易く消去されてしまうという。技術的なことは解らないけど、これからは、勝手に消去できない書籍などは危険極まりないものとなり存在が危うくなって来るにちがいない。

『猿の惑星』。1年半も宇宙をさ迷った挙句にやっと不時着した所は、猿が人間を奴隷として支配している惑星であった。宇宙船のパイロット（C・ヘストン）は、檻に入れられたり苦役を強いられたりの酷い状況に置かれながらもついに脱出！ 気がつけば、彼が帰還した所はアメリカの象徴〝自由の女神〟像が横倒しに埋まった砂漠だった。今、この地球上に発生しているさまざまな現象、温暖化、寒波、豪雪、旱魃、竜巻、地震、津波、それに伴う原発事故などを想うまでもなく、ニューヨークの砂漠化など何時起こっても不思議ではなくなった時代が来ている。SF作家の予兆能力にはいつも頭が下がる。その森羅万象の元凶は私たち人間なのだが。

『ソイレント・グリーン』。国連によると世界の人口は2011年に70億を超し、2050年には93億人になると予測している。一方、女性の社会進出によって出生率は下がり、80億人で頭打ちになるという説も出てきた。さて、この作品、時は西暦2022年、地球は人で溢れ、ある街には大気汚染、栄養失調で道端で生き倒れた累々と横たわる死体の山。それを役人がかたっぱしからトラックに積み込んで運び去る。余裕のある老人（E・G・ロビンソン）は死期が迫ると、立派な柩に正装をして横たわり、一服盛って、ベートーベンの「田園」の流れる大スクリーンの田舎風景に包まれて厳かに死を迎えるのだが、その風景は本当の自然のものではなく所詮舞台装置、つまりニセモノにすぎない。

トラックに積み上げられた死体は現代的な工場に運ばれる。清潔そうな流れ作業で製造されているのは人

猿の惑星 1968
PLANET OF THE APES

肉を原料にした食料ソイレント・グリーンだった。この緑色の錠剤を、まだ生き残っている連中はそれと知らずにボリボリ食べている。このところ健康補助剤のCMがやたらに多いがその材料などまるで定かではない。どこかの国ではネズミの肉や病死した豚の肉が平然と売られ、段ボールを餡にした肉饅頭が売り出されているそうだ。横浜中華街では普通300円から500円するはずの肉饅頭がたったの99円で売られていて、その店にだけ修学旅行の子供達が群がっているそうだが、大丈夫なのかしら。近々ソイレント・グリーンが出現する時代がやって来るかも知れないけれど、今はまだ、人口増加による生き残りのためではなく、金儲けのためなのがなんとも歯痒い。

『スペース カウボーイ』。ロシアの通信衛星が機能不全に陥り、修理を依頼されたNASAには半世紀前の中古衛星などの仕組みを知る現役の技術者などもういない。当時、NASA前身のNACAに宇宙飛行を目指す〝ダイダロス〟という名のグループがあったのだが、NASAの誕生によってこのグループの宇宙飛行士の夢がチンパンジーにとって代わられてしまった。解散されてしまったイーストウッドを中心にしたダイダロスのメンバーはと言えば、見世物の曲芸飛行士（D・サザーランド）、遊園地のジェットコースターの修理屋（T・L・ジョーンズ）、牧師（J・ガーナー）。車が趣味の友人によると昔の自動車は部品を取り替えたり調節するスペースがあったが今の車には指一本入れる隙間もないとボヤいていたが、ダイダロスの面々はアナログ時代の生き残り。年はとっても宇宙への憧れを捨て切れずに、似たような仕事で気を紛らわしている。J・ガーナーが牧師となっているのは何時の世にも問われる〝宗教と科学〟について観客に問う意味もあるのだろう。そしてわがイーストウッドは電化製品の修理をアルバイトにするリタイヤ暮らし。

さて、彼らが到着した衛星はポンコツどころか旧ソ連のミサイルを満載した宇宙要塞だったのだ。NASAは秘密裏に核弾頭を処理させる若者を同行させたのだが、事故が起き、そのままでは地球に激突してしまう危険に陥る。結局、末期癌のジョーンズが核弾頭と共に宇宙の奥深くへご機嫌で消え去り大惨事は回避される（TVのコマーシャルに彼が宇宙人となって蘇っているのは、こういうイキサツから？）。イーストウッドらは無事帰還しＮＡＳＡのオエライさんを一発ポカリ。やっぱりカウボーイなのだ。

最後に『バーバレラ』（R・バディム、67）と『エイリアン』（R・スコット、79）に触れておきたい。わたしには、ＳＦ映画で初めて女性（J・フォンダ）が活躍する映画だったがＳＦ的要素よりもフォンダのセクシーさが強調されていて、当時噂になったバディムとの関係を見ているよう。対して『エイリアン』のＳ・ウィーバーの孤軍奮闘ぶり。汗みどろになってエイリアンと戦う勇姿はスタローンも顔負け。女性が子供を産まなくなったというが、そのうち男女の域も無くなるのだろうか。

詩人・映画監督
1949年生

福間健二

レポマン……1984／米
脚本・監督＝アレックス・コックス

ブラザー・フロム・アナザー・プラネット……1984／米
脚本・監督＝ジョン・セイルズ

スピーシーズ 種の起源……1995／米
脚本＝デニス・フェルドマン
監督＝ロジャー・ドナルドソン

ジャケット……2005／米、独
脚本＝マッシー・タジェディン
監督＝ジョン・メイブリー

トゥモロー・ワールド……2006／英、米
脚本＝アルフォンソ・キュアロン、ティモシー・J・セクストン
監督＝アルフォンソ・キュアロン

アレックス・コックスの『レポマン』は、こう特別にすごいということはないのだが、こういう作品、いくらでも出てきそうで、簡単には出てこない。まあ、ほどほどの新しさ。しかし、それに追いつくのも簡単じゃないというように時間が流れてしまったと思う。

ローンを払わない客の車を盗むように取り立てるというのが、レポマン。文句なしに適役のハリー・ディーン・スタントンが大先輩役で、失業中のエミリオ・エステヴェスをその仕事に誘い込む。賞金のかかった車に宇宙人の死体が積まれていて、実はその車はUFOだったという展開によって、SFになり、政治もからむコメディになる。時代の気分と寝ているラフさがいちばんの魅力の、いいかげんにしか見えないような作り方の話が、それなりの「内容」をレポ（回収）している幸福な例というべきか。

1980年代、レーガン政権下のアメリカ社会。まさに風穴をあけるような「風刺」が可能だった。そして、イギリス人のアレック

ス・コックス。音楽のパンクがわかっている一方で、アメリカという国のもつ陰謀性に外からの直感をはたらかせることができたのだ。そんなことを言ったらかわいそうかもしれないが、コックスもエステヴェスもこれがいちばんいいような気がする。

『ブラザー・フロム・アナザー・プラネット』も、1980年代のアメリカの産物であり、外見が地球の黒人そのままの宇宙人をニューヨークのハーレムに迷い込ませる。ロジャー・コーマン門下のジョン・セイルズが、そのアイディアで一発当てているというノリの上に「思想性」の力こぶも見せる。

SFにあふれるエイリアンという存在は、ある見方からすると、「アウトサイダー」以上の強度をもって、サルトルの実存主義が流行ったころに使われた「疎外」(エイリアネイション)という言葉を具現化したものだという一面をもつ。いわば実存主義的深刻顔からは遠いところで、ジョー・モートンの演じたブラザー、言葉を話せない主人公は、そのことをまともに意識させる。

ジョン・セイルズは、役者でもあり、いろんなことができるのだが、その発想力、アウトサイダー的余裕、ユルさ、まじめさ、ばかにできない。

実験によって生まれたエイリアン的存在が、種の保存のために魅力的な女性の姿で地球の男たちを誘惑するというのが、ロジャー・ドナルドソンの『スピーシーズ　種の起源』。

SFホラーの展開として当然あっていい企画であり、ナターシャ・ヘンストリッジという新人女優が演じる「美少女」がロサンジェルスに潜入して交尾の相手を捜して歩く。ワクワクした。これを抹殺しようとする側にマイケル・マドセンやフォレスト・ウィティカーをおいたキャスティングも、なかなかよかった。

『スピーシーズ　種の起源』がエッチ方向で刺激的だったのに対して、怖さという方向でたまらないと思った記憶が残っているのが、ジョン・メイブリーの『ジャケット』だ。

湾岸戦争からかろうじて生還したエイドリアン・ブロディの主人公が、精神病院の矯正治療で拘束服(ジャケット)を着せられ、死体安置用のロッカーに押し込められる。そのことの怖さが、見たあと何日も残った。そういう逃げ場のない恐怖から、主人公の意識は、死後の未来へと突き抜ける。これはわかると思った。未来の運命をいじる話としては『バタフライ・エフェクト』(04)があるが、『ジャケット』のほうが圧倒的に切迫している。湾岸戦争直後から15年間死んでいた自分、というのは、なんの寓意だろう。最後に手紙が重要な役割を果たす。キーラ・ナイトレイ、たばこの吸い方がよかった。

最後に、オーソドックスに話が進むSFとして『トゥモロー・ワールド』。

人類が子どもを作れなくなった2027年。奇跡的に妊娠した黒人の娘を明日へと生きのびさせるために、クライヴ・オーウェン演じる主人公は、彼女を連れて銃が鳴りひびく荒廃した世界を横断する。オーウェルが『1984年』で第二次世界大戦時の「窮乏」を使ったように、アルフォンソ・キュアロンは、いまのイギリスとそこに入ってくる貧しい世界の断片から、いかにもありそうな悲惨な未来の風景を組み立てている。ひとり(この場合は母と子、ふたりだが)を生きのびさせるために、ひとり(だけではすまないのだが)が命を賭けて行動する。これは古典的な映画物語の王道だろう。そのパターンを軸とすることで、この作品の進行はぐらつかない。ただ、黒澤明の脚本チームによる仕事のように、敵中横断物というのは、要するに、自分たちで障害を考えてそれをのりこえていくだけのゲームに陥りがちで、これもそのきらいなしとはしがたい。でも、迫力がある。イギリスの役者たち。そして懐かしいロック。興奮した。

5本選ぶのは、10本選ぶよりも、ずっとむずかしい。実は、まず10本選び、古い方から5本を落とした。落としたのは、ドン・シーゲル『ボディ・スナッチャー　恐怖の街』(56)、ノーマン・タウログ『底抜け宇宙旅行』(60)、ジャン＝リュック・ゴダール『アルファヴィル』(65)、ロジェ・ヴァディム『バーバレラ』(67)、アンドレイ・タルコフスキー『惑星ソラリス』(72)。

『惑星ソラリス』についてだけちょっと書いておきたい。この作品、ぼくはずっと嫌いだった。フロイト心理学をベースにした文芸批評的アプローチをひきよせる「悪い例」だと思ってきたのだが、最近になって考えが変わった。作品がそうなのではなく、ソラリスという装置がそうなのであり、映画はその装置とたたかっている。そういう気がしてきた。

ひねくれたことを言うようで申し訳ないけれど、最初から『ラ・ジュテ』(62)、『ナイト・オブ・ザ・リビング・デッド』(68)、『2001年宇宙の旅』(68)、『ブレードランナー』(82)といった作品は、はずしている。これらについて人が話しだすのを聞くと、またはじまったかという気持ちになるのだ。それぞれ、自分もおもしろいと思って見たし、未来や宇宙や異界の「映像化」を単なる技術的進化以上のものとしてやってのけていることは認める。たとえば、ジョージ・A・ロメロは1本も見逃したくない好きな監督のひとりだし、『ブレードランナー』は、機会を得て、ちがうヴァージョンを見くらべて批評を書いたこともある。しかし、作品の側にほとんど責任のないことかもしれないが、これらを「高級カルト」にまつりあげているパターン化した語り方には、あくびが出る。

SF映画愛好家
1959年生

上島春彦

ゾンビ特急〝地獄〟行……1972／スペイン、英
脚本＝アーノード・ダッソー、ジュリアン・ヘイルヴィー
監督＝エウジェニオ・マルティン

怪獣ゴルゴ……1961／英
脚本＝ロバート・L・リチャーズ、ダニエル・ジェイムズ
監督＝ユージン・ルーリー

月ロケット・ワイン号……1963／英
脚本＝マイケル・パートウィー
監督＝リチャード・レスター

魔界世紀ハリウッド……1994／米
脚本＝ジョセフ・ドハティー
監督＝ポール・シュレイダー

黄金の眼……1968／伊、仏
脚本＝アルディノ・マイウリ、ブライアン・ディガス、チューダー・ゲイツ、マリオ・バーヴァ
監督＝マリオ・バーヴァ

ＳＦで５本てのはムチャでは。ジャンル的には５つ分くらいある。そうなると何を選ぶかじゃなく何を捨てるかの方が重要で、今回は傑作話題作の類はきっぱり排除することにした。ちらっとでも名作の香りがするものは選ばない、という方針である。従ってスピルバーグとかもなし。カーペンター、フーパー等もっての他。

まず1本目、絶対的なお勧め『ゾンビ特急〝地獄〟行』。と言ってもＳＦだからこれは当然「ゾンビ物」ではない。ゾンビに相当するのが化石人間というか冷凍人間というか満州の大地の下で数百万年の眠りについていた宇宙人で、現生人類によって掘り出され、研究材料（旧人類と間違われたのだ）としてシベリア急行に載せられ運ばれていく車中で蘇る。化石人間の網膜に、彼が生前最後に見たイメージが残されているといったＳＦ的アイデア盛り沢山。「奇想」のディテイルだけで出来ている映画。製作のバーナード・ゴードンは脚本家でもあり、60年代をフィリップ・ヨー

ダンの下で過ごした人。

そういう次第なのでついでにヨーダンがゴードンに脚本を書かせた『人類ＳＯＳ！』(62)も挙げておこう。名作ＳＦ小説『トリフィドの日』のチープな映画化である。ある夜、流星群の放つ光を目撃した地球上の人々全員が盲目になってしまい英国はパニックに陥る、と言うほどは陥らない(低予算映画だから)、が、ともかく彼らに、動くことが出来る食人植物トリフィドが襲いかかる。地理上、物語は二つに完全に分離しているのだが、トリフィドの弱点は二つあり、それぞれのパートで主人公(達)がそれぞれの方法で撃退する。上手い作りである。

このあたりのブラックリスティー人脈でもう1本『地球は壊滅する』も面白い。地熱利用のプロジェクトが失敗し、撃ち込んだ核兵器のせいで地球がヒビ割れるというお話。そのかけらが宇宙に飛び出し、もう一つの月になるというシャレたエンディングであった。死期間近な科学者と若い妻、彼女のかつての恋人の助手、という三角関係ネタもうじうじしていて良かった。ここでのかつてのカップルは『人類ＳＯＳ！』でも似た役柄を演じている。

ヨーダン脚本の特撮映画は結構うじうじしていて、南米のジャングルで蟻が大挙して人間を襲う『黒い絨毯』のカップルは旦那さんが童貞で奥さんはペーパー・ブライド(新聞広告で応募してきた花嫁)、それはいいとして彼女が未亡人だったものだから旦那さんは面白くなく、関係の最初から前途多難というずば抜けたシチュエーションだった。実際に脚本を書いたのはベン・マドウだと言われている。これは名作です。『地球は壊滅する』の美術はユージン・ルーリー(元はルノワール映画の美術家ウジェーヌ・ルリエ。師匠と渡米してからこうなった)。

『原子怪獣現わる』(53)の監督として有名だがこれも名作なので省いて『怪獣ゴルゴ』を紹介する。ストップ・モーション・アニメーション技法を使わず日本映画みたいな着ぐるみ方式だったのが不評の原因か。ロンドンに連れて来られた子供怪獣ゴルゴを奪い取りに母親怪獣がやってくるという内容。冒頭、トラックの荷台にくくりつけられたゴルゴが市内を運ばれて行く時、その姿をテレビ放送のアナウンサーと解説者が実況する。「動きませんね」「寝ているのでしょう」と言うのがバカに可笑しくそこだけが忘れられない。誰がどう見ても張りぼてなのである。動くわけがない。製作はB級映画の帝王キング兄弟であった。

本当は名作として遇されてもおかしくない映画なのに誰からも注目されなかった、という場合もある。レナード・ウィバーリーの名作小説「グランド・フェンウィック大公国」シリーズ第2弾『小鼠、月世界を征服』を映画化した『月ロケット・ワイン号』は、その前作『小鼠、ニューヨークを侵略』の映画化『ピーター・セラーズのマ★ウ★ス』（59）に比べるとかなり不遇である。キャストもスタッフも総入れ替えで地味な印象だからか。いかにも初期リチャード・レスター監督らしく2分割画面等のレイアウトがカッコよく、大公国特産の発泡性ワインの推進力で人類初の月着陸達成、という物語のファンタジーに酔わされる。もちろん風刺物語としての側面も上々。

風刺と言えば『魔界世紀ハリウッド』もシャレのきつさで御推薦。これはパラレル・ワールド物というか、人々が魔法を使える（もう一つの）アメリカに展開されるハードボイルド・ミステリーなのである。１９５３年のハリウッドが舞台で、そこでは今しも魔法使い弾劾の公聴会が開かれようとしており、映画原題が「ウィッチ・ハント（魔女狩り）」というから実にとんでもない。何と赤狩りのパロディ映画なのだ。私立探偵H・フィリップ・ラブクラフトに扮するのは怪優デニス・ホッパー、本人わけ分からずにやってたという話だが、その感じよく分かる。脱力感が素晴らしいです。

今から40年近い昔ただ一度見ただけだが忘れられない『黄金の眼』が5本目。カップル強盗ジョン・フィリップ・ロー（怪盗ディアボリク）とマリサ・メル（相棒エヴァ・カント）が美しく（特にローのすべすべの肌！）、エロ度も中学生には満点であった。ＲＩＯちゃんでコイてた中学生円山クンほどには幸福じゃないかも知れないが、70年代前半の私には十分。融けた大量の黄金を浴びて動けなくなった怪盗が、そのまま見せしめで衆人のさらしものになっているのをカメラで捉えると黄金に埋もれたクローズアップの眼だけがギョロギョロと動いて、逃げる方策を練っていると観客に期待させるラストも良い調子。そこまで見ないとタイトルの意味が分からない。名著「世界ＳＦ映画全史」（北島明弘著、愛育社刊）を今ぱらっと読んだところ映画撮影中、ローはマリサ・メルとプライヴェートでもやりまくりだったと書かれていて今さらながら悔しい。

元テレビプロデューサー・ディレクター
1947年生

河村雄太郎

禁断の惑星……1956／米
脚本＝シリル・ヒューム
監督＝フレッド・マクロード・ウィルコックス

宇宙水爆戦……1954／米
脚本＝フランクリン・コーエン、エドワード・G・オキャラハン
監督＝ジョセフ・M・ニューマン

遊星よりの物体X……1951／米
脚本＝チャールズ・レデラー
監督＝クリスチャン・ネイビー

ボディ・スナッチャー 恐怖の街……1956／米
脚本＝ダニエル・マンワリング、サム・ペキンパー
監督＝ドン・シーゲル

世紀の謎 空飛ぶ円盤地球を襲撃す……1956／米
脚本＝ジョージ・ワーシング・イェーツ、レイモンド・T・マーカス
監督＝フレッド・F・シアーズ

1950年代の後半、小学生の私は講談社から出ていた〈少年少女世界科学冒険全集〉というジュブナイルの熱心な読者だった。『宇宙探検220日』『第十番惑星』『両棲人間一号』『チベットの秘密都市』『魔の衛星カリスト』といったタイトルが、小松崎茂の描くエキサイティングな挿絵とともに、半世紀を経た今でも鮮やかに甦える。

中学生になると、背伸びして〈ハヤカワ・ファンタジイ〉に挑んだ。原著のペーパーバックと同じ版型で装丁も洗練されており、手にしただけでオトナの気分を味わえた。シリーズ第1弾はJ・フィニイの「盗まれた街」。今回選出した『ボディ・スナッチャー 恐怖の街』の原作である。R・マシスンの「吸血鬼」は『地球最後の男』（64）として、J・ウインダムの「呪われた村」は『光る眼』（60）として、それぞれ映画化された。そして、『宇宙の眼』が私のP・K・ディック初体験となった。想定外の展開に翻弄された。とはいえ、玉石混淆のディックの中では上出

来の多元宇宙ものだろう。また、Ｒ・ブラッドベリは「火星年代記」が「火星人記録」というタイトルで元々社なる出版社から出ていた。この名作が湛える抒情は儚くも美しい。だが、今日ではナイーヴ過ぎるかもしれない。再読に耐えるだろうか？

〈ＳＦマガジン〉の創刊は59年の暮だった。Ａ・Ｃ・クラークの「太陽系最後の日」が掲載されていた。短編でありながら、人類の未来を語るスケールの大きさに圧倒された。60年11月号に載ったＣ・オリバーの「吹きわたる風」も忘れ難い。新世界への移住が目的で、何世紀にも渡って飛び続ける巨大な都市宇宙船が舞台だ。ところが、船はとうの昔に目的の星に到着していた。船長たち幹部が人々を欺いていたのである。大自然に直接触れることの恐怖もあったが、権力を失うのを危惧したからだった。日本人作家では「宇宙年代記」を連発する硬派の光瀬龍が好きだった。

一連のこうした読書体験に加えて、私のＳＦマインドを決定づけた映画が『禁断の惑星』である。日本公開は56年9月、小学4年生だった。探検隊を乗せた円盤型超光速船が遥か外宇宙の惑星に舞い降りる。砂漠には尖塔のような岩山が聳え、暗緑色の空には複数の月が輝いている。地平線を砂塵が走り、何かが近づいて来た。後日、ヒューマノイド型ロボットのトップ・アイドルとなるロビーだった。ロビーは隊員たちを瀟洒な邸宅に誘う。そこには謎の科学者と、その娘で超ミニの美女が待っていた――導入部のこのシークエンスは何度観ても血湧き肉躍る。映画で体験する初めてのセンス・オブ・ワンダーであった。

しかしながら、〝イドの怪物〟と呼ばれる潜在意識の嫉妬心が、隊員たちを襲うという展開は9歳には難解だった。ただし、肉眼では見えないのに電磁バリアに触れ、レザー砲が命中すると怪物は凶暴な獣の輪郭を露呈する、という設定は抜群に面白かった。この惑星では失われた文明が自給自足のエネルギーを放出していて、それが怪物のパワーの源泉であるという壮大かつシュールな描写には唖然とした。同時に困惑もした。けれども、マットペイントや電子音楽など秀逸なアナログ表現に込められた熱い想いは、子供心にもハッキリと感じ取れた。私と同じく、この映画の作り手も宇宙への憧憬を抱いていると信じたのだった。それが今では、憧憬といった浪漫的なものではなく、作り手の仕掛けた巧妙な戦略だったと考えている。もちろん、〝イドの怪物〟の神秘性を外堀から埋めるためだが、当時の常識を覆した知的な試みには脱帽するしかない。

『宇宙水爆戦』は惑星間戦争に巻き込まれた地球人カップルの冒険談だ。難点は前半の凡庸な現実描写と後半のスペース・オペラとの間に、世界観の著しい乖離があることだろう。とはいえ、緑の光線に導かれてUFOに吸い込まれるセスナとか、離着陸時に骨格が透けて見える人体保護チューブとか、地下都市の天井を破って落下する流星ミサイルとか、ギミックのオンパレードでマニアでなくとも涎が垂れる。極めつけは人間と昆虫が合体したようなミュータントだ。脳ミソ剝き出しのグロテスクな容貌には強烈なインパクトがあった。夢に何度も出て来ると語った中学の同級生がいた。H・R・ギーガーによるエイリアンが登場するまで、長らく宇宙モンスターのセンター・ポジションを占めていた。

それにしても、『宇宙水爆戦』とは何とも仰々しい。原題〝This Island Earth〟は「この広い宇宙で地球はちっぽけな島に過ぎない」とでも解釈しよう。そして、劇中には水爆など全く登場しないのだ。よって、このセンセーショナルな邦題は当時盛んに行われていた核実験の反映としか思えない。日本公開は55年12月である。第五福竜丸がビキニの水爆実験で〝死の灰〟を浴びたのは前年の3月だった。

改めて言えば、ここにリストアップした映画が作られた1950年代は、米ソ核軍拡競争の真只中である。57年10月にソ連が世界最初の人工衛星スプートニク1号を打ち上げたとき、ホワイトハウスやペンタゴンが受けた衝撃は計り知れない。衛星の代わりに核弾頭を搭載すれば、それはICBMであり、共産主義の軍事的優位が決定的になるからだ。これがいわゆる〝ミサイル・ギャップ〟である。もちろん、小学生の私がそうした事情を知るわけがない。ラヂオから流れる衛星の送信音を聞き、航跡を撮った新聞写真を見ては無邪気に興奮していた。花火から抜いた黒色火薬と、理科室から持ち出した過マンガン酸カリを混ぜてシャーペンの空筒に詰め、級友たちとロケット実験に興じたりもした。たまに飛んだこともあったが、ほとんど失敗だった。ある日、ロケットが発射台で倒れ、燃え上がった。誰かが「アメリカのロケットみたいだ！」と叫んだのを覚えている。一刻も早くソ連に追い着こうと、打ち上げを強行した海軍の衛星ロケットが、点火直後に爆発したことがあった。57年12月、自由世界の期待を一身に背負いながらの屈辱だった。ウィキペディアにはこの失敗で、アメリカ国内がヒステリー状態に陥ったと書かれている。

アメリカ初の人工衛星エクスプローラー1号は翌年、陸軍の手で打ち上げられた。チームリーダーはV-2号を開発したW・フォン・ブラウン。第二次世界大戦後、本来であれば戦犯となる元親衛隊少佐のこの科学者に、陸軍はＩＣＢＭの開発を委ねていた。それが奏功したわけだが、〝ミサイル・ギャップ〟は簡単には埋まらない。61年4月、Ｙ・ガガーリンを乗せたヴォストーク1号が初めて人類を地球周回軌道に投入した。２度目の敗北にアメリカは腹を括った。翌月、ＪＦＫは「１９６０年代の終わりまでに人類を月面に到達させる」と宣言した。69年7月、フォン・ブラウンが開発したサターンV型ロケットはアポロ11号を月へ運び、静かの海に着陸させた。船長Ｎ・アームストロングは地球以外の天体に立った最初の人類となった。スプートニク以来の長いトラウマからアメリカはようやく解放されたのである。

ケネディ宇宙センターでアポロ宇宙船の実物を見たことがある。巨大なサターンに比べてあまりに小さく、着陸船などはこんなチャチなシロモノで月に降りたのかと俄かには信じられなかった。けれども、これは何があろうとソ連に先行するという、いわば捨て身の産物であった。ヴェトナムで勝てないアメリカの威信回復とか、コンピューターの軽量化とか、サブ・テーマがあったとはいえ月着陸はほとんど賭けに近かったのだ。

要するに如何にして共産主義の脅威と対峙するか――これが冷戦下のアメリカの最重要課題であった。映画界では非米活動調査委員会のブラック・リスティ召喚は47年に始まった。ハリウッド・テンが収監されたのは50年だった。そして同年6月、朝鮮で火の手が上がった。戦闘は熾烈を極めた。共産勢力は人海戦術はもちろん、ゲリラ戦にも長けていた。彼らはしたたかで、しぶとかった。

『遊星よりの物体X』は日本では52年5月に、アメリカではその1年前に公開された。逆算すると、撮影開始は朝鮮戦争勃発と重なる。画面に溢れる臨場感や緊張感は、それと無縁ではないだろう。アラスカに墜落したUFOの側から、乗員と思しき物体Xが発掘される。フランケンシュタインに似た巨軀だが、犬や人間の血液を糧に再生や増殖を行う吸血植物だった。吹雪の基地内の何処かに潜んでいるXと、隊員たちとの息詰まる攻防が展開する。38度線を境に一進一退を繰り返した朝鮮戦争のメタファーだ。アラスカはソ連の動向を監視する前進基地であり、UFO＝ソ連偵察機という俗説も加えると、その延長線上にソ連人がズバリ巨軀Xであると断言したくなる。Xが身体に放射能を帯びている設定も意図的だ。ソ連が原爆実験に成功した49年8月は、この映画の製作が決まったと思える時期に重なるのだ。

私のこうした解読は例えば表層批評系の諸兄から厳しいお咎めを頂くかもしれない。けれども、新聞記者が「Keep Watching the Skies!＝空から目を離すな！」と世界に向かって語り続ける終幕は、製作者の意志表示そのものだろう。敵国ソ連を意識していることが明白である。製作者はH・ホークス。表層批評系の諸兄のリスペクトを集めるカリスマだ。娯楽に徹するこの職人が、主題むき出しの警世的メッセージを発したのである。それだけ冷戦は深刻だったのだ。

『ボディ・スナッチャー 恐怖の街』も侵略ものである。56年の製作だが、日本では劇場未公開だ。エイリアンに肉体をスナッチされ、同時に人間感情も抹消される恐怖を描く。見た目は同一人物だが自分の知っている当人とは違う、という疑心暗鬼が物語の発端だ。宇宙から飛んで来た莢状のエイリアンが地球環境に適応するため、莢の中で人間を複製して繁殖を始める。本能はあるが、感情はない。「愛、欲望、野心、信仰などがないから人生は単純でいい」と語る複製人間の無表情が何とも不気味だ。彼らは自分たちに同化しない者や、異質な者の存在を許さない。街中の人間がパラノイアとなり、群れをなして主人公を追う。集団リンチ＝赤狩りのイメージが重なる。１９５０年代の後半、アメリカは冷戦下にあったと同時に、高度経済成長も謳歌した。それゆえ、共産主義者または共産主義に洗脳された者によって、成長の果実がスナッチされることを、人々は異常なまでに警戒した。

『ボディ・スナッチャー 恐怖の街』はそれが反共ヒステリーに拡大するのを喝破したのである。追い詰められた主人公は救助を求める。しかし、信じる者はいない。彼は「You are Next! = 次は君らの番だ！」と叫ぶ。『遊星よりの物体X』の「空から目を離すな！」よりも、遥かに危機感の強い切迫した警世メッセージだ。因みに脚本にはS・ペキンパーが名を連ねている。ホークスやペキンパーがSF形式でプロパガンダを行ったことはもっと語られていい。

『世紀の謎 空飛ぶ円盤地球を襲撃す』の公開は56年8月で、『禁断の惑星』と同じ年だった。とにかく、恐ろしいものを観たという記憶がある。円盤に拉致された人間が内部で人格改造されてしまうのだ。手術前に頭部に光線が照射されると、脳が透けて浮き上がる映像が凄まじかった。DVDで再見すると、エイリアンは情報収集のために、人間の脳をメモリー代わりに使う設定だった。記憶を抜き取られた犠牲者の、空虚な表情が真に迫っていた。その犠牲者は用済みになり、飛行中の円盤から投げ棄てられた。当時の小学生には相当ショッキングだったと思う。洗脳の恐怖が肉体の痛みを伴って描かれたのだ。

最終的には多数の円盤が襲来し、地球側は全面対決する。ワシントンDCが戦場となった。途中経過が面白い。エイリアンは攻撃を抑制する理由として、「破壊された星を征服しても仕方がない。世界の注目が集まる場所に目標を絞る。そのほうが効率的だ」とメッセージする。地球側も防衛会議で「核は使わない。都市が破壊されるし、効果も定かでない」などと意見を交わす。核をチラつかせながら、バランス・オブ・パワーで成立していた米ソ冷戦への揶揄である。

正確に言おう。核は「使わない」のではなく、「使えない」のである。朝鮮戦争は53年7月に休戦したが、結局使われなかった。理由はどうあれ、核を使用した瞬間に、その決断を下した最高責任者は永久に〝人類の敵〟の烙印を捺されてしまう。

『宇宙戦争』の日本公開は53年9月だった。この映画では、火星人との戦いに原爆が使用された。DVDで再見したが、最高責任者である大統領は登場しない。投下命令を誰が出したのか、分からなかった。戦場は山岳地帯だった。作り手は躊躇せずに使用した。あるいは使用するために、山岳地帯を戦場にしたのかも知れない。いずれにせよ、核は無力であった。キノコ雲の中から火星人の円盤が悠然と姿を現した。敵の不死身を描くという理由だけで、作り手は核を使ったのである。おぞましいショー・アップと言うしかない。

スピルバーグもキャメロンも彼らの超メジャーな映画の中で核を爆発させている。放射性物質がバラ撒かれることに無頓着なのか、意識的に無視しているのかは不明だ。どちらにせよ、「描かない」。原発再稼動派が放射性廃棄物の処理や活断層の存在や避難経路について「語らない」のと酷似している。

映画監督
1964年生

青山真治

ソイレント・グリーン……1973／米
脚本＝スタンリー・R・グリーンバーグ
監督＝リチャード・フライシャー

SF／ボディスナッチャー……1978／米
脚本＝W・D・リクター
監督＝フィリップ・カウフマン

ゼイリブ……1988／米
脚本＝フランク・アーミテイジ
監督＝ジョン・カーペンター

惑星アルカナル 宇宙からの使者……1990／独、仏、ソ連
脚本＝ジャン＝クロード・カリエール
監督＝ペーター・フライシュマン

宇宙戦争……2005／米
脚本＝デヴィッド・コープ、ジョシュ・フリードマン
監督＝スティーヴン・スピルバーグ

いわば初期衝動みたいなことはSF映画と恐怖映画なんだろう。目の前にあったものからしておそらく同世代の多くの人がそうなのではないか。SF映画と恐怖映画って統合すれば怪獣映画のことなのかもしれない。『ゴジラ対ヘドラ』の主題歌の世界だ。で、たぶん「アメリカ」ということを意識するのも同じことだと思う。何という映画だか忘れたが、ゴカイのでかいのが砂浜で人を食うやつとか、のちに『ブロブ』（88）でリメイクされるマックィーンがでかいアメーバと戦うやつとか、あの辺をテレビで見て魅了される、そういう子供時代だ。その中でも子供心にその格調高さに魅了されたのがリチャード・フライシャーだったことはずっとあとになって知ることで、『ミクロの決死圏』（66）にしたって『ソイレント・グリーン』にしたって監督の名前など意識せずに見て、圧倒的に心奪われた。中でも『ソイレント・グリーン』は別格。あれがなければ『エリ・エリ・レマ・サバクタニ』（05）もない。あのエドワード・G・ロ

ビンソンは生涯の先生である。

それにしても宇宙にだって子供の頃にはたいそう興味があったし、科学全般好奇心を持って近づいていたのだ。ところが学校で教わり始めた数学と理科がまるでダメ。必死に勉強して中学まではなんとか落第せずに済んだが、高校になるともう完膚なきまでの落伍者だ。

それよりかなり前にルパンとホームズ、少し前にチャンドラーに出会ったせいで犯罪活劇の方に頭が向いたが、まさかそれをリアルな世界と考えるわけもなく、ＳＦと恐怖が好きなのとまるで変わらずに、ただ数学と理科から逃れようとしていきおい人間だけの跋扈する世界にとどまろうとするだけで、いまだにリアリズムが何か、ちっともわかっていやしない。

だからどんなに数学と理科が苦手でもＳＦが好きであることに変わりはないのだけれど、本当は読みたかったのに小説にはとうとうほとんど接する機会を逸してきたのが心残りでならない。まともに読んだと断言できるのはヴォネガットくらい（ディックさえまともに読んでません、わたくし）で、名高い数々のＳＦ小説を若いうちからちゃんと読んでいればもう少しマシな人間になっただろうに。……バロウズ？　あれはＳＦじゃないでしょう？『裸のランチ』がＳＦ映画かどうか、丹生谷〔貴志〕さんと議論してみたいものですが……。

大人になれば壮大なスペース・オペラよりはＳＦと政治が、もしくは社会問題が絡んだ方にどちらかといえば触手を伸ばしがちなようで、その点は『ソイレント・グリーン』もそうなのだが、反共だったはずの元ネタを逆さにしてみせた『ＳＦ／ボディスナッチャー』（ほとんどホラー）や作家生命を賭した過激なまでの資本主義批判である『ゼイリブ』（ほとんどアクション映画）がまず思い浮かんでしまう。双方とも宇宙人侵略ものではあるが、カッコに括った部分でもわかるとおりＳＦとしては亜流というかゲテモノということになるかもしれないこれらへの偏愛は、しかし初見の頃から変わることがない。カウフマンが冒頭十数分で描写するただならぬ気配の描写（雨、ブランコのデュバル神父、電子音、電話、廊下のズーム、夜のフロントグラスの亀裂）は現代映画の白眉と信じて疑わないし、ＳＦになるとなぜか最高の活劇作家と化すカーペンター（活劇要素は薄いけど『スターマン』〈84〉だって大好き）の路地裏での素手の格闘シーンを一生忘れることはないだろう。しかしこれがスピルバーグとなっても映画におけるスペクタクルの可能性を全面展開した『宇宙戦争』を支持せずにはいられないので、ことは複雑だ。とはいえ、つまるところどうしても現実世界とは思われない神妙なライティングのラストシーンに意識が拘泥しているのが実際のところで、この拘泥、いつまで続くのか。これもSFであるがゆえだ。しかも結局はカウフマンの方が描写の不穏さでは遥かに優っているしカーペンターの方がアクションは達者なので、反ってスピルバーグが気の毒になるというものだ。ことSFというジャンルに限定すれば「報われない人スピルバーグ」という称号が個人的には成立している。もちろん『未知との遭遇』（77）だって『E.T.』（82）だって見るたびに泣くのだけど、まさか泣きゃあいいってもんでもないし、SFとしてそっちの方が本流のはずなのにね、みたいな気もしなくもない。

結局SFであることの外側に興味が向かっているのだろうか。あるいはすべての映画はSFであるというような聞いた風な強弁に落ち着きどころを探すのだろうか。

それを明かすように1本、いわば珍品のような作品（『惑星アルカナル』）を入れている。これ、1回しか見ていないが忘れられない。世間的にはストルガツキー兄弟の「神様はつらい」が原作と言えば純然たるSF作品のようだが、舞台はほとんど中世ヨーロッパに限りなく近いどこかの星である。異星人がやってくるのだが、それはほぼ万能を手に入れた未来の地球人である。で、どこかしらヒップな精神（ピエール・クレマンティが毒殺される王様だったりする）がそこはかとなく全体に敷きつめられている。たぶん中央アジアのどこかでロケしていて主人公は長髪で馬に乗ってやってくるから西部劇的でもある。さらに、ドイツ映画だからか、『ファウスト』的にも見え、中世だから人間性を著しく欠いた残虐な処刑道具でひとがバンバン殺されるのだが、『バヴァリアの人間狩り』（69）という傑作を60年代に作った寡作な監督ペーター・フライシュマンとジャン＝クロード・キャリエールの書いた台詞はほぼ普通の英語。最後は主人公がヘリに乗って殴り込み、最後の最後はマザーシップが助けに来てめでたしめでたし。これだけ書くとほとんどわけがわからないだろうし出来としてははっきり失敗作というべきだが、それでも十分楽しめるところがＳＦの凄いところだ。何でもありの世界。こういう映画ならぜひ撮ってみたいと思うが、まあ無理だろう。同じ原作をアレクセイ・ゲルマンが作って遺作になったという話があるが、どうなったのだろう。楽しみにしている。

映画評論家
1950年生

宇田川幸洋

ラ・ジュテ……1962／仏
脚本・監督＝クリス・マルケル

不思議議惑星キン・ザ・ザ……1986／ソ連
脚本＝レヴァス・カブリアゼ、ゲオルギー・ダネリア
監督＝ゲオルギー・ダネリア

バーバレラ……1967／仏、伊、米
脚本＝テリー・サザーン、ロジェ・ヴァディム、ヴィットリオ・ボニチェリ、クレマン・ビドル・ウッド、ブライアン・デガス、チューダー・ゲイツ
監督＝ロジェ・ヴァディム

フラッシュ・ゴードン……1980／米
脚本＝ロレンツォ・センプル・Jr.
監督＝マイク・ホッジス

ビッグ・バグズ・パニック……2009／米
脚本・監督＝カイル・ランキン

「なんだ、SFじゃないか！」と思ったと筒井康隆がかいていたのを読んだおぼえがある。『ラ・ジュテ』を見ての感想である。

クリス・マルケル監督のこの短篇は、60年代にはアンダーグラウンドで上映され、静止画像だけでストーリーをかたる（そのなかに一瞬だけ動く画像が、さりげなくはいってくる）実験映画として、また、なにやらむずかしいが、とにかく美しく詩のあふれるアート・フィルムとして、うけとめられていたように思う。

しかし、のちにテリー・ギリアム監督が『12モンキーズ』（95）としてリメークしたように（ぼくは、この映画はほとんど眠ってしまったので、どういうふうにリメークしたのかわかっていないが）、ストーリーはSFなのである。

人の意識を、いまとは別の時間、別の空間にとばす、という最近の『インセプション』（10）や『リアル～完全なる首長竜の日～』（13）にまでいたる、そしてこれからもつくられるであろう系譜の元祖となる映画ではないだろうか。意識を別の時空間へとばす装置

が、拷問のようで、トラウマをのこす強烈な映像である。

ぼくは『ラ・ジュテ』を映画館やホールのちゃんとしたスクリーンで見た記憶がない（単におぼえていないだけかも知れないが）。60年代末に、六本木交差点近くの「六本木ビル」の地下にあったフランス映画社／シネクラブ／鈴木清順問題共闘会議の事務所の、壁に白い布をはったスクリーンで、何度か見せてもらったと思う。そのころは、まだ「ＳＦ」だと気がついていなかったかも知れない。なんか、あの地下室の記憶とむすびついている。

〈ぼくのあたまのなかの序列では『不思議惑星キン・ザ・ザ』は、キューブリックの『２００１年宇宙の旅』（68）、タルコフスキーの『惑星ソラリス』（71）とならぶＳＦ映画３大巨篇の１本という位置をしめていて、それでもって、好みでいうと、なかでもこれが一番である。〝巨篇〟であるのに非常にふざけているところが、たまらなくうれしい。ついでに逆にいうと、ふざけたギャグでいっぱいなのに巨篇の風格をもっているところがまた、この映画のすごいところともいえる。

初めて見たのは、もう10年以上まえ、１９８０年代末に〈ソ連ＳＦ映画祭〉というのが文芸坐２を会場にして開催され、６作品が上映されたときだった。〉

右に引用したのは『不思議惑星キン・ザ・ザ』が２００１年（！）に単独で再公開をされたときのパンフレットにかいた文章。この公開でキン・ザ・ザ・ファンはぐんとふえた。翌年に本を出したとき、配給会社のご好意により、釣鐘型の乗物ペペラッツの写真を表紙（ジャケット）につかわせてもらったのは、うれしかった。

ソ連のＳＦは、ある時代まではアメリカよりも特撮の技術が上で（だからロジャー・コーマンは、ソ連製ＳＦをやすく買って特撮シーンだけのこし、つくりなおした）、おもしろかった。ＤＶＤで見た『両棲人間』（62）や『ドウエル教授の首』（84）なんかも、よくできている。

『バーバレラ』は、まじめにストーリーを追おうとして見ると退屈する、たるんだ調子の映画だが、これはジェーン・フォンダのSF美女ぶりをたのしむ映画だから、多少ゆるくてもいいのだ。巻頭の「無重力ストリップ」は名場面である。こういう映画は、その時代、時代の美女でリメークし継いでいってほしいものだ。『伊豆の踊子』みたいに。いまだったら、長澤まさみでリメークするといいと思う。いや『伊豆の踊子』じゃなくて『バーバレラ』のはなしですよ。「無重力ストリップ」は手足が長くないといけないのだ。逆に『伊豆の踊子』は短いほうがいいのかも。

『バーバレラ』と同じ68年は、『2001年宇宙の旅』と『猿の惑星』が世に出た年でもあり、SF映画に新時代がひらけた年といわれる。『2001』と『猿』はどっちがいいか、という好みの対立もあった。星新一は『猿』派だった。2作とも、ぼくは大変感激した映画なので、ベスト5といわれたとき、ほとんど自動的にあたまにうかんだが、ここはあえて68年第3の選択、『バーバレラ』でいくことにした。

お色気、エロチシズム、半裸の美女（全裸でも可）といった要素が、SFには、ことに〝SFアドベンチャー〟とよびたくなるような活劇には、ほしいではありませんか。

「スター・ウォーズ」シリーズに、いまひとつ、ものたりない感じがし、ノレなかったのは、SF冒険活劇なのにエロが不足していたからではないか、とだんだん気がついてきた。

『フラッシュ・ゴードン』は公開当時、ずいぶん評判がわるかったが、オルネラ・ムーティの悪い姫君は断然エロチックにかがやいていたし、ポップで荒唐無稽な見せ場の数々もすばらしかったと記憶している。監督は『狙撃者』（71）のマイク・ホッジス。もういちど大画面で見たい、ふざけた超大作だ。

公開当時に見ているSF美女では、『エンブリヨ』（76）『ドクター・モローの島』（77）のバーバラ・カレラが忘れられない。2度インタビューさせてもらった。

5本目は『スターシップ・トゥルーパーズ』（97）にしたのだが、いちど〈戦争映画〉のベストで出しているからダメとのこと。で、同作のVFXスタッフが手がけた、というのが最大の売りである低予算の巨大昆虫襲来もの『ビッグ・バグズ・パニック』にする。

虫とか蛇におそわれる映画というのは、なぜかおもしろい。『エイリアン』(79)も、椅子からとびあがるほどこわい、虫(宇宙人)の映画だったが、『ビッグ・バグズ…』の小粒なおもしろさをエコひいきしたい。

詩人・編集者
1949年生

稲川方人

サイレント・ランニング……1972／米
脚本＝デリック・ウォッシュバーン、マイケル・チミノ、スティーヴン・ボッコ
監督＝ダグラス・トランブル

ラ・ジュテ……1962／仏
脚本・監督＝クリス・マルケル

未知との遭遇……1977／米
脚本・監督＝スティーヴン・スピルバーグ

アンドロメダ………1971／米
脚本＝ネルソン・ギディング
監督＝ロバート・ワイズ

クィンテット……1977／米
脚本＝フランク・バーハイト、ロバート・アルトマン、パトリシア・レズニック
監督＝ロバート・アルトマン

公開時に見たときには２００１年などという年号にいっさいの現実感はなかったし、自分がその時代まで生きているとも思っていなかったが、「スペース・オデッセイ」の２００１年は、ハルに支配されたディスカバリー号が穏やかなまでに遥か宇宙を飛ぶ代わりに、ハイジャックされた数機の民間飛行機がアメリカに墜《お》ちた年になった。その「２００１年」は言うまでもなく、多くのＳＦ映画の時代設定がもはや過去になっている現在、いったい何を「未来社会」は実現したというだろう。へたをすると乗客全員がスマホのデジタル画面に顔を落としている電車が走る今日の社会の姿は、誰も想像だにしなかった光景に違いない。過去の想像力が貧しかったのか、詰まらぬ画面に眼を奪われる人々のその寒々しい光景が「未来社会」だとは誰も思いたくもないのだろう。今日の資本主義の延命に大きな役割を果たしている、見えない、無形の電波をただいじるだけで莫大な利権に徹しているＩＴなる疑似産業の担い手らは、電車内で、

自動車の運転席で、自転車の車上で、そして歩きながら、顔を上げて他者を見ようとしない人間で溢れたこの社会に、どう責任をとるのか。利潤の一部で太陽光発電所を造ったところで「未来像」への贖罪とはならない。今日の地球規模のSNSは、90年代初期のあの「湾岸戦争」においてアメリカによって試験的に措定されたものだと私は思って疑わない。「湾岸戦争」はITの可能性を探る資本主義の「未来像」を描くために用意された戦争だったということである。

人間の想像力は、肯定と否定の間を揺らぎながらその「未来像」を把握しようとしているが、「否定」のもっとも顕著な事例は、『渚にて』(60)やら『猿の惑星』(68)やら『マッドマックス』(79)やらで反復されている「第三次世界戦争後」を前提とする物語であり、それらはほぼ例外なく「核戦争後」の世界を描く。『スター・ウォーズ』(77)をはじめとする伝統的ファンタスムに「未来社会」が回収される手前のところで、カタストロフィとしての「核戦争」は描かれる。むろんそれは広島、長崎を経た事後認識であり、サイエンス・フィクションとは異なる。『ブレードランナー』(82)や『ソイレント・グリーン』(73)などは、「核戦争」と同等のものとしての地球規模の「一権力支配」を漂わせ、『スターシップ・トゥルーパーズ』(97)などもまた相手が人間ではないが、「支配」との闘いの、現代史の事後認識によるアナロジーである。ということは、おのおのの時代の現実認識からのアナロジカルな束縛から自由になったSF映画はあるのかと思わざるを得ない。とりあえず選出した5本は、そうしたアナロジーから解放されたところで観たいと思う5本のつもり。

『アンドロメダ…』は、顕微鏡によってしか特定できない地球外からの異物によってひとつの町が壊滅する話。生き残っていたのは泣きじゃくる赤ん坊と泥酔した老人のみ。その謎を科学的(化学的)に追いつめる過程に、視覚的な仕掛けに依存しないSF映画の骨格がある。

『ラ・ジュテ』『クィンテット』『サイレント・ランニング』は時制が特定されていたのか、いずれも2010年代のいま頃の話なのではないかと思いたい。公開される機会がなく、唐突にTVで放映された『サイレント・ランニング』のロボットと植物、人間でないものたちが宇宙の彼方を永遠に彷徨う「未来」が哀しく美しかった。『2001年宇宙の旅』(68)に少なくない疑問を抱いていた私は、ブラウン管の小さな空間に広がった宇宙に多分に溜飲を下げた。

つい最近、ふとした折りに人前で話す機会のあったことだが、『ラ・ジュテ』を初めて見たのは、69年か70年、都内最強と言われた某美術大学のバリケードの奥深くの地下室。深夜になるとそこで、学校が保有している16ミリ映画をかけ、大勢でワイワイ言いながら見たうちの1本だった。汚れた床に汚れた衣服で寝そべっていたが、すぐに背筋をただしたのを覚えている。

『未知との遭遇』は、公開当時スピルバーグを小馬鹿にしていた批評家らを逆にいかなる言葉で小馬鹿にすればよいか、それにこだわって見た。

荒井晴彦

脚本家・本誌編集長
1947年生

禁断の惑星……1956／米
脚本＝シリル・ヒューム
監督＝フレッド・マクロード・ウィルコックス

猿の惑星……1968／米
脚本＝ロッド・サーリング、マイケル・ウィルソン
監督＝フランクリン・J・シャフナー

未来惑星ザルドス……1974／英
脚本・監督＝ジョン・ブアマン

ブレードランナー……1982／米、香港
脚本＝ハンプトン・ファンチャー、デヴィッド・ウェッブ・ピープルズ
監督＝リドリー・スコット

アジャストメント……2011／米
脚本・監督＝ジョージ・ノルフィ

数学と物理と化学が嫌いだった。こんなこと、生きていくのに役に立つとは思えなかった。色んな悩みの答えやヒントになるとも思えなかった。山に登るというのも分からなかった。なんでわざわざ危ないとこに行って死ぬんだろうと思っていた。80歳でエベレスト（ひと頃、チョモランマと言っていたが、あれは何だったのだろう。セイロンはなんでスリランカになったのか、インドのムンバイってどこだ。北朝鮮もNHKなんか、朝鮮民主主義人民共和国じゃなきゃいけなかったけど、今じゃ北朝鮮だ）登頂が快挙だと騒いでいたが、何で80歳でそんなことするのだろうと思っていたら、週刊誌に1億5千万かかったと出ていた。何なのよと思う。他に使い道いっぱいあるでしょ、飢えた人、病気の人いっぱいいるんだから。山登りが分からないんだから宇宙へ行くなんてもっと分からない。そんなお金、癌の特効薬の研究に使えよと思う。未来にも興味が無い。今だ。いつだって今にしか興味がない。過去には興味がある。よく知ってるはずの自分の過去と、

よく知らない日本や世界や人類の歴史だ。だから、ＳＦ映画は好きじゃない。『スター・ウォーズ』(77)も『未知との遭遇』(77)も『E.T.』(82)も見ていない。編集部にリストを作ってもらったが、ほとんど見ていない。藤田パキ(藤田敏八)さんと三島由紀夫のＳＦ小説?『美しい星』をやりかけたことがあったが、あいうの、設定だけなんだものな。宇宙人ですとか、近未来とか2千何百年とか言って、普通の、今の人間たちがしゃべって動き廻っている。適当な縛りは作っているけど、適当。トム・クルーズの『オブリビオン』(ジョセフ・コシンスキー、13)なんて、クローンに記憶があるの?クローンに生殖能力があるの?とはてなだらけで楽しめない。ま、ＳＦ映画には勝負権ありません。

小学生の時に『禁断の惑星』を見た。キングコングと美女みたいに、ロボットが裸に近い女の人を抱えているポスターだかにエロを感じて見に行ったのだ。その頃、ノートに漫画を写していた。着物を着ている女の人を裸にしていた。時代劇を見ても、お姫さまが悪いヤツに捕まって、いい人が馬なんかで救けにくるとガッカリしていた。『禁断の惑星』は太腿を露出した衣装だけだった。見返したら、娘が父から自立する話だった。そして、人を殺戮する怪物は人間の心が生み出していると。

核戦争は地球を滅ぼすよと警鐘を鳴らしている『渚にて』(59)は社会派映画だと思っていたら、ぴあシネマクラブにＳＦ大作と書いてあったので、入れようと思ったら、「原発・原爆映画」の時にあげているのでダメと、河村雄太郎のチェックが厳しいから他の作品をと編集部。じゃジョン・ブアマン原作・脚本・製作・監督の『未来惑星ザルドス』。人類の過去のような、未来のような、そして、とどのつまり、現在を批評している、のだろう。死と性の無い世界(エデンの園か)を描き、死が無いのは生が無いことだと言ってるのは分かった。

猿が人間を支配しているのも、ＳＦっていうのかなあ。『猿の惑星』の自由の女神像は『渚にて』の原子力潜水艦の潜望鏡から見たサンフランシスコを上廻るインパクトだった。『ブレードランナー』こういうのなら、俺、大丈夫だよ、分かるよと言って笑われた覚えがある。レプリカ

BLADE RUNNER

Ridley Scotte Film

『アンドロイドは電気羊の夢を見るのか』Phillip K. Dick

脱走レプリカントを追う
捜査官「ブレードランナー」
命がけの逃避行へ
デッカード
Harrison Ford

ハリウッドNo.1の
美貌でレプリカント役を好演!
レイチェル
Sean Young

ントだということになってるけれど、人間の男と女の「愛」で、だけど、人間じゃないから悲しくて、ＳＦ映画としてじゃなくて、映画として傑作だと思った。

『アジャストメント』これもＳＦなのだろうか。運命に抗って、恋を成就させようと頑張る男と女、と言うと、普通のラブ・ストーリーだけど、人間の運命を決めている神が出てくるというか、神の使いが出てくるのだ。で、そのうちのひとりが男と女の味方をしてしまうのだ。ユダの助けで、男と女は運命を変えるのだ。神に背いて、ハッピーエンドというのは、「アダムとイヴ」の読み換えかも知れない。

ホラー映画

スプラッター、ゾンビ、オカルト、
サイコ、ドラキュラものなど、
多様に展開されるジャンルとしてのホラー。
恐怖の真骨頂はこれだ。

元テレビ・プロデューサー
1944年生

中村征夫

アンダルシアの犬……1929／仏
脚本＝ルイス・ブニュエル、サルバドール・ダリ
監督＝ルイス・ブニュエル

処女の泉……1960／スウェーデン
脚本＝ウラ・イザクソン
監督＝イングマール・ベルイマン

尼僧ヨアンナ……1961／ポーランド
脚本＝イエジー・カワレロウィッチ、タデウシュ・コンヴィツキ
監督＝イエジー・カワレロウィッチ

エクソシスト……1973／米
脚本＝ウィリアム・ピーター・ブラッティ
監督＝ウィリアム・フリードキン

オーメン……1976／米、英
脚本＝デヴィッド・セルツァー
監督＝リチャード・ドナー

悪魔のいけにえ……1974／米
脚本＝トビー・フーパー、キム・ヘンケル
監督＝トビー・フーパー

世界残酷物語……1962／伊
脚本・監督＝グァルティエロ・ヤコペッティ

鳥……1963／米
脚本＝エヴァン・ハンター
監督＝アルフレッド・ヒッチコック

アナコンダ……1997／米、日
脚本＝ハンス・バウアー、ジム・キャッシュ、ジャック・エップス・Jr.
監督＝ルイス・ロッサ

羊たちの沈黙……1991／米
脚本＝テッド・タリー
監督＝ジョナサン・デミ

『アンダルシアの犬』

中学2年の時、あるミステリー雑誌に掲載された剃刀が女性の眼球を切り裂くスチール、手の掌に群がる蟻と2枚のスチールを見てこれは一体何なのだと思い、それがルイス・ブニュエルの『アンダルシアの犬』の中のシーンと知り、早く見たいとの気持ちが大きく膨らんだ。それから数年たった昭和41年5月、この年は前年から早大で授業料値上げ反対の150日に及ぶストライキ闘争があり、新学

期の始まりが6月上旬にずれ込み、僕は出版社でアルバイトをしながら映画ばかり見ていた。そんな5月、新宿文化劇場でブニュエルの『小間使の日記』と併映の『アンダルシアの犬』を見たと今まで思っていたが当時のノートを見たら併映は三島由紀夫の『憂國』だった。これはこれで今回のテーマにはまりそうなえげつない2本立てだが、それでは『アンダルシアの犬』は何時どこで見たのだろうか。資料を引っくり返し調べたら何んと昭和37年の日仏交換映画祭で9月、フランスの短篇映画特集があり、その時『アンダルシアの犬』を京橋の近代美術館で見ていることが判った。若い頃の記憶が大幅に喪失している。剃刀で真二つに切り裂かれる女性の眼球の映像が僕の恐さの映像の原点となっている。この短篇に比べると『小間使の日記』はかなりパワーのない作品だった。

『処女の泉』

神の沈黙とそれに向きあう人間がテーマだというが、高校生だった僕にとって題名の『処女の泉』というだけで妄想はあらぬ方に向く。その頃スウェーデンはフリーセックスの国とされていて、その国の巨匠が監督した『処女の泉』なのだ。性的な興味だけで見に行った高校生は裏切られ、その後、打ちのめされた。

キリスト教徒の一人娘が、3人の羊飼いに強姦され殺されてしまう。その3人が一夜の宿を乞うたのが娘の両親の家であり、娘が彼らに犯され殺されたことを知った父親は羊飼いの3人を殺してしまう。静謐なモノクロームの映像の中にみなぎる緊張と恐怖。これは恐ろしいと思った。アイヌの指笛のような哀調をおびた音楽の効果も供なって記憶に残る名画になった。

『尼僧ヨアンナ』

昭和37年4月20日。日本で初のアート・シアターがスタートした。芸術的純度の高い芸術映画や実験的映画を専門的に上映する劇場とその運動である。東京の日劇文化、新宿文化、後楽園アート・シアター、1ヶ月遅れで名古屋、京都、大阪、神戸、福岡と全国8館でのスタートだった。その最初の公開作がポーランドのイエジー・カワレロウィッチ監督の『尼僧ヨアンナ』。僕は高校3年になったばかりの4月22日に新宿文化劇場に出かけている。そばのもり・かけ、岩波文庫が50円の時代、入場料は学生250円。62頁あるパンフレットが100円だった。この新宿文化、以前は新東宝の封切館で隣りに新宿大映、新宿東宝が伊勢丹デパートの前に連らなり、新宿東宝の上には新宿セントラル、地下には新東地下劇場とニュース映画専門館があり一大映画街を形成していた。新宿文化はその中では暗くうす汚れた劇場だった。昭和32年5月、僕は父と一緒にこの劇場で『明治天皇と日露大戦争』(57)を超満員の中で見ている。当時の日本人の5人に1人はこの映画を見たといい観客動員数は2千万人を記録した。

『尼僧ヨアンナ』の舞台は17世紀中頃、ポーランド東北地方辺境の寒村にある修道院。院長ヨアンナ以下みな悪魔に取り憑かれている。ヨアンナは正常の時は美しく淑やかだが、悪魔がのり移ると獣のように肉体の交わりを求めて狂うという。悪魔払いのために赴任してきた司祭はヨアンナを抱いてしまい、悪魔となって従者や下僕を殺してしまい火炙の刑に処せられる。

白と黒のコントラストの中に狂気が淡々と描写される。公開当時、この不条理性はナチに虐げられ、その後はスターリンの圧政に苦悩したポーランドの政治状況を表わしたと評されたが、そんなことはまだ判らない高校生でヨアンナのルチーナ・ウィンニッカの妖しい美しさと情欲にのたうつ姿に圧倒された。この数年前、日本でも性に溺れる尼僧を描いた今東光の『春泥尼抄』が週刊サンケイに連載され大きな話題となった。日活で映画化され尼僧には慶應大学から肉体女優にトラバーユした筑波久子が扮し、セクシーな尼僧ブームがあったが『ヨアンナ』の狂気の迫力には遠く及ばなかった。

『エクソシスト』『オーメン』

神と悪魔の対決、人間の魂と肉体に悪魔が取り憑いてしまう恐怖映画の系譜は『処女の泉』から『尼僧ヨアンナ』の悪魔払いの儀式をえて『エクソシスト』で頂点をむかえ流血の『オーメン』へと繋がっていく。『エクソシスト』は中近東の遺跡発掘現場で神父が悪霊の像を見つけるところから始まる。その悪霊がアメリカの女優の娘に取り憑いてしまう。娘役のリンダ・ブレアの悪霊狂いぶりがすさまじく、獣の唸りのような呻き声をあげ、顔の形相は変り白眼をむき顔が360度回転してしまう程である。当時、幼児のいるパパやママは帰宅して子供の寝顔を見るのが恐い現象が日本中におきたくらいだ。映画は日本も含め世界中で大ヒットし当時のレートで約1100億円の興収をあげている。この年『エクソシスト』をメインに幽霊屋敷映画の代表作『ヘルハウス』(73)他数本のホラー映画(当時はオカルト映画と称していた)の見せ場シーンを集めたテレビ番組「恐怖映画特集」のディレクターを僕は務め日本テレビの看板番組だった〝木曜スペシャル〟でOAした。ナレーターは千葉耕市さんにお願いし、オドロオドロしい千葉節をたっぷり堪能した。この頃、テレビ局と映画会社がコラボした映画宣伝の為の映画特集番組がゴールデンタイムにも進出し視聴率も悪くなく番組製作費も安くすむので数多く放送され始めた。『エクソシスト』に続く秀作が『オーメン』で、完成された映画として僕はかなり酔い痴れた。

先ず出だしが快調。ローマの6月6日午前6時に生まれ、頭に666のアザがある悪魔の子ダミアンの設定が良い。キリスト教についての知識は全くないが「666」は新約聖書のヨハネ黙示録によると恐怖のナムバーで獣の数字とされている由。グレゴリー・ペックとリー・レミックのアメリカ外交官夫妻は悪魔の子ダミアンを実子として育てる。次々と恐怖の伏線と予言が張り巡ぐらされ、それが悍《おぞ》ましい惨事となっていく。子守りの首吊り自殺。ダミアンに三輪車をぶつけられ階下に墜落する母レミック。これは世の終わりハルマゲドンだとダミアンに悪魔払いをすすめる神父は避雷針で串刺しに。滑り降りてきた板ガラスで生首をチョン斬られるキャメラマン。母レミックの病室からの投身。ダミアンのまわりで次々とおきる悍ましい惨劇。そのバックに流れるジェリー・ゴールドスミスの邪悪な賛美歌のような荘厳な音楽が流血の惨事をもりたてる。ラストは墓地。両親の埋葬を見つめる悪魔の子ダミアンがニッと笑う。これから続編を次々と作るぞといった製作者の意図も含めて完璧なラストシーンだった。その後、次々と続編が公開されたがその全てが駄作だったのも悪魔の子ダミアンの祟りだったのか。ダミアンの父親を演じるグレゴリー・ペックが良い。『ローマの休日』の頃は二枚目だが大根と評されていたが40代中頃になって『アラバマ物語』(62)『日曜日には鼠を殺せ』(64)この『オーメン』と渋い演技派に見事に転身している。

『悪魔のいけにえ』

1970年代から1990年代にかけて流血のホラー映画が次々と公開された。その魁が『悪魔のいけにえ』(原題は「テキサスチェーンソー大虐殺」)だと僕は思っている。『悪魔のはらわた』(73)という内臓フェチ映画もあったがやはり『悪魔のいけにえ』がこの時代のエポックだろう。人皮の仮面を被り大きなエプロン姿で登場するデブの殺人鬼レザーフェイスのキャラクターがすさまじい。5人の男女を次々と殺害したラストシーン。朝日を浴びてレザーフェイスがチェンソーを振りまわしてのダンスシーンが異常なまでの迫力である。後の『ゾンビ』(78)『死霊のはらわた』(81)『ハロウィン』(78)『13日の金曜日』(80)等のホラー映画を生みだした原点ではないかと思っている。当時2400万円で作ったとされるこの映画は後に約84億円を稼ぎだしている。今、日本映画の大半が数千万円で製作されているそうだが、少ない製作費でも限りない可能性を秘めていることをこのチェーンソーホラー映画は教えてくれる。

『世界残酷物語』

昭和30年代後半から世界各地の性風俗や若者の生態を描いたドキュメント映画が次々と公開された。『世界の夜』(60)『アメリカの夜』(61)『ヨーロッパの裏窓』(62)『地球の皮を剝ぐ』(63)等でその大半が日本でヒットした。この時代、庶民は海外旅行に行くほど豊かではなく、行くには経済的問題や様々な規制が多く、極めて一部の人々しか外国には行けなかった時代だったが、若者は外国に行きたがった。そんな欲求をこうした映画で宥めていた。しかしドキュメントとは偽りでその中味は全てヤラセの映像だった。それでもおもしろかった。こうしたヤラセの金字塔が『世界残酷物語』と後の『世界女族物語』(63)だ。日本ではすぐヤラセ報道で大騒ぎするが、ヤラセなど屁とも思わないヤコペッティの演出スタイルは立派である。ヤラセなくして日本のテレビ番組など存在するわけがないのだから。

『鳥』『アナコンダ』

映画ばかり見ていて志望の大学受験に失敗し浪人生活の昭和38年7月7日、丸の内ピカデリーで『鳥』を見ている。ヒッチコックの映画は二番館か名画座で見るのが多かったのだがこの時はロードショーで見ている。入場料は300円だった。フッと気がつくと周囲に鳥が止まっている不気味さ。鳥の数が少しずつ多くなり大挙して人間に襲いかかる様は圧巻で、劇場の観客で思わず腕を振りまわして鳥を払う客がいた程である。ヒロインのティッピ・ヘドレンはグレース・ケリー以来のヒッチコック好みのクールビューティーな女優だと思った。

自然界が人間を襲う秀作が『鳥』なら、そのB級映画版が『アナコンダ』だろう。まさにB級映画の極みでかなり楽しませてくれる。映画の冒頭、アナコンダは全長12メートル、兇暴で食欲は旺盛……とスーパーが入る。今から30年前、僕はブラジル、サンパウロ市にあるブタンタン毒蛇研究所を訪れている。そこで全長10メートル余の大蛇の骨格を見て驚ろいた。更に長さ2・5メートル、太さ20センチ位のアナコンダを肩に乗せて記念写真を撮ったが蛇は想像以上に重く、思わず前のめりになったのを今でも憶えている。この映画の主役全長12メートルのアナコンダがいても不思議はない。探険隊はアマゾンの奥地を目指して進み、大蛇を生捕りにする謎の人物が登場したり、全長12メートルのアナコンダの動きもすさまじく全篇を通してB級映画の楽しさを堪能させてくれる。中でも極みは大蛇が人間をパックリ飲み込むのを蛇の体内からの見た目で撮っているシーン、更に大蛇の体内で消化され溶けかかった人間が大蛇の口から飛び出してくるシーン等まさにB級映画の面目躍如といった佳作である。尚、世界最大のブタンタン毒蛇研究所は2010年5月アルコール漬け標本から出火し、全焼してしまった。

『羊たちの沈黙』

平成3年、イタリアを1ヶ月余、車でまわって帰ってきた夏にこの映画を見た。ドライな現代の中に思いもよらぬ恐怖があるものだと半ばあきれながらも、女性の眼球を剃刀で斬り裂く恐さから60余年たつと恐さの質も型も大きく変わるものだと思った。次々と女性を殺しその皮膚でボディスーツを造る倒錯異常殺人鬼。

自分の患者を喰べてしまう天才的な精神科医。異常者の心理は異常者が知ると、人間を喰べてしまった精神科医と捜査の女性ＦＢＩ訓練生のディスカッションによる犯人捜しの攻防戦の恐さは今までの映画にないものだった。見張りの警官の顔の皮を剝ぎ脱獄した精神科医が人ごみにまぎれてしまうラストまで緊迫した恐怖が全篇に満ち満ちている。公開から20余年たつが人喰いの精神科医アンソニー・ホプキンスとＦＢＩ訓練生ジョディ・フォスターの巧みな演技もともなって倒錯的な恐さが今でも甦る。

旧『映画芸術』編集部員
1941年生

佐藤千穂

サイコ……1960／米
脚本＝ジョセフ・ステファノ
監督＝アルフレッド・ヒッチコック

コレクター……1965／米
脚本＝ジョン・コーン、スタンリー・マン
監督＝ウィリアム・ワイラー

ローズマリーの赤ちゃん……1968／米
脚本・監督＝ロマン・ポランスキー

恐怖のメロディ……1971／米
脚本＝ディーン・リーズナー、ジョー・ヘイムズ
監督＝クリント・イーストウッド

エクソシスト……1973／米
脚本＝ウィリアム・ピーター・ブラッティ
監督＝ウィリアム・フリードキン

キャリー……1976／米
脚本＝ローレンス・D・コーエン
監督＝ブライアン・デ・パルマ

シャイニング……1980／英
脚本＝ダイアン・ジョンソン、スタンリー・キューブリック
監督＝スタンリー・キューブリック

スキャナーズ……1981／カナダ
脚本・監督＝デヴィッド・クローネンバーグ

ブルーベルベット……1986／米
脚本・監督＝デヴィッド・リンチ

ケープ・フィアー……1991／米
脚本＝ウェズリー・ストリック
監督＝マーティン・スコセッシ

戦後間もない、私が小学生の3、4年生のころ、横浜開港記念祭の催し場にはまだまだ戦前の名残が漂っていて、横浜公園周辺にはムシロ掛けの見世物小屋や旅芝居小屋、薄汚れたテント張りのサーカスなどがごちゃごちゃと立ち並び、かなりの賑わいであった。わが家から2、3分の近さということもあり、妹とつれだって見世物小屋の一つに入った。♪目が7つの大ナマズ！♪とテキヤ風のおっさんが盥からつまみ出したのは、どこが目だか鼻だかわからないヌルヌルした生き物。おっさんは♪ここに一つ、こっちに二つ、ハーイ、3つ、4つ……♪と妙な節回しをつけ

て説明するのである。そのころは皆目わからなかったけど、おっさんのあの節回しは客の目をいんちきナマズから遠ざけようとしていたのだとわかる。

その横では、厚化粧の女の首が浮遊し、左右に揺れながら♪夢も濡れまーあしょ♪と美しい声で「船頭小唄」を歌っているのには飛び上がった。浮遊する首の下に箱が置かれていたから何かの仕掛けがあったのだろうが、子供の眼には、ほんとうに女の首が浮遊していたのだ。

小屋を飛び出した私たちは、あっちこっちをぶらぶらしているうちにまたさっきの見世物小屋の裏に出た。なんとそこにはさっきの首だけ女が赤ジュバンを着てだらしなく七輪の前にしゃがみ込み鰯を焼いているではないか。私の身体は硬直したままその女に釘付けにされていた。しばらくして彼女はひょいと顔をあげ大きな歯を剝き出しにしてニタリと笑ったのである。瞬間、一目散にその場から遁走した。知らん振りして先を行っていた妹に「お姉ちゃん人攫いはああいう所へ子供を売りに行くんだよ」と馬鹿にされた。私には、船頭小唄を歌っていた浮遊する首よりも、鰯を焼いていた赤ジュバンの女の方が恐ろしかった。

たぶんこれが私の初めての恐怖体験で、そのトラウマから未だ抜けきれないのか、正直言ってホラー映画はあまり得意ではない。と言ってもすぐに20作品ばかり頭に浮かんだのは、このジャンルがいかに人気があったかということだろう。ここに並べた10本はどれも話題になった作品ばかりなので、いまさら野暮な解説は無用だけど、自分の思い出と共に振り返ってみよう。

アメリカをドライブ旅行していると『サイコ』に出てくるようなモーテルに出会う。日暮れて着くと"MOTEL""VACANCY"のネオンの文字がところどころ消えていたりチカチカと点滅していたりしている。宿賃が安いのはいいのだが、蛍光灯の垂れ下がる紐を引っ張ると石膏ボードの天井ごと落下してきたりもする。

『サイコ』の主人公ノーマン（A・パーキンス）が丘の上の古館に住んでいると思い込んでいる母親はとっくの昔に骸骨になっている。よく耳にする親の死骸を放置していたという話も年金目当てとばかりはいえず、ノーマンと同じようなマザコンプレックスによるものかもしれない。『サイコ』はシリーズとなり、『サイコ3 怨霊の囁き』(86)はA・パーキンス自ら監督。このころになると、初期の『のっぽ物語』(ジョシュア・ローガン、60)や『友情ある説得』(W・ワイラー、56)で感じられたような明るく純真な青年の面影は消え失せ、陰鬱で不気味な、根っからの変質者に変貌しているように見えた。

オカルト映画の大方はシリーズ化されるが、『サイコ』のノーマン、『13日の金曜日』(S・S・カニンガム、80)のジェイソン、『エルム街の悪夢』(W・クレイブン、84)のフレディがまずはゾンビの三羽烏だろうか。もっとも私はこれらのシリーズの第1作しか観ていない。昨今の日本にも76年前(敗戦時)に死んだゾンビがまたぞろ蠢き始めているように思える。それもかなりのスピードを速めて。

ごく普通のサラリーマン、エリート官吏、警官、教師たちまでもが女の子のパンティーを大量に盗んだり、ハイヒールを倉庫一杯収集、夜ごとその匂いを嗅いで恍惚としていたという、性に絡むコレクター事件が毎日のようにあたかもシリーズもののように三面を賑わしている。だが、ワイラー監督の『コレクター』は、以前「恋愛映画」のアンケートで男女の相剋の一形態とみて選んだ。蝶のコレクションが昂じ、美しい女性の収集に走る青年(T・スタンプ)は確かに異常な性格ではある。作品自体は静謐で奥ゆかしい。異常犯罪者スタンプと彼に監禁され、必死に逃げようとさまざまな策を練るS・エッガーとの葛藤を中心に据えているけれど、ホラー映画を観ている感じはまるでしない。同じ青い眼でも前述したA・パーキンスとこの作品のT・スタンプの眼ではその色の深さがまったく違うのだ(ヒッチコックの『サイコ』はモノクロ作品)。少年が捕虫網をかざして蝶を追って野原を駆けまわる、のどかで広々としたファーストシーンが半世紀ぶりに甦ってきて、われらが時代の監督、W・ワイラーが懐かしく、涙がポロリである。

ポランスキーは『ローズマリーの赤ちゃん』の前に『反撥』(65)を監督している。どちらもホラー作品だが、『反撥』は同居する姉とボーイフレンドとの毎夜の性行為が繊細な妹(C・ドヌーブ)の心に、セックスへの憧れと嫌悪感とを抱かせ、精神を狂わせていく。幻覚に襲われ、廊下を這っているその両側の壁からニュルニュルと何本もの手が伸びて苛む。ポランスキーのホラーシーンの幻覚性は丁度このころから若者たちの間で流行っていたマリファナ、LSDによる、いわゆるサイケデリック文化を表現していたのであろう。『ローズマリー……』になると現代の日常生活の中にも悪魔がいる。〝ほらあなたの隣にも〟なんて。ニューヨークの古びたアパートに引っ越して来た若い夫婦の隣の老夫婦は親切なのだがなんとなく気味が悪い。あるとき老夫婦の養女がなぜか飛び降り自殺をしてしまい、その養女の形見の異様な匂いのするネックレスを貰う。前後してローズマリー（M・ファロー）は妊娠。普通なら母親になるという健康的な喜びに包まれるはずなのだが、日が経つにつれ嫌な感じに襲われ窶《やつれ》て行く。何と、いつの間にか夫も魔族に、産まれた子の目には瞳孔がなく魔族の王子だったのだ。

C・イーストウッドの監督第1作がサイコミステリー『恐怖のメロディ』だったのは面白い。同じ71年にD・シーゲル監督の『白い肌の異常な夜』では南北戦争中に負傷した北軍兵（C・イーストウッド）が南軍の領地の森で山菜採りに来た女子学園の生徒に助けられ学園に匿われる。始めは丁寧に手当されるものの、園長はじめ生徒たちは女ばかりで男に飢餓感いっぱい。イーストウッドもまた彼女たちへの欲望を隠さず、学園内は異様な雰囲気に包まれてゆく。園長から10歳の少女まで女だけの世界のどろどろとしたおぞましさ、傷兵をいたぶるサディズム、それをマゾヒスティックに楽しんでいるかのようにみえるイーストウッド。TVの「ローハイド」以来ファンの私は、彼がベッドに縛り付けられ女たちに片足をチョン切られる姿など観たくなかったヨ。おまけに最後は毒キノコを盛られて殺されてしまうなんて！

この『白い肌の……』が、近親者でないとしても、隔離された空間のドメスティックバイオレンスなのに対し、『恐怖のメロディ』はあくまでもしつこく追いかける女の異常な行動を描いたストーカーもの。ラジオ局のDJデイブ（C・イーストウッド）に「ミスティー」という曲のリクエストがあり、その後も彼女イブリンはしばしば同じ曲をリクエストしてくる。たまたま二人はバーで知り合い一夜を共にし、彼はイブリンの妖しげな異常性に気づく。彼には別に恋人トビーがいるが、いつの間にかトビーとイブリンはルームメートになっていることを知る。不吉な予感に脅え、イブリンとのいきさつをトビーに打ち明け、イブリンは精神病院に送られる。しばらくは平穏な日々が続くのだが、ある日トビーから今度は〝アナベル〟という女とルームメートになると知らされていた。DJ放送中、イブリンが精神病院から退院し、ハワイへ引っ越すので最後にもう一度「ミスティー」をというリクエスト。リクエストされた曲を流している合間に読んでいたエドガー・アラン・ポーの詩の中に〝アナベル〟という不吉な名があったことを思い出す。トビーはアナベルと同居しているというではないか。ゾックと悪寒を感じたデイブが、トビーの家に駆けつけると、そこには大惨事が起きていた……。

そういえば、イーストウッドが製作、主演した『タイトロープ』(R・タッグル、84)で椅子に縛り付けられ、女からサディスティックな性的行為を受けているイーストウッドの顔は敏腕刑事のそれではなく、妙にマゾヒスティックな快感を感じているような気がしたっけ。

『エクソシスト』もシリーズとなったそうだが、私が観たのはフリードキンの第1作。ワシントンに行ったときこの映画のロケ地に使われた〝階段〟をノコノコ見に行った。石作りの細く急な階段で、なるほどこの階段が現実社会と悪魔の館へと続く境界となっているんだと感じさせた。気の毒な少女が部屋中に5色の汚物を撒き散らし、恐ろしい形相の頭部がぐるーっと回転したりする壮絶なシーンなどはあまりにも有名だが、一般に恐怖映画は観る人それぞれの感性に作用してくるものだ。私などは『キャリー』の卒業パーティーの夜、苛められ超能力をもった少女の怒りと憎しみを噴出させたエネルギー満開の凄まじい恐怖より、『ブルーベルベット』の昼間の道端にポツンと一つ落ちていた人間の〝耳〟のほうがずっと恐ろしく気味の悪さは後々まで引いた。『シャイニング』はJ・ニコルソンが一人怪演。三輪車やタイプライターなどの日常雑貨の裏に人を狂わすパワー(世界)や怨念があるというお話。としたら、50年来集めた古物雑貨のどれかが、いま私を悩ましている原因不明の発作や身体の障害に繋がっているのかも知れない。

『ケープ・フィアー』はR・デ・ニーロが、真綿で首を絞めるように弁護士一家を破滅させてゆく。以前、レイプ犯罪を犯した彼を弁護したN・ノルティの被害者寄りの弁護に恨みを抱いていた。14年後に出所、弁護士一家へのストーカーを開始する。全身入れ墨、笑った時も荒れている時も怖く、『シャイニング』のニコルソンに負けず劣らずの怪演ぶり。特にラストのガバッと一家のボートへ飛び込んでからの死闘の恐ろしさ。ストーカーのデ・ニーロの場合、刑期を終えて娑婆に蘇ったゾンビなのだ。

旧映芸の編集部員だったころ、ホラー映画というと大てい種村季弘氏に原稿をお願いした。彼はそのつど〝胎内回帰願望〟とかフリーメーソン秘密結社、吸血鬼伝説や悪魔学など奥深い博識、蘊蓄を開陳して下さった。彼の批評を読むと、B級C級ホラー映画さえ怪しい輝きを燦然と発し始めるのであった。

映画監督
1972年生

清水崇

サイコ……1960／米
脚本＝ジョセフ・ステファノ
監督＝アルフレッド・ヒッチコック

シャイニング……1980／英
脚本＝ダイアン・ジョンソン、スタンリー・キューブリック
監督＝スタンリー・キューブリック

ゾンビ……1978／米、伊
脚本・監督＝ジョージ・A・ロメロ

13日の金曜日PART3……1982／米
脚本＝マーティン・キトローザー、キャロル・ワトソン
監督＝スティーヴ・マイナー

死霊のはらわた……1981／米
脚本・監督＝サム・ライミ

悪魔のいけにえ……1974／米
脚本＝トビー・フーパー、キム・ヘンケル
監督＝トビー・フーパー

回転……1961／英
脚本＝ウィリアム・アーチボルド、トルーマン・カポーティ、ジョン・モーティマー
監督＝ジャック・クレイトン

ノスフェラトゥ……1979／西独、仏
脚本＝ヴェルナー・ヘルツォーク、F・W・ムルナウ
監督＝ヴェルナー・ヘルツォーク

ピクニックatハンギング・ロック……1975／オーストラリア
脚本＝クリフ・グリーン
監督＝ピーター・ウィアー

キングダムⅠ&Ⅱ……1994／デンマーク　1997／デンマーク
脚本＝ラース・フォン・トリアー、ニルス・ヴァアセル
監督＝ラース・フォン・トリアー

『サイコ』

タイトルデザイン、物語の展開や構成、歴史に残るシャワーシーンの描写、どこをとっても斬新で、僕の中で未だに色褪せない名作！ サイコサスペンスなる呼び名のジャンルもこの作品が決定付けたのでは⁉ ……冒頭から登場する主人公と思われた女性がいきなり殺される展開の妙は、未だに真似できる監督はなかなかいないと思う。学生時代、同じく映画監督を目指していた先輩が「『サイ

コ』っての観たけど……何だ、あれ？　古臭いし、何も怖くも面白くも無かった」と話しているのを聞いて、（人それぞれだけど……この人は映画の何を観ているんだろう？）と感じたのを憶えている（笑）。

『シャイニング』

スプラッターや派手な誇張表現を売りにしたホラー映画にもやっと慣れ、より精神的な恐怖描写を求めていた頃に出会い、愕然とさせられた作品。画面構成や役者の芝居は勿論、その語り口や描き方にも容赦無い拘りを感じさせられ、釘付けになってしまった。ことごとく違ったジャンルやテーマに果敢に挑戦する監督のスタイルにも脱帽。

『ゾンビ』

中学時代、やっとホラー映画を観れるようになった頃、友人の勧めで観た作品。容赦無い派手な残酷描写で見せつけながらも、思春期にいた僕は、何故か残酷描写以上にこの映画に惹かれ何度も観てしまう理由は何なのか？……と自問自答した。それはおそらく人類の終末を感じさせる世界観と、進化・発展してきた人間文化のあまりに果かない無常観を感じさせられてしまったからだと思える。そのドキュメンタリー的な描写タッチと目的やタイムリミットも無いまま、淡々と描かれていく映画のスタイルと劇中の人々の虚しく、痛々しく、生き延び続けようともがく様に「世界の全ての事象には、人間が理解・把握・掌握出来る理由や理屈など何も無く、あるべきことが起こりました……ただ、それだけです」と告げられてしまった気がした。同監督の次作『死霊のえじき』（85）も大好きですが、僕の中でこの『ゾンビ』は未だに他のどんなゾンビ映画も越えられない〝ゾンビ映画の頂点〟の作品。

『13日の金曜日ＰＡＲＴ３』

ホラー映画など観る人の気が知れない……と思っていた中学生の頃、友人に勧められ、（ひょっとしたら初めてＴＶ放送で観たホラー映画かもしれません（同監督の前作『13日の金曜日ＰＡＲＴ２』〈81〉もほぼ同時期に観たので順番は定かでありませんが……）。前作の麻袋を被った殺人鬼：ジェイソンの得体の知れないキャラクターにも度肝を抜かれましたが、このＰＡＲＴ３では、更にホッケーマスクという無表情な面を付け、その理由無き荒唐無稽なキャラクターを、第3弾にしてシリーズの顔にしてしまうセンスには驚かされました。公開当時はアナグリフ方式の3D上映だったようですが、2Dで観ても斬新な残虐描写には感心しました。

『死霊のはらわた』

同じく中学生時代、友人に勧められてVHSビデオで観た作品です。初見では、目を覆いながら観ていた記憶があり、「こんな映画作る大人は絶対頭おかしいよな……」と語っていたのを憶えています。とか言いつつ、その衝撃と面白さに病み付きになり、何度も何度も……他の友人にまで勧めて観ました。繰り返し観るうちに作り手の〝残虐なホラー描写のうちにあるコメディ要素〟にも感じ入るようになり、その後の同監督の作品は欠かさず観るようになりました。そのサム・ライミ監督と約20年後に一緒に仕事をすることになるとは思いもしていませんでしたが……(笑)。サムと初めて会って彼が僕の映画を賞賛してくれているのを聞いた時、非常に光栄に感じると共に、人生何が起こるかわからないな……と感じました。

『悪魔のいけにえ』

よくあるティーンエイジャーのキャンプ物の中でも群を抜いて恐ろしい映画。まさにこの世の悪夢をフィルムに焼き付けただけ……のような。VHSのビデオを手にするのも怖いと思わされた。低予算での製作状況やストーリーなどあって無きに等しい内容、まるでドキュメンタリーにさえ観えてくるタッチやフィルムの質感、また数ある自主制作フィルムの中に埋もれていたのを発見されたような当時の映画業界事情やメジャーでは成し得ない、ホラーの〝いかがわしさ〟や〝被差別的世相〟など……様々な偶発的事実も含めて、まさに異常に素晴らしい悪夢の映画。同じ監督でも二度と撮れないだろう。『サイコ』と同じ事件を題材にしているとは思えない点もいい。

『回転』

誇張したケレンミで演出していない……「幽霊は心霊写真のように佇んでいるだけ……」みたいな点が、その後のJホラーの創り手陣にも大きな影響を与えている。僕は『リング』の脚本家：高橋洋氏の勧めで遅ればせで観たのだが、久々にゾッとさせられた。淡々とした幽霊描写もさることながら、主演のデボラ・カーの存在感と気品を漂わせながら狂気じみた怪演ぶりにも圧倒させられた。あと個人的にモノクロで綴られる美しいムードにも弱いので……。

『ノスフェラトゥ』

静かで美しく冷たい恐怖、ヘルツォーク監督の〝真綿でじわじわと首を締め付けてくるような〟演出にも唸らされたし、クラウス・キンスキーとイザベル・アジャーニの息もつけないような力強い存在感と所作はまるで能を観ているよう。幻想を観たような映画の余韻に浸れる他に類の少ない映画。

『ピクニックatハンギング・ロック』

これも、その雰囲気にやられてしまった1作。決してホラーでもなく、美しい年頃の少女たちを淡々と描きながら、怪しげな史実の事件を題材に〝危うく移ろいがちな思春期の少女像〟を描いた映画なのだが……妙に生々しく……怖い。僕自身も思春期にある時期に観たので〝少女という存在への憧れ的な目線〟があったのも否めないが、彼女らの決して満たされぬ心情や〝むず痒いような匂い（体臭）〟まで漂ってくる感覚にゾワゾワさせられた。

『キングダム　Ⅰ&Ⅱ』

何だかわけのわからない語り口と物語で、とにかくただただ異常に個性的な人物ばかりが次々に登場してくる未完結*のＴＶ映画。日本では最初に劇場公開されたので、当時、何の予備知識も無く劇場で観たのだが、いったい何が面白くて惹き込まれるのか理解できぬまま、それでも目が離せなくなった。とにかく創り手の監督にも出演者陣にも何やら異常なまでの執着心やリアル過ぎるむき出しの感情を体感させられる。その後、スティーブン・キングによってリメイクされたが、圧倒的にオリジナルの力強さには敵っていないし、この時期のラース・フォン・トリアー監督だからこそ成しえた鬼才の偉作。

＊その後、25年の時を経て、２０２２年に『キングダム エクソダス〈脱出〉』で完結。

映画作家
1938年生

大林宣彦

血とバラ……1960／仏、伊
脚本＝クロード・ブリュレ、クロード・マタン、ロジェ・ヴァディム、ロジェ・ヴァイヤン
監督＝ロジェ・ヴァディム

フランケンシュタイン……1931／米
脚本＝ギャレット・フォート、フランシス・エドワード・ファラゴー、ロバート・フローリー
監督＝ジェームズ・ホエール

吸血鬼ドラキュラ……1958／英
脚本＝ジミー・サングスター
監督＝テレンス・フィッシャー

恐怖の振子……1961／米
脚本＝リチャード・マシスン
監督＝ロジャー・コーマン

ハエ男の恐怖……1958／米
脚本＝ジェームズ・クラヴェル
監督＝カート・ニューマン

白い肌に狂う鞭……1963／伊、仏
脚本＝ロベール・ユーゴ、ジュリアン・ベリー、ルチアーノ・マルチーノ
監督＝マリオ・バーヴァ

テラー博士の恐怖……1964／英
脚本＝ミルトン・サボツキー
監督＝フレディ・フランシス

フランケンシュタインの花嫁……1935／米
脚本＝ウィリアム・ハールバット、ウィリアム・ボルダーストン
監督＝ジェームズ・ホエール

世にも怪奇な物語……1967／仏、伊
脚本＝ロジェ・ヴァディム、パスカル・カズン、ダニエル・ブーランジェ、ルイ・マル、クレメン・ビドルウッド、フェデリコ・フェリーニ、ベルナルディーノ・ザッポーニ
監督＝ロジェ・ヴァディム、ルイ・マル、フェデリコ・フェリーニ

血を吸うカメラ……1960／英
脚本＝レオ・マークス
監督＝マイケル・パウエル

わが青春の「怪奇と幻想」「ホラー」とは据《すわ》りが悪い。こりゃもう「怪奇と幻想」。でなきゃ「怪奇映画」、せめて「恐怖映画」くらいに止めて置いて欲しい。

即ち、「ゴシックロマン」の領域として、この手の映画と親しんで来た世代である。『地獄の黙示録』(79)の終盤で「ホラー、ホラー」なる声がしつっこく繰り返されていたのがやけに耳に残っているが、あれはこのジャンルには無縁の映画だろう。それに本来、この手の映画は己の趣味か、ちょっと気取って美学に準ずる(殉ずる?!)しか仕方が無いので、僕は勢い「怪奇と幻想」でゆく。「オカルト」も「スプラッター」も、「ゾンビ」も「サイコホラー」も、僕ァ知りませ〜ん、で御勘弁を、であります。

そこで先《ま》ず、『血とバラ』(60)と『血を吸うカメラ』(60)の二本を頭に浮べて、これをブック・エンドとして据《す》えてみる。こうすると、あの『サイコ』(60)を最初に外せるのだな。即ち、展開が楽になる。『サイコ』というのは「怪奇と幻想」の手法できっちり拵えられた、見事な整いの映画なのだが、ここにヒッチコックを入れると途端にもうややこしくなる。では例えば『レベッカ』(40)は? なんて話に脱線したくはないし、ヒッチ先生なら『鳥』(63)もそうだが『めまい』(58)なんて、これぞ「ゴシックロマン」、即ち「怪奇と幻想」ムードの極みであるって、話はますます横道に逸れてゆく。で、仏国・耽美派ヴァディムの「カーミラもの」と、この手の美学を体質的に持つ英国人・マイケル・パウエル作のカメラが人を襲うなる「恐怖映画」の、偏愛すべき傍系に属する二本を先ず両端に置いて、それからその間を、本道となるべき映画たちで埋めてみる。

では怪奇と幻想でこれ一本、というなら、そりゃもう、かの『フランケンシュタイン』(31)でありましょう。あの「モンスター」の造形は、映画史最高のアートである。残酷、断念、悲痛、哀切、抒情、痛恨、そして愛、滅亡。チャップリン的な情感がもて囃され勝ちな映画の世界で、バスター・キートンのフィロソフィーに殉じた巨大過ぎる木偶の悲しみ。あの怪物がこよなく静謐で心穏やかなる黄昏の湖畔にただ独り蹲り、優しい微笑みを密かにその面に浮かべながら、不器用な子どものように無骨なその太い指でか細い花弁を、ひとひらひとひら毟り取ってゆく。そして同じようにして、いたいけな少女の命も。——これぞ至純なる恋、殉愛の断念。「汚れちまった悲しみに」と東洋の詩人が謡った言霊の映像化。「ゴシックロマン」への自恃を見事に「怪奇と幻想」に昇華し得た、その極みでこそありましょう。

この『フランケンシュタイン』の第一作を「奇蹟の映画」と成し得たのは、この怪物（フランケンシュタインとは怪物を創造した博士の名であり、怪物の方は単なる名無しの「モンスター」である）役を演じた当時まだ無名に近いボリス・カーロフの肉体の御蔭である。当初はその頃舞台のドラキュラ役で大人気だったベラ・ルゴシがこの怪物役をやる予定で、何と「ベラ・ルゴシ主演」なるポスターまで作られていたのだが、このポスターでは単なるぞっき映画の一本で「美学」なぞどこにも無い。更には後になって怪奇映画の伝説的大スター、ロン・チャニイ（実はJr.）がこの怪物役を演じたが、「ロン・チャニイ」とは名のみで実体はぶよぶよふわふわの（これぞ怪奇な?!）モンスターでありましたな。ベラ・ルゴシの方もシリーズの後半には顔を出しているが、こちらは懸命にイゴール（なるこの手の怪奇映画によく出てくる怪し気な脇役）に徹しているのは、要は「分かっている」ってことでしょう。

で、ベラ・ルゴシは当然「ドラキュラ役」の方で「伝説の人」である訳で『魔人ドラキュラ』は『フランケンシュタイン』と同年の1931年に、実はこちらがやや先行して公開されている。この「ドラキュラ役」の当初の候補がかの名高きロン・チャニイ（勿論、初代の方）であったが、その前年に死んじゃったので、その頃舞台のドラキュラ役で大当りを取っていたハンガリー人のベラ・ルゴシがハリウッドに招かれて出演したという訳だ。監督はこの手の映画の名匠・トッド・ブロウニングの実力でこの「ドラキュラもの」は「怪奇と幻想」映画の、いわば「古典」としての輝やきを今に尚持ち続けている。

ですけどね、突然コウモリに変じてバタバタと空を飛ぶドラキュラなんてのは、ちょっとはしたなくて僕にはあんまりしっくり来なかったし、むしろドラキュラに血を吸われて純白なドレスで薄明に彷徨う処女たちの姿に、僕はすっかり惚れこんで了ったのですね。故に女吸血鬼もののカーミラが御贔屓であり、ヴァディムの『血とバラ』へのオマージュとして、僕自身『EMOTION　伝説の午後＝いつか見たドラキュラ』（67）なる映画を作っちまったりしたほど。そんな訳でベラ・ルゴシ先生には敢えて御遠慮願って（ついでに

22年版のドラキュラ第一作ノスフェラトゥ大先生などもね）、ならばいっそのこと後年の英国製ハマープロのB級シリーズから『吸血鬼ドラキュラ』（58）を挙げておきましょうか。なにしろかの世紀のドラキュラ役者クリストファー・リーと、これまたヴァン・ヘルシング役のピーター・カッシングを生んだシリーズなのだから。その上英国製のB級映画というところが、何とも「怪奇と幻想」ムードなのである。あのヒッチコックの『サイコ』だって、彼が大作『めまい』の興行的失敗の後で、敢えてテレヴィのスタッフを起用してモノクロオムのローヴァジェットで拵えたから、何ともゴシックロマンのムードを醸造した。つまりこの世界は所詮「徒花」であり、その世界に決然と生きる「断念と覚悟」こそが「殉文学」を生みだすのである。ロジャー・コーマンの「ポーもの」の傑作『恐怖の振子』（61）もシリーズの他の作品を含めてその一本。アンディ・ウォーホルの弟子筋のポール・モリセイが撮った『処女の生血』（74）もおかしな映画だが、ドラキュラが延々とピアノを演奏する場面と、このドラキュラは処女の生血しか吸えず、処女ではない女の血を吸うと嘔吐して悶え苦しむというところがなかなか泣かせた。ハマープロではフレディ・フランシスの『テラー博士の恐怖』（64）に『残酷の沼』（67）なんて短編オムニバスのチャーミングな映画があったが、この作家の耽美趣味はなかなか僕らを痺れさせてくれ、彼の監督作の『帰って来たドラキュラ』（68）はここには惜しくて挙げないが、内緒で教えてあげるなら実は密かなる傑作であるのです。

けど後にそのフレディ・フランシスが撮影監督を務めた『エレファント・マン』（80）や同時代の『エクソシスト』（73）『キャリー』（76）『オーメン』（76）などの諸作は、センスはなかなかよいのだが僕には何だか違うジャンルの映画に見えちまう。つまりちょいと映像が御洒落に過ぎるのですな。で何故か「怪奇と幻想」の格調に欠ける。カーペンターの諸作なんてもう軽過ぎて味が薄い。あれは「怪奇と幻想」のゆるキャラというべきか！　それで『サスペリア』（77）やその後の金曜日のナントカシリーズに至ると、僕は勘がいいからもう最初から見ないし、思えばあの辺りから映画を見なくなっちまったなぁ。むしろ『オペラの怪人』（43）であるとか『ジェニィの肖像』（47）であるとか『透明人間』（33）『ジキル博士とハイド氏』（32）、

『嵐ケ丘』(39)だってなかなかの「怪奇と幻想」ムードだが、フランケンシュタインの怪物に負けず劣らずの映画美を造形した『キング・コング』(33)や、本来は「怪物」よりも演出力の勝利であるトッド・ブロウニングの『怪物團』(32)は敢えて外し、『たたり』(63)も思い出したが削った上で、『フランケンシュタインの花嫁』(35)なる侮れない珍品と、クローネンバーグのリメイク版ではない方の元祖『ハエ男の恐怖』(58)を加えておこう。クローネンバーグの86年のリメイク版では映像がサーヴィス過剰な分何やら下品に(つまり物欲し気に)なっちゃって、それが現代ホラーの駄目なところ。元祖の方はこれはもう呆気ないほどぶっきらぼうで、肝心のハエ男もマンガみたいだが、そんなことはもうエイ、ヤッと処理して(どうせ、そういう映画だもん!)、主人公がハエ男になる寸前のひたぶるに穏やかな美し過ぎる午後、妻とふたり庭の明るい日差しの中に憩う。そのうっとりするような、でもちょいとザラついた画面の中を、長いシーンの最後の方で寄り添う妻の長い黒髪の辺りに一匹の蝿が飛んで来たらしい。それを妻がまことにさり気なくそっと振り払った。それを何ごとも無くロングで見せたまま。怖いね! 恐怖とはつまりは想像力が醸造するもの。それを映像で説明しちゃっちゃお終いよ、ってもんでしょう。そんな訳で『世にも怪奇な物語』(67)は大期待のオムニバスであったがまぁやっぱりいろいろあって、むしろマリオ・バーバのB級作品『白い肌に狂う鞭』(63)の方がうんと引き締った格調高き「怪奇と幻想」作品になっているところが、この手の映画のまことに面白い、愛すべき魅力でありますなぁ。……

ホラー映画マスター
1959年生

上島春彦

悪魔の人形……1936／米
脚本＝エリッヒ・フォン・シュトロハイム、ギャレット・フォート、ガイ・エンドア
監督＝トッド・ブラウニング

狼男……1941／米
脚本＝カート・シオドマク
監督＝ジョージ・ワグナー

人間廃業……1931／独
脚本＝カート・シオドマク、ルドウィグ・ハーシュフェルド、エルンスト・ノイバッハ、ビリー・ワイルダー
監督＝ロバート・シオドマク

私はゾンビと歩いた！……1943／米
脚本＝カート・シオドマク、アーデル・レイ
監督＝ジャック・ターナー

オカルト・ブルース……1990／香港
脚本・監督＝ジェフ・ラウ（劉鎮偉）

ショッカー……1989／米
脚本・監督＝ウェス・クレイヴン

プリズン……1987／米
脚本＝C・コートニー・ジョイナー
監督＝レニー・ハーリン

パラサイト……1998／米
脚本＝ケヴィン・ウィリアムソン
監督＝ロバート・ロドリゲス

原子人間……1955／英
脚本＝リチャード・ランドー、ヴァル・ゲスト
監督＝ヴァル・ゲスト

ビーナスの誘惑 美しき裸身の復讐……1970／西独、伊、英
脚本＝ジェス・フランコ、ミロ・G・クチア、マルヴィン・ウォルド、カルロ・ファッダ、ブルーノ・レデール
監督＝ジェス・フランコ

ホラー・ジャンルのカルト監督トッド・ブラウニングといえば『フリークス』(32)。初めて見たのは新宿厚生年金会館裏の自主上映、70年代の終わり頃だった。しかし今回のアンケートも公認の名作は廃除するので、ここでは同監督の『悪魔の人形』をプッシュ。無実の罪で投獄された銀行家が牢の中で知ったマッド・サイエンティストと共に脱獄に成功する。彼の研究は生物を生きたまま縮小するこ

とである。何とかたどり着いた研究所で科学者は亡くなり、銀行家は、彼の研究成果の「縮小人間」を使って復讐をもくろむ。人形売りの老婆に変装する元銀行家ライオネル・バリモアもクレージーだし、もちろんこの時代のMGMの念入りな特撮技術が凄い。マット合成が主力に違いないのだが夢魔的なその画面は今見てこそ。セットの方を大きく作る、この手の定法も駆使されている。

脚本家の一人がシュトロハイムというのはブラウニングとのD・W・グリフィス人脈故であろうがなんとも贅沢きわまりない。ブラウニングは俳優ロン・チェイニーやベラ・ルゴシとの仕事（『知られぬ人』『魔人ドラキュラ』）でも知られるものの、そっちに拘っていると進まないので少しズラして『狼男』（主演がチェイニーの息子さん。ルゴシ共演）へ急ごう。これだって名作だが、ここで話題にしたいのはその脚本家カート・シオドマク。彼のお兄さんが『らせん階段』(46)の監督ロバート・シオドマクで、有名なのはお兄さんの方だろう。ところが映画史的にもっと重要なのは弟カートなのである。彼のホラー映画への貢献は何と言っても恐怖物語の原形質を抽出する手腕に尽きる。彼の想像力によってこそ、様々なアイデアが短編小説や民間伝承から映画に翻案されたのであった。人間の変身願望、そしてそれと裏腹な恐怖心をファンタスティックに表現する『狼男』はほんの一例であり、その他、自殺できない憶病者が「謎の殺し屋を雇い、代理人を介して自分を殺してもらう契約を結ぶも気が変わる」という『人間廃業』(31)は『九ちゃんのでっかい夢』(67)、『豚と軍艦』(61)、『コントラクト・キラー』(90)に継承され、「切断された腕が殺人者に復讐を遂げる」という『五本指の野獣』(46)は「恐怖劇場アンバランス／墓場から呪いの手」(73)、『キラーハンド』(81)等々へ、また中米のゾンビ伝説に基づく『私はゾンビと歩いた！』(43)、円盤が宇宙人の乗り物としてホントに空を飛んでいる、という妄想をアメリカ人に植えつけた『世紀の謎　空飛ぶ円盤地球を襲撃す』(56)、人間の脳髄を科学者が取り出し液体保存するおなじみの図像のオリジン『ドノヴァンの脳髄』(53)と枚挙にいとまなし。「アイデア・マン」と書いてしまうと最近の日本語英語だとちょっと意味合いが変わるので、ここでは同じ意味で「コンセプト・マン」という言葉で彼を規定したい。この件は本欄の厳しい制限字数では語りきれないので興味のある人は『バックストーリー2／パトリック・マクギリガン編』という本を読んでください。

ゾンビはカートのコンセプトとは異なるスタイルで今やホラー・ジャンルの主流と化したが、これについては誰かが書くとしてその亜流キョンシーの方が私はずっと好き。『霊幻道士』(85)シリーズはどっさり見たし、また『幽幻道士』(86)、「来来！キョンシーズ」(88)等というのもありテンテンちゃんという美少女アイドルも生まれたりして、色々忘れがたい要素にこと欠かないのだがどれがどれだか今ちょっと分からない。テンテンちゃんは来日して数年間(1年くらいかな)、日本のアイドル・グループの一員として活躍していたのにそのグループ名がもはや出てこない。ド忘れかそれともヒット曲がなかったのか。きっと両方だ。

今回挙げるのは同時代これらに影響され『バンパイア・コップ』(87)で実質デビューしたジェフ・ラウ監督のものにしよう。快作『オカルト・ブルース』なんかどうだろう。劇団員とキョンシーの闘い。主演がこの時代の香港アクション映画の「偉大なる裏方」コーリー・ユンというのが嬉しい。主演女優はやっぱり「偉大なるコメディエンヌ」サンドラ・ン。今、頭がごちゃごちゃでサンドラが観音さま(菩薩だったかも)に変身して宙を飛ぶクライマックスを思い出していたが、いやいやあれは香港女優軍団映画でこれではないな。こちらはサンドラが水に潜って必死のアクションを展開する方。水中カメラ仕様で、本人がやってるとちゃんと分かるのが素晴らしい。

このころ、まだJホラーというのはないがアメリカ映画は新しいホラーの時代を迎えていた。代表作は『エルム街の悪夢』(84)としていいが名作すぎるので、代わりに、このシリーズに集結した若い才能ウェス・クレイヴンとレニー・ハーリンの地味な傑作『ショッカー』と『プリズン』にする。「エルム街」シリーズのコンセプトを作った監督(前者)、シリーズ第4作『ザ・ドリームマスター』(88)の監督(後者)、彼らの刑務所「奇想ホラー」映画である。この二人をごっちゃにする私のような人は、モニター画面の中を男が行ったり来たりする、水木しげるの「テレビくん」みたいな映画ってどっちでどっちが撮ったんだっけ、

『プリズン』か、と必ずごっちゃになる。違います、そっちが『ショッカー』です。電気椅子で処刑された連続殺人犯が何としぶとく蘇り、電気ショックで「プラズマ怪人」になってテレビ番組を次々ネット・ハッキングするはた迷惑な物語。ノリがちょい『ザ・ドリームマスター』っぽいのだ。ハーリンもこの時代はヘンな映画を撮っていて期待大だったのに、予算が上がったとたん普通になってしまった。彼が最後に撮ったヘンな映画は『フォード・フェアレーンの冒険』(90)だが、これはホラーじゃないのが残念。

そうなのだ、ここで「奇想」と言い「コンセプト」と記した、要するに「ヘンな思いつき」が私にとってホラー映画の基本であり、ある種のSFも立派にホラーであり得る。例えば『原子人間』(55)。これはほとんど諸星大二郎のマンガ「生物都市」の先取りで、帰還した宇宙飛行士の身体に変化が起こり、以後、彼は地上の生命体と自己とを融合させて生きていかざるを得ない。

このように異界から何か奇妙な物が降りてくるという発想は確かにSF映画的で、青春群像劇と組み合さって『パラサイト』になったりする。カート・シオドマクも自身、優れたSF作家であり、ホラー映画の脚本にも科学的根拠を盛り込むようにしていたと語っている。切断された腕の復讐というアイデアも、最近では科学的根拠が認知されることになった。V・S・ラマチャンドランの「脳のなかの天使」を読むと現代神経科学の世界というのはまさしくホラーSFにしか思えない。今ぱらっとページをめくったところには「ちなみに右の角回(頭頂葉の一部)を電極で刺激すると、あなたは体外離脱体験をする」なんて書いてある。体外離脱というのは大まかに言えば「自分が自分を見る」ということだが、映画的にそれを処理する場合、物語としてどんな場合が考えられるだろうか。多分もう誰も見ることのない映画だからネタバレして挙げる最後の1本。『ビーナスの誘惑・美しき裸身の復讐』(70)では「タイムトンネル」で有名なジェームズ・ダーレンの主役、彼はラスト、浜辺に打ち上げられた自分の死骸を発見する。自分が幽霊であることに気づいていなかったのだ。こういうセントラル・アイデアの映画、近年にもありましたね。これがオリジナルではないだろうが、昔からいろいろあったということだ。

稲川方人

詩人・編集者
1949年生

反撥……1964／英
脚本＝ロマン・ポランスキー、ジェラール・ブラッシュ
監督＝ロマン・ポランスキー

悪魔のいけにえ……1974／米
脚本＝トビー・フーパー、キム・ヘンケル
監督＝トビー・フーパー

ブレインデッド……1992／ニュージーランド
脚本＝ピーター・ジャクソン、スティーヴン・シンクレア、フランシス・ウォルシュ
監督＝ピーター・ジャクソン

ザ・フォッグ……1980／米
脚本＝ジョン・カーペンター、デブラ・ヒル
監督＝ジョン・カーペンター

パラノーマル・アクティビティ……2007／米
脚本・監督＝オーレン・ペリ

ザ・チャイルド……1976／スペイン
脚本＝ルイス・ペニャフィエル
監督＝ナルシソ・イバニエス・セラドール

エイリアン……1979／米
脚本＝ダン・オバノン
監督＝リドリー・スコット

世にも怪奇な物語／悪魔の首飾り……1967／仏、伊
脚本＝フェデリコ・フェリーニ、ベルナルディーノ・ザッポーニ
監督＝フェデリコ・フェリーニ

ナイト・オブ・ザ・リビング・デッド　ゾンビの誕生……1968／米
脚本＝ジョン・A・ルッソ
監督＝ジョージ・A・ロメロ

悪魔の追跡……1975／米
脚本＝リー・フロスト、ウェス・ビショップ
監督＝ジャック・スターレット

長い髪の女性が電車内で居眠りをしている。その髪が顔の前面に垂れ下がっているのに彼女は気づかない。正面の座席に座っている私からは「貞子」にしか見えず、ぞっとした日、このホラー映画アンケートを考える。

どこかに書いたことがあったような気もす

るが、新橋の古い雑居ビルにあったコロムビアの試写室だったのか、その反対側の駅前雑居ビルにあったヘラルドの試写室だったか、それとも、これもまた銀座の古い雑居ビルにあった東和の試写室だったのか、『13日の金曜日』(80)の試写の折り、当時、あちこちに日本語で映画評を書いていた巨漢のドイツ人評論家(名前は忘れてしまった)が、映画のオチの、いたずらに人を驚かす(それゆえ予想できる)ショットでいきなり絶叫して椅子から飛び上がった。それ以後、このシリーズや『スクリーム』(96)『ラストサマー』(97)などのキャンプものはスラップスティック喜劇と同様のものになってしまった。笑いを堪えきれない。キャンプものではないが、そうした笑いのホラーの典型がニュージーランドの才人ピーター・ジャクソンの『ブレインデッド』である。これを観たのは、間違いなく昔のカビ臭い松竹の地下試写室。ドロドロになった累々たる屍の中で、ゾンビたちが性交し、たちまち子供が生まれるというのは、才能のあまりにも過度な倦怠感というべきである。その後、ジャクソンがアラン・スミシーの著名で書いた、リュミエール以前にオーストラリアだかの山中で映画史が始まったというフェイク本の編集に関わったが、これなども何かに飽きてしまった彼の才能で書かれた本だ。ピーター・ジャクソンはその後アメリカの大作監督になってよかったのだろうか。

『ポルターガイスト』(82)以外は大作には関わらなかったと思うトビー・フーパーの『悪魔のいけにえ』はまぎれもないキャンプものだが、さすがに笑えない。能天気に見知らぬ土地を通過するだけの旅行者に殺戮の危機が唐突に訪れるという恐怖映画のメソッドは多々あるが、フーパーが無表情に見せた恐怖はそれらを冷静に批評している。『悪魔のいけにえ』と同様に、旅行者を襲う殺戮の恐怖を描いた忘れられない映画が2本ある。『脱出』(72)と『悪魔の追跡』だ。最後の最後に、水の中から手が伸びるというオチは『脱出』で使われているが、これは「アクション映画」の項ですでに選んである。『悪魔の追跡』を、フォンダ&オーツのコンビを忘れないために挙げる。

恐怖に素直に驚く巨漢のドイツ人評論家に笑ってしまったものの、私もポランスキーの『反撥』で同様の経験をしていた。ドヌーヴが洋服タンスを開けるショットである。戸裏の鏡に一瞬、人影が写る。ほんの瞬間の視線に身体が激しく反応する恐怖。一方では、長い時を浸食しながら腐食していくジャガイモに同化するドヌーヴの心の表層、誰もが手にすることのできる台所の刃物など、『反撥』は見る者の心身に、日常の気配に潜むひんやりとした空気を送ってくる。

『反撥』のドヌーヴも思春期の少女だし、あるいは『エクソシスト』(73)を挙げるまでもなく、子供が絡むと恐怖はいや増す。『ザ・チャイルド』(76)と『光る眼』(95)のどちらを選ぶか迷ったが、カーペンターは『ザ・フォッグ』。有楽町のどこだかの劇場で開かれたいわゆる完成披露試写にいそいそと出かけたことを憶えている。同様に深い霧の中に潜む「訪問者」を描くフランク・ダラボンの『ミスト』(07)の救いのない残酷さが好きではないので、改めてジョン・カーペンターの才能の愛らしさに敬意を。『ザ・チャイルド』はヒッチコックの『鳥』の、あの学校のジャングルジムに群れていたカラスに襲われる子供たちが、そのまま一転して大人を攻撃する集団になったらどうなるか、というアイディアだと思う。

ヒッチコックやカーペンターが構築した恐怖のカメラワークをどうすれば壊すことができるか、『ブレア・ウィッチ・プロジェクト』(99)や『クローバーフィールド/HAKAISHA』(08)がホームユースのビデオカメラを使って(使ったフリをして)試みるが、安っぽい三脚にカメラを乗せてベッドサイドに立てるだけの『パラノーマル・アクティビティ』のあまりに無造作なアイディアが怖かった。

史劇

主にアメリカ、イタリア、フランスで
50～60年代初期にかけて盛んに作られた。
キリスト教文化を背後に
虚実入り交じって、華やかなコスチュームプレイの陰で
何を見ていたのか。

映画作家
1938年生

大林宣彦

十戒……1956／米
脚本＝イーニアス・マッケンジー、ジェシー・L・ラスキー・Jr、ジャック・ガリス、フレドリック・M・フランク
監督＝セシル・B・デミル

クォ・ヴァディス……1951／米
脚本＝ジョン・リー・メイヒン、S・N・バーマン、ソニア・レヴィン
監督＝マーヴィン・ルロイ

クレオパトラ……1963／米
脚本＝ジョセフ・L・マンキーウィッツ、シドニー・バックマン、ロナルド・マクドゥガル
監督＝ジョセフ・L・マンキーウィッツ

スパルタカス……1960／米
脚本＝ダルトン・トランボ
監督＝スタンリー・キューブリック

ベン・ハー……1959／米
脚本＝カール・タンバーグ
監督＝ウィリアム・ワイラー

［補］**偉大な生涯の物語**……1965／米
脚本＝ジェームズ・リー・バレット、ジョージ・スティーヴンス
監督＝ジョージ・スティーヴンス

遥かなる大ハリウッド史劇談議。

史劇といえば腰は重たいがともかく重量感たっぷりの、戦勝国アメリカに相応しい物量大作戦。敗戦後初めてアメリカ映画を見始めた僕らの世代の映画ファンにとっては、敗戦国日本の映画にはとても真似できませーん、もうもうごめんなさーい、と謝る他はないこれぞ大ハリウッド映画。その最初に度肝を抜かれたのはかの大スタジオシステムの帝王セシル・B・デミル大監督による大巨編『十戒』（56）の鳴り物入りの大公開。何やら「大」ばかりだが、これまたチャールトン・ヘストンなる巨大な偉丈夫がモーゼに扮し、天空に向かって両手を差し上げるとあら不思議、荒れ狂う紅海が突如真っ二つに割れて海

底に道ができる。総天然色の画面に特撮も当時のフィルム技術では、まさか?! という出来ではあったが、映画はまさかであって当然で、それはもう充分に充分に楽しかった。かのギャングスターの主演格で名高いエドワード・G・ロビンソンが重厚な傍役に徹しているのも感動的であったが、前年に見た『王様と私』(56・本当は『十戒』の方が先に撮影されていたのだが、僕が暮らしていた尾道では上映の順序が逆になっていた。当時は東京の公開から二、三年遅れるということも多かったのです)で「シャル・ウィ・ダンス」とボーヘッドを光らせて踊っていたシャム王のユル・ブリンナーが、今度はエジプトの暴君をやっぱり禿頭で憎々しく楽しそうに演じていて、ああこの人は本当にこういう頭の人なんだと納得したりもした。だから後に『荒野の七人』(60)なる西部劇に同じテカテカ頭で出演してももう驚きはせず(これは原作の『七人の侍』(54)で同じ役をやった、志村喬さんに自ら剃髪するシーンまであって、何となく辻褄も合っている)、むしろ後に何だったかかつらを頭に乗せて出演した映画があったが、こちらの方が違和感がありましたね。

この『十戒』はデミル自身によるサイレント期の同名作のリメイクで、そちらの話は僕はこの世界の大先輩ヘンリー・小谷さんから親しく伺っている。実はヘンリーさんはその旧作の方のキャメラを担当していて、ある日デミルが巨大なスタジオ内に建てられたセットを前に、この神殿の全容を斜めにキャメラを振り上げながら舐めるように撮影したいと言い出した。当時のキャメラはまず右手で以てフィルムを送るためのクランクを回転させる。そして左手で左右にキャメラが首を振るクランクを廻せばキャメラは左右にパン。別の上下専用のクランクを廻せばキャメラは上下に首を振る。しかし左手は一本、右手はフィルム送りに専念だから、つまりはキャメラは左右か上下かどちらか一つの動きをするのが精一杯で、斜めに振り上げるなんてのは不可能と決まっている。けれどもヘンリーさんは徹夜で考え一計を案じて帝王の要求に応えたのですね。則ち、キャメラを構えた三脚の脚の一本は自身の躰の前方に設置してある。でヘンリーさんはわが右脚をその三脚の脚に掛け、左右にクランクを廻しながら徐々にその右脚を持ち上げて行った。するとこれで何と映画史上初の斜め振り上げパンが実現したのである。帝王は大いに喜んで小柄のヘンリー先輩を抱き上げ、この快挙を祝してくれたのだという。ヘンリーさんは戦争の勃発と共にハリウッドを離れ、戦争中は日本映画の発展のためにこの国で尽くされたが、後に僕がハリウッドを訪れた折には隣のスタジオで仕事をしていたハリウッドの名キャメラマン、ジェームズ・ウォン・フォーが態わざ僕を訪ねて来てくれて、「ヘンリーは元気か！　彼はわれわれ東洋系の映画人の誇りだ」、と涙ながらに固い握手を交したもの。

ところでモーゼ・ヘストン君はかのデミル王の途方も無い娯楽巨編『地上最大のショウ』（52）のサーカス団の座長役でデビューしていて、もう既に僕らにはお馴染みでもあったのだが、同年にはデミル監督の方もハリウッド史劇の一本『サムソンとデリラ』（49）が日本で公開されていて、この映画のクライマックスにおける寺院崩壊のシーンこそは、僕らが最初に体現したハリウッド・スペクタクルであったかも知れない。なにしろスクリーンの下敷きになったぞ、という体験をまざまざとしたのだから。また、ビーフステーキなど一生食べられないぞ、と進駐軍のアメリカ兵がそれをむさぼり食う姿を横目で見て育った僕らにとって、サムソンを演じた全身レバーステーキの如き肉体美のヴィクター・マチュアは既にフォードの『荒野の決闘』（46・これもまた尾道では『荒野の決闘』の方が公開は後だった）では肺病のガンマン、ドク・ホリディに扮していて、こちらの方は当時ガリガリに痩せ、肺結核で死ぬ若者もまだ多かった僕ら日本人にもよく感情移入が出来たのだが、これはこれでまた、まさか?!の楽しさでもあったけれども。またマチュアには『アンドロクレスと獅子』（52）なんてレバーを眺めるだけのエンタテインメントもあり、一方の偉丈夫ヘストンの方には『エル・シド』（61）なんてちょっと渋いアンソニー・マン監督作品もありまして、この人実は自ら「ヘンリー・フォンダに憧れている」と新人時代に漏らしていたように、口許にそういう表情を模しながら、そしてその巨体を恥じるように神妙に演じておりましたな。

おっと忘れちゃいけない大作史劇には『クォ・ヴァディス』（51）。これ、矢鱈と面白かったぞぉ。ネロに扮したピーター・ユスティノフは日本のお相撲さん以上に太っていて、見るからに栄養分たっぷりの巨漢がもごもご憎たらしく演技していてそりゃもう強烈だったし、兵士マーカスには、あの悲しき恋の名作で、我が国の大ヒット作『君の名は』(53〜54)のモデルともなった『哀愁』(40)の日本人にもよく理解できる細身の美男佐田啓二、いや、ロバート・テイラーが。こちらはレバー・ステーキとは正反対の萌やし型体型だが、それを絢爛豪華なコスチュームで包み込んで肉体は晒さず、思えば当時は男性も着衣のまんまが多かったなぁ。ヘストンだって裸身を晒したのは後の『猿の惑星』(68)くらいから。そういう意味ではレバー・マチュアはちょっと特別だったんだな。そういやテイラーには『円卓の騎士』(53)なんて着衣の騎士劇もあったっけ。

そしてこれらの美男スターの横にはデボラ・カー、ジーン・シモンズ、スーザン・ヘイワード、エヴァ・ガードナー、ヘディ・ラマーからまだ売り出し中のソフィア・ローレンなどが薄物の衣装をひらひらさせて蠱惑的にずらりと並んでいて、序でに言えば、この『クォ・ヴァディス』にはその無名時代のソフィア・ローレン(勿論この僕が後に「ラッタッタ」のCMで一緒に仕事をすることになる、遥か昔の物語であります)と、かのエリザベス・テイラーが、女奴隷役でカメオ出演している。テイラーの場合は監督のマーヴィン・ルロイとの『若草物語』(49)繋がりのご縁でありましょうか。ではさて伝説の大女優エリザベス・テイラー主演の『クレオパトラ』(63)は、さあどうだ?! 伝説のというのはこの四時間四分の超大作の一枚看板はテイラー嬢の醸し出すごたごたで製作会社が倒産したのしないのと大騒動。そういうよくある話題の方が先行して作品的評価はさて置かれて了った案配であったのだが、いまゆっくり見直してみるとテイラー嬢はやっぱり惚れ惚れする程美しいし、シーザー役のレックス・ハリスンにアントニーのリチャード・バートンも渋いがやっぱり立派で、おまけに何と後に『猿の惑星』の猿君で名演を示すこととなるロディ・マクドウォール君の怪演もあり、CGなどには頼らぬ実直な実写もスケール感たっぷり。やはりジョゼフ・マンキーウィッツ渾身の堂堂たるハリウッド史劇の一作であると、これは言うべきでありましょう。

そして、ハリウッド史劇のこれ一本、というなら、うーむ、やっぱり、ずばり『ベン・ハー』(59)か。先に大作西部史劇『大いなる西部』(58)でヘストン君と組んだウイリアム・ワイラー監督がそのままヘストン君とローマ入り。序でにその相手役でその映画ではこちらが主演だったグレゴリー・ペックまでをローマへ連れてって『大いなる西部』のクライマックスの両人の格闘シーンの追撮をしながら撮り上げた巨大画面シネラマによる超大作歴史劇。脂の乗り切った巨匠ワイラーの映画術は冴え渡り、第二班監督を務めたあの『駅馬車』(39)でジョン・ウェインの、『キャット・バルー』(65)ではリー・マーヴィンのダブルを演じた御存じヤキマ・カナットの功績もあって娯楽アクションもたっぷりの重厚な人間劇として完成。有名な戦車競争シーンでは事故による死者も出したが、彼らの栄光のためにと遺族からの申し出もあってそのまま映画に使われ、大迫力の画面となっている。その上にこの僕にはこのシネラマ大作を一番前の席から見上げて、ヘストン君の鼻毛の森をしっかり堪能したというお負けまでついている。そういやこちらの主役は外れたグレゴリー・ペックには『愛欲の十字路』(51)なる古代恋愛史劇もあったがこれも古典的な着衣劇。そう言えば、『クォ・ヴァディス』の主役は元々ペック君だったが、病気でテイラー君に交代したそうで、まあどちらもが、痩身を豪華な着衣で被っての出演で、よってこういう映画を当時僕らは「コスチューム・プレイ」と呼んだのでありましたね。

さあ、では、お後はどうする?! これも、やっぱり『スパルタカス』(60)だろう?! カーク・ダグラスに、スタンリー・クーブリック(娘さんに実際に訊いて確かめたのですが、「パパの名前はクーブリックが正しいのです」と!)だぜ。『突撃』(57)の二人だぜ。そりゃ、只じゃ済まぬよなぁ。プロデューサー・ダグラスと、まだ新人のクーブリックの間には様ざまな確執も噂され、クーブリックは大分我慢して譲ったらしいが、カークの方も城壁から飛び降りて足を痛めながらもこの大モブシーンを跛を引きながらやり遂げていたのは、プロデューサーとしての責任感というか金勘定でもあっただろう(な、と思いながら、この巨大スクリーンを見上げておりましたね)。演者としてのカークはもう肉体美を誇るムキムキマン振りで、僕は彼とは親しくお付き合いした事があるが、老年に亘るもジム通いが趣味のレバー・ステーキ派でしたね。カークには売り出し時代の史劇スペクタクル『ユリシーズ』(54)もあって、こちらは何よりカークさんのムキムキ裸身がスペクタクルでしたなぁ。あのね、マチュア君も含め、ホモ系の俳優さんは好んでそういうことになるんですって。さてさてその『スパルタカス』、傍役陣にもローレンス・オリヴィエやチャールズ・ロートンなど名優を揃え、カーク以上の肉体美（そして、強い！）を誇るウディ・ストロードの剣闘士ぶりも圧巻だった。こういう傍がやれる名優がいなくなったのも近年の史劇が弾まぬ理由か。そうだ、この映画、脚本があの〝ハリウッド・テン〟のダルトン・トランボで、と言やもうそういう進歩派ハリウッド映画の代表的な一本で、正統派の『ベン・ハー』と異端のこれとは、共に互いに譲らぬハリウッド史劇の双璧であり、作る側には反目するところもあるだろうが、ファンとしての僕はどっちも大好きでありますな、というのが映画なるものの良いところ。

さてではしかし、史劇としての極みといえばやっぱりキリスト物。となればこれも名匠ジョージ・スティーブンスによる超大作『偉大な生涯の物語』（65）がありますな。『大いなる西部』と同じ頃やはり西部歴史劇大作『ジャイアンツ』（56）を作り、ハリウッドの巨匠同士としてワイラーと張り合ったスティーブンスとしては、これぞ『ベン・ハー』を超えるハリウッド史劇の代表作としての栄光を狙ったに違いない渾身の一作で、ヨハネにはもうハリウッド史劇には欠かせぬチャールトン・ヘストンを据え、しかしそれ故に、え?! ヘストン出てたっけというくらいもう印象には残らず、イエス役がマックス・フォン・シドーとは良く考えたキャスティングだが、他はホセ・ファーラーにヴァン・ヘフリン、テリー・サバラスにデヴィッド・マッカラムからサル・ミネオ、とうとうパット・ブーンまで（新旧ハリウッドスターがもう闇雲に混在して訳が分かりませぬ）顔を出すかと思いきや、突然黒人名優のシドニー・ポワチエが、更には癌から生還したばかりの西部劇の巨人ジョン・ウェインまでが登場するという焼糞のようなごった煮のハリウッド大作で、ちょっとこれ、もう一度見直してみなきゃ何とも言えんという印象でありましたね。キリスト物と言えば更には『キング・オブ・キングス』（61）が監督はニコラス・レイにナレーションがオーソン・ウェルズ。なになに?! と身を乗り出すも、おいおい、キリスト様がジェフリー・ハンター?! なんて、もうまったく愉快なるハリウッド流史劇映画作りではありますな。いやいや敗戦国のこちらだって、明治天皇にはアラカンさんだ。はははは、映画って、ほんと、オモシロイね。他に何かあった?! まあ思いつかぬならそれも良いか。近年のCGデジタル史劇はニュアンスが全く違うからここでは触れず、昔むかしの懐かしき、汗だくだくのフィルム時代のハリウッド史劇物語として、南北戦争も含めた近年の戦争物や本場イタリア物も、そうそう後にかの大チャールトン・ヘストン氏が自ら脚本・監督・主演までした（この人はこういうキャリアを重ねて、とどのつまりは米国ガン＝銃協会の会長として生涯を終えられましたね）シェークスピア原作の超大作『アントニーとクレオパトラ』(72)などもまあここではカンベンして貰って、これでジ・エンド。あの頃はいまではお馴染みのそれに続く長ーいエンドロールのタイトルシーンなどはありませんでしたね。潔く、さっと、お終い?! でも実はなく、僕らが退場し、映画館が空になるまで浪々と、オーケストラによる荘重な音楽が流れ続けておりました。ああ日本は、こういう映画を作った国に、戦争で敗けたのでありました、そう考えつつ、あの絢爛豪華な映画館のスクリーンを、天高く見上げていた、ってのが、僕のハリウッド史劇映画、鑑賞体験でありましたね。……

元テレビプロデューサー
1944年生

中村征夫

サムソンとデリラ……1949／米
脚本＝ジェシー・L・ラスキー・Jr、フレドリック・M・フランク
監督＝セシル・B・デミル

ヴァイキング……1958／米
脚本＝カルダー・ウィリンガム、デイル・ワッサーマン
監督＝リチャード・フライシャー

黒いチューリップ……1964／仏、伊、スペイン
脚本＝ポール・アンドレオータ、クリスチャン＝ジャック、アンリ・ジャンソン
監督＝クリスチャン＝ジャック

戦争と平和……1965～67／ソ連
脚本＝セルゲーイ・ボンダルチューク、ワシーリー・ソロヴィヨフ
監督＝セルゲーイ・ボンダルチューク

ラ・マンチャの男……1972／伊
脚本＝デイル・ワッサーマン
監督＝アーサー・ヒラー

4月上旬の土曜日の昼下がり、八重洲ブックセンターの8階で「スクリプターはストリッパーではありません」（白鳥あかね著）を購入。地下鉄の中でパラパラ読みだしたら止まらず、帰宅してソファーに横になり酒も飲まず夕食もせず夜半までに一気に読み切ってしまった。映画関係の書籍で一気読みは「昭和の劇　映画脚本家　笠原和夫」以来だ。冒頭びっくりしたのは白鳥さんが数年前に復刊された「革命伝説　大逆事件　全四巻」の著者神崎清氏の娘さんだったこと。これは只者ではないと襟を正して読み進んだ。

過去に日活関係の本は「日活ロマンポルノ全史」（松島利行著）「小林旭読本」（小林信彦・大瀧詠一編集）「日活アクション無頼帖」（山崎忠昭著）「RURIKO」（林真理子著）「ロマンポルノと実録やくざ映画」（樋口尚文著）「永遠のマイトガイ」（小林旭著）「不器用なもんで。」（金子達仁著）「ロマンポルノの時代」（寺脇研著）「日活　昭和青春記」（松本平著）「わが人生わが日活ロマンポルノ」（小沼勝著）「シシド　小説・日活撮影所　上下」（宍戸錠著）と読んできたが、この白鳥本は日活関係

に留まらず日本映画関係書籍の白眉だ。編年史で語られる撮影所、撮影現場でのエピソード、裏話、秘話が圧倒的におもしろく新発見に満ちてまさに全篇宝の山だ。これは企画編集・インタビュアーも兼ねた高崎俊夫氏の的確で詳細にこだわった仕事ぶりも大きなポイントになっていると思う。

中でも驚いたのは白鳥さんがスクリプターを務めた「渡り鳥」シリーズの斎藤武市監督に対する考察だ。「斎藤さんは、決して口にはしなかったけど、小津先生に見せても恥ずかしくない映画を撮ろうと思っていたんじゃないでしょうか」。周知のように松竹時代の斎藤の師は小津安二郎だった。池田敏春の章は凄まじく、荒井晴彦の『身も心も』の現場で荒井に「朝スタッフに会ったら〝お早う〟と言いなさい」という件は笑ってしまう。日活撮影所の輪廻から出発して厖大な日本映画界相関図の中で白鳥さんの存在はまぎれもなく日本映画界の肝っ玉おっ母であると思った。

さて今回の史劇だが映画月刊誌『映画の友』や『スクリーン』全盛期にはコスチュームプレイと呼ばれていた。正統派の大作として『ユリシーズ』(54)『十戒』(56)『ベン・ハー』(59)『クレオパトラ』(63)『スパルタカス』(60)等々で背景は古代ローマ帝国やキリストである。異端派史劇では『アレクサンドル・ネフスキー』(38)『エレクトラ』(63)コザック軍団を描いた『隊長ブーリバ』(62)『ソドムの市』(75)『アポロンの地獄』(67)『王女メディア』(69)等。他に『ソロモンとシバの女王』(59)『トロイのヘレン』(56)『狂乱のボルジア家』(59)等が頭をよぎる。今回は僕なりのコスチュームプレイの映画として選出してみた。

『サムソンとデリラ』は昭和27年に公開された。小学校2年だった僕らはもっぱらターザン映画や西部劇ばかりだったので、巨大な石の神殿を破壊するサムソンの怪力ぶりやライオンとの格闘シーンの迫力は新鮮な驚きだった。新宿にあった小学校の僕らのクラスでもこの映画は話の中心で筋肉モリモリのサムソンを演じるヴィクター・マチュアに人気が集まった。その頃、僕らは『荒野の決闘』(46)のヴィクター・マチュアをまだ見ていなかったし『サムソンとデリラ』の製作監督のセシル・B・デミルが「赤狩り」の有力な協力者だったことも知らない時代だった。

『ヴァイキング』は昭和33年中学2年の秋、有楽座で見ている。変格コスチュームプレイのスペクタクル活劇だ。舞台は9世紀、日本の平安時代前半、北欧の海賊が大国に反抗し、粗野で力強く本能的に生きている様がよく描かれていてイングランド＝正規軍対北欧の海賊＝ゲリラの構図が判りやすい。北欧フィヨルド海岸を根城にする海賊の生活ぶりや当時としては珍しい北欧の風景が目新しく、海賊達が木造船で正規軍の艦船を襲撃する海戦シーンもとても斬新に感じられた。平成4年、デンマーク、ノルウェー、スウェーデンと旅した時、場所は忘れてしまったがこの映画の木造の海賊船が海辺の街の資料館のような感じで保存されていて懐かしく見学したことが思い出される。イングランドの王妃を演じるジャネット・リーが清楚の中に崩れた色気を見せてくれる。この崩れたエロチックさが後年『サイコ』(60)で華開く。この崩れた色気は微妙で他にはフランスのギャング映画などで人妻役やOL役のエステラ・ブランやイタリアのアントネラ・ルアルディなどがこの雰囲気を持っている。

子供の頃から『モンテ・クリスト伯』『三銃士』『ロビン・フッド』といった西洋チャンバラが好きで、その流れでアラン・ドロン主演の『黒いチューリップ』(64)を入れてみた。東京オリンピックの年の春、70ミリ映画として公開された。亡命をはかる貴族達を襲う〝黒いチューリップ〟と呼ばれた義盗のような話でフランス革命前夜から始まり革命の真最中に恋物語で終わる。黒いアイマスクをしたアラン・ドロンは恰好よく、相手役のビルナ・リージは全身これフェロモンといった様で楽しませてくれる。更に革命と西洋チャンバラ、パーツとしては極めて僕の好みに合った映画だが、映画全体の出来はあまり良くないのだ。

お金も時間も人も使いたいだけ使って国策映画を作るとこんな映画ができるのだと思い朝から夜まで新橋のヘラルド映画の試写室でソ連版『戦争と平和』を見ていた。厖大な長さのこの映画を4時間ぐらいにしてリバイバル公開しようとの企画が持ち上がった時だった。この時期が何時だったのか全く記憶と記録がないのだが1970年代の後半だったと思う。

試写室に朝集合したのは監修役の映画評論家荻昌弘さんと編集に関して意見を言う我々二人。ヘラルドの担当は筈見有弘さんだった。うまい弁当やサンドイッチ、小川軒の洋菓子にコーヒーを飲みながら途中打ち合せしつつ夜までの大試写会だった。以前、アメリカ版キング・ヴィダーの『戦争と平和』(56)は見ていたがソ連版『戦争と平和』はこの時が初見だった。トルストイの原作は高校の時チャレンジしたが2日目に挫折した思いがある。

ソ連版『戦争と平和』はアメリカ版に比べたら月とスッポン以上の超大作だ。モスクワの街が激しく燃えあがるシーン、ナポレオン軍が冬将軍に埋めつくされるシーン、全篇が重厚な映像美だ。撮影だけで7年、製作費は今の価格でアバウト900億円ぐらい。ソ連軍兵士などのエキストラ12万人。戦闘シーンでは大画面の隅々まで豆粒のような人や馬が動き硝煙が上っている。こんなのアリかよとただ呆然と最後まで見てしまった。

この大作のヒロイン、リュドミラ・サベリーエワとこの前後だったと思うが、やはりヘラルド映画の応接室のような小さな部屋に30分位一緒に居たことがある。『ひまわり』の公開の頃だったと思う。『戦争と平和』から数年たちあの清楚な感じからロシアの大人の女になった感じで肩幅も背中も広く、健康的に太い脚に茶色のブーツを履いていた。首や腕には産毛がかなり生えていてハナの下の産毛が目立つなと思った。でもしびれるような美しさだった。

1960年代、ブロードウェイで大ロングランを続けたヒットミュージカルで日本でも9代目松本幸四郎が演じたミュージカル「ラ・マンチャの男」の映画版。今回のテーマには場違いの作品だが、中世スペインを舞台にしたとにかく気持ちのいいコスチュームプレイの映画。劇中劇で演じられるドン・キホーテとサンチョ・パンサの痛快武勇伝が軽快なミュージカル・ナンバーに乗る。「ラ・マンチャの男~われこそはドン・キホーテ」「ドルシネア」「見果てぬ夢」のナンバーが心地良い。また、ピーター・オトゥール、ジェームズ・ココ、ソフィア・ローレンの異色顔合せの息がとても合っている。僕はそれまでミュージカル映画を喰わずギライだったが『ラ・マンチャの男』『屋根の上のバイオリン弾き』ですっかりミュージカルファンになってしまったと云うことで5本の中の1本に選出した次第。

激評家
1944年生

浦崎浩實

クォ・ヴァディス……1951／米
脚本＝ジョン・リー・メイヒン、S・N・バーマン、ソニア・レヴィン
監督＝マーヴィン・ルロイ

トロイのヘレン……1956／米
脚本＝ジョン・ツヴィスト
監督＝ロバート・ワイズ

カルタゴの女奴隷……1957／伊
脚本＝フランチェスコ・デ・フェオ、マリオ・グエルラ、ニコラ・マンザーリ、フランチェスコ・テルンク、グイド・ブリニョーネ
監督＝グイド・ブリニョーネ

ポンペイ最後の日……1960／伊、スペイン、モナコ、西独
脚本＝エンニオ・デ・コンチーニ、セルジオ・レオーネ、ドゥッチョ・テッサリ、セルジオ・コルブッチ
監督＝マリオ・ボンナルド

サテリコン……1969／伊
脚本＝フェデリコ・フェリーニ、ベルナルディーノ・ザッポーニ
監督＝フェデリコ・フェリーニ

『クォ・ヴァディス』はジャンル的には宗教劇（本誌が35に細分した〝映画ジャンル表〟にはないが）に近いのかもしれない。『十戒』（56）など私見では史劇に当てはまらないのでは、と思うのも、海が割れるなどの〝奇跡〟が起こるからで、仮にも史劇と言うからには、史〝実〟であることを基本にして貰わねば、と。

そう言いつつも、有史前もまた史劇の対象で、神話上の人物も主人公になるし、（有史上の）架空の主人公だって〝史劇〟では活躍するわけだから、右の〝基本〟はたちまち破綻してしまう。

史劇をコスチュームもの、と解すればいいかもしれないのだが、これもある種の矛盾（？）に突き当たる。（イタリア）史劇のヒーローはなぜ、上半身の露出を競い、太もももギ

リギリ付け根近くまで見せたがるのか？

これは〝コスチューム〟の否定、コスチュームに対する蔑視（笑）ではないのだろうか？ コスチュームは文化的洗練の産物だろうが、史劇映画は洗練を忌避し、バーバリズムと言って悪ければ、プリミティヴな身体信仰に準拠しているのでは、と。

アメリカ出身でイタリア製史劇の大スターだったスティーヴ・リーヴス（『ポンペイ最後の日』他）に代表されるように、彼ら史劇のヒーローはむき出しを好む。いわばその反近代的身体（？）が史劇に相応しいのだとしたら、そして女優たちもそれに釣り合いをとるべく色香露出ぎみになるのだとしたら、史劇とは〝肢劇〟なのか？

さて、『クォ・ヴァディス』だが、イエスが業病の人の顔に触れるやたちまち治癒するといった史劇にあるまじき〝奇跡〟シーンもあったかも。学校からの団体見学映画だったのです。別に神学校でもない、イナカの普通の小学校だったのに。ラスト、道に突き立てた杖から葉が出て花が咲き、という奇跡シーンで終わったことくらいしか記憶になく、タイトルが〝何処へ〟の意と知ったのもずっと後年。

『トロイのヘレン』はロッサナ・ポデスタの思い出に。史劇の女優は男優に比し影が薄いが、エキゾチックな美貌が多かったのでは？ ハリウッド映画だが、チネチッタで撮った由。

『カルタゴの女奴隷』。新東宝映画か、と思うような扇情的タイトルだが、想像を逞しくするのは観客（予定者）の勝手で、とりあえず内容の事実に沿ったタイトル（原題も）です。健康的な（勧善懲悪の）史劇だったはず。眼の吊り上がった妖化ジャンナ・マリア・カナーレはひと頃、日本でもファンを得ていたはずだが、消息をネットで確かめれば（またしても！）、09年2月13日に亡くなっているのですね。ヒーローのホルヘ・ミストラルはスペイン出身らしいが、スペインやメキシコで立派な映画キャリアを作っているのも今回、知った。拳銃自殺を遂げているのが傷ましい。

『ポンペイ最後の日』の監督クレジットはマリオ・ボンナルド（ボナール）だが、病気で途中降板し、助監督で脚本の一人だったセルジオ・レオーネが代行した、と二階堂卓也著「マカロニアクション大全　剣と拳銃の鎮魂曲」（増補改訂版、洋泉社２００５年刊）、他にある。ラストの、噴火で逃げ惑うモブシーンの延々たる描写は、〝ライヴ〟として今日の大作に身劣りしないのではないか。因みに本作はキネ旬データベースで日本未公開と記されているが、むろん、公開されております。

『サテリコン』は、イタリアにコテコテの史劇の下地あればこそ生まれた秀作、と受け止めても、そう見当外れではないのでは、と思う。『ポンペイ』（14）『ザ・ヘラクレス』（14）『３００　帝国の進撃』（14）など新作史劇が公開中、公開待機中だが、このアンケートを記しながら興味をそそられてきた次第。

〔追記〕レニー・ハーリン監督『ザ・ヘラクレス』は望外の作品でした。終盤のヘラクレスの怪力シーンも見応えがあるが、主人公の環境設定がギリシャ悲劇の運命劇にも似て、いい。もはや史劇ではなく、家庭劇なれども。脚本＝ショーン・フッド、ダニエル・ジアト。

映画感想家
1975年生

千浦僚

レーニンの三つの歌……1934／ソ連
脚本・監督＝ジガ・ヴェルトフ

秘密指令（恐怖時代）……1949／米
脚本＝フィリップ・ヨーダン、イーニアス・マッケンジー
監督＝アンソニー・マン

エル・シド……1961／米
脚本＝フレドリック・M・フランク、フィリップ・ヨーダン
監督＝アンソニー・マン

偉大なるムガル帝国……1960（パートカラー版）2004（フルカラー版）／印
脚本＝アマン、カマル・アムロヒ、K・アシフ、ワジャハット・ミルザ、エーサン・リズヴィ
監督＝K・アシフ

アギーレ 神の怒り……1972／西独
脚本・監督＝ヴェルナー・ヘルツォーク

キリストが出てくるものは信じませんよ。どこまでフィクションだか。キリスト、そして聖書ネタというものを（自分内で）解禁にするなら『ソドムとゴモラ』（62）『キング・オブ・キングス』（61）『奇跡の丘』（64）、あと原作小説があるわけですが『バラバ』（61）など挙げちゃうでしょうがそれってキリスト教という巨大なフィクションじゃないか……。まあ、まさに歴史・イコール・ストーリーだと思います。でも『300 スリーハンドレッド 帝国の進撃』（14、多分担当好戦的な国策性も混入しているだろうが、テルモピュライの隘路を字義通りに観られた快感）や『レッド・クリフ』（08、横山光輝マンガとゲームで三国志の世界設定がデフォルトになってる世代、ゆえに実写で観られた金城武孔明のナイーヴさ、トニー・レオン周瑜の雰囲気をいちゃもんつけたり、堪能したり、結構楽しんだ世代）だのにわくわくする自分もいて。

『アギーレ』は……西欧というものの正体見たり、という妄想的バイオレンスさが最高。

あと、奇しくもハリウッド製史劇がなんでなんでもかんでも英語喋っとる、というボケをデフォルトでかましていることへの批評であるかのような（絶対それを意図してではなく、しょうがない、という開き直りだろうが）スペイン人探検隊をドイツの役者陣が演じてドイツ語喋っているという状態（あと、自分はおバカ劣等中退学生ながらスペイン語と特に中南米専攻であり、ラス・カサス『インディアスの破壊についての簡潔な報告』とかティトゥ・クシ・ユパンギ『インカの反乱』みたいなものはひととおり読んでおり、その訳者で研究者の染田秀藤教授の授業も受けていて、かつて、そしていまだに関心とかなんやかやあります。ウカマウ集団とか、気になりまくり）。

『偉大なるムガル帝国』16世紀インド、ムガル朝第3代皇帝アクバルの、実子サリームとの不和について、そこにアナルカリという美女がからんでいたという話に基づいてつくられた超大作、大ヒットロングラン作品で、当然キンキラキンのミュージカルでド・メロドラマなのだが、しかし冒頭、ナンのかたまりのようなものが写って重々しく「……わたしはインド……」とモノローグするオープニング、インド亜大陸自身の回想かい！　ということに驚愕する。

さて。学生時代スペイン語学科だったと先述したがそういう専攻の仕方をするとスペイン文学史みたいなものもれなくついてきて、そこで学ぶのはスペイン最古の文学作品とはレコンキスタにおける英雄エル・シッドをうたった武勲誌、叙事詩「わがシッドの歌」だということ。その映画版が『エル・シッド』。んなもん読まされるまえにテレビかビデオでぼやーんと観ていた映画でしたがそうやって見直して、なんか印象強まりました。だいたいハリウッド製史劇、ロバート・ロッセンの『アレキサンダー大王』（56）、マン『ローマ帝国の滅亡』（64）、ニコラス・レイ『北京の55日』（63）とか（エドガー・ウルマー『ハンニバル』〈60〉なんてのもあるがあれはイタリア製か。まあ同じようなものですが）は歴史なきアメリカがその侵略、征服、帝国の興亡に憧れ、アイデンティファイし、自己投影しようかというイベントであり（常に英語で演じられるという確信犯的な歴史考証無視）、しかし監督たちは苦々しくあるいははぐらかしてつくっているような。『エル・シッド』は完全にツンデレ夫婦（ソフィア・ローレンがいい）の恋愛メロドラマにしちゃっているところが面白い（ロッセン

『アレキサンダー大王』は若き日のアレキサンダーやマケドニア人〈彼らの精神的指導者はアリストテレスである〉が、俺らは文化が進んでいるし強いんだから他を征服して当たり前だ、と考えていることを妙に皮肉に捉えているようにもみえて面白いが、映画自体はゆるい)。

『恐怖時代』はフランス革命時の恐怖政治を完全に普通のアメリカ映画の文法で描いた映画。ロベスピエールやジョセフ・フーシェがフィルムノワールと同じ描き方で描写されうるということに感動する。『レーニンの三つ歌』は、その本気度がすごい。あと、キリストよりはレーニンを信じたい。追悼映画の世界最高峰のマジさ……。

史劇の定義は、史実に題材を求めた劇、ということだそうだが、そこに刺激的な認識も欲しい。あるいはすべての歴史はすでに改変、脚色されているとも思う。テオ・アンゲロプロスの『アレクサンダー大王』(80)やジョン・ヒューストンの(というかキプリングの)『王になろうとした男』(75)で不意に浮上するアレキサンダー大王の名や、ゴダールの映画にさしはさまれる寸劇、ファスビンダー『ニクラスハウゼンの旅』(70)、「天皇の世紀」(大仏次郎)などに演じ直される、語り直されるゆえの刺激的な史劇性を感じます。以上です。

映画評論家
1955年生

川口敦子

史劇映画といえばまずと、浮かんできたのは中1の時、リバイバル上映中のテアトル東京で見た『ベン・ハー』(59)の名前。実は映画教室として学校をあげ繰り出して級友たちと共に対峙したあの超大作、集合的体験としての強烈さでも〝私の映画史〟上に残る一作だ。何しろ多感な中学生、しかも女子校、要は暴走しがちなティーン女子集団だ。熱い友情で結ばれた親友同士が宿敵となり、あまりに名高い競技場での死闘を繰り広げる頃には黄色い悲鳴と声援とが劇場に響き渡り『アナと雪の女王』の大合唱どころではない一体感の中で映画に巻き込まれていた。やがて十字架を負ったキリストの奇跡が不治の病を癒し引き裂かれていた家族をひとつにし――と大団円を迎えると、やっぱりイエス様はすごいと（すごくて怖いのは宗教教育の威力の方だと振り返る身の今は思えるが）、乙女たちは殆んどヒステリー状態で号泣、トイレへと駆け込むは、口々に感想を喚き散らすはで、同じ回に居合わせた観客の皆様には傍迷惑もいいところ。だが、みんなで見る映画の力のことを思う時、妙に励まされる記憶の中のひとこまとなっている。というわけで確かに感傷的な選択だが、たまには素直にとリストの最初に『ベン・ハー』の名を記そうとしたらいきなり家の者から待ったの声がかかった。

「だって史実じゃないじゃない。ローマ帝国の圧政下って時代設定はあるとしてもベン・ハーって人がいたわけじゃないでしょ、キリストだって実在したかどうだか」云々。伝記映画でもドキュメンタリーでもなく史劇映画が今回のジャンルなのだからと抵抗しつつ辞書を引くと史劇とは「史実に取材した」「歴史に題材を求めた」「歴史上の人物や事件に取材した」劇やドラマ等々とあって俄かに不安、いっきに弱気になってくる。そうなると、50年代半ばごろからチネチッタで撮られたようなハリウッドの大作、いわゆるスペクタクル巨編を史劇の代表とみなし、大いなる無駄の代名詞的ジャンルとしてのリストをとせっかく立てた選択案もぐらぐら、がらがら、それこそ『ピラミッド』(55)みたいに崩れ落ちる。といってグリフィス『イントレランス』(16)に『國民の創生』(15)、エイゼンシュタイン『戦艦ポチョムキン』(25)等々、ましてジョヴァンニ・パストローネ『カビリア』(14)となれば〝私の〟と語れるまでに親しんではいない。だったらこの際、とことん自分に引きつけて歴史を今に感覚させる映画のリストにしてしまえ――と、選んでみたのが今回の5本だ。

クリストファー・マーロウの戯曲をアートスクールの学生気分満載で料理したデレク・ジャーマンの『エドワードII』は、アナクロニズムを断行する映画の意匠を優雅でパンクなサンディ・パウエルの衣裳が支え文字通りの〝コスチューム〟プレイとしてのスリルを浮上させる。

聖母マリアもキリストも日常と地続きの世界にすっくと立っているのに、真正面からのその顔を切り取るモノクロの映像の神々しい簡素さが彼らを聖画へと帰り着かせるパゾリーニ初期の快作『奇跡の丘』。そこにも息づくふるふるとした現在形の歴史。

ヒットラー、ヒロヒト(を軸にした『太陽』〈05〉を選んだら既に戦争映画篇でリストアップしていた)と20世紀の権力者を日常の些事の中でみつめるソクーロフの連作、『牡牛座』は病で第一線を退いた革命の父レーニンの1922年夏の日を切り取る。時の刻みが微かに響き、凡人の日々の儀式が列なる。入浴、午睡、食事。スターリンの来訪もまた些事に埋没する。大きな時の中のささやかすぎる個の営み。車椅子で鼻唄をうたい、微笑み、妻を呼ぶレーニンの言葉にならない呻きに霧の向こうの牡牛が答える。絶対無二の瞬間の白々しさを真正に掬って映画はそこに歴史を問う。静かな意欲作が縁取るのも現在にこそ脈打つ歴史のドラマだろう。

30年前の内戦で死んだパルチザンのまだ血が温かい遺体を起点に、現在に透けて見える過去をしぶとく見すえるアンゲロプロスの『狩人』。清朝末期、遊郭の閉ざされた時空にこもり切ることでゆっくりと崩れ落ちていく外界、国の末路を映しとる侯孝賢『フラワーズ・オブ・シャンハイ』。常に歴史を、政治を視界に入れたふたりの監督のそれぞれの映画の歩みの中で、内から外を突く優雅な一撃の冴えで結ばれた2本の力作もぜひリストに加えておきたかった。

ちなみにイタリア現代史と向き合うマルコ・トゥリオ・ジョルダーナ監督の『フォンターナ広場 イタリアの陰謀』(12)、そのエンディングにそっと置かれた68年のヒット曲「雨と涙」(Rain & Tears)、それを歌ったアフロディテス・チャイルドのリーダー格ヴァンゲリスが、軍事政権誕生前のギリシャで所属していたバンドを素材にアンゲロプロスは未完に終わった幻の長編デビュー作を撮っていた。「雨と涙」はまた侯の『百年恋歌』(05)第1話を切なく彩りもしている。調べの甘さを裏切る68年の歌の詞の苦い洞察に目をとめると、革命の季節の終わりに生まれた1曲を仲立ちにして、世界を変える映画を信じ、歴史を、政治を常に胸に置くアンゲロプロスと侯とが思いがけなく近い存在と感じられ、今を生きる彼らの史劇映画がいっそう懐かしく思えてくる。

映画評論家
1950年生

宇田川幸洋

カビリア……１９１４／伊
脚本・監督＝ジョヴァンニ・パストローネ

イントレランス……１９１６／米
脚本・監督＝デヴィッド・W・グリフィス

孔夫子……１９４０／中国
脚本・監督＝フェイ・ムー（費穆）

ピラミッド……１９５５／米
脚本＝ウィリアム・フォークナー、ハリー・カーニッツ、ハロルド・J・ブルーム
監督＝ハワード・ホークス

スパルタカス……１９６０／米
脚本＝ダルトン・トランボ
監督＝スタンリー・キューブリック

今回のお題の「史劇」は、けっこうタイムリーな企画といえる。なぜか近年、そのジャンルのものといえる映画が、ふえているからだ。これをかいている現代も『３００　帝国の進撃』（14）と『ポンペイ』（14）『神聖ローマ、運命の日』（14）それにこれもいれてよければ『ノア　約束の舟』（14）が公開中である。

このジャンルは、長いことつくられず、『グラディエーター』（00）『トロイ』（04）のあたりで、復活かと思われたが、そのときはそうでもなかった。テレビ・シリーズの「ローマ」（05〜07）や「スパルタカス」（10）の成功が影響しているのか。

１９５０年生まれのぼくが、「史劇」ということばをおぼえたのは『ベン・ハー』（59）に代表される「70ミリ超大作」の時代のことである。「スペクタクル史劇」だったか「史劇スペクタクル」だったか、どっちがつかわれていたのか、とにかく「史劇」と「スペクタクル」は切っても切れない関係にあった。

そのときの刷りこみがつよいので、いまでも「史劇」というジャンルには、重厚長大、わるくいえば鈍重のイメージがついてまわる。『グラディエーター』や『トロイ』は、その感じをひきついでいた。最近のはちがうみたいだが、まだ見ていない（これをかくまえに見ようと思ってたが、間にあわなかった）。

「史劇」は、名前の額面どおりの解釈で歴史に材をとった劇、とするのは当をえていないようだ。だいたい「歴史」って、どこまでを言うのか。聖書ものは、歴史なのか。

英語でepic（叙事詩、史詩）というのが近いのかなとも思うが、しかし、そんなにむかしのはなしではなくても、壮大であればepicと言ってしまい、結局、「超大作」と同じ意味のようだ。どうもよくわからない。いっそ、「ローマ時代が題材」とか「古代のはなし」と限定したほうが、思いうかべるイメージに近くなるようだ。

１９０５年に映画製作を開始したイタリアは、史劇で世界の評判をとったようで、『ポンペイ最後の日』（１９０８）『トロヤの陥落』(11)『クォ・ヴァディス』(12)『アントニーとクレオパトラ』(13)等、のちのち史劇の題材となるものを、すでにやっている（「欧米映画史　下巻」の飯島正「イタリア映画史」の項による）。

当時のもので、唯一『カビリア』(14)だけ、数年まえのイタリア映画祭で上映されたので見ている。朝日ホールのいちばんうしろのほうだったので、ケータイで見るように画面が小さかったが、しかし、おもしろかった。スケールはそれなりに大きいのだが、重厚長大、鈍重ではない活劇だった。「なんだ〝ペプラム〟じゃないか」と、ぼくはよろこんだ。

ペプラムというのは、マカロニ・ウエスタンが流行するまえのイタリア・アクション映画の主ジャンルだった、ローマ時代を背景にした、筋肉隆々の男たちが活躍したプログラム・ピクチャー。

「広辞苑」で「ペプラム」をひくと、「上着・胴着・ブラウスなどのウエストから下の、フレアーやギャザーを入れた短い切換え部分。」とある。つまり、主に婦人服の「ヒラヒラ」である。裸の男たちの腰のまわりのヒラヒラを、そう見立てて、からかい半分にヨーロッパで言ったらしい。

でも、まったく重厚長大さのない、あのジャンルには「史劇」は似合わず（「軽史劇」とでもよびたいが）、エピックではないし、「ペプラム」とよぶのは、熱心なファンはおこるかも知れないが、おもしろいよびかただ。

ペプラムもので、ぼくも見て、おぼえているものに『鉄腕マチステ』〈63〉があり、これはジュリアーノ・ジェンマが出演していたことでも、あとで有名になったが、マチステというヒーローは、このジャンルにしばしば登場した。マカロニ・ウエスタンの「ジャンゴ」みたいなものか。

そのマチステものの元祖が『カビリア』なのである。お姫さまを救出するというはなしも、のちの『鉄腕マチステ』といっしょ。全然たのしい活劇なのだった。

飯島正は「『カビリア』はイタリア史劇映画の最高峰であった。これをアメリカで見たデイヴィッド・ワーク・グリフィスが超大作『イントレランス』（1916）をつくる気になったという有名な話がある」とする。

こ映画史的事実から、格調高い大作のたぐいを想像してしまっていたぼくは、なんだペプラムか、とズッコケ、大いによろこんだのだった。最初期の「史劇」は、かたくるしいものではなかった、ということは、この1本から推測できる。

グリフィスの『イントレランス』バビロン篇も、山の娘（コンスタンス・タルマッジ）のお転婆な活躍などは、かろやかでたのしいが、有名な宮殿の壮大なオープン・セット（そのなかの象の像をつくるために、イタリア人の職人兄弟がアメリカに渡る、というのがタヴィアーニ兄弟の『グッドモーニング・バビロン！』〈87〉だった）、城壁を車輪つきの移動式やぐらで攻め落とそうとする戦闘シーンなどの空前のスペクタクルは、どうしても重厚長大な描写になってしまう。スケールを売りものにする「史劇」のジャンル独特の感触というものは、このあたりにはじまっているのではあるまいか。

「史劇」の「史」の部分を重視する行きかたもある。

『孔夫子』は、中国映画史上のベスト・ワンとしてよくあげられる『田舎町の春（小城之春）』（48）のフェイ・ムー（費穆）監督の作品で、近年プリントが発見され、修復がすすめられ、完全なかたちではないが2009年の香港国際映画祭で上映された。

中国映画で孔子をえがいたものは希少で、これがはじめてともいわれる。奇しくも同じ09年に、いわゆる〈第5世代〉の女性監督フー・メイ（胡玫）が、チョウ・ユンファ（周潤発）主演で『孔子の教え（孔子）』（10）を撮った。そのクランクインと『孔夫子』の映画祭での公開はほぼ同じころだった。

『孔夫子』のファースト・シーンは、棒に足をしばられた豚を、2人の男がかついで登場し、豚をほふった血を太鼓に塗りつける。そしてその太鼓を打ち鳴らす。古代の儀式の開始を感じさせる空気がみち、これにシビれた。パゾリーニが60年代にやったことを、20年以上まえにやっていたような感じさえした。スペクタクルではない史劇である。

『孔子の教え』のほうは、戦闘など、スペクタクル史劇の要素をうまくとりいれつつ、孔子の生きかたをえがいた。かつての70ミリ時代の史劇のありかたを知りつつ改良をくわえた感じ。

スペクタクルを知的に改良したという点では、ハワード・ホークス監督の『ピラミッド』のスマートさもわすれがたいものがある。

ところで、双葉十三郎『ぼくの採点表I』の『ピラミッド』の項を見たら、双葉さんは「古代スペクタクル」という用語をつかっていた。いわく「だいたい古代スペクタクルという奴はつまらんものであるが、これはまことに堂々たる規模で、面白い部類に入れていいだろう」。

「史劇」＝「古代スペクタクル」という式は、かなり正しいかも知れない。

ぼくの世代が、はじめに遭遇したころの史劇は『ベン・ハー』にしろ『十戒』（56）にしろ（両方とも60年代のリバイバルで見た）とにかく長いので、途中で眠ってしまった。そういうもので、眠らず、退屈もせずに見たのは『スパルタカス』（60）が最初だったと思う。自由ヶ丘映劇で『荒野の七人』（60）と2本立てで見たのをおぼえている。

ほかには、ロバート・アルドリッチ監督の『ソドムとゴモラ』(62)、ジャック・カーディフ監督の、これはちゃんと封切館(渋谷松竹)の70ミリ上映で見た『長い船団』(63)が、重々しくなく、ちょっとエロも(特に『ソドムとゴモラ』のロッサナ・ポデスタの衣装!)あって、おもしろかった。

考古学の進歩によって歴史ものは変わるだろう、とどなたかが言っていたが、そのとおりで、「史劇」は、CGの進歩もあるし、これからいろんな可能性がありそうだ。

映画監督
1939年生

足立正生

トロイのヘレン……1956／米
脚本＝ジョン・ツウィスト
監督＝ロバート・ワイズ

十戒……1956／米
脚本＝イーニアス・マッケンジー、ジェシー・L・ラスキー・Jr.、ジャック・ガリス、フレドリック・M・フランク
監督＝セシル・B・デミル

栄光への脱出……1960／米
脚本＝ダルトン・トランボ
監督＝オットー・プレミンジャー

アラビアのロレンス……1962／英
脚本＝ロバート・ボルト
監督＝デヴィッド・リーン

砂漠のライオン……1981／リビア、米、英
脚本＝ハリー・A・L・クレイグ
監督＝ムスタファ・アッカド

子供の頃、欧米の史劇映画を観ると、私は必ず頭痛に襲われて2、3日はぐったりした。つまり、童話や小説で読んで想い描いていた世界が、映画の中の実像では、実は全く異なる風土と社会のものであり、異物の存在を突き付けられる驚きと苦痛に苛まれたのだ。それでも、時には無理をして、多くの歴史ものを観た記憶がある。

ここに上げる5本は、観ても頭痛を伴わなかったものだし、そこで描かれる歴史世界に飛び入りし、わが身に照らしながら感銘を受けたものだ。

『トロイのヘレン』では、あの木馬作戦の史実の描き方にも感動したが、戦争の中で身を揉んで生きた悲劇の美女ヘレンを演じたロッサナ・ポディスタのセックスアピールの凄さに撃たれた。高校演劇をやっていた友人と一緒に、数回は観に行った。

『十戒』は、大好きだった聖書の説話の映画化だし、奇跡現象を映像合成技術で作り出しているというので、その凄さを観たくて、何

度か観た。

『栄光への脱出』は、勝てると思っていた60年安保闘争に負けた後、落ち込んでいる私を元気づけるつもりの友人が、『十戒』の焼き直し版だから必ず面白いはずと誘ってくれた。新世界を切り開く主人公の熱情に少し刺激され感動して、少しは明るい酒になった。

『アラビアのロレンス』を観る頃には、既に自主映画の製作を開始していたが、壮大な冒険ロマンだと思い込んで観に行き、新しいロレンスの人物像がリアルなタッチで描出されていること、植民地主義者・大英帝国の侵略への弁解がましい表現が一切なく、むしろ史実としての〝真実〟を告発追求する姿勢に感激して、映画の作り方や在り方を教えて貰った気になった。

そして、更に後年に観直してみると、『十戒』と『栄光への脱出』は史劇映画どころか、その監督がユダヤ教徒だとか、ハリウッド総体がユダヤ資本の株式会社みたいなことも影響していて、いわゆる映画の製作意図がシオニズムと言う植民地主義が作り上げた人工国家イスラエルの建国イデオロギー宣伝のためのキャンペーン映画だというのがありありと透けて見えた。

そう言えば、ナチスもスターリニズムも、自己宣伝のためのキャンペーンには必ず映画を使ったように、史劇映画の多くは、何がしかの自己主張を裏打ちするキャンペーン色が刷り込まれていると言える。映画の力はそのくらい影響力を発揮して来た歴史でもある。

私自身も、『赤-P』という人々の〝闘いの現実〟を訴える上映運動を実行した経験もある。そのキャンペーンがどれくらい効果を上げたのかは、今も不詳のままだが。

そんな思いの後で観た『砂漠のライオン』は、アラブ民族の解放闘争史にある英雄伝説を映画化したものだが、民族主義の排外的な主張は一切なく、民族主義のキャンペーン色を背景に押しやって、重厚な人間ドラマを描こうとする史劇映画に仕上がっていた。2回観たが、2度とも面白かった。

こうして、史劇映画を総覧的に考えてみると、それぞれの映画が作られた時代ごとの、独自の主張やキャ

LAWLENCE of ARABIA
DAVID LEAN FILM
これぞスペクタクル！
結末からはじまる
冒頭に一気に
引きこまれる。
ロレンスは英雄か？
悪い人か？
今観たい
1本！
ピーター・オトゥール
Peter O'toole

ンペーンが、その時代の証言を含んでいるものだということが浮かび上がる。それこそ、映画を作る側が歴史を捏造したり、当然のように適当に書き換えていることに気づく。だからこそ、自己主張で歴史を捏造することが政治だと誤解している今の権力と闘って、〝真実〟の側から現代史劇を作る必要が大いにある、とつくづく思う。

脚本家・本誌編集長
1947年生

荒井晴彦

トロイのヘレン……1956／米
脚本＝ジョン・ツウィスト
監督＝ロバート・ワイズ

十戒……1956／米
脚本＝イーニアス・マッケンジー、ジェシー・L・ラスキー・Jr、ジャック・ガリス、フレドリック・M・フランク
監督＝セシル・B・デミル

さらば美しき人……1971／伊
脚本＝ジュゼッペ・パトローニ・グリッフィ、アルフィオ・バルダルニーニ、カルロ・カライチオ
監督＝ジュゼッペ・パトローニ・グリッフィ

恋におちたシェイクスピア……1998／米
脚本＝マーク・ノーマン、トム・ストッパード
監督＝ジョン・マッデン

もうひとりのシェイクスピア……2011／英、独
脚本＝ジョン・オーロフ
監督＝ローランド・エメリッヒ

『トロイのヘレン』、父と母と弟、家族4人で見たように思う。トロイの王子パリスとスパルタの王妃ヘレンの恋がトロイ戦争を引き起こす。ひとりの女の奪い合いの戦争というのが小学生の俺の興味を引いた。傾城という言葉なんか知らなかった。そして、巨大な木馬からスパルタ兵が出てきて、トロイ陥落。ヒラヒラした薄いヘレンの衣装も刺激的だった。俺が史劇映画好きになったのは、この映画からではないだろうか。シェリーマンが発掘したトルコのヒサリクの丘の古代都市遺跡がトロイだという確証は無いという新聞記事を最近読んで、なんか、ちょっとがっかりした。

『十戒』は、もう、海が割れるとこ、それを見に行って、そこしか憶えていない。『ベン・ハー』(59)も戦車競争しか憶えてない。結局、史劇映画は大味というか、『スパルタカス』(60)みたいな「傾向」史劇映画は意外と少ないのではないか。セルジオ・レオーネのデビュー作だというので『ロード島の要

塞』をＤＶＤで見たが、巨大な像の要塞というだけで、話は面白くなかった。

で、史劇というよりコスチュームプレイということで『さらば美しき人』。大学の授業で、ジョン・フォードと聞いた時、映画監督しか知らなかった俺は、へぇとその作家の名前を憶えた。そのせいか、ジョン・フォードの『あわれ彼女は娼婦』が原作のこの映画を見たのだ。きれいな画面と、兄妹相姦の悲劇から殺戮の惨劇へ。しかし、美しい映画だった。いま、撮影はヴィットリオ・ストラーロと知って、そうだったのかと。音楽はエンニオ・モリコーネ。妹はシャーロット・ランプリングで初主演作とある。『愛の嵐』(75)を見た時に『さらば美しき人』の女優と気づかなかったのはなぜだろう。

『恋におちたシェイクスピア』は、シェイクスピアの現実の恋と劇中劇「ロミオとジュリエット」がシンクロしていくシナリオの構造が見事だった。澤井信一郎が、トム・ストッパードは『Ｗの悲劇』を見たんじゃないかと言っていた。まさかねえ。

『もうひとりのシェイクスピア』は、ローランド・エメリッヒだから期待しないで見たが、拾い物だった。脚本がいいのだろう。オックスフォード伯エドワード・ヴィアがシェイクスピア劇の本当の作者で、ウィリアム・シェイクスピアはろくに読み書きもできない役者だったという設定で、エリザベス1世の王位継承問題が展開され、エリザベスとエドワードの秘められた愛、更にエドワードが若きエリザベスが初めて生んだ隠し子だったということ、母子相姦だったのだ。「ヴァージン・クイーン」だなんて、まさかと思っていたけれど。そして謀反の罪に問われ、処刑を待つサウサンプトン伯はエリザベスとエドワードとの間にできた子で、サウサンプトン伯を救うためにエドワードとエリザベスは再会する。いや、面白かった。この脚本、『恋におちたシェイクスピア』が公開されたためにオクラに入っていたらしい。

『神聖ローマ、運命の日〜オスマン帝国の進撃〜』は不愉快な映画だった。１６８３年オスマン帝国の大軍が神聖ローマ帝国皇帝の居城ウィーンを包囲するが、劣勢な兵力のヨーロッパ連合軍がオスマン軍を敗走させたという第2次ウィーン包囲を、イスラム教徒からヨーロッパを守ったキリスト教徒の戦争として、勝っ

Shakespeare in Love

恋におちた　シェイクスピア

シェイクスピアでなくとも
皆、恋におちた

Gwyneth Paltrow

グウィネス・パルトロー

たのはイスラム教よりキリスト教が優れているからだと宣伝している映画だった。本当に腹が立った。スバル座は、俺と同年配の客でいっぱいだったが、ひょっとして面白かったと思ってんじゃないだろうなと不安になった。「アラブが見た十字軍」（ちくま学芸文庫）という本に、「わが軍（十字軍）は殺したトルコ人やサラセン人ばかりでなく、犬も食べることをはばからなかった」「われらが同志たちはおとなの異教徒を鍋に入れて煮た上に、子どもたちを串焼きにしてむさぼりくらった」とある。

　イスラムも「テロ」ばっかりじゃなく、オイル・マネーで映画を作ったらいいのに。

レズニック、パトリシア
レデール、ブルーノ
レデラー、チャールズ
レドリン、ボブ
レネ、アラン
ロイ、ナンニ
ロウ、イエ
ローガン、ジョシュア
ローガン、ジョン
ローガン、ヘレン
ローグ、ニコラス
ロージー、ジョセフ
ローズ、ウィリアム
ローズ、ジャック
ローズ、レジナルド
ローズブルック、ジェブ
ローゼンバーグ、スチュアート
ローチ、アール・マック
ローチ、ケン
ローデンバッハ、ローラン
ロートン、チャールズ
ローブ、リンディ
ローラン、クリスティーヌ
ローレンス、ヴィンセント
ローレンス、マーク
ローレンツ、アーサー
ロジェ、ジャック
ロス、アーサー
ロス、ケネス
ロック、ソンドラ
ロッサ、ルイス
ロッセリーニ、ロベルト
ロッセン、ロバート
ロッドマン、ハワード
ロドリゲス、ロバート
ロバーツ、ジョナサン
ロバーツ、ベン
ロバーツ、マーガリット
ロバート・ロード
ロビンス、ティム
ロビンソン、フィル・アルデン
ロブソン、マーク
ロメール、エリック
ロメロ、ジョージ・A
ワーリッツァー、ルディ
ワイズ、ロバート
ワイダ、アンジェイ
ワイラー、ウイリアム
ワイルダー、ビリー
ワイルド、コーネル
ワグナー、ジョージ
ワッサーマン、デイル
ワトソン、キャロル
ワドマン、アネット
ワン、ウェイン
ワン、ティエンリン（王天林）

モンタルド、ジュリアーノ
モンテ、ピーター・デル
ヤウ、ナイホイ
ヤコペッティ、グァルティエロ
ヤネス、アグスティン・ディアス
ヤルヴェンバー、ヤッケ
ヤン、エドワード
ヤン、シュンチン
ヤング、コリアー
ヤング、テレンス
ユイッテルヘーヴェン、ピエール
ユイレ、ダニエル
ユー、ネリー・チン（秦亦孚）
ユーゴ、ロベール
ユスターシュ、ジャン
ユドフ、エール
ユン、コーリー
ヨーダン、フィリップ
ヨスト、グレアム
ヨスト、ドロシー
ラ・フレネ、イアン
ラードナー Jr.、リング
ラーナー、ジェレミー
ライ、ドナルド
ライ、ミンタン
ライアン、ウィリアム
ライアン、コーネリアス
ライシュ、ウォルター
ライス、カレル
ライゼン、ミッチェル
ライデル、マーク
ライト、エドガー
ライト、ジョー
ライトマン、ジェイソン
ライトン、ルイス・D
ライナー、ロブ
ライミ、サム
ラウ、ジェフ（劉鎮偉）
ラヴァーティ、ポール
ラヴェッチ、アーヴィング
ラウズ、ラッセル
ラグラヴェネーズ、リチャード
ラスキー Jr.、ジェシー・L
ラスコー、ジュディス
ラトゥアーダ、アルベルト
ラドニック、ポール
ラパー、アーヴィング
ラフェルソン、ボブ
ラム、リンゴ
ラモー、ハンス
ランカスター、ビル
ランキン、カイル
ラング、フリッツ
ランド、アイン
ランドン、ジョセフ
ランベール、ベルナール
リー、スパイク
リー、チーガイ（李志毅）
リー、ハンシャン（李翰祥）
リー、ピクワー（李碧華）
リー、リクチー
リーヴス、セオドア
リーズナー、ディーン
リード、キャロル
リード、ペイトン
リーフェンシュタール、レニ
リーン、デヴィッド
リヴェット、ジャック
リクター、W・D
リシャール、ジャン=ルイ
リシャール、ナタリー
リズヴィ、エーサン
リスキン、ロバート
リチャーズ、ディック
リチャーズ、ロバート・L
リチャードソン、ダグ
リチャードソン、トニー
リックマン、トーマス（トム）
リッチー、ガイ
リッチー、マイケル
リッチリン、モーリス
リッツァーニ、カルロ
リット、マーティン
リトル、ドワイト・H
リベーラ、ホセ
リベラキ、マルガリータ
リボー、フレドリック
リンクレイター、リチャード
リンチ、デヴィッド
リンドン、バリー
ルイス、ジョセフ・H
ルイド、アラン
ルーカス、ジョージ
ルート、リン
ルーポ、ミケーレ
ルーリー、ユージン
ルッソ、ジョン・A
ルドウィグ、エドワード
ルトフスキー、イエジー
ルドルフ、アラン
ルノワール、ジャン
ルピノ、アイダ
ルフィーニ、セルジョ
ルメット、シドニー
ルルーシュ、クロード
ルロイ、マーヴィン
レイ、アーデル
レイ、ニコラス
レイノルズ、ケヴィン
レイノルズ、バート
レイフィール、デヴィッド
レヴィ、ラウール
レヴィン、ソニア
レヴィンソン、バリー
レーブ、デヴィッド
レーマン、アーネスト
レーマン、マイケル
レオーネ、セルジオ
レオナード、ロバート・Z
レオン、パトリック
レシャンバック、フランソワ
レスター、リチャード

ボーゼージ、フランク
ポーチー、レオン
ホートン、ジェームズ・W
ホームズ、ジェフリー
ポール・ジェゴフ
ポール、エリオット
ボグダノヴィッチ、ピーター
ボゴモーロフ、ウラジーミル
ポスト、テッド
ボッコ、スティーヴン
ホッジス、マイク
ホッパー、デニス
ボディーン、ドゥウィット
ボニチェリ、ヴィットリオ
ボニツェール、パスカル
ホフマン、ジョセフ
ホラー、ダニエル
ポラック、シドニー
ポランスキー、ロマン
ホランド、サヴェージ・スティーヴ
ボリス、ロバート
ボルダーストン、ウィリアム
ボルダーストン、ジョン・L
ボルト、ロバート
ポロンスキー、エイブラハム
ボワーズ、ウィリアム
ボワイエ、フランソワ
ボワロン、ミシェル
ボンダルチューク、セルゲーイ
ポンテコルヴォ、ジッロ
ボンナルド、マリオ
マーカス、レイモンド・T
マークス、レオ
マークル、ピーター
マーシャル、ゲイリー
マーシャル、ジョージ
マーシャル、ペニー
マーティン、トロイ・ケネディ
マーティン、マーディック
マートン、アンドリュー
マーフィ、リチャード
マーロウ、デレク
マイウリ、アルディノ
マイナー、スティーヴ
マイルストン、ルイス
マクガイア、ウィリアム・アンソニー
マクティアナン、ジョン
マクドゥガル、ロナルド
マクニール、スティーヴ
マクノートン、ジョン
マクファーソン、ジャニー
マクブライド、ステファン
マクマートリー、ラリー
マザースキー、ポール
マシスン、リチャード
マシスン、リチャード・クリスチャン
マタン、クロード
マッカリ、ルッジェロ
マッギネス、ジェームズ・ケヴィン
マッケイ、ブライアン
マッケリー、レオ
マッケンジー、イーニアス
マッコイ、ホレス
マッデン、ジョン
マドー、ベン
マニラトナム
マフマルバフ、モフセン
マメット、デヴィッド
マリオン、フランセス
マリオン Jr.、ジョージ
マリガン、ロバート
マリック、テレンス
マル、ルイ
マルクス、フレデリック
マルケル、クリス
マルタン、ルイ
マルチーノ、ルチアーノ
マルツ、アルバート
マルティン、エウジェニオ
マン、アンソニー
マン、スタンリー
マン、デルバート
マン、マイケル
マンキーウィッツ、ジョセフ・L
マンキーウィッツ、ハーマン・J
マンザーリ、ニコラ
マンスフェルト、ミハエル
マンデル、ババルー
マンワリング、ダニエル
ミズナー、ウィルソン
ミネリ、ヴィンセント
ミューレイ、ジョン・クェントン
ミラー、J・P
ミラー、デヴィッド
ミラー、ハーマン
ミリアス、ジョン
ミルザ、ワジャハット
ミレール、アニー
ミレール、クロード
ムーア、ケニー
ムルナウ、F・W
メイ、フェン
メイズ、ウェンデル
メイソン、サラ・Y
メイヒン、ジョン・リー
メイブリー、ジョン
メイボーム、リチャード
メインウェアリング、ダニエル
メディオーリ、エンリコ
メルヴィル、ジャン=ピエール
メルソン、ジョン
モーティマー、ジョン
モストウ、ジョナサン
モスレー、ニコラス
モナシュ、ポール
モリナロ、エドゥアール
モルツ、アルバート
モロー、ダグラス
モンゴメリー、サム

ブラケット、リイ
ブラック、ノエル
ブラックマン、クライド
ブラッシュ、ジェラール
ブラッティ、ウィリアム・ピーター
ブラル、ジャック
ブランカーティ、ビタリアーノ
フランク、フレドリック・M
フランク、メルヴィン
フランク Jr.、ハリエット
フランクリン、ハワード
フランケンハイマー、ジョン
フランコ、ジェス
フランシス、フレディ
フランチ、アドルフォ
フランチオーザ、マッシモ
ブランド、マーロン
ブリース、ロバート
フリードキン、ウィリアム
フリードマン、ジェロルド
フリードマン、ジョシュ
ブリックマン、マーシャル
ブリニョーネ、グイド
ブリュレ、クロード
ブリュワー、クレイグ
フリン、ジョン
ブルーム、スティーヴン・L
ブルーム、ハロルド・J
フルチ、ルチオ
ブルック、ピーター
ブルックス、リチャード
フレダー、ゲイリー
ブレッソン、ロベール
ブレッチャー、アーヴィング
プレトニョク、ワレーリー
ブレナン、スーザン
フレミング、ヴィクター
プレミンジャー、オットー
プレンティス、グレゴリー
ブロイレス Jr.、ウィリアム
フローシェル、ジョージ
フローマン、メル
フローリー、ロバート
フロスト、マーク
フロスト、リー
プロスペリ、ジョルジオ
プロスペリ、フランコ
ブロンデル、ジャン
フンベルト、ニコラス
ベイカー、ロイ・ウォード
ベイク、マリカ
ヘイズ、ジョセフ
ヘイズ、ジョン・マイケル
ヘイズ、テリー
ベイツ、H・E
ヘイッキネン、キャロル
ベイティ、ウォーレン
ベイム、マーク
ヘイムズ、ジョー
ヘイル、スコット・D
ベイル、チャック
ヘイルヴィー、ジュリアン
ヘイワード、リリー
ベーコン、ロイド
ペーターゼン、ウォルフガング
ペキンパー、サム
ヘクト、ベン
ヘグルンド、グンナール
ヘジダス、クリス
ベッカー、ハロルド
ペッカム、アンソニー
ヘッカリング、エイミー
ペッグ、サイモン
ベッケル、ジャック
ヘッジズ、ピーター
ベッソン、リュック
ペニー、エドマンド
ペニャフィエル、ルイス
ベネックス、ジャン=ジャック
ペネベイカー、D・A
ペプロー、クレア
ペプロー、マーク
ベラ、ジェームズ・ワーナー
ヘラー、ルーカス
ベラミー、アール
ペラルタ、ステイシー
ペリ、オーレン
ペリー、エレノア
ベリー、ジュリアン
ベリー、ジョン
ペリー、フランク
ベルイマン、イングマール
ベルガード、アーノルド
ペルグリ、ピエール
ヘルゲランド、ブライアン
ベルコヴィチ、エリック
ヘルツォーク、ヴェルナー
ベルトルッチ、ベルナルド
ベルナーリ、カルロ
ヘルマン、サム
ヘルマン、モンテ
ベレスフォード、ブルース
ベレメーニ、ゲーザ
ベロッキオ、マルコ
ペン、アーサー
ペン、ショーン
ベンヴェヌーティ、レオナルド（レオ）
ヘンケル、キム
ヘンステル、ブルース
ベンソン、サリー
ベンチリー、ピーター
ベンツェル、ヴェルナー
ベンディンジャー、ジェシカ
ベントン、ロバート
ヘンリー、バック
ホウ、シャオシェン（侯孝賢）
ホエール、ジェームズ
ポー、ジェームズ
ホーガン、P・J
ホーク、イーサン
ホークス、ハワード
ボースバーグ、アル

ディロン、ロバート
デーン、ポール
デガス、ブライアン
テシック、スティーヴ
テッサリ、ドゥッチョ
デミ、ジョナサン
デミル、セシル・B
デュヴィヴィエ、ジュリアン
テュークスベリー、ジョーン
デュラス、マルグリット
テルンク、フランチェスコ
ド・ヴィルモラン、ルイ
ド・ブロカ、フィリップ
ドイッチ、ハワード
ドイッチュ、ヘレン
ドイル、ロディ
トゥージェンド、ハリー
トゥーヒー、デヴィッド
ドゥニ、クレール
トゥルーブラッド、ガードン
トー、ジョニー
トー、ホアイ
ドーソン、ゴードン
ドーネン、スタンリー
トーマス、ラルフ
ドール、フランシス
ドザイー、ロード
ドナー、リチャード
ドナティ、セルジオ
ドナルドソン、ロジャー
ドニクール、マリアンヌ
ドハティー、ジョセフ
ドミトリク、エドワード
ドライヤー、カール・T
トラストマン、アラン・R
トランブル、ダグラス
トランボ、ダルトン
トリュフォー、フランソワ
ドルーテン、ジョン・ヴァン
ドレスナー、ハル
トロエル、ヤン

トロスパー、ガイ
トロッティ、ラマー
ドワイヨン、ジャック
トンプスン、ジム
トンプソン、アーネスト
トンプソン、ロバート・E
ナデリ、アミール
ナリッツァーノ、シルヴィオ
ナルスジャック、ボワロー
ニーム、ロナルド
ニール、ナイジェル
ニコルズ、ダドリー
ニコルズ、ピーター
ニコルズ、マイク
ニミエ、ロジェ
ニュージェント、フランク・S
ニューハウス、デヴィッド
ニューハウス、レイフ
ニューマイヤー、エド
ニューマン、カート
ニューマン、ジョセフ・M
ニューマン、デヴィッド
ニューマン、レスリー
ニルソン、ロブ
ヌージェント、フランク・S
ネイサン、モート
ネイビー、クリスチャン
ネヴェルダイン、マーク
ネグレスコ、ジーン
ノイス、フィリップ
ノイバッハ、エルンスト
ノートン、ウィリアム
ノーマン、マーク
ノップ、クリストファー
ノルフィ、ジョージ
バーヴァ、マリオ
パーカー、アラン
パーカー、ドロシー
バーク 、マーティン
バークレイ、バスビー
バーコヴィッチ、エリック

パーサル、デヴィッド
ハーシュフェルド、ルドウィグ
ハースト、マイケル
パーソネット、マリオン
バード、ブラッド
パートウィー、マイケル
ハードウィック、キャサリン
ハートリー、ハル
バートン、ティム
バーネイズ、ピーター
バーネット、W・R
バーハイト、フランク
バーホーベン、ポール
バーマン、S・N
ハーリン、レニー
パール、アーノルド
ハールバット、ウィリアム
バーンズ、アラン
バーンスタイン、ウォルター
ハイアムズ、ピーター
ハイク、ウィラード
バイム、ゲイリー・M
ハイムス、ジョー
バインダー、ジョン
バウアー、ハンス
パウエル、マイケル
ハギス、ポール
パクストン、ジョン
パクストン、ビル
パクラ、アラン・J
ハケット、アルバート
ハサウェイ、ヘンリー
バス、ソール
バス、ロナルド
パスカル、ジェファーソン
ハスキン、バイロン
パストローネ、ジョヴァンニ
パゾリーニ、ピエル・パオロ
バダム、ジョン
バダルッコ、ニコラ
バックナー、ロバート

ストーリー、デヴィッド
ストーン、オリヴァー
ストーン Jr.、N・B
ストッパード、トム
ストラ、ベルナール
ストリック、ウェズリー
ストルガツキー、アルカージー
ストルガツキー、ボリス
ストローブ、ジャン=マリー
スパーク、シャルル
スハーシニ
スパーリング、ミルトン
スピルバーグ、スティーヴン
スミス、ケヴィン
スミス、チャールズ
スリク、J
ズルリーニ、ヴァレリオ
スワーリング、ジョー
スワザウト、マイルズ・フッド
セイルズ、ジョン
セクストン、ティモシー・J
セドン、ジャック
ゼメキス、ロバート
セラーズ、ウィリアム
セラドール、ナルシソ・イバニエス
セルズニック、デヴィッド・O
セルツァー、デヴィッド
センプラン、ホルヘ
センプル Jr.、ロレンツォ
ソエトマン、ジェラルド
ソープ、サラ
ソーレン、ロバート
ソクーロフ、アレクサンドル
ソネンフェルド、バリー
ソビエスキー、キャロル
ソリナス、フランコ
ソルター、ジェームズ
ソルト、アンドリュー
ソルト、ウォルド
ソロヴィヨフ、ワシーリー
タークル、リチャード
タートルトーブ、ジョン
ターナー、ジャック
ターナー、バーバラ
ターナー、ポール
ダイアモンド、I・A・L
ダイヴ、クマール
タイソン、ノナ
タイディマン、アーネスト
ダイトン、ジョン
ダイマー、サンジャイ
タイヤワーラー、アッバス
ダウド、ナンシー
タウログ、ノーマン
タウン、ロジャー
タウン、ロバート
ダグラス、ゴードン
タジェディン、マッシー
ダッシン、ジュールズ
ダッセンベリー、フィル
ダッソー、アーノード
タトル、フランク
タネール、アラン
ダネリア、ゲオルギー
タベ、クアンドレ
タベ、ジョルジュ
ダミーコ、スーゾ・チェッキ
タラダッシュ、ダニエル
ダリ、サルバドール
タリー、テッド
タルコフスキー、アンドレイ
タン、エドワード
ダン、フィリップ
ダンテ、ジョー
タンバーグ、カール
チェイス、ボーデン
チェン、カンチャン
チェン、ジャッキー
チェン、ジャネット
チミノ、マイケル
チャイエフスキー、パディ
チャウ、シンチー
チャップマン、リー
チャップリン、チャールズ
チャン、キンチョン
チャン、タン（張炭）
チャン、ティンスン（陳天璇）
チャン、ピーター（陳可辛）
チャンドラー、レイモンド
チュー、ティエンウェン（朱天文）
チュダル、アントワーヌ
チュフライ、グリゴーリ
チョン、アルフレッド（張堅庭）
チョン、ジェウン
チン、シウトン
ツァン、カンチョン
ツイ、ハーク（徐克）
ツウィスト、ジョン
ツワイゴフ、テリー
デ・コンチーニ、エンニオ
デ・シーカ、ヴィットリオ
デ・スーザ、スティーヴン・E
デ・パルマ、ブライアン
デ・フェオ、フランチェスコ
デ・ベルナルディ、ピエロ
デ・ボン、ヤン
デ・マルコ、ジョン
デイヴィス、デズモンド
デイヴィス、デルマー
デイヴィス、フランク
ディヴィニ、レーカ
ディガス、ブライアン
ディクソン、レスリー
ディジャン、フィリップ
ディターレ、ウィリアム
ディッカーソン、アーネスト・R
ディッキー、ジェームズ
ディペゴ、ジェラルド
テイラー、サミュエル
テイラー、ブライアン
ディロン、ローリー

コルピ、アンリ
コルブッチ、セルジオ
コレッティ、ドゥイリオ
コロンボ、ジョセフ
コン、マンワイ
コンヴィツキ、タデウシュ
コンスタン、ジャック
コンプトン、リチャード
サーク、ダグラス
サージェント、アルヴィン
サーリング、ロッド
サーン、マイケル
サイモン、メイヨ
サイモン、ロジャー・L
ザヴァッティーニ、チェーザレ
サヴィル、ヴィクター
ザクサー、バルター
サクセーナー、K・P
サケッティ、ダルダーノ
サザーン、テリー
ザッカーマン、ジョージ
サックス、エズラ
サックラー、ハワード
ザッポーニ、ベルナルディーノ
サボー、イシュトヴァーン
サボツキー、ミルトン
サラフィアン、リチャード・C
サリバン、ダニエル・G
サルヴァドール、ハイメ
サレス、ウォルター
サングスター、ジミー
サンドファー、デューク
サンドリッチ、マーク
シアーズ、フレッド・F
技安（ジー・アン）
シー、ティン・シャン
シーゲル、ドン
シーモア、ジェームズ
シェイヴルソン、メルヴィル
シェイガン、スティーヴ
ジェイコブス、アレクサンダー
ジェイムズ、ダニエル
ジェームズ、スティーヴ
ジェームズ、ライアン
シェパード、サム
ジェムズ、ジョナサン
シェルダン、シドニー
シェルトン、ロン
ジェルミ、ピエトロ
ジェロミニ、ジェローム
ジェロルモ、クリス
シオドマク、カート
シオドマク、ロバート
ジガ・ヴェルトフ集団
シドニー、ジョージ
シフマン、シュザンヌ
シモナン、アルベール
ジャ、ジャンクー
シャー、ジャック
シャーウッド、ロバート・E
シャードマン、テッド
シャープ、アラン
ジャーマン、デレク
ジャームッシュ、ジム
ジャクソン、ピーター
シャッツバーグ、ジェリー
ジャニス、エルシー
シャピロ、スタンリー
シャフナー、フランクリン・J
シャブロル、クロード
シャマラン、M・ナイト
ジャルダン、パスカル
ジャルロ、ジェラール
ジャンヴィッティ、ロベルト
ジャンソン、アンリ
ジャンネッティ、アルフレード
シュウ、ケイ
シュニー、チャールズ
シュラック、デニス
ジュリアン、マルセル
シュルマン、アーヴィング
シュレイダー、ポール
シュレシンジャー、ジョン
シュローダー、バーベット
シュワルツ、ヤノット
ジョイス、エイドリアン
ジョイナー、C・コートニー
ジョヴァンニ、ジョゼ
ジョージ、ピーター
ジョーダン、ニール
ジョーハル、カラン
ジョーンズ、エヴァ
ジョーンズ、エヴァン
ジョーンズ、グローヴァー
ジョーンズ、ジェームズ
ジョセフ、エドモンド
ジョセフ、ロバート・L
ジョフリオン、ロバート
ジョンストン、ジョー
ジョンソン、ダイアン
ジョンソン、ナナリー
シリトー、アラン
シリファント、スターリング
シルヴァー、アマンダ
シンクレア、スティーヴン
ジンドフ、ブライアン
ジンネマン、フレッド
スコセッシ、マーティン
スコット、アラン
スコット、リドリー
スコラ、エットーレ
スコリモフスキ、イエジー
スタージェス、ジョン
スタール、ジョン・M
スターレット、ジャック
スターン、スチュワート
スタインベック、ジョン
スチュアート、ジェブ
スチュアート、ダグラス・デイ
スティーヴンス、ジョージ
スティーヴンソン、ロバート
スティーブンス、レスリー
ステファノ、ジョセフ

キャンプ、アイリーン
キュアロン、アルフォンソ
キューカー、ジョージ
キューブリック、スタンリー
ギラーミン、ジョン
ギルロイ、トニー
キング、ヘンリー
クァラントット、クラウディオ
グーピル、ロマン
グールド、ヘイウッド
クーン、ジーン・L
グエッラ、トニーノ
グエラ、アントニオ
グエルラ、マリオ
グスタフソン、ボッセ
クチア、ミロ・G
グッドリッチ、フランセス
クラーク、アーサー・C
クラーク、ボブ
クライナー、ハリー
クラヴェル、ジェームズ
クラウスナー、ハワード
グラスマン、キューベック
グラニエ=ドフェール、ピエール
クラブチュノフスキー、イリヤ
グリーン、アドルフ
グリーン、ウォロン
グリーン、クラレンス
グリーン、クリフ
グリーン、グレアム
グリーンバーグ、スタンリー・R
クリザン、キム
クリスチャン=ジャック
クリストファー、マイケル
グリッフ、モーリス
グリッフィ、ジュゼッペ・パトローニ
グリフィス、デヴィッド・W
グリフィス、トレヴァー
グリフィス、レオン
グリュオー、ジャン
クルーガー、アーレン
グルーザ、B
クルーゾー、アンリ=ジョルジュ
グレアム=スミス、セス
クレイヴン、ウェス
クレイグ、ハリー・A・L
グレイザー、ベンジャミン
クレイトン、ジャック
クレイマー、スタンリー
グレッグ、クラーク
クレナー、ハンス=ウーリッヒ
クレマン、ルネ
クレメンツ、カルビン
クレメント、ディック
クロウ、キャメロン
クロウ、クリストファー
クローズ、ロバート
クローネンバーグ、デヴィッド
クロス、ショーナ
グロス、ラリー
グロスバード、ウール
クロフォード、ジョン
クワイン、リチャード
ケイ、オン
ケイ、シュウ
ケイス、キャロライン
ゲイツ、オーガスタ
ゲイツ、チューダー
ゲイツ、ルース
ケイン、ギレルモ
ゲインズ、チャールズ
ゲスト、ヴァル
ゲスト、リチャード・ランドーヴァル
ケネディ、バート
ゲラー、スティーヴン
ケリー、アンソニー・ポール
ケリー、ウォルター
ケリー、ジーン
ゲルマン、アレクセイ
ゲンズブール、セルジュ
コー、ジャン
コーエン、イーサン
コーエン、ジョエル
コーエン、フランクリン
コーエン、ラリー
コーエン、ローレンス・D
コート、ロランス
ゴードン、ジョージ
ゴードン、ブライアン
ゴードン、マイケル
コープ、デヴィッド
コーマン、ロジャー
ゴールド、ザカリー
ゴールドストーン、ジェームズ
ゴールドベック、ウィリス
ゴールドマン、ウィリアム
ゴーワリケール、アシュトーシュ
コーン、アート
コーン、ジョン
コーン、スタンリー・マンジョン
コーン=バンディ、ダニエル
ゴダ、クリスティナ
ゴダール、ジャン=リュック
コックス、アレックス
コックス、ジェイ
コッチ、ハワード
ゴットリーブ、カール
コッポラ、フランシス・フォード
コネル、リチャード
ゴフ、アイヴァン
コフィ、レノア
コペル、アレック
コムデン、ベティ
コメンチーニ、ルイジ
ゴラン、ジャン=ピエール
コリー、ウィル
ゴルドン、アレクサンドル

ヴェンダース、ヴィム
ウォーターズ、ジョン
ウォーターズ、ダニエル
ウォード、デヴィッド・S
ウォシャウスキー、アンディ
ウォシャウスキー、ラリー
ウォッシュバーン、デリック
ウォルシュ、フランシス
ウォルシュ、ラオール
ウォルターズ、チャールズ
ウォルド、マルヴィン
ヴォルピン、ミハイル
ウォン、カーウァイ
ウォン、バリー
ウッド、クレマン・ビドル
ウッド、サム
ウッド、チャールズ
ウンガリ、エンツォ
エイジー、ジェームズ
エイゼンシュテイン、セルゲイ・M
エヴァンス、ブルース・A
エジョフ、ワレンチン
エスターハス、ジョー
エストリッジ、ロビン
エスポジート、ブリス
エセックス、ハリー
エップス Jr.、ジャック
エドワーズ、ブレイク
エプスタイン、ジュリアス・J
エプスタイン、フィリップ・G
エメリッヒ、ローランド
エルドマン、ニコライ
エンゲルス、ロバート
エンドア、ガイ
オウェン、アラン
オースティン、マイケル
オーリン、マイケル
オーレル、ジャン
オーロフ、ジョン
オキャラハン、エドワード・G
オズボーン、ポール
オッセン、ロベール
オデッツ、クリフォード
オノフリ、ファブリッツィオ
オパー、ドン
オバノン、ダン
オフュルス、マックス
オルモンド、チェンツイ
カー、リチャード
カーヴァー、スティーヴ
カーソン、L・M・キット
カーティス、マイケル
カーニッツ、ハリー
カーペンター、ジョン
カーライル、クランシー
ガーランド、ロバート
カールソン、フィル
ガールドシュ、エーヴァ
カーン、ジェームズ・V
ガイラー、デヴィッド
カイル、クリストファー
ガヴァシ、サーシャ
カヴァリエ、アラン
カヴァレロヴィッチ、イェジー
カウフマン、エドワード
カウフマン、ケン
カウフマン、ジョージ・S
カウフマン、フィリップ
カウフマン、ミラード
カウリスマキ、アキ
カコヤニス、マイケル
カサヴェテス、ジョン
カザン、エリア
カスダン、ローレンス
カスト、ピエール
ガスト、ミシェル
ガスリー Jr.、A・B
カズン、パスカル
カソヴィッツ、マチュー
カッスル、レナード
カッツ、グロリア
カッツィン、リー・H
カニエフスカ、マレク
カネフスキー、ヴィターリー
カブリアゼ、レヴァス
カペタノス、レオン
カポーティ、トルーマン
ガメット、ケネス
カライチオ、カルロ
カラバトソス、ジェームズ
カリエール、ジャン=クロード
ガリス、ジャック
ガルシオ、ジェームズ・ウィリアム
カルマリータ、スヴェトラーナ
ガレル、フィリップ
カログリディス、レータ
カワレロウィッチ、イェジー
ガン、アーネスト・K
カン、ジェギュ
カンター、マッキンレー
ガンツ、ローウェル
カンパニーレ、パスクァーレ・フェスタ
カンプマン、スティーヴン
キアロスタミ、アッバス
キートン、チャーリー・レイク
キートン、バスター
ギディング、ネルソン
ギデオン、レイノルド
キトローザー、マーティン
キビー、ローランド
キャッシュ、ジム
ギャフニー、マージョリー
キャプラ、フランク
キャラダイン、デヴィッド
ギャリー、ロマン
キャリントン、ジェーン=ハワード
キャリントン、ロバート
ギャレット、オリヴァー・H・P
キャロル、シドニー

監督・脚本家一覧

＊リストアップ作品の監督・脚本家のみ掲載

アーヴィング、ジョン
アーサー、ロバート・アラン
アーチボルド、ウィリアム
アーノルド、ジャック
アーバーグ、デニス
アーミテイジ、フランク
アウ、キンイー
アサイヤス、オリヴィエ
アシフ、K
アシュビー、ハル
アストリュック、アレクサンドル
アダムズ、ジェラルド・ドレイソン
アッカド、ムスタファ
アドラー、ルーラ
アナキン、ケン
アプテッド、マイケル
アボット、ジョージ
アマン
アムロヒ、カマル
アモン、リュシエンヌ
アラキ、グレッグ
アラボフ、ユーリー
アラン、ジャン
アリアネッロ、カルロ
アルカッリ、フランコ
アルジェント、ダリオ
アルディス、ウィル
アルトマン、ロバート
アルドリーノ、エミール
アルドリッチ、ロバート
アルビコッコ、ジャン=ガブリエル
アレクサンドロフ、グリゴリー
アレン、アーウィン
アレン、ウディ
アレン、ジェイ・プレッソン
アレン、ジム
アンガー、グラディス
アンゲロプロス、テオ
アンジェイェフスキ、イェジ
アンスポー、デヴィッド
アンダーソン、ウィリアム・チャールズ
アンダーソン、ジョン・マレイ
アンダーソン、ポール・トーマス
アンダーソン、リンゼイ
アンティン、スティーヴ
アントニオーニ、ミケランジェロ
アンドレオータ、ポール
アンハルト、エドワード
アンリコ、ロベール
イー、ウェン（易文）
イーストウッド、クリント
イーストマン、チャールズ
イエ、ロウ
イェーツ、ジョージ・ワーシング
イェーツ、ピーター
イザクソン、ウラ
イックダット、ノン
イップ、ティンシン
イン、リー
インジ、ウィリアム
ヴァーホーヴェン、ポール
ヴァイヤン、ロジェ
ヴァセル、ニルス
ヴァディム、ロジェ
ヴァルトネン、マト
ヴァレール、ジャン
ウィアー、ピーター
ヴィアテル、ピーター
ヴィアン、ボリス
ウィード、フランク
ヴィカリオ、マルコ
ヴィゴ、ジャン
ヴィスコンティ、ルキノ
ヴィダー、キング
ヴィダル、ゴア
ヴィッキ、ベルンハルト
ウィットリフ、ウィリアム・D
ウィデルベルイ、ボー
ウィナー、マイケル
ウィリアムズ、チャールズ
ウィリアムズ、テネシー
ウィリアムソン、ケヴィン
ウィリンガム、ウィラード
ウィリンガム、カルダー
ウィリンガム、メアリー
ウィルコックス、フレッド・マクロード
ウィルソン、ケイリー
ウィルソン、マイケル
ウィン、トレイシー・キーナン
ヴィンチェンツォーニ、ルチアーノ
ウィンペリス、アーサー
ウー、ジョン
ウーリー、ジェラール
ウール、アビ
ヴェイラー、アンソニー
ウェクスラー、ハスケル
ウェスト、クローディン
ウェッブ、ジェームズ・R
ウェルズ、オーソン
ウェルズ、ジョージ
ヴェルトフ、ジガ
ヴェルヌイユ、アンリ
ウェルマン、ウィリアム・A

一瞬の夢
I love ペッカー
シャンドライの恋
パラサイト
フラワーズ・オブ・シャンハイ
フルスタリョフ、車を!
ブルワース
ラスト・リミッツ 栄光なきアスリート
リーチ・ザ・ロック
ロック、ストック&トゥー・スモーキング・バレルズ
ワイルドシングス
恋におちたシェイクスピア
美しき仕事
グロリア
サイダーハウス・ルール
シュリ
ペイバック

2000

スペース カウボーイ
チアーズ!
プラットホーム
ブレッド&ローズ
ホワット・ライズ・ビニース
クローン
ゴーストワールド
ラガーン
牡牛座 レーニンの肖像
家族の四季 愛すれど遠く離れて
子猫をお願い
少林サッカー
ミスティック・リバー
モーターサイクル・ダイアリーズ
Mr. インクレディブル
アレキサンダー
オーシャン・オブ・ファイヤー
クリーン
ショーン・オブ・ザ・デッド
ツイステッド
トロイ
ミリオンダラー・ベイビー
柔道龍虎房
アメリカ, 家族のいる風景
グレイテスト・ゲーム
ジャケット
ダンス・オブ・ザ・デッド
ハッスル&フロウ
ボブ・ディラン ノー・ディレクション・ホーム
ランド・オブ・ザ・デッド
ロード・オブ・ドッグタウン
宇宙戦争
アドレナリン
トゥモロー・ワールド
ブラックブック
レディ・イン・ザ・ウォーター
君の涙 ドナウに流れ ハンガリー 1956
天安門、恋人たち
父親たちの星条旗
イントゥ・ザ・ワイルド
スウィーニー・トッド フリート街の悪魔の理髪師
つぐない
パラノーマル・アクティビティ
ラブソングができるまで
ベガス
アンヴィル!夢を諦めきれない男たち
インビクタス 負けざる者たち
ビッグ・バグズ・パニック
ローラーガールズ・ダイアリー

2010

アジャストメント
もうひとりのシェイクスピア
ダーク・シャドウ

恋しくて
恋恋風塵
SFゼイリブ
さよならゲーム
ダイ・ハード
バット21
ブルースが聞こえる
ミシシッピー・バーニング
君がいた夏
結婚の条件
旅立ちの時
オペラ座の怪人
サルート・オブ・ザ・ジャガー
シー・オブ・ラブ
ショッカー
ステップ・アクロス・ザ・ボーダー
ストリート・オブ・ノー・リターン
セイ・エニシング
テラコッタ・ウォリア 秦俑
フィールド・オブ・ドリームス
ヘザース
メジャーリーグ
レニングラード・カウボーイズ・ゴー・アメリカ
敵、ある愛の物語

1990

動くな、死ね、甦れ!
アフター・ダーク
インパルス
オカルト・ブルース
ダイ・ハード2
トラスト・ミー
ワイルド・ブリット
欲望の翼
恋の時給は4ドル44セント
惑星アルカナル 宇宙からの使者
エドワードII
ケープ・フィアー
ザ・コミットメンツ
フォー・ザ・ボーイズ
ホット・スポット
ミーティング・ヴィーナス
ゆりかごを揺らす手
彼方へ
羊たちの沈黙
蜃気楼ハイウェイ
牯嶺街少年殺人事件
Hedd Wyn
JUICE
クライング・ゲーム
ジョイ・ウォンの妖女伝説
ツイン・ドラゴン
ツイン・ピークス ローラ・パーマー最期の7日間
プリティ・リーグ
ブレインデッド
ベティ・ブルー インテグラル完全版
ボブ★ロバーツ
マルコムX
ラスト・オブ・モヒカン
ワンス・アポン・ア・タイム・イン・チャイナ天地大乱
許されざる者
黒薔薇VS黒薔薇
アダムス・ファミリー2
ギルバート・グレイプ
クリントンを大統領にした男
マチネー 土曜の午後はキッスで始まる
レジェンド・オブ・フラッシュ・ファイター2 電光飛龍
愛と呼ばれるもの
月夜の願い 新難兄難弟
硝子の塔
キングダムI&II
スピード
フープ・ドリームス
レオン
レニングラード・カウボーイズ、モーゼに会う
魔界世紀ハリウッド
冷たい水
あなたが寝てる間に…
ジョージア
スピーシーズ 種の起源
チャイニーズ・オデッセイ
ハイリスク
パリでかくれんぼ
ボンベイ
マディソン郡の橋
リービング・ラスベガス
死んでしまったら私のことなんか誰も話さない
憎しみ
大地と自由
黙秘
恋人までの距離
キングピン ストライクへの道
スタンダール・シンドローム
ネネットとボニ
バウンド
パンと植木鉢
マーズ・アタック!
判決前夜 ビフォア・アンド・アフター
アナコンダ
ザ・デュオ
チェイシング・エイミー
ビー・マイ・ボーイ
ブエノスアイレス
ブギーナイツ
ブレーキ・ダウン
ベスト・フレンズ・ウェディング
レインメーカー

アイス・キャッスル
インテリア
ゾンビ
ディア・ハンター
ドッグ・ソルジャー
パワープレイ
ビッグ・ウェンズデー
ラスト・ワルツ
リトル・モー
ロッカーズ
姿なき脅迫
戦場
アルカトラズからの脱出
エイリアン
クレイマー、クレイマー
ジェラシー
ストーカー
ノスフェラトゥ
ヤング・ゼネレーション
リトル・ロマンス
悲愁

1980

ある日どこかで
グロリア
ザ・フォッグ
シャイニング
パッション・ダモーレ
フラッシュ・ゴードン
レイジング・ブル
歌え！ロレッタ愛のために
最前線物語
殺しのドレス
忍冬の花のように
アメリカーナ
カリフォルニア・ドールズ
スーパーマンII 冒険篇
スキャナーズ
タップス
ポーキーズ
レッズ
炎のランナー
砂漠のライオン
死霊のはらわた
白いドレスの女
父子情
13日の金曜日PART 3
シャーキーズ・マシーン
センチメンタル・アドベンチャー
テンダー・マーシー
ドラゴンロード
ブレードランナー
マイ・ライバル
愛と青春の旅だち
三十歳の死
死体を積んで
初体験 リッジモント・ハイ
氷壁の女
エイジ・オブ・イノセンス 汚れなき情事
ストリーマーズ
ベイビー・イッツ・ユー
ライトスタッフ
ランブルフィッシュ
海辺のポーリーヌ
自由、夜
秘密の子供
インディ・ジョーンズ 魔宮の伝説
すてきな片想い
ストリート・オブ・ファイヤー
ストレンジャー・ザン・パラダイス
ナチュラル
パリ、テキサス
ブラザー・フロム・アナザー・プラネット
ブラッドシンプル
ホテル・ニューハンプシャー
レポマン
風の輝く朝に
恋におちて
童年往事 時の流れ
アメリカン・フライヤーズ
シュア・シング
ときめきサイエンス
なまいきシャルロット
ファンダンゴ
ブレックファスト・クラブ
ペイルライダー
やぶれかぶれ一発勝負!!
ワイルドキャッツ
ザ・ランナー 孤独な挑戦
ハートブレイク・リッジ 勝利の戦場
フェリスはある朝突然に
プリティ・イン・ピンク 恋人たちの街角
ブルーベルベット
ルーカスの初恋メモリー
勝利への旅立ち
窓 ベッドルームの女
不思議惑星キン・ザ・ザ
アンタッチャブル
スラムダンス
ダーティ・ダンシング
ふくろうの叫び
プリズン
メイド・イン・ヘブン
ラストエンペラー
レス・ザン・ゼロ
殺しのベストセラー
戦場の小さな天使たち
誰かに見られてる
潮風のいたずら
追いつめられて
途方に暮れる三人の夜
友だちの恋人

おもいでの夏
ギャンブラー
さすらいのカウボーイ
さらば美しき人
スタンド・バイ・ミー
ラスト・ショー
ダーティハリー
バニシング・ポイント
ハロルドとモード 少年は虹を渡る
ブラック・エース
フレンチ・コネクション
ベニスに死す
マーフィの戦い
ラスト・ショー
ラスト・ラン 殺しの一匹狼
栄光のル・マン
恐怖のメロディ
激突!
死刑台のメロディ
傷だらけの挽歌
早春
断絶
別れの朝
夕陽のギャングたち
恋のエチュード
アギーレ 神の怒り
お熱い夜をあなたに
カンサス・シティの爆弾娘
ゲッタウェイ
サイレント・ランニング
センチュリアン
ジュニア・ボナー 華麗なる挑戦
スローターハウス5
ソルジャー・ボーイ
ゾンビ特急〝地獄〟行
ポセイドン・アドベンチャー
ラ・マンチャの男
ラストタンゴ・イン・パリ
ワイルド・アパッチ
暗殺者のメロディ
偉大なるムガル帝国(1960・パートカラー版、2004・フルカラー版)
候補者ビル・マッケイ
大いなる勇者
脱出
男の出発
明日に処刑を…
夕陽の群盗
惑星ソラリス
西部に来た花嫁
エクソシスト
エディ・コイルの友人たち
グライド・イン・ブルー
ジャッカルの日
ソイレント・グリーン
バッドランズ 地獄の逃避行
ブリージー 愛のそよ風
ヘルハウス
ミーン・ストリート
ルシアンの青春
組織
追憶
突破口!
燃えよドラゴン
破壊!
北国の帝王
離愁
ガルシアの首
カンバセーション…盗聴…
ゴッドファーザーPART II
こわれゆく女
タワーリング・インフェルノ
トラベラー
パララックス・ビュー
ビッグ・バッド・ママ
ファントム・オブ・パラダイス
フェイズIV 戦慄!昆虫パニック
ぼくの小さな恋人たち
ヤコペッティの大残酷
ロンゲスト・ヤード
悪魔のいけにえ
殺し屋ハリー 華麗なる挑戦
跳躍の孤独と恍惚
未来惑星ザルドス
JAWS ジョーズ
アデルの恋の物語
ジュ・テーム・モワ・ノン・プリュ
ストリートファイター
ナッシュビル
ハッスル
ピクニック at ハンギング・ロック
フレンチ・コネクション 2
悪魔の追跡
小さな赤いビー玉
戦争のはらわた
オーメン
がんばれ!ベアーズ
キャリー
グリニッチ・ビレッジの青春
ザ・チャイルド
ジョナスは 2000 年に 25 才になる
ステイ・ハングリー
マラソン マン
ラスト・シューティスト
愛のメモリー
刑事マルティン・ベック
激走! 5000 キロ
アメリカの友人
カプリコン・1
クィンテット
スター・ウォーズ
スラップ・ショット
ニューヨーク・ニューヨーク
ボビー・デアフィールド
ルチオ・フルチのザ・サイキック
ローリング・サンダー
狩人
未知との遭遇

その男ゾルバ
テラー博士の恐怖
はなればなれに
マーニー
みどりの瞳
モンタナの西
奇跡の丘
黒いチューリップ
最後の勝利者
殺人者たち
銃殺
太陽の下の 10 万ドル
大列車作戦
男性の好きなスポーツ
日曜日には鼠を殺せ
反撥
HELP! 四人はアイドル
アルファヴィル
カトマンズの男
ガンポイント
コレクター
サウンド・オブ・ミュージック
ナック
バルジ大作戦
ポケットの中の握り拳
レッドライン 7000
偉大な生涯の物語
気狂いピエロ
虎は新鮮な肉を好む
国境は燃えている
戦争は終った
太陽のかけら
妥協せざる人々
脱走特急
夕陽のガンマン
戦争と平和
アルジェの戦い
グラン・プリ
グループ
さすらいの青春
ジョージー・ガール
ブルー・マックス
華氏 451
続・黄金の七人 レインボー作戦
男と女
スターシップ・トゥルーパーズ
バーバレラ
ビーチレッド戦記
暗くなるまで待って
俺たちに明日はない
火星人地球大襲撃
殺しの分け前 ポイント・ブランク
世にも怪奇な物語
卒業
中国女
特攻大作戦
暴力脱獄
2001 年宇宙の旅
アップ・タイト!
インディアン狩り
ウエスタン
かわいい毒草
ジョアンナ
ナイト・オブ・ザ・リビング・デッド ゾンビの誕生
ブリット
マンハッタン無宿
ローズマリーの赤ちゃん
ワン・プラス・ワン
泳ぐひと
猿の惑星
黄金の眼
個人教授
殺しのダンディー
若草の萌えるころ
新 黄金の七人 7 × 7
太平洋の地獄
脱走山脈
白い恋人たち
アメリカを斬る
イージー・ライダー
さすらいの大空
サテリコン
サンタ・ビットリアの秘密
ジョンとメリー
ひとりぼっちの青春
やさしい女
レーサー
ワイルドバンチ
雨のなかの女
影の軍隊
黄色い戦場
去年の夏
幸せはパリで
真夜中のカーボーイ
大反撃
地獄に堕ちた勇者ども
東風
白銀のレーサー

1970

M★A★S★H マッシュ
お前と俺
ハネムーン・キラーズ
ビーナスの誘惑 美しき裸身の復讐
ひまわり
ファイブ・イージー・ピーセス
ボクサー
暗殺の森
砂漠の流れ者
真昼の死闘
真昼の死闘
戦略大作戦
燃える戦場
アンドロメダ…

キムドン
くたばれ!ヤンキース
ハエ男の恐怖
めまい
モンパルナスの灯
灰とダイヤモンド
吸血鬼ドラキュラ
黒い罠
左きゝの拳銃
死刑台のエレベーター
若き獅子たち
女の一生
女優志願
悲しみよこんにちは
無頼の群
翼に賭ける命
恋人たち
アメリカの影
いとこ同志
ベン・ハー
リオ・ブラボー
ワーロック
去年の夏 突然に
橋
激しい季節
渚にて
勝手にしやがれ
誓いの休暇
彼奴を殺せ
墓にツバをかけろ
北北西に進路を取れ
夜を楽しく
夜行列車

1960

かくも長き不在
コンクリート・ジャングル
サイコ
さよならパリ
スパルタカス
スリ
バファロー大隊
ポンペイ最後の日
逢う時はいつも他人
雨のしのび逢い
栄光への脱出
汚れた英雄
許されざる者
穴
血とバラ
血を吸うカメラ
若者のすべて
処女の泉
情事
太陽がいっぱい
土曜の夜と日曜の朝
野玫瑰之恋
エル・シド
ハスラー
パリの旅愁
ピクニック
アデュー・フィリピーヌ
フラバー
回転
怪獣ゴルゴ
鞄を持った女
恐怖の振子
祖国は誰のものぞ
草原の輝き
尼僧ヨアンナ
片目のジャック
蜜の味
嵐の季節
アラバマ物語
アラビアのロレンス
エヴァの匂い
シベールの日曜日
ハタリ!
ハッド
ラ・ジュテ
何がジェーンに起ったか?
史上最大の作戦
死んでもいい
女と男のいる舗道
水の中のナイフ
世界残酷物語
西部開拓史
戦士の休息
太陽はひとりぼっち
脱獄
昼下りの決斗
長距離ランナーの孤独
突撃隊
突然炎のごとく
僕の村は戦場だった
野望の系列
恋のKOパンチ
007 ロシアより愛をこめて
007 危機一発
カラビニエ
クレオパトラ
ショック集団
バイ・バイ・バーディー
ブーベの恋人
ラスベガス万才
月ロケット・ワイン号
孤独の報酬
殺人者に墓はない
大脱走
鳥
博士の異常な愛情 または私は如何にして心配するのを止めて水爆を愛するようになったか
白い肌に狂う鞭
梁山伯与祝英台
007 ゴールドフィンガー
ゲアトルーズ
さすらいの狼

ボディ・アンド・ソウル
真昼の暴動
追跡
イースター・パレード
ジェニーの肖像
ママの想い出
黄金
月下の銃声
自転車泥棒
赤い河
都会の叫び
怒濤の果て
揺れる大地
サムソンとデリラ
チャンピオン
拳銃魔
私を野球につれてって
若草物語
戦場
第三の男
白熱
秘密指令（恐怖時代）
摩天楼
魅せられて
幽霊と未亡人
裏切りの街角
甦る熱球
罠

1950

アスファルト・ジャングル
ウィンチェスター銃 '73
スサーナ
リオ・グランデの砦
拳銃王
孤独な場所で
旅愁
クォ・ヴァディス
その男を逃すな
黄昏
革命児サパタ
見知らぬ乗客
文化果つるところ
遊星よりの物体X
陽のあたる場所
ライムライト
真昼の決闘
静かなる男
抜き射ち二挺拳銃
イタリア旅行
ギヴ・ア・ガール・ア・ブレイク
シェーン
バンド・ワゴン
ヒッチハイカー
ローマの休日
宇宙戦争
恐怖の報酬
拾った女
勝負に賭ける男
紳士は金髪がお好き
青春群像
地上より永遠に
アパッチ
ヴェラクルス
宇宙水爆戦
夏の嵐
海底二万哩
現金に手を出すな
紅の翼
心のともしび
大アマゾンの半魚人
道
放射能X
エデンの東
ピラミッド
マーティ
マイ・シスター・アイリーン
原子人間
狩人の夜
泥棒成金
必死の逃亡者
紐育秘密結社
理由なき反抗
旅情
歴史は女で作られる
お茶と同情
スピードを盗む男
トロイのヘレン
ヘッドライト
ボディ・スナッチャー 恐怖の街
禁断の惑星
現金に体を張れ
攻撃
殺し屋
十戒
傷だらけの栄光
条理ある疑いの彼方に
世紀の謎 空飛ぶ円盤地球を襲撃す
素直な悪女
捜索者
底抜け西部へ行く
抵抗 死刑囚の手記より
鉄道員
友情ある説得
カルタゴの女奴隷
さすらい
めぐり逢い
殺し屋ネルスン
十二人の怒れる男
情婦
戦場にかける橋
突撃
芽ばえ
曼波女郎
ヴァイキング

映画タイトル一覧

＊リストアップ作品名のみ。公開年は本文掲載による

1910~1920

カビリア
イントレランス
裁判長
スージーの真心
散り行く花
東への道
嵐の孤児
ステラ・ダラス
ストライキ
キートンの大列車追跡
無花果の葉
キートンの大学生
第七天国
十月
アンダルシアの犬

1930

キング・オブ・ジャズ
マダム・サタン
モロッコ
M
フランケンシュタイン
人間廃業
暗黒街の顔役
群衆の喚呼
餓ゆるアメリカ
外人部隊
四十二番街
若草物語
新学期 操行ゼロ
羅馬太平記
コンチネンタル
レーニンの三つの歌
絢爛たる殺人
永遠の緑
其の夜の真心
フランケンシュタインの花嫁
青い青い海
ピクニック
ロイドの牛乳屋
悪魔の人形
大いなる幻影
望郷
我が家の楽園
四人の姉妹
民族の祭典
コンドル
駅馬車
地獄への道

1940

哀愁
騎手物語
孔夫子
西部の男
怒りの葡萄
かわいい女
マン・ハント
わが谷は緑なりき
銀嶺セレナーデ
美人劇場
狼男
カサブランカ
スイング・ホテル
ヤンキー・ドゥードゥル・ダンディ
拳銃貸します
心の旅路
打撃王
鉄腕ジム
逃走迷路
キャビン・イン・ザ・スカイ
ジョーという名の男
ステージドア・キャンティーン
われら誇りもて歌う
空軍
幸運の星に感謝を
私はゾンビと歩いた！
誰が為に鐘は鳴る
目的地東京
ガス燈
ハリウッド玉手箱
若草の頃
東京上空三十秒
恋の十日間
アメリカ交響楽
コレヒドール戦記
哀愁の湖
海兵隊の誇り
緑園の天使
ユーモレスク
我等の生涯の最良の年
殺人者
仔鹿物語
白昼の決闘

執筆者一覧

青山真治＊映画監督、1964年生
足立正年生＊映画監督、1939年生
荒井晴彦＊編者紹介参照
伊藤和典＊脚本家、1954年生
稲川方人＊編者紹介参照
宇田川幸洋＊映画評論家、1950年生
内田春菊＊漫画家・俳優・映画監督、1959年生
宇波拓＊音楽家、1976年生
梅本洋一＊映画批評家、1953年生
浦崎浩實＊激評家、1944年生
榎戸耕史＊映画監督、1952年生
大口和久＊批評家、1964年生
大林宣彦＊映画作家、1938年生
大森一樹＊映画監督、1952年生
荻野洋一＊映像演出・映画評論、1965年生
柏原寛司＊映画監督・脚本家、1949年生
上島春彦＊ SF 映画愛好家、ホラー映画マスター、ミュージカル映画愛好家、批評家、映画評論家、1959年生
川口敦子＊映画評論家、1955年生
川瀬陽太＊俳優、1969年生
河村雄太郎＊元テレビプロデューサー・ディレクター、1947年生
黒岩幹子＊編集・執筆業・映画批評、1979年生
佐藤千穂＊元『映画芸術』編集部員・映画批評家、1941年生
澤田幸弘＊映画監督、1933年生
清水崇＊映画監督、1972年生
新藤兼人＊映画監督・脚本家、1912年生
千浦僚＊映画感想家、1975年生
筒井清忠＊映画研究家、1948年生
手塚眞＊ヴィジュアリスト・映画監督、1961年生
富岡邦彦＊ PLANET ＋ 1 代表、1960年生
中村征夫＊テレビプロデューサー・ディレクター、1944年生
福間健二＊詩人・映画監督、1949年生
向井康介＊脚本家、1977年生
山口剛＊プロデューサー、1937年生
山田太一＊脚本家、1934年生
吉田伊知郎（モルモット吉田）＊ライター、1978年生
吉田広明＊映画評論家、1964年生
渡辺武信＊建築家・映画評論家、1938年生
わたなべりんたろう＊ライター、1967年生

【編著者紹介】

荒井晴彦（あらい・はるひこ）

1947年生まれ、東京都出身。季刊誌『映画芸術』の編集・発行人。『キネマ旬報』とはまったく違う視点から年間ベストを決めることで有名。若松プロの助監督を経て、77年の『新宿乱れ街　いくまで待って』で脚本家デビュー。以降、数々の日活ロマンポルノの名作の脚本を執筆。79年『赫い髪の女』、81年『遠雷』、84年『Wの悲劇』、11年『大鹿村騒動記』ほか。キネマ旬報脚本賞は5度受賞。最多受賞の橋本忍と並ぶ。監督3作目の『火口のふたり』（19）はキネマ旬報ベスト・テン第1位。著書に『争議あり』『昭和の劇』（共著）、『シナリオ 神聖喜劇』『脚本家 荒井晴彦の仕事―嘘の色、本当の色』『映画批評家への逆襲』（共著）。

稲川方人（いながわ・まさと）

1949年生まれ、福島県出身。季刊誌『映画芸術』編集委員。詩人、映画評論家。1974年、平出隆、河野道代とともに書紀書林を創立。同社から詩誌『書紀』『書紀＝紀』などを刊行。90年代に建畠哲が加入し、詩誌『stylus』を刊行。1991年、『2000光年のコノテーション』で現代詩花椿賞を受賞。2008年、『聖―歌章』で高見順賞を受賞。2010年、瀬尾育生との対話『詩的間伐』で第1回鮎川信夫賞を受賞。1991年から、『カイエ・デュ・シネマ・ジャポン』の編集に携わった。

編著者…………荒井晴彦
稲川方人
編集協力………木村企画室（木村隆史）

印刷／製本……モリモト印刷株式会社
制作…………有限会社閏月社

〈私〉の映画史
映画通38人が選んだ[ジャンル別]827作

2024年10月15日　初版第1刷印刷
2024年10月30日　初版第1刷発行

イラスト……緒方伶香

装幀……李舟行

発行者…………徳宮峻
発行所…………図書出版白順社　113-0033 東京都文京区本郷1-28-36
TEL 03(3818)4759　FAX 03(3818)5792

ISBN978-4-8344-0295-7